조르주 상드(1804~1876)

▲앤드르 노앙성 (城) 상드의 친할머니 뒤팽 부인은 1793년, 이 성을 구입했다. 네 살 때 아버지를 잃은 상드는 할머니 손에서 자랐다.

◀노앙성 정원

남장을 한 조르주 상드　외젠 들라크루아. 1834. '시인 알프레드 드 뮈세와 헤어진 뒤 머리를 짧게 자른 소설가'〈뒤몽
드〉지 편집자 프랑수아 불로가 들라크루아에게 주문한 작품.

소녀 파데트가 그녀의 거위들과 돌아오는 어느 저녁.　(54쪽)
《사랑의 요정》 1851년 재발행판에 실린 삽화. 모리스 상드(조르주 상드 아들)·토니 조아노의 판화

George Sand
LA PETITE FADETTE/JEANNE
LA MARE AU DIABLE

사랑의 요정/양치기 처녀/마의 늪

조르주 상드/김문해 옮김

동서문화사

사랑의 요정/양치기 처녀/마의 늪
차례

사랑의 요정

양치기 처녀

La Petite Fadette

사랑의 요정

사랑의 요정

1

코스 마을의 바르보 씨 하면 시의원을 지냈으니까 살림살이가 어려운 편은 아니었다. 두 군데 큰 밭에서 들어오는 수입은 생활비로 쓰고도 남을 정도였다. 여기저기 목초지에서 수레 몇 대 분량의 마른풀을 얻을 수 있었는데, 강기슭에 위치하여 갈대에 피해를 입고 있는 땅을 빼면 거기서 나오는 마른풀은 그 마을에서도 이름난 최상급 사료였다.

바르보네 집은 기와지붕을 얹은 멋진 건물로, 바람이 잘 부는 언덕 위에 세워져 있었다. 여기에는 수입이 많이 나는 채소밭과 여섯 명 정도의 일손이 필요한 포도밭이 딸려 있었다. 게다가 곳간 뒤에는 훌륭한 과수원(이 근처에서는 과일밭이라고 하는데)이 있어서 매실, 체리, 배, 마가목 등 여러 가지 과일이 주렁주렁 열렸다. 또 집 주위에는 이 부근에서 가장 오래되고 큰 호두나무가 있었다.

바르보는 부지런하고 선량하며 식구들을 무척 아끼는 사람으로 이웃이나 마을 사람들에게 도리에 어긋나는 짓을 하는 사람은 아니었다. 그에게는 이미 세 아이가 있었지만, 바르보 부인은 아이를 다섯 정도는 기를 수 있는 재산도 있고, 자신도 나이가 들어가니 서둘러야 한다고 생각한 듯, 한 번에 둘이나 되는 사내아이를 낳았다. 게다가 이 아이들은 누가 누구인지 분간하기 어려울 정도로 서로 닮아서 쌍둥이, 완전히 같은 얼굴을 가진 쌍둥이라는 것을 알 수 있었다.

산파인 사제트 할머니는 쌍둥이가 태어나자 먼저 태어난 아이의 팔에 잊지 않고 바늘로 십자 표시를 해두었다. 리본이나 목걸이로만 표시했다가는 나중에 구별이 되지 않아 형이 형이 아니게 되어버리는 일이 있기 때문이란다. 그래서 절대로 지워지지 않는 표시를 해두어야 한다고 했다. 가족들도 그 점을 잊지 않았다. 형의 이름은 실뱅이라고 지었는데, 그 위의 형과 구별하기 위해 곧 실비네로 불리게 되었다. 동생 이름은 랑드리였는데, 이름이 같은 작은아버지가 젊었을 때부터 랑드리쉬라고 불렸으므로 세례 때 붙여진 이름 그대로였다.

시장에서 돌아온 바르보는 요람 속에 조그마한 얼굴이 두 개 보이자 깜짝 놀랐다.

"오, 이런. 요람이 너무 작구나. 내일 아침 크게 만들어야겠는데."

바르보는 따로 배운 것은 아니지만 손재주가 있어서 집의 가구 가운데 절반 정도는 스스로 만들었다. 그리고 별로 놀란 표정도 없이 아내를 보러 갔다. 아내는 따뜻한 술을 한 잔 마셔서 몸 상태가 매우 좋았다.

"정말 수고 많았소. 이제는 내가 수고해야겠군. 바라지도 않았던 잘생긴 사내아이가 둘이나 생겼으니 이제 더 열심히 일해야겠는걸. 뭐, 쉴 새 없이 밭이랑 가축을 돌봐야겠지. 걱정하지 마시오, 열심히 일할 테니. 하지만 다음에는 한꺼번에 많이 낳지는 맙시다."

그러자 바르보의 아내가 눈물을 흘렸다. 바르보 씨는 당황스러웠다.

"괜찮아. 괜찮아. 걱정하지 마. 쌍둥이가 태어난 게 싫어서 한 말이 아니니까. 두 놈 다 아주 잘생기고 튼튼하던걸. 나는 무척 기쁘다오."

"나도 알아요. 하지만 너무 걱정이 돼서 그래요. 쌍둥이는 둘 다 잘 키우기 어렵다고 그러잖아요. 한 아이가 죽어야 다른 아이가 잘 자란다고……."

"그런 말들을 하기는 하지. 근데 쌍둥이를 본 것은 이번이 처음이야. 그렇게 흔한 일이 아니니까. 그러고 보니 사제트 할머니가 와 계셨지. 이런 일은 잘 아시니까, 한번 물어보자고."

사제트 할머니는 이렇게 말했다.

"안심해도 좋아. 쌍둥이는 잘 자랄 거야. 아픈 것도 여느 아이들과 같을 거야. 50년이나 산파를 하면서 이 근처 아이라면 태어나면서부터 자라고 죽을 때까지 봐왔어. 쌍둥이도 처음이 아니야. 닮았다고 해서 나쁜 게 아니지. 쌍둥이도 서로 닮은 점도 있고 아닌 점도 있으니까. 한쪽이 건강하고 한쪽이 약한 일도 있지. 그런 때에는 한쪽이 살고 한쪽은 죽어. 하지만 이 쌍둥이를 봐봐. 둘 다 잘생겼고 몸도 튼튼해. 엄마 배 속에 있었을 때도 서로에게 해를 입히지 않았던 거지. 엄마도 자기들도 괴롭히지 않고 둘 다 튼튼하게 태어났다고. 귀여운 아이들이야. 지금부터 기르기에 달렸어. 고민하지 마. 즐거워질 거야. 이대로 자라면 당신과 매일 얼굴을 보는 사람들 말고는 두 아이를 구분할 수 있는 사람은 없을 거야. 이렇게 꼭 닮은 쌍둥이는 본 적이 없어. 마치 자고새 새끼 두 마리가 알에서 부화한 것 같아. 정말 귀엽고 너무 닮아서 어미밖에 구분할 수가 없겠어."

"다행이네요." 바르보는 손을 비비며 말했다. "그런데 이건 내가 들은 이야기인데, 쌍둥이는 지나치게 사이가 좋아서 서로 헤어지면 살 수 없다고 하지 않아요? 적어도 한 명은 너무 슬퍼서 죽어버린다고 하던데."

"맞아, 사실이야." 사제트 할머니가 말했다. "이 늙은이가 지금 하는 말을 잘 들어두는 게 좋아. 잊어버리면 안 돼. 아이들이 당신들 품을 떠날 나이가 되었을 때에는 말해주고 싶어도 이 세상에 없을지도 모르니까 말이야. 저 아이들이 서로를 알아볼 수 있는 나이가 되면 붙어 다니지 않도록 해야 해. 한 아이를 밖에 데리고 나가면, 다른 아이는 집에 있게 하라고. 한 아이가 낚시를 가면 한 아이는 사냥에 가도록 해. 한 아이가 양을 지키면 한 아이는 목장에서 소를 지키러 가게 해. 한 아이에게 술을 가지고 오게 하면 한 아이에게는 물을 가지고 오게 해. 뭐든지 반대로 하는 거야. 그리고 둘을 같이 꾸짖거나 때려서는 안 돼. 같은 옷을 입히는 것도 좋지 않아. 한 아이가 차양이 있는 모자를 썼다면 다른 아이는 차양이 없는 모자를 쓰도록 하게. 특히 두 아이가 같은 파란색 웃옷을 입지 않도록 해. 이런 식으로 뭐든 머리를 짜내서, 두 아이가 독립성을 잃고 늘 붙어 다니게 되는 것만은 피하도록 해. 이렇게 말을 하고 있지만 당신들이 내 말을 한 귀로 흘려듣지나 않을지 걱정이야. 만일 내 말대로 하지 않으면 크게 후회할 거야."

사제트 할머니는 좋은 말을 해주어서 바르보 부부도 그 말을 그대로 믿었다. 그래서 꼭 지키겠다는 약속을 하고 좋은 답례품을 주어 돌려보냈다. 그리고 아이들을 같은 젖으로 기르지 말라고 할머니가 신신당부해서 바로 유모를 찾기 시작했다.

그러나 마을에서는 한 명도 찾지 못했다. 바르보 부인은 쌍둥이가 태어나리라고는 생각하지 못했고, 이제까지 아이는 모두 자신의 젖으로 길러왔기 때문에 미리 유모를 준비하지 않았던 것이다. 할 수 없이 바르보가 유모를 찾으러 근처 마을들을 돌아다녔다. 그동안 바르보 부인은 아기를 굶길 수는 없어서 두 아이 모두에게 자신의 젖을 물렸다.

이 근방 사람들은 좀처럼 바로 결정을 내리지 않았다. 또한 아무리 돈이 있는 사람이라도 돈거래를 할 때에는 흥정을 생각해야 한다. 바르보 집안이 급료를 넉넉히 줄 만한 돈을 갖고 있다는 것은 다들 알았고, 바르보 부인은 이제 한창 나이가 아니므로 젖먹이를 두 명이나 안고 있다가는 몸이 쇠약해질 것이 뻔했다. 그래서 바르보가 찾아간 유모는 너 나 할 것 없이 한 달에 18리브르라는 큰돈을 요구했다.

바르보는 12리브르에서 15리브르만 낼 생각이었고, 서민한테는 그것도 큰돈이라고 생각했다. 사방을 찾아다니며 말싸움까지 했지만 결말이 나지 않았다. 게다가 그다지 서두를 필요도 없었다. 그런 작은 갓난아이 두 명 때문에 금방 어머니 몸이 쇠약해지는 것도 아니었고, 둘 다 건강하고 얌전해서 그다지 울지도 않았다. 둘이지만 거의 한 사람 같아서 가족들도 돌보기가 수월했다. 한 아이가 자면 다른 아이도 잔다. 아버지가 요람을 잘 개조해 놨으므로, 두 아이가 같이 울면 요람을 흔들어서 함께 재웠다.

마침내 바르보는 한 유모를 15리브르에 고용하기로 했다. 그런데 바르보 부인이 말했다.

"별일 아니지 않아요? 뭐 때문에 1년에 180리브르, 200리브르나 써야 하죠? 난 정말 모르겠어요. 큰 저택 사모님들이라면 모를까, 나는 아이를 기를 수 없는 나이도 아니고, 젖이라면 남아돌 정도로 나오는걸요. 봐요, 한 달 사이에 이 아이들이 얼마나 잘 자랐는지요. 메를로드 부인에게 두 아이 중 한 명을 맡기겠다고 말씀하셨는데, 그 사람은 나보다 건강하지 않고 몸도 좋질 않아요. 젖이 나온 지도 이미 18개월이나 지났어요. 갓 태어난 아이들이 먹기에 좋은 젖이 아니에요. 사제트 할머니가 같은 젖을 먹지 말라고 한 건 둘이 너무 가까워지지 않게 조심하라는 말일 거예요. 하지만 둘 다 정성스레 돌봐줘야 하지 않겠어요? 한 명을 위해서 한 명을 버려야 한다면 사이가 좋아지도록 내버려두는 편이 더 낫겠어요. 더군다나 남의 손에 맡긴다고 해도 누구를 주면 좋을지 정말 모르겠어요. 속마음은 누구를 맡긴다고 해도 괴로워요. 지금까지 낳은 자식들 모두 귀여웠지만 왠지 이번에 낳은 아이들이 가장 사랑스럽게 느껴져요. 이 아이들을 바라보면 어쩐지 죽을 것만 같은 생각이 들어 걱정이 되어 견딜 수 없어요. 여보, 부탁이에요. 유모는 고용하지 말아요. 유모만 빼고 다른 건 다 할머니의 충고대로 하겠어요. 갓난아기들이 가까워지면 얼마나 가까워지겠어요? 젖을 뗄 무렵이 되어서야 겨우 자기 발로 손이나 만져보겠죠."

"당신 말도 일리는 있어." 바르보는 아직도 젊고 건강한 아내의 얼굴을 보면서 대답했다. "하지만 그러다가는 아이들이 점점 클수록 당신 몸이 버텨내지 못할 텐데."

"걱정하지 말아요." 바르보 부인이 말했다. "요즘엔 열다섯 살 처녀 때처럼 밥이 맛있거든요. 그리고 몸이 버티지 못할 것 같으면 숨기지 않고 말할게요. 그때 가서 안타깝지만 누구 하나를 유모에게 맡긴다고 해도 늦지 않아요."

바르보 역시 쓸데없는 돈을 쓰고 싶지 않았으므로 결국 아내의 말에 따랐다. 바르보 부인은 힘든 내색도 없이 아프지도 않고 쌍둥이를 길렀으며, 그 뒤에 젖을 떼고 2년이 지나 나네트라는 귀여운 여자아이를 낳아서 역시 자신의 젖으로 키웠다. 하지만 이건 조금 무리가 있어서 마침 첫아이가 생긴 지 얼마 안 된 맏딸이 막냇동생에게 때때로 젖을 물려주었는데, 그렇지 않았으면 끝까지 기르는 것은 어려웠을지도 모른다.

이렇게 집안 식구들은 점점 늘어갔고, 이윽고 집 안 가득 조그만 삼촌과 이모, 조그만 조카들이 우글거리게 되었다. 아이들은 삼촌, 조카를 따질 것 없이 모두 온순했다.

2

쌍둥이 형제는 다른 아이들에 비해 병치레도 하지 않고 잘 자랐다. 성격도 어른스럽고 온화하여, 이가 자랄 때나 키가 클 때에도 다른 아이들과는 달리 아파하지 않는 것 같았다.

둘 다 금발로, 커가면서도 변하지 않았다. 혈색도 좋고, 눈은 크고 파랬으며, 어깨는 딱 벌어지고, 또래 아이들보다 키도 크고 건강해서 코스 마을을 지나가는 옆 마을 사람들은 모두 걸음을 멈추고 두 아이의 얼굴을 바라보았다. 둘

다 꼭 닮아서 깜짝 놀라며 그때마다 이렇게 말하고 지나갔다.

"누구 집 아이인지는 모르겠지만, 이렇게 귀여운 아이가 둘이나 있다니!"

이런 탓에 어릴 때부터 쌍둥이 형제는 주목을 끌거나 질문을 받는 일이 자주 있었으므로 누구 앞에 나서도 수줍어하거나 겁내는 법이 없었다. 다른 아이들은 낯선 사람을 보면 덤불 뒤에 숨거나 하는데, 그들은 누가 다가와도 겁내지 않고 언제나 예의 바르게 옆에 다가가서 무슨 질문을 받아도 고개를 숙이거나 우물쭈물하지 않고 싹싹하게 대답했다. 누군가 그 애들에게서 다른 점을 찾으려고 해도 달걀과 달걀을 나란히 놓고 보는 것 같았다. 그러나 15분쯤 찬찬히 보면 랑드리가 조금 더 키가 크고 몸이 단단하며, 머리카락 색깔도 조금 짙고 코도 크고, 눈도 날카롭다는 것을 알 수 있다. 또 랑드리가 이마가 넓고 생김새도 야무지다. 형 실비네는 오른쪽 뺨에 반점이 있는데 랑드리는 왼쪽 뺨에 반점이 있고 좀 더 선명했다. 그래서 마을 사람들도 두 사람을 구별할 수 있었지만, 구별하기까지 시간이 걸렸고 해 질 녘이나 조금 떨어진 곳에서는 다들 구분하지 못했다. 이것은 쌍둥이 형제가 목소리가 같고, 다른 사람들이 자신들을 구분하지 못할 때가 있다는 것을 알고 있어서 누구 이름으로 불리든지 대답을 했으며 틀려도 바로잡아주지 않았기 때문이기도 했다. 바르보조차 가끔 헷갈릴 때가 있었다. 사제트 할머니가 예언한 대로 밤이 깊어도 아무리 멀리서도 두 사람을 보자마자 목소리를 듣자마자 정확히 누군지 알아보는 사람은 어머니뿐이었다.

사실 두 사람은 서로 우열을 가릴 수 없었다. 랑드리가 형에 비해 조금 더 밝고 씩씩하다면 실비네는 붙임성 있고 영리해서 모두들 둘 다 좋아하지 않을 수 없었다. 가족들도 석 달 동안은 두 사람이 지나치게 어울려 다니지 못하게 하려 했었다. 석 달이면 시골에서 뭔가 특별한 일을 하기에는 꽤 긴 시간이다. 그런데 효과는 없었다. 또한 사제의 이야기로는 사제트 할머니는 말도 안 되는 이야기만 늘어놓은 것이며, 신께서 천성을 그렇게 정하셨다면 인간의 힘으로 고치려 해도 고칠 수 없다는 것이었다. 그래서 가족들은 처음에는 사제트 할머니의 말에 따르려고 했지만 점점 그 충고를 잊어버렸다. 처음으로 두 사람이 반바지 차림으로 미사에 갔을 때에도 같은 옷을 입었다. 그럴 수밖에 없는 것이, 어머니 치마 한 벌이 두 사람의 옷이 되었는데 그 동네 재봉사는 한 가지 모양의 옷밖에 만들 수 없었기 때문이었다.

두 사람은 좋아하는 색깔까지 같았다. 새해에 로제트 고모가 넥타이를 하나씩 선물하겠다고 했을 때에도 두 사람은 페르쉬산(産) 말[1] 등에 물건을 싣고 집집마다 돌아다니는 만물상에게서 똑같은 라일락색 넥타이를 사달라고 했다. 고모는 같은 옷을 입고 싶어서냐고 물어보았다. 그러나 형제에게는 그런 깊은 생각은 없었다. 실비네는 이것이 만물상의 고리짝에 들어 있던 것 가운데서 가장 예쁘고 무늬가 좋기 때문이라고 했다. 랑드리는 다른 넥타이는 다 마음에 들지 않는다고 했다.

"제 말의 색은 어떤가요?" 만물상이 웃으면서 말했다.

"진짜 더러워." 랑드리가 말했다. "마치 늙어 빠진 까치 같아."

"정말 더러워." 실비네가 말했다. "마치 군데군데 털이 빠진 까치하고 똑같아."

"이거 보세요. 아시겠죠?" 만물상은 감정사 같은 얼굴을 하고 고모에게 말했다. "이 아이들에게 물건이 같게 보이는 겁니다. 한 사람이 빨간 것을 노란색이라고 말하면, 다른 한 사람도 노란색을 빨갛다고 말할 게 분명해요. 그러니까 그렇지 않다고 해서는 안 돼요. 쌍둥이는 같은 판에서 찍어낸 두 장의 판화같이 생각한다고 하니까요. 억지로 못하게 하면 바보처럼 되어서 이상한 말을 하게 된다고 해요."

만물상이 그렇게 말한 것은 이 라일락색 넥타이는 염색이 잘못되어서 한꺼번에 두 개를 팔아버릴 속셈 때문이었다.

그 뒤로 쌍둥이는 쭉 같은 옷을 입고 다녀서 사람들이 구별하지 못하는 일이 많아졌다. 아이들의 장난 때문인지, 사제가 인간의 힘으로는 어쩔 수 없다고 했던 천성 때문인지 하나가 나막신의 앞을 깎으면 다른 하나도 바로 같은 쪽의 나막신 앞을 깎아냈다. 하나가 웃옷이나 모자가 찢어지면 다른 하나도 바로 똑같이 찢어진 데를 만들어서 그 둘은 함께 찢은 것인가라는 생각이 들게 한다. 그래서 왜 그렇게 됐냐고 누가 물으면 쌍둥이 형제는 갑자기 웃음을 터뜨리거나 시치미를 떼거나 했다.

다행인지 불행인지 그들은 커가면서 사이가 더 좋아졌다. 그들은 한쪽이 없

---

[1] 프랑스 노르망디 근처 페르쉬 지방의 말.

으면 다른 아이와 놀아도 재미가 없다고 했다. 어느 날 바르보는 한 사람은 온
종일 자기 옆에서 일하게 하고, 한 사람은 어머니와 함께 집을 지키게 했다. 그
러자 둘 다 얼굴이 창백해지고 풀이 죽었다. 병이라도 난 게 아닌가 생각이 들
정도였다. 저녁에 둘이 만나자 손을 잡고 이리저리 걸어 다녔다. 집에는 돌아가
고 싶지 않은 것 같았다. 그만큼 함께 있는 것이 즐겁고, 자신들을 슬프게 한
부모님에게 토라졌기 때문이었다. 가족들은 이런 일을 다시는 시도하지 않았
다. 부모님뿐 아니라 작은아버지나 작은어머니, 형, 누나들까지 좀 지나칠 정
도로 쌍둥이 형제의 응석을 받아주며 귀여워했다. 늘 사람들에게 칭찬받는
두 사람이 가족은 무척 자랑스러웠다. 게다가 그들은 못생기지도, 바보 같지
도, 심성이 비뚤어지지도 않았다. 때로는 바르보도 좀 걱정이 되기는 했다. 이
렇게 늘 함께 있는 쌍둥이 형제가 어른이 되면 과연 어떻게 될까. 사제트 할머
니가 했던 말도 떠올랐다. 그래서 그는 두 사람이 서로를 질투하도록 꾀를 내
었다. 예를 들어 두 사람이 조그만 실수를 하면 바르보는 실비네의 귀를 잡아
당기면서 랑드리에게는 이렇게 말한다. "이번만은 봐주마. 너는 평소에 얌전하
니까." 그러나 실비네는 동생이 아버지에게 혼나지 않는 것을 보고 자신의 귀
가 타는 것같이 아팠음에도 기뻐하면서 참았고, 랑드리는 자신이 벌을 받는
것같이 울었다. 또 둘 다 갖고 싶어 하던 것을 한 사람에게만 주기도 해보았다.
형제는 그게 먹을 수 있는 것이면 나눠 먹었다. 음식이 아니라 장난감, 작은 낫,
괭이 같은 것이면 공동으로 소유하거나 서로 빌려주어 네 것, 내 것 구별하지
않았다. 한 사람만 예의 바르다 칭찬하고 한 사람은 못 본 척해도 외면당한 사
람은 자신의 형제가 칭찬을 받고 귀여움을 받는 것을 보고 자신의 일인 양 기
뻐하고 자랑스러워했다. 결국 정신적으로나 육체적으로나 두 사람을 떼어놓으
려고 하는 것은 쓸데없는 짓이었다. 또 귀여운 아이들을 떼어놓아 슬프게 하
는 일은 그것이 아이들을 위한 것이라도 내키지 않았다. 곧 가족들은 신의 뜻
에 형제를 맡기게 되었다. 이런 식으로 형제를 차별해서 약 올리는 일은 장난
처럼 되어버렸고, 그 뒤부터 쌍둥이 형제들도 속지 않았다. 그들은 머리를 써
서 잔소리를 듣지 않으려고 서로 싸우거나 때리는 시늉을 했다. 그러나 장난삼
아 할 뿐, 엎치락덮치락 싸우고는 있지만 조금도 서로를 다치게 하려는 마음은
없었다. 그래서 어떤 멍청이가 그들이 서로 으르렁대고 있는 것을 보고 놀란

얼굴을 하거나 하면, 그들은 뒤에서 그 사람을 비웃었다. 그리고 한 가지에 앉은 두 마리 새처럼 소리를 맞추어 재잘거리거나 노래를 불렀다.

이렇듯 서로 꼭 닮고 사이가 좋은 형제였지만, 신은 하늘에도 땅에도 무엇 하나 완전히 같은 것은 만드시지 않기에 두 사람도 저마다 다른 운명을 부여받게 된다. 그때 처음으로 그들은 자신들도 신의 뜻 아래에서는 전혀 다른 인간이고 타고난 기질도 다르다는 것을 깨닫게 된다.

그들은 어느 사건에 부딪히고 나서야 그것을 깨닫게 되는데, 그 사건은 두 사람이 첫 영성체를 끝낸 뒤에 찾아왔다. 바르보의 가족은 튼튼한 아기를 쉼없이 낳는 두 딸 덕분에 점점 늘어났다. 맏아들 마르탱은 훌륭한 청년인데 군대에 가 있었다. 딸들도 사위들도 열심히 일했지만 늘 일이 있는 것은 아니었다. 요새 이 지역은 수해를 입고 거래가 이루어지지 않는 등 이런저런 일들로 흉년이 몇 년이나 이어져서 서민들 지갑에서 나가는 돈이 들어오는 돈보다도 많았다. 바르보도 식구들을 모두 먹여 살릴 여유가 없어져 쌍둥이 형제를 남에게 더부살이로 보낼 생각을 하게 되었다. 마침 논밭을 꽤 많이 가지고 있던 프리쉬 마을의 카이요라는 사람이 자기 식구들은 모두 너무 늙거나 어려서 소를 돌볼 수 없으니 소를 돌봐줄 사람을 한 명 고용하겠다고 했다. 바르보 부인은 남편으로부터 처음 그 이야기를 듣자 몹시 걱정하며 슬퍼했다. 마치 쌍둥이 형제에게 이러한 때가 오리라는 것을 한 번도 생각한 적이 없었던 듯한 모습이었지만, 사실은 두 사람이 태어나면서부터 계속 이런 순간이 닥칠 때만을 걱정하고 있었다. 그러나 남편의 말에는 결코 반대하지 않는 여자였기에 결국 아무 말도 할 수 없었다. 바르보는 바르보대로 걱정이 되어 서두르지 않았다. 형제는 울기만 했다. 사흘 동안 숲이나 들을 돌아다니며 끼니 때 말고는 누구에게도 모습을 보이지 않았다. 부모님에게도 말 한마디 하지 않았고, 부모님 말대로 할 마음이 생겼냐고 물어도 아무런 대답도 하지 않았다. 그러나 둘만 있으면 이런저런 이야기를 나누곤 했다.

바르보의 이야기를 들은 첫날, 두 사람은 땅이 꺼져라 한숨만 쉬었다. 형제는 억지로 떨어지게 될까 두려운지 팔짱을 꼭 끼었다. 그러나 바르보는 두 사람을 억지로 떼어놓을 생각이 없었다. 바르보에게는 바르보 나름의 생각이 있었다. 현명한 시골 사람답게 시간이 약이라는 생각으로 천천히 기다리는 것이었다. 다음 날이 되어도 아버지는 형제를 혼내지 않고 가까운 시일 안에 생각을 바꾸기만을 기다리는 것 같았다. 형제는 혼나거나 벌받는 것보다 이런 식으로 아버지의 결심이 굳은 것을 깨닫고 부들부들 떨었다.

"아버지가 하라는 대로 하는 수밖에 없겠어." 랑드리가 말했다. "카이요 씨가 우리 둘 다 고용할 수는 없다고 하셨으니까. 누가 가느냐가 문제야. 우리 마음대로 정하라고 하셨지만."

"누가 가든지 똑같아. 우리는 헤어져야 해." 실비네가 말했다. "더부살이 같은 건 생각해보지도 않았어. 너와 함께 간다면 집 생각도 안 할 수 있겠지만."

"말은 그렇지만 역시 부모님 곁에 남는 편이 위안이 되고 싫은 일도 적을 거야. 더부살이로 가게 되면 부모님도, 형제도, 채소밭도, 소나 말도, 우리가 좋아하는 모든 것을 볼 수 없게 될 거야."

랑드리는 아주 침착하게 말했다. 실비네는 또 울기 시작했다. 동생만큼 야무진 성격이 아니었고, 이렇게 한순간에 자신이 사랑하는 모든 것과 헤어진다고 생각하니 너무 슬퍼져서 끝없이 눈물이 나왔다.

랑드리도 울었지만 형만큼은 아니었다. 처음부터 힘든 일은 자신이 떠맡을 생각이었다. 실비네가 감당할 수 없는 고생은 하지 않도록 해주고 싶었다. 실비네는 낯선 곳에 가서 살거나 자신의 집이 아닌 곳에 들어가는 것을 자신보다도 더 무서워하고 있었다.

"형." 랑드리는 말했다. "서로 헤어질 결심이 서면 내가 가는 게 좋겠어. 내가 형보다 더 튼튼해서 똑같이 병에 걸렸을 때도 형이 더 열이 심하게 나잖아. 사람들 이야기로는 우리는 헤어지면 죽는다고 하던데. 나는 죽는다고 생각하지 않지만 형은 내가 보증할 수 없으니까. 이 때문에라도 형은 어머니와 함께 있었으면 좋겠어. 그편이 안심이 돼. 어머니가 다정하게 돌봐주실 테니까. 물론 그런 일은 거의 없지만, 우리 가족들이 편애를 했다면 그거야 당연히 형이야. 그럴 수밖에 없지. 형이 더 귀엽고 붙임성 있는걸. 그러니까 형은 집에 남아 있어. 내가 갈 테니까. 그렇게 된다고 해도 그리 멀리 떨어지게 되는 것도 아니야. 카이요 씨 땅은 우리 집 땅과 이어져 있으니까 매일 만날 수 있어. 나는 몸 쓰는 걸 좋아하니까 그럭저럭 해나갈 수 있을 거야. 형보다 달리기가 빠르니까 저녁 일을 마치면 곧장 형을 만나러 올게. 형은 특별히 하는 일도 없으니 산책이라도 할 겸 나를 보러 와줘. 형이 더부살이를 가고 내가 집에 남는 것보다 이렇게 하면 내가 형을 걱정하지 않아도 되잖아. 형은 집에 있어줘."

3

실비네는 이 제안을 받아들이려고 하지 않았다. 부모님과 어린 여동생 나네트와도 헤어지고 싶지 않은 마음은 랑드리 이상이었지만, 소중한 동생에게 무거운 짐을 떠넘길 수는 없었다.

실컷 말다툼을 벌인 끝에 두 사람은 제비뽑기로 결정하기로 했다. 그 결과 랑드리가 당첨됐다. 실비네는 제비뽑기만으로는 마음이 개운하지가 않아서 2수짜리 동전으로 동전 던지기를 하자고 했다. 세 번 모두 실비네에게 앞면이 나왔다. 가는 것은 역시 랑드리였다.

"거봐, 이렇게 될 운명이야." 랑드리가 말했다. "운명은 거스르는 게 아니야."

3일째 되는 날에도 실비네는 울었지만, 랑드리는 이제 거의 울지 않았다. 맨처음 더부살이를 간다고 생각했을 때 랑드리는 형인 실비네 이상으로 괴로웠을지도 모른다. 하지만 랑드리는 자신이 용감하다는 것도 잘 알고 있었고, 이번만큼은 부모님이 하라는 대로 해야 한다는 것도 알고 있었다. 이렇게 끊임없이 괴로움에 대해 생각했더니 오히려 괴로움도 한층 빨리 옅어지고 분별도 생겼다. 이와 반대로 실비네는 슬퍼하기만 했기 때문에 스스로 생각할 용기도 없었다. 그래서 랑드리는 이제 완전히 갈 결심을 굳혔는데 실비네는 아직 랑드리를 보낼 마음의 준비가 되지 않았다.

게다가 랑드리는 실비네보다 고집이 있었다. 두 사람이 서로 떨어져 살지 않으면 언제까지고 한 사람 몫의 반밖에 할 수 없다는 말을 계속 들어왔다. 랑드리는 이제 자신도 열네 살이 되었으니 아이가 아니라는 사실을 모두에게 보여주고 싶었다. 예전에 두 사람이 나무 꼭대기로 새 둥지를 가지러 갔던 시절부터 오늘날까지 랑드리는 늘 형을 설득해 자신의 생각대로 해왔다. 이번에도 그는 결국 형을 설득했다. 저녁 무렵 집으로 돌아와 아버지에게 형과 자신은 부모님이 시키는 대로 하기로 결정했으며, 둘이서 제비를 뽑은 끝에 자신이 프리쉬 마을로 커다란 소를 돌보러 가기로 되었다는 것을 알렸다.

바르보는 제법 다 자란 쌍둥이 형제를 무릎에 앉히며 말했다.

"애들아, 너희도 이제 다 컸구나. 이번에 확실히 알았다. 그렇게 말해주니 정말 기쁘구나. 아이가 부모를 기쁘게 하면 하늘에 계신 신도 기뻐해주시니까 언젠가 반드시 좋은 보답이 있단다. 이 점을 잘 기억해두거라. 두 사람 가운데 누가 먼저 아버지 말에 따르기로 했는지 묻지 않겠다. 그렇지만 신께서는 알고 계신다. 잘했다고 칭찬해주실 거야. 또 다른 사람도 잘했다고 칭찬해주겠지만"

바르보는 쌍둥이 형제를 어머니에게 데리고 가서 두 사람을 칭찬해주라고 했다. 하지만 바르보 부인은 울음을 참는 것이 고작이어서 아무 말도 하지 못하고 그저 두 사람을 꼭 안아주었다.

바르보도 눈치가 있어서 두 사람 가운데 누가 용기가 있고, 누가 미련이 강한지 잘 알고 있었다. 랑드리와 헤어지기로 한 실비네의 결심이 약해져서는 안 된다고 생각했다. 랑드리도 각오한 모양이지만, 형이 슬퍼하면 결심이 흔들릴지 몰랐다. 그래서 바르보는 옆에서 자고 있는 실비네의 몸을 건드리지 않도록 조심하면서 날이 밝기 전에 랑드리를 깨웠다.

"자, 랑드리." 바르보는 작은 목소리로 말했다. "어머니가 일어나서 보시기 전에 프리쉬로 떠나야만 해. 네가 떠나는 모습을 보면 어머니가 슬퍼할 테니까. 네가 일하는 곳으로 데려다주마. 짐도 가져가야 하니까."

"형에게 작별 인사를 해도 될까요?" 랑드리가 물었다. "아무 말도 없이 가면 원망할 거예요."

"형이 일어나서 네가 가는 것을 보면 분명히 울 거야. 그러면 이번에는 어머니가 일어나서 너희들이 슬퍼하는 모습을 보고 더 심하게 우실 테지. 자, 랑드리, 너는 다정한 아이잖니. 설마 어머니가 아프기를 바라지는 않겠지. 어차피 해야 할 일이라면 씩씩하게 해내야 하는 거야. 가자. 오늘 밤에라도 형을 데리고 가마. 내일은 일요일이니까 새벽부터 어머니를 만나러 올 수 있단다."

랑드리는 아버지 말씀을 듣고 뒤도 돌아보지 않고 문을 나섰다. 바르보 부인은 마음이 편치 않아 잠을 이루지 못하고 있었기 때문에 바르보가 랑드리에게 하는 말을 전부 들었다. 그러나 바르보의 말이 옳다고 생각해서 꼼짝도 하지 않고 침대 커튼만 조금 열어 랑드리가 나가는 모습을 눈으로 배웅할 뿐이었다. 랑드리의 뒷모습을 보고 있으니 가슴이 아파와 뒤쫓아가 꼭 안아주고 싶어 침대에서 뛰어내렸다. 쌍둥이 형제의 침대 앞까지 온 바르보 부인은 갑자기 멈춰 섰다. 실비네가 아직 잠들어 있었기 때문이었다. 실비네는 거의 3일 내내 울어 몸이 녹초가 되어 있었고, 열까지 나 몸을 계속 뒤척였다. 한숨을 깊게 쉬거나 흐느끼면서도 전혀 눈을 뜨지 못했다.

바르보 부인은 자신의 품에 남은 실비네를 천천히 바라보며, 이 아이가 가버렸다면 그것이야말로 정말 괴로웠으리라 생각했다. 실비네는 몸이 그다지 튼튼하지 않아서인지, 아니면 연인이나 친구 사이에서 그러하듯 서로 사랑하는 두 사람 가운데서 반드시 한 사람이 더 열정을 쏟게 되도록 신이 정하신 탓인지, 바르보 부인은 실비네에게 더 정이 갔다. 바르보는 다정다감함보다도 일솜씨와 용기를 중요시했기 때문에 랑드리를 조금 더 귀여워했다. 마찬가지로 바르보 부인은 상냥하고 섬세한 아이인 실비네를 조금 더 아꼈다.

창백한 얼굴로 녹초가 되어 누워 있는 가련한 아이의 얼굴을 보면서 생각했다. '이 아이를 더부살이 보내는 일은 불쌍해서 절대로 할 수 없어. 랑드리는 실비네보다 튼튼하니까 어지간한 고생도 참을 수 있고, 실비네에 대해 걱정은 해도 그 때문에 병이 들 정도는 아니야. 그래, 그 애는 망설이지 않고 제 할 일을 한다는 점에서는 참 훌륭해. 그렇지만 조금이라도 정이 있는 아이였다면, 그런 식으로 한 치의 망설임도 없이 한 번 돌아보지도 않고, 슬픔의 눈물 한 방울 흘리지 않고 가버리지 않았을 거야. 틀림없이 발걸음을 뗄 힘도 없이 바닥에 주저앉아 무릎을 꿇고 제발 용기를 달라고 신께 기도하지 않을 수 없었겠지. 그리고 내 침대로 다가와 자는 척하고 있던 내 얼굴을 바라보기만이라도, 침대 커튼에 키스하는 것만이라도 해주었을 거야. 랑드리는 정말 천생 남자야. 기운차게 몸을 움직이거나 농사일을 하거나, 그런 일만 하고 있으면 되지. 반면에 이 아이는 여자아이처럼 정이 있어. 정말로 착하고 귀여워서 눈에 넣어도 아프지 않을 정도야.'

이런 것을 마음속으로 계속 생각하면서 바르보 부인은 자신의 침대로 돌아갔지만 좀처럼 잠이 오지 않았다. 그 무렵 바르보는 랑드리를 데리고 초지와 목장을 지나 프리쉬 마을로 서둘러 가고 있었다. 이윽고 나지막한 언덕 위까지 오자, 이제 내리막길만 지나면 코스 마을의 집은 보이지 않게 되기 때문에 랑드리는 멈춰 서서 뒤를 돌아보았다. 그러자 가슴이 먹먹해져서 풀고사리 잎 위에 털썩 주저앉은 채 한 발자국도 떼지 못했다. 아버지는 그 모습을 눈치채지 못한 척하고 그대로 계속 걸어갔다. 하지만 조금 가다 뒤를 돌아보고 다정하게 랑드리를 재촉했다.

"자, 날이 밝아오는구나. 해가 뜨기 전에 도착해야 한단다. 서두르자."

랑드리는 바로 일어났다. 주머니 속에 있는 주머니칼을 떨어뜨려서 줍고 있던 척을 했다. 아버지 앞에서는 결코 울지 않겠다고 각오했기 때문에 눈물이 차오르는 것도 그대로 삼켜버렸다. 그 뒤로 프리쉬 마을에 도착할 때까지 마음속의 슬픔을 조금도 얼굴에 내보이지 않았으나, 그것은 결코 어지간한 정도의 슬픔이 아니었다.

4

카이요는 바르보가 쌍둥이 형제 가운데서 튼튼하고 일 잘하는 쪽을 데리고 온 것을 보고 크게 기뻐하며 맞았다. 그러나 이렇게 결정하기까지 얼마나 힘들었을지는 잘 알고 있었다. 카이요는 인품이 훌륭한 사람으로 다른 사람에게 친절한 남자였고, 바르보와는 매우 사이좋은 친구였기 때문에 랑드리의 기분을 풀어주려 애썼다. 바로 아침밥을 내어오게 하고 술을 한 병 곁들여 랑드리의 마음에 힘을 불어넣고자 했는데, 그 마음속에 슬픔이 있음은 누가 봐도 알 수 있었다. 아침을 먹은 뒤, 카이요는 랑드리를 외양간에 데리고 가서 소 다루는 법을 보여주었다. 사실 랑드리도 이 일에 대해서 전혀 모르지는 않았다. 아버지 바르보도 꽤 훌륭한 소를 두 마리 가지고 있어서, 랑드리는 자주 소를 수레에 매달아 끌고 다니는 일을 능숙하게 해내곤 했었다. 카이요가 가진 소는 이 근방에서도 가장 손질이 잘된, 가장 살이 찌고 가장 혈통이 좋은 놈이어서 랑드리는 이 소를 보고, 오늘부터 이렇게 멋진 소를 자신이 맡아 돌본다는 생각에 자랑스러워 가슴이 두근거렸다. 게다가 자신의 일처리가 서투르지도 느리지도 않으며, 새로 배울 게 없음을 보여주는 것도 기뻤다. 바르보도 이렇게 일 잘하는 아들을 칭찬해주었다. 이윽고 논에 나갈 시간이 되자 카이요의 아이들이 모두 와서 랑드리에게 키스했다. 막내딸은 랑드리의 모자에 꽃가지를 리본으로 묶어주었다. 이날은 랑드리가 이 집의 고용인이 된 첫날로, 랑드리를 환영하는 카이요 가족에게는 축제 같은 날인 셈이었다. 바르보는 돌아가기 전에 오늘부터 랑드리의 주인이 된 카이요 앞에서 한바탕 설교를 하고,

이제부터 뭐든 주인의 맘에 들 수 있도록 노력하고, 자신의 소라 생각하며 소를 돌보아주라고 일렀다.

설교가 끝나자 랑드리는 열심히 하겠다고 아버지 앞에서 약속하고 바로 농사일을 하러 나갔다. 온종일 부지런히 일해서 자신의 몫을 훌륭하게 해냈기 때문에 돌아왔을 때에는 배가 고팠다. 이렇게 힘들게 일한 것은 이번이 처음이었고, 얼마쯤의 피로는 슬픔을 지우는 특효약이 되었다.

그러나 쌍둥이 저택에 남은 실비네에게 이날은 그렇게 편안하지는 않았다. 미리 말하는 것을 잊어버렸는데, 코스 마을에 있는 바르보의 집과 땅은 이 쌍둥이 형제가 태어나고 얼마 되지 않아 이 집에 있던 하녀가 또―직접 기르지는 않았지만―쌍둥이 여자아이를 낳아서 쌍둥이 저택이라고 불렸다. 그런데 사람들은 쓸데없는 말을 하거나 별명을 붙이거나 하는 것을 좋아해서 그 뒤로도 쭉 바르보의 집과 땅을 쌍둥이 저택이라 부르게 되었다. 실비네와 랑드리를 보기만 하면 아이들은 으레 두 사람을 에워싸고 떠들어댔다.

"야, 쌍둥이 저택의 쌍둥이가 왔다."

그건 그렇고 바르보의 쌍둥이 저택에는 이날 슬픈 일이 있었다. 실비네는 눈을 뜨자마자 옆에 동생이 없는 것을 보고 혹시나 하긴 했지만, 설마 이런 식으로 자신에게 작별 인사도 하지 않고 가버릴 줄은 꿈에도 생각하지 못했다. 마침내 상황을 깨닫자 실비네는 몹시 슬퍼하면서도 한편으로는 랑드리가 괘씸했다.

"내가 뭘 어쨌다고." 실비네는 어머니에 말했다. "뭐가 맘에 안 든다는 거야? 랑드리가 하자고 하면 뭐든 그대로 따라줬잖아. 엄마 앞에서 울지 말라고 해서 목구멍이 터질 것 같은 것을 참고 울지 않았어. 가기 전에 이야기를 실컷 하고, 힘내게 해준다고 그렇게 약속했으면서. 그리고 '삼밭'을 빠져나가서, 왜 있잖아, 늘 둘이서 놀러 갔던 거기 말이야. 거기서 함께 아침을 먹기로 약속했었어. 내가 짐도 챙겨주고, 내 주머니칼도 주려고 했는데. 내 것이 랑드리 것보다 좋으니까. 그럼 엄마는 어제저녁 나한테는 아무 말도 하지 않고 짐을 꾸려두었구나. 랑드리가 나한테 작별 인사도 하지 않고 가버릴 것을 알고 있었어."

"엄마는 단지 아버지가 하자는 대로 했을 뿐이야." 바르보 부인이 대답했다.

부인은 온갖 수단과 방법을 동원해서 어떻게든 실비네를 위로하려고 했다.

그렇지만 실비네는 뭐라 해도 듣지 않았다. 마침내 어머니도 울음을 터트리고 말았는데, 그 모습을 보자 실비네도 겨우 정신을 차리고 어머니를 안고 사과했다. 그렇지 않아도 슬픈 어머니에게 억지를 부려서 미안하니까, 사과하는 뜻에서 오늘은 온종일 곁에 있어주겠다고 약속했다. 그러나 어머니가 닭을 살피고 세탁을 하러 잠시 자리를 비운 사이, 실비네는 지체 없이 집을 뛰쳐나가 프리쉬 마을 쪽으로 달려갔다. 어디로 가겠다는 생각도 없이 단지 알 수 없는 기분에 이끌려 뛰쳐나온 것으로, 수컷 비둘기가 암컷의 뒤를 따라 길 따위는 개의치 않고 뒤쫓아가는 것과 같은 모습이었다.

마침 그쪽에서 돌아온 아버지를 만나지 않았다면 그는 프리쉬 마을까지 갔을지도 모른다. 아버지는 실비네의 팔을 움켜잡고 이렇게 말하며 데리고 돌아왔다.

"오늘 밤에 같이 가자. 아무리 친형제라도 일하는 동안에는 방해해서는 안 돼. 그러면 주인이 좋아하지 않을 테니까. 그리고 네 어머니도 슬퍼하고 계시지 않니. 넌 효자이니까 가서 잘 위로해드려야지."

5

실비네는 집에 돌아오자 어린아이처럼 어머니 옷자락에 매달려 하루 내내 그 곁을 떠나지 않았다. 그는 끊임없이 랑드리에 대해서 말했으며 두 사람이 늘 함께 놀던 곳을 지날 때마다 랑드리를 떠올렸다. 밤이 되자 드디어 프리쉬 마을로 가기로 했는데, 아버지도 간다고 해서 둘이서 떠났다. 실비네는 동생 랑드리를 만나러 간다는 것에 들떠 저녁도 먹지 않고 서둘러 나섰다. 랑드리가 도중까지 자신을 마중 나올 것이란 생각 때문인지 당장이라도 동생이 뛰어오는 모습이 보이는 것 같았다. 랑드리도 그러고 싶었지만 가려고 하지는 않았다. 쌍둥이끼리의 애정이라고 하면 무슨 병적인 것으로 취급되게 마련인데, 랑드리는 그 때문에 프리쉬 마을 사람들에게 웃음거리가 되는 것이 두려웠던 것이다. 실비네가 와서 보니 랑드리는 새치름한 얼굴로 저녁을 먹고 있었다. 마치 태어나면서부터 쭉 카이요네 사람들과 함께 살아온 사람 같았다.

그렇게 행동하기는 했지만, 실비네가 들어오자 랑드리는 기뻐서 날아오를 것 같았다. 만약 옆에 사람들만 없었다면 실비네에게 달려드느라 식탁도 의자도 엎어버렸을지도 몰랐다. 하지만 주인집 사람들이 신기한 듯 자신들을 쳐다보고 있었기 때문에 그렇게 할 수 없었다. 그들은 쌍둥이가 어떤 식으로 행동하는지 지켜보면 지금까지 본 적 없는, 즉 마을 학교 선생이 자주 말하는 '기현상'이라는 것을 볼 수 있다고 생각해 그것을 기대하는 모양이었다.

그러한 상황이기 때문에 실비네가 자신에게 뛰어와서 눈물을 흘리며 키스하고, 작은 새가 둥지 안에서 몸을 데우고자 형제끼리 날개를 서로 붙이듯이 자기를 꼭 껴안았을 때, 랑드리는 주위의 시선 때문에 창피했다. 그러나 실비네가 기뻐하고 있는데 말릴 수는 없었다. 그래도 형보다는 분별 있는 모습을 보여주고 싶어서 때때로 조심하라고 형에게 눈치를 주었지만, 그것이 실비네에게는 뜻밖이었고 몹시 불만스러웠다. 바르보는 카이요와 한잔하며 이야기를 하기 시작했고 형제는 밖으로 나갔다. 남들 눈에 띄지 않는 곳에서 랑드리도 형을 마음껏 환영하고 싶었다. 그런데 다른 아이들이 멀리서 두 사람의 모습을 보고 있었다. 그 가운데 카이요의 막내딸 솔랑주는 꾀가 많고 호기심도 많아서 두 사람 뒤를 살금살금 따라왔다. 오리나무밭까지 따라온 솔랑주는 두 사람이 그쪽을 보자 난처한 듯이 웃으면서도 한사코 돌아가려고 하지 않았다. 뭔가 기묘한 것을 볼 수 있으리라 생각했기 때문이다. 그러면서도 형제가 사이 좋은 것이 대체 뭐가 신기한지 스스로도 잘 몰랐다.

실비네는 동생이 자신을 만나도 태연한 얼굴이어서 뜻밖이었으나, 그런 불평을 할 마음이 생기지 않을 만큼 이렇게 동생과 함께 있는 것이 몹시 기뻤다. 그다음 날 랑드리는 카이요가 그날은 일하지 않아도 좋다고 했기 때문에, 오늘은 홀가분한 기분으로 집에 돌아가기로 했다. 아침 일찍부터 길을 나서서 형이 아직 자고 있을 때쯤 도착하겠다고 생각했다. 그런데 실비네는 평소에는 늦잠을 자는데 그날은 랑드리가 과일밭 울타리를 넘은 바로 그때에 눈을 뜨고, 랑드리가 집으로 온다는 예감이 들어서인지 맨발로 뛰쳐나갔다. 이날은 랑드리에게 매우 즐거운 하루였다. 여기로 날마다 돌아올 수 없기 때문에 돌아온다는 것이 마치 한 주에 한 번 있는 상과 같은 것임을 알고 있는 지금에서는, 이렇게 집안 식구들의 얼굴과 자신의 집을 볼 수 있다는 것이 매우 기뻤다. 실비네도 그날 점심때까지는 슬픔을 완전히 잊어버렸다. 아침에는 동생과 함께 점심을 먹는다는 생각을 했는데, 점심을 먹자 저녁이 마지막 식사가 된다는 생각에 정신을 차릴 수 없어 안절부절못하기 시작했다. 진심을 다해 동생을 돌봐주거나 기분을 맞춰주고, 자기 빵 뒤쪽과 샐러드 심과 같이 가장 맛있는 것을 동생에게 주었다. 그러고 나자 이번에는 마치 먼 나라로 여행을 떠나는 사람처럼 옷가지나 신발에 대한 걱정을 하는데, 왠지 동생이 몹시 불쌍하다고 생각하는 모습이었다. 그렇지만 슬픔은 자신이 더 깊으므로 두 사람 가운데 불쌍한 사람은 바로 자신이라는 것을 알아채지 못했다.

6

일요일이 아닌 날에도 실비네는 매일 랑드리를 만나러 갔다. 랑드리는 쌍둥이 저택 쪽에 볼일이 있으면 실비네와 잠깐이라도 한두 마디 이야기를 나누고 갔다. 랑드리는 날마다 지금의 생활에 익숙해져갔지만, 실비네는 조금도 그러지 못하고 마치 연옥에 있는 영혼처럼 하루하루 매순간을 손꼽아 세고 있었다.

실비네를 잘 타일러서 말을 듣게 할 수 있는 사람은 이 세상에 오직 랑드리 한 사람뿐이었다. 바르보 부인은 실비네가 더 이상 괴로워하지 않도록 랑드리에게 부탁해보자고 생각했다. 실비네는 가엾게도 날마다 더 큰 슬픔에 잠겼다. 이제는 놀러 나가지도 않고, 일도 시키지 않으면 하지 않았다. 막내 여동생을 밖으로 데리고 나가기는 하지만 거의 말도 하지 않고, 같이 놀아주지도 않고, 넘어져서 다치지 않도록 보고만 있을 뿐이었다. 조금만 눈을 떼면 바로 숨어버려서 어디로 갔는지 전혀 찾을 수조차 없었다. 실비네는 도랑이나 산울타리나 구덩이 등, 랑드리와 함께 놀거나 이야기했던 곳이라면 어디든 갔다. 두 사람이 함께 앉았던 그루터기에 앉아보거나, 두 사람이 두 마리 집오리처럼 첨벙첨벙 건넌 적이 있는 시내에 발을 담그거나 했다. 랑드리가 손도끼로 잘게 썬 나무토막, 돌팔매나 부싯돌로 사용한 조약돌 같은 것을 발견하면 크게 기뻐했다. 그리고 바로 주워들어 가끔 찾아가서 볼 요량으로 옹이구멍이나 그루터기 밑에 숨겨두었다. 실비네는 오로지 랑드리와 함께했던 지난날을 줄곧 그리워하고만 있었다. 실비네의 행동은 다른 사람 눈에는 시시한 일로만 보이겠지만 실비네에게는 그것만이 유일한 삶의 즐거움이었다. 반대로 지금과 같은 괴로운 날이 계속된다는 것은 생각해볼 용기가 없었기에 앞으로의 일은 조금도 신경 쓰지 않았다. 실비네는 지나간 날들에 사로잡혀 점점 기운을 잃어갔다.

때때로 실비네는 랑드리가 보이고 목소리가 들린다고 생각해서 랑드리의 말에 대답하려고 혼자서 이야기했다. 집 밖에서 잠이 들어 꿈속에서 동생을 보는 일도 있었다. 하지만 눈을 뜨면 역시 자기 혼자이므로 그때마다 실비네는 울었다. 실비네는 눈물을 아끼지도 멈추려고도 하지 않았다. 그러는 사이에 지쳐서, 슬픔도 저절로 엷어져 사라질 것이라고 생각했기 때문이었다.

어느 날 실비네는 이리저리 걸어 다니다가 어린나무가 막 자라기 시작한 샹포 숲 옆까지 왔다. 매년 장마철에만 숲에서 흘러나오는 시냇물의 희미한 흔적 속에서 그는 작은 물레방아 하나를 발견했다. 이 근방에 사는 아이들이 마른 나뭇가지로 만든 것이었는데 매우 잘 만들어서 물의 흐름에 맞춰 잘 돌아갔다. 다른 아이가 부수거나 물이 불어서 휩쓸려가거나 하기 전까지는 꽤 오랫동안 그대로 남아 있을 터였다. 실비네가 지금 발견한 물레방아는 조금도 부서지지 않았고, 두 달 넘게 그곳에 있었으나 사람이 오지 않는 곳이어서 누구의 눈에도 띄지 않았다. 실비네는 그것이 랑드리가 만든 것이라는 사실을 기억해냈다. 물레방아를 만들었을 때 또 보러 오자고 둘이서 약속했었다. 그러나 까맣게 잊어버리고는 다른 곳에 몇 개나 물레방아를 더 만들었던 것이다.

실비네는 그것을 발견하고 매우 기뻐서 하류의 물이 아직 남아 있는 곳으로 물레방아를 옮기고 빙글빙글 돌아가는 것을 보았다. 그때 랑드리가 기뻐하며 물레방아를 처음으로 돌리던 모습을 떠올렸다. 한참을 그러고 있다가, 이번 주 일요일에는 랑드리와 함께 와서 자신들의 물레방아가 잘 만들어져서 이렇게 오래 남아 있다는 것을 보여주겠다고 마음먹었다. 그는 즐거운 기분으로 물레방아는 그대로 두고 돌아왔다.

그런데 다음 날이 되자 아무래도 참을 수 없어서 또 혼자 찾아가봤다. 그런데 누군가가 그날 아침 어린나무 숲에 소를 방목한 듯 시냇가는 물을 마시러 온 소의 발자국으로 완전히 엉망으로 짓밟혀 있었다. 조금 더 앞으로 가서 보니 소가 그 물레방아를 짓밟아 산산조각을 냈는지 파편만 조금 남아 있을 뿐이었다. 실비네는 왠지 슬픔이 북받쳐오르고, 오늘 랑드리에게 뭔가 나쁜 일이 생긴 것만 같아서 동생이 무사한지 확인하러 프리쉬까지 뛰어갔다. 그러나 전부터 눈치채고 있었다시피 랑드리는 자신이 낮에 찾아가면 주인이 농땡이 친다고 싫어할 것이 걱정되어 그리 좋은 얼굴을 하지 않았다. 그래서 모습을 숨긴 채 멀리서 랑드리가 일하는 모습을 바라보기만 했다. 또 무슨 생각에서 급히 왔는지 밝히는 것도 부끄러워 그대로 한마디도 하지 않고 돌아왔으며, 그 뒤로도 아무에게도 그때 일에 대해서 말하지 않았다.

실비네는 점점 얼굴색이 나빠지고, 잠도 잘 자지 못하고 먹는 것도 제대로 못 먹었다. 어머니는 너무 걱정이 되어 어찌할 바를 몰랐다. 시장에 데리고 가거나, 아버지와 작은아버지들과 함께 소나 말 시장에 가도록 해보기도 했다. 그렇지만 실비네는 무엇을 봐도 전혀 관심도 없고 재미있어하지도 않았기 때문에 바르보는 넌지시 카이요에게 쌍둥이 형제 두 명을 모두 고용해달라고 부탁했다. 그러나 카이요는 대답 대신에 이렇게 말했는데, 이 말을 들어보니 바르보도 옳다고 생각할 수밖에 없었다.

"설령 얼마 동안 내가 두 명을 고용한다고 해도 말이야, 언제까지나 그럴 수는 없을 거야. 우리 같은 농민이 고용인 한 명 필요한 일에 두 명을 쓸 수는 없으니까. 1년이 지나면 역시 한 명은 어딘가 다른 집으로 더부살이를 하러 떠나야 하겠지. 게다가 자네는 어떻게 생각할지 모르지만 실비네 역시 싫어도 일을 해야 하는 곳에서 살게 되면 그렇게 힘들어하지 않게 될 거야. 동생 랑드리처럼 해나갈 수 있을 거야. 랑드리는 저렇게 훌륭하게 잘해내고 있으니 말이야. 머잖아 그렇게 될 거야. 뭐, 자네가 보내고 싶은 곳에 실비네를 더부살이 보낼 수는 없을지도 몰라. 그러니까 어차피 그 두 명이 언젠가는 지금보다 더 떨어져서 몇 주 만에 한 번씩, 몇 달 만에 한 번씩밖에 서로 얼굴을 볼 수 없게 될 거라면, 지금부터 그런 습관을 들여서 서로 자주 붙어 있는 일은 그만두게 하는 편이 좋아. 그러니 나한테 실비네를 맡기는 것보다 좀 더 현명한 방법을 찾아보는 게 좋겠어. 제멋대로 구는 아이에 대해 그렇게 진지하게 생각할 필요는 없어. 자네 부인과 형제들은 실비네가 해달라는 대로 다 해주며 너무 응석을 받아주고 있어. 가장 힘든 일은 이미 해버렸으니까, 자네가 뒤로 물러서지만 않으면 괜찮아. 앞으로 어떤 일이라도 익숙해질 거야."

바르보도 옳은 말이라고 생각했다. 그러고 보니, 실제로 실비네는 동생을 만나면 만날수록 더 만나고 싶어 할 뿐이었다. 그래서 다음 세례자 성 요한 대축일에는 실비네도 한번 더부살이를 보내보자고 생각했다. 그러면 점점 랑드리를 만날 수 없게 될 테고, 결국에는 보통 사람과 마찬가지로 살아가는 습관이 붙어서 마치 열병이나 우울증 같은 저 병적인 애정에 지는 일도 없어지리라 생각했다.

그러나 이런 이야기는 아직 아내에게는 할 수 없었다. 바르보가 그런 이야기를 한마디라도 꺼내면 부인은 미친 듯이 울기 시작했기 때문이다. 그렇게 되면 실비네는 죽을지도 모른다는 것이다. 이러니 바르보도 마음이 약해졌다.

랑드리는 아버지와 주인 그리고 어머니에게도 부탁을 받아서 자신도 불쌍한 형을 철들게 하려고 애써보았다. 그럴 때마다 실비네는 말대꾸도 하지 않고 무엇이든 어른스럽게 약속을 했는데, 그런데도 자신을 제어할 수 없었다. 즉 실비네의 고통에는 말로 할 수 없는 다른 기분이 섞여 있어서 그것을 자신도 어떻게 말해야 좋을지 몰랐는데, 실은 마음 깊은 곳에 랑드리에 대한 깊은 질투심의 싹이 자라나기 시작했던 것이었다. 랑드리가 누구에게나 능력을 인정받고, 더부살이하는 카이요 집 사람들도 마치 그 집 자식처럼 그를 아끼고 있다는 것은 실비네에게도 더없이 기쁜 일이었다. 그러나 실비네는 기쁘면서도 한편으로는 랑드리가 새로 사귄 사람들에게 지나치게 애정을 보이는 것 같아서 슬프기도 하고 화가 나기도 했다. 랑드리가 주인인 카이요에게 한마디 들으면 설령 아무리 친절하게, 아무리 부드럽게 불렀다고 한들, 아버지도 어머니도 내버려두고 주인의 지시를 받으러 서둘러 간다는 것은 실비네에게는 참을 수 없는 일이었다. 친절한 배려보다 자신의 임무를 더 소중히 해서 그렇게 바로 주인의 지시를 듣다니, 진심으로 사랑하는 상대와 조금 더 함께 있고 싶은 경우라면 자기는 절대 할 수 없는 일이라고 실비네는 생각했다.

그래서 실비네는 지금까지 몰랐던 어떤 슬픔을 가슴에 품게 되었다. 그것은 자기 혼자서 랑드리를 사랑하고 있을 뿐, 랑드리는 그다지 자신을 사랑하지 않는다는 것이다. 전부터 계속 그랬는데 자신이 눈치채지 못한 것인지, 아니면 랑드리가 요즈음 다른 곳에서 더 마음이 잘 맞는 좋은 사람들을 알게 되었기 때문에 자신에 대한 마음이 변한 것인지 모르겠다고 생각했다.

7

랑드리는 형의 이런 질투심을 알아채지 못했다. 그도 그럴 것이 랑드리는 천성적으로 무슨 일에도 질투 따위는 하지 않는 사람이었다. 실비네가 프리쉬 마을에 놀러오면 랑드리는 실비네를 즐겁게 해주려고 커다란 황소와 멋진 젖소를 보여주거나 양이 많은 곳이나 카이요의 소작지에서 수확이 많이 나는 곳을 보여주곤 했다. 랑드리는 이런 것을 매우 훌륭하다고 생각한 것이다. 그것도 부러워하는 마음에서가 아니라, 밭일이나 소나 말을 기르는 일 말고도 모든 농사일에서 훌륭한 것이나 멋진 것이라면 무엇이든 좋아했기 때문이다. 자신이 목장에 끌고 가는 망아지가 손질이 잘되어 살이 찌고 윤기가 흐르는 것을 보면 기뻤다. 작은 일도 적당히 하는 법이 없었고, 식물이 자라 열매를 맺는 것은 그야말로 신의 선물인데도 그것을 내버려두거나 소홀히 하는 식으로 무시하는 것을 보면 참을 수 없었다. 그런데 실비네는 그런 일들을 대수롭지 않게 생각했기에 동생이 남의 소유물에 그렇게 정성을 들이는 것이 너무 이상했다. 그래서 랑드리가 무엇을 보여주더라도 뚱한 얼굴로 이렇게 말했다.

"넌 이 큰 소에 푹 빠져 있구나. 귀여운 우리 집 송아지는 생각도 안 하는구나. 아주 건강하고, 우리가 가면 다정하게 응석을 부렸잖아. 줄을 맬 때도 네가 하면 아버지가 하실 때보다 더 얌전하게 있는걸. 넌 이제 우리 집 암소는 어떻게 지내고 있는지 묻지도 않잖아. 여전히 좋은 우유를 만들어내고 있는데. 불쌍하게도 내가 여물을 가져다주면 아주 슬픈 눈으로 내 얼굴을 바라봐. 마치 내가 혼자뿐인 것을 알고서 다른 형제는 어디에 있느냐고 물어보고 싶어 하는 것만 같아."

"그야, 그 녀석은 꽤 좋은 소지." 랑드리가 말했다. "그렇지만 여기 이 암소를 한번 봐. 이 녀석 젖 짜는 것을 보라고. 형도 한 번에 이렇게 많은 젖을 보는 것은 태어나서 처음일 거야."

"그럴지도 모르지." 실비네가 받아쳤다. "그러나 우리 집 브뤼네트 만큼 좋은 젖과 크림이 나는지 비교해봐. 절대로 그렇지 않을걸. 우리 집 풀은 여기 풀보다 훨씬 좋으니까."

"바보 같은 소리 하지 마." 랑드리가 말했다. "내 생각에는 아버지도 강가의 갈대밭 대신에 카이요 씨네 목초지에서 잘 자란 마른풀을 준다고 한다면 아주 반가워하며 바꾸려는걸."

"말도 안 돼." 실비네는 어깨를 으쓱하며 말한다. "갈대밭에는 여기 나무를 전부 합친 것보다 더 좋은 나무가 있어. 그리고 마른풀도 양은 많지 않을지 모르지만 품질이 매우 좋아. 수레에 싣고 돌아오면 마치 향수처럼 좋은 향기가 길 가득 퍼지니까."

이런 식으로 두 사람은 별것 아닌 일로 계속 말다툼을 했는데, 랑드리는 누구라도 자신이 가진 것이 가장 멋지게 보인다는 생각이 있었고, 실비네는 실비네대로 네 것 내 것이라는 생각에서가 아니라 단지 프리쉬에 있는 것을 헐뜯고 싶었을 뿐이었다. 그러나 이런 시시한 말다툼 속에서 실은 두 사람의 성격 차이가 드러나는데, 한쪽은 일하거나 부지런히 몸을 움직이는 것을 좋아해서 어디에서 어떤 일을 하든 아무렇지도 않은 아이였고, 다른 한쪽은 동생이 자신과 떨어져서 잠시라도 즐겁고 태연하게 있을 수 있다는 것이 아무래도 이해가 가지 않는 아이였다.

랑드리는 실비네를 주인집 채소밭에 데리고 가며 이야기를 나누는 와중에도 잠시 말을 멈추고, 접목 끝의 삭정이를 꺾거나 채소가 자라는 데 방해가 되는 잡초를 뽑거나 하면서 늘 일하는 것만 생각하고 있었다. 자신은 동생의 말 한마디 한마디를 놓치지 않으려고 주의하는데 동생은 그러지 않는 것이 실비네는 왠지 섭섭했다. 그러나 그런 사소한 일에 토라지는 것은 자신이 생각해도 부끄러웠기 때문에 내색을 전혀 하지 않았다. 대신 헤어질 때 랑드리에게 자주 이런 말을 했다.

"오늘은 내 얼굴을 하도 많이 봐서 질렸겠지. 아마 이미 지겨워하고 있을지도 모르지. 내가 너무 오래 있어서 참을 수 없었을 거야."

랑드리는 형이 왜 이런 원망 섞인 말을 하는지 도무지 알 수 없었다. 이런 말을 들으면 슬퍼져서 왜 그런 말을 하냐고 이번에는 자신이 원망 섞인 말을 했는데, 실비네는 그 이유를 이야기하려고 하지 않았다. 무엇보다 이야기하고 싶어도 이야기할 수 없었다.

실비네는 랑드리의 주의를 끄는 것이라면 사소한 것이라도 질투를 했는데, 랑드리와 친하게 지내는 사람은 더욱 심하게 질투했다. 랑드리가 프리쉬 마을 젊은이들과 친구가 되어 함께 신나게 떠드는 것도 참을 수 없었고, 솔랑주를 챙겨주거나 귀여워하거나 놀아주거나 하는 것을 보면 랑드리가 여동생 나네트를 깨끗이 잊어버렸다고 책망했으며, 그런 지저분한 여자애보다 나네트가 백배는 귀엽고 얼굴도 예쁘며 얌전하다고 말했다.

그런데 질투로 불타는 사람은 결코 공평한 사람은 될 수 없어서 랑드리가 쌍둥이 저택에 오면, 이번에는 나네트를 너무 보살펴준다고 야단이다. 랑드리가 여동생에게만 마음을 뺏겨 자신과 함께 있을 때에는 자주 심심하다는 듯이 무뚝뚝한 얼굴을 한다며 원망하는 것이었다.

결국에는 실비네의 애정이 점점 제멋대로가 되고 성격도 어두워져갔기 때문에 랑드리는 고통스러워 둘이 자주 만나는 것을 꺼리게 되었다. 이것도 운명이라고 생각해 어른스럽게 참고 있는데도, 도리어 책망하는 말을 자주 듣는 것이 조금은 지겨웠던 것이다. 마치 실비네는 동생을 자신처럼 불행하게 하지 않으면 자신이 그만큼 불행해진다고 여기는 것 같았다. 랑드리는 자기도 이제야 처음으로 안 것이지만, 애정도 지나치면 때로는 병이 된다는 사실을 실비네에게 이해시키려고 했다. 하지만 실비네는 그런 생각은 아예 받아들이려 하지 않고, 도리어 동생이란 놈이 정말 심한 말을 한다고 생각했다. 그 결과 때때로 동생에게 삐쳐서 몇 주 동안이나 프리쉬 마을로 가지 않았는데, 실은 가고 싶지만 억지로 참았던 것이다. 이런 일에 고집 따위는 부릴 필요가 없는데도 그는 그렇게 혼자서 시시한 고집을 부리곤 했다.

이렇게 말다툼이 자주 벌어지고 앙금이 계속 쌓이는 와중에도 랑드리는 실비네가 철이 들었으면 하는 마음에서 더할 나위 없이 좋은 말을 해주었지만, 실비네는 뭐든 나쁘게만 받아들였다. 마침내 그 원망이 쌓여서 그렇게 좋아하던 랑드리를 때로는 세상에서 제일 싫은 사람처럼 생각할 정도가 되었다. 결국 어느 일요일, 매주 한 번도 거르지 않고 집에 오는 동생과 있기 싫다고 실비네는 밖으로 나가버렸다.

이런 심술궂고 유치한 행동에 랑드리는 매우 슬퍼졌다. 랑드리는 요즘 들어 날이 갈수록 몸도 건장해지고 민첩해져서 활발하게 움직이며 신나게 노는 것을 좋아하게 되었다. 실제로 무슨 놀이든 잘했고, 몸도 눈치도 가장 빨랐다. 따라서 일요일마다 프리쉬 마을 젊은이들 옆을 떠나서 쌍둥이 저택으로 찾아오는 것, 그리고 실비네에게는 마을 광장에서 놀고 오자든가 근처를 돌아다니자는 말조차 전혀 입 밖에 낼 수 없는데도 그 옆에서 하루를 보내는 것은, 랑드리가 형을 위해서 작게나마 자신의 즐거움을 포기하고 희생하는 셈이었다. 실비네는 몸도 마음도 동생보다 훨씬 아이 같아서 오로지 동생만 사랑하고 싶다, 그리고 동생에게서도 마찬가지로 사랑받고 싶다는 생각만 했다. 때문에 동생을 잡아끌어 늘 '우리' 비밀 장소라고 말하는, 사방의 구석진 곳이나 은신처 등에 둘이서만 가고 싶어 했다. 지금은 그럴 나이가 아니지만 예전에는 거기서 둘이 여러 가지 놀이를 하곤 했었다. 예를 들어 버드나무 가지로 작은 손수레, 작은 물레방아, 작은 새를 잡는 올가미 등을 만든다든가, 조약돌들을 쌓아 올려서 집을 만든다든가, 손수건만한 밭을 만든다든가 하면서 놀았다. 아이들은 씨를 뿌리고, 땅을 고르고, 잡초를 뽑고, 손질을 하는 일 등을 어설프게 흉내 내며 1년간 밭을 일구는 데 필요한 모든 일과 밭에서 수확하는 모든 작물을 한 시간 만에 서로 가르쳐주거니 받거니 했다.

이런 놀이는 이제 랑드리에게는 조금도 재미있지 않았다. 지금은 그런 일을 직접 하거나 곁에서 돕고 있기 때문이었다. 잔가지로 만든 작은 수레를 자신이 기르는 개의 꼬리에 다는 것보다는 소 여섯 마리가 끄는 큰 짐수레를 타고 달리는 것이 더 재미있었다. 코스 마을의 힘센 젊은이들과 팔씨름을 하러 가보고 싶었고, 최근에는 큰 공도 능숙하게 다룰 수 있어서 30보 떨어져서도 정확히 기둥에 맞출 수 있을 정도였으므로 가장 큰 공으로 공굴리기도 해보고 싶었다. 그런데 겨우 실비네를 설득해 그리 가보아도 실비네는 그 무리에 끼지 않고 구석에 박혀 한마디도 하지 않았다. 그리고 랑드리가 남들과 놀면서 재미있어하거나 열중하는 모습을 보이면 바로 따분해하며 짜증을 내는 것이었다.

랑드리는 프리쉬 마을에서 춤을 배웠다. 실비네가 싫어해서 시작은 늦었지만, 지금은 걷기 시작하면서부터 춤을 춘 친구들처럼 능숙하게 춤을 출 수 있었다. 프리쉬 마을에서는 춤을 잘 추는 것으로 유명했다. 춤이 한 번 끝날 때마다 상대 여성에게 키스하는 것이 그 마을 풍습이었는데, 랑드리는 여자들에게 키스하는 즐거움 같은 건 아직 몰랐지만 겉모습만이라도 어른이 된 것 같아 기뻤다. 랑드리는 상대 여성이 어른이었으면 좋겠고 이왕이면 약간 교태를 부려주었으면 좋겠다고 생각했다. 그러나 상대 여성들은 아직 랑드리에게 그렇게 대해주지 않았고, 나이 많은 여성들이 웃으며 자신의 목을 손으로 감싸 끌어당기는 데에 랑드리는 조금 기가 죽었다.

실비네는 랑드리가 춤추는 것을 한 번 보았는데, 그것은 지금까지 랑드리가 한 일 가운데 가장 실비네에게 원망스러운 일이었다. 랑드리가 카이요의 딸에게 키스하는 모습을 본 실비네는 불같이 화를 내고 억울해하며 눈물을 흘렸다. 실비네는 그런 행동은 도리에 어긋나며 점잖은 사람이 할 짓이 아니라고 말했다.

랑드리는 형을 위해 일요일에도 기꺼이 자신의 즐거움을 포기하고 매주 한 번도 빠지지 않고 집으로 돌아갔다. 형이 자신의 마음을 기쁘게 받아줄 것이라고도 생각했고, 또 형이 기뻐하는 모습을 떠올리니 친구들과 놀고 싶은 것도 참을 수 있었다. 그러나 카이요의 딸과 키스한 것 때문에 일주일 내내 자신에게 화가 나 있던 형이 자기랑 화해하기 싫어서 아예 집을 나가버린 것을 알자, 랑드리는 너무 슬퍼 부모님 품을 떠난 이래 처음으로 눈물을 뚝뚝 흘렸다. 하지만 자신이 슬퍼하는 모습을 부모님에게 보여주는 것이 부끄러웠고, 부모님도 슬퍼하고 계실지 모르는데 자신까지 걱정을 끼쳐드려서는 안 된다고 생각한 랑드리는 사람들 눈에 띄지 않는 곳으로 가서 울었다.

질투를 한다고 하면 오히려 랑드리가 실비네 이상으로 질투를 해야 했다. 실비네가 어머니에게 더 귀여움을 받았고, 아버지 바르보도 속으로는 랑드리를 더 귀여워했지만 겉으로는 실비네에게 더 다정하고 너그럽게 대했다. 실비네는 랑드리보다 몸이 튼튼하지 못했다. 또 가장 응석받이여서 가족 모두 실비네를 슬프게 하지 않으려고 조심했다. 동생이 밖에 나가서 고생하는 대신 실비네는 부모님 집에 있을 수 있었으니, 실비네야말로 운 좋은 아이였다.

이날 처음으로 랑드리도 이리저리 생각해보고는 형의 처사가 너무 심하다는 생각을 했다. 천성적으로 착한 랑드리는 지금까지 형을 나쁘게 생각한 적이 한 번도 없었다. 형을 탓하기보다는 일이나 놀이에 지나치게 열중하고, 형처럼 다정한 말을 하거나 세심한 배려를 하지 못하는 자신을 탓했다. 그러나 이번만큼은 자신의 행동을 뒤돌아보아도 형의 애정을 배반한 행동은 하지 않았다. 프리쉬 마을 젊은이들이 그 주 내내 열심히 준비했던 새우 낚시 대회도 포기하고 집에 온 랑드리였다. 낚시하러 같이 갔다면 분명히 즐거웠을 것이다. 그 나이에 그런 강한 유혹을 떨쳐버리고 온다는 것은 대단한 일이었다. 그렇게 한참 울고 있는데, 그리 멀지 않은 곳에서 누군가 울면서 계속 혼잣말하는 소리가 들려왔다. 시골 아낙네들은 슬픈 일이 있으면 종종 그러곤 했다. 랑드리는 울음을 멈추고 가만히 귀를 기울였다. 그 사람은 다름 아닌 어머니였다. 랑드리는 바로 어머니 옆으로 달려갔다.

"아, 그 아이는 왜 이렇게 나를 걱정시키는 걸까?" 바르보 부인은 흐느끼며 말했다. "그 아이 때문에 나는 제명에 못 살 거야."

"엄마, 나 때문에 그렇게 걱정하는 거야?" 랑드리는 어머니의 목에 매달리며 말했다. "그렇다면 얼마든지 때려도 좋으니까 제발 울지 말아줘. 어떤 게 마음에 들지 않았는지 모르지만 어쨌든 용서해줘, 엄마."

랑드리의 말을 들은 순간 바르보 부인은 랑드리가 지금까지 자신이 생각한 것같이 정이 없는 아이가 아니라는 것을 알았다. 어머니는 랑드리를 꼭 껴안으면서 너무 슬픈 나머지 자신이 무슨 말을 하는지 제대로 생각도 못하고서, 자신이 탄식하던 건 실비네 때문이지 너 때문이 아니라고 랑드리에게 말했다. 너에 대해서는 오해를 했지만 지금부터는 그런 일은 없을 거다, 실은 실비네가 실성한 듯한 모습으로 아무것도 먹지 않고 날이 밝기 전에 밖으로 나가버렸기 때문에 너무 걱정이 된다고 말했다. 해는 벌써 지고 있는데 실비네는 돌아오지 않았다. 정오 무렵에 강가에서 실비네를 보았다는 사람이 있었기 때문에 바르보 부인은 실비네가 죽으려고 강에 몸을 던진 것이 아닐까 걱정되기 시작했다.

8

실비네가 자살할지도 모른다는 생각은 파리가 거미줄에 뛰어드는 것처럼 이유 없이 어머니의 머리에서 랑드리의 머리로 옮겨갔다. 랑드리는 바로 형을 찾아 나섰다. 그러나 달리면서도 너무 슬퍼 마음속으로 생각했다. '어머니가 전에 나보고 정이 없다고 원망하신 건 맞는 말일지도 몰라. 하지만 지금 형이야말로 그래. 불쌍한 어머니와 나를 이렇게 걱정시키는걸.'

근방을 뛰어다녀보았지만 형의 모습은 찾을 수 없었고 불러보아도 대답도 없었다. 사람들에게 물어도 누구 하나 아는 사람이 없었다. 결국 갈대밭 옆까지 왔는데, 거기에 실비네가 좋아하는 장소가 하나 있었다는 것이 떠올라 그리로 갔다. 강물이 초지 안으로 들어와 큰 갈림목을 만든 곳으로, 그 때문에 뿌리째 뽑힌 두세 그루의 오리나무가 뿌리를 흙 위로 드러낸 채 옆으로 쓰러져 있었다. 아버지 바르보는 그것을 치우려고 하지 않았다. 쓸모없어진 나무를 치우지 않고 그냥 놔둔 까닭은 그 나무가 뿌리에 얽힌 큰 흙덩어리를 꽉 누른 채로 쓰러져 있었기 때문이다. 이것은 뜻밖의 행운이었다. 지금까지는 매년 겨울이 되면 강물이 갈대밭으로 범람해 해마다 조금씩 초지를 잠식해갔기 때문이다.

랑드리는 '갈림목' 쪽으로 발걸음을 재촉했다. 형과 랑드리는 갈대밭의 그곳을 갈림목이라고 불렀다. 빙 돌아서 가면 형과 둘이서 작은 돌과 뿌리(땅 위로 나와서 새싹을 내고 있는 굵은 나무의 뿌리) 위에 잔디를 깔아서 작은 계단을 만든 곳이 있었는데, 느긋하게 거기까지 갈 여유는 없었다. 가능한 빨리 갈림목 안까지 들어가고 싶은 랑드리는 뛰어내릴 수 있을 만큼 높은 곳에서 뛰어내렸다. 이 강가 근처에는 사람 키보다 큰 풀이 많이 우거져 있어서 거기에 실비네가 있다고 해도 직접 들어가 보지 않으면 찾을 수 없었다.

랑드리는 갈림목에 들어서자 가슴이 두근거리기 시작했다. 어머니가 말씀하셨던, 실비네가 자살할지도 모른다는 생각이 아직도 머릿속을 떠나지 않았다. 풀숲을 헤치고 휘파람을 불며 집에서 키우는 개 피노를 불렀다. 피노도 주인인 실비네와 마찬가지로 아침부터 모습이 보이지 않아서 실비네가 함께 데리고 간 것이 분명하다고 생각했던 것이다.

그러나 랑드리가 아무리 불러도 아무리 찾아도 갈림목에는 자신 말고는 아무도 없었다. 랑드리는 매사에 꼼꼼하고 임기응변에 능한 아이였기 때문에 쉽게 포기하지 않았다. 발자국이 없는지, 평소와 다르게 흙이 무너진 곳은 없는지 강가를 샅샅이 살펴보았다. 그렇게 살펴보며 걷는 일은 상당히 우울하고도 번거로운 일이었다. 지난 한 달 동안 랑드리는 여기에 온 적이 없었기 때문에, 아무리 손바닥을 들여다보듯이 잘 아는 장소라도 역시 조금 변한 곳이 생기지 않았을 리 없었다. 오른쪽 강가에는 잔디가 높게 자라 있었고, 게다가 갈림목 가장 안쪽 모래땅에는 골풀과 쇠뜨기가 빽빽하게 우거져서 발자국을 찾으려 해도 발 디딜 곳조차 없었다. 그래도 빙빙 돌며 찾고 있는데 랑드리는 막다른 곳에서 개 발자국을 발견했다. 그뿐만 아니라 피노인지 아니면 같은 크기의 다른 개인지 모르겠지만 개가 몸을 말고 잔 것처럼 풀이 짓눌린 곳도 찾았다.

이 흔적을 보고 랑드리는 골똘히 생각하더니, 한 번 더 강가를 살펴보러 갔다. 그러자 확실히 사람이 강에 뛰어들거나 미끄러져 떨어졌을 때 발로 밟아서 무너뜨린 것같이 보이는 무너진 곳을 발견했다. 전에는 없던 새로 생긴 것이었다. 물론 이것만 가지고 단정 지을 수는 없었다. 어쩌면 땅을 파거나 무너뜨리며 다니는 강에 사는 쥐가 한 짓인지도 몰랐다. 그러나 랑드리는 커다란 슬픔에 잠긴 채 다리 힘도 풀려 마치 하느님의 힘에 매달리고자 하는 듯 털썩 꿇어앉았다.

한참 동안 그러고 있으면서 이렇게 가슴 아픈 걱정거리를 누구에게 알리러 갈 힘도 용기도 없이, 형을 어떻게 했느냐고 강에게 묻는 듯이 눈물이 그렁그렁한 눈으로 강을 바라보고 있었다.

그러고 있는 동안에도 강은 조용히 흘러, 강가에 늘어져 물에 잠겨 있는 나뭇가지를 만나 물보라를 날리고, 소리 죽여 비웃는 인간처럼 작은 소리를 내면서 양쪽 기슭 사이를 느릿느릿 흘러가는 것이었다.

가련하게도 랑드리는 형이 죽었다는 생각에 사로잡혀 완전히 그렇다고 믿고서 아무런 증거도 되지 않을 것 같은, 대수롭지 않은 흔적을 본 것만으로 세상에 신은 없다고 생각하는 것이었다.

"이 심술궂은 강 같으니라고, 시치미를 뚝 떼고 있군." 랑드리는 생각했다. "1년 정도 아무렇지도 않게 나를 울리면서 우리 형을 돌려주지 않고 버티겠지. 이 강은 여기가 가장 깊어. 게다가 강가의 흙이 흘러나와서 여기에는 나무뿌리가 얼마나 많이 빠져 있는지도 몰라. 그러니까 여기에 빠지면 두 번 다시 나오지 못해. 아아, 형은 아마도 여기서 두 걸음 정도 떨어진 강바닥에 잠들어 있을 텐데. 하지만 나뭇가지나 갈대 잎 속에 잠겨버려서, 설령 내가 물속에 들어가 본들 볼 수도 찾을 수도 없을 거야."

그렇게 생각하고 랑드리는 형을 떠올리며 울기 시작했다. 그는 형을 원망했다. 태어나서 이렇게 슬픈 적은 한 번도 없었다.

그러는 동안에 문득 파데 할머니가 떠올랐다. 과부인 이 할머니는 갈대밭 옆 여울로 내려가는 길목에 살고 있었다. 그분을 만나 지혜를 빌리면 어떨까? 보잘것없는 채소밭과 보잘것없는 집 한 채 말고는 땅도 재산도 없는 파데 할머니가 매일 빵을 구걸하러 다니지 않아도 되었던 것은, 할머니가 다양한 병이나 재난 등에 매우 박식해서 여기저기서 사람들이 조언을 구하러 찾아왔기 때문이다. 이 할머니는 비밀스러운 치료를 했다. 즉 비법을 사용해서 베인 상처나 뼈마디가 어긋난 곳 등 여러 가지 상처를 치료했다. 다만 이 치료에는 허풍스런 구석도 있었다. 예를 들면 할머니는 위가 흘러내린다든가 복막이 내려갔다든가 하면서 있지도 않은 병까지 고쳐주는데 랑드리는 그런 것을 곧이곧대로 믿지도 않았고, 아무리 늙어 빠지고 마른 젖소라도 할머니에게 데려가면 다른 좋은 젖소의 젖과 바꿔서 좋은 우유가 나오게 된다는 사람들의 소문도 믿을 수 없었다.

그러나 냉증을 고치는 비약이나 베인 상처 또는 화상에 발라주는 고약이나 열이 났을 때 만들어주는 물약 같은 것은 확실히 돈을 받을 만한 가치가 있었다. 또 의사의 약에만 의지했더라면 죽었을지도 모르는 꽤 많은 병자를 할머니가 고쳐준 것도 사실이었다. 결국 할머니 자신도 그렇게 말했었고, 할머니 덕분에 목숨을 구한 사람들도 위험한 일을 시도해보는 것보다 할머니의 말을 믿는 편이 무난했다.

시골에서는 아는 것이 많은 사람은 모두 마법사로 여겨진다. 사람들은 파데 할머니도 다른 사람에게는 숨기고 있지만 실은 더 많은 것을 알고 있으며, 없어진 물건뿐 아니라 사람까지 찾아내는 방법도 알고 있다고 생각했다. 할머니는 매우 현명해서 사람의 힘으로 되는 일이라면 대부분의 경우 어려움을 헤쳐나갈 수 있도록 지혜를 빌려주기 때문에 사람들은 인간의 힘으로 할 수 없는 일도 할머니라면 어떻게든 할 수 있다고 믿었다.

어린아이는 어떤 이야기도 잘 듣는 법이어서 랑드리도 프리쉬 마을에서 신기한 얘기를 얻어들었는데, 코스 마을 사람들보다 훨씬 순박하고 단순한 이 사람들 말로는 파데 할머니는 주문을 외우면서 보리를 물 위에 던지는 방법으로 익사한 사람 시체를 찾아낸다는 것이었다. 그 보리가 물에 떠서 흘러가다가 어떤 장소에 멈추면 반드시 거기서 시체가 나온다고 했다. 성찬 빵에도 같은 효능이 있다고 생각하는 사람이 많았다. 그런 경우에 쓰기 위해 물레방아에는 보통 이 빵이 준비되어 있었다. 그러나 랑드리에게는 그런 준비가 되어 있지 않았고, 파데 할머니는 갈대밭 옆에 살고 있었으며 게다가 슬픔이라는 놈은 분별을 잃게 만드는 법이다.

그래서 랑드리는 파데 할머니에게 찾아가 자신의 걱정을 털어놓고, 같이 갈림목에 가서 그 신비한 방법으로 살았든 죽었든 상관없으니 형을 찾아달라고 부탁했다.

그러나 파데 할머니는 그런 성가신 부탁을 들어주기 싫었고 공짜로 일할 마음도 없었으므로 랑드리가 하는 말은 듣지도 않고 그를 매몰차게 쫓아냈다. 사실 할머니는 전에 쌍둥이 저택에서 아이를 낳았을 때 자신을 찾지 않고 사제트 할머니에게 부탁한 것을 원망하고 있었다.

랑드리는 천성적으로 품위를 자랑스럽게 여겨 다른 때였다면 분명히 맞받아치거나 화를 내거나 했겠지만, 지금은 어찌할 바를 몰라 한마디도 하지 않고 갈림길로 돌아갔다. 그는 아직 잠수도 수영도 할 줄 몰랐지만 그래도 물속에 들어가 보리라 결심했다. 그런데 힘없이 고개를 숙이고 가만히 땅을 바라보며 걷는데 누군가 자신의 어깨를 두드렸다. 뒤돌아보니 파데 할머니의 손녀로 마을 사람들이 '파데트'라고 하는 아가씨가 있었다. 마을 사람들이 그렇게 말하는 것은 이 아가씨의 성이 파데였기 때문이지만, 또 이 아가씨도 마법을 조금 쓴다는 의미도 가지고 있었다. 아시다시피 이 파데나 파르파데라는 것은 다른 곳에서는 도깨비불을 뜻하기도 하는데, 보통 사람을 잘 따르면서도 조금 장난기가 있는 귀신을 말한다. 또 파드라는 요정도 있는데 이 근방에서는 믿는 사람이 거의 없다. 그러나 작은 요정이라는 의미이든 여자 귀신이라는 의미이든 누구나 이 아가씨를 보면 도깨비불을 보는 듯한 느낌이 든다고 말했다. 이 아가씨가 자그마하고 마르고 머리는 흐트러져 있어 사람 모습이라고 할 수 없었기 때문이다. 수다스럽고 밉살스러운 말투의 아가씨였는데, 팔랑나비처럼 말괄량이로 울새처럼 호기심 많고 귀뚜라미처럼 까맸다.

파데트를 귀뚜라미라고 하는 것은 예쁜 아가씨는 아니라는 느낌도 풍겼다. 들판에 사는 이 작고 불쌍한 귀뚜라미는 집 안에 사는 놈보다 훨씬 못생겼다. 그러나 어린 시절 장난삼아 귀뚜라미를 신발 속에서 울게 한 일을 떠올리면 분명 누구나 기억하겠지만, 이 귀뚜라미는 얕볼 수 없는 건방진 얼굴을 하고 있어서 그 얼굴을 보면 화가 나기보다 기분이 묘해진다. 따라서 웬만큼 똑똑하여 비유법을 쓸 줄 아는 고스 마을 아이들도 파데트를 약 올리려면 파데트라 부르지 않고 귀뚜라미라고 했는데, 그것은 때에 따라 친밀감의 표시가 되기도

했다. 아이들은 파데트를 조금 무서워했지만, 재미있는 이야기를 해주고 새로운 놀이를 가르쳐주어서 그녀를 싫어하지는 않았다.

그런데 이러한 별명 이야기만 하다가 그녀가 세례식 때 받은 이름을 밝히는 걸 잊어서 나중에 그것을 알고 싶어 하는 사람이 나올지도 모른다. 이 아가씨 이름은 프랑수아즈였다. 그래서 무턱대고 이름을 바꿔 부르는 것 따위 좋아하지 않는 할머니는 늘 팡송이라 불렀다.

쌍둥이 저택 가족과 파데 할머니와의 사이는 꽤 오래전부터 서먹서먹해서 쌍둥이 형제는 파데트에게 말을 걸지 않고, 그 동생 '메뚜기'와도 놀지 않았다. 이 메뚜기는 누나 파데트보다 더 성질이 못된 장난꾸러기로, 늘 파데트 옆에 붙어서 파데트가 자신을 두고 나가면 화를 내고 자신을 놀리면 돌을 던지려고 해서 밝은 성격에 잘 웃는 파데트도 결국 화를 내곤 했다. 그런데 파데 할머니는 무서운 마녀 같아서 어떤 아이들, 특히 바르보 집안 아이들은 '귀뚜라미'와 '메뚜기' 남매와 사이좋게 지내면 뭔가 나쁜 일이 일어난다고 생각했다. 그러나 두 아이는 그런 것에는 개의치 않고 쌍둥이 형제에게 말을 걸었다. 특히 파데트는 '쌍둥이 저택 쌍둥이'가 가까이 오는 것을 보기만 하면 멀리서도 익살을 부리거나 너스레를 떨면서 두 사람 옆으로 오는 것이었다.

9

랑드리는 누가 느닷없이 어깨를 두드리기에 살짝 기분이 상해 뒤를 돌아보았다. 파데트였다. 메뚜기 자네가 파데트 뒤에서 절룩거리며 따라오고 있었다. 자네는 태어날 때부터 절름발이였다.

처음에는 랑드리도 한가롭게 그들과 장난치고 있을 상황이 아니어서 상대하지 않고 그대로 가려고 했다. 파데트는 또다시 쫓아와 다른 한쪽 어깨를 두드리며 말했다.

"늑대한테 잡아먹혀라! 밉살스러운 쌍둥이 녀석! 반쪽을 잃어버린 반쪼가리 인간아!"

놀림을 당한 랑드리는 가만히 있을 수 없어 뒤를 돌아 파데트를 주먹으로 때리려고 했다. 파데트가 몸을 피하지 못해서 맞았다면 상당히 아팠을 것이다. 랑드리는 곧 열다섯 살이 되며 힘도 약한 편이 아니었다. 파데트는 곧 열네 살이 되지만 너무 마르고 작아 열두 살로도 보이지 않았다. 건드리기만 해도 몸이 부서질 것만 같았다.

그러나 파데트는 조심성이 많고 몸이 날렵해서 주먹이 올 때까지 기다리지 않았고, 부족한 힘을 영리함과 잽싼 동작으로 만회했다. 지금도 파데트가 재빨리 물러서는 바람에 랑드리는 두 사람 사이에 있던 큰 나무에 주먹뿐만 아니라 자신의 콧등까지 부딪힐 뻔했다.

"이 못된 귀뚜라미!" 불쌍한 쌍둥이는 불같이 화를 내며 말했다. "너는 인정머리라곤 없는 애야. 그렇지 않고서야 이토록 슬픈 사람을 놀릴 수는 없을 테니까. 너는 아주 오래전부터 나를 괴롭힐 속셈으로 반쪼가리라고 불렀지. 그래, 오늘은 내가 너와 거기 못된 메뚜기를 네 동강 내서, 너희 두 사람이 모여도 변변한 사람의 반의 반도 안 된다는 사실을 뼈저리게 느끼게 해줄 테니까 각오해."

"흥, 과연 그럴까? 쌍둥이 저택의 잘생긴 쌍둥이 씨, 강가에 사시는 갈대밭의 주인님." 파데트는 비꼬는 말투로 받아쳤다. "나한테 싸움을 걸다니, 너야말로 바보 아니니? 난 말이야, 네 형에 대해서 알려주려고 온 거야. 어디로 가면 찾을 수 있는지 가르쳐주려고 말이야."

"그래? 그러면 이야기가 다르지." 랑드리는 즉시 화를 누그러뜨리며 말했다. "네가 알고 있다면 지금 바로 가르쳐줘, 파데트. 그래 준다면 나도 불평하지 않을 테니까."

"파데트인지 귀뚜라미인지 이제 와서 네가 하자는 대로 해줄 것 같아?" 파데트는 쏘아붙였다. "나에게 그런 심한 말을 하고 심지어 때리려고까지 했잖아. 네가 느림보라서 다행이었지만 말이야. 너 혼자서 찾아봐. 그 멍청한 쌍둥이 녀석을. 넌 똑똑하니까 혼자서도 찾을 수 있겠지."

"내가 미쳤지. 너같이 못된 애가 하는 말을 곧이곧대로 믿다니." 랑드리는 휙 등을 돌리고 다시 걷기 시작했다. "너 같은 게 형이 어디에 있는지 알 리가 없지. 너나 너의 할머니나 아무것도 모르지. 너의 할머니는 별 볼 일 없는 거짓말쟁이야."

파데트는 재로 더러워진 자신의 치마를 붙잡은 '메뚜기'의 손을 끌고 랑드리 뒤를 따라오며 계속 밉살스런 말투로 떠들었다. 자신이 없으면 실비네는 결코 찾을 수 없을 거라고 지껄여댔다. 랑드리는 파데트가 거머리처럼 떨어지지 않고, 파데트의 할머니나 파데트가 마법을 쓰든지 물귀신을 시키든지 해서 자신이 실비네를 찾는 것을 방해할지도 모른다고 생각해 '갈대밭' 위쪽으로 돌아가 집에 가려고 마음먹었다.

파데트는 목장 울타리가 있는 곳까지 따라왔다. 랑드리가 울타리를 넘어가자 마치 까마귀처럼 울타리 가로대 위에 올라탄 채 소리쳤다.

"그럼 잘 가. 얼굴만 반반한 냉정한 쌍둥이 녀석아. 형을 내버려두고 돌아가버려. 아무리 기다려도 저녁 먹으러 돌아오지 않을 테니까. 오늘이 내일이 되어도 만날 수 없을 거야. 지금 있는 곳에서 돌처럼 움직이지 않고 있으니까. 게다가 폭풍우가 오고 있어. 오늘 밤에도 물이 흘러넘쳐서 나무가 몇 그루고 떠내려갈 거야. 강물이 실비네를 멀리멀리 데려가버릴 테지. 아무리 애를 써도 찾을 수 없을 만큼 먼 곳으로."

랑드리는 이 불길한 말을 듣지 않으려 해도 들을 수밖에 없었다. 그 말을 들으니 온몸에 식은땀이 흘렀다. 파데트의 말을 다 믿는 것은 아니었지만, 파데 가족이 악마를 수하로 부리고 있다는 소문이 자자했기 때문에 그런 일은 있을 리 없다고 생각하면서도 왠지 마음이 놓이지 않았다.

"도대체 뭐야, 파데트." 랑드리는 발걸음을 멈추고 말했다. "둘 중에 하나만 해. 내 일에 간섭하지 말든지, 아니면 정말로 형에 대해 아는 것이 있으면 말해주든지."

"그럼 나한테 뭘 해줄래? 만약 비가 내리기 전에 너의 형을 찾아준다면."

파데트는 울타리 가로대 위에서 벌떡 일어서더니 마치 날아오르기라도 하려는 듯이 양팔을 파닥거렸다.

랑드리는 파데트에게 해줄 수 있는 것이 전혀 생각나지 않았다. 아마도 자신을 속여 돈을 얼마간 가로챌 심산일 거라고 생각했다. 하지만 나뭇가지에 스치는 바람 소리와 천둥소리를 들으니 갑자기 무서워졌다. 폭풍우가 무서운 게 아니라 이 폭풍우가 너무 갑작스러웠으며, 기세가 범상치 않았기 때문이다. 랑드리는 형 걱정에 얼이 빠져서 그랬는지 아니면 두 시간이나 골짜기 밑에 있어서 그랬는지 모르지만 파데트의 말을 듣기 전까지 먹구름이 강가 저편에서 몰려드는 것을 전혀 알아채지 못했다. 파데트가 말을 마치자마자 파데트의 치마가 바람을 받아 부풀어 올랐다. 검고 푸석푸석한 머리카락은 언제나 삐딱하게 쓰고 있는 모자에서 빠져나와 한쪽 귀를 덮더니 말갈기처럼 바람에 휘날렸다. '메뚜기'는 갑자기 불어오는 바람에 모자를 빼앗겼다. 랑드리는 가까스로 자신의 모자를 붙잡았다.

하늘은 순식간에 어둑어둑해졌다. 가로대 위에 서 있는 파데트의 모습이 평상시보다 곱절 이상으로 크게 보였다. 어쨌든 이때 랑드리는 분명히 겁에 질렸다.

"파데트." 랑드리는 말했다. "뭐든 네가 시키는 대로 할게. 형만 무사히 돌려준다면 말이야. 형을 본 거 맞지? 어디에 있는지 알고 있는 거지? 제발 착한 아이가 되어줘. 날 슬프게 하면 뭐가 재미있니. 너의 친절한 면을 보여줘. 그러면 나도 네가 겉모습이나 하는 말보다 훨씬 좋은 아이라고 생각할 테니까."

"그럼 물어보겠는데, 내가 너에게 왜 친절해야 하지?" 파데트는 말했다. "아까 나보고 못된 애라고 했잖아. 난 나쁜 짓은 조금도 하지 않았는데. 누가 쌍둥이 형제에게 친절하겠어? 수탉처럼 아주 거만한 데다 나한테 잘해준 적도 없는데."

"그렇게 말하지 마, 파데트." 랑드리는 말했다. "네 말은 뭔가 주겠다는 약속을 하라는 거지? 뭐가 갖고 싶은지 빨리 말해줘. 그러면 뭐든 줄게. 내 새 주머니칼은 어때?"

"보여줘 봐." 파데트는 랑드리 옆으로 개구리처럼 폴짝 뛰어내렸다.

주머니칼은 랑드리의 작은아버지가 요전에 시장에서 10수를 내고 사온 것으로 꽤 좋은 물건이었다. 주머니칼을 보자 파데트도 왠지 갖고 싶어졌다. 그러나 곧 그 정도로는 어림없다 생각하고 그보다는 작고 하얀 암탉을 주지 않겠냐고 말했는데, 그 암탉은 크기가 비둘기만 하고 발가락 끝까지 털이 자라 있었다.

"그 암탉은 내 맘대로 주겠다는 약속을 할 수 없어. 어머니 것이니까." 랑드리는 대답했다. "하지만 내가 달라고 해서 반드시 갖다 줄게. 어머니가 안 된다고 하실 리 없어. 형이 무사히 돌아오면 기뻐하실 테니까. 그 답례로는 뭐라도 기꺼이 내주실 거야."

"글쎄, 그거야 알 수 없지. 혹시 내가 검은 코 양을 달라고 하면 바르보 아줌마가 그것도 주실까?"

"정말 지겹구나. 대체 언제까지 질질 끌래? 파데트, 잘 들어. 내가 하고 싶은 말은 단 하나야. 만약 형의 목숨이 위험하고 네가 지금 당장 나를 거기에 데려다준다면 우리 부모님은 집에 있는 거라면 뭐든 주실 거야. 암탉이든 병아리든 양이든 어린 양이든지 우리 아버지와 어머니가 답례로 너에게 뭐든 주실 거야. 그건 확실해."

"그럼 좋아. 그때가 되면 알 수 있겠지." 파데트는 작고 거친 손을 랑드리에게 내밀며 약속의 표시로 악수를 청했다. 랑드리는 그 손을 잡을 때 저도 모르게 몸이 떨렸다. 그때 파데트의 눈이 너무나 강렬하게 빛나서 마치 요정의 화신처럼 보였기 때문이다. "뭘 받을지는 지금 말하지 않을래. 나도 아직 잘 모르니까. 그 대신 지금 약속한 걸 잊어버려선 안 돼. 약속을 안 지키면 쌍둥이 랑드리의 약속은 믿을 것이 못 된다고 다른 사람들한테 소문낼 테니까. 지금은 그냥 갈게. 약속 잊으면 안 돼. 뭘 받을지 정하면 찾아가서 뭐든 내가 좋아하는 것을 받을 거야. 그때 가서 우물쭈물 대거나 싫은 얼굴을 해서는 안 돼."

"알았어, 알았어. 그럼 약속한 거야, 파데트. 확실하게 약속했어." 랑드리는 파데트의 손바닥을 가볍게 치면서 말했다.

"좋아, 그러자." 파데트는 만족스러운 듯 기뻐하며 말했다. "강가로 돌아가서 양이 우는 소리가 들릴 때까지 강가를 내려가. 갈색 어린 양이 있을 테니까. 그러면 너의 형도 곧 찾을 수 있을 거야. 내가 말하는 대로 되지 않으면 지금 약속은 무효로 해줄게."

말을 마치자마자 '귀뚜라미'는 '메뚜기'를 겨드랑이에 끼고 덤불 속으로 뛰어갔다. '메뚜기'는 겨드랑이에 끼여 불만을 터뜨리며 장어처럼 꿈틀거렸다. 곧 두 사람의 모습이 사라지고 목소리도 들리지 않게 되자 랑드리는 꿈이라도 꾼 것 같았다. 랑드리는 파데트가 자신을 놀리는 것이라는 생각이 더 이상 들지 않았다. 단숨에 '갈대밭' 아래쪽으로 달려가 '갈림목'까지 내려갔다. '갈림목' 안으로는 들어가지 않고 그냥 지나치려고 했는데, 아까 한참을 찾은 뒤라 형이 그곳에 있을 리가 없다는 생각이 들었기 때문이었다. 순간 새끼 양이 우는 소리가 들려왔다.

'정말로 다행이다, 다행이야.' 랑드리는 생각했다. '파데트가 말한 대로야. 새

끼 양이 우는 소리가 들리는구나. 형도 거기에 있겠지. 죽었는지 살았는지는 아직 모르지만.'

랑드리는 '갈림목' 안 수풀로 들어갔다. 형의 모습은 보이지 않았다. 새끼 양 울음소리를 따라 열 걸음 정도 가니 건너편 강가에 형이 작은 새끼 양을 안고 앉아 있는 것이 눈에 띄었다. 새끼 양은 머리부터 발끝까지 갈색이었다.

실비네는 살아 있을 뿐만 아니라 다치거나 옷이 찢어진 데도 없었다. 랑드리는 뛸 듯이 기뻐하며 가장 먼저 마음속으로 신에게 감사드렸다. 이 행복을 위해 악마의 지혜를 빌린 데 대한 사죄는 완전히 잊어버렸다. 실비네는 아직 랑드리가 온 것을 눈치채지 못하고 있었다. 강물이 돌과 부딪혀 나는 시끄러운 물소리에 발소리가 들리지 않는 듯했다. 랑드리는 말을 걸려다 멈추고 형의 모습을 바라보았다. 파데트가 말한 그대로였다. 거센 바람에 이리저리 휘청대는 숲 한가운데에 그루터기처럼 가만히 앉아 있는 형을 보고 랑드리는 깜짝 놀랐다.

바람이 심하게 불어올 때 이 부근 강가가 위험하다는 것은 누구나 알고 있었다. 폭풍우가 오면 강의 하류는 물결에 깎이어 흔히 오리나무 두세 그루가 뿌리째 뽑힌다. 오리나무는 아주 크고 오래되지 않으면 대부분 뿌리가 깊지 않아 그런 폭풍우에는 예고 없이 사람 위로 쓰러지는 일이 가끔 있었다. 그런데 실비네는 다른 사람보다 머리가 나쁜 것도 성격이 무모한 것도 아닌데 전혀 위험에 개의치 않는 모습이었다. 실제로 실비네는 튼튼한 곳간 안에라도 있는 것처럼 지금 자신이 위험하다는 것을 전혀 생각하고 있지 않았다. 실비네는 온종일 이리저리 헤매고 다니느라 몹시 피곤했다. 다행히 강에 빠지지는 않았지만 그 대신 슬픔과 원망으로 가득한 자신의 마음속에 빠져 흐르는 강물만 하염없이 바라보고 있었다. 얼굴은 수련꽃보다 더 파르스름하고, 입은 양지를 향해 입을 뻐끔대는 물고기처럼 벌리고, 머리카락은 바람 때문에 헝클어졌다. 그루터기처럼 꼼짝 않고 앉아서 품에 안고 있는 새끼 양도 잊고 있었다. 목장에서 길을 잃은 양을 만나 불쌍한 마음에 오두막으로 데리고 가려고 안고 온 것은 좋았는데 도중에 누가 새끼 양의 주인인지 묻는 것을 잊어버린 것이다. 불쌍한 새끼 양은 실비네를 올려다보며 슬프게 울었다. 실비네는 울음소리가 귀에 들어오지 않는 듯 태연하게 내버려두었다. 새끼 양은 자기 울음소리를 듣고 친구들이 찾아 와주지는 않는지 크고 맑은 눈으로 주변을 두리번거렸다. 양은 자신이 살던 목장도, 엄마도, 오두막도 보이지 않는 이 어두운 수풀 속에서 눈앞에 흐르는 거대한 강물을 보고 아마도 몹시 두려웠을 것이다.

10

랑드리와 실비네 사이에 있는 강은 폭이 4, 5미터 정도였는데 수심도 그와 비슷했다. 분명 랑드리는 이 강만 없었다면 바로 달려가 형의 목에 매달렸을 것이다. 그러나 그는 실비네가 눈치채지 못하고 있는 틈을 타 형을 어떻게 설득해서 집에 데려가면 좋을지 생각해보았다. 섣불리 말을 걸면 아침부터 토라져 있는 실비네가 다른 곳으로 가버릴지도 몰랐다. 그렇게 되면 붙잡으려 해도 바로 수심이 얕은 곳이나 다리를 찾을 수 없을 것이다.

랑드리는 남들보다 네 배는 현명한 아버지라면 이럴 때 어떻게 대처했을지 곰곰이 생각해보았다. 그러자 좋은 생각이 떠올랐다. 바르보라면 이런 경우에 아무렇지도 않은 얼굴로 자연스럽게 말을 걸 것이다. 실비네가 가족들에게 얼마나 걱정을 끼쳤는지 스스로 깨닫도록 하고 몹시 후회하게 만들어 다시는 이런 일을 저지르지 않도록 할 것이다.

랑드리는 양치기가 해 질 무렵 덤불 옆을 지나갈 때 자주 그러듯이 개똥지빠귀를 부르는 휘파람을 불었다. 이 소리를 들은 실비네는 고개를 들었다. 동생의 모습을 보자 부끄러워하며 아직 랑드리가 자신을 못 본 줄 알고 서둘러 일어섰다. 랑드리는 지금에서야 알았다는 얼굴을 하고, 너무 크지 않은 목소리로 말했다. 다행하게도 강물 소리는 서로의 목소리가 들리지 않을 정도로 시끄럽지 않았다.

"뭐야, 형이구나. 거기에 있었어? 아침부터 계속 기다렸어. 아무리 기다려도 돌아오지 않기에 그냥 저녁 먹을 때까지 이 주변을 산책이나 하려고 나왔지. 저녁때까지는 형도 집에 올 거라고 생각했거든. 마침 이렇게 만났으니까 함께 돌아가자. 이 강가를 따로 내려가서 룰렛 여울(파데 할머니 집 바로 옆에 있는 여울)에서 만나자."

"응, 그러자." 실비네는 새끼 양을 안아 올리며 말했다. 아직 낯이 익지 않아 스스로 따라오려고 하지 않았기 때문이다. 두 사람은 강가를 내려갔는데 그동안 서로 얼굴을 보지 않으려고 했다. 사이가 틀어져서 얼마나 슬펐는지, 이렇게 함께 있을 수 있어서 얼마나 기쁜지 두 사람 모두 서로에게 내비치고 싶지 않았던 것이다. 때때로 랑드리는 실비네가 토라졌던 일이 아예 없었던 것처럼 발을 멈추지도 않고 아무렇지도 않게 한두 마디 말을 걸었다. 먼저 그 새끼 양은 어디서 잡았는지 실비네에게 물었다. 실비네는 자신이 꽤 멀리까지 나가서 어디를 지나쳤는지조차 모른다는 것을 솔직하게 털어놓고 싶지 않아서 머뭇거렸다. 랑드리는 형이 곤란해하는 것을 눈치채고 이렇게 말했다.

"그 이야기는 나중에 듣지, 뭐. 바람이 강해. 이런 날씨라면 강가의 나무 밑에서 느긋하게 있을 수도 없지. 아, 다행히 비가 내리네. 이제 바람도 잠잠해지겠지."

이렇게 말하면서 랑드리는 마음속으로 생각했다. '귀뚜라미 녀석이 말한 대로잖아. 비가 내리기 전에 형을 찾을 거라고 했지. 확실히 그 아이는 우리들이 모르는 것까지 알고 있구나.'

이때 그는 자신이 파데 할머니 집에 가서 서로 부탁을 들어달라네 싫네 하면서 15분쯤 입씨름하는 동안에 파데트가 밖에서 실비네를 봤을지도 모른다는 것은 생각하지 못했다. 나중에서야 그런 생각이 들었다. 하지만 자신이 할머니와 입씨름하고 있을 때 파데트는 곁에 없었는데 자신에게 말을 걸어왔을 때 자신이 뭐 때문에 걱정하고 있는지 어떻게 알았을까? 당최 알 수가 없었다. 그가 갈대밭에 오기까지 여러 사람들에게 형에 대해 물어보았으니까 누가 파데트 앞에서 그 이야기를 했는지 모른다. 또 파데트는 뒤에 숨어서 뭐든 알아내려고 하는 아이니까 랑드리와 파데 할머니의 대화를 엿들었을지도 모르지만, 랑드리는 거기까지는 눈치채지 못했다.

실비네는 동생과 어머니에게 너무 심한 행동을 했기 때문에 이에 대해 어떻게 변명해야 좋을지 마음속으로 고민했다. 랑드리가 알고도 모르는 척한다는 것은 꿈에도 몰랐다. 태어나면서부터 이제까지 한 번도 거짓말을 한 적이 없고 동생에게 무엇 하나 숨긴 적이 없는 실비네는 랑드리에게 들려줄 이야기를 어떻게 꾸며내야 할지 도무지 감을 잡을 수 없었다.

드디어 여울을 건널 때가 되자 실비네는 안절부절못했다. 거기에 오기까지 그 자리를 모면할 수 있는 변명을 생각하지 못했던 것이다.

실비네가 자신이 있는 강가 쪽으로 올라오는 것을 기다리지 못하고 랑드리는 실비네에게 달려갔다. 그리고 평소보다 더욱 마음을 담아 꼭 껴안았다. 실비네에게 이것저것 물어봐도 대답하기 곤란할 게 뻔해서 같이 집으로 돌아오면서 대수롭지 않은 이야기를 할뿐, 두 사람이 가장 마음에 담아두고 있던 것은 이야기하지 못했다. 랑드리는 파데 할머니 집 앞을 지나칠 때 파데트의 모습이 보이나 잘 살펴보았다. 파데트에게 고맙다고 말하고 싶었다. 그러나 문은 꼭 닫혀 있고 메뚜기가 할머니에게 매를 맞아 엉엉 우는 소리만 들려왔다. 메뚜기가 나쁜 짓을 하건 안 하건 매일 밤 일어나는 일이었다.

이 개구쟁이 꼬마가 우는 소리를 듣자 실비네는 문득 불쌍한 마음이 들어 동생에게 말했다.

"이 집은 정말 기분 나빠. 우는 소리나 회초리 소리가 자주 들려. 나도 메뚜기같이 성격 나쁜 개구쟁이는 없다는 것을 알고 있어. 귀뚜라미로 말할 것 같으면 좋은 점이라고는 조금도 없지. 그렇지만 아버지 어머니도 없이 마법사 할머니 손에서 자란다니, 불행한 아이들이야. 그 할머니는 마음씨가 고약해서 뭐 하나 봐주는 법이 없으니까 말이야"

"우리 집은 그렇지 않은데." 랑드리가 대답했다. "아버지도 어머니도 매질 같은 것은 전혀 하지 않으시고, 우리가 장난을 쳐도 다정하게 혼을 내시니까. 옆집에 들리지 않을 정도로 말이야. 세상에는 이런 행복한 처지에 있으면서 자신의 행복을 모르는 사람이 있는가 하면 파데트처럼 가장 불행한 처지에 있으면서도 늘 명랑하고 불평 한마디 하지 않는 사람도 있지."

실비네는 이것이 자신을 탓하는 말이라는 것을 잘 알고 있었고, 실제로 미안한 일을 했다고 후회했다. 실은 아침부터 내내 후회하며 몇 번이고 집에 돌아가려고 했지만 부끄러워서 차마 그럴 수 없었다. 가슴이 아파와 아무 말도 못하고 훌쩍훌쩍 울기 시작했다. 그러자 동생이 형 손을 잡고 말했다. "이제 내리막길이야, 형. 여기서부터 집까지 단숨에 뛰어가자." 두 사람은 뛰기 시작했다. 랑드리는 실비네를 웃게 해주려고 애썼고, 실비네는 랑드리를 기쁘게 해주려고 열심히 웃는 얼굴을 했다.

그러나 집 앞에 오자 실비네는 아버지에게 꾸중을 듣지나 않을지 걱정되어 곳간에라도 숨고 싶은 심정이었다. 그러나 아버지 바르보는 이 일을 아내처럼 대단하게 생각하지 않았기 때문에 실비네를 조금 놀렸을 뿐 더 이상 아무 말도 하지 않았다. 바르보 부인도 남편이 잘 타일렀으므로 자신이 얼마나 마음을 태웠는지 실비네에게 티를 내지 않으려고 했다. 부인이 형제를 따뜻한 불 앞에 앉히고 젖은 옷을 말리거나 두 사람의 저녁 준비를 하는 동안에 실비네는 어머니가 우셨다는 것, 때때로 걱정스러운 듯 슬픈 얼굴로 자신을 바라본다는 것을 알았다. 만약 어머니와 실비네 두 사람뿐이었다면 잘못을 빌고 애교도 부려가며 어머니의 마음을 풀어드렸을 것이다. 그러나 아버지는 그렇게 나약하게 구는 것을 좋아하지 않으셨기 때문에 실비네는 저녁을 먹자마자 아무 말도 못하고 침대로 가야만 했다. 온종일 아무것도 먹지 못한 실비네는 허겁지겁 저녁을 다 먹어 치우자 술에 취한 사람처럼 흐느적거리며 동생에게 잠옷을 입혀달라 하고 잠을 재워달라고 했다. 손가락 하나 까딱 할 수 없을 만큼 녹초가 되었던 것이다. 동생은 침대 옆에 앉아 형의 한 손을 감싸 쥐었다.

　형이 푹 잠든 것을 보자 랑드리는 부모님에게 작별 인사를 했는데, 어머니가 예전보다 더욱 애정을 담아 안아준 것을 알아채지 못했다. 랑드리는 어머니가 자신을 형만큼 귀여워할 리가 없다고 생각했다. 자신은 형만큼 귀여운 구석이 없으니까. 그러나 자신도 나름대로 귀여움을 받는다고 생각해서 형을 질투하지는 않았다. 어머니를 존경하는 마음도 있었지만, 자신보다 상냥한 배려나 위로의 말이 필요한 형을 생각하여 조금도 불평하지 않았다.

　다음 날 아침 실비네는 어머니가 일어나기 전에 침대로 달려가서 속마음을 모조리 털어놓았다. 분하기도 하고 부끄럽기도 한 자신의 기분도 숨김없이 말했다. 자신이 예전부터 어떤 일로 불행했는지 말하고, 그것이 랑드리와 떨어져 있기 때문이라기보다 랑드리가 자신을 사랑해주지 않는 것 같은 생각이 들었기 때문이라고 말했다. 왜 그런 그릇된 의심을 하느냐고 어머니가 묻자, 실비네는 그 이유를 확실히 대답할 수 없었다. 그 의심은 이미 마음속에 뿌리내려서 자신도 어찌할 수 없는 병과 같은 것이었기 때문이다. 어머니는 내색은 하지 않았지만 그 기분을 잘 알고 있었다. 여자 마음도 이런 고통에 사로잡히기 쉽기 때문이다. 자신도 랑드리가 태연한 얼굴로 활달하게 일하는 것을 보면서 아들을 원망한 적이 있었다. 그러나 질투는 어떤 애정의 경우에도, 친형제의 애정이라는 가장 고귀한 경우조차 나쁜 것임을 자신도 알고 있어서 실비네의 기분에 맞장구쳐주지 않았다. 그 대신 동생 랑드리가 실비네를 얼마나 걱정했는지, 불평도 하지 않고 기분 나빠하지도 않는 동생이 얼마나 마음씨 착한 아이인지를 강조해서 말했다. 실비네도 어머니가 하는 말이 옳다고, 동생은 확실히 자신보다 낫다고 했다. 그 자리에서 진지하게 그런 나쁜 마음을 없애겠다고 어머니에게 약속하고 속으로도 굳게 결심했다.

실비네 자신도 이대로는 안 되겠다고 생각하고 침착한 얼굴을 해보았다. 어머니는 자신이 눈물을 흘리거나 우는 소리를 할 때마다 여러 가지 현명한 충고를 하여 힘을 주었다. 자신도 동생에게 집착하지 말고 순수하게 동생을 좋아하려고 애써보았지만, 그래도 쓸쓸한 기분이 사라지지는 않았다. 실비네는 생각했다. '동생은 나보다 훌륭한 사람으로 마음도 바르다. 어머니도 그렇게 말씀하셨고 맞는 말이다. 하지만 만약 내가 동생을 좋아하는 정도로 동생도 나를 좋아한다면 그렇게 아무렇지도 않을 수 있을까.' 랑드리는 강가에서 자신을 발견했을 때 더없이 침착한 모습이었다. 랑드리가 느긋하게 휘파람을 불며 자신을 찾았을 때 자신은 정말로 강에 몸을 던질까 생각했었다. 처음 집을 나설 때부터 그런 생각을 한 것은 아니었지만, 시간이 흐를수록 자신이 심하게 토라진 나머지 난생처음으로 동생과 얼굴도 마주치지 않겠다고 도망나온 것을 동생은 결코 용서해주지 않을 거라고 생각해 차라리 죽을까 마음먹은 것도 한두 번이 아니었다. '만약 동생이 그런 일을 했다면…….' 실비네는 생각했다. '나라면 절대로 용서할 수 없었을 것이다. 동생이 용서해준 건 너무나 기쁜 일이다. 하지만 그렇게 바로 용서해줄 거라고 생각하지 않았다.' 불행한 실비네는 끊임없이 자신의 기분을 고쳐보려고 한숨을 쉬고, 또 한숨을 쉬고서 기분을 고쳐보려고 했다.

하늘은 신의 뜻에 거스르지 않겠다는 마음이 조금이라도 있는 사람에게는 반드시 그만큼 보답을 내려 힘을 주시는 법이다. 덕분에 실비네도 그 뒤로 그 해가 끝날 때까지 어른스럽게 지냈다. 동생과 싸우거나 토라지는 일도 없어지고 온화한 기분으로 동생을 사랑하게 되었으며, 마음의 괴로움 때문에 약해졌던 몸도 이제는 꽤 튼튼해졌다. 아버지는 실비네가 자신의 몸을 함부로 상하게 하지 않아 점점 건강해지자 이전보다 더욱 일을 시키게 되었다. 그러나 부모님 옆에서 하는 일은 다른 사람 밑에서 하는 일과 비교하면 아무리 힘들다고 해도 뻔하다. 랑드리는 몸을 아끼지 않는 성격이라서 1년 동안 형보다 힘도 세지고 키도 컸다. 이전부터 두 사람에게는 작은 차이가 있었지만 지금은 그 것이 더 뚜렷해졌다. 두 사람의 성격 차이도 얼굴에 드러나게 되었다. 랑드리는 열다섯 살을 넘기자 건장한 청년이 되었다. 실비네는 동생보다 마르고 얼굴색도 나빴다. 실비네는 변함없이 귀여운 아이일 뿐이었다. 이제는 두 사람을 헷갈려 하는 사람은 없었다. 형제라서 닮긴 했지만 얼른 봐서는 쌍둥이인 줄 모를 정도가 된 것이다. 랑드리는 실비네보다 조금 늦게 태어난 동생이었지만, 처음 그들을 보는 사람들은 랑드리가 한 살이나 두 살 위인 줄 알았다. 진짜 시골 사람은 모두 그렇지만 몸과 힘을 무엇보다 중시하는 아버지 바르보는 더 더욱 랑드리를 귀여워하게 되었다.

11

파데트와 그런 일이 있고 나서 한동안 랑드리는 자신이 한 약속 때문에 마음이 조마조마했다. 랑드리는 그 절박한 상황에서 파데트의 도움을 받았을 때는 정말로 부모님을 대신해 쌍둥이 저택에서 가장 좋은 것을 뭐든지 아낌없이 내줄 생각이었다. 그러나 아버지 바르보는 실비네가 토라진 일을 대수롭지 않게 여기고 아무런 걱정도 하지 않았다. 파데트가 답례품을 받으러 오면 아버지는 파데트의 신기한 재주나 랑드리의 약속 따위는 싹 무시하고 파데트를 쫓아내버릴지도 몰랐다.

이런 걱정이 들자 랑드리는 부끄러워졌다. 슬픔이 점점 옅어지자, 그때 일을 마법의 힘이라고 믿었던 것은 자신이 너무나 어수룩했기 때문이라는 생각도 들었다. 파데트에게 속았다고 단정 지을 수는 없었지만 왠지 의심이 갔다. 게다가 그런 커다란 약속을 해버린 일이 옳은 결정이었다고 아버지를 이해시킬 만한 변명이 떠오르지 않았다. 그렇다고 굳게 맺은 약속을 없던 일로 할 수도 없지 않은가. 그때 그는 신을 증인으로 내세워서 맹세했으며 자신의 양심을 걸고 약속했던 것이다.

그런데 놀랍게도 그 일이 있은 다음 날에도, 또 그다음 달에도, 계절이 바뀌어도 파데트에 대한 이야기는 쌍둥이 저택에서도, 프리쉬에서도 전혀 나오지 않았다. 파데트는 랑드리에게 이야기를 하러 카이요 집에 오지도 않았고, 무언가를 받으러 바르보 집으로 오지도 않았다. 랑드리가 밭에서 일하는 모습이 멀리서 보여도 그쪽으로 다가오지 않았다. 랑드리에게 전혀 신경 쓰지 않는 듯했다. 이것은 평소 모습과는 정반대였다. 이 아이는 누구든지 뒤를 쫓아다니길 좋아했다. 그래서 상대가 기분 좋아하면 함께 웃거나 놀거나 농담을 하고, 상대가 기분 나빠하면 밉살스러운 말을 하거나 놀려댔다.

파데 할머니 집은 프리쉬와 코스 마을 어느 쪽에서도 가까워서 언젠가는 길에서 랑드리와 파데트가 마주치게 되어 있었다. 좁은 길에서 만난다면 지나가면서 어깨를 두드리거나 말을 걸어야만 할 것이다.

어느 날 저녁이었다. 파데트가 여느 때와 다름없이 메뚜기를 데리고 거위를 몰면서 돌아오고 있었다. 랑드리는 아무것도 모르고 느긋하게 말을 목장에서 데려오고 있었다. 두 사람은 산의 사거리에서 룰렛 여울로 내려오는 오솔길 위에서 딱 마주치게 되었다. 이 길은 양옆이 험준한 비탈이기 때문에 몸을 피할 수도 없었다. 랑드리는 상대가 그 약속 이야기를 꺼낼까 봐 겁이 나서 얼굴이 빨개졌다. 그러나 약한 모습을 보여서는 안 된다고 생각한 랑드리는 멀리서 파데트의 모습이 보이자 말 등에 올라타 말의 옆구리를 발로 찼다. 하지만 말은 모두 발목에 족쇄를 차고 있어서 랑드리가 올라탄 녀석도 특별히 빨리 뛸 수는 없었다. 결국 랑드리는 파데트 바로 옆까지 오고 말았다. 아무래도 얼굴을 마주할 용기가 나지 않아 망아지가 잘 따라오고 있는지 살피는 척하며 뒤를 돌아보았다. 그러다가 다시 앞을 보았을 때는 이미 파데트가 자신의 옆을 지나 갔는데 아무런 말도 하지 않았다. 자신의 얼굴을 보기나 했는지 인사를 재촉하듯 눈웃음을 지어 보였는지조차 알 수 없었다. 눈에 보이는 것은 메뚜기 자네뿐이었다. 이 녀석은 변함없이 못된 개구쟁이 본성을 드러내서 조약돌을 한 개 줍더니 랑드리가 타고 있는 말에게 던졌다. 랑드리는 채찍으로 세게 때려줄까 생각했지만 말을 멈추면 메뚜기 누나와 말다툼을 하게 될까 무서웠다. 그래서 눈치채지 못한 척하며 그대로 뒤도 돌아보지 않고 돌아왔다.

그 뒤로도 랑드리가 파데트와 만날 때마다 늘 그런 식이었다. 그러는 와중에 랑드리도 점점 태연해져서 파데트의 얼굴을 볼 수 있게 되었다. 그도 점점 청년이 되어가면서 어른스러워지고 있었기 때문에 그런 사소한 일에 언제까지나 신경 쓰지는 않았다. 어느 날 랑드리는 드디어 용기를 내서 어떤 말을 들어도 꿈쩍도 않겠다는 능청스런 얼굴로 파데트를 보았다. 이상하게도 이번에는 파데트가 일부러 얼굴을 돌려 피했다. 마치 이쪽이 상대편을 무서워하는 것과 같이 상대편도 이쪽을 무서워하는 듯했다. 그 모습을 본 랑드리는 순간 우쭐했지만 본디 성품이 바른 인간이기 때문에, 파데트가 마법을 부렸든 찍어서 맞혔든 어쨌든 그런 고마운 결과를 얻은 데 대해 한 번도 감사하다는 말을 하지 않은 것은 잘못된 일이 아닐까 생각했다. 그래서 다음번에 만나면 바로 말을 걸자고 결심했다. 곧 파데트와 마주치게 된 랑드리는 자신이 먼저 열 걸음 정도 가까이 다가가서 이야기를 하려고 했다.

그런데 랑드리가 다가가자 파데트는 새침하게 화가 난 듯한 얼굴을 했다. 이번에는 랑드리를 제대로 쳐다보았는데 몹시 얄밉다는 눈빛이었다. 랑드리는 완전히 기세가 꺾여 말을 붙일 용기가 나지 않았다.

이해에는 이것으로 끝이었다. 랑드리가 파데트와 얼굴을 마주할 기회는 더이상 없었다. 이날 뒤로 파데트는 무슨 변덕을 부리는 것인지 랑드리를 까닭 없이 싫어했다. 멀리서 랑드리의 모습이 보이면 딴 길로 가거나 남의 농장으로 가로질러가거나 멀리 돌아가거나 하며 랑드리와 얼굴을 마주치지 않으려고 애썼다. 랑드리는 자신이 파데트의 도움을 받았으면서 모른 척했기 때문에 파데트가 화난 거라고 생각했다. 그러나 불쾌한 아이라는 생각이 들어, 자신의 무례를 용서받기 위해 어떻게 해볼 마음이 생기지 않았다. 파데트는 다른 아이와는 조금 달랐다. 파데트는 까다로운 성격이 아니었다. 그러기는커녕 지나칠 정도라 곤란할 정도였다. 특히 상대가 욕설이나 야유를 하게 만드는 것을 좋아하는데, 그건 자신이 말을 잘하기 때문에 얼마든지 받아쳐서 결국에는 끽소리도 못하게 만들 수 있다는 것을 잘 알고 있기 때문이었다. 하여튼 풀이 죽어 뾰로통해지는 경우는 전혀 없었다. 여자아이가 열다섯 살 정도 됐으면 슬슬 유순해지고 기품이 생겨야 하는데 조금도 그렇지 않으니 난처한 일이었다. 아무리 시간이 흘러도 말괄량이에서 벗어나지 못했다. 특히 실비네를 괴롭히는 것을 재미있어해서 이따금 멍하니 생각에 잠긴 실비네를 발견하면 방해해서 화나게 하고는 기뻐하는 것이었다. 길에서 만나면 반드시 한참을 쫓아오며 "쌍둥이 쌍둥이" 놀리거나 "랑드리는 너 같은 애는 조금도 좋아하지 않아" 말을 하며 실비네의 마음을 괴롭게 하고는 그가 슬퍼하는 모습을 보고 웃음거리로 삼았다. 그래서 실비네는 랑드리가 생각하는 것보다 더 파데트가 마녀라고 믿었는데, 상대가 자기 속마음을 알아채자 몹시 당황하여 파데트를 진심으로 싫어하게 되었다. 파데트도 파데트 가족도 싫어진 실비네는 파데트가 랑드리를 피해 다니듯이 이 성격 나쁜 귀뚜라미를 피해 다녔다. 실비네의 말을 빌리면, 이 귀뚜라미는 언젠가 어머니를 따라서 행실 나쁜 짓을 하다 마침내 남편을 버리고 군대를 쫓아가게 될 것이다. 귀뚜라미의 어머니는 메뚜기가 태어나고 얼마 되지 않아 술집 여주인이 되어 마을을 떠났는데 그 뒤로 아무런 소식이 없었다. 남편은 슬픔과 수치심으로 병에 걸려 죽고 말았고, 나이 든 파데 할머니가 아이 둘을 떠맡아야 했다. 파데 할머니는 아이들을 제대로 돌보아주지 않았다. 그것은 타고난 구두쇠인 탓도 있었으나 나이가 들어서 깨끗한 옷을 입히는 일과 같이 세심하게 아이들을 챙기는 일을 할 수 없었기 때문이다.

랑드리는 실비네만큼 자존심이 강하지 않지만 역시 파데트를 매우 싫어했다. 랑드리는 그런 큰 약속을 해버린 것을 지금에서야 후회했는데, 그 일은 누구도 알지 못하도록 조심했다. 자신이 형 때문에 몹시 걱정했다는 사실을 털어놓고 싶지 않아서 실비네에게조차 그 일을 감췄다. 실비네는 파데트에게 자신의 질투심을 들켰다는 사실을 동생한테 말하기가 부끄러워서, 파데트가 자기를 괴롭힌다는 것을 랑드리에게 말하지 않았다.

그 와중에도 세월은 흘러갔다. 쌍둥이 정도의 나이에는 일주일이 한 달에 해당하고 한 달이 1년에 해당할 정도로 몸도 마음도 쑥쑥 자란다. 랑드리는 한동안 파데트를 생각하면 괴로웠지만 시간이 지나니 그 사건도 꿈속에서 있었던 일처럼 전혀 생각나지 않게 되었다.

랑드리가 프리쉬 마을에 온 지도 벌써 열 달이 지나 세례자 성 요한 대축일이 다가왔다. 이 대축일을 끝으로 카이요 씨네 더부살이 기간이 끝났다. 그러나 카이요는 랑드리가 아주 마음에 들었기 때문에 급료를 올려주며 놓치지 않으려 했다. 랑드리도 부모님과 가까이 있을 수 있을 뿐 아니라 이곳 사람들과는 마음이 잘 맞았기 때문에 프리쉬 마을에서 더부살이를 계속하길 원했다. 게다가 카이요의 조카인 마들롱이라는 어여쁜 소녀에게도 관심이 있었다. 상대는 랑드리보다 한 살 위로 랑드리를 어린아이 취급했지만 그런 태도도 날이 갈수록 줄어들었다. 그해 첫무렵에는 내기나 춤을 출 때에 랑드리가 키스하는 것을 부끄러워하는 모습을 보고 놀려댔지만, 그해가 저물 무렵이 되자 놀리기는커녕 자신이 먼저 얼굴을 붉히고 마구간이나 여물통 두는 곳에서 랑드리와 둘이 있는 일을 피하게 되었다. 마들롱은 가난한 집 자식이 아니기 때문에 시간이 흘러 언젠가 두 사람의 결혼이 성사되지 말라는 법도 없었다. 두 사람 모두 이 근방에서는 평판 있는 훌륭한 가문 출신이었다. 카이요도 젊은 두 사람이 서로 가까워지고 싶어 하면서도 머뭇거리기만 하는 걸 보고 바르보에게 이렇게 말했다. 두 사람이 좋은 부부가 될지도 모르니 두 사람에게 천천히 제대로 된 교제를 시키는 것은 결코 나쁜 일은 아닐 거라고 말이다.

세례자 성 요한 대축일 일주일 전에 일이 이렇게 결정되어서 랑드리는 그대로 프리쉬에 남고 실비네는 역시 부모님 곁에 남게 되었다. 실비네도 이 무렵에는 철이 많이 들어서 바르보가 때때로 신열에 시달리게 되면서부터는 들일도 꽤 잘하게 되었다. 실비네는 먼 곳으로 가는 것을 몹시 무서워했다. 이 두려움이 좋은 쪽으로 작용해서 실비네도 이제는 랑드리를 생각하는 마음이 격해지면 누르려 애쓰고, 누르지 못하더라도 밖으로는 표현하지 않게 되었다. 쌍둥이 형제도 이제 매주 한두 번밖에 얼굴을 마주할 수 없었지만 쌍둥이 저택에는 다시 평화와 만족이 찾아왔다. 세례자 성 요한 대축일은 두 사람에게 즐거운 하루였다. 두 사람은 함께 일손 구하는 시장도 돌아보고, 또 마을 광장에서 열리는 축제 등을 구경하러 나갔다. 랑드리는 예쁜 마들롱과 몇 번이고 부레[2]를 추었다. 실비네도 랑드리를 기쁘게 하려고 함께 춤을 추었지만 그다지 잘 추지는 못했다. 그러자 마들롱이 마주 보고 손을 잡으면서 친절하게 스텝 밟는 법을 가르쳐주었다. 실비네도 춤을 추면 동생과 함께 있을 수 있다고 생각해 능숙하게 출 수 있도록 연습했다. 지금까지는 이런 일에 도통 어울리려 하지 않아 랑드리를 불편하게 만들었지만 이제부터는 둘이서 함께 즐기자고 약속했다.

실비네는 마들롱에게 그다지 질투하지 않았는데 랑드리가 마들롱에게 아직 거리를 두고 있기 때문이었다. 또 마들롱도 실비네의 비위를 맞춰주려고 애썼다. 마들롱이 실비네와 친하게 지내는 모습을 보면 모르는 사람은 마들롱이

---

2) 프랑스 오베르뉴 지방에서 시작된 3박자계의 경쾌한 춤곡. 뒤에 궁정에 들어가 빠른 2박자계의 춤곡이 되어 17세기에서 18세기의 작곡에 많이 썼다.

실비네를 좋아한다고 생각했을지도 모른다. 랑드리가 본디 질투를 모르는 인간이 아니었다면 질투를 했을 것이다. 혹은 랑드리가 좀 눈치가 있었다면 마들롱이 이렇게 행동하는 이유가 자신이 마음에 들어서 두 사람이서 만날 기회를 지금보다 더 만들고 싶기 때문임을 알았을지도 모른다.

그리하여 성 앙도슈 축일까지 석 달쯤 되는 시간이 평화롭게 흘러갔다. 이 축제는 코스 마을 수호신을 위해 9월 끝무렵에 열리는 축제였다.

이 축일에는 마을의 큰 호두나무 밑에서 추는 춤을 비롯하여 다양한 놀이를 하기 때문에 언제나 쌍둥이 형제에게는 이것이 가장 성대하고 즐거운 축제였다. 그런데 이날 생각지 못한 새로운 걱정거리가 생겼다.

카이요는 랑드리가 아침부터 축제를 즐길 수 있도록 전날 밤 쌍둥이 저택으로 자러 가는 것을 허락해주었다. 랑드리는 자신이 내일 오는 줄로만 알고 있는 형이 놀라는 모습을 상상하며 저녁 전에 집을 나섰다. 계절은 마침 날이 짧아지고 해가 빨리 지기 시작할 무렵이었다. 랑드리는 낮에는 두려운 것이라고는 없었다. 그러나 그 나이 때 혼자서 아무렇지도 않게 밤길을 걸을 수 있다면 이 고장 사람이라고 할 수 없다. 가을은 마법사와 요정이 활개 치는 계절이다. 그들은 안개 속에 숨어서는 나쁜 짓을 하고 흉계를 꾸민다.

랑드리는 소를 목장에 데리고 가거나 데리고 오며 홀로 걷는 일에 익숙해져 있어서 이날 밤이라고 해서 특별히 겁나지는 않았다. 그래도 빠르게 걸으면서 큰 소리로 노래를 불렀다. 어두운 밤에는 반드시 누구나 그러는 법이다. 모두 알고 있는 사실이지만, 인간이 부르는 노랫소리는 사나운 짐승과 악한 인간을 쫓아버리는 효과가 있다.

어느새 랑드리는 룰렛 여울 옆까지 왔다. 이 여울에는 둥근 조약돌이 많아 이런 이름이 붙었다. 발목 위까지 오는 여울을 건너기 위해 랑드리는 바지를 걷어 올렸다. 무턱대고 발을 내딛지는 않았다. 비스듬히 이어지는 이 여울에는 군데군데 수심이 깊은 곳이 있기 때문이다. 그는 이 여울에 대해 매우 잘 알고 있었기에 발을 잘못 내딛는 일이 있을 리는 없었다. 게다가 잎이 반 이상 떨어진 나무숲 사이로 파데 할머니 집에서 새어 나오는 희미한 불빛이 보였다. 불빛에 의지해 그 방향으로 가기만 하면 헛디딜 염려는 없었다.

강가는 나무 그림자로 칠흑같이 어두워서 랑드리는 여울로 들어가기 전에 시험 삼아 막대기를 찔러 넣어보았다. 이상하게도 평소보다 물이 불어 있었다. 하류의 수문을 열어놓았는지 물소리가 들려왔다. 아무래도 낌새가 이상했지만, 파데트의 집 창문에서 새어 나오는 불빛이 또렷이 보였기 때문에 이에 개의치 않고 건너기로 마음먹었다. 두 걸음 정도 들어가자 벌써부터 무릎 위까지 물이 차올랐다. 건너는 곳을 착각했다고 생각해 다시 강기슭으로 나왔다. 좀 더 위쪽으로도 좀 더 아래쪽으로도 자리를 옮겨 여울로 들어가 보았지만 두 번 다 전보다 더 수심이 깊었다. 비도 오지 않았고 수문은 계속 소리를 내고 있었건만, 이건 정말로 이상한 일이었다.

<h2 style="text-align:center">12</h2>

'분명 수렛길로 잘못 온 게 틀림없어.' 랑드리는 생각했다. '파데트네 집 불빛이 본디 왼쪽으로 보여야 하는데 오른쪽으로 보이니까.'

토끼 무덤으로 돌아가서 방향 감각을 원점으로 돌리기 위해 눈을 감은 채 무덤 주위를 빙글빙글 돌았다. 그 뒤 주위 나무숲과 덤불을 주의 깊게 살피고 정확한 길로 나와서 다시 강가로 갔다. 여울 상태는 좋아 보였는데, 세 걸음 정도 가니 더 이상 나아갈 용기가 없어졌다. 맞은편에 보여야 할 파데트네 집 불빛이 갑자기 뒤에서 보였기 때문이다. 다시 강기슭으로 올라가니 불빛이 본디 있어야 할 곳에서 보였다. 전과는 다른 방향으로 비스듬히 여울로 들어가 보았다. 이번에는 물이 배까지 올라왔다. 그래도 불빛을 향해 가면 다시 얕은 곳으로 나갈 수 있을 거라 생각해 계속 나아갔다.

그러나 결국 포기하고 중간에 멈춰 섰다. 수심은 깊어지기만 해서 이제 어깨까지 물이 차올랐다. 물도 너무 차가워 랑드리는 돌아갈지 말지 한동안 고민했다. 불빛의 위치가 또다시 변한 것처럼 보였다. 뿐만 아니라 그가 지켜보고 있자니 불빛이 움직이기 시작했다. 이리저리 뛰어다니거나 저쪽 강가에서 이쪽 강가로 뛰어넘거나 했다. 어느새 수면에 비친 불빛 그림자는 두 개가 되었고, 날개를 펼친 새가 바람에 흔들리는 모습으로 물 위를 떠다니며 바작바작 양초 타는 소리를 냈다.

이번에야말로 랑드리도 겁이 나서 정신을 잃어버릴 것 같았다. 전부터 들은 이야기지만 도깨비불은 사람을 홀리는 나쁜 놈이다. 이놈은 장난삼아 지나가는 사람을 홀려서 길을 헤매게 만든다. 도깨비 같은 기묘한 웃음소리를 내면서 사람을 강의 가장 깊은 곳으로 끌어들이고서 고통스러워하는 모습을 보며 즐거워한다고 한다.

랑드리는 도깨비불을 보지 않으려고 눈을 질끈 감고 뒤를 돌아서 가까스로 물구덩이를 빠져나와 다시 강가로 올라왔다. 풀밭에 털썩 드러누워 아까부터 계속 춤추며 웃고 있는 도깨비불을 지켜보았다. 보고만 있어도 기분이 나빠졌다. 물총새처럼 날다가도 돌연 감쪽같이 사라져버린다. 소머리같이 커졌다가도 금세 고양이 눈처럼 작아져버린다. 도깨비불이 옆으로 다가와 주위를 무서운 속도로 빠르게 돌자 랑드리는 현기증이 났다. 아무리 유혹해도 랑드리가 따라오지 않자 도깨비불은 갈대가 자라고 있는 물가로 돌아가 그 주위를 맴돌았는데, 그 모습은 마치 화가 나서 랑드리를 욕하는 것 같았다.

랑드리는 그 자리에서 움직일 엄두가 나지 않았다. 여기서 돌아간다고 한들 도깨비불을 떨쳐낼 수는 없었다. 누구나 알고 있듯이 도깨비불은 도망가는 사람을 어디까지나 쫓아와서 끈질기게 앞을 가로막아 끝내 사람을 미치게 하거나 빠져나올 수 없는 곳에 빠지게 만든다. 랑드리가 공포와 추위에 떨고 있을 때 뒤에서 부드러운 노랫소리가 희미하게 들려왔다.

도깨비님, 도깨비님, 도깨비님
양초를 들려거든 덮개도 드세요.
저는 비옷에 두건을 쓸래요.
도깨비 아이에게는 도깨비불이 길동무.

노래가 끝나자 뒤에서 파데트가 모습을 드러냈는데, 도깨비불을 무서워하는 기색도 없이 기분 좋은 모습으로 강을 건너려고 했다. 그러다가 안개 속에서 땅바닥에 앉아 있던 랑드리와 부딪히자 뒤로 물러나면서 사내애처럼, 그것도 가장 말을 잘하는 사내아이처럼 욕설을 퍼부었다.

"나야, 파데트." 랑드리는 일어섰다. "무서워하지 않아도 돼. 나쁜 짓은 하지 않으니까."

랑드리가 그렇게 말한 것은 도깨비불만큼 파데트가 무서웠기 때문이다. 지금 그 노래를 들으니 파데트는 확실히 도깨비불에게 주문을 걸고 있었으며, 도깨비불이 파데트 앞에서 꿈틀대는 모습은 파데트의 얼굴을 봐서 기뻐 어쩔 줄 모르는 것 같았다.

"잘 알고 있어, 쌍둥이 도련님." 잠시 생각한 뒤 파데트는 말했다. "네가 무서워서 반쯤 죽을 것 같은 모습을 하고 있으니까. 목소리가 떨리고 있잖아. 우리 할머니 목소리랑 똑같네. 뭐야? 겁쟁이 도련님. 밤에는 낮처럼 큰소리를 칠 수 없나 보네. 내가 없으면 강을 건널 수 없지? 그럴 테지."

"실은 강에서 막 올라왔어." 랑드리는 말했다. "물에 빠질 뻔했다니까. 넌 그래도 건널 생각이니, 파데트? 여울에 빠져도 좋아?"

"웃기는 소리. 빠지긴 누가 빠진다고 그러니? 그렇지만 네가 뭘 무서워하는지는 잘 알고 있지." 파데트는 이렇게 말하고 웃기 시작했다. "자, 겁보야, 손 줘봐. 도깨비불은 네가 생각하는 것만큼 질 나쁜 녀석이 아니야. 무서워하는 사람에게만 장난을 치지. 나는 자주 봐서 이제 익숙해졌어."

파데트는 갑자기 랑드리로선 생각도 못했던 강한 힘으로 랑드리의 팔을 잡아당겨 여울 속으로 들어가더니 빠르게 달리면서 노래를 부르기 시작했다.

저는 비옷에 두건을 쓸래요.
도깨비 아이에게는 도깨비불이 길동무.

랑드리는 도깨비불의 길동무가 되는 것만큼이나 마법사 아이의 길동무가 되는 것을 조금도 좋아하지 않았다. 하지만 어차피 요물을 만난다면 잡을 수도 없는 저 기분 나쁜 불덩어리보다는 자신과 같이 사람 형상을 한 요물이 더 낫다고 생각했기 때문에 잠자코 파데트가 하자는 대로 했다. 곧 랑드리는 조약돌을 디뎌 발을 적시지 않고 갈 수 있을 정도로 파데트가 잘 안내해준 덕분에 마음을 놓을 수 있었다. 그러나 두 사람 모두 달리듯 건너가는 바람에 도깨비불을 부르는 공기의 흐름이 일어났고 계속 이 대기현상이 그들을 따라다녔다. 도깨비불이 대기현상이라는 것은 여기 학교 선생님이 그렇게 말했는데, 선생님은 이런 일에 대단히 박식해서 그런 것은 조금도 무서워할 필요가 없다고 했다.

아마 파데 할머니는 도깨비불에 대해 잘 알고 있어서 그런 불은 조금도 겁낼 필요가 없다고 손자 손녀에게 말해주었을 것이다. 아니면 랑드리가 지금까지 한 번도 가까이서 본 적 없다는 것이 이상할 정도로 이 룰렛 여울 근처에는 도깨비불이 자주 나타나는데, 그러다보니 파데트도 익숙해져서 도깨비불 요정은 나쁜 짓을 하는 녀석이 아니라 그저 이쪽과 사이좋게 지내고 싶은 거라고 생각했을지도 모른다. 도깨비불이 가까이 다가오자 랑드리는 온몸이 덜덜 떨렸다.

"너 참 바보 같구나." 파데트가 말했다. "이 불은 전혀 뜨겁지 않아. 네가 잽싸게 움직여서 붙잡아본다면 알겠지. 상처고 뭐고 전혀 남지 않으니까."

'그러니까 더 문제인 거야.' 랑드리는 속으로 생각했다. '뜨겁지 않은 불이라니. 어차피 정체는 뻔해. 신께서 그런 불을 내려주시진 않을 테니까. 하느님의 불은 사물을 데우거나 태우도록 만들어진 거야.'

그렇게 생각했지만 파데트에게는 말하지 않았다. 드디어 무사히 건너편 강가에 도착했을 때, 순간 랑드리는 파데트를 내버려두고 쌍둥이 저택으로 도망칠까 생각했다. 그러나 본디 은혜를 모르는 인간이 아니어서 감사 인사도 하지 않고 가버리는 일은 도저히 할 수 없었다.

"네게 신세를 진 게 이걸로 두 번째야." 랑드리는 말했다. "이 은혜는 평생 잊지 않을게. 난 정말 얼간이야. 네가 왔을 때 난 제정신이 아니었어. 도깨비불에 쫓겨다니며 얼이 빠져 있었지. 네가 없었다면 이 강을 절대 건널 수 없었을 거야. 아니면 강에서 나오지 못했거나."

"아마도 별 어려움 없이 건널 수 있었을 거야. 네가 그런 얼간이가 아니었다면." 파데트는 말했다. "아, 정말 꿈에도 생각하지 못했어. 이제 열일곱 살이나 되어서 슬슬 얼굴에 수염도 나기 시작하는 너 같은 남자가 그런 것을 무서워하다니. 아무튼 쌤통이야."

"쌤통이라니. 무슨 말이야, 파데트?"

"네가 싫으니까." 얄밉다는 듯 파데트는 말했다.

"내가 싫다니, 왜?"

"너는 제대로 된 사람이 아니라고 생각하니까." 파데트는 말했다. "너나 너의 쌍둥이 형이나 너의 부모님이나 모두 제대로 된 인간이 아냐. 부자라고 남을 업신여기고, 다른 사람이 뭔가 해주면 당연하다는 듯이 생각해. 너도 그걸 보고 배워서 은혜도 모르는 거겠지만, 그건 남자로서 가장 심각한 결점이야. 겁쟁이가 다음으로 말이지."

랑드리는 이 작은 소녀가 하는 말을 듣고 있자니 그 말이 아주 틀리다고도 할 수 없어서 이내 풀이 죽어 이렇게 대답했다.

"내가 잘못한 건 어디까지나 내 잘못이야. 형도 아버지도 어머니도 우리 가족 모두 전에 네가 도와주었다는 것을 몰라. 이번에는 내가 꼭 말할게. 그리고 뭐든 네가 좋아하는 것을 줄게."

"혼자 잘났구나." 파데트는 말했다. "뭔가 주기만 하면 그걸로 된다고 생각해? 내가 우리 할머니랑 똑같은 사람인 줄 아나 보지? 그야 우리 할머니는 돈이라면 무슨 일이든 마다하지 않으시지. 하지만 난 말이야, 돈은 필요하지도 않고 갖고 싶지도 않아. 무엇보다 네가 주는 것 따윈 보고 싶지도 않아. 넌 진심이라곤 없으니까. 그때 그렇게 근심에 빠진 너를 구해주었는데 너는 그 뒤 1년이 다 되어가도록 나한테 고마워라든가 사이좋게 지내자라는 말은 한마디 해준 적 없잖아."

"그러니까 미안하다고 하잖아, 파데트." 랑드리는 말했다. 파데트가 이렇게 조리 있게 말하는 것은 처음 들어서 그도 놀라지 않을 수 없었다. "그러나 너도 조금은 잘못이 있어. 형을 찾아주는 데는 마법이고 뭐고 필요 없었잖아. 분명 내가 너희 집에서 할머니와 이야기하는 동안에 형을 찾았을 테니까. 그러니 나한테 진심이 없다고 말하는 너야말로 진짜 진심이 있었다면, 그런 식으로 나를 애타게 하거나 약을 올리거나 그런 큰 약속을 강요하지 않고서 바로 사실을 말해줬을 거야. '목장을 내려가 봐. 강가에 있을 테니까' 이렇게 말이야. 그런다고 무슨 손해를 보는 것도 아닌데 넌 그냥 입을 다물고서 내가 슬퍼하는 모습을 보며 놀렸잖아. 네가 그렇기 때문에 신세를 져도 고마운 마음이 줄어드는 거야."

평소대로라면 파데트는 바로 맞받아쳤을 테지만 한동안 생각에 잠겨 입을 다물고 있었다. 이윽고 입을 열었다.

"그래, 알았어. 넌 고맙게 생각하지 않겠다고 하는 거네. 내가 답례를 하라고 강요해서 어영부영 약속을 했을 뿐이니까, 넌 나한테 빚을 지지 않았다. 이거지. 그런데 말이야, 한 번 더 말하지만 넌 인정머리도 없고 마음보도 비뚤어졌어. 그렇지 않고서야 이미 알았을 거 아냐? 나는 너한테 아무것도 달라고 하지도 않았고 네가 모르는 척해도 불평하지 않았어."

"그건 맞아, 파데트." 랑드리가 진심으로 말했다. "분명 내가 나빴어. 나 자신도 그렇게 생각해서 내내 마음이 편치 않았어. 너희 집에 가서 인사해야 했는데 말이야. 하지만 네가 너무나 화난 표정을 하니까 나도 말을 붙일 수 없었어."

"그것도 말이야. 네가 바로 다음 날에라도 찾아와서 친구다운 인사를 한마디라도 했다면 나도 화내지 않았을 거야. 그랬으면 내가 답례 따위는 원하지 않는다는 것도 바로 알 수 있었을 테고, 우리는 사이좋게 지낼 수 있었을 거야. 하지만 이제는 다 소용없어. 내 기분이 상할 대로 상했거든. 자, 그럼 잘 가라, 쌍둥이 저택의 도련님. 돌아가서 옷이라도 말려. 그리고 부모님에게 이렇게 말씀드리렴. '거지 귀뚜라미가 없었다면 오늘 밤 강바닥에서 강물을 마실 뻔했다'고 말이야."

그렇게 말하고 파데트는 등을 확 돌려 집으로 걸어가면서 노래를 불렀다.

깨달은 게 있겠지, 뼈저리게 느꼈겠지.
쌍둥이 꼬마 랑드리.

이번에는 랑드리도 이대로 파데트와 헤어지면 마음이 편치 않을 것 같았다. 무엇보다 남을 돕는다고는 하나 선의로 그랬던 게 아니라 나중에 골려 먹으려는 생각이었던 파데트의 심술궂은 장난을 재미있어하는 사람은 있어도 좋게 여기는 사람은 없다. 그런 아이와 사이좋게 지내고 싶은 마음은 조금도 없었지만, 타고난 착한 마음을 가진 랑드리는 양심의 가책을 받을 만한 행동은 하고 싶지 않았다. 그래서 파데트의 뒤를 쫓아가 스카프를 잡아 끌어당기며 말했다.

"파데트, 이제 그만 날 용서해주지 않을래? 네가 나를 못마땅하게 여기는 건 당연해. 나 스스로도 잘했다고 생각하지 않으니까. 뭔가 바라는 게 있다면 말해줘. 내일 내가 틀림없이 가져다줄게."

"내가 바라는 건 두 번 다시 너와 만나지 않는 거야." 파데트는 쌀쌀맞게 말했다. "뭐든 주고 싶은 게 있으면 가져와. 네 얼굴에 던져줄 테니까."

"너무하잖아. 나는 보답하고 싶다는데. 물건 따위는 가지고 싶지 않다면, 내가 뭔가 네게 도움이 될 만한 일을 해줄 수도 있어. 그러니까 말해봐. 어떻게 하면 네 마음이 풀리겠니?"

"넌 나한테 사과할 마음은 없는 거니? 그냥 친구가 되어달라고 말할 수는 없어?" 파데트는 멈춰 서서 말했다.

"사과는 좀 무리야." 랑드리는 대답했다. 이 여자아이한테는 그 또래 소녀다운 여성스런 구석이 없어서 아무래도 나이에 맞게 대할 수 없었다. 그런 아이에게 자존심을 버리면서까지 사과하고 싶지 않았다. "친구가 되는 거 말인데, 네 성격이 이상해서 마음을 터놓는 친구는 될 수 없을 거 같아. 그러니까 지금 바로 할 수 있는 일을 말해줘."

"그렇다면 좋아." 냉기 서린 목소리로 파데트는 말했다. "네가 바라는 대로 해줄게. 사과만 하면 된다고 했는데도 그게 싫다고 하니까. 예전에 했던 약속을 지켜주셔야겠어. 왜, 그때 네가 약속했잖아. 언제든지 내가 원하는 날에 무엇이든 내가 시키는 대로 하겠다고 말이야. 내가 원하는 날은 바로 내일이야. 성 앙도슈의 축일 말이야. 네가 해줬으면 하는 건 나랑 부레 춤을 추는 거야. 미사 뒤에 세 번, 저녁 기도 뒤에 두 번, 신탁의 종 뒤에 두 번, 모두 일곱 번이야. 그날 하루는 아침에 일어날 때부터 저녁에 잠잘 때까지 결혼한 여자건 그렇지 않은 여자건 나를 제외한 누구와도 춤을 춰서는 안 돼. 만약 내 말대로 하지 않는다면 너의 나쁜 점은 이제 세 개로 늘어나겠지. 은혜도 모르고 겁쟁이에다가 약속까지 지키지 않으니까. 그럼 잘 가. 내일 춤이 시작될 때 성당 앞에서 기다리고 있을게."

파데트는 말을 마치자마자 문을 열고 집 안으로 들어가버렸다. 파데트를 쫓아 집 앞까지 온 랑드리가 한마디 대꾸할 새도 없이 문이 닫히고 잠겼다.

14

랑드리는 파데트의 생각이 너무 어처구니없어서 화가 나기보다는 우스웠다. '심술궂다기보다도 변덕스러운 아이야. 생각보다 욕심이 없어. 파데트가 바라는 대로 답례를 해도 우리 집 재산이 없어질 염려는 없으니까.' 그런데 생각해

보니 이 약속을 지키는 것은 생각만큼 쉽지가 않았다. 파데트는 춤을 상당히 잘 췄다. 랑드리는 파데트가 들판이나 길가에서 양치기를 상대로 춤을 추는 모습을 본 적이 있는데, 악마가 환생한 것처럼 잘도 뛰어다니며 상대가 박자를 맞추지 못할 정도로 빠르게 추었다. 그러나 예쁘지 않은 데다 일요일에도 볼품없는 옷을 입고 있어서 랑드리 또래의 젊은이들이 파데트에게 춤을 청하는 일은 없었다. 특히 보는 사람이 많을 때는 더더욱 그랬다. 기껏해야 돼지치기나 아직 첫영성체도 받지 않은 아이들이 춤을 청하는 정도여서 소녀들도 춤을 출 때 파데트가 함께하는 것을 달가워하지 않았다. 랑드리는 이런 여자애를 상대해야 한다고 생각하니 새삼 남세스럽게 느껴졌다. 게다가 예쁜 마들롱에게 적어도 세 번은 함께 춤을 추겠다고 약속했는데 그 약속을 지킬 수 없게 되면 마들롱이 어떻게 생각할지 걱정이었다.

춥기도 하고, 배도 고프고, 또 계속 도깨비불이 쫓아오는 건 아닌지 무섭기도 했다. 랑드리는 깊이 생각할 여유도 없이 뒤도 돌아보지 않고 서둘러 발길을 옮겼다. 집에 도착하자 서둘러 옷을 말리며 랑드리는 너무 어두워서 여울이 전혀 보이지 않아 강가에 올라오는 데 매우 고생했다는 이야기를 했다. 하지만 도깨비불에 혼이 났던 일을 털어놓는 것은 부끄러워서 도깨비불과 파데트 이야기는 하지 않았다. 파데트와 마주친 탓에 일이 엉뚱하게 흘러가버렸지만, 걱정은 내일 해도 늦지 않을 거라 생각하고 얼른 침대에 누웠다. 하지만 아무리 애써도 푹 잘 수가 없었다. 계속 꿈만 꾸었다. 파데트가 요정 파데의 등에 타고 있는가 싶더니, 그 녀석이 또 새빨갛고 큰 수탉으로 변한다. 수탉은 한쪽 발로 등을 들고 있는데 그 양초에 불이 켜져 있고, 그 빛은 갈대가 자라고 있는 강가를 휘황찬란하게 비추고 있다. 이번에는 파데트의 모습이 양만큼이나 큰 귀뚜라미로 변해서 뭔가 의미를 알 수 없는 노래를 귀뚜라미 같은 목소리로 부른다. 그 노래에는 귀뚜라미, 파데, 덮개, 비옷, 도깨비불, 쌍둥이, 실비네 등 이상한 말이 계속 나온다. 나중에는 머리가 깨질 것만 같고 도깨비불의 강한 빛 때문에 눈이 부셨다. 눈을 뜨자 해나 달을 오랫동안 바라보았을 때와 마찬가지로 검정, 빨강, 파랑 점들이 눈앞에서 아른거렸다.

랑드리는 밤새 고통스러운 꿈만 꾸었기 때문에 완전히 지쳐서 미사가 진행되는 동안 계속 앉아서 졸았다. 그래서 모처럼 누구도 흉내 낼 수 없을 정도로 훌륭하게 성 앙도슈의 덕행과 공력을 칭송하던 사제의 설교는 한마디도 듣지 못했다. 성당을 나올 무렵에는 정신이 멍하고 온몸이 나른하여 파데트 일은 잊어버렸다. 파데트는 현관에서 기다리고 있었고, 그 바로 옆에는 예쁜 마들롱이 맨 처음 추는 춤은 당연히 자신에게 청하리란 기대로 가득 찬 얼굴로 기다리고 있었다. 랑드리는 마들롱에게 말을 걸려고 다가갔으나 그 옆에는 귀뚜라미가 버티고 있었다. 파데트는 한 발 앞으로 나가더니 넉살 좋게 큰 소리로 말했다.

"랑드리, 맨 처음 춤은 나랑 추기로 어젯밤 약속했었지. 약속대로 어서 춤을 추자고."

랑드리는 얼굴이 불덩이같이 붉어졌다. 이와 동시에 마들롱 역시 이상한 여자에게 밀려나자 놀랍기도 하고 랑드리가 원망스럽기도 해서 얼굴이 붉어졌다. 이 모습을 본 랑드리가 파데트를 향해 용기 내어 말했다.

"그야 춤을 추겠다고 약속했는지도 모르지. 하지만 다른 사람과 먼저 약속을 했거든. 그러니까 그 약속을 지키고 나서 너와의 약속을 지킬게."

"그건 안 돼." 파데트는 침착하게 말했다. "넌 기억력이 나쁘구나. 나보다 먼저 누구와 약속했을 리가 없어. 나와 한 약속은 작년에 한 것으로, 어젯밤에는 그 약속을 다시 한 것뿐이니까. 마들롱이 오늘 너와 무슨 일이 있어도 춤을 추겠다고 한다면 저기에 너랑 똑같이 생긴 실비네가 있잖아. 실비네에게 너 대신 마들롱과 춤을 춰달라고 부탁하면 되겠네. 별 차이가 없으니까."

"정말 그래. 귀뚜라미가 말한 대로야" 마들롱은 새침하게 말하고 곧바로 실비네의 손을 잡았다. "그런 오래된 약속이 있다면 반드시 지켜야지. 나는 너랑 추든 실비네랑 추든 상관없으니까."

"맞아, 맞아. 어차피 별 차이 없지." 실비네는 아무것도 모른 채 찬성했다.

"넷이서 추지 않을래?"

우선 그렇게 해두지 않으면 주변 사람들이 이상하게 생각할 것 같았다. 귀뚜라미는 신이 나서 경쾌하게 춤을 추기 시작했는데, 부레 춤이 생긴 이래로 파데트만큼 날렵하게 잘 추는 사람은 없었다. 이 아이가 멋진 옷을 입은 귀여운 여자아이였다면 누구나 자신도 모르게 빠져들었을 것이다. 파데트는 춤만은 정말 잘 추었다. 젊은 여자치고 파데트의 가볍고 부드러운 몸놀림을 부러

위하지 않는 사람은 없었지만, 유감스럽게도 옷이 너무 흉해서 오히려 평소보다 열 배는 더 못생겨 보였다. 랑드리는 너무나 미안하고 면목이 없어 마들롱을 쳐다보지도 못하고 자신의 상대인 파데트만 보고 있었는데, 평상시의 누더기를 걸치고 있을 때보다 더욱 볼품이 없었다. 자기 나름대로는 예쁘게 차려입었다고 생각했는지 모르겠지만 그 옷은 웃음이 나올 정도였다.

쓰고 있는 두건은 곰팡이로 노랗게 변해 있었다. 이 지방에서 요새 유행하는 모자는 자그마하고 뒤쪽을 살짝 접은 모자인데도, 파데트의 모자는 머리 양옆으로 넓고 길쭉한 귀 가리개가 튀어나와 있고 모자 뒤 장식 리본은 목까지 늘어진 것이 파데 할머니 같았다. 이쑤시개처럼 가는 목 위에 큰 머리가 얹혀 있었다. 솜을 넣은 속치마도 치마보다 두 뼘 이상이나 짧았다. 게다가 올해 들어 부쩍 키가 커서, 햇볕에 탄 앙상한 두 팔이 거미발같이 소매에서 불쑥 나와 있었다. 앞치마는 살구색이었는데 파데트는 무척 자랑스럽게 여겼다. 사실 그것도 어머니가 입던 헌 옷이라, 턱받이 모양을 한 가슴 장식은 벌써 10년 전부터 젊은 여성은 아무도 하지 않는데도 파데트는 그대로 붙이고 있다. 이 아이는 본디 옷을 잘 입는 편이 아니었다. 옷 같은 건 전혀 신경 쓰지 않고 놀이와 장난에만 열을 올리며 늘 사내아이처럼 지냈다. 파데트의 모습은 할머니가 나들이옷을 차려입은 것 같았다. 그런 볼품없는 옷차림은 가난해서 그런 것이 아니라 파데 할머니가 인색하고 손녀가 천박한 취향을 가진 탓이라고 마을 사람들은 놀렸다.

15

실비네는 동생이 왜 파데트를 상대로 고를 마음이 들었는지 이상했다. 랑드리는 파데트를 싫어했고 자신은 랑드리 이상으로 싫어했다. 랑드리 또한 사정을 밝힐 수 없어서 땅속으로 숨고만 싶은 심정이었다. 게다가 마들롱도 기분이 좋지 않았다. 모두 파데트의 발에 맞추어 하는 수 없이 발만 열심히 움직이고 있는데 어쩌나 죽상을 하고들 있던지 꼭 악마의 장례식에서 돌아온 것 같았다.

첫 번째 춤이 끝나자 랑드리는 곧장 그 자리를 도망쳐 과일밭에 숨어 있었다. 그런데 조금 있으니 파데트가 메뚜기와 함께 나타났다. 메뚜기는 모자에 공작 날개와 금색 장난감 술을 붙여서 평소보다 더 잘난 체하며 떠들어대고 있었고, 파데트는 랑드리를 끌어내리려고 자신보다 나이 어린 여자아이들을 잔뜩 데리고 들이닥쳤다. 이는 또래 여자아이들이 평소 파데트를 거의 상대해주지 않기 때문이었다. 랑드리는 파데트가 자신이 싫다고 하면 증인으로 삼을 생각으로 많은 아이들을 데리고 온 것을 보고 이내 숨기를 포기했다. 랑드리는 파데트를 호두나무 광장으로 데리고 갔는데, 자신이 파데트와 춤추는 장면을 아무도 볼 수 없는 곳이 제발 어딘가에 있으면 좋겠다고 생각했다. 운 좋게도 마들롱과 실비네는 이쪽으로 오지 않았고, 마을 사람들도 보이지 않았다. 이 좋은 기회에 약속을 지키자 마음먹고 계속해서 세 번째 부레 춤을 파데트와 췄다. 주위에는 옆 마을 사람들만 있어서 두 사람의 춤에 별달리 관심을 보이지 않았다.

춤이 끝나자마자 랑드리는 서둘러 마들롱을 찾아 근처 가게에서 밀가루죽을 먹지 않겠냐고 권했다. 하지만 마들롱은 다른 무리와 춤을 춘 뒤 그들한테서 얻어먹기로 이미 약속을 했기 때문에 냉정하게 거절했다. 그 뒤 마들롱은 랑드리가 구석에서 이쪽을 보면서 눈에 눈물을 가득 담고 있는 것을 보자(마들롱의 토라진 모습이 여느 때보다 더 예뻐 보였고, 또 모든 이가 그것을 눈치채고 있었다) 서둘러 식사를 마치고 자리에서 일어나며 큰 소리로 말했다. "어머, 저녁 기도 종이 울리고 있네. 저녁 기도를 마치면 누구와 춤을 출까?" 그렇게 말하면 랑드리가 곧바로 "나와 춤추자" 할 거라고 생각해서 랑드리 쪽을 돌아보았다. 하지만 랑드리가 입을 떼지 못하는 사이에 다른 무리가 춤 상대를 신청했다. 보통 때 같으면 랑드리에게 원망하면서도 동정하는 듯한 눈짓이라도 보냈겠지만 그것조차 없이 마들롱은 새로운 추종자들과 함께 저녁 기도를 하러 가버렸다.

저녁 기도가 끝나자마자 마들롱은 곧장 피에르 오바르도와 함께 광장으로 갔는데, 뒤따라 장 아라드니즈와 에티엔 아라필립이 와서 세 명이 번갈아 마들롱을 상대로 춤을 추었다. 어쨌든 마들롱은 예쁜 데다 재산도 있어서 절대로 상대할 남자가 곤란할 일은 없었다. 랑드리는 그 모습을 살짝살짝 곁눈질로 훔쳐보고 있었다. 한편 파데트는 오래도록 기도를 하느라 아직 성당에서 나오지 않았다. 일요일마다 파데트는 늘 그랬는데, 어떤 이는 신앙심이 깊어서라고 하고, 어떤 이는 악마와 친구인 것을 다른 사람에게 들키지 않기 위해 그러는 것이라고 했다.

랑드리는 마들롱이 자기를 조금도 생각해주지 않고 딸기처럼 빨갛게 상기되어 즐겁게 놀고 있는 모습을 보았다. 자신이 어쩔 수 없는 사정으로 마들롱에게 섭섭한 짓을 했는데도 마들롱은 즐겁게 노느라 자기에 대한 원망조차 잊어버린 것 같아서 랑드리는 몹시 슬펐다. 그 순간 이런 생각도 들었다. 마들롱은 조금 경박한 편일지도 모르며, 또 자기가 없어도 저렇게 즐겁게 지내는 걸 보니 자기를 특별하게 생각하지 않는 것 같다고 말이다.

겉으로는 자기가 잘못한 것처럼 보인다는 걸 랑드리도 알고 있었다. 그러나 자기가 밀가루죽 가게에서 몹시 상심해하고 있는 모습을 보았으니 뭔가 사정이 있고, 그것을 말하고 싶어 한다는 것을 마들롱이 알아차려 줄만도 했다. 그런데 마들롱은 그런 것은 조금도 생각하지 않고 자기 가슴은 슬픔으로 터질 것 같은데 혼자서 새끼 양처럼 활기차게 뛰놀고 있었다.

마들롱이 남자 셋과 춤을 추고 있을 때, 랑드리는 마들롱에게 몰래 사정을 털어놓고 변명해보려고 곁으로 다가갔다. 그러나 랑드리 또래 청년은 아직 여자를 상대로 대담한 행동을 하지 못하기 때문에 어떻게 마들롱을 한쪽 구석으로 데리고 가면 좋을지 몰랐다. 적당한 말도 전혀 떠오르지 않아서 잠자코 마들롱의 손을 잡고 따라오지 않겠냐고 물었다. 마들롱은 절반은 원망하는 듯한, 또 절반은 마음이 풀린 듯한 얼굴로 랑드리에게 이렇게 말했다.

"랑드리, 드디어 춤을 추러 와주었구나."

"아니야. 너와 춤을 출 수는 없어." 랑드리는 대답했다. 본디 거짓말을 할 줄 모르거니와 이제 더 이상 파데트와의 약속을 깨고 싶은 마음도 없었다. "하지만 잠깐 이야기를 하고 싶어. 너한테 꼭 하고 싶은 말이 있어서……."

"비밀 이야기라면 다음에 하자." 마들롱은 잡힌 손을 빼내며 말했다. "오늘은 춤추고 노는 날이야. 나는 아직 춤추고 싶어. 왜, 귀뚜라미를 상대하다가 지쳤니? 그럼 집에 돌아가서 자든 뭘 하든 너 하고 싶은 대로 해. 난 여기에 있을래."

그렇게 말하고 마들롱은 마침 그곳에 찾아온 제르맹 오두가 함께 춤춰달라고 부탁하자 바로 승낙하고 춤을 추기 시작했다. 랑드리는 마들롱이 등을 돌린 순간 제르맹 오두가 자기에 대해 이렇게 말하는 것을 들었다. "저 잘난 녀석은 이렇게 생각했나 봐. 이번에야말로 네가 자기하고 춤을 춰줄 거라고."

"뭐 추지 못할 것도 없지만." 마들롱은 머리를 가로저었다. "그래도 아직 저 사람 차례는 오지 않은 것 같아."

랑드리는 이 말에 부아가 치밀어 올라 춤추는 두 사람 곁에 서서 마들롱을 줄곧 지켜보고 있었다. 자세히 보니 행실이 단정치 못하다고는 할 수 없으나, 아주 시건방지고 사람을 우습게 여기는 태도였다. 랑드리는 너무 분했다. 마들롱이 다시 자신에게 왔을 때에도 경멸하는 눈빛으로 그 얼굴을 바라보고 있으니 마들롱 역시 지기 싫은 듯 이렇게 말했다. "랑드리, 왜 그러니? 오늘은 춤출 상대를 한 명도 찾지 못했구나. 또 귀뚜라미에게 가야 하겠는데."

"가고말고, 기꺼이 갈 거야." 랑드리는 받아쳤다. "그 녀석이 오늘 가장 예쁘지 않을지는 모르지만 춤은 누가 뭐라 해도 가장 잘 추니까."

그렇게 말하고 랑드리는 성당으로 가서 파데트를 찾아내 춤을 추는 장소로 데리고 왔다. 보란 듯이 마들롱 앞쪽에 자리를 잡고서 연달아 두 번 부레 춤을 추었다. 귀뚜라미가 얼마나 자랑스러워하고 얼마나 기뻐했는지 여러분에게도 보여주고 싶을 정도다. 그 기쁨을 전혀 감추려고도 하지 않고 검은 눈동자를 반짝이며, 머리에 벼슬이 있는 암탉처럼 그 작은 머리와 큰 두건을 흔들어댔다.

평소 파데트와 춤을 추었던 남자아이들 대여섯 명은 파데트가 좋아하는 모습을 보더니 이제 자신들은 다가갈 수 없게 되어서 분하게 생각했다. 지금까지 그들은 파데트를 전혀 깔보지 않았으며 오히려 춤을 잘 추었기 때문에 높이 평가해주었지만, 이제는 파데트에 대해 건방지다느니 어쩌니 하면서 이러쿵저러쿵 떠들기 시작했다. "귀뚜라미 녀석을 봐. 랑드리가 자기한테 반한 줄 아나 본데." "귀뚜라미!" "바보 같은 계집애!" "귀신 들린 계집애!" "도둑고양이!" "베짱이!" "두꺼비!" 그 밖에도 이 지방 사람들이 자주 쓰는 온갖 욕을 퍼부었다.

16

이윽고 춤이 끝나고 파데트가 옆을 지나가자 모두 소매를 잡아채거나 발을 걸어 넘어뜨리거나 했다. 어린아이들은 "야, 큰 두건! 파데 할머니의 큰 두건!"

이라고 놀려대며 파데트 두건에 달린 귀를 잡고는 이리저리 돌렸다.

그러자 귀뚜라미는 좌우로 대여섯 대를 때려주었다. 그런데 오히려 그 소동이 모두의 이목을 집중시켰다. 마을 사람들은 저마다 한마디씩 하기 시작했다. "그런데 무슨 일이야? 귀뚜라미 녀석 오늘 아주 운이 좋네. 바르보 씨의 아들 랑드리와 계속 춤을 추고 있잖아. 그러고 보니 역시 춤을 잘 추긴 하네. 하지만 저걸 봐. 자기가 괜찮은 여자라도 된 것처럼 착각하고, 까치같이 잘난 체하고 있어." 그중에는 랑드리를 향해서 이런 말을 하는 사람도 있었다. "이봐, 저 녀석이 너한테 저주라도 건 거야? 정신 차려. 저 녀석 한 사람만 눈에 들어오는 것 같잖아. 설마 너까지 마법사가 되고 싶은 건 아니겠지. 늑대를 밭으로 끌고 오거나 하지는 말아줘."

랑드리는 부끄러워 어쩔 줄을 몰랐다. 실비네는 동생만큼 훌륭한 사람은 없다고 생각하기에, 랑드리가 사람들의 웃음거리가 되는 것을 보고 있자니 랑드리보다 더 괴로웠다. 옆 마을 사람들도 이것저것 캐물었는데 심지어 이런 말까지 꺼냈다. "아주 훌륭한 젊은이 같은데, 여기 모인 여자들 가운데서도 가장 못생긴 여자에게 빠지다니 취향이 꽤나 독특한 것 같군." 마들롱도 와서 고소하다는 듯이 그 이야기를 듣고 있더니 박정하게도 이런 말까지 했다. "어쩔 수 없잖아. 아직 어린아이인걸. 저 나이에는 이야기 상대가 있기만 하면 그게 양머리건 제대로 된 사람이건 신경 쓰지 않으니까."

실비네는 랑드리의 팔을 잡고 낮은 목소리로 말했다. "랑드리, 저쪽으로 가자. 여기에 있어 봤자 화만 날 거야. 모두 널 바보 취급하잖아. 파데트가 욕을 먹으면 그게 너한테도 돌아오니까. 도대체 오늘은 어떻게 된 거야? 저런 녀석을 상대로 네 번이고 다섯 번이고 춤추고 말이야. 일부러 미친 짓을 하고 싶어 하는 사람 같아. 이제 제발 장난은 그만해. 파데트는 다른 사람에게 심한 말을 듣거나 바보 취급을 당해도 아무렇지도 않을 거야. 그런 걸 스스로 즐기니까. 그게 그 녀석 취미라고. 하지만 우리는 그렇지 않잖아. 저쪽으로 가자. 계시의 종이 울리면 다시 오도록 하자. 그리고 마들롱과 춤을 춰. 마들롱은 정말 예쁘고 멋진 춤 상대잖아, 응? 내가 늘 하는 말이지만 너는 춤에 너무 열중하는 경향이 있어. 그러니까 이런 무분별한 행동을 하는 거지."

랑드리는 실비네를 따라 두세 걸음 걷기 시작했다. 그 순간 와 하고 떠드는 소리가 들려서 뒤를 돌아보았다. 마들롱과 다른 여자아이들이 상대 남자들을 부추겨서 파데트를 놀리고 있었다. 어린아이들이 웃으며 재미있어하자 점점 기세가 올라 파데트의 두건을 확 채서 떨어뜨렸다. 파데트는 검고 치렁치렁한 머리카락이 부스스하게 흐트러져버리자 분하고 슬픈 마음에 정신을 잃고 날뛰고 있었다. 오늘만은 이렇게 심한 꼴을 당할 만한 말을 한 적이 없었다. 심술궂은 꼬마가 막대기 끝에 두건을 걸고서 도망가버렸다. 그놈을 잡으려고 해도 잡을 수 없자 파데트는 큰 소리로 울음을 터뜨렸다.

랑드리는 그 광경을 보고 참 지독한 짓을 한다고 생각했다. 마음이 올곧은 랑드리는 이런 심한 짓을 보고 그냥 둘 수가 없었다. 그 꼬마를 잡자마자 두건과 막대기를 빼앗고 막대기로 힘껏 엉덩이를 때려주었다. 그 뒤 다른 녀석들이 있는 쪽으로 되돌아오자 모두 도망쳐버렸다. 랑드리는 울고 있는 귀뚜라미의 손을 잡고 두건을 돌려주었다.

랑드리의 화난 모습과 아이들이 무서워하는 모습이 우스웠기 때문에 구경하던 사람들이 웃기 시작했다. 랑드리가 한 일을 칭찬하는 기분에서 그런 것이었다. 그런데 마들롱이 이번에는 랑드리를 비웃는 말을 하기 시작했고 이에 동조해 랑드리 또래의 젊은이들도 랑드리의 행동을 비웃었다.

랑드리는 이제 부끄러움도 잊어버렸다. 자신이 용기 있는 늠름한 남자가 된 기분이 들었다. 그 마음속에는 이미 어엿한 성인 남자 같은 면모가 있었다. 못생기든 예쁘든, 작건 크건, 어쨌든 모든 사람이 보는 앞에서 자신이 춤 상대로 고른 여자인 이상, 파데트가 괴롭힘 당하는 것을 잠자코 보고 있지 않은 건 당연히 해야 할 일이라 느끼고 있었다. 마들롱을 둘러싼 무리가 자기를 이상한 눈으로 보고 있는 것을 눈치채고 랑드리는 성큼성큼 아라드니즈와 아라필립 앞으로 가서 그 무리에게 말했다.

"뭐야 너희들은? 뭔가 하고 싶은 말이라도 있는 거야? 내가 좋아서 그 여자아이를 춤 상대로 삼았다고 해서 그게 뭐가 문제인데? 그리고 맘에 안 들면 그만이지 뒤에 숨어서 속닥속닥 말할 건 없잖아? 나는 여기 있어. 설마 내가 보이지 않는 건 아니겠지. 아까 전에 누가 나를 두고 어린아이라고 말했었나? 그렇지만 여기에 있는 놈들 가운데 내 얼굴을 보고 그렇게 말한 놈은 한 명도 없었거든. 할 말이 있거든 어서 해봐. 내가 어린아이라면 그 상대 여자아이를 괴롭힐 수 있는지 없는지 한번 해보라고."

실비네는 동생 곁을 떠나지 않았다. 이렇게 싸움을 거는 게 좋은 일이라고 는 생각할 수 없지만, 싸움이 벌어지면 얼른 가세할 생각으로 준비하고 있었 다. 거기에는 쌍둥이 형제보다 머리 하나는 더 큰 젊은이가 네다섯 명이나 있 었다. 그러나 쌍둥이가 진지한 태도를 보이자 상대도 주춤했다. 이런 사소한 일로 싸움을 한다는 건 좀 멋쩍은 일이었다. 모두 입을 꾹 다문 채 랑드리와 싸울 사람은 없는지 서로의 얼굴을 쳐다보았지만 누구 하나 나서는 사람은 없 었다. 그때까지 파데트의 손을 꼭 잡고 있던 랑드리가 파데트에게 말했다.

"파데트, 빨리 두건을 써. 그리고 나와 함께 춤추는 거야. 네 모자를 빼앗을 수 있다면 한번 해보라지."

"이제 됐어." 파데트는 눈물을 닦으며 말했다. "오늘은 맘껏 췄어. 남은 약속 은 지킨 걸로 해줄게."

"안 돼, 더 추자." 랑드리는 말했다. 사내다운 마음이 불타올랐다. "나와 춤을 췄다는 이유로 다시는 남들이 괴롭힐 수 없게 해줄게."

랑드리는 다시 한번 파데트와 춤을 추었다. 이번에는 참견하는 사람도 이상 한 눈초리로 쳐다보는 사람도 없었다. 마들롱과 그 무리는 다른 곳으로 가서 춤추고 있었다. 춤이 끝나자 파데트는 낮은 목소리로 랑드리에게 말했다.

"이제는 정말 충분해. 이제 너에 대한 원망은 모두 사라졌으니까 약속은 지 키지 않아도 좋아. 나는 집으로 돌아갈래. 밤에는 누구든 네가 좋아하는 사람 과 춤을 추도록 해."

그렇게 말하고 다른 곳에서 옆 마을 아이들과 싸우고 있던 동생을 찾아내 급히 돌아갔다. 랑드리는 파데트가 어디로 사라졌는지조차 알 수 없을 정도 였다.

17

랑드리는 형과 함께 저녁을 먹으러 집으로 돌아갔다. 실비네가 오늘 일어난 일을 몹시 걱정하는 모습이어서 랑드리는 전날 밤 도깨비불에 붙잡혀 매우 고 생했던 일, 파데트가 용감해서 그랬는지 마법을 부려서 그랬는지 모르겠지만 아무튼 도깨비불을 쫓아준 일, 그 보답으로 성 앙도슈 축제 때 파데트와 춤을 일곱 번 추가로 약속한 일 등을 모두 들려주었다. 그러나 지난해 실비네가 물에 빠져 죽은 게 아닐까 자신이 얼마나 걱정했는지에 대해서는 말하고 싶지 않아서 그와 관련된 일에 대해서는 입을 다물었다. 이것은 현명한 행동이었다. 어린아이 머릿속에 한번 박힌 좋지 않은 생각은 그것에 관한 이야기를 하게 되면 금세 또다시 머릿속에 되살아나기 때문이다.

실비네는 동생이 그렇게 참기 힘든 상황에서도 약속을 훌륭히 지킨 일에 대해 칭찬하며 정말 대단하다고 말했다. 더군다나 랑드리가 물에 빠져 죽을 뻔했다는 이야기를 들었을 때는 깜짝 놀라며 랑드리가 무사한 데 대해 크게 안도했지만, 구해준 파데트에게는 조금도 고맙다는 생각이 들지 않았다. 파데트를 무척 싫어하는 실비네는 파데트가 우연히 그곳을 지나쳤다고도, 좋은 마음에서 랑드리를 구해주었다고도 생각하지 않았다.

"그 녀석이 도깨비불을 불러낸 거야." 실비네는 말했다. "너를 도깨비불에 홀리게 해서 물에 빠트려 죽일 생각이었던 거지. 하지만 그런 일은 하느님이 용서하지 않으셔. 넌 지금까지 악마에 홀릴 만큼 나쁜 짓을 한 적이 한 번도 없으니까. 귀뚜라미 녀석은 네가 마음씨가 착해서 고마워하는 걸 이용한 거야. 네가 곤란해할 걸 알면서도 그런 약속을 하게 만든 거지. 아주 나쁜 아이니까. 마법을 쓰는 여자는 모두 나쁜 짓만 좋아해. 좋은 사람은 한 명도 없어. 녀석은 그렇게 하면 네가 마들롱이나 친구들과 사이가 틀어질 걸 잘 알고 있었어. 게다가 주먹다짐까지 하게 만들 생각이었을 거야. 그때도 하느님이 지켜주셨기 때문에 무사히 넘어갔지만, 그렇지 않았으면 싸움이라도 나서 큰 소동이 벌어졌을지도 몰라."

랑드리는 언제나 형과 똑같이 생각하고 싶어 했으므로 실비네가 한 말이 옳을지도 모른다고 생각했다. 그래서 파데트를 감싸주지는 않았다. 두 사람은 도깨비불에 대해 이야기했다. 실비네는 아직 도깨비불을 본 적이 없어서 궁금해하며 계속 이야기를 듣고 싶어 했지만 직접 만나고 싶지는 않았다. 형제는 어머니에게 도깨비불에 대해 이야기하지 않았다. 어머니는 그런 이야기를 듣는 것만으로도 무척 겁을 내기 때문이다. 아버지는 도깨비불 따위는 우습게 생각했다. 이미 몇 십 번이나 봐서 대수롭지 않게 여겼다. 그래서 형제는 부모님에게 도깨비불에 대한 이야기를 할 수 없었다.

춤은 밤늦도록 계속될 것이다. 그러나 마들롱의 행동에 너무 화가 나고 속이 상해버린 랑드리는 파데트가 마음껏 춤추는 것을 허락해주었는데도 더 이상 춤추러 갈 마음이 나지 않았다. 랑드리는 형을 도와서 목장의 소를 데려오기 위해 집을 나섰다. 가다 보니 프레쉬로 가는 길의 절반 정도까지 왔는데 마침 머리도 아픈 터라 갈대밭 근처에서 형과 헤어지기로 했다. 실비네는 도깨비불이나 귀뚜라미가 또 무슨 나쁜 장난을 칠까 걱정이 되어 랑드리가 룰렛 여울을 건너지 못하게 했다. 멀리 길을 돌아서 물레방앗간 다리를 건너가도록 단단히 다짐을 받았다.

랑드리는 형의 말대로 갈대밭을 통과하지 않고 쇼무아 산기슭에 난 길을 따라서 내려갔다. 성 앙도슈 축제를 즐기는 사람들의 소리가 아직 공중에 감돌고 있었기 때문에 전혀 무섭지 않았다. 아코디언 소리와 춤추는 사람들이 크게 외치는 소리가 희미하게 들려왔다. 요정은 마을 사람이 모두 잠든 뒤에만 장난을 친다는 사실을 랑드리는 잘 알고 있었다.

이윽고 산을 내려와 채석장 앞에 이르렀는데 어딘가에서 우는 소리가 들려왔다. 처음에는 마도요가 우는 소리라고 생각했다. 그런데 점점 다가가니 사람 울음소리 같다는 생각이 들었다. 랑드리는 상대가 자신과 같은 사람이고 그 사람을 도와줘야 하는 경우라면 언제나 주저 없이 용기를 내는 사람이기에 전혀 두려워하지 않고 채석장 가장 깊숙한 곳까지 들어갔다.

그런데 울고 있던 사람은 랑드리의 발소리를 듣자 울음을 뚝 그쳐버렸다.

"거기서 울고 있는 게 누구니?" 랑드리는 침착한 목소리로 물었다.

대답이 없었다.

"누구니? 어디 아픈 데라도 있는 거니?" 랑드리는 다시 한번 물었다.

그래도 전혀 대답이 없자 랑드리는 그냥 가버릴까 생각했다. 그러나 그 전에 살펴보기나 하자고 생각해, 돌이 많고 엉겅퀴가 높게 우거진 주변 일대를 찬찬히 살펴보았다. 마침 떠오른 달빛에 보인 것은 바닥에 기다랗게 엎드려 있는 사람이었다. 크나큰 슬픔으로 인해 거기에 몸을 던진 채 사람들 눈에 띄지 않도록 몸을 움직이지 않고 있는 것인지, 죽은 듯 꿈쩍도 하지 않았다.

랑드리는 지금까지 한 번도 시체를 본 적이 없고 시체를 만진 적도 없었다. 이게 혹시 시체일지도 모른다고 생각하니 가슴이 심하게 두근거렸다. 하지만 사람을 구하는 것은 당연한 도리라는 생각이 들어 떨리는 가슴을 진정시키고 곁으로 다가가 손으로 만지려고 했다. 그 순간 지금까지 누워 있던 사람이 자신이 발각된 것을 알고서는 랑드리가 곁에 다가오자마자 벌떡 몸을 일으켰다. 그 사람은 파데트였다.

18

랑드리는 어떤 길로 가든 늘 파데트와 마주쳐서 짜증이 났다. 하지만 파데트가 슬퍼하고 있는 것 같아서 곧 불쌍하다는 생각이 들었다. 두 사람은 서로 이야기를 주고받기 시작했다.

"뭐야, 귀뚜라미, 너였구나. 아까부터 울고 있던 게. 누가 또 때리거나 쫓아다니기라도 했니? 왜 숨어서 울고 있는 거야?"

"그런 게 아냐. 누구도 괴롭히지 않았어. 네가 남자답게 감싸줬으니까. 게다가 난 누구도 무섭지 않아. 그냥 울고 싶어서 여기에 숨었을 뿐이야. 자신의 슬픔을 다른 사람에게 보이는 일만큼 초라한 건 없으니까."

"뭐가 그렇게 슬픈데? 오늘 심한 일을 당해서? 하지만 너도 조금은 잘못했어. 그렇게 생각하고 그쯤 해둬. 두 번 다시 잘못된 행동을 하지 않으면 되는 거야."

"어떻게 그런 말을 할 수 있니? 내가 잘못했다니. 그럼 내가 너하고 춤추고 싶다고 생각한 게 널 바보 취급했다는 거니? 난 다른 여자애들처럼 즐겁게 놀면 안 된다는 거야?"

"그런 말이 아니야, 파데트. 나와 춤추고 싶어 한 게 잘못이라고 생각하지 않아. 난 네 말대로 했잖아. 그게 당연한 일이니까. 문제는 그게 아니야. 네가 잘못했다고 하는 건 어제오늘 일이 아니라 훨씬 오래전 일이야. 그것도 나한테 그런 게 아니라 네가 너 자신에게 나쁜 짓을 하고 있다는 뜻이지. 너도 분명 알고 있을 거 아니니?"

"알긴 뭘 알고 있다는 거니? 절대로 나쁜 짓을 한 적이 없는데. 난 나에 대해서는 생각해본 적도 없어. 내가 만약 뭔가 나쁜 짓을 했다고 한다면 너에게 심한 행동을 한 것뿐이야. 하지만 그것도 일부러 그랬던 게 아니야."

"내 얘기는 더 이상 하지 말아줘. 난 불평 따윈 하지 않아. 문제는 너야. 너는 자신의 나쁜 점은 전혀 짚이는 게 없다고 하는구나. 그럼 내가 진심으로 너를 생각해서 어디가 잘못되었는지 가르쳐주려고 하는데, 어때?"

"그래, 가르쳐줘. 꼭 가르쳐줘. 내가 너한테 좋은 행동을 했는지 나쁜 행동을 했는지 모르겠지만, 어느 쪽이든지 칭찬이나 벌이라 생각하고 귀담아듣겠어."

"그렇게 이해해주면 말하기 편하지. 네가 이렇게 어른스럽고 솔직하게 구는 건 태어나서 처음 보는 것 같다. 그럼 먼저, 네가 열여섯 살이나 되었는데도 왜 그 나이에 맞는 대접을 받지 못하는지 그 이유를 말해줄게. 그건 네 옷차림이나 언동이 조금도 소녀답지 못하고, 하나부터 열까지 남자 같기 때문이야. 교양도 없고 무엇보다도 옷과 말투 때문에 못생긴 애로 보이는 거야. 어린애들이 너를 뭐라고 부르니? 귀뚜라미라고 하면 그나마 다행이지, 더 심한 별명으로 부르잖아. 여장 남자라고. 그 말 자주 듣지? 열여섯 살이나 돼서 아직도 전혀 소녀다운 데가 없다는 게 너는 괜찮다고 생각하니? 나무에는 다람쥐처럼 올라가지, 말에 훌쩍 올라타서는 말고삐도 안장도 없이 말을 몰지. 몸이 튼튼하고 가벼운 건 좋아. 무서운 게 없는 것도 좋아. 남자라면 그런 점이 장점이 될 거야. 하지만 여자에겐 쓸데없는 거야. 게다가 넌 다른 사람들 눈에 띄고 싶어 하지. 그래서 사람들이 너를 주목해서 놀리거나 늑대같이 쫓아다니거나 하는 거야. 너는 꽤 영리해서 밉살스러운 말을 잘하고 주변 사람들을 웃게 해. 다른 사람보다 영리하다는 것도 좋은 일임에 틀림없어. 그렇지만 그 영리함을 지나치게 자랑하듯 내보이면 다른 사람들에게 미움을 받게 되는 거야. 너는 다른 사람에 대해 알고 싶어 해서 그 사람만의 비밀을 곧잘 알아내지. 그리고 뭔가 마음에 들지 않은 일이 있으면 바로 그 녀석 면전에서 인정사정없이 비밀을 폭로한단 말이야. 덕분에 사람들은 너를 두려워하지만, 두려움은 미움을 낳는 법이야. 따라서 네가 한 일보다 훨씬 심한 복수를 당하는 거지. 그리고 또 하나, 네가 마법을 쓰는지 안 쓰는지 잘 모르겠지만, 어쨌든 넌 많은 것에 대해 알고 있어. 하지만 악마에 몸을 판 것은 아닐 거야. 그런데 너는 일부러 그런 식으로 보여서 마음에 안 드는 녀석이 무서워하도록 만들지. 그런 일을 하면 언제까지고 나쁜 평판이 따라다닐 뿐이야. 자, 이제 너의 나쁜 점을 모두 말했어. 이런 점 때문에 사람들이 모두 너에게 심하게 대하는 거야. 내가 한 말을 잘 생각해봐. 그러면 바로 알 수 있을 거야. 네가 조금 더 평범하게 행동한다면 다른 사람들보다 머리가 좋다고 해도 모두 좋아해줄 테니까."

"고마워, 랑드리." 얌전히 이야기를 듣던 파데트는 진지하게 말했다. "네가 말해준 건 누구에게나 듣는 이야기지만, 너는 훨씬 진지하고 부드럽게 말해주었어. 다른 사람들은 그렇게 말해주지 않는데 말이야. 저기, 이번에는 내 변명을 들어주지 않겠니? 그 전에 내 옆에 와서 앉지 않을래?"

"뭐야 기분 나쁘게, 이런 데서." 랑드리는 말했다. 파데트와 그렇게 언제까지고 얽히고 싶지는 않았고, 무심코 방심했다가는 나쁜 마법에 걸린다는 소문이 계속 머리에서 떠나지 않았기 때문이다.

"기분 나쁘다니, 그래서 너희 같은 부자들은 너무 성미가 까다롭다고 그러는 거야." 파데트는 말했다. "너희는 집 밖에서 앉을 때 잔디가 없으면 앉지를 않지. 그야 너희 집이라면 목장과 채소밭에서 좋은 장소나 나무 그늘을 얼마든지 찾을 수 있을 거야. 그렇지만 가진 것이 하나도 없는 사람들은 그런 사치스러운 것은 바라지도 않아. 주변에 굴러다니는 돌을 베개 삼아서 어디에서든 자는 거지. 가시나무에 찔려도 끄떡없는 두 발로 어디든 가만히 서서 예쁜 하늘과 들판을 바라봐. 이 세상에 싫은 곳은 없어. 하느님이 창조하신 만물의 좋은 점을 잘 알고 있으면 말이야. 나는 마법사가 아니지만 네가 발로 밟고 있는 아무리 보잘것없는 풀이라도 어디에 쓰이는지 잘 알고 있어. 그 효능을 알게 되면 자세히 바라보게 되고, 향이나 모양으로 깔보는 일은 하지 않게 돼. 이런 말을 하는 이유는 네가 어떤 걸 좀 생각해주었으면 하기 때문이야. 그건 사람에게도, 정원의 화초에도, 이 채석장에 있는 가시나무에게도 해당되는 것인데 겉모양이 예쁘지 않고 좋아 보이지 않는 것을 다들 너무 하찮게 여긴다는 거야. 그렇기 때문에 도움이 되는 것이 있음에도 그것을 보고도 놓쳐버리는 거지."

"나는 잘 이해가 안 되는걸." 랑드리는 말하면서 파데트 옆에 앉았다. 그 뒤 한동안 둘 다 말을 하지 않았는데, 그것은 파데트가 랑드리는 전혀 알지 못하는 것을 생각하고 있었기 때문이었다. 한편 랑드리도 왠지 머리가 복잡해지는 것 같았지만, 그래도 이 여자아이의 이야기를 듣는 게 매우 즐거웠다. 이렇게 듣기 좋은 목소리는 들은 적이 없고, 이렇게 이야기를 잘하는 사람도 본 적이 없기 때문이었다.

"랑드리." 파데트는 말했다. "나 같은 여자애는 욕하기보다는 불쌍하게 생각해줘야 해. 게다가 나 자신에게 나쁜 짓을 했을지 모르지만 다른 사람에게만은 정말로 나쁜 짓을 한 적이 한 번도 없어. 그러니까 세상 사람들이 좀 더 올바르고 분별 있다면, 나의 좋은 점을 보고 못생긴 얼굴이나 볼품없는 옷 같은 것은 중요하게 생각하지 않았을 거야. 좀 생각해봐. 아직 잘 모르겠다면 여기서 내 말을 들어줘. 있지, 태어나서 지금까지 내가 어떤 식으로 자라왔다고 생각하니? 나는 어머니에 대한 험담은 하지 않아. 모두 어머니에 대해 나쁘게 말하지만 여기에 있지 않으니 자신을 변호할 수 없잖아. 내가 대신 변호해주려고 해도 어머니가 어떤 나쁜 행동을 했는지, 왜 그랬는지 잘 몰라. 그런데 사람들은 정말 너무해. 어머니에게 버림받은 뒤 한동안 나는 몹시 슬퍼하면서 어머니를 보고 싶어 했어. 그런데 그때부터 아이들은 함께 놀면서 자신들끼리는 아무렇지도 않게 봐주는 일도 내가 하면 바로 내 어머니의 흉을 보고 창피를 주려고 했어. 아마 네가 말하는 영리한 여자아이였다면 잠자코 참았을지도 몰라. 자기까지 꼬투리를 잡힐지 모르니까. 부모님 일 같은 것 나 몰라라 하고 나쁘게 말하도록 내버려두는 편이 현명하지. 하지만 난 도저히 그럴 수 없었어. 복받치는 감정을 억누를 수 없었다고. 어머니는 누가 뭐라 해도 내 어머니야. 어머니가 어떤 사람이든 상관없어. 다시는 만날 수 없어도 평생 연락을 하지 않아도 상관없어. 나는 정말 어머니를 사랑하거든. 그래서 네 어머니는 바람난 여자라느니 술집 여주인이라느니 하는 소리를 들으면 화가 나. 나는 그런 말을 들어도 전혀 상처받지 않아. 나쁜 짓을 하지 않았으니까. 난 그저 어머니를 사랑하기 때문에 화가 나는 거야. 어머니는 내게 더없이 소중하고 가여운 분이니까 내가 감싸드려야만 해. 하지만 대놓고 감쌀 수는 없잖아. 그러니까 그에 대한 복수로 그 녀석들의 아픈 곳을 찔러서 매운맛을 보여주는 거지. 평소에 사람에게 돌을 던지는 너희들도 어차피 욕먹는 사람과 다를 바 없다는 것을 깨닫게 해주는 거지. 그래서 모두 날 별난 아이라느니, 뻔뻔하다느니, 다른 사람들 비밀을 알아내서는 퍼뜨리고 다닌다느니 하는 거야. 그래, 실제로 하느님은 나를 별나게 만드셨는지도 몰라. 하지만 만약 모두가 친절하고 정답게 나를 대해줬다면, 나도 다른 사람에게 폐를 끼치면서까지 나의 별난 취미를 만족시키려는 마음은 들지 않았을 거야. 우리 할머니가 가르쳐주는 비밀을 배우는 것만으로도 즐거웠을 테지. 비밀이라고 해도 대단한 게 아니라 질병을 치료하는 방법이지만. 그 밖에도 이 세상은 꽃이나 풀, 돌, 벌레와 같은 비밀로 가득 차 있으니까 내가 시간을 보내기에는 그걸로 충분했을 거야. 난 이리저리 돌아다니는 것을 아주 좋아하니까 혼자서 재미있게 놀러 다녔을 거야. 내 가장 큰 즐거움은 아무도 가지 않을 곳에 가서 이런저런 생각을 하는 것이니까. 똑똑하고 박식하다는 사람들은 전혀 말해주지 않아서 나 혼자서 생각을 하는 거야. 그럼 왜 사람들과 교제하느냐고? 그 이유는 내가 가진 지식을 이용해서 다른 사람을 돕고 싶기 때문이야. 모두 내가 스스로 깨우친 것인데, 할머니도 아닌 척하면서 자주 내 지식을 빌리곤 하시지. 나는 아이들 상처나 병을 치료해주고 약을 만드는 법까지 가르쳐주고, 그리고 돈도 받지 않아. 그런데 사람들은 그에 대해 감사 인사는커녕 마법사라는 소리를 해. 뭔가 용건이 있을 때는 정중하게 부탁하러 오지만 그 일이 끝나면 바로 등을 돌리지.

그럴 때는 나도 정말 화가 나. 그래서 앙갚음을 하겠다고 마음먹으면 못할 것도 없어. 좋은 행동을 하는 법도 알고 있지만, 나쁜 행동을 하는 법도 알고 있으니까. 하지만 아무리 알고 있다고 해도 그런 적은 없어. 나는 천성적으로 다른 사람을 원망하지 못하니까. 입으로 화풀이하는 것도 머릿속에 든 생각을 바로 말해버리면 그걸로 화가 풀리기 때문이야. 계속 마음에 담아두지 않지. 하느님이 분부하신 대로 그 자리에서 상대를 용서해. 그리고 내가 옷차림이나 몸가짐에 신경 쓰지 않는 것은 내가 나를 예쁘다고 생각할 만큼 바보가 아니기 때문이야. 내가 보기 싫을 정도로 못생겼다는 것은 잘 알고 있는걸. 자주 듣는 말인데 내가 모를 리 없지. 하지만 하느님의 은총을 덜 입은 사람을 세상 사람들이 심하게 대하거나 우습게 여기는 걸 보면, 그 사람들이 나를 싫어하는 것이 오히려 즐거워져. 하느님과 내 수호천사에게는 내 얼굴도 전혀 미운 얼굴이 아니고 나도 내 얼굴에 불평하지 않으니까, 하느님도 뭐라고 하시지 않을 거야. 그렇게 생각하면 마음이 가벼워져. 그래서 나는 다른 사람들처럼 말하지 않는 거야. '어라, 송충이가 기어다니고 있네. 정말 징그럽고 더러운 놈이야. 이런 놈은 죽여버려야 해' 같은 말은 하지 않아. 송충이도 하느님이 창조하신 거니까 밟아 죽이는 일 따위는 하지 않아. 물속에 빠지면 나뭇잎으로 건져서 구해주지. 그러면 기분 나쁜 벌레를 좋아한다거나 마법사라는 소리를 들어. 나는 개구리를 괴롭히거나 벌의 다리를 떼어내거나 살아 있는 박쥐를 나무에 못으로 박거나 하는 일은 싫어해. 불쌍한 벌레를 보면 나는 이런 말을 해. '정말 불쌍하구나. 기분 나쁜 모습을 한 것은 모두 죽어야 한다면 나도 마찬가지야. 살아 있을 가치가 없는 거지.'"

19

랑드리는 파데트가 담담하게 자신의 못생긴 외모에 대해 말하는 태도에 어떤 이유에서인지 마음이 움직였다. 채석장은 어두워서 파데트의 얼굴이 보이지 않았지만, 머릿속에서 파데트의 얼굴을 떠올리며 그는 입에 발린 말이 아니라 진심으로 말했다.

"파데트, 넌 네가 생각하는 것만큼 못생기지 않았어. 너보다 훨씬 못생겼지만 아무 말도 듣지 않는 여자애도 있으니까."

"나의 못생긴 외모가 조금 더 나빠진다거나 좋아진다고 해서 내가 예쁜 여자애라고는 말할 수 없잖아. 그러니까 위로해주지 않아도 돼. 조금도 괴롭지 않으니까."

"그런 말 하지 마. 다른 여자애들처럼 옷과 머리에 신경을 써봐. 어떻게 될지 모르잖아. 코가 아주 낮지 않고, 입이 아주 크지 않고, 얼굴색이 아주 검지 않으면 나쁜 외모가 아니라고 모두들 말하잖아. 또 너같이 예쁜 눈을 한 여자애는 이 주위에 한 명도 없다고들 하니까, 네가 사람을 우습게 여기는 눈으로 보지만 않으면 모두 너의 따뜻한 눈길을 좋아하게 될 거야."

랑드리는 이런 말을 하면서도 자신이 무슨 말을 하고 있는지 잘 몰랐다. 그러나 실은 이때 파데트의 단점과 장점을 곰곰이 생각해본 것이다. 파데트에 대해 이렇게 열심히 생각한 적은 처음이었다. 1분 전이라면 상상도 못했던 일이다. 파데트는 살짝 그것을 눈치챘지만 내색하지는 않았다. 영리한 아이라 진심으로 받아들이지 않은 것이다.

"내 눈은 좋은 것은 따뜻한 눈길로 보고 그렇지 않은 것은 멸시하는 눈길로 보지." 파데트는 말했다. "그러니까 나는 내가 싫어하는 사람이 나를 싫어한다고 해도 아무렇지 않아. 나는 예쁜 사람들이 무슨 생각을 하는지 모르겠어. 모두가 떠받들어주기만 하면 누구에게나 애교를 부리잖아. 상대가 누구든 상관 없는 것 같아. 내가 만약 예뻤다면 내가 좋아하는 사람에게만 예쁘고 귀엽게 보이고 싶었을 거야."

이 말을 듣고 랑드리는 마들롱을 생각했는데, 파데트가 계속 말을 했기 때문에 생각을 이어나가지 못했다.

"그러니까 내가 다른 사람들에게 하는 나쁜 짓이라고는 그게 다야. 즉 내 못생긴 외모를 불쌍하게 생각해달라고, 또는 관대하게 봐달라고 하지 않는다는 거지. 멋 내지도 않고 못생긴 외모를 그대로 보여주니까 사람들은 기분 나쁘게 생각해. 그래서 지금까지 좋은 일은 많이 했지만 나쁜 일은 한 번도 한 적이 없다는 걸 잊어버려. 게다가 몸치장을 하고 싶어도 그럴 수가 없잖아? 나한테는 예쁜 옷을 살 만한 돈이 없어. 그렇다고 구걸할 수는 없잖아. 나는 돈이 한 푼도 없고, 우리 할머니는 잠자리와 먹는 것 말고는 무엇 하나 내주지 않으셔. 어머니가 남겨준 헌 옷이 있지만, 그것을 솜씨 좋게 고치지 못하는 건 내 죄가 아니야. 왜냐면 어느 누구도 그런 것을 가르쳐주지 않았으니까. 열 살 때부터 난 누구 하나 귀여워해주는 사람도 없이 늘 혼자였어. 사람들이 뭐라고 하는지 잘 알고 있어. 너는 날 불쌍하게 생각해서 말하지 않았지만, 모두가 말하는 게 이거잖아. 파데트는 이제 열여섯 살로 더부살이를 가도 좋을 나이다. 그렇게 되면 급료도 받을 수 있고 스스로 살아나갈 수 있을 것이다. 그런데 일하지 않고 이리저리 쏘다니는 걸 좋아하니까 언제까지고 할머니 곁을 떠나지 않는다. 사실 그 할머니는 손녀를 조금도 귀여워하지 않는다. 하녀를 고용할 만한 돈도 있다. 그러니까 파데트가 어서 떠나기를 바랄 것이다. 어때, 이렇게들 말하지?"

"그래, 파데트, 솔직히 말해서 맞는 말 아니니? 모두 네가 일하기 싫어한다고 흉을 봐. 게다가 너희 할머니도 다른 사람을 만나면 너 대신에 하녀를 고용하는 게 이득이라고 자주 말하잖아."

"할머니가 그렇게 말하는 건 언제나 투덜투덜대며 푸념을 늘어놓기 때문이야. 그러면서도 내가 집을 나간다고 하면 막아. 다른 사람에게는 말하고 싶어 하지 않지만 내가 매우 도움이 된다는 걸 알고 있기 때문이지. 자기는 눈도 다리도 이제 예전 같지 않아서 물약이나 가루약에 쓸 약초를 스스로 찾으러 갈 수 없으니까. 약초를 구하러 먼 곳이나 험한 곳으로 가야만 할 때도 있거든. 또 아까도 말했지만 나는 할머니도 모르는 여러 가지 풀의 효능을 다 알고 있어. 내가 만든 약이 효과가 있으면 깜짝 놀라지. 그리고 양과 산양도 그래. 마을 공동 목장밖에 사용하지 못하는 사람이 어떻게 그렇게 살찌고 좋은 양을 가지고 있는지 사람들은 궁금해하지. 누구 덕분에 양에게서 좋은 털을 얻을 수 있고, 산양에게서 좋은 우유를 짤 수 있는지도 할머니는 잘 알고 있어. 그러니까 날 놓아줄 생각은 조금도 없는 거지. 날 길러주기는 해도 내가 도움이 되는 면이 커. 나를 때때로 매몰차게 대하고 구속하지만 나도 할머니가 좋아. 그런데 내가 할머니 곁을 떠날 수 없는 이유가 또 하나 있어. 네가 좋다면 말해줄 수도 있어."

"말해줘." 랑드리는 대답했다. 파데트의 이야기는 아무리 들어도 질리지가 않았다.

"또 다른 이유는 말이야." 파데트는 이야기하기 시작했다. "내가 막 열 살이 되었을 때, 어머니가 가여운 아이 한 명을 내 품에 남겨두고 가셨다는 거야. 정말 못생긴, 나에게 지지 않을 정도로 못생긴 아이지. 나보다 더 불쌍해. 절름발이에 가난하고 몸이 약한 데다 비틀려 있으니까. 고통이 끊이지 않으니까 늘 우는 얼굴로 억지만 부리는 거야. 너무 불쌍해. 그런데 다들 몰려와서는 그 아이를 괴롭히거나 따돌리거나 거지 취급을 해. 할머니는 할머니대로 심하게 혼내시고 이유 없이 때리기도 하시지. 그걸 막으려면 내가 할머니 대신 혼내는 시늉을 해야만 해. 뭔가 잘못을 해도 심하게 때리지 않지. 그 아이도 그것을 잘 알고 있어. 그래서 뭔가 잘못을 할 때마다 내가 있는 곳으로 뛰어와서 치맛자락에 얼굴을 박고 이렇게 말해. '누나, 날 때려줘. 할머니한테 야단맞지 않게.' 내가 장난으로 때려주면 동생도 장단을 맞춰 울거나 아픈 시늉을 하는 거야. 나는 늘 동생을 챙겨줘야 해. 매일 좋은 옷을 입혀줄 수는 없지만 천 조각이 조금이라도 있으면 옷을 만들어줘. 그리고 아프면 내가 간호를 하는 거야. 할머니에게 맡겼다가는 분명히 죽을 거야. 어린애를 돌볼 줄을 전혀 모르시니까. 그 허약한 아이는 나 때문에 목숨을 부지하고 있는 거야. 내가 없다면 어떤 불행이 일어날지 몰라. 바로 무덤에 있는 아버지 옆으로 가버릴지 몰라. 아버지는 내가 구할 수 없었지만……. 솔직히 말하면 동생이 언제까지고 목숨을 부지하도록 도와주는 일이 과연 그 애를 행복하게 해주는 일인지 나도 모르겠어. 절름발이에다가 사람들에게 미움을 받으니까. 그래도 동생이 가여워서 도저히 내버려둘 수 없어. 때로는 어딘가 더부살이라도 가서 조금이나마 돈을 벌어 이런 비참한 생활에서 벗어나고 싶다가도, 그때마다 동생이 가엾고 또 가여워서 그럴 수 없었어. 내가 메뚜기 엄마인 것 같은 생각이 들어서, 나 때문에 그 아이가 죽을까봐 겁이 나서. 자, 나의 나쁜 점은 모두 말했어. 이제는 하느님의 심판을 기다릴 뿐이야. 나를 잘 모르고 오해하는 사람이 있어도 나는 원망하지 않아."

20

랑드리는 계속 진지하게 파데트의 이야기를 들었는데, 파데트가 하는 말은 하나같이 일리가 있었다. 특히 마지막에 말한 동생 메뚜기 이야기는 랑드리의 마음을 흔들어놓았다. 랑드리는 순식간에 파데트가 좋아졌다. 세상 사람들을 모두 등지더라도 파데트 편이 되어주고 싶었다.

"너에 대해 나쁘게 말하는 사람들이 잘못된 거야." 랑드리가 말했다. "정말 훌륭해. 네가 얼마나 마음씨가 착하고 분별력이 뛰어난 여자인지, 네 이야기를 듣고도 의심할 사람은 없을 거야. 근데 왜 넌 네가 이런 사람이라고 알리지 않아? 네가 어떤 사람인지 알면 나쁜 소문을 내는 사람이 없어질 텐데. 도리어 네가 착하다고 말하는 사람이 있지 않을까?"

"아까 말했잖아." 파데트가 대답했다. "내가 좋아하지 않는 사람들 마음에 들려고 애쓸 이유가 없다고."

"그런데 나한테 이렇게 이야기해준 걸 보면, 그럼 넌……." 랑드리는 말을 하다 말고 방금 자신이 한 이야기에 스스로 놀라 말을 잇지 못하다가 정신을 차리고 화제를 바꾸었다.

"그럼 너는 나만은 다른 사람보다 좋게 봐주었구나. 난 네가 날 싫어하는 줄만 알았어. 이제까지 한 번도 친절하게 대해준 적이 없었으니까."

"뭐 싫은 구석이 없었다고는 못하겠다." 파데트가 대답했다. "근데 지금까지는 그랬을지 몰라도 오늘부터는 아니야. 그 이유를 말해줄게. 사실 난 네가 거만한 사람이라고 생각했어. 실제로 좀 그렇기는 하잖아? 하지만 넌 자신의 의무를 다하기 위해서라면 자기 성질을 누를 줄 아는 사람이야. 자신을 이겨낼 수 있는 사람이라는 말이지. 정말 대단하다고 생각해. 사실 난 네가 남이 도와 줘도 고마운 줄 모르는 녀석이 아닐까 의심했어. 거만하게 자라나서 다른 사람에게 고마워하는 법은 모르리라 생각했는데, 넌 의리를 지켰어. 끝까지 약속을 지키려고 노력했어. 그리고 또 하나, 난 네가 패기 없는 겁쟁이라고 생각했어. 그래서 너를 바보로 만들 생각이었지. 그런데 알고 보니 넌 그저 도깨비를 무서워할 뿐이었구나. 상대가 누군지 확실히 알 수만 있다면 넌 얼마든지 용기를 낼 수 있는 사람이야. 오늘 네 처지에서는 엄청나게 괴로운 하루였을 거야. 하지만 넌 끝까지 나와 함께 춤을 췄어. 더군다나 일부러 저녁 기도가 끝날 즈음에 마중도 나와주었어. 그땐 이미 기도를 하며 마음을 추스르고 널 용서한 뒤였으니 또다시 널 곤란하게 만들 생각은 전혀 없었어. 그리고 너는 내가 못된 아이들한테 괴롭힘을 당할 때 구해주었어. 다 큰 어른들과 맞서 싸우면서까지 나를 보호해줬지. 네가 없었다면 분명 그 사람들은 날 괴롭혔을 거야. 조금 전에는 내가 우는 소리를 듣고 이곳까지 와서 도와주고 위로해주었어. 이렇게 많이 도움을 받고도 내가 다 까먹을 줄 알았어? 얼마나 고마웠는지 몰라. 두고두고 갚을 테니 지켜봐. 앞으로는 언제 어느 때고 무슨 일이든지 말만 해. 난 이제 네 편이야. 그래, 내가 오늘 너에게 너무 짓궂게 굴었지? ……나도 알아. 네 마음을 꿰뚫어볼 정도의 마법은 터득했어. 오늘 아침까지만 해도 눈곱만큼도 몰랐지만 말이야. 이젠 네 마음을 알았으니 앞으로 두고 봐. 난 나쁜 사람이 아니야. 다만 장난이 심할 뿐이지. 네가 마들롱을 좋아하는 줄 알았더라면 굳이 나와 춤을 추자고 해서 두 사람 사이가 틀어지게 만드는 짓은 절대 안 했을 거야. 나도 악의는 없었어. 솔직히 말해서 네가 나처럼 못생긴 여자와 춤을 추느라 그렇게 예쁜 여자를 차버리면 재밌으리라 생각했어. 거만한 네 녀석의 콧대를 좀 꺾어주려고 했지. 그런데 네 마음 깊은 곳에서 슬픔이 올라오는 게 느껴졌어. 넌 줄곧 마들롱을 바라보다가 그녀가 토라지니 울상을 지었어. 그런 너를 보니까 나까지 눈물이 나더라. 기억나? 네가 마들롱의 춤 상대 남자들이랑 싸우려고 하는데 내가 울어버렸잖아. 넌 내가 억울해서 운 줄 알았지? 실은 네가 여기에 와줬을 때에도 네 슬픈 얼굴을 떠올리면서 울고 있었던 거야. 빚을 갚기 전까지는 이렇게 계속 눈물이 날지도 몰라. 이제는 네가 이렇게 착하고 멋진 사람이라는 걸 아는데, 너처럼 좋은 사람에게 미안한 짓을 해버렸어."

"그래, 네 말대로." 랑드리는 이렇게 말을 꺼냈는데 파데트가 다시 눈물을 흘리는 것을 보자 크게 동요했다. "네 말대로 너 때문에 내가 좋아하는 여자와 사이가 틀어졌다고 치자. 그럼 어떻게 우리 사이를 되돌려놓을 생각인데?"

"그건 내게 맡겨." 파데트가 대답했다. "이래 봬도 나, 아무것도 모르는 바보는 아니야. 마들롱에게 사실대로 이야기할 거야. 전부 내 잘못이라고 솔직하게 고백해서 네가 결백하다는 사실을 알려줘야지. 내가 다 말했는데도 내일까지 네가 그녀와 화해하지 못한다면 그건 그녀가 너를 전혀 좋아하지 않는다는 말밖에 안 돼. 그러니까……."

"내가 슬퍼할 이유도 없다는 거지? 그래, 실제로 그녀는 나를 조금도 좋아하지 않으니까 네가 그런 일을 해도 아무 소용없어. 그러니까 괜찮아. 걱정하지 마. 이 정도 슬픔은 아무것도 아니야. 금방 잊어버릴 거야."

"그런 슬픔은 금방 잊지 않아." 파데트가 대답했다. 그리고 얼버무리듯이 덧붙였다. "사람들이 그러더라고."

"너는 지금 억울하고 분해서 그렇게 말하는 거야. 오늘 밤 한숨 자고 내일 일어나면 깨닫겠지. 너무 슬퍼서 그 아름다운 여자와 화해하지 않고서는 아무것도 하지 못할 거야."

"그럴지도 모르지." 랑드리가 대답했다. "하지만 지금 마음 같아서는 그런 생각은 전혀 들지도 않아. 정말이라니까. 네가 괜히 억지로 그렇게 생각하는 거 아니야? 내가 그녀를 좋아한다고. 글쎄, 내가 그녀를 좋아했다 한들 네가 생각하는 만큼은 아니어서 금방 잊어버릴 것 같은데."

"정말 이상해." 파데트는 한숨을 쉬었다. "남자들이 말하는 사랑이란 그런 거야?"

"너희 여자들이라고 해서 별로 다르지 않잖아. 조그만 일에도 토라지잖아. 다른 남자가 다가오면 바로 예전 남자는 잊어버리고. 하기야 이런 말을 해봤자 소용없지. 우린 아직 이 문제에 대해 잘 모르니까. 나야 그렇다 치더라도 넌 아마 모를 거야. 넌 사이좋은 남자와 여자를 보면 무조건 놀리잖아. 이제 와서 나와 마들롱을 화해시키겠다니, 날 놀리는 거지? 아냐, 됐어. 마들롱한테 가서 이야기 안 해도 괜찮아. 어차피 그녀는 사실이 어떻든 간에 내가 너에게 부탁했다고 생각할지도 모르고, 나와 그녀가 무슨 특별한 사이라도 되는 양 네가 그런 이야기를 하러 왔다고 생각하면 오히려 기분 나빠할 거야. 솔직히 말하면 난 아직 그녀에게 좋아한다는 말을 한마디도 한 적 없어. 물론 그녀 옆에 있거나 함께 춤추는 것이 즐거웠지만, 그것을 말로 표현할 수 있을 정도로 그녀와 어울린 적도 없어. 그녀가 상대해주지 않았거든. 아무튼 그래. 그녀는 내 버려둬. 정 뭐하면 그녀가 날 찾아오겠지. 혹시 오지 않더라도 괜찮아. 이런 일로 죽지는 않으니까."

"네가 어떻게 생각하는지는 내가 더 잘 알아." 파데트는 말했다. "마들롱에게 말로 고백한 적이 없다는 것도 믿어. 하지만 어지간히 둔한 여자가 아니고서야 네 눈을 보고도 모를 리가 없어. 오늘은 아예 대놓고 그러던데 뭐. 어쨌든 내가 둘 사이를 틀어지게 만들었으니까 화해시키는 것도 내가 해야 해. 게다가 네가 마들롱을 좋아한다는 사실을 알릴 좋은 기회일지도 모르잖아. 그 역할을 내가 맡을게. 내가 널 꼬드겼다는 말이 안 나오도록 잘할게. 내게 맡겨. 꼴불견인 귀뚜라미에게 맡겨봐. 이래도 겉으로 보이는 거랑 달리 마음은 깨끗해. 널 곤란하게 만든 장난은 잊어줘. 대신에 너에게 행운이 따르도록 도울게. 아름다운 여자애에게 사랑을 받는 것도 기쁘겠지만 못생긴 여자애와 친구가 되는 것도 나름 얻을 게 있을 거야. 너도 곧 알게 되겠지. 못생긴 여자애는 애초에 자신을 별로 소중히 여기지 않거든. 그래서 무슨 짓을 당해도 토라지거나 앙심을 품지 않아."

"네가 못생긴 여자인지는 잘 모르겠지만." 랑드리는 이렇게 이야기하면서 파데트의 손을 잡았다. "어쨌든 너와 친해져서 기뻐. 예쁜 여자애에게 사랑받는 것보다도 더 기쁘다고. 넌 정말 괜찮은 사람인 것 같다. 이제야 알아봤어. 오늘 내가 꽤 못되게 굴었는데도 전혀 개의치 않고 도리어 내가 대단한 일을 한 것처럼 말해주다니. 생각해보면 내가 잘못했는데 말이야."

"왜? 그렇지 않아. 넌 잘못한 게 없어."

"아냐, 난 네게 한 번도 입을 맞추지 않았잖아. 춤출 때 말이야. 심지어 헤어질 때 제대로 인사조차 안 했어. 당연한 일인데 말이지. 그게 이 고장 풍습이잖아? 서로 거리낌 없이 키스하는 게 말이야. 그런데 열 살배기를 상대로 몸을 숙여 입을 맞출 놈은 없잖아? 난 널 열 살짜리 어린애 취급한 거나 마찬가지야. 사실 넌 나랑 나이도 비슷한데 말이지. 만 한 살 정도밖에 차이가 안 날 걸. 그러니 내가 잘못한 게 맞아. 네가 너무 착해서 넘어가준 거지. 다른 사람 같았으면 분명 마음이 상했을 거야."

"난 생각도 못했어." 파데트가 말했다. 그리고 갑자기 일어나더니 정말 몰랐던 것처럼 딴청을 부리며 속마음을 표정에 드러내지 않으려고 했다. "아, 저 소리 들려?" 파데트는 마음을 숨기려고 과장하면서 말했다. "들어봐. 보리 그루터기 안에서 귀뚜라미 울어대는 소리가 들리지? 내 이름을 부르고 있어. 어머나, 올빼미도 우네. 커다란 시계 같은 하늘을 올려다보면서 별이 가리키는 시간을 알려주나 봐."

"어, 들린다. 난 이제 슬슬 프리쉬로 돌아가야 해. 헤어지기 전에 나를 용서해줄래?"

"하지만 아무것도 잘못한 게 없는데 뭘 용서해?"

"그래도 그건 아니지." 랑드리가 말했다. 랑드리는 그녀의 상냥한 목소리에 마음이 크게 동요했다. 사실 파데트가 '예쁜 여자애에게 사랑을 받으니 자기와 친구가 되느니' 하는 이야기를 시작하던 순간부터 이미 마음은 요동치고 있었다. 그녀의 상냥한 목소리는 잠자리에 들기 전에 한바탕 풀숲에서 지저귀는 피리새 소리만큼 강렬하게 다가왔다. "이렇게 넘어갈 순 없어. 네가 날 용서해줘야 해. 그럼 이렇게 하자. 점심때 못했던 인사 대신에 지금 네게 입 맞추게 해줘."

파데트는 몸이 떨렸지만, 이내 언제 그랬냐는 듯이 활기차게 대답했다.

"미안한 짓을 했으니 벌을 받겠다는 거군. 그렇다면 좋아. 용서해줄게. 이런 못생긴 여자애와 춤을 춰준 용기만으로도 충분해. 입까지 맞출 필요는 없어."

"그렇게 말하지 마." 랑드리는 자기도 모르게 큰 소리로 말하며 파데트의 손을 잡았다. "네게 입을 맞춰야 하늘에서도 용서해줄 거라 생각해…… 네가 나랑 키스하는 게 싫다거나 내키지 않는 게 아니라면……"

그렇게 말하니 랑드리는 더욱 파데트에게 입을 맞추고 싶어서 그녀가 싫다고 할까봐 조바심도 났다.

"랑드리." 파데트는 상냥하고 기분 좋은 목소리로 말을 꺼냈다. "내가 예뻤다면 이렇게 말할 거야. 이런 곳에서, 이런 시간에 사람들 눈을 피해 몰래 입맞춤할 수는 없다고 말이지. 경박한 여자애라면 시간이나 장소 모두 안성맞춤이라고 생각하겠지. 밤이라 못생긴 얼굴도 안 드러나고 아무도 없으니 너나 나나 쑥스러울 일도 없고. 그런데 말이지, 난 예쁘지도 경박하지도 않아. 그러니 이렇게 대답할래. 허물없는 친구 사이라는 증거로 악수를 하자. 너와 친구로 지낼 수 있다면 난 정말 기쁠 거야. 지금까지 너 말고는 다른 사람과 친구가 되고 싶었던 적은 없었으니까."

"그래, 그럼 진심을 담아 악수하자. 내 마음은 알아주는 거지?" 랑드리가 말했다. "하지만 막역한 친구 사이에 헤어지면서 인사로 입을 맞추는 건 잘못된 게 아니잖아. 그만큼 너를 존중한다고 표현하고 싶을 뿐이야. 네가 자꾸 하지 말라고 하니, 아직도 날 원망하는 게 아닐까 하는 생각이 들어."

이렇게 말하며 랑드리는 갑자기 키스를 하려고 했다. 파데트는 하지 않으려고 막았으나 랑드리는 끈질기게 입을 맞추려고 했다. 결국 파데트는 울음을 터뜨렸다.

"놓아줘, 랑드리. 이런 식으로 괴롭히려는 거야? 싫어."

랑드리는 깜짝 놀라 손을 놓았다. 다시 파데트를 울리고 말다니. 몹시 속상하기도 하고 왠지 원망스런 기분도 들었다.

"알았어." 랑드리는 말했다. "아까 거짓말한 거구나. 친하게 지내고픈 사람이 나 하나라더니, 실은 더 소중한 누군가가 있는 거 아니야? 그래서 나와 키스하지 않으려는 거지?"

"그게 아니야." 파데트는 흐느껴 울며 대답했다. "단지 걱정이 돼서 그래. 지금은 밤이라 얼굴을 보지 않고 키스해놓고, 낮에 나와 마주치면 끔찍하다는 표정을 지을지도 모르잖아."

"내가 여태 네 얼굴을 본 적이 없다는 거야?" 랑드리는 초조한 말투로 대꾸했다. "지금도 잘 보이거든. 달빛에 비치잖아. 뚜렷하게 다 보여. 이렇게 보니 못생겼는지 어떤지는 모르겠지만, 난 네 얼굴이 좋아. 난 너를 좋아하니까. 이게 내 진심이야."

랑드리는 파데트에게 입을 맞추었다. 처음에는 온몸이 부르르 떨리더니 두 번째에는 황홀했다. 파데트는 어쩐지 무서워서 랑드리를 밀쳐냈다.

"이제 됐어. 그만해. 홧김에 입을 맞춘 것처럼 느껴져. 혹시 마들롱 때문이야? 그렇게 안달복달하지 않아도 돼. 내일 내가 그녀에게 잘 이야기해줄 테니까. 그러면 그녀와 키스할 수 있을 거야. 나 같은 여자보다는 훨씬 좋겠지."

파데트는 이렇게 말을 던지고는 순식간에 채석장을 빠져나가 사라져버렸다.

랑드리는 넋이 나간 사람처럼 한참을 멍하니 서 있었다. 뒤를 쫓아가야 하나 한참을 고민했지만 겨우 마음을 가다듬고 그냥 여울목으로 내려갔다. 어쩐지 도깨비가 쫓아오는 듯한 느낌이 들어 정신없이 뛰어서 단숨에 프리쉬 마을까지 내달렸다.

다음 날 동이 틀 무렵, 랑드리는 여느 때와 마찬가지로 외양간에 가서 소에게 여물을 주고 등을 쓸어주면서 쇼무아 채석장에서 파데트와 나눈 이야기를 되새겨보았다. 한 시간도 넘게 대화를 했는데 시간이 순식간에 흘러가버린 느낌이었다. 아직 잠이 덜 깬 데다 예상과는 전혀 다르게 흘러가버린 어제 하루 덕분에 피곤해서 그런지, 랑드리는 아직도 머리가 무거웠다. 어젯밤 자신이 파데트에게 느꼈던 감정을 되새기다보니 도무지 무슨 일이 일어난 건지 알 수가 없었다. 문득 두렵다는 생각마저 들었다. 지금 그의 눈앞에 떠오르는 그녀는 역시 못생기고 꼴사나운 모습을 한 여자아이일 뿐이었다. 이따금 꿈을 꾼 게 아닐까 생각했지만, 어젯밤 분명히 자신은 그녀에게 키스하고 싶었고, 그녀를 안고 얼마나 기뻤는지 모른다. 그녀가 너무 좋아서 어쩔 줄을 몰랐다. 어젯밤 그녀는 랑드리에게 이 세상에 단 한 명뿐인 아름답고 귀여운 여자였다.

'역시 소문대로 마법을 쓰는 게 분명해. 스스로는 아니라고 했지만.' 랑드리는 생각했다. '어젯밤에 분명히 나를 홀렸으니까. 2, 3분 정도밖에 안 되는 짧은 시간이었지만 정신을 못 차릴 만큼 그녀가 좋았어. 이런 경험은 태어나 처음이야. 아버지나 어머니, 우리 형제, 빼어난 외모를 자랑하는 마들롱은 물론이고 내가 제일 사랑하는 실비네 형에게도 이런 감정은 느껴본 적이 없어. 형이 어젯밤에 내가 느낀 감정을 눈치챈다면 분명 질투의 화신이 될 거야. 아무렴, 그렇고말고. 내가 마들롱을 좋아한들 형에게 미안해할 일은 없겠지만, 단 하루더라도 어젯밤처럼 파데트와 함께 있을 때 내 마음이 크게 흔들렸다는 사실을 알면 형은 분명 화를 낼 거야. 지금도 봐, 분별력이고 뭐고 다 잃어버리고 머릿속에 온통 그녀 생각뿐이잖아.'

이런 생각이 들자 창피함과 피곤함, 주체할 수 없는 초조함 때문에 숨이 막힐 것 같았다. 옆에 놓인 여물통에 앉아 쉬면서 마음을 가다듬으려 애썼다. 그 마술쟁이 소녀에게 용기와 분별력, 온몸의 힘까지 전부 빼앗겨버린 게 아닐까 하는 생각이 들어 더럭 겁이 났다.

날이 밝자 프리쉬 마을 사람들이 일어나 밖으로 나왔다. 사람들은 우르르 몰려와서 랑드리가 꼴사납기로 유명한 귀뚜라미와 춤을 추었다며 놀려대기 시작했다. 사람들이 파데트를 가정교육도 제대로 받지 못한 데다 옷차림도 엉망인 못난이 취급을 하자 랑드리는 쥐구멍에라도 들어가 숨고 싶었다. 이렇게 창피할 줄이야. 모두가 아는 일 말고도 더 많은 일이 있었다는 사실을 알면 사람들은 뭐라고 할까? 아무에게도 말하지 않았지만, 어젯밤 일이 떠올라 랑드리는 더욱 창피해졌다.

프리쉬 마을 사람들은 하나같이 랑드리를 놀려댔지만 나쁜 뜻은 아니라는 것을 알고 있어서 랑드리도 딱히 화가 나지는 않았다. 그만큼 랑드리는 평소 마을 사람들과 사이가 좋았다. 랑드리는 용기를 내어 파데트는 여러분이 생각하는 그런 여자가 아니다, 다른 여자애들과 비교해 수준이 떨어지지 않는다, 제법 도움이 되는 경우도 있다고 대꾸했다. 그러자 사람들은 또다시 랑드리를 놀려댔다.

"그 녀석 할머니야 물론 대단하지만." 사람들이 말했다. "그 애는 아직 어린 애라 아무것도 몰라. 그러니 너희 집 소가 아파도 파데트가 주는 약은 안 먹이는 게 좋아. 걘 그냥 평범한 수다쟁이야. 병을 고치는 방법 따윈 하나도 몰라. 뭐, 보아 하니 남자 홀리는 법은 아는 것 같기도 하지만. 어제 축제 때 넌 그 녀석 옆에 계속 붙어 있었지? 조심하는 게 좋아. 그러다가 모두에게 귀뚜라미를 사랑하는 남자네, 파데트 손에 놀아나는 남자네 하는 소리를 들을지도 몰라. 그러다가는 악마가 들러붙는 수도 있어. 외눈박이 도깨비가 이불을 빼앗으러 오거나 말갈기를 땋아놓으러 올지도 모른다고. 그런 일이 벌어진다고 생각해 봐. 그랬다가는 네게서 마귀를 떼어내기 위해 한바탕 난리굿을 해야 한다고."

"내 생각엔 말이죠." 어린 솔랑주까지 입을 열었다. "랑드리가 어제 아침에 양말을 거꾸로 신은 게 틀림없어요. 그러면 마법사가 다가오거든요. 파데트는 그걸 알고 접근했을 거예요."

점심시간이 가까워졌을 무렵 랑드리가 밭에서 씨뿌리기를 하고 있을 때 파데트가 지나가는 모습이 보였다. 서둘러 숲을 향해 걸어가고 있었는데, 그때 숲에서는 마들롱이 양을 돌보며 마른풀을 모으고 있었다. 마침 오전 일을 마치고 소의 가래를 벗겨둘 참이었다. 랑드리는 소를 목장으로 끌고 가면서 파데트가 종종걸음으로 지나가는 모습을 보았다. 실로 가벼운 발걸음이라 발이 풀을 밟고 지나가는 것처럼 보이지 않았다. 랑드리는 파데트가 마들롱에게 무슨 이야기를 할지 알고 싶었다. 평소 같으면 가래가 훑고 지나간 열기로 뜨끈뜨끈한 이랑 위에 점심거리로 준비해둔 스프를 먹으러 서둘러 돌아갔겠지만, 이번에는 그 식사도 뒤로하고 몰래 뒤따라 걸어갔다. 여자 둘이 무슨 짬짜미를 할지 들어볼 생각이었다. 두 사람의 모습은 보이지 않았고, 마들롱은 입 속으로 중얼거리면서 말을 해 무슨 말을 하는지 들리지 않았다. 그러나 파데트의 상냥한 목소리는 똑똑히 귀에 들어왔다. 딱히 목소리가 크지도 않은데 랑드리는 한마디도 놓치지 않고 모두 들을 수 있었다. 파데트는 랑드리에 대해 이야기했다. 어젯밤 랑드리에게 약속한 대로 이전에 둘이 했던 약속 이야기를 하고, 열 달쯤 전에 랑드리가 신세 질 일이 있어서 자기가 도와주는 대신 소원을 한 가지 들어주기로 약속했다고 말했다. 파데트의 말투가 워낙에 품위 있고 친근해서, 랑드리는 그 목소리를 듣는 것만으로도 기분이 좋아질 정도였다. 이어서 파데트는 랑드리가 도깨비불을 무서워했다는 이야기는 빼고, 성 앙도슈 축제 전날 밤에 그가 룰렛 여울을 건너다가 물에 빠졌던 이야기만 들려주었다. 아무튼 이런 식으로 이야기해도 괜찮은 부분만 걸러 내막을 털어놓은 뒤, 전부 자신이 주제넘게 변덕을 부려 일어난 일이며, 아이들하고밖에 춤을 춰보지 못한 자신이 멋진 청년과 한번 춤을 춰보고 싶어서 분에 넘치는 소원을 들어달라고 했으니 자신이 나빴다고 상황을 설명했다.

파데트가 여기까지 이야기하자, 마들롱은 화가 치밀어 올랐는지 목소리를 높여 소리 지르듯 말했다.

"그래서 어쩌라고? 춤추고 싶으면 쌍둥이 형제 둘 다 같이 추든 말든, 마음대로 하지 그랬어? 그런 일로 내가 널 질투할 거라고 생각했니? 내가 너에게 앙심을 품을 줄 알았어? 그랬다면 착각이야."

그러자 파데트는 다시 말을 꺼냈다. "그런 지독한 이야기를 하려는 게 아니야. 그럼 랑드리가 불쌍하잖아. 그 사람은 진심으로 너를 좋아해. 그러니 너도 진지하게 그 마음을 받아주면 좋겠다는 거지. 어제 일로 랑드리가 얼마나 슬퍼하는지 몰라. 내 입으로는 아무리 설명해도 부족할 정도야."

자신을 칭찬하는 파데트의 매끄러운 말과 친절한 태도에 랑드리는 감탄했다. 이 훌륭한 말주변을 기억해두었다가 기회가 생기면 꼭 써보아야겠다고 생각했다. 자신을 칭찬해주는 말을 듣고 있으려니 한편으로는 기분이 좋으면서도 멋쩍어서 얼굴이 화끈거렸다.

마들롱 역시 파데트가 말을 너무 잘해 깜짝 놀랐지만, 지금껏 파데트를 얕보았는데 이제 와서 솔직하게 감정을 드러낼 수 없어서 겉으로 표현하지는 않았다.

"잘도 지껄이는구나. 참 넉살도 좋아, 어쩜 그렇게 줄줄 떠들어대니?" 마들롱이 받아쳤다. "입에 발린 말로 사람들을 구워삶은 법을 할머니에게 배웠나 보구나. 흥, 하지만 난 마법사랑 이야기하기는 싫어. 나쁜 일밖에 더 생기겠어. 그러니까 그만 저리 가서 네 맘대로 뛰어다니렴. 난 꼴불견 귀뚜라미 따위 질색이니 내 곁에는 오지 말고. 괜찮은 사람을 찾았으면 꽉 붙잡아. 네 꼴사나운 얼굴과 이상한 성격을 받아줄 사람은 그 사람 말고는 앞으로 영원히 없을 테니까. 난 네 주변에 있는 사람한테는 관심 없어. 왕자라고 한들 난 필요 없어. 네가 좋아하는 랑드리도 그냥 얼빠진 남자지. 얼마나 별 볼 일 없는 남자면 네가 나한테 도로 돌려주러 왔겠어? 애초에 나한테서 뺏은 것도 아니지만. 나 참, 정말 대단한 남자를 돌려주러 왔구나. 파데트 너 같은 애조차 상대하기 싫어하는 남자라니."

"넌 그를 좋아하지 않는다는 거야?" 파데트는 랑드리의 마음 깊은 곳까지 사무치는 목소리로 말했다. "나를 짓뭉개야만 네 마음을 솔직히 드러내고 이야기할 수 있니? 그렇게 해서 네 자존심을 세워야겠다면 좋아. 네가 원하는 대로 해줄게. 자, 예쁜 아가씨, 이 못난 귀뚜라미의 명예와 용기를 마음껏 짓밟아봐. 넌 내가 랑드리를 얕보았다고 생각하지? 그래서 너희가 화해하기를 바라는 순수한 마음으로 부탁하러 왔을 리가 없다고 생각하는 거고. 자, 확실하게 말해줄게. 잘 들어줘. 난 오래전부터 그 사람을 좋아했어. 그 사람이야말로 내가 좋아하는 단 한 사람이었다고. 그래서 평생 마음에만 품고 살 생각이었어. 나도 내 주제는 알아. 창피한 줄도 알고. 그래서 그 사람이 날 좋아해주리라고는 단 한 번도 생각해본 적 없어. 그가 어떤 사람인지, 그리고 내가 어떤 여자인지 잘 알고 있으니까. 그 사람은 잘생기고 부자인 데다 모두에게 존경을 받잖아. 하지만 나는 못생기고 가난하고 모두에게 바보 취급을 받아. 그는 나 같은 여자애는 다가갈 수도 없는 사람이라는 거 잘 알아. 너도 어제 축제 때 그 사람이 나를 어떻게 대하는지 봤지? 그러니 그만 화 풀고 마음을 돌려줘. 나 같은 사람은 감히 똑바로 쳐다볼 수도 없는 사람이 온 마음을 다해 너를 사랑하고 있다고. 그러니 나한테 현실을 똑똑히 알려줘. 비웃어도 좋아. 그 사람을 내게서 뺏어가. 난 너와 경쟁할 생각은 꿈에도 없어. 그 사람을 좋아하지 않아도 상관없어. 주제넘은 나를 벌하기 위해서라도 좋으니 그 사람을 받아줘. 저기, 딱 하나만 부탁할게. 그 사람이 네게 사과하러 오거든 기분 좋게, 조금은 친절하게 받아줘. 부탁해."

이렇게까지 상대가 자신을 낮추고 자존심을 버려가며 부탁하면 가엾다는 생각이 들만도 한데, 마들롱은 잔인하고 매몰차게 랑드리는 네게 딱 맞는 남자라고 잘라 말하고는 파데트를 되돌려 보냈다. 자기가 보기에 랑드리는 멍청한 어린애라서 상대할 가치도 없다는 것이다. 파데트가 어여쁜 마들롱 앞에서 자신을 완전히 버려가며 이야기했건만 아무 소용이 없었던 것처럼 보일지 모른다. 하지만 전혀 쓸데없는 일은 아니었다. 여자의 마음이란 그런 법이다. 풋내기인 줄로만 알았던 남자가 다른 여자에게 존경과 사랑을 받는 존재라는 사실을 알면 갑자기 그가 어엿한 한 남자로 보이는 것이다. 마들롱은 지금까지 랑드리를 진지하게 생각해본 적이 없었지만, 파데트를 돌려보내고서야 랑드리에 대해 진지하게 생각해보기 시작했다. 말 잘하는 계집애가 랑드리의 속마음에 대해 이야기해준 부분을 떠올리면서 파데트가 자기 마음을 털어놓을 만큼 랑드리에게 반했다는 사실을 알아냈다. 마들롱은 축제 때 당한 굴욕을 갚아준 것만 같아 우쭐해졌다.

저녁이 되자 마들롱은 카이요의 집으로 찾아갔다. 프리쉬 마을은 자기 집에서 거리가 멀지 않기 때문이다. 마들롱은 자신이 돌보는 소 한 마리가 카이요의 소 무리에 섞여 들어가서 이를 찾으러 왔다는 핑계로 랑드리 앞에 모습을 드러냈다. 그녀는 자신에게 사과할 용기를 줄 생각으로 랑드리에게 눈짓을 했다.

랑드리도 그 눈짓을 알아차렸다. 파데트가 나타나면서부터 둔했던 머리가 이상하리만치 선명해졌다. 그래서 파데트가 진짜 마법사일지도 모른다고 랑드리는 생각했다. '정말로 마들롱의 마음을 돌려놓았으니 말이지. 겨우 15분 정도 이야기를 나눴을 뿐인데 내가 1년 걸리도록 못한 말을 전해주었다니, 정말 지혜로운 여자야. 하느님도 이런 훌륭한 여자는 만들기 쉽지 않았을 거야.'

랑드리는 이런 생각을 하면서 줄곧 마들롱을 바라보았는데, 그 태도가 너무나 침착해서 왠지 말을 꺼낼 결심이 서지 않았다. 머쓱해진 마들롱은 그대로 돌아갔다. 랑드리는 자기가 왜 그랬는지 알 수 없었다. 창피해서 그런 것도 아니었다. 창피함은 사라진 지 오래였다. 마들롱은 만나서 기쁜 마음, 마들롱이 자신을 좋아해주기를 바라는 마음도 어디론가 사라져버렸다.

랑드리는 저녁 식사를 마치자마자 졸린 척을 하며 침실로 들어갔다. 그러고는 침대 맞은편 창문으로 뛰어내려 벽에 붙어 밖으로 빠져나와 곧장 룰렛 여울로 갔다. 그날 밤에도 여전히 도깨비불이 춤추고 있었다. 멀리서 춤을 추는 도깨비불이 눈에 들어오자 랑드리는 이런 생각이 들었다. '찾았다. 파데트가 도깨비불을 태우고 있는 거겠지? 파데트는 멀지 않은 곳에 있을 거야.' 이날 밤은 무섭지도 않았다. 길도 헤매지 않고 여울목을 건너 근처를 살피면서 파데 할머니네 집까지 갔다. 그런데 잠시 그곳에서 기다려보아도 빛도 보이지 않고 어떤 소리도 들리지 않았다. 모두가 잠이 든 모양이었다. 귀뚜라미는 할머니와 동생 메뚜기가 잠든 뒤에 밖으로 나오니까 오늘 밤도 어딘가 주변을 어슬렁거리고 있을지도 모른다고 랑드리는 생각했다. 그래서 랑드리도 발길이 닿는 대로 서성거리기 시작했다. 자신이 온 걸 알리려고 휘파람을 불기도 하고 노래도 부르면서 쇼무아 채석장까지 가보았다. 하지만 만난 것은 밭에서 도망쳐 나오는 너구리와 나무 위에서 울어대는 올빼미뿐이었다. 랑드리는 자신을 도와준 친절한 친구에게 고맙다는 말을 하지도 못한 채 어쩔 수 없이 집으로 돌아와야만 했다.

　이렇게 일주일이 지났는데, 랑드리는 그사이 한 번도 파데트를 만나지 못했다. 이상하기도 하고 걱정스럽기도 했다. '고마움을 모르는 녀석이라고 여길지도 모르겠군.' 랑드리는 생각했다. '내 딴에는 열심히 찾아 헤맸는데도 계속 못 만났단 말이지. 분명히 채석장에서 내가 입을 맞춰서 기분이 상한 거야. 나쁜 뜻으로 한 행동은 아니었지만, 그녀 처지에서는 불쾌했을지도 모르지.'

　랑드리는 이런 생각을 하면서 일주일을 보냈다. 그동안 태어나서 지금까지 해온 생각보다 더 많은 것을 생각했다. 도무지 생각을 정리하지 못하고 상념에 잠겨 있었다. 생각이 많아지다 보니 일에 집중할 수가 없었다. 튼실한 소며 잘 갈린 낫, 가을을 알리는 가랑비에 젖은 붉은 밭도 이제는 그의 시선과 마음을 사로잡지 못했다. 머릿속이 이미 다른 생각으로 가득했기 때문이다.

　목요일 밤, 실비네를 만나러 가보니 실비네 역시 얼굴에 근심이 가득했다. 실비네는 랑드리와 천성이 다르긴 해도 이따금 메아리가 울려퍼지듯 같은 감정을 느끼는 경우가 있었다. 동생이 무언가 걱정거리가 생겨서 혼란스러워한다는 것을 느꼈으리라. 하지만 실제로 무슨 일이 벌어졌는지는 꿈에도 몰랐다. 실비네는 랑드리에게 마들롱과 화해했는지 물었는데 랑드리는 그렇다고 대답했다. 태어나 처음으로 실비네에게 거짓말을 한 셈이다. 사실 랑드리는 마들롱과 아직 한마디도 하지 않았다. 그런 오해쯤은 언제라도 풀 수 있으리라 생각했기에 급할 것이 없었다.

　드디어 일요일이 되자, 랑드리는 서둘러 미사를 드리러 나섰다. 미사 시작시간을 알리는 종이 울리기 전에 성당에 가면 일찌감치 나와서 기도를 하는 파데트를 만날 수 있기 때문이었다. 파데트는 언제나 일찍 도착해 오랫동안 기도를 했고 사람들은 뒤에서 수군거리며 비웃었다. 성당에 도착해 보니 한 소녀가 제단 앞에서 무릎을 꿇고 앉아 현관을 등진 채 얼굴을 양손에 묻고 열심히 기도하고 있었다. 그 자세로 봐서는 틀림없이 파데트였지만, 머리 모양이나 옷차림은 전혀 달라서 랑드리는 파데트가 현관 근처에 있나 살펴보려고 다시금 밖으로 나왔다. 사람들은 현관 주변을 '누더기 집합소'라고 불렀다. 평소 '먼지 구덩이'라고 할 만한 누더기를 걸친 거지들이 성당에서 미사를 집전하는 동안 그곳에 모여 있기 때문이다.

그러나 거기에서도 파데트는 보이지 않았다. 미사 시작을 알리는 종이 울렸는데도 파데트는 나타나지 않았다. 입당송을 부를 시간이 되었다. 랑드리는 줄곧 제단 앞에 무릎을 꿇고 앉아 열심히 기도하던 여자를 다시 한번 쳐다보았는데, 때마침 그녀가 고개를 들었다. 그녀는 바로 파데트였다. 옷차림을 비롯해 겉모습이 완전히 달라지긴 했어도 그녀는 분명 귀뚜라미였다. 자세히 들여다보니 면 페티코트, 빨간 앞치마, 레이스가 달리지 않은 수수한 삼베 두건까지 모두 예전에 입던 초라한 옷 그대로였다. 다만 일주일 사이에 깔끔하게 세탁하고 재단해 고쳐 입은 상태였다. 윗옷 옷자락이 새하얀 양말 위까지 보기 좋게 흘러내렸다. 새뽀얗게 빤 두건은 모양을 바꾸어 예쁘게 빗어 올린 까만 머리 위를 가볍게 감싸고 있었다. 숄은 새 것 같았다. 부드럽고 고운 노란색 숄은 파데트의 연갈색 피부에 잘 어울렸다. 코르셋도 긴 것으로 바꾸었는지 나무토막에 옷을 걸쳐놓은 듯했던 매무새가 다듬어지면서 늘씬하고 탄력 있는 몸매가 드러나 마치 여왕벌 같았다. 뿐만 아니라 일주일 사이에 꽃이나 풀로 피부를 치료했는지, 얼굴은 뽀얗고 손도 아름답고 하얀 산사나무 꽃처럼 뚜렷하고 우아했다.

랑드리는 너무나 달라진 파데트를 보고 깜짝 놀라 기도서를 떨어뜨렸다. 책이 떨어지는 소리에 뒤를 돌아보았다가 자신을 보고 있던 랑드리를 발견한 파데트는 얼굴이 발그레해졌다. 수풀 속에 핀 작은 들장미처럼 고왔다. 정말 아름답다고 해도 될 만큼 예쁜 여자로 보였다. 누구나 예쁘다고 인정할 수밖에 없었던 그녀의 아름다운 검은 눈동자는 실로 맑고 강한 빛을 발산했다. 랑드리는 눈빛이 달라져서 얼굴이 달라 보이는 게 아닐까 하고 생각했다. '역시 파데트는 마법사야. 그렇게 못생긴 여자였는데 예쁜 여자가 되겠다고 결심하자마자 순식간에 마법을 써서 예쁜 여자가 된 거지.' 이런 생각이 들자 한편으로는 소름이 끼칠 만큼 무서웠지만, 그래도 파데트에게 다가가 말을 걸고 싶었다. 하지만 미사가 끝날 때까지 참는 수밖에 없었다.

파데트는 랑드리 쪽을 한 번도 돌아보지 않았다. 기도가 끝난 뒤에도 늘 그랬듯이 아이들을 상대로 농담을 하거나 장난도 하지도 않고 조용히 돌아가버려서 모두들 그렇게 변한 파데트의 모습에 눈이 휘둥그레질 새도 없었다. 랑드리는 실비네가 자신을 주시하고 있기도 했거니와 파데트의 뒤를 쫓아갈 용기도 없어서 그냥 그 자리에 남아 있었다. 그러나 한 시간 정도 지나 무사히 성당에서 빠져나오자, 이번에는 가슴속에서 우러나는 감정에 이끌려 움직이다가 마침내 넓은 길이 끝나고 좁아지는 곳에서 얌전하게 양을 치는 파데트의 모습을 발견했다. 이 길은 예전에 혹독하기로 소문난 왕이 삶에 지친 백성들에게 인두세와 부역세를 징수하던 시절, 왕의 헌병이 코스 마을 사람들에게 죽임을 당한 다음부터 '헌병 오솔길'이라고 불리게 되었다.

23

일요일이라 파데트는 양을 치면서도 바느질이나 실잣기는 하지 않았다. 그저 놀고 있었는데, 그 놀이는 이 동네 아이들이 시간이 날 때마다 즐기는 네잎클로버 찾기였다. 네잎클로버는 눈에 잘 띄지 않는 대신 찾기만 하면 행운이 찾아온다고 한다.

"찾았어?" 랑드리는 파데트 옆으로 다가가 불쑥 물었다.

"몇 개 찾았어." 파데트가 대답했다. "근데 행운이 찾아온다는 말은 거짓인가 봐. 이미 세 개나 찾아서 기도서에 꽂아두었는데, 여태껏 한 번도 행운이 따라준 적이 없어."

랑드리는 이야기를 해야겠다는 생각에 파데트 옆에 걸터앉았다. 그러나 막상 파데트 옆에 앉으니 마들롱 옆에 앉을 때보다도 훨씬 쑥스러워서 한마디도 나오지 않았다.

파데트 역시 어색하기는 마찬가지였다. 랑드리가 아무 말도 없이 묘한 눈빛으로 가만히 쳐다보고만 있으니 무리도 아니었다. 결국 파데트가 먼저 입을 열어, 왜 자신을 이상한 눈으로 쳐다보는지 물었다.

"머리 모양을 이렇게 해서 그래?" 파데트가 말했다. "하지만 네가 나한테 이렇게 하라고 했잖아. 단정한 여자애처럼 보이려면 일단 매무새부터 말끔하게 가다듬어야겠다고 생각했어. 그래서 네가 말한 대로 바꾸어보긴 했는데 사람들이 또 험담을 할까봐 남들 앞에 나서질 못하겠어. 아무리 못생긴 얼굴을 감추려 해도 소용없다고 놀릴까봐 무서워⋯⋯."

"남들이 뭐라고 하든 상관없잖아." 랑드리가 말했다. "도대체 뭘 어떻게 했기에 이렇게 예뻐진 거야? 오늘 너 정말 예뻐. 네가 어디가 예쁜지 모르겠다고 하는 사람이 있다면 그 사람 눈이 삔 거야."

"놀리지 마." 파데트가 말했다. "예쁜 여자는 예쁘다는 말을 들으면 아니라고 손사래를 치고 못생긴 여자는 못생겼다는 말을 듣고 서러워한다, 뭐 이런 말이지? 난 사람들이 놀려대는 데 이력이 났어. 남들이 날 예뻐한다고 생각할 만큼 바보는 아냐. 근데 넌 이런 이야기나 하려고 온 게 아니잖아. 자, 말해봐. 마들롱이 널 용서해줬니?"

"아니, 마들롱 이야기를 하러 온 게 아냐. 그녀가 날 용서했는지 어쨌는지는 관심도 없어. 단지 네가 마들롱한테 잘 이야기해준 것만은 알아. 너무 잘 이야기해줘서 고맙다는 말을 하려고 왔어."

"어떻게 내가 말한 것을 알았어? 마들롱에게서 들었어? 그럼 화해했나 보구나."

"화해 안 했어. 싸움도 친한 사람들이나 하지, 난 마들롱과 싸울 만큼 친하지도 않아. 마들롱이 다른 사람에게 한 말을 전해 들었어. 네가 내 이야기를 해주었다더군."

파데트는 얼굴이 붉어져 한층 더 예뻐 보였다. 그녀는 지금껏 단 한 번도 이런 소녀다운 표정을 지어본 적이 없었다. 누군가가 자신을 알아주니 기뻐서 얼굴을 붉힌 것이리라. 볼이 발그레하게 물들면 못생긴 여자도 한결 예뻐 보인다. 그런데 파데트는 자기가 한 말을 마들롱이 다른 사람에게 전했다는 말을 듣자 몹시 부끄러웠다. 자신이 랑드리를 어떻게 생각하는지 고백한 내용을 듣고 다른 사람들이 비웃지는 않았는지 걱정되었다.

"마들롱이 뭐라고 그랬대?"

"랑드리같이 얼빠진 남자를 좋아해줄 여자는 단 한 명도 없을 것이다, 파데트조차 랑드리를 좋아하지 않는다, 좋아하기는커녕 싫어한다, 랑드리는 파데트가 보고 싶어서 일주일 내내 여기저기 돌아다니며 찾아 헤맸는데, 파데트는 랑드리와 마주치기 싫어서 일주일 넘게 도망 다니고 숨었다. 뭐 대충 그런 얘기지 그러니까 결국 사람들에게 웃음거리가 된 건 나야. 난 네 생각만 했는데 너는 내 생각 눈곱만큼도 안 하는 거 사람들도 다 알아."

"왜 그런 심한 말을 했지?" 파데트는 깜짝 놀랐다. 눈치 빠르기로 소문난 파데트도 이번만큼은 랑드리가 자신보다 한 수 위라는 사실은 생각지도 못했다.

"마들롱이 그런 거짓말을 했다고? 그 정도로 못 믿을 사람인 줄은 꿈에도 몰랐어. 그래도 넌 마들롱을 용서해줘. 아직 마음이 안 풀려서 그런 말을 한 거야. 널 미워한다는 것은 너에게 마음에 있다는 증거야."

"그건 그럴지도 모르겠군." 랑드리가 말했다. "너는 날 조금도 미워하지 않지. 내가 무슨 짓을 해도 용서해주고. 나를 완전히 바보 취급해서 그러는 거야?"

"말도 안 돼. 난 그런 말 한 기억이 없어. 정말이야. 내가 아무리 바보라도 그런 심한 말을 무책임하게 내뱉을 리가 없잖아. 마들롱한테 그런 말은 한마디도 안 했어. 그리고 난 마들롱에게만 이야기했지, 다른 사람 귀에 들어가게 할 생각은 없었어. 네게 해가 될 만한 말은 하지 않았어. 그러기는커녕 난 네가 멋진 사람이라고 생각한다고 이야기했어. 마들롱도 충분히 이해했을 텐데."

"됐어. 네가 뭐라고 했는지는 상관없으니 이 이야기는 그만하자." 랑드리가 말했다. "대신 뭐 하나 물어보고 싶은 게 있어. 넌 뭐든지 다 알잖아. 실은 지난 일요일에 채석장에서 이야기를 나눈 뒤로 왜인지는 모르겠지만 나 스스로도 어처구니가 없을 만큼 네가 좋아졌어. 그 뒤로 마음 편히 밥도 못 먹고 잠도 못 자. 너처럼 영리한 아이에게 숨기려고 한들 소용없으니까 솔직하게 말할게. 월요일 아침에는 너를 좋아하는 게 창피했어. 두 번 다시 이런 바보 같은 감정을 느끼지 못하도록 어디론가 멀리 떠나버리고 싶을 정도였어. 그런데 밤이 찾아오니 어이없게도 또다시 그 감정에 휩싸여버렸지. 그래서 도깨비불이 무서운 줄도 모르고 야밤에 여울목을 건너 너희 집 앞에 갔었어. 도깨비불은 나를 방해할 심산인지 이번에도 또 나타났는데, 어김없이 기분 나쁘게 웃어대더군. 그래서 나도 똑같이 웃어줬지. 그날 이후로 난 매일 아침 바보처럼 멍하게 눈을 떴어. 내가 널 좋아한다고 사람들이 놀려대니 창피해 어쩔 줄 모르다가도 밤이 되면 마음이 바뀌는 거야. 점점 사람들이 하는 말보다 널 좋아하는 마음이 날 더 강하게 지배하기 시작했어. 그런데 오늘 보니 네가 이렇게 아름답고 말쑥한 모습으로 변해 있지 않겠어? 이러니 사람들이 모두 놀라지 않겠냐고. 이대로라면 보름도 지나지 않아 내가 너를 좋아한다는 사실을 이러쿵저러쿵 놀리듯 떠드는 사람도 없어질 거야. 너를 좋아하는 사람도 생기겠지. 그러니 내가 너를 좋아한들 부담스러워할 필요도 없고, 너도 날 좋아할 의무는 없어. 혹시 일요일 축제날 있었던 일들을 잊지 않는다면 내가 채석장에서 키스한 것도 기억하지? 그때 내가 했던 말을 생각해봐. 못생기고 별 볼 일 없는 여자애에게 한 말이 아니었어. 단지 내 마음을 담아서 이야기했을 뿐이야. 내가 하려는 말은 이거야, 파데트, 어때? 나에 대해 진지하게 생각해봐줄래? 아니면 이런 이야기 나누는 게 거북하다, 하나도 반갑지 않다고 말할래?"

파데트는 아까부터 두 손으로 얼굴을 가리고 있었는데, 랑드리가 하는 말에 어떤 대답도 하지 않았다. 랑드리는 파데트가 마들롱에게 한 이야기를 모두 들어서 파데트가 자신을 마음에 두고 있다는 사실을 알았다. 솔직히 말하자면 파데트의 그 고백을 듣고 마음이 크게 움직여 자신도 파데트를 좋아하게 되었을 정도였다. 하지만 파데트가 애매한 태도로 괴로워하는 모습을 보니, 마들롱과 자신을 화해시키기 위해 마들롱에게 엉터리 이야기까지 해가며 친절을 베푼 것은 아닐까 의심스러웠다. 랑드리는 점점 마음이 불안해지고 슬퍼졌다. 랑드리는 얼굴을 가리고 있는 파데트의 손을 억지로 떼어냈다. 그녀 얼굴은 마치 죽은 사람처럼 핏기가 하나도 없었다. 랑드리가 왜 질문에 답하지 않느냐고 다그치자 파데트는 양손을 꼭 움켜쥐고 크게 숨을 들이마시다가 갑자기 바닥에 나자빠졌다. 숨이 막혀 기절한 것이다.

24

랑드리도 깜짝 놀라 파데트의 양손을 두드려가며 정신을 차리도록 했다. 그 손은 얼음장처럼 차가웠고 나무토막처럼 뻣뻣하게 굳어 있었다. 랑드리는 그녀 손을 꼭 쥐고 따뜻해지도록 비볐다. 잠시 뒤 겨우 정신을 차린 파데트가 입을 열었다.

"날 놀리는 거지? 하지만 세상에는 결코 해서는 안 되는 농담이 있어. 제발 부탁이니 더 이상 날 놀리지 말아줘. 앞으로 내게 말도 걸지 마. 뭔가 부탁할 일이 있다면 그건 들어줄게. 언제든지 도와줄게."

"무슨 말이야, 파데트?" 랑드리가 말했다. "그런 바보 같은 말이 어디 있어. 너야말로 날 놀린 거야? 속으로는 날 싫어하면서도 겉으로는 안 그런 척한 거야?"

"내가!" 파데트는 어찌해야 좋을지 모르겠다는 얼굴로 말했다. "내가 오해를 불러일으켰단 말이야? 나는 너랑 사이좋게 지내고 싶다고 말했을 뿐이야. 실비네와 다를 바가 없다고. 아니다, 그보다는 좀 약하지. 난 질투 같은 거 하지 않으니까. 네가 좋아하는 여자가 있다면 난 절대로 방해 안 해. 알다시피 난 오히려 도와주려 했다고."

"그건 네 말이 맞아." 랑드리가 말했다. "넌 내게 천사처럼 친절했어. 너에게 불평을 하다니, 내가 잘못했어. 좀 봐주라. 그 대신 아무 소리 말고 내가 널 좋아해도 된다고 허락해줘. 나는 내 나름대로 널 좋아할 테니까. 물론 실비네 형이나 나네트를 좋아하는 것처럼 침착하게 널 좋아할 수는 없겠지만, 네가 싫다면 절대로 입을 맞추자고는 안 할게."

랑드리는 속으로 다시 생각해보았다. 그래, 사실 파데트는 그냥 나와 친하게 지내고 싶었을 뿐이야. 그는 진심으로 그렇게 믿어버렸다. 본디 허세가 없는 남자라, 아름다운 마들롱에게 파데트가 했던 말을 자신의 귀로 들어놓고도 잊어버린 것처럼 의기소침해져서 더 이상 뻔뻔하게 굴지 못했다.

하지만 파데트는 현명한 여자였다. 이번에는 자신이 랑드리를 오해했음을, 랑드리는 마음 깊은 곳에서부터 자신을 좋아하고 있음을 알아차렸다. 아까와는 전혀 다른 이유로, 그녀는 너무나 기쁜 나머지 정신을 잃을 지경이었다. 너무나 갑작스럽게 손에 들어온 행복이 또 갑자기 사라지지는 않을까 두려움이 밀려왔다. 그래서 그 마음속에 진정한 사랑이 자라나기를 조용히 기다리기로 했다.

랑드리는 밤이 찾아올 때까지 파데트 곁에 있었다. 더는 파데트에게 장난을 치지 않았다. 오늘이야말로 제대로 파데트의 얼굴을 보며 이야기를 나눌 수 있어 정말 즐거웠다. 한순간도 그녀 곁에서 떨어지고 싶지 않았다. 동생 메뚜기는 누나 곁에서 멀리 떨어지는 일이 없었으므로 이윽고 두 사람을 찾아내 그 옆으로 다가왔다. 랑드리는 그 애와도 같이 놀았다. 메뚜기에게도 친절하게 대했다. 그러면서 이 가엾은 아이는 평소 많은 사람에게 괴롭힘을 당하다보니 일부러 못되게 굴었다는 사실을 알게 되었다. 메뚜기는 상대가 조금만 잘해주어도 쉽게 마음을 열었다. 근성 자체가 비뚤어져 있지는 않았기 때문이다. 그래서인지 한 시간 만에 랑드리와 친해져서 그의 손에 입을 맞추기도 하고 누나 파데트에게 하던 어리광 섞인 말투로 응석을 부리기도 했다. 그런 모습을 보니 랑드리는 그 아이가 불쌍해서 눈물이 나올 지경이었다. 그저 남들만큼만 관심을 가져주면 누구보다도 착하게 구는 아이이건만 다른 사람들뿐만 아니라 랑드리도 이제껏 그러지 못했던 것이다. 그동안 파데 할머니네 불쌍한 두 아이에게 미안한 짓을 하고 말았다는 생각이 들었다.

다음 날도 그다음 날도 랑드리는 매일같이 파데트를 만났다. 하루는 저녁 무렵에 만나 잠깐 이야기를 나누고, 어떤 날은 점심시간에 밭이나 강가에서 만나기도 했다. 파데트가 일을 소홀히 하는 것을 싫어해서 길게 이야기할 수는 없었지만, 파데트를 향해 두세 마디 마음을 담은 말을 건네고 한없는 애정으로 그 얼굴을 바라보는 것만으로도 랑드리는 만족했다. 한편 파데트는 말본새며 옷차림을 가다듬은 것은 물론이고 얌전하고 정숙하게 사람들과 이야기를 나누려고 애썼다. 사람들도 조금씩 그런 노력을 알아주었다. 파데트에 대해 하는 말이나 태도가 완전히 달라졌다. 파데트는 이제 여자답지 못한 행동은 전혀 하지 않았기에 나쁜 말을 들을 일도 없었고, 또 남들이 자기를 욕하지 않으니까 파데트도 굳이 남들을 욕하거나 놀릴 마음이 사라져버린 것이다.

그러나 각자의 생각과는 달리 세간의 평판은 그리 쉽게 변하지 않는다. 파데트를 바보 취급하고 미워했던 세상 사람들이 파데트를 칭찬하거나 호의를 갖기 시작한 것은 한참 시간이 흐른 뒤였다. 무슨 계기로 세간의 인식이 바뀌었는지는 나중에 알게 되겠지만, 지금 당장은 누구나 짐작할 수 있듯이 파데트가 정숙하게 변했거나 말았거나 세상 사람들은 그다지 주목하지 않았다.

어느 동네에든 마을의 아버지 어머니 같은 동네 어른들이 있기 마련이다. 그들은 젊은이들이 자라나는 모습을 오래오래 흐뭇하게 지켜보는 게 즐거움이다. 코스 마을 광장 호두나무 아래에는 거의 날마다 이런 할아버지 할머니가 네다섯 명은 모여 앉아 있다. 구슬 굴리기, 춤추기 등을 하며 광장에 모여 노는 아이들과 젊은이들을 지켜보던 할아버지 할머니는 이런저런 품평회를 연다. 노인들은 입을 모아 말했다.

"저 아이는 저대로 잘 크면 좋은 군인이 되겠어. 저 다부진 것 좀 봐. 아무래도 징병은 따 놓은 당상이지 싶은데. 저 아이는 아비를 닮아서 영리하고 빈틈없는 청년으로 자라날 거야. 저기 저 여자애도 제 어미를 닮아서 어른스럽고 차분한 여성으로 잘 자라고 있군. 저기 있는 뤼세트라는 여자애는 벌써 훌륭한 일꾼으로 자리 잡았다지? 루이즈는 살이 좀 찌긴 했는데도 젊은 사람들이

제법 쫓아다니더란 말이지. 마리옹은 아무 말 없이 보고 있군. 분별력이 자연스럽게 생긴 모양이야."

드디어 파데트 차례가 돌아왔다. 탐색인지 품평회인지 모를 노인들의 대화가 이어졌다.

"그 아이는 축제날 일찍 돌아가더란 말이지. 춤도 안 추고 노래도 안 부르고." 한 노인이 말했다. "앙도슈 축제 이후로 모습을 감춘 건가? 어지간히도 화가 났던 모양이야. 그날 춤을 출 때 마을 아이들이 두건을 뺏어가서 놀려댔잖아. 그래서 그 커다란 머릿수건을 고쳐 만들어서 쓰더라고. 그러고 보니 그렇게 못난 아이도 아닌 것 같아."

"다들 몰랐군. 얼마 전부터 분위기가 싹 달라졌던데." 쿠튀리에 할머니가 말을 꺼냈다. "그 아이 얼굴 생김새가 영락없이 메추리알 같았잖아, 주근깨투성이이고. 그런데 최근에 가까이에서 보니 아주 하얗게 변했더라고. 얼마나 놀랐는지. 얼굴이 하도 창백해서 내가 걱정이 되어서 혹시 열이 있냐고 물어봤을 정도였다니까. 저러다가 몰라보게 예뻐질지도 모르지. 아이고, 이러쿵저러쿵 말해 뭐해. 못생긴 여자아이도 열여덟 살쯤 되면서 갑자기 예뻐지는 경우도 있으니까."

"게다가 분별력이 있어." 노뱅 할아버지가 말했다. "여자아이는 분별력만 있으면 자기 스스로를 꾸미는 법도 배우고 애교도 피우게 되어 있어. 귀뚜라미도 자신이 남자가 아니라는 걸 알아차리는 날이 올 거야. 그건 시간문제야. 나참, 한때는 그 아이 상태가 점점 안 좋아져서 이 지방 망신거리가 될 줄 알았는데…… 다행이야. 이제는 걱정할 필요 없어. 정말 여성스러워질 거야. 어미가 그 모양이었으니 자기는 그러지 말아야겠다는 생각도 곧 하게 될 테고, 그 누구도 엄마 이야기로 수군거리지 않을 만큼 멋져질 거야."

"그랬으면 좋겠네." 쿠르틸레 할머니가 말을 받았다. "아무튼 꼴사나운 일이야, 나이 찬 여자애가 고삐 풀린 말처럼 날뛰다니. 그런데 파데트는 내가 보기에도 머잖아 좋아질 거라는 느낌이 와. 있지, 엊그제 길에서 우연히 그 아이랑 마주쳤는데 평소 같으면 절뚝거리며 걷는다고 놀려댔을 텐데, 그날은 예의 바르게 인사를 하더니 몸은 어떠냐며 안부까지 묻더라니까."

"뭐, 자네들 앞이니까 하는 얘기지만, 그 애는 조심성이 없다 뿐이지 심성이 고약한 아이는 아니야." 앙리 할아버지가 말했다. "속은 나쁜 아이가 아니야. 내가 보장해. 우리 손자를 간호해준 적이 있거든. 어찌나 친절하던지. 워낙에 상냥하게 돌보아준지라 나중에는 손자 놈이 안 떨어지려 해서 애를 먹었다고."

"그런데 그게 정말일까? 내가 다른 사람에게 들은 이야긴데 말이지." 쿠튀리에 할머니가 다시 말을 꺼냈다. "지난번 앙도슈 축제날 바르보 씨네 쌍둥이 가운데 하나가 그 아이에게 반했다던데……."

"바보 같은 소리." 노뱅 할아버지가 대꾸했다. "그런 말을 진짜로 받아들이면 안 되지. 애들 농담일 거야. 바르보 씨나 그 집 아이들 모두 바보가 아니잖아. 아무렴 자식들은 부모보다 더 나은 법인데 그럴 리가 없잖아. 안심하시게."

모두 이런 식으로 파데트에 대해 이야기했다. 하지만 대부분은 파데트에 대해 전혀 생각하지 않는 경우가 많았다. 파데트가 그들 앞에 거의 모습을 드러내지 않았기 때문이다.

<h2 style="text-align:center">25</h2>

그러나 매일 파데트를 보아온 사람이 있었는데, 바로 랑드리 바르보였다. 랑드리는 파데트와 이야기를 할 수 없을 때면 가슴이 저리듯 아팠다. 그러다가도 그녀를 만나면 순식간에 고통이 사라지고 행복해졌다. 파데트가 함께 고민해주고 위로해주었기 때문이다. 파데트는 랑드리를 만날 때면 더욱 조신한 여성답게 행동했다. 남들이 본다면 그녀가 연기를 한다고 생각했을지도 모른다. 사실 랑드리도 그런 느낌을 받을 때가 있긴 했다. 하지만 파데트가 그러는 데에는 나름대로 이유가 있었다. 랑드리가 자기 마음을 충분히 생각해볼 때까지 기다렸다가 그 마음을 받아들이는 게 좋겠다는 생각 때문이지, 딱히 랑드리가 싫어서 그런 건 아니었다. 적극적으로 사랑을 표현하는 랑드리의 행동이 거짓이라고 생각하지도 않았다. 시골 사람들은 도회지 사람들보다 누군가에게 한번 빠져들면 느긋하게 오래도록 정을 나눈다. 그런데 랑드리는 본디 느긋한 성격인데도 지금은 이렇게 불타오르는 사랑에 빠져버렸다. 설마 이럴 줄은 본인 스스로도 예상하지 못했다. 마을 사람 가운데 누군가가 이런 랑드리를 본다면(랑드리가 감추고 있어서 사람들은 이런 사실을 알지 못했다) 꽤나 놀랄 게 틀림없다. 파데트는 랑드리가 갑자기 자신을 사랑하기 시작하는 것을 보자 짚불

처럼 순식간에 타올랐다가 사라져버리는 사랑이 아닐까 두려웠다. 그래서 자신까지 빠져들었다가는 위험할지도 모른다는 걱정이 앞섰다. 어쨌든 부모님이나 보수적인 세상 사람들 눈에는 아직 두 사람이 부부의 연을 맺을 나이도 아닌 만큼, 너무 서둘러 깊은 관계를 맺으면 좋지 않으리라 생각했다. 그런데 사실 기다릴 줄을 모르는 게 사랑이라 한 번 젊은 남녀의 마음에 스며들면 그걸로 끝이다. 다른 사람들이 허락해줄 때까지 기다릴 수 있다면 그야말로 기적인 것이다.

그러나 파데트는 다른 여자들보다 어려 보여서 겉으로 봐서는 마치 어린아이 같았지만 사실 속은 다 큰 어른보다 조숙해서 이미 어른스러운 분별력과 의지력을 지니고 있었다. 이는 모두 파데트가 마음을 씩씩하게 다잡은 덕분이었다. 실은 파데트의 마음도 랑드리의 마음과 마찬가지였다. 아니, 랑드리보다 더 뜨겁게 끓어올랐다. 미칠 듯이 랑드리를 사랑했지만 깊이 생각하고 조심스럽게 행동하는 것을 잊지 않았다. 눈을 뜰 때도 눈을 감을 때도 언제나 랑드리를 생각하며 얼른 다시 만나 꼭 붙어 있고 싶어 애를 태우면서도, 정작 랑드리를 만나면 아무 일도 없었던 것처럼 이성적으로 생각하며 사랑의 고통 따위전혀 모르는 표정을 지었다. 서로 손은 잡아도 손목 위로는 건드리지도 못하게 했다.

둘이서 인적이 드문 곳에 있을 때나 완전히 밤이 깊어질 때면 랑드리는 사랑에 미쳐 분별력을 잃어버리고 파데트가 하는 말조차 제대로 알아듣지 못하기도 했다. 하지만 그만큼 파데트를 깊이 사랑하기에 그녀 기분이 상할까봐 함부로 행동할 수가 없었다. 한편으로는 사랑한다는 표현을 전혀 하지 않는 그녀의 행동 때문에 정말 자신을 사랑하는지 의심하기도 했다. 랑드리는 두 사람의 관계가 파데트와 자네 사이와 마찬가지로 남매 사이와 다를 바가 없다는 생각이 들었다.

파데트는 점점 이상한 방향으로 생각이 커져가는 랑드리를 자극하고 싶지 않았다. 그의 기분을 바꾸기 위해 자신이 아는 여러 가지 지혜를 랑드리에게 나누어주었다. 태어날 때부터 머리가 좋았던 데다 이쪽 방면에 천부적인 소질이 있는 파데트는 할머니가 하나를 가르쳐주면 열을 깨우쳤고, 랑드리에게는 아무런 비밀 없이 자신이 익힌 것들을 모두 알려주었다. 랑드리는 그때까지도 파데트가 마법을 사용하는 게 아닌지 의심했다. 파데트는 자신이 아는 비법이 악마에게서 온 것이 아니라는 점을 여러 방법으로 이해시키려고 했다.

"바보야, 랑드리는." 어느 날 파데트가 말했다. "악마의 힘 같은 걸 빌려서 무엇하겠어. 이 세상에 존재하는 힘은 단 하나야. 좋은 일을 이루는 힘이지. 그 힘은 하느님만이 가지고 계셔. 루시퍼 같은 악마 이야기는 누군가 만들어낸 거야. 외눈박이 도깨비는 동네 할머니들이 꾸며낸 이야기고. 나도 어릴 때에는 정말 악마가 있는 줄 알았어. 그래서 할머니가 저주를 내린다고 하면 괜스레 무서웠어. 그런데 그건 할머니가 나를 놀리려고 그랬던 거래. 다 그런 거지. 사람들 말이 맞아. 실은 아무것도 안 믿는 사람이 무턱대고 다른 사람에게 이것 저것 믿게 만들려고 하는 거지. 마왕을 불러낼 것 같은 얼굴을 한 마법사야말로 실은 마왕의 힘을 전혀 믿지 않는다 말이야. 마법사는 자신이 마왕을 한 번도 본 적이 없다는 것을 스스로도 잘 알고 있어. 한 번도 마왕이 도와주었다는 증거가 없다는 것도 알고 있지. 마왕이 정말 있다고 생각하거나 마왕을 불러내려고 하는 바보 같은 사람들도 있지만, 모두 다 한 번도 마왕을 불러내지 못했어. 제분소 할아버지가 바로 좋은 증거지. 할머니한테 들었는데 제분소 할아버지는 악마를 불러내서 한 대 후려갈겨주겠다며 커다란 몽둥이를 들고 이리저리 다녔대. 그러다가 밤이 되자 호통을 쳤대. '꼬맹이 너 이리 와봐. 식충이 같은 녀석! 나오라고, 비루먹은 똥개야! 왜 못 나오는 게냐, 외눈박이 도깨비 자식아!' 이렇게 말이지. 그런데 외눈박이 도깨비는 끝까지 모습을 드러내지 않았대. 제분소 할아버지는 정신이 살짝 나갔는지 악마가 자신을 무서워한다고 자만에 빠졌다나."

"그런데." 랑드리가 말했다. "악마 따윈 없다는 네 생각은 하느님의 가르침과 어긋나는 거 아닌가?"

"그건 잘 모르겠어." 파데트가 대답했다. "하지만 악마가 있다고 해도 난 걱정 안 해. 악마 따위 이 세상에 나와서 우리를 속이려 해보았자 우리 영혼을 하느님의 손에서 빼낼 힘은 없을 테니까 말이지. 아무리 악마라 해도 그런 뻔뻔한 짓은 못할걸. 게다가 세상은 하느님이 만드셨으니, 이 세상 만물과 사람을 마음대로 움직일 힘을 가진 분은 하느님밖에 없어."

랑드리는 지금까지 무작정 두려워만 했던 마음이 사라진 것은 물론이고 파데트야말로 생각이나 마음 모두가 진정한 그리스도인이라고 느끼지 않을 수 없었다. 아무튼 파데트는 불타는 마음으로 하느님에게 의지했다. 그것은 생기 넘치는 사고방식과 상냥한 성격을 타고난 덕분이었다. 파데트가 하느님에 대한 마음을 고백하던 순간, 랑드리는 자신이 지금껏 기도를 바치거나 열심히 종교 활동을 해오기는 했어도 가르침의 의미를 생각해본 적은 없으며 단지 의무감 때문에 미사만 드렸을 뿐임을 깨달았다. 파데트처럼 신의 조화를 몸에 익히고자 하는 마음으로 열심히 살아본 적이 단 한 번도 없다는 사실을 깨닫자 기가 막혔다.

26

랑드리는 파데트와 여러 가지 이야기를 하며 함께 걸으면서 약초의 효능이나, 인간과 가축의 병을 고치는 약 제조 방법을 배웠다. 그리고 얼마 지나지 않아 카이요가 키우는 젖소가 풀을 너무 많이 먹고 장에 탈이 났을 때, 파데트에게 배운 약의 효능을 시험해보았다. 이미 그때는 수의사도 한 시간쯤 뒤에는 생명이 끊어질 것이라면서 손을 뗀 뒤였다. 랑드리는 파데트에게 배운대로 물약을 만들어 소에게 먹였다. 사람들은 랑드리가 약을 먹인 줄은 꿈에도 생각하지 못했다. 아침이 되자 농부들은 질 좋은 우유를 더 이상 얻을 수 없게 된 사실을 안타까워하며 그 사체를 흙구덩이에 묻어주려고 외양간에 들어왔다가 팔팔하게 살아 있는 젖소를 보고 깜짝 놀랐다. 열심히 사료를 헤집고 있던 젖소는 얼굴빛도 좋아지고 붓기도 빠져 있었다. 또 어느 날은 망아지가 살모사에게 물렸다. 랑드리는 이때도 파데트에게 배운 대로 재빨리 조치를 취해서 망아지를 살려냈다. 프리쉬 마을에 있는 광견병에 걸린 개 한 마리도 치료했다. 이 개 역시 말끔하게 나아서 더 이상 사람들을 물지 않았다. 랑드리는 파데트와 만난다는 사실을 숨기고 있었으므로 이런 치료법을 파데트에게 배웠다는 말을 하지 못했다. 다들 랑드리가 정성껏 돌보아주었기 때문에 젖소와 망아지가 살아났다고 믿었다. 하지만 카이요만은 훌륭한 지주나 소작인이 으레 그렇듯, 젖소나 망아지에 관해 잘 알고 있었기에 마음속으로 적잖이 놀라서 이런 생각을 했다.

'바르보 씨는 소나 말에 관해 아는 게 많지 않아. 게다가 운도 나빠. 작년에도 많은 가축이 죽었어. 한두 번 그랬던 게 아니야. 그런데 랑드리는 제법 수완이 좋단 말이야. 하긴, 이건 다 타고난 재능이지. 아무리 좋은 선생님에게 배웠다고 해도 농업학교에서 가르치는 것만 가지고는 안 돼. 타고난 수완이 있어야지. 이 녀석은 분명 실력이 뛰어나. 혼자 터득한 건가? 하느님이 훌륭한 능력을 주셨는지도 모르겠군. 밭을 잘 갈거나 돈이나 땅을 소유한 것보다 더욱 큰 능력을 말이지.'

카이요의 생각은 경솔하거나 분별력 없는 것은 아니었다. 다만 카이요가 타고난 자질이라고 파악한 수완이 실은 파데트에게 배운 치료법을 실제로 정확하게 사용하고 나서 정성을 다해 간호한 결과였다는 게 다르긴 했다. 그러나 랑드리는 몰라도 파데트에게는 분명히 타고난 자질이 있었다. 할머니에게 제대로 배운 건 극히 일부분이었는데도 여러 종류의 풀을 구별할 줄 알았고, 하느님이 만들어준 여러 효능에 따른 사용 방법을 마치 자신이 만들어낸 것처럼 발견해냈다. 결코 마법을 써서 알아낸 것이 아니었다. 본인 스스로도 마법이 아니라고 밝혔으며 이는 거짓말이 아니었다. 다만 사물을 주의 깊게 관찰하고 비교해서 다른 부분이 있다면 더욱 세심하게 관찰하거나 시험을 해보는 지혜가 있을 따름이었다. 이야말로 하늘에서 내려준 능력이라고밖에는 설명할 길이 없을 터이다. 카이요는 이런 부분을 유난히 높게 평가하는 사람이었다. 외양간에 얼굴을 내밀기만 해도 소의 병세가 호전되거나 나빠지게 하는 타고난 능력이야말로 가축을 기르는 농부들의 역량이라고 여겼다. 하기야 아무리 잘못된 생각이라 해도 전부 잘못된 것은 아니니 카이요의 생각이 모두 틀렸다고는 할 수 없다. 가축을 잘 돌보고 늘 깨끗하게 관리하며 정성을 다해 일을 한다면 아무렇게나 생각하고 다루는 것보다야 훨씬 나을 터이기에, 그런 역량이야말로 일을 좋은 방향으로 이끌어나갈 수 있는 훌륭한 능력인 것은 사실이다.

랑드리는 예전부터 소나 말을 좋아해 여러 방법을 가르쳐준 파데트가 고마웠다. 하느님에게 받은 그녀의 재주에 절로 머리가 숙여졌다. 파데트를 향한 마음도 더욱 깊어졌다. 그리고 파데트와 함께 산책도 하고 이야기를 나눈 덕분에 감정적으로만 쏠리지 않아 다행이라는 생각도 들었다. 이제는 랑드리도 파데트의 마음을 깨달았다. 파데트는 자신이 사랑하는 사람의 장래를 소중히 여겼기 때문에, 랑드리와는 달리 들뜬 마음으로 달콤한 말을 주고받는 기쁨에 지지 않으려고 노력했던 것이다.

랑드리는 이미 사랑에 흠뻑 빠져버렸다. 못생기고 심술궂고 자라난 환경도 좋지 않다고 소문만 여자와 만난다는 사실을 사람들이 알아도 더 이상 두렵지 않았다. 마음 같아서는 당장 사람들에게 알리고 싶지만 실비네 형이 마음에 걸려 그러지 못했다. 실비네가 얼마나 질투를 할지 가늠할 수가 없기 때문이었다. 랑드리가 마들롱을 좋아한다고 생각했을 때에도 실비네가 질투심을 애써 억누르느라 고생하지 않았던가. 랑드리는 그때 기억이 머릿속에 생생했다. 팡숑 파데를 향한 랑드리의 마음과는 비교도 안 되는 사랑이었는데도 말이다.

랑드리는 사랑에 빠져 주위를 돌아볼 정신이 없었지만 파데트는 무슨 일이든 깊이 생각하고 멀리까지 내다보는 현명한 사람이라 주변 소리에 귀를 기울였다. 파데트는 세상 사람들이 랑드리를 조롱하는 모습을 보고 싶지 않았다. 한마디로 말하면 진심으로 랑드리를 사랑하고 배려한 것이다. 그가 가족들과 사이가 틀어지기를 원치 않아서 랑드리에게도 이 일을 비밀로 하라고 당부했다. 그렇게 1년이 넘도록 그들의 관계를 아무도 몰랐다. 랑드리는 실비네에게 점점 무덤덤하게 대했다. 형이 자신의 발자취나 거동 하나하나에 마음 쓰지 않도록 신경 썼다. 랑드리가 일하는 곳 일대에는 인적도 드문 데다 어디로 가나 골짜기가 있었다. 사방이 숲이었으니 사람들의 이목을 피해 은밀히 만날 만한 곳도 많았다.

실비네는 랑드리가 마들롱을 상대하지 않는 것을 보고 기뻐했다. 그때까지는 마들롱과 둘이서 랑드리의 사랑을 나눠 가지면서도 어차피 한 번은 겪어야 할 재난이려니 하면서 반쯤 체념하고 있었다. 랑드리의 쑥스러워하는 모습과 마들롱의 조심스런 태도 덕분에 그 고통도 그리 심하지는 않았다. 그런데 일이 이렇게 되자, 랑드리도 자신을 버리고 여심을 쫓을 생각은 아니었던 듯해서 무척 기뻤다. 그제야 실비네 마음속에서 랑드리를 향한 질투심이 사라졌다. 축제나 쉬는 날에 랑드리가 혼자 돌아다녀도 아무렇지 않게 되었다.

랑드리는 밖에 나갈 핑계를 대기가 수월했다. 특히 일요일 밤은 일찌감치 쌍둥이 저택에서 나와 한밤중이 다 되도록 프리쉬로 돌아가지 않았다. 헛간 안에 작은 침대를 하나 놓아달라고 부탁한 뒤로는 돌아다니기가 더할 나위 없이 쉬워졌다. 아니다, 헛간이라고 했다가는 학교 선생님에게 혼날지도 모르겠다. 헛간이 아니라 곳간이다. 이런 것 하나에도 선생님들은 심기 불편해하며 정정해준다. 아마 단어는 알아도 실물은 모르실 테지만. 랑드리가 침대를 놓은 곳은 외양간에 딸린 헛간 안에 있는 방이었다. 즉 밭일을 시키는 말과 소에 장착하는 멍에와 사슬, 금속류 등과 일할 때 필요한 도구 같은 자질구레한 장비를 모아둔 곳이었다. 선생님들은 이곳을 곳간이라 표현해야 흡족할 터이다. 어쨌든 랑드리는 이곳에 침대를 하나 놔둔 덕분에 다른 이들의 눈에 띌 걱정 없이 늦은 시간까지 마음대로 돌아다니다가 돌아올 수 있었다. 게다가 일요일은 늘 다음 날 아침까지 자유 시간이었다. 카이요와 카이요의 큰아들은 둘 다 인품이 좋아서 술집에도 가지 않고 쉬는 날에도 흥청망청 노는 일이 없었다. 쉬는 날이면 둘이서 밭이나 목장을 둘러보곤 했다. 일주일 가운데 6일을 자신들보다 더 열심히 일하는 일꾼들이 일요일 하루만이라도 자신들이 목장을 돌보는 사이에 하느님의 말씀에 따라 충분히 쉴 수 있도록 하겠다는 마음에서였다.

아무래도 겨울밤에는 날이 너무 추워서 들판에서 칼바람을 맞으며 사랑을 속삭이기 힘들었다. 그래서 랑드리와 파데트는 자코의 성을 은신처로 썼다. 이곳은 예전에 국가가 농민들에게 빌려주어 비둘기집으로 쓰던 곳인데, 지금은 주변 농지와 함께 카이요의 소유물이 되었다. 비둘기를 키우지 않은 지 몇 년이 지났는데도 성은 지붕이나 문이 모두 튼튼해서 카이요는 그곳을 곡식 저장 창고로 사용하기로 했다. 랑드리는 그 창고 열쇠를 손에 넣었다. 마침 이 성은 프리쉬 마을 경계지역이라 룰렛 여울에서도 멀지 않고, 울타리 쳐진 밭한가운데에 있어서 아무리 약삭빠른 악마라도 설마 이곳까지 와서 두 사람이 사랑을 속삭이는 소리를 훔쳐듣지는 못하겠지 싶었다. 날씨가 괜찮은 날에는 둘이서 숲을 거닐었다. 프랑스 어느 곳에서나 쉽게 볼 수 있는 벌채용 어린 나무가 가득했다. 이런 숲은 예나 지금이나 도둑 또는 연인들이 숨기 딱 좋은데, 프리쉬에는 도둑이 있을 리가 없어서 연인들은 아무 걱정 없이 숲을 즐겼다. 지루할 틈이 없었다.

27

그러나 언제까지나 비밀이 지속될 수는 없었다. 어느 일요일이었다. 실비네는 마을 묘지 담장 옆을 지나가다가 담장이 굽어지는 모퉁이 쪽에서 동생이 누군가와 이야기하는 목소리를 들었다. 그들 사이는 겨우 두 발짝 정도 떨어져 있었다. 실비네가 듣기에 랑드리는 제법 어른스러운 목소리로 조용히 말을 하고 있었다. 랑드리의 평소 말투를 잘 알다 보니 잘 들리지는 않아도 무슨 이야기를 하는지는 얼추 가늠할 수 있었다.

"왜 마을에 춤추러 오지 않는 거야?" 랑드리가 말했는데, 상대의 모습은 실비네에게 보이지 않았다. "미사가 끝나고 놀러 가지 않은 지도 꽤 오래됐잖아? 내가 너와 춤을 춘들 이상하게 생각할 사람도 없을 거야. 사람들은 내가 너에게 관심이 없는 줄 안다고. 내가 너를 생각하는 마음이 어떤지 아는 사람은 한 명도 없을 거야. 다들 내가 친절을 베푼 줄로만 알겠지. 네가 오랫동안 춤을 안 췄으니 여전히 잘 출까 아닐까 궁금해서 그런다고 생각할지도 모르겠다."

"안 돼, 랑드리. 그건 안 돼." 그 목소리에도 실비네는 누군지 알아채지 못했다. 파데트가 오랫동안 사람들과 거리를 두고 지낸 데다 실비네와는 일부러 더 가까이하지 않았기 때문에 실비네는 파데트의 목소리를 기억하지 못했다. "안 돼. 내가 눈에 띄면 안 돼. 그래야 괜찮다고. 게다가 넌 한 번 춤을 추면 분명 일요일마다 춤을 추자고 할 거야. 그랬다가는 순식간에 소문이 퍼질 테고. 내 말이 틀림없다니까. 몇 번이나 말했지만 네가 날 어떻게 생각하는지 사람들이 알았다가는 그날부터 우리는 힘들어지게 될 거야. 제발 그냥 날 보내줘. 너희 집 식구들과 실비네와 함께 있다가 나중에 약속한 장소로 와."

"그래도 춤을 안 추다니 쓸쓸하지 않겠어?" 랑드리가 말했다. "춤추는 거 좋아하잖아. 잘 추기도 하고. 한 손으로 네 손을 잡고 다른 팔로는 너를 안고 춤을 춘다면 얼마나 즐거울까. 이렇게 발랄하고 귀여운 너를 두고 나 혼자 춤을 춰야 하다니 말도 안 돼."

"그러니까 절대 안 된다고." 파데트가 말을 이었다. "너도 춤을 좋아한다는 건 잘 알아. 그런데 왜 그만둔 거니? 난 괜찮으니까 춤추고 와. 네가 즐겁게 춤을 출 걸 생각하면 나도 기뻐. 그러면 기다리는 것도 참을 수 있어."

"정말 넌 너무 잘 참아." 랑드리는 더 이상 못 참겠다는 말투였다. "하지만 난 좋아하지도 않는 여자와 춤을 추느니 다리를 잘라버리는 편이 낫겠어. 백 프랑을 준들 키스하고픈 마음이 안 든다고."

"그럼 이건 괜찮겠어?" 파데트가 받아쳤다. "내가 춤을 추러 가면 너하고만 출 수는 없잖아. 다른 사람과도 춤을 춰야 한다고. 당연히 키스도 하고 말이야."

"알았어, 돌아가. 돌아가라고." 랑드리가 말했다. "다른 사람이랑 입을 맞추게 놔둘 순 없지."

발소리가 점점 멀어지면서 더 이상 목소리가 들리지 않았다. 랑드리가 이쪽으로 오는 듯했다. 엿듣고 있던 실비네는 랑드리에게 들키면 곤란하겠다는 생각에 서둘러 묘지 안으로 뛰어 들어갔다. 랑드리는 그곳을 지나쳐 갔다.

처음으로 이 사실을 알게 된 실비네는 숨이 멎을 것만 같았다. 랑드리가 도대체 어떤 여자에게 반해 정신을 못 차리는 건지 알고 싶지도 않았다. 어쨌든 랑드리가 자신을 버리고 어떤 여자에게 완전히 빠졌다는 것, 그리고 그녀 생각으로 머릿속이 가득 차서 형에게까지 아무 말도 하지 않았다는 것, 그것만 알아도 이미 충분했다. '조심해야 할 이야기라서 내게 말해주지 않았을 거야.' 실비네는 생각했다. '랑드리에게 진심으로 아끼는 여자가 있었구나. 그런데 내가 눈치도 없이 계속 랑드리와 붙어 있으려고 했으니 얼마나 싫었을까? 어쩐지 집에서 늘 지루한 표정을 짓고 있더라니. 내가 산책이라도 가자고 하면 안절부절못하고 말이야. 난 그저 혼자 있고 싶어 하는 줄 알고 섭섭하지만 내버려뒀는데. 앞으로 조심해야겠어. 방해하지 않도록 해야지. 잠자코 모르는 척하자. 먼저 이야기를 꺼내지도 않았는데 내가 알아낸 줄 알면 달갑지 않을 거야. 나는 좀 괴롭겠지만 참아야지. 랑드리는 방해꾼 같던 내가 조용해지면 좋아하겠지.'

그날부터 실비네는 정말로 랑드리를 가만히 내버려두었다. 배려가 지나친 나머지 동생이 자신에게 아예 신경 쓰지 않게 하려고, 랑드리가 집에 오는 날이면 먼저 집에서 나와 혼자 과수원을 걸으며 멍하니 사색에 잠기곤 했다. 들판으로는 절대로 가지 않았다. '만약 랑드리와 들판에서 마주친다면 내가 자기를 쫓아왔다고 생각할 거야. 귀찮은 방해꾼이 눈치 없이 따라왔다고 생각할 거야.'

거의 다 나은 줄 알았던 어릴 적 상처가 덧나면서 실비네의 가슴을 짓누르기 시작했다. 실비네는 날이 갈수록 얼굴빛이 나빠졌다. 어머니는 실비네가 걱정이 되어 무슨 일이 있는지 물으셨다. 실비네는 열여덟 살이나 된 청년이 열다섯 살 때 얻은 마음의 병 때문에 아직도 끙끙댄다는 것이 창피해서 아무 대답도 못했다.

그래도 이렇게 배려하는 마음 때문에 실비네도 실제로 병에 걸리지 않고 버틸 수 있었다. 신은 스스로 돕는 자를 돕는다는 말이 있듯이, 자신의 슬픔을 가슴속에 간직한 채 살아가는 사람은 힘들다고 우는 소리를 하는 사람보다 슬픔에 강하다. 대신 불쌍한 실비네는 핏기 없고 슬퍼 보이는 표정이 몸에 배어버렸다. 때로는 불같이 열이 나 한두 번 자리에 몸져눕기는 했지만 기특하게도 슬픔을 간직한 채 맵시 있고 호리호리한 청년으로 자라났다. 일도 그다지 오래 계속하지는 못했지만 체력이 좋지 않아서이지 마음이 게을러서가 아니었다. 그는 스스로도 일이 자기에게 도움이 된다고 생각했다. 게다가 늘 울적해 보이는 자신 때문에 걱정하는 아버지에게 죄송한 마음에 더욱 열심히 일하고 싶었다. 일까지 게을리 해서 쓴소리를 듣거나 손해가 생기지 않도록 자기 자신을 채찍질하며 노력했다. 그러다 보니 무리할 정도로 일하는 때도 있었다. 그러면 다음 날에는 완전히 지쳐서 아무 일도 하지 못했다.

"저 녀석은 아무래도 훌륭한 일꾼은 못 될 거야." 바르보가 말했다. "하지만 열심히 하고, 꾀부릴 줄도 몰라. 그래서 난 저 녀석한테 더부살이를 시키고 싶지 않아. 갔다가 혼나고 돌아오면 속도 상할 테고, 하느님이 힘을 이만큼밖에 안 주셨는데 더 무리했다가는 스스로 자신을 해칠 거야. 정말 그렇게 된다면 난 평생 후회하겠지."

바르보 부인은 남편이 그렇게 생각해주는 것이 무엇보다 기뻤다. 부인은 여러 방법을 써서 실비네의 기를 북돋아주려고 애썼다. 의사들에게도 실비네의 몸 상태가 어떤지 물어보았는데, 한 의사는 체질이 약하니 되도록 일을 시키지 말고 우유만 먹이라고 했다. 또 다른 의사는 약한 체질을 건강한 체질로 바꿔야 하니 더 일을 시키고 술을 먹이라고 했다. 이렇게 되자 바르보 부인은 누구 말을 들어야 할지 알 수가 없었다. 본디 사공이 많으면 배가 산으로 가는 법이다.

아이러니하게도 바르보 부인이 갈피를 잡지 못하는 바람에 다행히 실비네는 이리저리 헤매는 일 없이 하느님이 정해주신 길을 똑바로 걸으면서 예전과 똑같이 지냈다. 작은 마음의 고통이 계속되어도 생각보다 아프지 않았다. 그러나 언젠가 랑드리의 사랑이 세상에 알려지는 날이 오면 이번에는 랑드리가 고통스러워지고 실비네의 고통도 더욱 커질 것이다.

28

처음 비밀을 안 사람은 마들롱이었다. 나쁜 의도로 알아낸 것은 아니었지만 소문을 낸 건 고의적이었다. 마들롱은 랑드리 때문에 안달복달하지도 않았고 오랫동안 마음에 품었던 것도 아니어서 금세 그를 잊고 잘 지내고 있었다. 그래도 마음 깊은 곳에 남아 있는 응어리가 틈만 보이면 머리를 들이밀고 올라왔다. 여자의 마음은 미련보다는 한에 가까워서 오랜 시간이 흘러도 마음속에 남는다. 옳은 말이다.

발단은 이랬다. 예쁜 마들롱은 몸가짐이 정숙해서 젊은 남자들과 친하게 어울리지 않기로 평판이 났었지만 실제로는 행동거지가 단정하지 못했다. 자기가 그렇게 험담을 해대는 불쌍한 귀뚜라미의 반만큼도 분별력이 없었으며 친구나 애인에게도 진심을 반밖에 내보이지 않았다. 축제날 이후로 랑드리는 제쳐두고 두 명이나 좋아하는 남자가 생겼는데, 지금은 세 번째 남자를 만나고 있었다. 이 사람은 프리쉬에 사는 카이요의 둘째 아들이자 자신의 사촌이었다. 사촌에게 흠뻑 빠진 마들롱은 전에 자신이 유혹했던 남자들이 문득 마음에 걸렸다. 자신의 몸가짐에 대해 안 좋은 소문이라도 돌면 곤란하겠다는 생각에 새 남자와 조용히 이야기를 나눌 만한 은신처를 찾아 헤매기 시작했다. 남자는 적당한 장소를 안다며 비둘기집으로 쓰이던 성으로 가서 이야기를 하자고 했다. 그곳은 바로 랑드리와 파데트가 만나서 조용히 이야기를 나누는 곳인 자코성(城)이었다.

카이요의 둘째 아들은 그 비둘기집 열쇠를 찾아보았지만 열쇠는 줄곧 랑드리의 주머니에 들어 있었으므로 찾을 수가 없었다. 게다가 열쇠가 필요할 이유가 없었기에 누구에게 물어보기도 난처했다. 사실 그 열쇠가 어디 있는지는 랑드리밖에 몰랐다. 카이요의 둘째 아들은 열쇠가 없어졌거나 아버지 열쇠꾸러미 안에 있으리라고 생각했다. 그래서 이래저래 고민할 것 없이 일단 비둘기집으로 가서 문을 비집고 열어보자는 생각에 가보니, 그 안에 랑드리와 파데트가 있었다. 네 사람은 서로의 얼굴을 번갈아 쳐다보았다. 정말 난처한 상황이었다. 그래서 네 사람은 다 함께 입을 다물고 아무에게도 말하지 않기로 약속했다.

하지만 마들롱은 동네에서 가장 멋지고 눈에 띄는 젊은이가 된 랑드리가 앙도슈 축제 이후로 계속해서 파데트와 마음을 나누어왔다는 사실을 확인하자 또다시 질투심인지 원망인지 모를 감정이 울컥했다. 이대로 넘어갈 수는 없었다. 마들롱은 앙갚음을 하기로 했다. 카이요의 둘째 아들은 올곧은 남자라 복수에 동참할 리가 없었다. 마들롱은 그에게는 비밀로 하고 여자 친구 한둘에게 소문을 내달라고 부탁했다. 이 친구들 역시 랑드리가 춤을 신청해주지 않아서 마음에 앙금이 남아 있었다. 그들은 열심히 파데트의 뒤를 캤다. 파데트와 랑드리가 매우 친한 사이라는 점은 금세 확인할 수 있었다. 그들은 한두 번 상황을 살피고, 파데트와 랑드리가 사이좋게 이야기하는 모습을 직접 보고는 곧바로 입방아를 찧고 다녔다. 마을 안에 빠르게 소문이 퍼졌다. 이렇게 나쁜 소문에 대해서는 듣는 귀와 말하는 입이 모두 넘쳐났다. '랑드리가 파데트 같은 질 나쁜 여자와 이상한 관계를 맺고 있다.' 그들은 모든 사람을 붙잡고 말을 퍼뜨렸다.

마을 젊은 여자들이 모두 한통속이 되어 한바탕 난리가 났다. 괜찮은 집안의 잘생긴 젊은 남자가 한 여자에게만 집중하니 다른 여자들은 마치 자신이 무시당하기라도 한 것처럼 마음이 상해서 상대 여자에게 조금이라도 빈틈이 보이면 바로 공격해서 옴짝달싹 못하게 만들어버리려고 했다. 자고로 흉계를 꾸미려면 여자들의 손을 빌려야 빠르고 잔인하게 일이 진행되는 법이다.

이리하여 자코의 성에서 넷이 마주치고 보름 정도가 지나자(마들롱은 자신이 겉으로 드러내지 않도록 조심했다. 자신이 선두에 나서서 소문을 퍼뜨리고 있으면서 사람들이 이야기할 때면 처음 듣는다는 표정을 지었다. 성이나 마들롱에 관한 이야기는 드러나지 않았다) 마을 안 남녀노소를 막론하고 모든 사람들이 쌍둥이 랑드리와 귀뚜라미 팡숑의 관계를 알게 되었다.

소문은 바르보 부인의 귀에까지 들어갔다. 바르보 부인은 가슴이 아팠지만 남편에게는 말하지 않았다. 하지만 바르보 역시 다른 경로를 통해 이미 이야기를 들었다. 실비네는 그동안 동생의 비밀을 숨겨주려 애썼는데도 이제는 그것이 모든 사람에게 알려져서 너무나 슬펐다.

어느 날 밤, 랑드리가 평소처럼 일찌감치 쌍둥이 저택에서 나가려고 하는데 아버지가 어머니와 여동생과 함께 실비네도 있는 자리에서 이렇게 말했다.

"그렇게 서둘러 돌아갈 필요 없잖아, 랑드리. 네게 할 말이 있다. 이제 곧 작은아버지도 오실 거야. 너를 가장 걱정하는 사람들이 모두 모인 자리에서 하나 물어볼 게 있다."

잠시 뒤에 작은아버지 랑드리쉬가 도착하자 바르보는 이야기를 시작했다.

"다름이 아니라 네게는 좀 거북한 이야기일 게다. 이렇게 가족들 앞에서 네 마음을 폭로하려니 나 역시 달갑지 않구나. 내키지 않아. 하지만 당장은 거북할지 몰라도 네게 도움이 될 이야기라 생각한다. 어리석은 생각도 잠재워줄 테고 말이다. 하여튼 그런 짓을 계속하다가는 정말로 큰일 날 테니까. 실은 네가 요즘 어떤 여자와 만난다고 들었다. 작년 앙도슈 축제 때부터 만났다던데, 그렇다면 벌써 1년이 된다. 사실 그때도 소문은 들었다. 볼품없고 딱한 처지에 놓인, 평판도 안 좋은 아가씨와 축제날 온종일 춤을 췄다면서? 다른 사람들 모두 놀랐다던데 난 크게 마음 쓰지 않았다. 단순한 장난이겠거니 하고 넘겼어. 하지만 네가 처신을 잘했다고는 생각지 않았다. 생각을 해보렴. 질이 좋지 않은 사람과는 교제하지 않는 게 좋다는 건 누구나 아는 사실이야. 한데 그렇게 모두에게 미움받는 불쌍한 사람한테 굳이 장난을 걸어 창피를 주다니, 그건 정말로 옳지 않은 일이다. 이렇게 생각하면서도 너에게 말을 하지 않은 것은 그다음 날 네 얼굴에서 후회하는 기색이 비쳤기 때문이었다. 그래서 두 번 다시 그런 일을 저지르지 않으리라 믿었다. 그런데 일주일 전부터 또 소문이 귀에 들어오더구나. 믿을 만한 사람에게서 들었는데 이제는 네게 직접 들어봐야겠다고 생각했다. 네 대답을 듣기 전까지는 믿지 않을 작정이다. 혹시 넌 전혀 모르는 이야기라면 너를 걱정해서 한 소리려니 생각하고 넘어가주고. 부모로서 네가 실수하지 않도록 마음 쓰는 건 당연한 일이니 말이다. 그게 그냥 뜬소문이었으면 정말 좋겠구나. 자, 확실히 말해다오. 넌 그런 적이 없다고 말해다오."

"아버지." 랑드리가 말했다. "제가 무엇을 잘못했다는 건지 확실히 말씀해 주시겠습니까? 그러면 사실대로 솔직히 말씀드리겠습니다. 아버지께 대들고 싶지 않습니다."

"네가 뭘 잘못했는지 알고 있잖아. 파데 노인의 손녀딸과 좋지 않은 관계를 맺고 있는 것 말이다. 그 노파는 질이 안 좋은 사람이다. 게다가 그 딸도 어미를 닮았는지 남편이며 자식이며 고향이며 다 버리고 군인을 쫓아간 행실이 바르지 못한 여자였다. 그런데 네가 그런 여자의 딸과 함께 여기저기 돌아다닌다고 소문이 퍼졌어. 그 이야기를 듣고 나는 네가 나쁜 술수에 걸려든 게 아닐까 걱정했다. 그렇다면 넌 평생 후회하며 살 테니 말이다. 이 정도 말했으면 알아들었겠지?"

"잘 알아들었습니다, 아버지." 랑드리가 말했다. "하지만 그 전에 한 가지 물어보겠습니다. 도대체 팡숑 파데트와 사귀는 게 좋지 않다는 것은 그 아이 집안이 좋지 않아서입니까, 아니면 그 아이가 좋지 않아서입니까?"

"그야 물론 둘 다." 바르보는 처음보다 조금 엄한 말투로 말했다. 랑드리가 반성하는 태도를 보일 줄 알았는데 무슨 말을 하든 꿈쩍하지 않고 태연하게 말했기 때문이다.

"첫째로 가족 분위기가 좋지 않다는 사실 자체가 큰 흠이지. 우리 집처럼 격식을 갖춘 명문 집안이 파데 같은 집안과 연을 맺는다는 것은 말이 안 된다. 둘째로 그 아이 역시 칭찬할 만하거나 바람직해 보이는 구석이 전혀 없다. 어린 시절부터 보아왔으니 그 아이가 어떤 사람인지 누구나 잘 안다. 최근에 듣자 하니 1년 사이에 행실이 많이 좋아졌다고는 하더군. 더 이상 아이들을 놀리고 돌아다니지도 않고 욕도 하지 않는다고 말이야. 나도 두세 번 마주치면서 그렇게 생각했어. 나도 좋은 걸 나쁘다고 하지는 않아. 하지만 그렇게 좋지 않은 환경에서 자란 아이가 제대로 자라나기란 쉽지 않아. 게다가 그 아이 할머니가 누구인지 생각해봐라. 그 두 사람이 작당을 하고 너를 속여서 이것저것 이득을 취하다가 결국에는 네게 창피를 주거나 곤란한 일을 만들지는 않을까 걱정이 되는구나. 심지어 그 아이가 애를 가졌다는 소문도 있던데, 물론 헛소문일 가능성이 높지만 혹시나 진짜라면 아주 큰 문제야. 너 때문에 그렇게 되었다는 말이 돌 거 아니냐. 자칫하면 소송이 일어날 수도 있어. 또 사람들은 자기네끼리 수군거리며 널 웃음거리로 만들게야."

랑드리는 처음 이야기를 시작할 때부터 잘 생각해서 부드럽게 이야기하려고 했지만 도저히 참을 수가 없었다. 얼굴이 빨개져서는 벌떡 일어났다.

"아버지." 랑드리는 말했다. "누가 그런 말을 했습니까? 그런 개 같은 거짓말을 한 놈이 누구란 말입니까? 파데트에게 그렇게 심한 말을 하다니 그냥 넘어가지 않겠어요. 사과를 받아내든 한판 붙든 해서 쓰러질 때까지 때려주겠습니다. 네놈들은 비겁하고 인정머리 없는 인간이라고 얼굴에 대고 말해주겠어요. 비겁하게 뒤에 숨어서 아버지한테 그런 말도 안 되는 소리를 하다니. 제 눈앞에 와서 이야기해보라고 하세요. 제가 제대로 말해줄 테니까요."

"무턱대고 화를 내면 안 돼, 랑드리." 슬픔에 젖은 실비네가 당황하며 말했다. "아버지는 네가 그 여자에게 좋지 않은 일을 했다고 말씀하시는 게 아니야. 단지 아버지는 그 여자가 다른 사람들과 이상한 짓을 하고 다니는데 밤이고 낮이고 너와 함께 다닌다니 그게 전부 네 탓이 될까봐, 뒤처리를 떠맡게 되는 게 아닐까 걱정하시는 거라고."

29

실비네의 목소리를 듣자 랑드리도 조금은 마음이 가라앉았다. 하지만 실비네의 말은 그대로 넘어갈 수 없었다.

"형." 랑드리가 말했다. "형은 아무것도 몰라. 형은 늘 파데트를 나쁜 애라고 그랬잖아. 그러니 파데트가 어떤 애인지 몰라. 난 나에 대해서는 사람들이 뭐라고 하든 상관없어. 하지만 파데트에 대해 나쁘게 말하는 건 못 참겠어. 아버지 어머니도 제 말 좀 들어보세요. 걱정하실 필요 없다고요. 저는 세상에서 이렇게 영리하고 친절하고 욕심 없는 여자는 본 적이 없어요. 그 애는 운이 나쁠 뿐이에요. 질 나쁜 가족을 둔 게 죄지요. 그런데도 훌륭하게 자랐다면 오히려 칭찬해줄 만한 거 아니에요? 훌륭한 그리스도인이라면 태어난 환경이 불행하다고 해서 그 사람을 나무라서는 안 되지 않습니까?"

"랑드리, 지금 내 앞에서 불평을 하는 거냐?" 바르보는 이렇게 말하며 자리에서 일어섰다. 더 이상 말을 나누지 않겠다는 뜻이었다. "불평하는 모습을 보니 내가 생각했던 것보다 더 심하게 파데트에게 빠져 있는 모양이구나. 아무튼 넌 창피하지도 억울하지도 않은 모양이니 이 이상 이야기해봤자 소용없겠다. 네 젊은 혈기로 저지른 실수를 수습하려면 어찌해야 좋을지 난 나대로 생각해보겠다. 넌 오늘 밤은 그냥 프리쉬로 돌아가는 게 좋겠다."

"이대로 헤어지는 건 너무 야박하잖아." 실비네는 집을 나서려는 동생을 붙잡았다. "아버지, 그렇게 랑드리를 혼내시기만 하니 슬퍼서 아무 말도 하질 못하잖아요. 용서해주시고 화해의 뜻으로 입을 맞춰주세요. 이대로 가버리면 밤새 울 겁니다. 아버지에게 혼난 것만으로도 견디기 힘들 거예요."

실비네도 울고 바르보 부인도 울고 여동생과 랑드리쉬 작은아버지도 울었다. 울지 않는 사람은 랑드리와 바르보 둘뿐이었다. 물론 울지는 않았지만 마음은 아팠다. 다른 사람들 등쌀에 두 사람은 화해의 뜻으로 입을 맞췄다. 아버지는 랑드리에게 아무런 다짐도 받아내지 않았다. 남녀문제는 아무리 다짐을 받아놓아봤자 소용이 없다는 것을 잘 알고 있었기에 괜한 짓으로 부모의 위엄에 상처를 입히고 싶지는 않았다. 대신 이것으로 끝이 아니니 언젠가 다시 이야기하자고 확실하게 말했다. 랑드리는 화가 난 채 풀이 죽어 돌아갔다. 실비네는 랑드리를 당장 쫓아가고 싶었으나 분명 랑드리는 파데트에게 이 슬픈 사건을 이야기하러 갔으려니 싶어서 씁쓸했지만 그냥 침대에 누웠다. 실비네는 밤새도록 가족이 다투는 꿈을 꾸다가 깨어 한숨을 쉬고 잠들기를 반복했다.

랑드리는 파데트네 집으로 갔다. 파데 할머니는 귀가 어두워져서 한 번 잠이 들면 무슨 소리가 나도 눈을 뜨지 않았다. 랑드리는 이제 할머니와 동생 자네가 잠이 든 방에서 파데트와 이야기를 나눌 수밖에 없었다. 이미 온 동네에 소문이 쫙 퍼졌기 때문이다. 하지만 이 방에서 이야기를 나누는 것도 꽤나 아슬아슬했다. 마법사 할머니에게 들켰다가는 빗자루로 두들겨 맞고 쫓겨날 게 분명했다. 아무튼 절대로 환영받을 리는 없었다. 랑드리는 자신이 걱정하는 바를 모조리 파데트에게 이야기했다. 파데트는 언제나처럼 개념 있고 참을성 있는 태도를 보였다. 처음에는 자신과 그만 만나고 그동안 있었던 일은 잊는 게 좋으리라 말하며 열심히 랑드리를 구슬리려 했다. 하지만 설득하려 하면 할수록 랑드리가 슬퍼서 화를 내는 통에 파데트도 방법을 바꾸어, 이번에는 앞으로 어떻게 될지 희망을 걸어보자는 식으로 이야기하며 겨우 부모님 말씀대로 하자고 결심하게 만들었다.

"랑드리." 파데트가 말했다. "언젠가 이런 일이 있으리라는 거, 나는 예전부터 생각했어. 그래서 만일의 경우를 대비해 어쩌면 좋을지 생각해봤어. 아버지가 그러시는 것도 무리는 아니야. 원망하지 않아. 너를 무척 아끼시니까 나 같은 변변찮은 여자한테 빠진 아들을 걱정하시는 거야. 그러니 날 바보 취급하시거나 욕을 좀 하셔도 괜찮아. 내가 생각해도 어릴 때 난 참 바보 같은 짓만 했어. 너도 날 처음으로 좋아하게 된 날 그랬잖아. 바보 같다고. 겨우 1년 정도 행동거지를 고쳤다고 해서 좋은 아이라고 쉽사리 믿을 수는 없지. 너희 아버지 말씀이 맞아. 좀 더 시간이 지나야 해. 그래야 나에 대한 사람들의 편견이 점점 줄어들겠지. 동네 사람들이 꾸민 이야기는 저절로 사라질 거야. 그러면 너의 아버지나 어머니도 내가 정숙한 여자이고 네게 어울리는 사람이며, 내가 너한테 행실 나쁜 일을 시키거나 돈을 뜯어낼 마음이 없다는 걸 확실히 알아주실 거야. 진심으로 너를 사랑한다는 것도 인정해주실 테고. 그렇게만 된다면 앞으로 그 누구도 우리 둘이 만난다고 수군덕거리지 않겠지. 그때까지는 넌 아버지가 하자는 대로 해야 해. 날 만나지 말라고 하셨지?"

"난 못해." 랑드리가 말했다. "차라리 강물에 몸을 던지는 편이 낫겠어."

"그럼 좋아. 네가 못하겠다면 내가 대신 할게." 파데트가 말했다. "내가 어딘가로 가겠어. 잠시 이 마을을 떠나 있을게. 이미 두 달 전부터 괜찮은 일자리가 들어와서 가려고 마음먹었던 참이야. 요즘 들어 할머니도 귀가 더 안 좋아지셨어. 나이도 나이고, 약을 만들어 파시기도 영 힘드신가봐. 남들 병을 고쳐줄 형편이 아니지. 다행히 친절한 이모님 한 분이 할머니를 돌봐주시겠대. 우리 불쌍한 메뚜기도 함께 돌봐주시겠지."

파데트는 메뚜기를 남겨두고 갈 생각에 목이 메었다. 파데트에게 메뚜기와 랑드리는 이 세상 누구보다 소중한 사람들이었다. 파데트는 얼른 마음을 다잡고 말을 이어갔다.

"그 아이도 요즘 들어 많이 어른스러워졌으니 내가 없어도 괜찮을 거야. 이제 곧 첫영성체도 모실 테니 다른 아이들과 함께 교리문답교실에도 갈 테고, 즐겁게 지내다 보면 내가 옆에 없다는 사실도 잠시 잊겠지. 너도 알겠지만 요새는 제법 철이 들어서, 다른 아이들이 뭐라 하더라도 예전처럼 트집을 잡고 싸움을 걸진 않아. 어쨌든 난 가야만 해. 있잖아, 랑드리. 사람들이 예전의 내

모습을 잊게 만들어야 해. 지금 이대로라면 마을 사람들 모두 나를 시기하고 질투할 거야. 한두 해 동안 다른 곳에서 지내면서 멋지게 변신해서 좋은 평판을 받도록 하고 돌아올게. 객지로 가면 그러기가 훨씬 쉬울 거야. 좋은 평판을 얻어서 이리로 돌아오면 그 누구도 뒷말을 하지 않겠지. 그럼 우린 전보다 더 잘 지낼 수 있어."

랑드리는 파데트의 이야기를 받아들이려 하지 않았다. 그저 탄식하고 슬퍼할 뿐이었다. 그러다가 겨우 프리쉬 마을로 돌아갔는데, 아무리 냉혹한 사람이라도 그를 보고 불쌍하다 여길 만큼 어깨를 축 늘어뜨리고 있었다.

그로부터 이틀 뒤, 랑드리가 포도 수확을 위해 커다란 통을 차로 운반하고 있는데 카이요의 둘째 아들이 말을 걸었다.

"랑드리, 나한테 화났지? 요즘 나한테 말을 안 걸더라? 너랑 파데트 사이를 내가 소문냈다고 생각하나 본데, 나는 그런 비겁한 인간이 아니야. 그렇게 생각했다면 정말 유감이야. 정말이야. 난 결코 한마디도 안 했어. 오히려 이번 일로 네가 힘들어 하는 걸 보며 나도 가슴 아파하고 있다고. 평소에도 너를 괜찮은 녀석이라 생각했던 데다 파데트에 대해서도 나쁘게 말한 적 없어. 험담은커녕 비둘기집에서 마주친 뒤로 파데트에게도 감탄했어. 그때 일을 지금까지 아무에게도 말하지 않았잖아? 파데트는 정말로 입이 무겁더군. 마들롱에게 복수를 하겠다며 나와 마들롱 사이를 떠벌리고 다닐 수도 있었는데 말이지. 아무튼 마들롱이 사방에 소문을 낸 줄 알 텐데도 파데트는 우리 이야기를 한마디도 퍼뜨리지 않았어. 사람은 겉모습이나 평판만 가지고 판단해서는 안 된다는 걸 난 이번에 깨달았어. 질이 안 좋은 여자라고 소문이 났던 파데트는 괜찮은 여자였고, 오히려 괜찮은 여자라고 소문난 마들롱이야말로 형편없는 거짓말쟁이였어. 파데트나 너뿐만 아니라 내 험담도 하고 다녔더군. 나도 이제 진심이라고는 없는 마들롱에게 정나미가 떨어졌어."

카이요의 둘째 아들이 하는 말에서는 진심이 느껴졌다. 그는 이런저런 이야기를 하며 랑드리의 슬픔을 달래주었다.

"너도 많이 괴롭겠구나." 그는 끝으로 한마디를 더했다. "하지만 파데트가 그렇게 기특한 생각을 해가며 마음을 써주었으니 너도 이제 그만 슬퍼하고 정신을 차려야지. 파데트가 다른 곳으로 간다니, 정말 어려운 결정이었을 텐데 말이야. 아무튼 잘 생각했어. 너희 가족들도 이것으로 안심하겠지. 파데트에게도 그렇게 말해줬어. 마침 지나가다 마주쳐서 작별 인사를 하고 왔거든."

"무슨 소리야? 그게 정말이야?" 랑드리가 놀라서 소리쳤다. "다른 곳으로 갔다고? 벌써 갔어?"

"넌 몰랐어?" 카이요가 말했다. "난 둘이서 의논해서 결정한 줄 알았지. 네가 배웅하지 않는 것도 사람들 입에 오르내릴까봐 그런 줄 알았는데. 어쨌든 그 애는 떠났어. 우리 집 바로 앞에서 마주쳤는데 아직 15분도 안 됐어. 작은 짐 꾸러미도 하나 들었더라. 샤토 메이양으로 간다고 했어. 지금쯤 베이유 빌이나 월몽 고개까지 갔을 거야. 그보다 멀리는 못 갔을걸."

랑드리는 얼른 소를 기둥에 묶어두고 숨도 쉬지 않고 부리나케 달렸다. 마침내 월몽 포도밭에서 프르믈렌 마을로 내려가는 모랫길에서 파데트를 따라 잡았다. 힘겹게 붙잡기는 했지만 슬픔이 밀려온 데다 너무 열심히 달린 나머지 탈진해서 길바닥에 뻗어버렸다. 랑드리는 아무 말도 하지 못하고 파데트에게 손짓으로 말했다. 갈 테면 자신을 밟고 지나가라는 신호였다.

파데트는 랑드리가 진정하기를 기다렸다가 말을 꺼냈다.

"난 네가 이렇게 슬퍼하지 않길 바랐어. 안 그래도 힘든데 네가 이러면 나도 흔들려. 남자답게 나를 보내줘. 나도 어렵게 용기 내서 떠나는 거니 막지 말아 줘. 네가 생각하는 것보다 훨씬 더 용기가 필요했어. 불쌍한 자네가 지금쯤 나를 찾으며 울고 있을 걸 생각하면 마음이 점점 약해진단 말이야. 너무 괴로워서 날카로운 바위에 머리를 박고 싶을 정도야. 제발 부탁이야. 랑드리, 내게 힘을 줘. 말리면 안 돼. 이건 내가 해야 하는 일이니까. 오늘 못 간다면 내일도 못 가. 영영 못 떠나. 그러면 우리도 이대로 끝이야."

"팡송, 대단한 용기 같은 거 다 필요 없어." 랑드리가 말했다. "네가 신경 쓰는 건 그 아이 하나야? 메뚜기는 금세 잊어버릴 거야. 어린아이니까. 그보다 넌 내가 얼마나 슬퍼할지는 생각하지 않는구나. 넌 누군가를 마음에 품는다는 것이 뭔지 잘 모르는 게 분명해. 그러니 내 마음은 생각해주지 않지. 넌 금방 날 잊어버릴 거야. 그래서 이곳으로 돌아오지 않을지도 몰라."

"돌아올 거야, 랑드리. 하느님 앞에 맹세해. 빠르면 1년, 늦어도 2년 뒤에는 반드시 돌아올 거야. 널 절대 잊지 않겠다는 증거로 단 한 사람도 친구를 사귀지 않겠어. 물론 좋아하는 사람도 만들지 않을게."

"친구는 못 만들지도 모르지. 나처럼 네 말을 고분고분 듣는 사람은 없을 테니까. 하지만 좋아하는 남자는 생길지 모르잖아. 도대체 누가 보증할 수 있겠어?"

"내가 보증할게."

"네가 그걸 어떻게 알아? 너는 사랑을 몰라. 그러니 언젠가 사랑을 알게 되면 나 따위는 잊어버릴걸. 내가 널 사랑하는 만큼 너도 나를 사랑한다면, 절대로 나를 이렇게 내버려두고 떠날 수는 없을 거야."

"그렇게 생각해, 랑드리?" 파데트는 슬픔이 한꺼번에 밀려온 사람처럼 심각한 얼굴로 랑드리를 바라보며 말했다. "넌 지금 네가 무슨 말을 하는지 스스로 잘 모르는 것 같아. 난 내가 마음에 품은 사람을 위해서라면 이보다 더한 일도 할 수 있어. 평범한 친구 사이라도 이럴 수 있다면."

"그래? 그런데 네가 나를 사랑해준다면 내가 이렇게 슬플 리가 없잖아. 그래, 팡송, 네가 나를 사랑해준다면 네가 내 옆에 없어 슬프긴 해도 견딜 수 있을 거야. 네 말을 믿고 밝은 앞날을 기다리겠지. 너처럼 용기도 내고, 정말이야. 그런데 너는 나를 좋아하지 않아. 너도 몇 번이나 말했잖아. 나도 안다고. 넌 내가 옆에 있어도 언제나 태연한 얼굴이야."

"그럼 내가 너를 좋아하지 않는다는 거야?" 파데트가 말했다. "정말 그렇게 생각해?"

랑드리를 물끄러미 바라보는 파데트의 눈에서 눈물이 흘러나와 뺨을 타고 내려갔다. 그와 동시에 그녀는 의미를 알 수 없는 희미한 웃음을 지었다.

"그런 거야? 다행이야. 그런 거구나." 랑드리는 무심결에 소리를 지르며 파데트를 안았다. "내가 잘못 생각했구나."

"그래, 확실히 말해줄게. 네가 잘못 생각한 거야." 파데트는 여전히 눈물을 흘리며 희미한 웃음을 띤 채 말했다. "잘 들어. 열세 살 때부터 너를 좋아했어. 다른 남자는 누구도 눈에 들어오지 않았어. 들판이나 길가에서 네 뒤를 밟기도 하고 바보 같은 말을 하기도 하며 널 놀렸지. 뭐든 해서 말을 섞고 싶었거든. 그때는 내가 왜 그러는지, 왜 자꾸 너한테만 신경이 쓰이는지 나도 잘 몰랐어. 저기, 솔직히 말할게. 그때 실은 네가 걱정하는 것을 알고 실비네를 찾아다니다가 강가에서 새끼 양을 안은 채 생각에 잠긴 실비네를 발견했어. 그러고는 네 앞에서 마술을 쓰는 척하며 알려주었지. 네가 고맙다고 생각하기를 바랐기 때문이야. 룰렛 여울에서 도깨비불을 보던 날도 실비네를 찾아준 뒤로 너와 한마디도 못 해본 게 억울하고 슬퍼서 널 놀렸어. 나와 춤을 춰달라고 한건 내가 널 좋아해서, 내 특기인 춤을 보여주어서 좋아하게 만들겠다는 생각이었어. 쇼무아 채석장에서는 네가 나를 싫어해서 슬프기도 했지만 그런데도 포기가 안 되니 눈물이 나더라. 네가 키스하자고 해도 거절하고 또 네가 사랑을 고백해도 난 그냥 친구 사이가 되고 싶은 척했던 것은, 너무 빨리 이루어지면 사랑이 도망갈지도 모른다는 생각에 걱정되었기 때문이야. 그리고 지금 이렇게 가슴이 터질 듯한 심정으로 네 손을 뿌리치고 떠나려고 하는 것도, 누가봐도 부끄럽지 않은 여자가 되어 돌아오기 위해서야. 앞으로는 너뿐만이 아니라 가족들도 실망하는 일이 없도록, 나로 말미암아 나쁜 기억이 나지 않도록 멋지게 변신할 거야. 너와 결혼하고 싶으니까."

랑드리는 정말 자신이 잘못 생각했다는 것을 비로소 알았다. 미친 듯이 웃고 소리치고 울면서 팡숑의 두 손과 옷에 키스를 퍼부었다. 그대로 내버려두었으면 발끝까지 키스를 했을지도 모르겠다. 파데트가 랑드리를 일으켜 진짜 연인들처럼 키스를 하자 랑드리는 어찌할 줄 몰랐다. 당장이라도 죽을 것 같았다. 파데트가 먼저 키스하기는 처음이었다. 물론 다른 여자와 이렇게 키스한 적도 없다. 정신이 까마득히 멀어지는 게 길바닥에 쓰러져버릴 것만 같았다. 파데트는 어쩐지 부끄러워서 얼굴이 새빨갛게 물든 채 자신의 짐을 주워들었다. 랑드리가 못 따라오게 막으며 반드시 돌아오리라 약속하고 도망치듯 마을을 떠나버렸다.

30

랑드리는 얌전히 포도밭으로 돌아왔다. 무척 슬프고 외로울 줄 알았는데 그렇지 않아 신기했다. 파데트 역시 자신을 마음속 깊이 생각한다는 사실을 알았기 때문일 것이다. 서로를 깊이 사랑하는 사람은 상대에 대한 믿음도 강해지기 마련이다. 파데트의 마음을 알고 보니 뜻밖이기도 하고 기쁘기도 해서, 참다못해 카이요의 둘째 아들에게 그 사실을 털어놓았다. 그도 랑드리의 이야기를 듣고 놀랐다. 파데트가 랑드리를 마음에 품고 살다가 랑드리도 자신을 좋아한다는 사실을 안 뒤로 기특하게도 자신의 실수, 경솔했던 행동을 깨닫고는 고치려 마음을 먹었다며 그녀를 칭찬했다.

"파데트가 얼마나 훌륭한 여자인지 알게 되어 나도 기뻐." 카이요의 둘째 아들이 말했다. "그런데 난 애초에 파데트가 나쁘다고 생각한 적은 없어. 파데트가 내게 마음이 있었더라면 나야말로 못 이기는 척 좋아했을지도 몰라. 특히 눈이 참 예쁘잖아. 난 예전부터 그녀가 못생기기는커녕 예쁘다고 생각했어. 게다가 요즘엔 나날이 예뻐지더라고. 사람들에게 사랑받으려고 일찌감치 마음 먹었더라면 충분히 그러고도 남았을 거야. 그런데 파데트는 너만 생각하느라 다른 사람이야 자신을 싫어하지만 않으면 된다는 식이더군. 너 말고 다른 사람에게는 칭찬을 받을 생각조차 없는 거지. 솔직히 말해서 나도 파데트처럼 품성 좋은 여자를 만나고 싶어. 나야 파데트가 지금보다 훨씬 어렸을 적부터 알고 지냈기에 그녀가 마음씨가 고운 여자라는 건 알아. 한 사람 한 사람 붙잡고 그녀를 어떻게 생각하는지, 그녀가 어떤 일을 해주었는지 솔직하게 말해보라고 하면 다른 사람들도 모두 그녀가 좋은 사람이라고 대답할 수밖에 없을 거야. 본디 세상 사람들은 이런 식이거든. 두세 명이 뭉쳐서 누군가를 공격하면 다른 사람들은 왜 그러는지 잘 알지도 못하면서 함께 돌을 던지며 안 좋은 이야기를 해대잖아. 맞설 힘도 없는 약자를 괴롭히는 게 즐거운 사람들처럼 말이지."

랑드리는 카이요의 둘째 아들이 하는 말을 듣다 보니 마음이 가벼워졌다. 이날부터 둘은 단짝 친구가 되었다. 랑드리는 그에게 마음속 슬픔을 털어놓으며 위로를 받았다. 어느 날 랑드리는 카이요의 둘째 아들에게 이런 말을 했다.

"마들롱과의 관계는 정리해. 좋은 여자가 아니야. 그 녀석은 우리 둘 모두에게 못되게 굴었다고. 넌 나랑 나이도 같으니 급하게 결혼할 여자를 찾을 필요는 없잖아. 내게는 나네트라는 여동생이 있는데 얼굴도 예쁘고 예의도 바르고 착하고 귀여운 녀석이야. 올해 열여섯 살이지. 그러니까 우리 집에 자주 놀러와. 우리 아버지는 네가 괜찮은 남자라고 생각해. 나네트도 타고난 성품이 훌륭한 아이니 혹시 네가 내 동생의 장점을 알아보고 나와 형제의 연을 맺게 되면 좋지 않겠어?"

"네가 그렇게 말해준다면 기꺼이 놀러 갈게." 카이요의 둘째 아들이 대답했다. "다른 약속이 없으면 일요일마다 갈게."

팡숑 파데가 떠나던 날 밤, 랑드리는 아버지를 만나 파데트의 훌륭한 태도를 알려드려야겠다고 생각했다. 그녀에 대해 오해했음을 깨달으시길 바랐다. 그리고 앞일이 어찌 될지는 장담할 수 없지만 당분간은 부모님 말씀대로 따르겠다는 이야기를 하기로 마음먹고 집으로 향했다. 집으로 가는 길에 파데 할머니 집 앞을 지나치게 되었다. 가슴이 찢어지는 것만 같았다. 하지만 파데트가 떠나지 않았다면 파데트가 자신을 어떻게 생각하는지 계속 몰랐을 수도 있다는 생각을 하며 마음을 가다듬었다. 자세히 보니 누가 와 있었다. 파데트의 친척이라던 팡셰트 이모님이 파데트 대신에 할머니와 메뚜기를 돌보아주러 온 것이었다. 팡셰트 이모님은 메뚜기를 무릎 위에 앉히고 대문에 기대앉아 있었다. 메뚜기는 불쌍하게도 울고 있었다. 밤마다 늘 기도를 시키고 침대에 눕혀주던 팡숑 누나가 오지 않는다면 자기도 잘 수 없다면서 침대에 들어가려 하지를 않았다. 팡셰트 이모님은 자네를 달랬다. 너무도 부드럽게 돌보아주는 팡셰트 이모님의 목소리를 들으니 랑드리는 마음이 놓였다. 그런데 메뚜기는 랑드리를 발견하고는 이모 품에서 벗어나 미친 듯이 랑드리에게 달려와서 부둥켜안고는 키스를 해댔다. 팡숑 누나를 데려와달라고 졸랐다. 랑드리는 자네를 끌어안고 함께 울면서 그를 달랬다. 마침 카이요 부인이 바르보 부인에게 전해주라며 훌륭한 포도를 주셨는데, 그중 한 송이를 자네에게 건네주었다. 평소 먹성 좋기로 둘째가라면 서러울 만큼 잘 먹는 자네가 이날만은 아무것도 먹으려 하지 않았다. 당장 팡숑 누나를 찾으러 간다고 약속하라며 졸라대기만 했다. 랑드리는 하는 수 없이 한숨을 쉬며 약속을 했다. 그렇게라도 하지 않으면 자네가 팡셰트 이모님의 말을 듣지 않을 것 같았다.

바르보는 파데트가 이렇게 대단한 결심을 하리라고는 생각하지 못했기에 이야기를 듣고 나니 인상을 쓸 수가 없었다. 본디 성품이 좋은 사람이 아니고서야 이런 선택을 했을 리가 없다는 생각에 미안한 마음이 들었다. "말해봐야 소용없지만 왜 네가 먼저 결심하고 그 아이와의 관계를 정리하지 못했니?" 바르보가 랑드리에게 물었다. "네가 일을 제대로 했으면 그 아이를 먼 곳으로 보내지 않아도 되었을 거다. 타향에서도 잘 지내면 좋으련만. 그 아이가 마을을 떠나서 할머니나 남동생이 고생하는 일이 없으면 좋겠는데. 글쎄, 그 아이를 나쁘게 말하는 사람도 많지만 그렇지 않은 사람도 있더구나. 사람 됨됨이가 좋은 아이라 가족을 위해 노력하고 있다고 말이지. 그 애가 임신했다는 소문이 거짓이었다면 머잖아 진실이 밝혀질 테고 그렇다면 그 아이를 두둔하는 게 당연하다. 만약 소문이 사실이고 상대 남자가 너라면 그때는 어떻게든 우리가 먹고살기 곤란하지 않게 돌보아주어야지. 하지만 무슨 일이 있어도 그 아이와는 부부가 될 수 없으니 그것만큼은 내 말을 들어다오."

"아버지, 아버지와 저는 생각이 너무 다르군요." 랑드리가 말했다. "제가 그런 성급한 짓을 했다면 벌써 파데트에게 결혼해달라고 청했을 겁니다. 하지만 파데트는 우리 나네트와 마찬가지로 조금도 더럽혀지지 않은 순수한 사람입니다. 전 오늘 걱정을 끼쳐서 죄송하다고 사과를 드리러 온 겁니다. 파데트와 저의 관계에 대해서는 나중에 이야기하시죠. 이미 저번에 그러기로 약속하셨지 않습니까?"

결국 바르보도 우선은 그러기로 했다. 일을 크게 벌여 한꺼번에 정리하려던 생각은 아니었기에, 상대가 이만큼 자기 말을 들어주었으면 이쯤에서 자신도 물러서야 한다고 판단했던 것이다.

이때부터 쌍둥이 네에서 파데트에 관한 이야기는 한마디도 나오지 않았다. 뿐만 아니라 모두 파데트라는 이름을 입에 담으려고도 하지 않았다. 랑드리 앞에서 누군가 그녀의 이름을 꺼내면 그는 얼굴이 시뻘겋게 달아올랐다가 어느 순간 새파랗게 질려버렸다. 파데트를 처음 만났을 때나 지금이나, 그가 파데트를 조금도 잊어버리지 않았다는 사실은 누가 보아도 분명했다.

31

처음 실비네는 파데트가 떠났다는 이야기를 듣자 매우 이기적인 마음으로 크게 기뻐했다. 앞으로 동생과 자기 둘이서만 사이좋게 지낼 수 있겠지, 동생이 자기를 버리고 다른 사람 곁으로 가지도 않겠지 생각했다. 하지만 실비네 뜻대로 되지 않았다. 실비네는 랑드리가 파데트 다음으로 가장 사랑하는 사람이었다. 하지만 랑드리는 실비네 곁에 오랫동안 머무를 마음이 없었다. 실비네가 파데트에 대한 반감을 버리지 못했기 때문이다. 랑드리는 형이 파데트에게 호감을 갖길 바라는 마음에서 파데트 이야기를 꺼냈지만 그때마다 실비네는 금방 마음이 상해서 '부모님도 싫어하시고 나도 마음이 아픈데 넌 언제까지 그렇게 그녀에 대한 생각을 떨쳐내지 못하고 방황할 것이냐'며 책망했다. 이 말을 들은 랑드리는 앞으로 실비네에게 파데트에 관한 이야기를 하지 않기로 결심했다. 하지만 랑드리는 파데트 이야기를 하지 않고서는 하루도 살 수 없었기에 카이요의 둘째 아들과 자네를 번갈아가며 대화 상대로 삼았다. 랑드리는 자네와 함께 산책을 나가거나 교리문답 복습을 돕거나 여러 가지를 가르쳐주며 그 애 마음을 위로해주려고 애썼다. 자네를 데리고 산책을 다녀오는 길에 다른 사람들을 만나는 경우도 있었다. 어느 때는 후환이 두렵지도 않은지 그를 바보 취급하며 놀리는 사람도 있었다. 랑드리는 자신을 바보 취급하는 사람을 가만히 내버려두는 남자가 아니었다. 그런 일이 벌어지면 팡숑 파데의 동생과 친하게 지낸다는 사실을 부끄러워하기는커녕 더욱 당당하게 돌아다녔다. 소문이 틀렸다는 사실을 보여주기 위해서이기도 했다. 어떤 사람들이 바르보는 똑똑한 사람이라 파데트가 어떤 사람인 줄 알고 아들을 잘 설득해서 단념시켰다는 식으로 소문을 냈기 때문이다.

실비네는 동생이 예상과는 달리 자신만 바라보지 않자 당황했다. 도리어 자기보다 자네와 카이요의 둘째 아들과 더 많은 시간을 보내자 질투가 날 지경이었다. 게다가 지금까지 언제나 친절하고 세심하게 마음을 쓰며 돌보아주고 위로해주던 여동생 나네트가 요즘 들어 카이요의 둘째 아들과 함께 있는 시간이 늘어나기 시작하자 실비네는 더욱 마음이 불안했다. 양쪽 부모님도 둘 사이를 반기는 모습이었다. 실비네로서는 자신이 좋아하는 사람들의 애정을 혼자 차지하고 싶은데 불쌍하게도 그렇지 못해 가슴이 아팠다. 그는 원인 모를 우울증에 사로잡혀 마음이 울적해져서 그 어떤 위로도 소용이 없었다. 얼굴에서는 웃음이 사라졌다. 무엇 하나 재미있는 게 없었으며 급기야는 움직이지 못할 만큼 초췌해지고 약해졌다. 마침내 집안사람들도 실비네가 목숨이 위태로울 만큼 상태가 좋지 않다는 것을 알았다. 열이 좀체 떨어지지 않았다. 평소보다 열이 올라가면 두서없는 말을 해댔다. 그 말을 듣고 있자니 부모는 어찌해야 할 바를 몰랐다. 평소에 그 누구보다 귀여움받고 사랑을 독차지하며 응석받이로 자란 실비네가 자신은 아무에게도 사랑을 받지 못한다는 말을 했다. 끊임없이 죽고 싶다고 외쳤다. 자신은 아무짝에도 쓸모가 없다, 이렇게 몸이 약하니까 다른 사람들도 불쌍하다며 동정해주지만 결국 자기는 부모님에게 짐이 될 뿐이다, 이런 번거로운 존재가 없어진다면 부모님도 무척 행복해하실 것이라고 말했다.

이따금 바르보도 이런 얼토당토않은 말을 들으면 엄하게 혼냈다. 하지만 아무런 도움이 되지 않았다. 어떤 날은 눈물을 흘리며 자신의 애정을 의심하지 말아달라고 사정했다. 결과는 더욱 좋지 않았다. 실비네는 아버지와 어머니, 랑드리나 다른 식구들에게 사과했다. 눈물을 흘리며 후회했다. 그러나 그 넘치는 애정을 감당하기에는 마음이 너무 약해진 상태라서 또다시 열이 심하게 올라가기를 되풀이했다.

의사들을 불러 진찰을 해보았지만 그들 역시 이렇다 할 해결책을 찾지 못했다. 의사들은 쌍둥이라는 천성 때문에 결국 한 사람이 죽어야만 한다, 따라서 약한 사람이 죽는다고 받아들인 듯했다. 부모님은 크라비에르의 목욕탕집 할머니에게도 찾아가보았다. 사제트 할머니는 세상을 떠났고 파데 할머니도 몸이 쇠약해진 터라 그나마 이 할머니가 이 근방에서 가장 지혜로운 노파였다. 삶을 통해 쌓은 연륜이 가득한 노파는 바르보 부인에게 이렇게 말했다.

"저 아이를 살리는 길은 한 가지밖에 없어요. 좋아하는 여자가 생겨야 해요."

"공교롭게도 여자라면 꼴도 보기 싫은 모양이에요." 바르보 부인이 말했다. "우리 아이만큼 품위 있고 착한 아이가 없건만, 동생 랑드리에게 좋아하는 여자가 생긴 뒤로 아는 여자애들에 대해서까지 험담만 해요. 여자라면 누구든 가리지 않고 모두 안 좋게 생각하는 것 같아요. 안 좋은 여자 가운데서도 하필이면 가장 안 좋은 여자아이가 자기 동생을 채갔다고 보는 거지요."

"그렇군요." 몸과 마음의 병 모두를 명확하게 들여다보는 눈을 가진 목욕탕집 할머니가 말했다. "그렇다면 실비네는 자기가 좋아하는 여자가 생긴다면 자기 동생보다 훨씬 더 지독하게 사랑에 빠져 여자친구만 바라볼 겁니다. 자, 내 말을 잘 들으세요. 실비네는 애정이 넘치는 아이입니다. 지금까지는 그 마음을 랑드리에게 모두 쏟아붓느라 자신이 남자라는 사실조차 잊어버리고 살았던 겁니다. 신의 뜻에 등을 돌린 상태지요. 하느님은 남자가 한 여자를 사랑하게 되면 부모 형제보다 그 여자를 더 사랑하도록 만들어놓으셨습니다. 그러니

고민할 필요 없어요. 아무리 철이 늦게 든다고 해도 머잖아 평범한 사람들처럼 마음이 돌아설 겁니다. 실비네한테 좋아하는 여자가 생기면 그 여자가 가난하든 못생겼든 품성이 나쁘든 상관하지 말고 무조건 결혼을 시키세요. 여러 정황으로 볼 때 자식 분은 평생 한 여자만 좋아할 사람입니다. 한곳에 집중하는 성격이지요. 동생에게서 떼어놓는 것도 하늘의 도움이 없으면 불가능합니다. 남동생보다 좋아하는 여자가 생기면 그야말로 무슨 일이 생겨도 헤어지지 않을 겁니다."

목욕탕 집 할머니의 의견에 바르보 역시 크게 공감했다. 바르보는 아름답고 성품도 좋은 결혼 적령기 여자가 있는 집으로 실비네를 보냈다. 실비네는 얼굴도 잘생기고 예의도 바른 젊은이였지만, 그렇게 우울한 얼굴로 쌀쌀맞은 태도를 취하는데 여자가 실비네를 보며 가슴이 두근거릴 리가 없었다. 그래서 여자들은 실비네에게 다가가지 않았고, 실비네는 실비네대로 내성적인 성격이었기에 여자들 앞에서 주눅만 들 뿐이었다. 점점 더 자신은 여자를 싫어한다는 생각이 강해졌다.

카이요는 평소부터 바르보 가족과 친하게 지내왔기에 가장 먼저 이야기를 털어놓고 나누는 사이였다. 실비네 이야기를 들은 카이요는 다른 의견을 내놓았다.

"내가 늘 말했지만 실비네와 랑드리는 떨어져 지내는 게 가장 좋아. 랑드리를 봐. 파데트에게 빠져 정신을 못 차렸지만 파데트가 멀리 떠난 뒤에도 멀쩡하잖아? 병도 안 났고, 오히려 더 잘 지내. 예전에는 어딘지 모르게 우울해 보였는데 요즘은 분별력도 찾아서 밝게 지내고 있어. 실비네도 마찬가지일 거야. 5, 6개월쯤 랑드리의 얼굴을 못 보게 해봐. 여보게, 난 이렇게 해서 두 사람을 떼어놓는 게 좋다고 생각해. 내가 프리쉬 지역에서 빌린 밭은 잘 경작되고 있는데, 아르통에 있는 밭은 정작 내 땅인데도 관리가 제대로 안 되고 있어. 1년 정도 전부터 소작인이 병이 났는데 몸이 좀처럼 회복되지를 않는 모양이야. 그런데 난 소작인을 해고하고 싶지는 않아. 사람이 정말 좋거든. 애초에 혼자서 너무 무리하다가 지쳐서 병이 난 거야. 그러니까 좋은 일꾼을 보내서 일을 돕게 하면 그 사람도 금세 건강을 회복할 거야. 그러니 자네가 허락한다면 랑드리를 그리로 보내 수확이 마무리될 때까지 머물게 하면 어떨까? 실비네에게는 오랫동안 떨어져야 한다는 말은 하지 말고 말이지. 일주일 정도라고 말해 둬. 그리고 한 주가 지나면 다시 한 주씩 기간을 늘리는 거지. 그런 식으로 계속하다 보면 결국은 아무렇지 않게 받아들이는 날이 올 거야. 내 말대로 한번 해보자. 어린아이 같은 투정을 계속 받아주면 안 된다고. 자네는 실비네를 너무 애지중지 돌봤어. 하고 싶은대로 다 하게 내버려둔단 말이지."

바르보는 카이요가 말하는 대로 해볼까 생각했지만 이 이야기를 들은 바르보 부인은 얼굴색이 변했다. 만약 그랬다가는 실비네가 정말 죽을지도 모른다는 생각에 걱정이 됐기 때문이다. 결국 바르보가 주장을 굽히고 들어갔다. 부인은 우선 랑드리를 보름 정도 집으로 불러들여서 실비네가 랑드리의 얼굴을 보게 되어 병이 낫는지 시험해보자고 했다. 얼굴을 보고도 병이 낫기는커녕 더 심해진다면 그때는 어쩔 수 없으니 카이요가 말한 대로 하자는 것이었다.

바르보는 부인의 말에 따르기로 했다. 랑드리도 기쁜 마음으로 집으로 돌아와 약속한 날짜만큼 집에서 지냈다. 바르보는 실비네가 움직이지 못하니 베다 남은 보리를 수확하는 데 일손이 부족하다는 핑계를 대고 랑드리를 집으로 불러들였다. 랑드리는 열심히 마음을 다해 형의 비위를 맞추었다. 늘 옆에 있어주고 잘 때도 같은 침대에서 잤다. 아이를 보살피듯 최선을 다했다. 첫날은 실비네도 기뻐했다. 하지만 이튿날이 되자 랑드리가 자기 옆에 있기 싫어한다면서 끊임없이 투정을 부렸다. 3일째에는 폭발했다. 메뚜기가 랑드리를 만나러 왔는데 랑드리가 그를 돌려보내지 않았기 때문이다. 결국 일주일 뒤에는 이 방법은 도저히 안 되겠다는 생각이 들었다. 실비네는 더 성미가 까다로워졌다. 제멋대로 굴고 철없는 소리를 해댔다. 결국 바르보 가족은 카이요의 생각대로 해보기로 했다. 랑드리로서는 사랑하는 이 고장, 하던 일, 부모나 형제, 주인집 사람들 곁을 떠나 모르는 사람들뿐인 아르통으로 가려니 마음이 내키지 않았다. 하지만 형을 위해서라면 어디든 가야 했다. 랑드리는 어른스럽게 아르통에 가기로 결심했다.

32

이번에야말로 실비네는 정말 죽을 뻔했다. 이튿날이 돼서야 좀 진정이 되더니 셋째 날 드디어 열이 떨어졌다. 처음에는 어쩔 줄 몰라 반쯤 포기한 상태였지만 얼마 안 있어 스스로 각오를 다잡았다. 일주일이 지났을 때에는 랑드리가 곁에 있을 때보다도 상태가 훨씬 좋아졌다. 곁에서 지켜보는 가족으로서는 실비네의 건강이 눈에 띄게 좋아져 다행이었겠지만 사실상 마음의 병은 여전했다. 실비네는 질투심에 눈이 멀어 마음대로 생각을 키워간 나머지, 어떤 점에서는 차라리 랑드리가 떠나서 다행이라며 즐거워할 정도였다. '뭐 괜찮아.' 실비네는 생각했다. '이번에 간 곳에는 아는 사람도 한 명 없으니 금방 친구가 생기진 않을 거야. 혼자서 심심하니까 내 생각이 나겠지. 그리워할지도 몰라. 그러다가 돌아오면 지금보다 더 사이좋게 지낼 수 있을 거야.'

랑드리가 떠난 지 3개월이 지나고 파데트가 마을을 떠난 지는 1년 가까이 됐을 때, 파데트는 서둘러 마을로 돌아왔다. 할머니가 뇌졸중으로 쓰러지셨기 때문이었다. 파데트는 마음을 다해 극진히 간호했지만 나이가 가장 큰 병이었다. 파데 할머니의 의지와는 상관없이 쓰러진 지 보름 만에 하느님은 파데 할머니의 영혼을 하늘로 데려가셨다. 그로부터 3일 뒤, 파데트는 할머니를 묘지에 묻어주고 돌아왔다. 집 안을 정리하고 메뚜기에게 잠옷을 입혀 잠을 재운 뒤 동생 옆에 잠자리를 잡은 팡셰트 이모님에게 인사를 하고 나왔다. 파데트는 홀홀 타오르는 불 앞에 홀로 외롭게 앉아, 작은 불꽃으로 간신히 밝힌 어두운 방 난로 안에서 우는 귀뚜라미 소리에 귀를 기울였다. 귀뚜라미는 이렇게 말하는 듯했다.

귀뚜라미, 귀뚜라미, 아기 귀뚜라미야
도깨비 아이에게는 도깨비불이 길동무.

빗물이 창문에 부딪히며 후드득후드득 소리가 났다. 파데트는 하염없이 사랑하는 사람을 생각했다. 그때 문을 두드리는 소리와 함께 누군가가 말했다.

"팡숑, 안에 있어? 나야."

파데트는 재빨리 일어나 문을 열었다. 기쁨을 감추지 못한 파데트는 정신없이 사랑하는 랑드리의 가슴에 안겼다. 랑드리는 할머니를 간호하기 위해 파데트가 돌아와 있다는 소식을 들었다. 어떻게든 그녀를 만나고 싶은 마음에 동이 트면 돌아갈 요량으로 밤중에 찾아온 것이었다. 두 사람은 밤새 불 앞에 마주앉아 이야기를 나누었다. 파데트의 할머니가 돌아가신 지 얼마 되지 않았기에 아직 집 안에는 할머니의 온기가 사라지지 않은 느낌이었다. 즐겁게 서로를 반길 상황이나 장소는 아니었으므로 파데트는 랑드리에게 양해를 구했다. 두 사람은 숙연하게 얌전히 행동했다. 그러나 마구 기뻐할 상황이 아닌 줄은 알지만 오랜만에 만나 함께 있는 데다 서로에 대한 마음이 그동안에도 변하기는커녕 더욱 깊어졌다는 사실을 확인해 무척 행복했다.

날이 밝아오려 하자 랑드리는 점점 초심이 흔들리기 시작했다. 내일 밤에도 만나러 올 테니 헛간에 숨겨달라고 자꾸만 파데트에게 부탁했다. 하지만 언제나처럼 파데트가 설득해서 분별력을 되찾았다. 헤어져 지내는 생활이 영원히 계속되지는 않을 것이며 자신은 이제 이곳에 쭉 있을 것이라 다독였다.

"이렇게 하는 데에는 이유가 있어. 시간이 좀 더 지나면 말해줄게." 파데트가 말했다. "우리가 부부가 되는 데에는 아무런 문제가 없을 거야. 너는 주인에게 받은 일을 끝내러 가 봐. 팡셰트 이모님께 들었어. 실비네가 나으려면 한동안 너와 안 만나는 게 좋을 거라던데?"

"그 일만 아니었다면 여길 떠나고 싶지 않아." 랑드리가 말했다. "하지만 형이 너무 걱정돼. 어쩌면 더 걱정하게 될지도 모르지. 팡송, 너는 현명하니까 너라면 어떻게든 형을 낫게 할 방법을 찾아내지 않을까?"

"방법이라, 잘 이야기해서 설득하는 수밖에 없지 않을까." 파데트가 말했다. "실비네는 마음에 병이 있어서 몸까지 아픈 거야. 그러니 마음의 병이 나으면 몸은 저절로 낫겠지. 하지만 나를 싫어하잖아. 만나서 이야기를 하고 싶지만 내가 아무리 친절하게 말을 걸어도 내 말은 듣지 않을 거야."

"하지만 넌 지혜롭잖아. 말도 잘하고, 너에겐 하느님이 특별한 힘을 주셨잖아. 네가 이야기를 시작하면 나도 모르게 고개를 끄덕이며 공감하게 되지. 한시간만 이야기를 해보면 형도 분명 알아들을 거야. 부탁이야. 우리 형을 한 번만 만나줘. 툴툴거리며 퉁명스러운 표정을 짓더라도 좀 참아주고, 네 이야기를 듣지 않고는 못 배기게 만들어버려. 나를 위해 한 번만 애써줘. 우리 두 사람 사이를 위해서도 형과 이야기를 해주었으면 해. 형이 반대하면 우리 문제도 복잡해진다고."

파데트도 그것을 이해했다. 두 사람은 지금도 서로를 깊이 사랑하며 앞으로도 영원히 그럴 것임을 수백 번 넘게 이야기하고 헤어졌다.

33

마을 사람들은 랑드리가 다녀간 사실을 아무도 몰랐다. 혹시 누가 랑드리를 발견해서 실비네에게 이야기라도 했다가는 실비네의 병이 도질 테고, 랑드리가 파데트를 만나러 왔다가 자기를 보지 않고 돌아간 사실을 알았다가는 엄청난 앙심을 품을 게 분명했다.

그로부터 이틀 뒤 파데트는 말쑥한 차림으로 밖을 나섰다. 이제 더 이상 무일푼 빈털터리가 아니어서 질 좋은 견사를 사용한 서지로 만든 상복을 입었다. 코스 마을을 지나갔는데, 그새 키도 훌쩍 커서 아무도 파데트를 한눈에 알아보지 못했다. 읍내에서 지내는 사이에 얼굴도 제법 예뻐졌다. 잘 먹고 지내다 보니 몸도 좋아져서 그 나이 아가씨다운 얼굴빛과 몸매가 갖추어져서, 이제는 어떻게 봐도 남장여자처럼 보이지 않았다. 누가 봐도 실로 아름답고 사랑스러운 모습이었다. 사랑을 알고 마음도 행복하니 얼굴이나 자세에서도 한마디로 표현하기 힘든 반짝임이 드러났다. 아무튼 랑드리가 생각하듯 이 세상에서 가장 아름다운 여자까지는 아니더라도 이 주변 아가씨들 사이에서는 가장 매력적이고 생기발랄하고 옷차림도 좋은, 남자들이 가장 좋아할 만한 여자임에 틀림없었다.

파데트는 커다란 바구니를 팔에 안고 쌍둥이 저택으로 향했다. 바르보를 만나 이야기를 하기 위해서였다. 그런데 하필이면 마주친 사람이 실비네였다. 실비네는 파데트를 못 본 척 고개를 돌렸다. 파데트와 마주치다니 화가 치밀어 올랐지만 상대가 너무나 공손하게 아버지가 있는 곳을 물어보기에 대답을 하지 않을 수가 없었다. 실비네는 하는 수 없이 바르보가 대장일을 하는 헛간으로 안내해주었다. 파데트가 비밀스럽게 할 이야기가 있다기에 바르보는 헛간 문을 닫고서 이제 무슨 이야기를 해도 밖에서는 들리지 않을 것이라고 했다.

파데트는 바르보의 무뚝뚝한 태도에도 당황하지 않았다. 침착하게 그곳에 있던 짚단에 걸터앉아 바르보도 짚단 위에 앉기를 기다렸다가 이야기를 시작했다.

"바르보 아저씨, 저희 할머니는 아저씨를 좋아하지 않으셨고 아저씨도 절 좋게 생각하지 않겠지만 저는 아저씨가 이 마을에서 가장 솔직하고 믿을 만한 사람이라 생각해요. 모두 그렇게 말하고, 할머니도 아저씨가 으스대기 좋아한다며 비난하긴 했지만 믿을 만한 사람이라고 하셨어요. 게다가 아저씨도 아시겠지만 제가 랑드리와 오래 사귀어오면서 아저씨 이야기를 자주 들었거든요. 그래서 아저씨가 얼마나 훌륭한 분인지, 다른 누구를 통해 듣는 것보다 훨씬 더 잘 알게 되었어요. 그래서 아저씨에게 이야기를 털어놓고 부탁을 좀 드리려고 찾아왔어요."

"우선 이야기를 해봐라." 바르보가 말했다. "남이 나를 믿고 부탁한다는데 싫다고 할 수야 없지. 양심에 가책을 느낄 만한 일만 아니라면 뭐든 힘닿는 데까지 도와주마."

"이것 때문에 왔어요." 파데트는 가지고 온 바구니를 바르보의 다리 사이에 내려놓았다. "저희 할머니는 살아 계신 동안 병자들을 돌보고 약을 만들어 팔면서 생각보다 꽤 많은 돈을 모으셨어요. 돈 쓸 일이 있어도 안 쓰시고 어디에 투자 같은 것도 안 하셨으니까요. 도대체 얼마나 모았는지 가늠이 안 될 정도예요. 돈은 전부 움막 안에 파놓은 구덩이에 모아두셨는데, 가끔 제게 그 구멍을 보여주며 이렇게 말씀하셨지요.

'내가 죽으면 이곳을 열어보렴. 내가 남긴 돈이 있을 게다. 이 돈은 모두 너와 자네를 위해 모은 재산이야. 그러니까 지금 너희들이 자유롭게 살지는 못해도 나중에는 지금 고생한 만큼 더 여유롭게 지내게 될 게다. 미리 말해두는데 대리인 같은 사람에게 이 돈을 맡겨서는 안 된다. 그놈들은 비용이니 뭐니 하면서 이 돈을 전부 가져가버릴 테니 말이다. 그러니 이 돈이 너희 것이 되거든 손에 꼭 쥐고 있어. 평생 감춰둬. 나이가 들었을 때 쓰도록 말이야. 그러면 먹고사는 데 지장은 없을 거야.'

그래서 할머니 장례식을 마치고 할머니 말씀대로 움막 열쇠를 열고 안쪽 벽 앞에 놓인 벽돌을 치웠어요. 그리고 그 안에 있던 것들을 모두 바구니에 넣어가지고 왔어요. 이것들을 법률적인 절차에 따라 어떻게 처리해야 좋을지 모르겠어요. 그래서 아저씨의 힘을 빌리고 싶어요. 저로선 감이 안 와요. 저는 법에 관해서 전혀 모르는 데다 엄청난 비용이 들 수도 있으니까요."

"나를 믿고 이런 이야기를 해주다니 고맙구나." 바르보는 바구니 뚜껑을 열어보지도 않고 말했지만 안을 확인해보고 싶은 마음이 없는 건 아니었다. "하지만 내가 네 돈을 맡거나 재산 처리 방식에 간섭하는 건 아무리 생각해도 좀 도리에 어긋나는 것 같구나. 나는 네 후견인이 아니잖니. 게다가 네 할머니도 유언을 남기셨을 테고."

"유언은 없으셨어요. 법률상 제 후견인은 어머니지만 오랫동안 연락이 없으셔서 살았는지 죽었는지조차 몰라요. 다른 친척이라고 해봤자 팡셰트 이모밖에 없어요. 친절하고 정직한 분이긴 해도 이런 문제에 대해서는 의지할 분이 못 돼요. 재산을 관리해주시기는커녕 잃어버리시지나 않으면 다행이죠. 분명 모든 사람에게 떠들고 다니거나 보여주지 않고서는 못 배기실걸요. 별 볼 일 없는 곳에 투자하거나 접근하는 사람들에게 무턱대고 손을 대게 해서 순식간에 줄어들게 만드실 거예요. 이모는 계산에는 소질이 없는 분이시거든요."

"액수가 제법 되나 보구나?" 바르보가 물었는데, 아까부터 보지 않으려 해도 자꾸만 눈이 바구니 뚜껑 쪽으로 갔다. 바구니를 들어 무게를 가늠해보았는데 생각보다 묵직해서 깜짝 놀랐다.

'고철 같은 거라면 마차로 실어 날라야 할 정도로 많은들 의미가 없지만……'

파데트는 영리한 여자라 바르보가 지금 바구니 안을 얼마나 보고 싶어 할까 생각하며 속으로 웃음을 참았다. 그래서 직접 바구니 뚜껑을 열어 보이려 했더니 바르보는 자기 체통이 걸린 문제라고 생각했는지 파데트를 막았다.

"아니야. 액수는 내가 알아봤자 소용없어. 그 돈을 내가 맡아둘 것도 아니니까 네 재산이 얼마나 되는지는 모르는 편이 낫겠어."

"그건 그렇지만, 저, 그럼 이거 하나만 들어주세요." 파데트가 말했다. "저도 100을 넘어가면 팡셰트 이모와 별반 다를 바가 없어요. 게다가 옛날 돈과 요즘 쓰는 돈의 가치가 얼마나 차이가 나는지도 모르고요. 그러니 아저씨가 보고 가르쳐주세요. 안 그러면 전 제가 부자인지 가난뱅이인지도 모를 거예요. 전 제가 가진 재산이 얼마나 되는지 정확하게 알고 싶어요."

"그럼 한번 확인해보지 뭐." 바르보는 더 이상 참지 못하고 말했다. "그 정도라면 크게 힘든 일도 아니니 싫다고도 못하겠구나."

파데트는 재빨리 바구니 뚜껑을 열어 커다란 주머니 두 개를 꺼냈다. 거기에는 각각 에퀴 은화[3]가 6천 프랑씩 들어 있었다.

"이거 금액이 상당한걸?" 바르보가 말했다. "이 정도 지참금이면 결혼하자는 남자가 줄을 설 거다."

"이게 다가 아니에요. 바구니 바닥에는 이런 것도 있거든요. 뭔지는 모르겠지만."

파데트는 바구니 안에서 뱀장어 가죽 지갑을 꺼내 속에 든 내용물을 바르보의 모자 안에 쏟아부었다. 루이 금화였는데 얼핏 세어보아도 백 개가 넘었다. 바르보는 눈이 휘둥그레졌다. 계산을 해보고 다시 지갑에 넣었는데 파데트가 또 다른 뱀장어 가죽 지갑을 꺼냈다. 내용물은 아까와 마찬가지였다. 연이어 세 번째 네 번째 지갑이 나왔다. 다 계산해보니 금화, 은화, 잔돈까지 합해 4만 프랑이 조금 못 되었다.

이것은 바르보가 부동산으로 가진 모든 재산보다 3분의 1이 더 많았다. 시골에는 현금을 가지고 있는 사람이 좀처럼 없어서 사실 바르보도 이렇게 많은 돈을 한꺼번에 구경하기는 이번이 태어나 처음이었다.

아무리 솔직하고 욕심 없는 사람이라도 돈을 보고 기분이 나쁠 리는 없다. 바르보 역시 순간적으로 이마에서 땀이 배어나왔다. 이윽고 계산을 마친 바르보가 말했다.

"전부 합해 4만 프랑에서 22에퀴가 부족하구나. 바꾸어 말하면 네 몫만 해도 황금빛 피스톨[4] 금화 2천 개 정도에 달한다는 말이지. 넌 이제 우리 마을에서 가장 많은 지참금을 가진 아가씨야. 네 동생도 평생 다리를 전다해도 아무 문제없을 거야. 마차로 소유지를 돌아볼 수 있는 부유한 지주가 될 테니까. 마음껏 기뻐하렴. 넌 이제 부자야. 사람들이 뭐라 해도 상관없어. 어서 좋은 남편감을 만나야 할 텐데."

"딱히 온 동네에 소문낼 마음은 없어요." 파데트가 말했다. "그보다 제가 부자라는 것은 비밀로 해주세요. 전 못생겼지만 돈이 아니라 마음씨나 평판을 보고 저와 결혼하겠다는 사람과 함께하고 싶어요. 이 동네에서 제 평판이 그

---

3) 프랑스 옛 금(은)화, 19세기의 5프랑 은화.
4) 스페인의 옛 금화.

렇게 좋진 않지만 얼마간 이렇게 지내면서 사람들의 생각이 잘못되었다는 걸 증명해 보이고 싶어요."

"못생겼다니." 계속해서 바구니만 뚫어져라 보던 바르보가 얼굴을 들고 말했다. "난 거짓말은 안 한다. 너는 예전과 달라졌단다. 읍내로 나가 지내더니 전혀 다른 사람이 되었다. 지금은 누가 보아도 아름다운 아가씨야. 네 평판이 좋지는 않아도, 그게 만약 잘못된 거라면……. 꼭 그랬으면 좋겠구나. 하여튼 네가 노력해서 평판을 바꾸어보길 바란다. 부자가 된 사실을 좀 더 숨기겠다는 생각은 나 역시 찬성이야. 돈에 눈이 뒤집혀 결혼하겠다는 놈은 어디에나 있는데다 그런 놈들은 너를 아내로 맞이해도 소중히 대해 줄 만한 녀석들이 아닐 테니 말이다.

그리고 아까 이 돈을 내게 맡기겠다던 이야기는 말이다, 난 법률에도 약하고 나중에 의심을 받거나 재판소에 출두하거나 할 일이 생기는 걸 원치 않아. 이상한 말을 하는 놈들은 어디에나 있거든. 게다가 네 몫은 네가 마음대로 쓴다 치더라도 아직 어린 남동생의 몫까지 경솔하게 다루면 안 되지 싶구나. 큰 힘이 못 되어 미안하다만 내가 맡을 수는 없겠어. 대신 상담은 해보마. 물론 네 이름은 꺼내지 않겠다. 어떻게 해야 너와 네 어머니가 받은 재산을 대리인의 도움 없이 안전하게 효율적으로 처리할 수 있을지 알아봐 줄게. 대리인 가운데에는 정직한 사람만 있는 게 아니니까. 자, 이 돈은 전부 가지고 돌아가거라. 내가 대답을 얻어오기 전까지는 잘 감추어둬. 만약 어머니의 대리인이니 뭐니 하며 누가 찾아와 돈에 대해 증인이 필요하다고 하면 그땐 내가 증인이 되어줄게. 정확한 금액을 이곳 벽 구석에 적어놓겠다. 그러면 잊어버리지 않을 거야. 안심해도 돼."

사실 파데트도 처음부터 그것만 원했다. 바르보가 중요한 정보만 받아들이면 그걸로 충분했다. 바르보에게 자신이 조금이나마 특별한 사람임을 알렸으니 더 이상 바르보도 가난한 여자가 랑드리를 봉으로 삼으려 했다는 생각은 하지 않을 것이기 때문이다.

34

바르보는 파데트의 이런 신중함을 보고 그녀가 제법 영리한 아가씨라는 것을 알았다. 그는 파데트가 부탁한 재산 관리 일은 뒤로 제쳐두고, 그녀가 1년 동안 샤토 메이양에서 지내면서 사람들에게 어떤 평판을 얻었는지 알아보기 시작했다. 저렇게 엄청난 지참금을 가지고 있다면 집안 문제는 덮어두어도 되지 않을까 하는 생각이 들었던 것이다. 그러나 이 아가씨를 며느리로 맞아들이려면 먼저 품행을 따져야 했다. 바르보는 파데트가 어떻게 지냈는지 알아보기 위해 직접 샤토 메이양까지 가서 세심하게 조사했다. 파데트가 샤토 메이양에 왔을 때 홀몸이었고, 임신을 하지 않았으니 당연히 아이도 낳지 않았다는 사실을 확인했다. 실제로 평소 행실도 단정했다고 한다. 트집 잡을 구석은 하나도 없었다. 바르보가 알아본 바에 따르면 파데트는 귀족 출신 수녀님과 함께 살면서 일을 도왔다고 한다. 수녀님은 파데트에게 시중을 들게 시키기보다는 이야기 상대로 함께 지내며 예뻐해주었는데, 마음 씀씀이는 물론이고 예의와 지혜까지 갖춘 나무랄 데 없는 아가씨였다고 칭찬했다. 파데트가 떠나서 못내 아쉬워하는 눈치였다. 일을 시켜보니 부지런하고 야무진 구석도 있고 깔끔한 데다 타고난 마음씨도 곱고 인정이 넘쳤으며, 어딜 가도 파데트 같은 여자는 다신 없을 것이라고 거듭 말했다. 수녀님은 상당한 재산이 있어서 많은 사람을 도우며 살아왔다고 했다. 파데트는 수녀님을 따라 사람들을 돕고 병자를 간호하거나 약을 만들기도 했고, 수녀님이 프랑스혁명이 일어나기 전에 수도원에서 지내며 배웠던 모든 비법을 익혔다.

바르보도 이제는 좀 안심했지만, 확실히 마음이 놓일 때까지 더 조사해보겠다는 생각은 버리지 않은 채 코스 마을로 돌아왔다. 그리고 자식과 형제, 친척을 모두 집으로 불러 모아놓고, 파데트가 철들고 나서부터 어떻게 지냈는지 조사해보라고 일러두었다. 사람들 사이에서 돌고 있는 안 좋은 이야기가 아이들이 퍼뜨린 소문에 불과했다면 앞으로 남들 말은 무시하면 될 일이고, 반대로 파데트가 정말 행실이 좋지 않았다면 지금까지 그랬듯이 앞으로도 랑드리와 파데트가 사귀는 것을 허락하지 않으면 될 일이었다. 조사는 아무 탈 없이 조용히 진행되었다. 유산 이야기는 어디로도 새나가지 않았다. 바르보는 자기 아내에게조차 한마디도 하지 않았다.

그사이 파데트는 자신이 사는 작은 집에 처박혀 있다시피 지냈는데 집 안 물건은 하나도 바꾸지 않고 다만 볼품없는 소품까지 얼굴이 비칠 정도로 반짝반짝하게 닦아가며 청소를 했다. 동생 메뚜기에게는 말쑥한 옷을 입히고, 자신과 팡셰트 이모님과 마찬가지로 눈에 띄지 않게 천천히 좋은 음식을 먹이기 시작했다. 그러자 어느 순간부터 메뚜기는 부쩍 몸이 좋아졌다. 몰라보게 건강해졌다. 얼마 지나지 않아 나무랄 데 없을 만큼 건강한 몸을 갖게 되었다. 살림이 좋아지고 나니 성격까지 변했다. 할머니에게 혼나고 매 맞던 시절은 옛날이야기였다. 가족들이 사랑과 애정을 쏟으면서 상냥하게 말을 걸어주자 메뚜기는 재밌고 사랑스러운 말만 하는 귀여운 아이가 되었다. 절뚝거리던 납작코 어린아이가 미워할 수 없는 귀여운 소년으로 변한 것이다.

파데트 또한 겉모습이나 행동이 완전히 변해서 험담도 점점 줄어들었다. 파데트가 나긋나긋하고 얌전하게 걸어다니는 모습을 보면서, 얼른 할머니를 애도하는 시간이 끝나고 파데트와 함께 놀거나 춤을 출 수 있는 날이 오기를 기다리는 젊은이도 한두 명이 아니었다.

이때까지도 파데트를 새롭게 인식하지 않은 사람은 단 한 명, 실비네뿐이었다. 집안사람들이 짜고서 파데트에 대한 일을 몰래 진행시키고 있다는 건 실비네도 알고 있었다. 어느 날부턴가 아버지가 파데트에 관한 이야기를 자주 하셨다. 예전에 돌던 파데트에 관한 소문은 거짓말이었다, 내 아들이 죄 없는 아가씨에게 몹쓸 짓을 했다는 소리를 듣는다면 화를 참기 어려울 것이라고 말하면서 아버지는 랑드리를 위해 잘된 일이라며 기뻐했다.

게다가 가까운 시일 안에 랑드리가 돌아온다는 이야기도 있고, 바르보도 카이요가 랑드리를 보내주기를 기대하는 모양이었다. 이런 까닭으로 가족들은 더 이상 랑드리의 연애에 반대할 마음이 없었다. 실비네는 이를 눈치채고 다시 마음이 우울해졌다. 세간의 평가는 바람과 같다. 지금은 파데트를 향해 순풍이 불고 있는 시기였다. 그 누구도 파데트가 부자인 줄은 몰랐지만 누가 보아도 좋아할 만한 여자였으니 랑드리의 마음을 더욱 사로잡을 게 분명하다는 생각이 들어, 실비네는 그녀가 더욱 마음에 들지 않았다.

이따금 바르보는 며느리라는 말을 꺼냈다. 실비네나 랑드리도 슬슬 신부를 찾아야 할 나이라고도 했다. 랑드리가 신부를 맞는다는 것은 실비네에게 가장 슬픈 일이었다. 그러면 랑드리와 정말로 이별하게 될 테니까. 실비네는 다시 열이 올랐다. 바르보 부인은 이번에도 여러 의사를 불렀다.

어느 날 바르보 부인은 길에서 팡셰트 이모와 마주쳤다. 바르보 부인이 걱정되어 푸념하는 소리를 듣자 팡셰트 이모는 무엇하러 멀리까지 의사를 구하러 가서 돈을 쓰냐며, 그보다 이 근방에서 가장 유능한 여자 치료사에게 도움을 청하라고 했다. 게다가 그 여자는 할머니와 달리 돈을 벌기 위해 치료를 하는 게 아니라 하느님을 위해 사람들을 치료한다는 것이다. 이모님은 그런 식으로 파데트를 추천해주었다.

바르보 부인은 집으로 돌아가 즉시 바르보에게 이 이야기를 꺼냈다. 바르보 역시 반대하지 않았다. 파데트는 샤토 메이양에서 뛰어난 치료사로 평판이 났었고, 주인집 수녀님과 마찬가지로 많은 사람들이 돌보아달라고 찾아와 줄을 이루었다고 했다. 그는 그 이야기를 부인에게 들려줬다.

바르보 부인은 파데트에게 찾아가 실비네가 아프니 부디 와서 힘을 빌려달라고 부탁했다.

파데트는 랑드리와의 약속도 있고 해서 호시탐탐 실비네와 이야기를 나누려고 했지만 그때마다 실비네가 상대해주지 않았다. 그래서 실비네를 만나달라는 부탁을 받자 망설임 없이 실비네에게 갔다. 가서 보니 실비네는 열이 너무 심해 정신을 못 차리고 있었다. 파데트는 집안사람들에게 잠시 실비네와 자기 둘만 있게 해달라고 말했다. 환자를 치료할 때 사람들을 물리는 것은 여느 치료사들도 마찬가지이다. 가족들도 모두 이해하고 방에서 나갔다.

파데트는 우선 침대 가장자리에 늘어져 있는 환자의 손을 잡았다. 실비네는 파리가 나는 소리에도 잠을 깰 만큼 얕게 잠들어 있었는데도 파데트가 워낙에 조용히 움직여서 누가 자기 손을 잡은 줄도 몰랐다. 실비네의 손은 불덩이처럼 뜨거웠다. 파데트가 잡아주자 점점 더 뜨거워졌다. 실비네가 발버둥치기 시작했지만 잡힌 손을 빼내려고 하지는 않았다. 파데트는 아까와 마찬가지로 조용히 다른 손을 실비네의 이마에 얹었다. 그러자 실비네는 더더욱 버둥거렸지만, 시간이 흐르면서 점점 안정을 찾아갔다. 이윽고 환자의 머리와 손에서 차츰 열이 내려가고 어린아이처럼 편안해지는 게 파데트의 눈에도 보였다. 파데트는 그대로 실비네가 눈을 뜨기 전까지 곁에 있었다. 그러다가 마침내 자리에서 일어나 침대에 커튼을 드리워놓고 방에서 나와 그대로 집으로 돌아갔다. 돌아가는 길에 바르보 부인에게 이렇게 말했다.

"얼른 들어가셔서 먹을 것 좀 챙겨주세요. 열은 다 내렸으니까요. 그리고 제가 다녀간 사실은 절대 말하지 마세요. 환자를 위해서 그러는 거니까 꼭 그렇게 해주세요. 오늘 밤에 다시 올게요. 늘 그 시간에 상태가 안 좋아진다는 거죠? 그렇다면 다시 한번 좋지 않은 열을 빼내도록 해볼게요."

35

바르보 부인은 실비네의 열이 내려 있어 깜짝 놀랐다. 얼른 먹을거리를 챙겨왔더니 실비네는 조금이나마 맛있게 음식을 먹었다. 그동안 엿새나 열이 내려가지 않아 아무것도 먹지 못한 상태였기에 모두 크게 기뻐했다. 파데트는 환자를 일으키지도 않고 약도 먹이지 않았다. 오직 기도를 통해 열이 내려가도록 만들었다니, 감탄할 일이었다.

밤이 되자 다시 열이 치솟았다. 실비네는 잠든 채 고열에 시달리며 종잡을 수 없는 말을 내뱉다가 퍼뜩 잠에서 깨어 주위 사람들을 보고 무서움에 벌벌 떨기도 했다.

다시 찾아온 파데트는 아침에도 그랬듯이 환자의 침대 곁에서 혼자 한 시간을 앉아 있었다. 이때에도 딱히 무언가 치료를 하지는 않았다. 다만 환자의 손과 머리에 조용히 손을 얹고 불덩이처럼 뜨거운 환자의 얼굴 가까이에서 부드럽게 호흡했다.

그러자 아침과 마찬가지로 헛소리가 멈추고 열도 내려갔다. 이번에도 자신이 다녀갔다는 말은 하지 말라고 당부한 뒤 파데트는 돌아갔다. 가족들이 가보니 실비네는 편안하게 잠들었고 얼굴도 더는 뜨겁지 않았다. 도무지 아픈 사람처럼 보이지 않았다.

파데트는 어떻게 이런 방법을 생각해냈을까? 알 도리가 없다. 하지만 이것은 동생 자네를 간호하면서 자연스럽게 터득한 방법이었다. 자네가 아플 때에도 파데트가 손을 대고 곁에서 호흡을 하기만 해도 열이 떨어졌다. 열이 심하고 오한이 날 때에도 똑같이 손을 대고 호흡을 해서 몸을 따뜻하게 만들어줬다. 이런 식으로 위험한 고비를 넘긴 적이 몇 번이나 있었다. 아무 데도 아프지 않은 사람이 병이 없는 건강한 손으로 애정과 신념을 담아 아픈 사람의 몸에 손을 댔을 때, 병자가 어느 정도 기력이 남아 있고 하느님의 사랑을 마음 깊이 믿는 사람이라면 반드시 병을 물리칠 수 있다고 파데트는 생각했다. 그래서 아픈 사람의 몸에 손을 대고 있는 동안 마음속으로 끊임없이 하느님에게 기도했다. 평소에는 자기 동생, 이번에는 랑드리의 형에게 이 방법을 썼지만, 별로 소중하다고 생각하지 않는 사람이거나 신경 쓰이지 않는 사람에게는 애초부터 이런 방법을 써보려고 하지도 않았다. 한마디로 이 방법에서 가장 중요한 것은 아픈 사람에 대한 깊은 애정을 가져야 한다는 점이었다. 애정이 없다면 하느님도 병을 고칠 힘을 주시지 않으리라 생각했다.

실비네가 열이 떨어졌을 때에도 파데트는 자기 동생의 열을 잠재웠을 때와 똑같이 하느님에게 기도했다.

"하느님, 부디 제 몸의 힘을 이 병자의 몸 안으로 불어넣어주십시오. 예수님이 모든 사람의 죄를 대신해 자신의 생명을 희생하신 것과 같이 이 병자를 돕는 데 제 생명이 필요하시다면 그렇게 하십시오. 제 소원대로 병자를 고쳐주신다면 제 생명을 기쁘게 바치겠나이다."

파데트는 할머니의 임종을 지켜보면서도 이와 같이 기도할 생각을 안 했던 것은 아니었다. 하지만 그렇게 하지 않았다. 파데트는 마법이 아닌 신심의 힘으로 병을 치료하는 사람이었다. 그런데 기적이라도 일어나지 않는 한 보통 사람에게 허락될 리 없는 일을 무턱대고 하느님께 부탁했다가는 하느님의 화를 돋을지도 몰랐다. 그런 걱정 때문에 파데트는 기도하지 않았다. 할머니 몸과 영혼이 이렇게 생명을 다해가는 것은 나이를 먹으면 자연스럽게 일어나는 일이므로 순리이자 하느님의 뜻이라는 생각이 들었다.

치료법 자체가 효과를 봤는지 어떤지는 뭐라 말하기 힘들지만, 아무튼 파데트가 다녀간 뒤로 3일이 지나자 실비네는 완전히 열이 떨어졌다. 실비네는 어떻게 자신이 나았는지 알지 못했다. 그런데 파데트가 마지막으로 찾아갔을 때, 평소보다 조금 빨리 눈을 뜬 실비네는 이쪽으로 몸을 숙인 채 자기 손을 잡고 있는 파데트를 보고야 말았다.

처음에 실비네는 유령이라 생각해서 눈을 감고 보지 않으려고 했다. 그러나 나중에 어머니에게 정말로 파데트가 와서 자기 몸에 손을 댔는지 아니면 꿈을 꾼 것인지 물어보았다. 때마침 바르보 부인은 남편에게서 어떤 계획을 들은 참이었으므로, 이 일을 통해 실비네가 파데트에게 가진 반감을 버려주길 바라면서 '실은 파데트가 3일 동안 아침저녁으로 와서 독특한 치료법으로 열을 내려주었다'고 말해주었다.

실비네는 파데트의 치료법을 믿지 않았다. 내 열은 저절로 내려갔는데 파데트의 주술 같은 비법 덕분이라니, 모두 바보 같은 헛소리라고 말했다. 하지만 그로부터 사나흘은 아무 일 없이 몸도 건강했기에 바르보는 그사이 랑드리가 신부를 맞이할지도 모른다는 사실을 실비네에게 이야기하는 편이 좋겠다고 생각했다. 그래도 혹시나 하는 마음에 신부로 맞이할 여자의 이름은 말하지 않았다.

"감추지 않아도 돼요." 실비네가 말했다. "누가 랑드리의 신부가 될지 나도 잘 알고 있으니까요. 파데트 맞죠? 그 여자는 아버지를 비롯해 모두를 홀려놨어요."

사실 바르보가 파데트에 대해 비밀리에 조사해 알아낸 것이라고는 파데트에 관한 좋은 말뿐이었다. 바르보는 더 이상 고민할 것 없이 빨리 랑드리를 불러들여야겠다고 생각했다. 그러자니 실비네의 질투가 걱정이었다. 실비네가 질투를 하지 않도록, 파데트와 함께하지 않으면 랑드리는 행복해질 수 없다고 열심히 설명했다. 그러자 실비네는 이렇게 대답했다.

"그렇다면 그렇게 하세요. 랑드리의 행복을 대신할 것은 없으니까요."

그러나 가족들은 쉽사리 일을 진행시키지 못했다. 실비네가 겨우 허락해주나 싶더니 또다시 열이 올라 드러누웠기 때문이다.

36

바르보는 파데트가 예전에 자기에게 억울한 대접을 받았던 것을 마음에 담아두고 있을지도 모른다는 생각이 들었다. 어쩌면 멀리 떠난 랑드리는 완전히 잊어버리고 다른 남자를 마음에 품었을지도 모르는 일이다. 이래저래 걱정이 된 바르보는 파데트가 실비네를 보살펴주기 위해 쌍둥이 저택으로 올 때면 랑드리에 관한 이야기를 슬쩍 흘려보았다. 하나 파데트는 매번 못 들은 척해서 바르보는 몹시 불안해졌다.

어느 날 아침, 바르보는 작정하고 파데트의 집을 찾아갔다.

"파데트." 바르보가 말했다. "오늘 너에게 물어볼 게 있어서 찾아왔단다. 솔직하게 말해주렴. 넌 할머니가 네게 많은 재산을 남겨주리라는 걸 돌아가시기 전에 이미 알고 있었니?"

"네, 알고 있었어요." 파데트가 대답했다. "어렴풋이 알고 있었어요. 할머니는 자주 금화나 은화를 늘어놓고 계산을 하시곤 했는데 돈이 나갈 일이 있으면 동전만 썼거든요. 또 다른 여자들이 보기 흉한 제 옷차림을 보고 놀리면 할머니가 '신경 쓰지 마라, 네가 저 애들보다 훨씬 더 부자니까. 때가 되면 머리부터 발끝까지 호사스럽게 꾸밀 수 있을 거다'라고도 하셨고요."

"랑드리에게도 이야기했니?" 바르보가 이어서 물었다. "아들놈이 네 돈에 눈이 멀어서 널 사랑하는 척하는 건 아니겠지?"

"전 언제나 제 눈을 보고 사랑해줄 남자를 원했어요. 어쨌든 눈만은 예쁘다고 칭찬을 들었으니까요. 아무리 제가 바보라도 실은 내 뱀장어 가죽 지갑 안에 좋은 게 들어 있다고 다른 사람에게 굳이 알려줄 리가 없잖아요. 가르쳐주었다 해도 랑드리라면 걱정하지 않아도 되리라고 생각해요. 랑드리는 진심으로 저를 바라보는 사람이니까요. 우리 집이 가난하든 부자든 전혀 신경 쓰지 않았어요."

"그러면 할머니가 돌아가신 뒤로도 랑드리가 유산 이야기를 듣지 못했다고, 너나 다른 누구에게서도 듣지 않았다고 맹세할 수 있겠니?"

"네, 맹세할 수 있어요." 파데트가 말했다. "거짓말 아니에요. 그 사실을 아는 사람은 하늘과 땅을 통틀어 저 말고는 아저씨뿐이에요."

"그건 그렇고 랑드리의 마음은 어떠니? 지금도 변함없이 너를 마음에 품고 있나? 할머니가 돌아가신 뒤에도 마음이 변하지 않았다는 증거라도 있어?"

"그거라면 확실한 증거가 있어요." 파데트가 대답했다. "실은 할머니가 돌아가시고 3일째 되던 날에 랑드리가 왔어요. 결혼해주지 않으면 죽어버리겠다고 했지요."

"넌 뭐라고 대답했니?"

"제가 뭐라고 대답했는지는 굳이 말할 필요가 없다고 생각하지만 물어보시니 알려드리지요. 전 서로 시간을 갖고 생각해볼 문제다, 나로서는 부모님 뜻을 거스르면서까지 나와 함께하려는 남자는 내키지 않는다고 했어요."

파데트의 말투가 워낙에 쌀쌀맞아서 마치 남의 이야기를 하는 듯했다. 바르보는 걱정스러운 마음에 말을 꺼냈다. "네가 우리 아들놈을 평생 행복하게 해줄 마음이 있는지 모르겠지만, 내가 염치없이 한마디만 해도 되겠니? 내 아들 녀석이 너에게 눈이 멀어 있다는 건 너도 알 거다. 정말로 네게 반한 남자가 아니면 안 된다고 했으니 너도 꼼꼼히 살펴보았겠지. 랑드리는 네가 누더기를 걸치고 사람들에게 싫은 소리를 듣던 시절부터 너를 좋아했단다. 부모 형제한테까지 엄청나게 나쁜 짓을 한 것처럼 비난을 받으면서도 오직 너만을 바라보았어. 모두 너를 못생겼다고 할 때에도 예쁘다고 했고, 네 곁에 있느라 힘든 시간을 보내면서도 굴하지 않고 너만 생각한 녀석이야. 옆에 있을 때나 함께하지 못할 때나 변함없이 널 생각해주고 말이야. 한마디로 마음 깊은 곳에서부터 너를 사랑하는 녀석이지. 그러니 그 아이의 마음을 의심하지 마라. 그 녀석 말고 네 남편이 될 만한 사람은 없다. 난 그렇게 생각한다."

"그런 생각은 이미 오래전부터 했답니다." 파데트가 대답했다. "하지만 저는 아까도 말씀드렸다시피 속으로는 체면 구긴다고 생각하면서도 귀여운 아들을 위해서 울며 겨자 먹기로 저를 받아주는 집안에 며느리로 들어가고 싶지는 않아요. 그건 무엇보다 괴로운 일이에요."

"그런 일이 걱정되어 결심을 못했다면 이젠 망설이지 않아도 된다." 바르보가 말했다. "우리 가족은 모두 네가 더할 나위 없는 여자라고 생각하거든. 꼭 식구로 맞이하고 싶다며 입을 모아 이야기한단다. 아니, 네가 부자가 돼서 그러는 건 아니야. 지금까지 너를 좋지 않게 생각했던 이유는 네가 가난해서가 아니었어. 너에 대한 나쁜 소문 때문이었지. 만약 소문이 사실이었다면 랑드리가 너와 맺어주지 않으면 죽겠다고 으름장을 놓은들 우리는 결단코 너를 식구로 맞아들이지 못하게 했을 거다. 그래서 난 그 소문을 분명히 밝히고 넘어가야겠다고 생각했어. 그래서 샤토 메이양까지 직접 다녀왔다. 여기저기 구석구석 조사한 결과 그 소문은 전부 거짓이었다는 사실을 알아냈지. 그리고 네가 얼마나 슬기롭고 훌륭한 아가씨인지 알게 되었어. 랑드리가 내게 열심히 설명하던 말 그대로더구나. 그래서 내가 이렇게 부탁하러 왔다. 우리 못난 아들놈의 아내가 되어주지 않으련? 네가 승낙해준다면 랑드리도 다음 주 내로 얼른 돌아오라고 할 생각이란다."

파데트는 바르보가 이렇게 말하리라 짐작했기에 마침내 그 이야기가 나오자 무척 기뻤다. 하지만 신중한 여자로서 시대 사람들에게 존중을 받고 싶었으므로 기쁜 내색을 하지 않고 조심스럽게 승낙의 뜻을 밝혔다. 그러자 바르보가 파데트에게 말했다.

"보아하니 너는 나나 우리 집 사람들에 대한 응어리가 아직 완전히 풀리지는 않은 모양이구나. 하지만 나처럼 나이 든 늙은이가 허리 굽혀 사과하기를 바랐다면 그건 어려울 게다. 애정 어린 말을 해주었으니 이 정도로 넘어가주렴. 우리 가족들은 모두 너를 친절하게 대하고 소중하게 생각할 거야. 내 말을 믿으렴. 내가 이리 보여도 지금까지 누구를 속여본 적 없는 사람이야. 화해의 뜻으로 키스를 해다오. 앞으로는 내가 네 부모님을 대신하게 될 테니 이제 내 딸이 되어주지 않겠니?"

파데트도 더 이상 마음을 숨길 수 없었다. 양손을 벌려 바르보의 목을 와락 끌어안았다. 노인의 마음은 기쁨으로 가득 찼다.

37

양쪽 모두 준비가 되었다. 혼례는 파데트의 할머니 애도기간이 끝난 뒤에 하기로 했다. 이제 랑드리를 불러들이기만 하면 되었다. 그런데 그날 밤, 파데트의 집으로 약혼 인사를 하러 온 바르보 부인은 실비네가 동생의 결혼 소식을 듣고 병이 도진 사실을 털어놓았다. 실비네가 완전히 이해하거나 몸이 나을 때까지 사나흘만 더 기다려줄 수 있겠냐고 물었다.

"난처하네요." 파데트가 말했다. "전에 병이 났을 때 실비네가 저를 본 건 그냥 꿈이었다고 끝까지 잡아떼지 그러셨어요. 이제는 실비네의 마음에 저에 대한 의심이 생겨버렸으니 지난번처럼 자는 도중에 들어가 치료할 수가 없어요. 어쩌면 제가 곁에 못 다가오게 하거나 저를 보고 상태가 더 나빠질지도 몰라요."

"그렇지는 않을 것 같구나." 바르보 부인이 대답했다. "아까 상태가 안 좋아져서 침대로 들어가면서 그 애가 이렇게 말했는걸. '파데트는 어디 있는 거예요? 그 아이가 치료해주면 확실히 낫던데. 이제 안 오나요?' 이렇게 말이야. 그래서 지금 파데트를 부르러 간다고 했더니 좋아하던걸. 기다렸다는 듯이 말이야."

"지금 갈게요." 파데트가 대답했다. "하지만 이번엔 다른 방법을 써야 해요.

전에는 제가 곁에 있는 줄 몰랐으니 도와줄 수 있었던 건데 지금은 상황이 다르니까요."

"그래서 약이고 뭐고 아무것도 안 가지고 가는 거야?" 바르보 부인이 물었다.

"네, 안 가지고 갈 거예요." 파데트가 대답했다. "실비네는 몸이 아픈 게 아니에요. 마음의 병만 나으면 되지요. 어떻게든 제 마음으로 실비네의 마음을 고쳐보도록 노력할 거예요. 잘될지는 모르겠지만 이것만큼은 약속드릴게요. 어떻게 해서든 실비네의 병을 치료하기 전에는 랑드리에게 이 이야기는 비밀로 하고 언제까지고 기다리겠습니다. 랑드리가 형을 치료해달라고 제게 부탁하고 떠났거든요. 형을 치료하느라 그가 돌아오는 날이 늦어지거나 경사스러운 날을 늦게 되다면 그 사람은 오히려 기뻐하며 저를 칭찬할 거예요."

실비네는 파데트가 자기 침대 옆으로 다가오자 인상을 썼다. 몸이 좀 어떤지 물어보아도 대답조차 하지 않았다. 맥을 짚어보려고 하자 팔을 움츠리며 벽쪽으로 돌아누워버렸다. 파데트는 사람들에게 손짓으로 둘이서만 있게 해달라고 알렸다. 모두 방에서 나가자 파데트는 방 안을 밝히던 램프를 꺼버렸다. 마침 보름달이 뜬 밤이었다. 창문으로 들어오는 달빛만이 방을 밝혀주는 유일한 빛이었다. 다시 실비네가 누운 침대 곁으로 돌아간 파데트는 갑자기 명령하는 듯한 말투로 말했다. 그러자 실비네는 어린아이처럼 얌전하게 말을 들었다.

"실비네. 양손을 이리 내밀어! 그리고 내가 물으면 뭐든지 솔직하게 대답해. 난 돈을 받으려고 온 것도 아니고 일부러 너를 보러 온 거니까 내게 인상 쓰지 마. 내 말을 잘 듣고 잘 생각한 뒤에 대답해줘. 거짓말을 해도 소용없어. 난 속지 않으니까."

"뭐든 물어봐. 대답할게." 실비네가 대답했다. 이전에는 대답 대신 돌을 던지던 코흘리개 파데트에게 이런 위압적인 이야기를 듣게 되니 어찌할 줄을 몰랐다.

"그렇다면 묻겠는데, 너는 죽고 싶은 거지?" 파데트가 물었다.

실비네는 허둥대느라 얼른 대답을 하지 못했다. 그러나 파데트가 잡고 있던 손에 힘을 꽉 주는 게 어떻게든 대답을 듣겠다는 눈치여서 머뭇거리며 대답했다.

"그냥 죽는 편이 낫겠다는 거지. 그게 가장 행복한 결말이지 않을까. 난 가족들에게 짐이 되는 존재야. 살아봤자 걱정만 끼친다고. 몸도 약하고 게다가……."

"분명하게 말해. 감추지 말고."

"타고난 성격이 워낙 소심한데 어쩌라는 거야?" 실비네는 결국 고백하고 말았다.

"게다가 성격도 좋지 않고." 파데트가 호되게 꾸짖듯 말하자 실비네는 부아가 나긴 했지만 그보다 더 두려움을 느꼈다.

38

"성격이 좋지 않다니, 내가 어디가 어때서!" 실비네가 말했다. "말이 좀 심한 거 아닌가? 내가 아무 대꾸도 못할 줄 알고 그러는 거야?"

"난 사실을 이야기했을 뿐이야." 파데트가 반박했다. "얼마든지 말해줄게. 네가 아픈 것도 하나도 불쌍하지 않아. 대단한 병이 아니라는 것 정도는 척 보면 안다고. 걱정할 이유가 없지. 굳이 말하자면 미치광이가 될까 봐 걱정이려나. 스스로 그렇게 되려고 작정한 사람 같긴 해. 못되고 패기 없는 자신이 어떻게 되는지도 모르면서 말이지."

"패기가 없다는 말은 상관없는데, 못되다니. 그런 심한 말을 들을 이유는 없는 것 같은데?"

"뭐라 해도 소용없어." 파데트가 말했다. "네가 어떤 사람인지 나도 알거든. 너보다도 더 잘 알걸? 그러니 그렇게 말하는 거야. 넌 패기가 없어서 나쁜 감정에 굴복하니까 못된 거라고. 그러니 제멋대로에다가 은혜도 모르는 거야."

"그렇게 날 나쁘게 생각하다니 분명 랑드리가 심한 말을 한 게 틀림없군. 랑드리가 나를 조금도 생각하지 않는다는 증거지. 넌 나에 대해 아는 이야기라곤 랑드리에게 들은 말밖에 없을 테니까."

"네가 분명 이렇게 나올 줄 알았어. 이렇게 말할 줄 알았다고. 넌 말만 꺼냈다 하면 랑드리에 대한 불만이나 험담만 늘어놓으니까. 넌 랑드리를 생각하는 마음이 워낙에 비뚤어져서 무슨 일만 있으면 화내고 원망해. 그러니 미치광이 같다는 거야. 그래서 못됐다는 거지. 말해두겠는데, 랑드리는 너보다 몇 천 배

더 너를 생각해. 네가 아무리 나쁜 짓을 해도 입을 다물고 말하지 않는다는 게 그 증거야. 그런데 너는 랑드리가 하는 일마다 불평만 해. 그는 언제나 네가 원하는 대로 해주고 비위를 맞춰주는데 말이야. 이래서야 내가 그 사람을 편들 수밖에 없잖아? 랑드리가 너에 대해 좋게 말하면 할수록 난 너를 나쁜 사람이라고 생각하게 돼. 이렇게 좋은 동생을 두고도 알아주지 않다니, 정말 못된 사람이 아니라면 그럴 리가 없다고 생각하니까."

"그러니까 내가 싫은 거구나? 그건 처음부터 알았어. 그래서 랑드리에게도 내 욕을 해서 날 싫어하게 만들었겠지. 다 알아."

"이번에도 그렇게 나올 줄 알았어. 내 순서가 돌아왔구나. 고맙네. 자, 그렇다면 이것도 알려줄게. 넌 심보가 뒤틀린 거짓말쟁이야. 이거 봐, 네가 자기를 싫어한다는 것을 알면서도 언제나 친절하게 너를 생각해준 사람의 마음을 알아주기는커녕 나쁘게 말하잖아. 내가 랑드리와 만난다는 세상에 단 하나뿐인, 무엇보다 즐거운 순간을 너를 위해 몇 번이나 포기해왔는지 넌 모를 거야. 랑드리를 네 곁으로 보내며, 내가 좀 참아서라도 네가 기뻐하길 바랐어. 의리라도 있다면 또 모를까, 너는 늘 나를 눈엣가시처럼 여겼지. 철이 든 뒤로 만난 사람 가운데 너처럼 무자비하고 거만하게 날 대한 사람은 없었어. 물론 맘만 먹으면 되갚아줄 기회는 얼마든지 있었지만 난 그러지 않았어. 앙갚음은커녕 너 몰래 원수를 은혜로 갚았다고. 훌륭한 천주교 신자라면 하느님의 가르침에 따라 다른 사람의 잘못을 용서해야만 한다고 생각하기 때문이었어. 하느님 이야기를 해봤자 너에게는 안 통하겠지. 하느님에게 등을 돌리고 스스로 지옥으로 떨어졌으니까."

"참고 들어주려고 했지만 너무 심한 거 아니야? 난 천주교 신자도 아니라는 소리야?"

"아까 뭐라고 그랬어? 죽고 싶다고 안 그랬어? 그게 천주교 신자가 할 소리야?"

"정말 죽고 싶다는 말은 아니었어. 다만……." 실비네는 반박하려다 말고 입을 다물었다. 파데트 이야기를 듣고 보니 방금 전에 자신이 하느님을 얕잡아보았다는 사실을 깨닫고 갑자기 두려워졌다.

파데트는 손에 한층 더 힘을 주고 계속해서 추궁했다.

"그럴지도 모르지. 너도 말은 그렇게 했어도 그토록 나쁜 생각은 하지 않았을지도 몰라. 내가 보기엔 그렇거든. 입으로는 그렇게 말했어도 넌 정말 죽고 싶지는 않을 거라 생각했어. 단지 다른 사람들이 그렇게 생각하기를 바랐겠지. 가족들이 네 말을 다 들어주기를 바라니 그렇게 말했던 거 아니야? 어머니는 어쩔 줄 몰라 쩔쩔 매시고 랑드리는 사람이 좋아서 네가 정말로 죽으면 어떡하나 걱정했어. 하지만 내 눈은 못 속여. 너도 다른 사람들과 마찬가지로 죽을 마음은 없어. 도리어 다른 사람보다 더 잘 살고 싶지? 단지 넌 가족들이 널 걱정해주는 상황을 즐기려고 그러는 거야. 가족들이 너를 생각해서 어떤 일을 하려다가도 네가 싫다고 죽는다고 위협하면 다 져주니까 넌 그게 좋은 거야. 그래, 말 한마디로 가족 모두를 마음대로 하니 꽤나 편안하고 기분 좋았겠지. 널 휘어잡으려는 사람도 없고 말이야. 하지만 그건 하느님의 길에서 벗어나는 행동이야. 아무렇지 않게 그런 행동을 한다는 건 이미 하느님의 말씀에 등을 돌렸다는 증거라고. 그러니 벌을 받지. 남들 말을 듣지 않고 무조건 네 생각대로 할수록 넌 점점 불행해지는 거야. 너 지금 괴롭지? 그건 너무 편하게 자라서 그래. 어떻게 하면 네가 성격 좋고 슬기로운 사람이 될 수 있었을지 알려줄까? 엄한 부모님 밑에서 더 가난하게 자랐어야 했어. 빵도 매일 먹지 못하고 늘 구박만 받았으면 좋았을 텐데. 네가 그렇게 나나 자네처럼 자랐다면 지금처럼 은혜도 모르는 사람이 되지는 않았을 거야. 작은 일에도 감사하며 살았겠지. 네가 쌍둥이라는 사실을 방패로 삼으면 안 돼. 주변 사람들이 네게 그 이야기를 너무 많이 해서 이렇게 되었는지도 모르겠다. 쌍둥이들은 애정이 깊어서 인간의 힘으로는 떼어놓지 못하니, 억지로 강요했다가는 네가 죽을지도 모른다고 말이야. 너도 태어났을 때부터 그런 말을 계속 듣다 보니 그런가 보다 하면서 혼자서 유별나게 사랑을 키워왔겠지. 그러나 하느님은 엄마 배 속에 우리를 만들어내면서부터 그런 괴로운 운명을 짊어지게 할 만큼 불공평한 분이 아니야. 우리 머리에 자기 힘으로는 도저히 해결할 수 없는 생각을 심어주시는 그런 잔인한 분이 아니라고. 너처럼 말도 안 되는 것을 믿는 사람은 다 이런 식이야. 너는 하느님에게 잘못을 저지르고 있어. 타고난 나쁜 운명이 마음속에 있는 힘과 분별력보다 더 강하다고 믿고 있잖아? 절대로 그렇지 않아. 미친 사람이 아니라면 자기 질투심은 제어할 수 있어. 그럴 마음만 있다면 말이야. 그런데 너는 그럴 마음이 조금도 없어. 네 나쁜 버릇을 사람들이 다 받아주어서 그래. 너는 인간으로서의 의무보다 제멋대로 사는 것을 더 중시하는 사람이야."

실비네는 아무 말도 하지 않고 파데트가 어느 것 하나 빠뜨리지 않고 계속해서 공격하는 것을 가만히 듣고 있었다. 실비네도 잘 생각해보니 파데트가 하는 말 가운데 틀린 것이 하나도 없었다. 다만 한 가지 이야기만은 너무 심하다는 생각이 들었다. 자신이 이 병을 이겨내려고 한 번도 노력해본 적이 없고, 다 알면서도 줄곧 어리광을 피워왔다고 말한 부분이었다. 실은 그렇지 않았다. 일부러 어리광을 피운 건 아니었다. 자신도 모르는 사이에 그리 되었을 뿐이었다. 그런데도 남들 눈에는 그렇게 보였다니 정말 슬펐다. 철저히 짓밟힌 기분이 들었다. 더 좋은 사람이 되기 위해 무엇이든 해야겠다는 생각이 들었다. 파데트는 자신이 너무 심하게 말하는 줄 잘 알고 있었지만, 실비네의 마음을 돌보고 위로하기 전에 우선 제대로 상처를 주는 편이 좋다고 생각해서 일부러 그렇게 했다. 겉으로는 화가 난 듯 심한 말을 내뱉었지만 속으로는 실비네가 너무 불쌍하다고 생각했다. 마음에도 없는 말을 해야만 하는 이 상황이 너무 힘들었다. 실비네의 방에서 나왔을 때는 실컷 욕을 먹은 실비네보다 파데트가 훨씬 지쳐 있었다.

39

사실 실비네는 주변 사람이 생각하는 것만큼, 또 실비네 스스로 생각하는 것만큼 심한 병에 걸린 것은 아니었다. 파데트가 실비네의 맥을 짚어보니, 기가 약해 신음하며 끙끙대는 듯했다. 열이 큰 문제가 아니라 마음의 병으로 기가 약해졌던 것이다. 그래서 파데트는 실비네를 고치기 위해 일부러 자신을 실제보다 훨씬 무섭게 생각하도록 말을 했었다. 실비네의 마음부터 고쳐야 했기 때문이다. 파데트는 날이 밝자마자 다시 실비네에게 갔다. 실비네는 전날 밤에 거의 잠을 자지 못했다. 그래도 아주 차분한 모습으로 얌전히 있었다. 파데트의 얼굴을 본 실비네는 전날 밤과는 달리 자기가 먼저 손을 내밀었다.

"손은 왜 내밀어?" 파데트가 말했다. "열이 나? 열은 더 이상 안 날 텐데? 보지 않아도 알아."

실비네는 파데트가 손을 잡아주지 않자 이제 와서 내민 손을 거두는 것도 쑥스러워 이렇게 말했다.

"아침 인사를 하려고 했지. 게다가 신세를 졌으니까 고맙다는 인사는 해야지."

"어머 그런 거야? 그렇다면 악수하자." 파데트는 손을 잡은 채 말을 이었다. "인사를 하자는데 싫다고 할 수야 없지. 설마 네가 나쁜 생각을 품고 인사를 하자고 할 만큼 거짓말쟁이는 아닐 테니 말이야."

실비네는 오늘은 제대로 눈을 뜨고 똑바로 파데트를 보며 손을 잡고 있는데도 마음이 편안했다. 그는 부드럽게 말했다.

"어젯밤에는 정말 난감했어. 그런데도 네가 조금도 밉지 않아. 밉기는커녕 어제 그렇게 안 좋은 이야기를 해놓고도 나를 보러 오늘도 이렇게 찾아와줘서 고마워."

파데트는 침대 곁에 앉아 전날 밤과는 전혀 다른 자세로 여러 이야기를 해주었다. 친절하고 상냥하게 마음을 담아 이야기했다. 실비네는 파데트가 화만 내는 사람인 줄 알았는데 자신을 친절하게 보듬어주니 너무나 기뻤다. 결국은 울면서 자신이 잘못했다고 고백했다. 자신을 용서해준다면 앞으로는 친하게 지내고 싶다며 마음 깊은 곳에서 우러난 바람을 조심스럽게 고백했다. 파데트도 실비네의 말이 솔직한 고백이라고 생각했다. 그래서 충분히 울게 내버려두었다가 다시 타이르듯 이야기를 이어갔다. 파데트가 손을 빼려고 할 때마다 실비네는 꼭 쥐고 놓지 않았다. 이 손이 자신의 병과 슬픔을 모두 낫게 해주리라는 생각이 들었던 것이다. 파데트는 실비네가 자신이 생각했던 대로 마음을 다잡자 이렇게 말했다.

"이제 돌아갈게. 너도 일어나. 열이 떨어졌으니까. 엄살 그만 피우고. 어머니도 너를 돌보느라 많이 힘드셨을 거야. 네 걱정을 하시느라 제대로 쉬지도 못하셨어. 이따 어머니께서 내가 부탁한 음식을 들고 들어오실 거야. 꼭 먹어야해, 알았지? 고기를 준비하라고 말해두었어. 네가 고기를 싫어한다고 들었어. 채소만 먹었다면서? 억지로라도 고기를 좀 먹어보도록 해. 싫다고 투정 부리지 말고. 네가 맛있게 고기를 먹는 모습을 보면 어머니가 무척 기뻐하실 거야. 처음에만 참고 표정에 드러내지 않으면 두 번째는 훨씬 나을 테고, 세 번째는 아무렇지도 않을 거야. 한번 시험해봐. 그럼 안녕. 금방 다시 부르는 일은 없었으면 해. 스스로 병이 날 리가 없다고 생각하면 절대 아프지 않을 거야."

"오늘 밤에는 안 온다는 소리야?" 실비네가 물었다. "와줄 줄 알았는데."

"난 의사가 아니야. 네가 아프지도 않은데 보러 올 이유가 없지."

"그건 그렇지만 네가 보고 싶어서 그래. 이렇게 부탁하는 것도 어리광이라고 할지 모르지만, 그건 아니야. 너랑 이야기를 하면 기분이 상쾌해져."

"그럼 네가 놀러 오면 되잖아. 몸을 못 움직이는 것도 아니고, 우리 집은 어딘지 알지? 게다가 우리는 곧 시아주버니와 제수가 될 사이잖아. 지금도 이미 한 가족처럼 느껴지니, 네가 우리 집에 이야기를 나누러 온다 한들 조금도 이상할 게 없을 거야."

"그래, 그렇게 말해주니 기꺼이 놀러 갈게." 실비네가 말했다. "잘 가. 머리는 좀 아프지만 얼른 일어나보도록 할게. 실은 밤새 끙끙대느라 한잠도 못 잤거든."

"두통은 내가 낫게 해줄게." 파데트가 말했다. "하지만 이게 마지막이야. 그러니 오늘 밤에는 푹 자도록 해."

파데트는 5분 정도 실비네의 이마에 손을 얹고 있었다. 실비네는 기분이 산뜻해지고 마음이 편안해졌다. 더 이상 머리가 아프지 않았다.

"널 싫어했던 게 얼마나 바보 같았는지 이제야 알겠어." 실비네는 파데트에게 말했다. "넌 정말 멋진 의사야. 병을 잘 길들여서 잠재워버리다니, 다른 의사들은 이것저것 약을 써서 치료하려다가 오히려 병세를 악화시켰는데 넌 손만 얹어주고 병을 고쳤어. 늘 네 옆에서 지낼 수만 있다면 분명 난 병도 낫고 실수도 하지 않을 텐데. 그런데 말이지, 정말로 나한테 화 안 났어? 다 풀린 거 맞지? 네가 하는 말이라면 뭐든 따를게. 내 말 믿지?"

"믿어." 파데트가 대답했다. "그러니까 네 마음이 변하지 않는 한, 쌍둥이처럼 친하게 잘 지내겠어."

"정말 그렇게 생각하면 앞으로는 말도 더 편하게 해줘. 쌍둥이 사이에 그렇게 딱딱하게 말하다니 이상하잖아."

"그래, 알았어. 실비네, 어서 일어나! 얼른 아침 먹고 이야기도 하고 동네도 거닐고 그래. 밤에는 푹 자고." 파데트는 이렇게 말하며 자리에서 일어났다. "오늘은 그것만 해. 내일은 일하러 나가고."

"그리고 너희 집에 들를게." 실비네가 말했다.

"그래." 파데트가 대답했다. 그리고 애정을 담은 눈빛으로 실비네를 바라본 뒤 집으로 돌아갔다. 실비네는 갑자기 몸에서 힘이 솟아났다. 꼴사나운 게으른 습관을 버리고 얼른 자리를 떨치고 일어나야겠다고 마음먹었다.

40

바르보 부인은 파데트의 수완에 감탄을 금할 수가 없었다. 그날 밤 그녀는 바르보에게 낮에 있던 일을 이야기해주었다. "아, 정말 놀라워요. 실비네가 최근 반년 사이에 오늘만큼 건강한 모습을 보인 적이 없었어요. 오늘은 뭘 만들어줘도 다 먹더군요. 평소처럼 인상을 쓰지도 않았어요. 게다가 더 신기한 건요, 파데트가 무슨 하느님인 양 이야기하더라고요. 무턱대고 칭찬만 해요. 게다가 랑드리가 얼른 돌아와서 파데트와 결혼했으면 좋겠다지 뭐예요. 기적 같아요. 꿈은 아니겠지요."

"기적인지 아닌지는 모르겠지만." 바르보가 말했다. "파데트가 지혜로운 건 분명하오. 그런 아이가 우리 식구가 된다니, 좋은 일이 생길 게 틀림없소."

3일 뒤, 실비네는 아르통으로 랑드리를 마중 나갔다. 실비네는 그러고 싶다고 아버지와 파데트에게 간곡히 부탁했다. 자신이 가장 먼저 랑드리를 만나 기쁜 소식을 전해주고 싶었기 때문이었다.

"행복이 한꺼번에 왔구나!" 랑드리는 실비네를 안고 까무러질 듯이 기쁜 마음으로 말을 이었다. "이렇게 형이 직접 마중을 나와서 함께 기뻐해주다니."

두 사람이 곧장 집으로 돌아간 것은 말할 필요도 없으리라. 그날 밤 파데트와 자네를 가운데 자리에 앉히고 온 가족이 함께 저녁 식사를 했다. 이 순간 쌍둥이 저택 사람들은 마을에서 가장 행복한 사람들이었다.

그 뒤로 반년 정도는 바르보 가족에게 기쁜 일만 가득했다. 쌍둥이의 여동생인 나네트도 카이요의 둘째 아들과 결혼을 하기로 했기 때문이다. 랑드리는 집안 식구를 제외하고는 카이요의 둘째 아들과 가장 친해서 두 쌍은 함께 결혼식을 올리기로 했다. 실비네 역시 파데트를 진심으로 좋아하게 되었다. 무슨 일이든 파데트와 상담할 정도였고, 파데트가 하는 말은 무조건 들었다. 어찌나 말을 잘 듣는지 마치 파데트를 친누나로 생각하는 게 아닌가 싶을 정도였다. 이제는 열이 나지도 않았다. 질투도 온데간데없이 사라져버렸다. 가끔 시무룩한 표정으로 멍하니 생각에 잠겨 있다가도 파데트가 무어라 하면 금세 표정을 바꾸고 기분을 풀었다.

두 쌍은 같은 날 같은 시간에 혼인 미사를 올렸다. 돈에 구애받지 않는 화려한 결혼식이었다. 살면서 한 번도 흐트러져본 적이 없던 카이요조차 3일 동안 거나하게 술에 취해 즐거워했다. 랑드리와 가족들은 물론이고 마을 사람들 모두 진심으로 기뻐하며 그들을 축하해주었다. 부유한 바르보 가족과 카이요 가족에게 뒤처지지 않을 만큼 파데트도 재산이 상당했기에 셋이서 마을 사람들에게 멋진 기념품과 답례품을 나눠줬기 때문이다. 파데트는 매우 착하고 현명한 여자였으므로 예전에 자신을 나쁘게 말했던 사람들에게도 빠짐없이 선물을 주었다. 원수를 은혜로 갚은 것이다. 나중에 랑드리가 좋은 땅을 사서 자신과 부인의 지혜를 합해 일을 꾸려나갈 때에도 파데트는 예쁜 집을 지어, 한 마을에 사는 가난한 집 아이들을 일요일을 제외한 6일 동안 하루 네 시간씩 돌봐주었다. 동생 자네와 함께 직접 글을 쓰고 읽는 법을 가르치거나 세상을 사는 지혜를 가르쳤다. 아주 가난한 집 아이에게는 생활비를 대어주기도 했다. 시간이 흘러 예쁜 아이들이 태어나자 파데트는 의지할 사람이 없던 자신의 불행한 어린 시절을 떠올리며, 사랑받지 못하고 버림받은 가난한 아이들을 측은하게 여겨 친절히 대해주도록 일찍부터 자식을 잘 가르쳤다.

가족 모두 행복한 가운데 실비네는 아무도 이해하지 못할 일을 벌였다. 바르보도 고개를 갸우뚱할 정도로 예상치 못한 일이었다. 랑드리와 나네트가 결혼한 지 한 달 정도 지난 어느 날이었다. 바르보가 실비네에게 너도 이제 마음을 잡고 아내를 맞아들이는 게 어떻겠냐고 말을 꺼냈더니 실비네는 아내를 얻을 생각은 없다, 최근에 생각한 바가 있으니 자기 뜻대로 하게 허락해달라, 군대에 지원하고 싶다고 대답했다.

이 주변은 어느 집이나 일손이 부족해서 남자가 자원해서 군대에 가는 일은 좀처럼 없었다. 그러므로 실비네의 결심은 모두 이해하기 힘든 독특한 행동이었다. 실비네는 누가 왜 그런 결심을 했는지 물어도 그냥 군대가 좋아서 가려고 한다는 대답만 했다. 실비네 입에서 군대가 좋다고 하는 소리를 들어본 사람은 여태 아무도 없었다. 아버지나 어머니, 형이나 여동생, 랑드리까지 모두 나서서 이야기를 해보았지만 실비네는 생각을 바꾸지 않았다. 그들은 마지막으로 파데트에게 상담을 했다. 파데트는 가족 가운데서 가장 지혜롭고 슬기로운 사람이었다.

파데트는 실비네와 두 시간 가까이 이야기를 나누었다. 이야기가 끝났을 때에는 실비네와 파데트 두 사람 다 울고 있었다. 비록 눈물은 흘렸지만 차분하게 이야기하며 마음을 결정한 모양이었다. 실비네는 생각을 바꾸지 않았다. 파데트 역시 그를 지지하며 실비네는 군인이 되면 크게 성공할 것이라 말해서 가족들도 더 이상 반대할 수가 없었다.

파데트는 뭔가 알면서도 말로 꺼내지 않은 듯했지만 더는 아무도 반대할 수가 없었다. 결국 바르보 부인도 눈물을 흘리며 허락했다. 랑드리는 너무나 슬펐다. 파데트는 랑드리를 위로했다.

"신의 섭리이니 실비네를 보내야만 해. 모든 상황을 고려해서 하는 말이니까 더 이상 이유는 묻지 말아줘."

랑드리는 되도록 멀리까지 형을 배웅하러 갔다. 헤어져야 할 곳에 다다라 메고 있던 가방을 실비네에게 건네주고 나자, 실비네가 자신의 심장을 갖고 가기라도 하는 듯 마음이 아팠다. 형을 바래다주고 사랑스러운 부인 곁으로 돌아온 랑드리는 너무 슬퍼서 한 달이나 자리에 드러눕고 말았다. 그는 오랫동안 파데트에게 간호를 받고서야 겨우 기운을 차릴 수 있었다.

한편 실비네는 한 군데 아픈 곳도 없이 여행을 계속해 프랑스 국경에 이르렀다. 때마침 나폴레옹 황제가 세상을 상대로 격렬하게 전쟁을 펼치던 시기였다. 실비네는 지금까지 군인이었던 적도 없고 사실 전쟁을 좋아하지도 않았지만 최선을 다해 싸웠다. 실비네는 훌륭한 군인이었다. 전쟁터에서 목숨을 버릴 기회를 노리는 사람처럼 겁 없이 용감하게 싸우던 실비네는 머잖아 상관의 눈에 들었다. 규율을 잘 지키고 어른스럽고 점잖은 실비네는 가장 경험이 많은 선임에게도 뒤지지 않을 만큼 전력을 다해 싸우는 훌륭한 군인이라는 평가를 받았다. 실비네는 교육을 잘 받아서 상관으로 승진할 수 있었다. 매일같이 고생하며 용기를 발휘한 덕분에 10년 뒤에는 대위가 되었다. 레지옹 도뇌르 훈장까지 받았다.

실비네는 랑드리와 파데트, 나이 든 친척들과 아이들을 모두 언급하며 매우 상냥한 편지를 써 보냈다. 사람들은 모두 그 편지를 받고 기뻐했다.

"실비네가 돌아온다면 얼마나 좋을까." 그날 밤 바르보 부인이 남편에게 이렇게 말했다. "실비네도 이제 대장이 된 셈이잖아요. 그만 은퇴해도 좋으련만."

"대위는 보통 자리가 아니지." 바르보가 말했다. "우리 같은 평범한 집안에서 대위가 나왔다니 참으로 명예로운 일이야."

"파데트가 예전에 그랬잖아요. 크게 성공할 거라고. 그게 진짜였네요."

"그랬지." 바르보가 말했다. "그런데 실비네는 왜 갑자기 군인이 될 생각을 했을까? 난 아직도 이해가 안 가. 어쩌다가 기질이 그렇게 바뀌었지? 늘 조용한 성격이었잖아. 아이처럼 즐거운 일만 찾던 녀석이었는데."

"여보." 바르보 부인이 말했다. "파데트가 실비네의 속내를 알면서도 우리에게 말하지 않았을 뿐이에요. 하지만 어미인 내 눈은 못 속이지요. 파데트가 말 안 해도 나는 이유가 뭔지 알아요."

"이젠 나한테 이야기해줘도 되지 않나?"

"그건요." 바르보 부인이 대답했다. "파데트가 워낙에 수완이 좋아서 실비네의 병을 낫게 한 건 다행이지만 생각했던 것보다 치료 효과가 너무 좋았던 거예요. 워낙 효과가 좋아서 스스로도 어느 선에서 자제해야 할지 고민했을 거예요. 그런데 생각대로 조절이 안 되었을 테지요. 실비네는 어느 순간 동생의 여자를 너무 마음 깊이 담아버린 사실을 깨닫고, 기특하게도 용기를 내서 이곳에서 떠나간 거랍니다. 파데트도 실비네의 의견에 찬성하고 편을 들어주었고요."

"그렇다면." 바르보가 근심 어린 얼굴로 말했다. "녀석은 평생 결혼을 못할지도 모르겠군. 예전에 크라비에르 목욕탕집 할머니가 그랬잖아. 녀석은 한 여자를 마음에 품으면 더 이상 랑드리에게 몰두하지 않을 거라고. 그리고 워낙 정이 깊은 아이라 평생 한 여자만 사랑할 거라고 말이야."

Jeanne
양치기 처녀

농민들은 본능적으로 얼마나 예술을 깊이 이해하고 있는가!

조르주 상드

나오는 사람들

잔   천진난만하고 소박한 양치기 처녀. 글자는 모르지만 아름답고 상냥하며, 경건한 자기희생 정신으로 가득하다. 고대 켈트의 신앙이 기묘하게 뒤섞인 순수한 성모신앙이 마음속 깊이 자리하고 있다.

기욤 드 부사크   부사크성의 젊은 성주. 성실한 젊은이지만 허약하다.

레옹 마르시야   변호사. 여자를 밝히는 방탕자로 경박한 성격이며 신을 믿지 않는다.

아서 할리 경   영국 귀족. 괴짜지만 성실한 성품.

레오나르 할아범   툴의 성구실 관리자.

귀트 아주머니   마을 수다쟁이 아줌마.

클로디   귀트의 딸로, 요염하고 건강미가 넘친다.

튈라   잔의 어머니. 기욤의 유모이기도 하다.

고트 아주머니   튈라의 여동생. 욕심 많고 고집이 세다. 고트 할멈이라고도 불린다.

카데   레오나르 할아범의 뚱보 아들.

라게   음흉한 소도둑.

드 부사크 부인   기욤의 어머니. 착하지만 마음이 여리다.

드 샤르무아 부인   드 부사크 부인의 친구. 음모를 좋아하는 음험한 성격.

마리   드 부사크 부인의 딸이자 기욤의 여동생. 마음씨가 고우며, 잔을 진심으로 아낀다.

엘비르   드 샤르무아 부인의 외동딸.

프랑수아즈 메이양[1]에게 바치는 헌사

"당신은 글자를 읽지 못하는 내 온화한 친구지만, 당신 딸과 내 딸은 학교를 나왔지요. 어느 밤, 당신이 실을 실패에 감고 있으면, 딸들은 당신에게 이 이야기를 들려줄 거예요. 이 이야기는 딸들의 언어로 거듭나며 훨씬 아름다워지겠지요."

---

1) 18년 동안 상드를 모셨던 하녀. 상드의 성실한 친구이기도 했다.

프롤로그

크뢰즈강 언저리의 높은 땅으로 향해 부르보네 지방과 콩브라유 언덕을 넘어 가다 보면, 프랑스에도 이토록 비참하고 음침하며 인적 없고, 사업가나 예술가에게도 미처 알려지지 않은 듯한 원석 같은 풍경이 펼쳐진다.

언젠가 이 부근을 지나가게 된다면, 바위만 듬성듬성 놓인 벌거숭이 언덕을 바라보시기를. 내가 이제부터 들려드릴 이야기를 모른다면 절대 시선을 빼앗길 일도 없는 바위일 테지만 언덕에 올라 보시기를—말을 타면 쉽사리 꼭대기까지 오를 수 있을 것이다. 그곳에서는 큰 바위가 작은 바위에 올라 3천 년 동안이나 흔들림 없는 자세로 늘어서서 진기한 풍경을 이루는 것을 꼼꼼하게 눈여겨보시며 감상하시기를. 초기 그리스도교도들의 습격 때문인지, 고대의 숲을 빼앗긴 이 언덕 주변을 집요하게 뒤흔드는 겨울바람 때문인지, 그 바위들 가운데 하나가 낙하했다. 예언하는 졸참나무[1]는 이 지방에서 영원히 모습을 감추었으며, 따라서 드루이드[2] 수도사들도 에수스[3]의 제단을 장식하는 신성한 졸참나무의 겨우살이 가지를 더는 발견할 수 없으리라.

좁은 지지대 위에 거대한 버섯처럼 놓인 이 바윗덩어리들은 고대 갈리아인들의 멘히르, 고인돌, 스톤서클, 즉 거석 신전의 유적이다. 힘의 숭배가 이 신전에서 미의 숭배를 배제시켰다고 여겨진다. 미개한 신들이 찾아와 인간의 살을 배터지게 먹어치우고 제물의 피에 취했던 거대한 탁자. 잔인한 신들을 달래려고 죄인과 노예를 제물로서 죽였던 끔찍한 제단. 이들 바윗덩어리 모서리에 있는 움푹 팬 자국과 기다란 홈은 그 피를 흘려보내는 용도로 쓰였다는 사실을 분명히 말해준다. 작은 울타리 모양으로 세워진 독특한 돌들도 볼 수 있다. 아

---

1) 갈리아인의 드루이드교에서는 겨우살이가 자란 졸참나무를 신성한 것으로서 숭배했다.
2) 갈리아인의 사제. 신성한 숲에서 종교의식을 집행했다고 전해진다.
3) 갈리아인의 '전투의 신'.

마 그것이 신탁을 전하는 신성한 장소, 신관의 신비한 주거지였으리라. 오늘날에는 얼핏 자연의 풍화작용, 곧 바위 몇 개가 한 덩어리가 되어 여행자들이나 양치기들에게 제공하는 피난처로 보인다. 키가 큰 풀들이 고대 화형대 빈 터를 뒤덮고, 히스가 우거진 땅의 아름다운 야생화들이 불길한 제단을 뒤덮고 있다. 그리고 바로 근처, 산양에게 뜯어 먹힌 딸기나무 덤불 아래에 작은 샘이 숨어 있다. 얼음처럼 차갑고, 마르쉐 지방의 대다수 샘물처럼 짠맛이 난다. 숭고함도 아름다움도 없이 버려지고 황폐한 분위기만 감도는 이 불길한 곳은 '조-마트르의 돌'이라고 불린다.

1816년 8월 끝무렵, 훌륭한 차림을 한 세 젊은이가 그 지방 이름으로 '바위산'이라 불리는 기슭에서 사냥개를 데리고 사냥을 하고 있었다.

"아, 목말라 죽겠네. 이 근처에 샘이 있어요. 보세요, 내 개가 벌써 알고 달려가잖아요. 아서 경, 날 따라오면 드루이드교의 돌을 가까이에서 볼 수 있을 거예요. 당신도 아주 좋아할 거예요. 스코틀랜드나 아일랜드에서 더 신기한 것들을 보았겠지만."

"난 언제든 볼 준비가 돼 있지요." 아서 경이 심한 영국식 억양으로 대답했다. 그리고 조-마트르의 돌까지 일직선으로 나아가려고, 언덕의 가장 험한 비탈을 올라가기 시작했다.

"이곳에서는 사냥감을 찾을 수 없을 것 같네요. 저주받은 곳인가 봐요. 전 산양이이라도 찾으러 가겠어요. 젖통을 좀 가볍게 해주려요." 다른 두 사람만큼 기품 있는 차림은 아니지만, 표정은 훨씬 풍부하고 눈빛이 생기 있게 빛나는 세 번째 사냥꾼이 말했다.

"그러면 안 돼요!" 영국인이 말했다. 그의 말투는 너무 간결해서 언제나 이해하기 어려웠다.

"조심해, 마르시야." 샘을 향해 가던 첫 번째 사냥꾼, 즉 젊은 기욤 드 부사크가 소리를 질렀다. "자네도 알다시피, 아서 경은 강자를 무찌르고 약자를 돕는 정의의 기사야. 자네가 소유권을 침해한다면 좋게 생각하지 않을 거야. 주위벽이 파괴된다든지, 밀밭이 엉망이 된다든지, 농민의 닭이 죽는 것은 원치 않을 거라고."

"걱정하지 마세요! 농민들이 몇 배는 더 쳐서 복수하리란 걸 아니까요." 젊은 법학사가 말을 이었다.

아서 경은 벌써 저만큼 가고 있었다. 그는 땅바닥을 스치듯이 걸었다. 정력적으로도 경쾌한 발걸음으로도 보이지 않지만, 동료들에 비해 걷는 속도는 두 배쯤 빨랐다. 그는 모범적인 사냥꾼으로, 결코 배고픔이나 갈증을 느끼는 법이 없었다. 그를 따라잡으려고 경쟁심을 불태우는 젊은이들은 그의 지치지 않는 끈기를 가끔 원망했다.

기욤 드 부사크와 레옹 마르시야는 심장이 터질 듯이 뛰고 숨이 턱까지 차올랐다. 그러나 경주에서 토끼에게 이긴 거북이처럼 두 친구가 영국인을 따라잡았을 때, 그는 벌써 15분 전부터 조–마르트르의 돌의 배치와 광물학적 성질을 자세히 관찰하고 있었다.

"정말 지독한 샘물이군! 쇠 맛이 나잖아. 이게 무슨 보물이란 말이야!"

드 부사크가 얼굴을 찡그리며 말했다.

"저 재수 없는 산양들한테서는 젖이 한 방울도 안 나올 겁니다! 풀을 먹는 대신에 돌을 핥는 것밖에 모르니까요."

"금 맛이라도 나나?" 마르시야가 말했다.

"금? 보물?" 아서가 깜짝 놀라며 두 사람을 보고 물었다.

"아, 이 얘기를 해야겠군. 이곳에 전해 내려오는 전설이 있다네." 기욤 드 부사크가 얼른 대꾸했다. "마르시야가 주장하기로는, 이 부근에 보물이 묻혀 있다는 전설이 농민들 머리에서 사라지지 않는다더군."

"그들은 비상식적일 정도로 그 전설을 믿고 있어요. 보물이 드루이드교의 돌 밑에 묻혀 있다고 생각하는 사람도 있고, 여기서 한 시간쯤 떨어진 툴 생트 크루아의 고지로 찾으러 가는 사람도 있을 정도니까요." 마르시야가 말했다.

그 영국인은 척박한 돌투성이 땅과 산양들이 먹는 풀을 자라지 못하게 하는 히스와 조금 떨어진 곳에서 어슬렁거리고 있는 옆구리가 쑥 꺼진 산양들을 바라보았다.

"개간되지 않은 땅에 보물이 있지요. 하지만 그걸 파내려면 다른 보물이 필요해요."

"맞습니다. 자본이 필요하지요!" 마르시야가 말했다.

"평민도! 이 땅에는 주민들이 다 떠나고 없지." 기욤이 덧붙였다.

"사람들, 그리고 사람들이요." 영국인이 이어서 말했다.

"무슨 말인지 모르겠군." 기욤이 웃으면서 마르시야에게 말했다.

"주민들도 노예들도 없어요. 사람들과 사람들이요!" 자신이 명확한 말을 했다고 생각한 아서는 기욤이 그 말을 이해하지 못하자 깜짝 놀라 말을 이었다.

"프랑스에 노예가 있다는 겁니까?" 마르시야가 어깨를 으쓱하며 외쳤다.

"그래요, 영국에도요!" 영국인이 망설이는 기색도 없이 대답했다.

"철학은 따분해요. 당신 친구인 영국인의 말을 듣고 있으면, 내가 자유주의자라는 게 지긋지긋해져요." 마르시야가 젊은 동포에게 속삭이고는 껄껄 웃으며 덧붙였다. "조-마르트르의 돌 가운데에서 가장 높고 가장 반들반들한 돌에 내가 올라간다는 데 당신은 얼마를 걸겠습니까, 기욤?"

"자네는 못 올라가네." 드 부사크가 대답했다.

"우리 가진 돈을 걸까요?"

"좋지, 파산할 일은 없을 테니까. 20프랑 금화 하나밖에 갖고 있지 않거든."

"물론 나는 5프랑짜리 동전 한 개뿐입니다." 호주머니를 탈탈 털어본 뒤 마르시야가 말을 이었다.

"그거면 됐네. 자, 걸지!" 드 부사크가 말했다.

"각하는요? 뭘 걸겠습니까?" 마르시야가 말을 이었다.

"프랑스의 5수짜리 동전 한 닢을 걸지요." 아서 경이 대답했다.

"맙소사! 영국인은 내기라면 사족을 못 쓰는 줄 알았는데. 저기 올라가는 데 겨우 5수라니, 듣던 것과는 영 다르군요!"

"그거면 과분하지요."

"절대 그렇지 않지요! 팔이나 다리가 부러질지도 모르는데!"

"그럼 당신이 올라간다는 데 아무것도 걸지 않거나 천 파운드를 걸지요."

"돈은 무가치합니다. 명예만이 다지요!" 마르시야가 쾌활하게 외쳤다. "각하의 5수를 걸고 꼭 올라가겠습니다."

"사람은 그런 식으로 스스로 명을 재촉하지요." 아서가 쏘려고 장전해놓았던 총에서 냉정하게 손을 떼면서 말했다.

마르시야는 땀을 뻘뻘 흘리며 놀라운 솜씨를 보여주었지만 계속해서 바닥으로 미끄러졌다. 손바닥은 전부 까지고 바지도 헤졌지만, 뒤따라가지 못하는 개를 절망시키면서 마침내 고인돌 위에 의기양양하게 섰다. "여러분은 이 돌들이 숭배의 대상이었다는 걸 아십니까? 나는 지금 신의 어깨 위에 있는 겁니다!" 그가 외쳤다.

"레옹, 거기서 드루이드 수도사 벨레다[4]를 발견하거든 우리에게 알려주게."

"그럴 일은 없을 겁니다! 당신의 존경하는 샤토브리앙[5]이나 드루이드 수도사를 나는 좋아하지 않으니까요!" 자유주의자를 표방하는 마르시야가 대답했다. "리제트[6] 만세! 매력적인 베랑제[7] 만세!"

"형편없는 삼류 문인들이죠." 젊은이가 경박하게 말을 이었다. "그렇지 않습니까, 아서 경? 당신은 술집의 풍자시인을 참을 수 있습니까?"

"베랑제! 문호지요!" 영국인이 조용히 말했다.

"시인이요? 그가요? 그럼 샤토브리앙은요!"

"샤토브리앙도 위대한 시인이지요." 영국인은 그 이상 흥분하지 않고 침착하게 대답했다.

"맙소사, 프랑스 문학을 눈곱만큼도 이해하지 못하는 친애하는 친구여, 당신은 딱 영국인이군요."

"내가 이렇게 말할 때, 나는 딱 프랑스인입니다. 언젠가 샤토브리앙과 베랑제는 손을 잡을 겁니다."

"그날엔 마르시야가 커다란 조-마트르 돌 위에서 드루이드 수도사 벨레다를 발견하게 될 겁니다." 젊은 귀족이 말을 이었다.

맙소사, 리제트, 당신인가요……?

마르시야는 고인돌 위를 누비고 다니며, 그리고 바위에서 바위로 폴짝폴짝 옮겨 다니며 노래했다. 갑자기 그가 멈춰 섰다. 동시에 그의 노래는 놀라움의 비명으로 중단되었다.

---

4) 고대 게르만의 여자 예언자.
5) 1768~1848. 문학자, 정치가.
6) 19세기 샹송 가사에 등장한 활달하고 천박한 마을 처녀.
7) 1780~1857. 시인, 풍자가요 작가.

"왜 그러나? 토끼야? 아니면 뱀인가?" 기욤이 소리쳤다.

"벨레다인가요?" 아서 경이 씩 웃으며 물었다.

"아닙니다! 리제트예요!" 마르시야가 대답했다. "확실히 전혀 못생기지는 않았군요! 하지만 죽은 건가?"

그렇게 말하면서 그는 드루이드교의 가장 커다란 바위 두 개가 만들어낸 홈으로 모습을 감추었다. 기욤 드 부사크는 자신의 질문에 마르시야가 더는 대답하지 않자 호기심에 이끌려 바위를 기어오르기 시작했다. 그러나 아서 경은 그리 서두르지 않았으며, 조금도 동요하지 않은 채, 그는 바위를 돌아 안에서 마르시야와 합류하면 훨씬 빨리 목표에 다다를 수 있을 것이라고 말했다. 그것은 순식간의 일이었다. 세 사람은 잠든 드루이드 수도사 주위에 모였다.

"아이군요." 영국인이 말했다.

"그래요? 적어도 열넷이나 열다섯은 돼 보이는데요!" 마르시야가 대꾸했다.

"그렇게는 보이지 않는걸." 기욤이 말했다.

"시골 사람은 대개 이래요. 소녀는 열여섯 살이 될 때까지, 소년은 열두 살이 될 때까지 모두 작고 어린애 같은 얼굴인 채로 있죠. 평생 그대로인가 싶을 때 갑자기 성장해서 크고 강해집니다. 수말이나 수소랑 똑같죠."

"아아! 똑같지 않죠." 사람한테 그렇게 무례한 말을 하는 걸 듣고 분개한 아서가 말했다.

"잘도 자는군. 옆에서 총소리가 나도 깨지 않겠어." 기욤 드 부사크가 말했다.

"시험해볼까요?" 마르시야가 아서 경의 무기에 손을 대면서 말했다. 경은 그 농담이 너무도 잔혹하고 위험하게 들려서 총을 절대로 넘겨주지 않았다.

"천사나 짐승의 잠이야. 아름답나, 레옹? 옆얼굴밖에 보이지 않지만, 못생기진 않았어." 기욤이 말을 이었다.

"그의 얼굴이 보고 싶군요." 가끔 말실수를 해서, 평소에는 엄숙한 그 발언을 뜻하지 않게 퍽 유쾌한 농담으로 돌리는 영국인이 말했다.

"아아! 그의 얼굴은 아름다워요!" 마르시야가 반추동물처럼 무신경하게 대답했다. "난 봤습니다. 내 의견으로는, 엄격함은 덜하지만 더 자극적인 마르쉐 지방 유형과 국경에서 섞인 부르보네 지방의 아름다운 유형입니다. 소녀의 팔이 얼굴을 가리지 않았다면, 부르보네 지방의 진짜 아름다움을 볼 수 있었을 텐데. 분명 각하도 흡족했을 겁니다. 생각과는 달리 각하의 눈은 다른 사람들과 똑같으니까요."

　기욤 드 부사크는 잠을 깨우지 않으려고 채찍 끝으로 잠든 소녀를 건드리려고 했다. 영국인은 반대했는데, 그 말투와 사투리가 웃음을 터뜨리게 했다.

　"천진난만을 자게 내버려둬요."

　"깨우지 않고 움직일 수 있습니다." 마르시야가 양치기 소녀의 머리를 이쪽으로 돌리려고 손을 뻗으면서 말했다.

　"장갑을 껴! 이 지방 애들은 몹시 불결하다고!" 기욤이 그를 막으며 말했다.

　"그렇군요." 마르시야는 대답하고, 풀 한 포기를 주워 소녀의 이마를 간질였다.

　소녀는 귀찮은 파리를 쫓듯이 손을 휘휘 젓고 커다란 한숨을 내쉬더니 몸을 돌렸다. 잠든 아이들의 가슴을 들어올리는 슬픔 없는 한숨에는 특별한 울림과 형용하기 어려운 감동을 불러일으키는 깨끗함이 있다. 소녀는 눈도 뜨지 않고 무의식중에 아주 우아한 자세가 되었다. 팔은 머리 위로 들어올려졌다. 갈색의 가녀리고 작은 손이 회색 두건을 뒤로 젖혀, 잿빛 섞인 훌륭한 금발머리가 슬쩍 들여다보였다. 베일도 양산도 쓰지 않은 채, 한낮의 작열하는 태양을 아랑곳하지 않는 더없이 생기 넘치는 얼굴이었다. 베리 지방이나 국경 인근의 작은 마을들은 나무도 자라지 않고 가뭄에 시달리는 지역이지만, 농민들은 베네치아 사람들이나 알프스 산지의 주민들처럼 투명하고 섬세한 살결을 지녔다. 이런 특징이 일반적이지 않은 지방에서도 몇몇 가계는 그런 살결을 지니고 있다. 그러한 혈통의 선조는 영국인이라는 말이 널리 퍼져 있다. 잘 알려졌다시피, 영국인이 상당히 오랜 기간 상트랄 지방의 주를 점령했었던 탓에 그들의 피와 그 지방 사람들의 피가 섞였다—하지만 나는 프랑스 중부의 몇몇 농촌 집락에서는 최초의 갈리아인의 순수한 피가 다른 피와 섞이지 않고 오늘날까지 유지되어온 것처럼 느껴진다.

　따라서 잠든 소녀는 목장의 시온처럼 하얗고, 장미꽃처럼 발그스레했다. 그러나 그 아름다움은 유한계급 사람들이 반드시 지니고 있는 세련미는 필요하지 않았을 것이다. 눈·코·입은 반듯하고, 땀이 맺힌 이마는 고대 조각처럼 살짝 좁았다. 더없이 단정한 얼굴 윤곽과 천사처럼 온화한 표정 때문에, 소녀는 그리스 미술이 불멸로 했던 그 아름다운 전형과 놀랍도록 닮았다. 몸은 아직 덜 발달했지만, 유연성과 건강함을 말해주었다. 눈길을 끌 만큼 초라한 행색도 그 아름다움을 조금도 가리지 못했다. 맨살이 다 드러난 발은 풀 속에 묻혀 쉬고 있고, 살며시 벌린 입은 가지런한 치아를 보여주었다. 진정한 아름다움은 언제나 순결해서 저도 모르게 존경심을 불러일으키는 법이다. 영국인은 그곳을 떠나고 싶지 않았다. 넋을 놓고 바라보는 두 친구도 저항하기 어려운 매력을 느꼈다.

"확실히 리제트가 아니라 벨레다군요." 마르시야가 무의식중에 목소리를 죽여 말했다.

"어째서 리제트는 벨레다처럼 미남이 아닌가요?" 아서 경이 물었다.

"벨레다면 어떻고, 리제트면 어떻습니까!" 마르시야가 대답했다. "만일 내가 화가라면, 이 신성한 창조물을 스케치할 텐데……. 그리고 내가 혼자라면, 이 양치기 소녀에게 조금이나마 지능이 있는지 알고 싶었을 겁니다." 그가 이성을 차리고 덧붙였다.

"마르시야 씨, 갑시다." 아서 경이 무겁게 말했다.

"네, 가시죠." 마르시야가 영국인의 고결한 배려를 비웃은 뒤에 말했다. "마르쉐 지방의 아름다운 처녀들을 발견한 게 못내 후회스러우니까요. 가장 어리석고 가장 순진한 처녀도 세상에 둘도 없이 신중하고 조심성 많은 남자를 위험에 빠뜨리는 기술을 충분히 알고 있으니까요. 이 들판의 벨레다도 리제타도 한 명도 남김없이 사라져버렸으면 좋겠어요!"

"어린애를 보고 그런 생각이 떠오르다니, 나로서는 이해할 수 없군요. 당신들은 아름다운 것을 감상할 자격이 없습니다." 아서 경이 끓어오르는 분노에 조금 흥분하면서 대꾸했다.

"네, 네. 각하만이 아름다운 것을 감상할 자격이 있지요." 마르시야가 아서 경의 우스꽝스러운 억양을 흉내 내면서 말했다. 아서 경은 그것을 눈치채지 못했다. 그의 귀에는 그들이 놀리며 흉내 내는 말이 자신이 하는 말과 별로 다르지 않게 들렸기 때문이다. 게다가 그는 젊은이들이 조롱하는 의도로 그를 각하라고 부를 때에도 아버지 같은 인자한 미소마저 띠었다.

"그만들 해." 기욤이 말했다. "마르시야는 이 내기에서 이겼어. 그러니까 난

20프랑짜리 금화 한 닢을 줘야 하지. 하지만 내가 그걸 어디다 놓는지 보면 가져갈 수 없을 걸세."

말을 마치자마자 그는 잠든 소녀의 벌어진 입속에 내기로 걸었던 나폴레옹 금화[8]를 가만히 넣었다.

"아주 좋군요." 마르시야가 말했다. "당신의 적선에 5프랑짜리 동전밖에 보탤 게 없어서 유감입니다." 그는 소녀의 손바닥에 동전을 올려놓은 뒤, 이번에는 아서 경이 호주머니를 뒤지는 걸 보고 덧붙였다. "그만두세요! 각하. 당신은 5수밖에 걸지 않았습니다. 그러니 동냥으로 그것보다 많이 줘서는 안 돼요."

"아무것도 없어서 그럴 수도 없겠습니다." 아서 경은 호주머니를 샅샅이 뒤진 뒤, 비탄에 잠긴 표정으로 말했다.

"왜 안 그렇겠나! 도중에 뭐든지 줘버리는데." 영국인의 지나친 친절을 아는 기욤이 말을 이었다. "난 이 소녀가 누가 업어가도 모를 정도로 잠든 게 너무 웃긴다네. 눈을 뜨고, 동전 세 닢이 손안에 있는 걸 발견했을 때 얼마나 놀랄지 보고 싶어." 그는 양치기 소녀에게 마지막으로 시선을 한 번 더 던지면서 덧붙였다.

"악마의 짓이거나, 적어도 누구나 알고 있다시피 정오를 알리는 종소리와 자정을 알리는 종소리를 듣고 조–마트르의 돌 부근에 나타나는 요정 짓이라고 생각하겠지요." 마르시야가 대답했다.

"우리는 요정 역할을 맡았으니까, 그리고 모든 신기한 이야기에서 나오듯 신성한 숫자인 세 명이니까, 이 소녀를 위해 각자 기도를 해 줘야 하네." 기욤이 말했다.

"그거 좋지요." 마르시야는 소녀의 머리 위로 손을 뻗고서 말을 이었다. "아름다운 소녀여, 너에게 힘세고 튼튼한 연인을."

"매력적인 소녀여, 너에게 돈 많고 관대한 후원자를." 드 부사크가 빙긋 웃으며 말했다.

"소녀여, 너를 사랑해주고, 비탄에 잠겼을 때는 너를 도와줄 성실한 남편을." 영국인이 진지한 투로 말하는 바람에 쾌활하던 분위기가 깨졌다.

---

8) 나폴레옹 1세의 초상이 들어간 20프랑짜리 금화.

세 사람은 나란히 조−마트르의 돌에서 멀어졌다. 각자의 기도가 소녀에게 행복을 가져다줄 것이라 믿고서. 그러나 자신들의 자선이 이 작은 손안에서 자신들의 운명의 매개가 될 줄은 꿈에도 모른 채.

1장
갈리아의 마을

기욤 드 부사크가 조–마트르의 돌이 우뚝 솟은 산기슭을 걸어서 다시 지나간 것은 이 사건이 지난 뒤 4년쯤 되었을 때였다. 드루이드교의 유물을 멀리서 바라보며 예전 휴가철에 두세 번 사냥 놀이를 하러 왔던 일을 떠올렸지만, 손에 동냥을 올려놓았던 가짜 드루이드 수도사의 일은 까맣게 잊고 있었다. 그의 기억에서 던져진 이 시시한 사건이 기억나는 것은 훨씬 나중이 되어서이다.

다정하고 쾌활한 콜레주[1]의 학생이던 젊은 부사크 남작은 매력적인 청년이 되어 있었다. 그 지방 표현으로는 아직 햇볕에 그을지 않아 소녀 같은 장밋빛이지만 제법 건장하고, 명랑하다기보다는 진지한 얼굴이었다. 시간의 경과와 생각이 성격과 외모, 취향을 성숙시켰다. 이전에는 멀리까지 나간 적이 거의 없었지만, 이제는 조–마트르의 돌을 탐색하는 것으로 산책이 끝나지 않았다. 예전보다 훌륭한 영국산 말을 타고, 이삼일짜리 여행임을 알 수 있는 가벼운 짐가방을 들고서 산지로 들어갔다. 그리고 부사크성(城)으로 돌아와 일주일도 채 지나지 않아서, 그는 작은 마을의 케케묵은 생각에 질렸고 다시 집을 떠나기 위해 어머니를 껴안았다. 어머니는 보내기 싫었지만 아들을 사랑하기에, 조심해서 다녀오라는 말로 아쉬움을 달랬다. 멋진 날씨였다. 히스 황야에 내린 이슬이 아침 햇살에 마르기 시작했다. 모험을 좋아하는 젊은이는 여행지 여관방의 쾌적함 따위에는 환상을 품고 있지 않았다. 잠자리보다는 그 지방의 멋진 경관이나 유구한 역사를 감상하는 일에 더 마음을 썼다. 또한 그는 황량하고 인적 없는, 초자연에 가까운 정취 있는 지방을 두루 지날 때 느끼게 되는 소박한 여행의 피로나 불편함을, 온전히 신을 숭배하는 자들이 지니고 있는

---

[1] 프랑스의 중고등학교.

희생정신은 부족하지만 의연하게 견디기로 마음먹었다.

기욤은 오를레앙 처녀[2]의 친구, 영국군과 싸워서 이긴 승리자, 그리고 샤를 7세 치하에서 프랑스를 해방시킨 사람 가운데 하나인 저 유명한 부사크 원수의 직계 후손은 아니었다. 위대한 이름을 소멸해서는 안 된다는 원칙을 정당화하기 위해, 루이 14세 시대의 이 명문가 조카의 딸은 결혼으로 어느 지방의 유서 깊은 귀족 가문에 부사크의 영주권과 이름을 안겨주었다. 기욤은 자신의 가계도를 자세히 조사하지는 않았다. 왕정복고 시대의 많은 귀족과 마찬가지로 그는 속으로 기사도적인 생각을 되살리고, 상상력으로 위대한 혈통의 자손임을 믿어 의심치 않고 그에 걸맞은 몸과 마음의 자세를 가지려고 노력했다. 말투는 사분사분하고, 대단히 성실했으며, 경건한 어머니의 감시 밑에서 자란 양가의 자제답게 매우 순종적이었다. 지금으로부터 20년 전에는 스무 살 젊은이가 아직도 그런 것처럼, 꿈꾸는 선량한 청년이었다. 그런데 행복한 시대는 다 지나갔다. 오늘날의 젊은이들은 회의적이며, 콜레주에서 무미건조한 나날을 보낸다. 그러나 1820년대에는 베르테르, 르네, 카피르[3]와 함께 오로지 절망했다. 그때의 젊은이들은 그렇게 절망하는 일을 한없이 즐겼다. 애호가로서 절망을 실천하고, 취미로 절망을 느꼈던 것이다. 기욤은 자신이 불행하다는 생각조차 안 했다. 마음은 답답했을 것이다. 그리스도교의 시에서 충분한 영감을 발견하고 새로 유행하는 종교 속으로 아주 진지하지는 않을지라도 매우 기분 좋게 자리잡고 있었다. 그가 몇 가지 훌륭한 도덕 원리를 받아들였다는 점, 고귀한 자질을 지녔다는 점, 비겁하고 천박한 것들에 혐오감을 느꼈다는 점, 그리고 고상한 책을 많이 읽은 덕에 자신의 인생에 대해 조금은 과도한 자존심을 갖기에 충분한, 이른바 낭만주의적 이상을 품고 있었다는 점을 덧붙여두겠다.

그는 몽상에 잠겨, 마르샹지가 쓴 《시정을 불러일으키는 갈리아》[4]의 장중한 묘사를 떠올리면서 왼편으로 수망의 고대 로마 야영지를 지나, 이전부터 마음에는 두었지만 가보지 못한 멀리서 눈으로 겉만 훑었던 툴의 고지로 무작정 나아갔다. 어머니의 애원을 뿌리친 그는 안내인도 하인도 대동하지 않았다. 고

---

2) 잔 다르크를 말함.
3) (터키인 관점에서 본) 이교도, 무신론자.
4) 1815~1817년 출판.

부사크성

독 속에서 더 깊은 깨달음과 생생한 위험을 맛보기 위해서였다.

그는 언덕 중턱에 지어진 프라도의 쓸쓸한 묘지 앞을 지나, 눈의 계절에 사고를 방지하기 위해 군데군데 척후처럼 박아놓은 무수한 흰 석재 십자가에 의지해서 나아가, 오전 11시쯤에는 툴 고지 기슭에 닿았다.

툴, 더 정확히 말하자면 툴 생트 크루아의 고지는 율리우스 카이사르가 이끄는 로마군에게 정복되었다가 4세기에는 프랑크족에게 파괴된 고대 갈리아의 마을이다. 그곳에는 프랑스의 거의 모든 지역에서 볼 수 있듯이, 로마의 유적이 있다. 그러나 그것이 이 독특한 유적의 특별한 장점은 아니다. 잔존하는 것, 어마어마하게 높이 쌓아올려진 채 풍화조차 거의 안 된 이 돌덩이는 거기서 시멘트의 흔적을 찾아도 소용없지만 우리의 먼 조상이 사용했던 갈리아 초기 마을의 자재다. 베르킨게토릭스 시대에 섶나무 가지와 다진 흙으로 기반을 만들고 건성쌓기 공법으로 쌓은 세 개의 원형 돌벽이 언덕 중턱에 계단 모양으로 늘어서 있다. 구릉은 마을을 형성했던 자재 덩어리들로 높다랗다. 그리고 지금은 식물이 자랄 가능성이 없는 황량한 겉모양을 보여주는, 문자 그대로 암석 언덕이다. 열다섯 채 정도 되는 집과 고풍스러운 종루의 토대와 약해빠진 나무가 한 그루 있는 허름한 교회가 언덕 꼭대기에 흉물스러운 마을을 만들고 있다. 바로 이것이 비투리게스족과 알베르니족 사이 국경지역을 방어하던 최강의 요새가 변모한 모습이다. 경계가 새로 지어지면서 크뢰즈 데파르망[5]의 관할구역에 꽤 오래전에 편입된, 한때는 베리와 마르쉐, 콩브라유, 부르보네였던 모호한 지역이다. 마르쉐 백작령 자체가 중세에 형성되어 전투의 승패에 따라, 또 군주들의 흥망성쇠에 따라 좁아지거나 넓어지거나 했다. 툴은 중세 때 콩브라유에 접한 베리주(州)의 최전방이었다. 이것은 갈리아 시대의 구분이다. 콩브라유는 레모비케스족의 집락이었다. 이미 꽤 흐려진 작은 촌락의 역사를 망각의 저편으로 밀어내려는 점을 빼고는 데파르트망의 분할은 모든 면에서 훌륭하다.

건조한 땅에 애착을 가지고 근검절약하며 살았던 이 고지 주민들은 돈벌이에 아주 열심이다. 척박한 자연에서 필요라는 멍에를 쓴 사람들이 으레 그러

---

5) 한국의 특별시·광역시·도에 해당되는 지방자치단체.

하듯, 그들은 부지런하고 솜씨가 좋다. 또한 그들에게 먹을 것을 주지 않는 이 불모의 땅을 사랑한다. 그리고 젊어서 마소의 흥정꾼이나 석공으로 여러 곳을 떠돌다가도 초가로 돌아와 자신의 노동과 재능의 대가를 가족에게 남기고 열병으로 죽어간다. 베리와 국경이 닿아 있는 풍요로운 저지대 주민들보다도 솔직하고 문명화된 그들은 이방인에게는 개방적이지만 훨씬 더 경계한다. 발자크의 표현에 따르면, "그들은 매우 퇴폐한 모든 사람들처럼 허물이 없다." 아무튼 그들은 그렇게 정평이 나 있다. 그들이 존경할 만한 사람이라고 인정했다면 그는 보통 사람이 아니다. 그들은 성실과 헌신을 정신에, 행동에, 용기에, 끈기에 반영한다.

여자들은 처녀 적에 고향을 떠나, 인접한 마을에 하녀로 기꺼이 들어간다. 미모가 뛰어나면 하녀에서 곧 정부가 된다. 베리 지방의 본처는 마르쉐 지방의 내연의 처와 겨룰 생각은 해서도 안 된다. 행실 바르게 몸 바쳐 일하다가 산지로 돌아가 가족들을 돌보는 데 일생을 바치는 여자들은 나무랄 데 없는 주부다. 나고 자란 땅에서 한 번도 나간 적 없는 여자들은 가끔 그 또래들보다 바람직한 순진함을 지니고 있다.

기욤 드 부사크가 처음에 말을 건 툴의 고지 주민은 쾌활하고 짓궂고 싹싹하기는 하지만 약삭빠른 남자였다. 그러나 경계심을 발휘하는 정도였다. 이 경계심이야말로 훌륭한 옷차림에도 기분 좋은 말에도 현혹되지 않는 가난뱅이의 지혜. 따라서 검은 빵을 씹으면서 젊은 여행자와 공짜로 대화해주던 남자는 여행자가 도움을 청하며 "답례를 하겠다"고 덧붙이고 나서야, 앉아 있던 돌에서 일어났다. 젊은이는 이번 여행에서 이런 암시를 절대로 잊지 말라는 충고를 받았다. 젊은이가 이 마법의 문구를 말하자마자 레오나르 할아범은 재빨리 나이프를 접고, 남은 치즈 조각을 호주머니에 넣었다. 그리고 지쳐서 포장도로를 한 걸음 한 걸음 기어올라가는 말의 고삐를 움켜쥐고, 기욤을 가장 좋은 여관으로 안내했다.

"학교 선생의 집으로 데려가고 싶지만, 거긴 손님한테 생양파밖에 대접하지 않는다오. 사제의 집에도 데려가고 싶지만, 사제는 죽어가는 여자에게 신을 전해주러 우리 아들놈하고 함께 산속으로 가버렸소. 우리 집으로 데려가고 싶지만, 마누라는 밭에 나가고 없소. 난 죽어가는 여자의 무덤을 파러 가야 하고.

왜냐하면 소교구의 성구실(聖具室)을 관리하는 사람이 바로 나거든…… 여관으로 데려가고 싶지만…… 이 마을에 여관은 없다오. 그래서 유명한 술집을 경영하는 귀트 아주머니에게 곧장 데려다주려고 하오. 아마도 거기엔 부족한 게 없을 거요. 그런데 당신은 필요한 건 뭐든지 갖고 있지요? 짐가방 밑에 귀리를 갖고 있지 않소? 그리고 안에는 흰 빵하고 포도주 병을 갖고 있지요?"

"난 아무것도 갖고 오지 않았소. 아무래도 아무것도 없는 상황을 각오해야 겠군요." 기욤이 대답했다.

"아무것도? ……아무것도 없다고요?"

"돈 몇 푼을 빼고는요." 그의 훌륭한 영국산 말 '스포츠'의 고삐를 남자가 은근히 놓으려는 것을 보고 기욤이 말했다.

"돈만 있으면 못할 게 없죠." 성구실 관리자가 말을 이었다. "뭐, 어쨌든 오시오. 필요한 건 뭐든지 찾아줄 테니."

기욤은 말에서 내려 서 있었다. 그리고 한 발짝 옮길 때마다 멈춰 서서 길 양쪽에 산더미처럼 쌓인 희끄무레한 돌을 관찰했다. 그것들을 뒤집어서 거기에 사람이 작업한 흔적이 없는지 찾으려고 노력했지만, 거의 알아볼 수 없을 만큼 흐릿한 흔적밖에 발견할 수 없었다. 그가 캉비오비켄스족의 중심지 존재는 추측에서 비롯한 것이라고 생각하기 시작했을 때, 남자가 그의 머릿속을 꿰뚫어 보고 말했다.

"그건 건물의 토대였다오. 틀림없어요. 이 부근에는 두 종류가 있죠. 하나는 돌하고 회반죽을 떨어지지 않도록 시멘트로 단단히 고정한 것이오(하지만 이건 드물고, 찾으려면 땅을 파야 하죠). 또 하나는 더 오래된 것인데, 이건 흙만 이겨 만든 게 분명하오. 이게 옛날, 그러니까 갈리아인 시대의 건축 방법이었던 셈이오. 적어도 2백 년…… 아니, 못해도 4백 년 전 이야기죠! ……."

"네, 적어도요." 기욤이 미소를 지으며 대답했다. "가끔 이 고장을 벗어나 보았소?"

"물론이죠―난 부사크에 자주 나간다오. 샹봉에도!"

"파리에는 간 적이 없소?"

"한 번도 없소. 그렇지만 난 누구에게도 뒤지지 않는 솜씨 좋은 석공이라오. 여기선 석공이 될 수밖에 없죠. 있는 거라곤 돌뿐이니까. 하지만 난 다른 석공들을 따라갈 수가 없었소. 보다시피 난 다리가 불편하거든요. 젊었을 때부터 말이오. 내가 성구실 관리인이 된 건 그 때문이오. 교회를 청소하고, 미사를 돕고, 무덤을 파죠. 요리도 배웠다오. 혼례나 장례식의 요리를 만드는 것도 나요. 또 세례식도 돕죠. 당신은 파리에 가본 적이 있소?"

"거기서 거의 살았지요."

"혹시 도로 기술자요? 이곳 도로를 좀 손봐야 하는데."

"그래야 할 것 같군요. 하지만 난 기술자가 아니오."

"그럼 행상인이요? 아니, 짐이 작은 걸 보니 그런 것 같진 않군요. 그렇지만 커다란 짐을 나르는 훌륭한 말을 갖고 있잖소."

"행상인은 아니오." 기욤은 귀트 아주머니의 산양 우리의 낮은 문에 그의 말을 조심조심 넣기 위해 성구실 관리자 겸 주방장 겸 무덤파기에게서 고삐를 받아들고서, 쏟아지는 질문에 차례차례 대답했다. 턱수염이 난 신선 같은 노파가 나와서 굽실대며 인사했다. 그리고 지푸라기로 '스포츠'의 옆구리를 닦는 것을 도와주면서, 레오나르가 시작한 질문 공세를 이어갔다. "그랑댕 드 구종 씨의 아들이우?" "부사크에서 왔수?" "에보의 광천수를 마시러 가우?" "샤틀뤼에 사는 샹트락 부인의 조카인 것 같은데?"

"아무래도 마르시야 씨인 것 같구면. 죽은 노인이 아니라 부사크에서 법률가로 있는 젊은 마르시야 씨 말이우." 노파는 젊은이의 간결한 부정을 아랑곳하지도 않고 말했다.

"나는 늙은 마르시야도 젊은 마르시야도 아닙니다." 기욤이 대꾸했다.

"별 헛소리를 다 하는군. 눈이 완전히 멀었구면!" 성구실 관리인이 말을 받았다. "아, 몇 번이나 마르시야 씨의 아들을 보고도 그런 소릴 해! 그쪽은 검은 머리고, 이 손님은 금발 머리잖아!"

"아, 그런 것 같군요! 높으신 양반들은 통 구분이 가지 않는단 말이야. 옷차림도 외모도 다 똑같이 보이니까. 정말이지 눈곱만큼도 구분할 수가 없지 뭐유!"

"당신 딸은 다를 거요, 귀트 할멈. 정확히 구분할 거라니까. 시험 삼아 불러보구려! 클로디! 클로디! 이리 와 보렴! 할 이야기가 있다!"

"무슨 일이세요?" 앳되고 맑은 목소리가 기욤의 머리 위에서 들렸다. 그리고 거의 동시에, 마른풀을 집어넣는 널빤지에서 매혹적이고 진한 인상의 갈색 얼굴이 나타났다.

"네 마른풀용 갈퀴 끝으로 내 머리를 좀 식혀다오." 레오나르가 말했다. "여기 이 젊은 분을 잘 보렴. 아는 얼굴이냐?"

"아니요."

"그럼 리옹 마르시야 씨가 아니란 말이지?"

"알면서 왜 엉뚱한 소릴 하세요, 아저씨! 마르시야 씨를 저만큼 잘 아시잖아요."

"무슨 소리냐, 클로디! 거짓말하지 마라. 난 너만큼 그놈을 잘 알지 못해!"

소녀는 어깨를 으쓱하더니 얼굴이 빨개졌다. 그리고 재빨리 널빤지 뒤로 사라졌다.

"왜 만날 우리 딸한테 시시한 소리만 하우? 정말 고약도 하지." 귀트 아주머니는 말했지만, 그렇게 화난 것 같지는 않았다.

"농담도 좀 하고 살아야지, 특히 부르주아 앞에서는. 안 그러면 우리를 바보로 알 거 아니야! 클로디가 귀족들을 안다는 걸 당신한테 보여주고 싶었을 뿐이오." 냉소적인 레오나르가 대꾸했다.

"심술궂은 말 그만둬요! 클로디는 나리들을 바라볼 필요가 없어요. 나리들이 바라보는 건 자기 마음이지만."

'여행자들에게 하는 말이군!' 기욤은 생각했다. 마르시야의 구역을 침범하는 것은 내가 아니다. 이런 부류의 정복에는 흥미가 없다. "레옹 마르시야 씨는 이곳에 자주 옵니까?" 기욤은 성구실 관리인에게 물었다.

"뻔질나게 찾아오오죠." 레오나르가 눈을 찡끗하며 놀리듯이 말했다.

"이 부근에 무슨 볼일이 있나 봐요?" 어떤 핑계로 마르시야가 이런 촌구석에 나타나는지 알고 싶어서 기욤은 이해가 안 간다는 투로 다시 물었다.

"가축을 산다는 핑계로 온다오. 우리가 초원에서 가축을 기르니까. 특히 이곳 말은 평판이 좋죠."

"압니다."

"흥! 마르시야 씨는 이 고장의 수말이란 수말은 한 마리도 남김없이 흥정하고 다니면서 절대로 사지는 않는다오! 어쩌다 사가더라도, 금방 싫증이 났다며 다시 무르러 오죠. 늘 우리만 손해라니까. 하지만 놀 때는 돈을 펑펑 써댄다오. 우리 아버지도 젊었을 땐 그랬는데, 그걸 기억하는 사람은 귀트 할멈뿐이지. 거의 시력을 잃은 다음이지만. 하긴 딸이 두 명 몫을 보니까 괜찮죠."

"그 입 다물고, 마른풀용 갈퀴나 드슈. 당신이 늙은 찌르레기처럼 재잘대는 동안 손님이 직접 잠자리에 짚을 깔았잖아요." 노파가 말했다.

"그렇게 화내지 말라고, 귀트! 당신 딸만 리옹 씨하고 수다를 떠는 게 아니니까."

"말해두지만, 가장 말을 섞지 않는 사람은 우리 딸이에요."

"그럼, 그럼! 그놈이 친하게 지내고 싶어 하는 처녀가 한둘이 아니라는 건 나도 알지. 하지만 어쩔 수가 없잖아. 클로디! 클로디! 또 한 명이 있다는 게 사실이냐? 너희가 베르네드 숲이나 세워진 돌에서 가축을 지킬 때, 리옹 씨가 총을 들고 지나가다가 도랑에 앉아서 이 처녀 저 처녀랑 수다를 떤다는 것도 사실이고?"

"다 오해예요!" 클로디가 다시 한번 널빤지로 다가오면서, 화난 듯 가시 돋친 목소리로 외쳤다. "아저씨는 이 마을에서 남을 가장 잘 비방하는 사람이에요. 아저씨 말고 그러는 사람도 없지만."

"그런데" 레오나르가 웃으면서 말을 이었다. "너희 아름다운 처녀들 가운데, 너희가 아무리 꼬드겨도 들판에 같이 나가고 싶어 하지 않는 처녀가 한 명 있지. 어울리고 싶지 않아서인지도 몰라. 너희가 그 처녀를 시기해서 이러쿵저러쿵 불만을 늘어놓기 때문인지도 모르고. 소를 붙잡으려고 훌륭한 상태[6]로 남아 있고 싶어서인지도 모르지."

"그런 말은 집어치워요!" 귀트 아주머니가 몹시 화가 나서 목청을 높였다. "오늘 아침엔 당신의 그 혓바닥에 악마가 앉아 있구려!"

"어이쿠! 이방인 앞에서는 소 이야기를 하면 안 되지." 레오나르가 깐족대며 대꾸했다. "그들이 잡아가버릴지도 모르니까. 단단히 붙들어두라고!"

젊은 남작은 그들이 도통 알아듣지 못할 대화를 하는 것을 보고, 또 점점 노골적으로 변해가는 성구실 관리인의 이야기를 듣는 데도 질려서, 세탁물과

---

6) 처녀를 암시함.

치즈 냄새가 밴 이 음침한 숙소에 배가 고파서 어쩔 수 없이 돌아올 때까지는 툴 생트 크루아의 고대 유적지로 조사를 가고 싶어졌다. 그는 얼마쯤 여성적인 교육을 받은 덕에, 그 나이에는 더 바랄 수 없을 정도로 올바른 정신을 지니고 있었다. 전원과 추억 속에 있는 먼 나라들을 사랑하고, 샤토브리앙이 말한 나체스족처럼 진중하고 소박하며 준엄한 사람들을 마음속에 그렸다. 그런데 눈앞에서 그들의 천박함과 지저분함과 뻔뻔함을 보았다. 그들과 이야기를 나누고 싶다고 생각했던 것조차 싫어져서 그는 마음이 멀어졌다.

기욤은 샤를 6세[7] 시대 때 영국군의 정복을 기념한 조각상이자, '오를레앙 처녀' 시대가 되어 농민들에 의해 쓰러지고 파괴되고 절단되고 망가진, 화강암으로 된 머리 셋 달린 사자가 툴 광장 한복판에서 코를 진흙 속에 처박고 쓰러진 것을 바라본 뒤에 고풍스러운 무기 창고로 걸음을 옮겼다. 그 토대는 보존 상태가 좋았으며, 인근 주민이 식료품 저장 창고로 쓰고 있었다. 2층 높이 흙으로 덮고, 고지 및 지역 전체에서 가장 높은 그 작은 대에 올라가기 위해 포석을 놓아 계단을 만들었다. 오늘날에는 사상 변화나 고대 연구, 자연에 대한 묘사적 관점이 이러한 벽지에까지 어떤 탐구심을 불러일으키게 한다. 가을에는 방학을 맞은 부르주의 콜레주 학생, 관광하러 온 라 샤트르의 소송 대리인, 부사크의 신출내기 안내인 등과 툴의 대 위에서 이따금 만난다. 그러나 기욤이 처음으로 발을 멈춘 시기에는 귀찮은 상대를 만날 일이 없었다. 작은 집락의 얼마 안 되는 주민은 모조리 들일을 나갔으며, 한낮에는 밭을 헤집고 다니는 암탉의 울음소리조차 거의 들리지 않았다. 기욤은 눈 아래로 펼쳐지는 광대함에 현기증이 났다. 한쪽에는 나무도 없고, 집도 없고, 돌의 비가 식물의 생육을 영원히 방해하는 것처럼 보이는 아무것도 자라지 않은 언덕, 좁은 협곡, 바싹 마른 언덕의 비탈면이 있는 불모의 마르쉐 지방이 보인다. 그리고 갈리아의 스톤서클이 세대의 진전에 대한 옛 우상숭배 세계의 항의처럼 고요 속에 우뚝 서 있다.

이 음울한 풍경의 깊숙한 곳에서 젊은 부사크 남작은 자기 이름을 가진 작은 거리를 찾아냈다. 그의 아름다운 성관은 빛바랜 점처럼 프티트 크뢰즈강의

---

7) 1368~1422년.

암벽에 녹아들어 있었다. 몸의 방향을 바꾸자 발밑에 콩브라유가 보였다. 저 멀리에는 아름다운 강물, 다채로운 식물, 그리고 지평선의 무한한 호를 그리는 경계까지 푸른 띠로 층층이 겹친 널따란 평야가 있는 부르보네 지방이 보였다. 아름답지만, 오랜 시간 보고 있기는 불가능한 조망이었다. 그 끝없는 광활함이 현기증을 불러일으켰다. 눈부시게 빛나는 허공을 뚫고 날아오르는 제비를 눈으로 좇는 것밖에 할 일이 없다는 데에 먼저 지루함을 느꼈다. 다음으로, 여기저기에서 몸을 감싸오는 공간의 깊이에 아찔해진다. 이 고지는 어느 계절이든 쌀쌀하지만, 살을 에는 듯한 차가운 공기가 숨 막히게 한다. 고립된 정상에 서면 으레 그러하듯이 완전한 원을 그리는 지평선을 바라보고 지구가 둥글다는 사실을 새삼 깨달으며, 멈추지 않는 자전으로 지구를 몰아가는 속도가 빠르게 느껴지는 것은 왜일까. 끝없이 깊은 하늘을 가로지르는 이 불가피한 운행에 나 자신이 빨려들어가는 것만 같았다. 몸을 지탱하려고 머리 위로 손을 뻗어 무언가 잡을 수 있는 것을 찾지만 그곳엔 나뭇가지조차 없다. 지금 서 있는 높은 대보다 1백 피에[8] 더 높은 망루 꼭대기에 갇혔던 그 옛날의 파수꾼들은 캄캄한 지하 감옥에 갇힌 죄수들보다 더한 고통을 강요받지 않았을까?

우리의 여행자는 이러한 광경의 서글픈 장대함을 오랜 견딜 수가 없었다. 그는 거기서 감격을 느꼈다고 생각했다. 그러나 감격은 찾는다고 발견되는 것이 아니다. 우리가 감격할 준비가 되었을 때 찾아오는 것이다. 그것을 제대로 해보려고 하지만 자기 자신 안에서 싹 틔우기에는 아직 충분히 인생을 경험하지 못한 젊은이는 이 시련에 고독의 공포를 느꼈다.

그는 이 등대에 올라올 때보다 빠른 속도로 내려갔다. 그리고 불타는 듯한 대낮인데도 갑자기 얼어붙는 느낌이 들어, 눈부시게 빛나지만 차가운 높은 대의 공기로부터 피난할 수 있는 장소를 허겁지겁 찾았다.

그는 소부락 뒤로 돌아가, 이윽고 고지 비탈에 다다랐다. 그러자 순간, 남쪽으로 향한, 즉 다른 자연 속에, 다른 계절 속에, 다른 사색 속에 갑자기 내던져졌다는 것을 깨달았다. 크뢰즈강에서는 툴의 교회가 지켜주는 유일한 나무 한 그루가 마르쉐 지방의 히스 황야와 벌거숭이산에서 쉴 새 없이 불어오는

---

8) 옛 길이 단위. 약 32.4cm.

바람에도 아랑곳하지 않고 성장했다. 그러나 보에스강에서는 모든 것이 더 여유로운 모습이었다. 모래로 뒤덮인 길이 생명력 강한 나무울타리 안으로 파고들어가고, 아름다운 나무들이 그늘을 드리운 완만한 비탈에 툴의 묘지가 있었다. 이 장소는 우리가 여행자의 지친 얼굴에, 이때 그에게는 고전 작가들이 노래한 엘리시온의 들[9]과도 견주어지는 평안의 장소를 제공했다.

그는 이 휴식의 들을 둘러싼 돌덩이, 고대 갈리아 마을의 흔적을 가볍게 오르기 시작했다. 그리고 자신이 완전히 혼자임을 깨닫고, 잊힌 묘석 높이의 풀숲에 주저앉았다. 손발에 희미한 온기가 돌아왔다. 밤나무와 자작나무 가지가 서로 얽힌 채 그의 머리 위에서 내려와 땅에 닿을 듯이 늘어져 있다. 하지만 그 숲엔 그 나뭇가지를 흔들만한 바람 한 점 없었다. 좁아진 지평선은 이 녹색의 둥근 지붕을 통해 아직 빛나고 있었다. 그러나 죽은 자들의 영혼을 살찌우고 생명력이 넘치는 꽃을 피우는 목초지에 누운 젊은이의 눈에서, 그때까지 따라다니던 그 빛나는 하늘이 이윽고 사라져버렸다. 그가 원기를 회복하기 위해 눈을 감자 그의 손발이 감각을 잃고 움직이지 않았다. 꿀벌이 그의 꿈속에서 가볍고 상쾌한 날갯짓 소리를 내면서 그의 주위로 찾아들었다.

두 시간쯤 지나, 단조로운 목소리가 들려 그는 눈을 떴다. 생각을 정리하고 자신의 상황을 이해함에 따라, 그는 자신이 들은 말소리가 귀에 익은 것임을 알았다. 조금 떨어진 곳에서 들려온 목소리는 성구실 관리자 레오나르와 귀트 아주머니였다. 기욤은 일어났다. 천천히 파고 있는 무덤에 무릎까지 들어간 성구실 관리자 겸 묘지기와 실패에 파란 양모 실을 감으면서 땅바닥만큼 낮은 커다란 그루터기에 앉아 있는 노파가 그의 눈앞에 보였다. 두 사람은 그를 전혀 신경 쓰지 않고 이상한 대화를 시작했다. 그들의 대화는 젊은 남작이 꾸고 있는 꿈과 이어지고 있었다.

---

9) 지복의 들.

2장
묘지

"워워, 그렇게 화내지 말라고, 귀트 할멈. 클로디한테는 이제 아무 소리도 안 할 테니까, 내 명예를 걸고! 그리고 소 말인데……." 성구실 관리인이 쾌활하게 말했다.

"소가 아니라 송아지예요!" 노파가 말을 이었다.

"송아지가 아니지. 당신들이 입을 모아, 뿔이 있다고 했었잖아. 그러니 수소라고 해야 맞지."

"맘대로 하시구려. 거기에 관해서는 당신과 말하고 싶지 않으니까."

"맙소사, 내 마누라는 당신 같지 않은데. 내가 원하는 것 이상으로 거기에 관해 말한단 말이지. 내가 마누라를 무시하면 할수록 마누라는 그걸 믿는 거야. 아아! 여자란 정말 멍청해!"

"당신이 뭐라고 떠들건, 당신이 본 게 정말 있다면 어쩌시겠수?"

"그럼 당신은 본 거로군, 당신은?"

"아니요, 못 봤어요. 하지만 몇 번이나 진짜로 볼 뻔했죠."

"그건 나도 마찬가지야. 난 언제든 그 순간에 있지. 하지만 그 순간은 순간적으로 지나가고, 난 아무것도 볼 수 없어."

"그렇게 비웃고 뭐가 즐겁다는 건지 난 알 수가 없네요."

"정말 놀랍군! 농담을 하는 게 좋지 않다면, 지금은……."

"원한다면 우리를 상대로 농담을 하세요. 이 고장 사람이 아닌 이방인들 앞에서는 그런 척도 하지 말고. 우리한테 불행이 떨어질지도 모른다고요."

"잠깐만! 귀트 할멈, 쟁기 밑에서 뭔가 건조한 것이 느껴지는데. 내 생각엔 그거 같소만. 앞치마를 펼쳐 보구려. 거기에 금괴를 놓아주지."

"에구머니! 그런 식으로 그리스도교도의 뼈를 나한테 던지지 말라고요. 세상에, 무서워라!"

"놈들한테 해를 끼치지는 않아! 내가 땅을 파게 된 뒤로 발견한 건 아직 그것뿐이라고. 죽은 자의 뼈가 있다! ……있다! 있다! ……그러니까 엄청나게 있다! 우리가 이 세상에 오기 전에 이 땅에서 엄청나게 죽인 거야. 나로서는 끝낼 도리가 없는 이런 뼈를 말이야!"

"땅을 파는 건 그렇게 좋은 일이 아니에요! 파면 팔수록, 찾으면 찾을수록, 돌을 제거하면 할수록 찾지 못할 거예요."

"당신은 언제나 그런 생각만 하오? 늙은 여자란 누구나 이렇다니까. 서로 멍청한 이야기를 하면서 모두 머리가 이상해지는 거지."

"하지만 어느 시대건 이 땅에서는 줄곧 이런 식으로 이야기되어 왔다고요! 어느 시대에건 이야기되었던 것이 틀렸을 리는 없어요."

그러더니 노파는 열띠게, 그러나 마르쉐 지방의 방언으로 말하기 시작했다. 이 방언 자체를 이해하기는 어렵지 않다. 하지만 여자들이 속사포처럼 이야기를 쏟아낼 때는 갑자기 모음이 생략되거나 달변이 되기 때문에, 훈련되지 않은 귀에는 이해가 불가능하다. 대단히 오랫동안 베리 지방이었던 마르쉐 지방의 이 지역 주민들은 방언과 베리에서 말해지는 소박한 옛 프랑스어를 구별하지 않고 쓴다. 그러나 노파는 오크어가 오일어보다 익숙해서인지, 방언으로 말하는 편이 훨씬 신비롭게 자신의 생각을 표현할 수 있다고 생각해서인지 상대에게도 방언으로 대답하라고 요구했다. 기욤은 두 사람의 대화에 귀를 기울이기를 그만두었다.

그래도 두 사람의 대화는 이어졌다. 묘지기가 이따금 큰 소리로 웃을 때마다 기욤은 무의식적으로 귀를 쫑긋 세우고 그 기묘한 말에서 강한 인상을 받았다. 여전히 황금 소, 황금 송아지, 보물, 금구덩이가 화제였다. 그 집요하게 반복되는 음운이 젊은이 마음에 유아기의 아련한 추억을 일깨웠다. 젊은이는 부사크성에서 태어났다. 건강하고 헌신적인 농부 아낙네가 유모였다. 젊은이는 도저히 그 이름이 생각나지 않았다.

그는 다섯 살 때 이 고장을 떠났다. 어머니가 제정시대에 조금 소홀히 했던 영지(領地)로 돌아가 원기를 회복하려고 생각했던 1816년에 딱 한 번 돌아온 게 다였다. 그때 기욤은 유모의 소식을 물을 생각조차 안 했다. 그러나 귀트 아주머니의 긴 이야기 속에 끊임없이 되풀이되는 기묘한 표현이 그의 머릿속에서 과거에 대한 막연한 기억을 일깨웠다. 잊고 있었던 이 방언을, 프랑스어를 배우기 전에 유모와 함께 쓰던 것이 기억났다. 그러자 서서히 모국어처럼 다시 들리기 시작했다. 유모도 금송아지며 금구덩이 이야기를 들려주었다. 유모는 그것들에 관한 신기한 이야기와 노래를 수도 없이 알고 있었다. 그런 이야기와 노래가 꿈속에서 그의 마음을 불안하게 했다. 마치 무녀처럼 상상력의 최초 노력을 관장하는 이 성실한 자장가, 남성에게 최초의 여자 친구, 유모라는 훌륭한 이름이 붙은 이 인물, 또 다른 어머니가 늘 시기한다고 느낄 수밖에 없는 이 진짜 어머니는 기욤의 정신에 존경할 만한 인물, 신성한 존재로서 나타나, 왜 그렇게 오랫동안 자신을 잊고 있었냐며 그를 나무랐다. 대단히 신앙심 깊고 모든 면에서 훌륭한 어머니가 어째서 한 번도 유모에 관해 이야기해주지 않았을까 그는 자문해보았다. 《그리스도교의 정수》[1]를 읽고, '요람 위에서 노래한' 종소리에 감동하는 그가 아마도 가난에 시달리고 있을 이 여자를 찾아 구제해주기를 왜 게을리 했는지 자책했다. 그녀는 귀트 아주머니였을지도 모른다! 기욤은 무릎을 세워 몸을 일으킨 뒤, 키 큰 풀줄기 너머로 그 모습을 감동하며 바라보았다. 벌써 저렇게 나이가 들 수가 있나? 그에게 젖을 물리기 위해 뽑혔을 젊고 건강하고 발랄한 생기는 다 어디로 간 걸까. 그 시절 그녀의 가난이 모든 걸 앗아간 것일까? 하지만 클로디는 그보다 젊었다. 20년 동안 가난 때문에 가혹한 노동을 강요받은 여자들은 이따금 실제보다 50년은 늙어 보이는 법이다.

여러 가지 생각이 그의 머릿속을 맴도는 동안에 레오나르는 화제를 바꾸었다. 사제와 대화하는 데 익숙한 그는 베리 지방의 프랑스어로 돌아와 있었다.

"이렇게 오랫동안 남을 위해 일해온 뒤에 내가 나만을 위해 일하지 못할 거라고 생각하는 건 역시 이상해."

"당신 무덤은 당신 아들이 파줄 거유. 아들이 당신 뒤를 이을 거지요?"

"그러면 좋겠소만. 그런데 당신, 지금 누구 위에 앉아 있는지 아시오, 귀트 할멈?"

---

1) 샤토브리앙, 1802년.

"물론이죠! 저, 그러니까, 쥐니아 할아범 위일 텐데. 풀이 이렇게 키가 큰 걸보면. 할아범이 죽은 지 적어도 10년은 된 것이유."

"그렇지 않아. 당신은 쐐기풀 정원[2]의 주민들을 모르오. 거기 있는 사람은 불쌍한 로리쉬요. 정말 좋은 사람이었는데! 아아! 한때는 녀석과 얼마나 즐거운 시간을 보냈는지! 정말 재미있는 녀석이었어! 장베트의 혼례 때 웃겼던 일을 기억하오?"

"물론이지요! 아주 자세하게 기억해요. 할아범이 그토록 멋지게 불렀던 그노래도! ……."

노파는 단조롭고 매우 특징적인 가락을 지닌 부르보네 지방의 노래를 떨리는 목소리로 부르기 시작했다. 이 곡조의 우아함과 독창성을 고스란히 녹음할 수 있다면, 그 가치는 대단한 것이리라. 성구실 관리자는 죽은 이의 웃음을 불러일으키는 의식을 흉내내려고 성가대의 목소리로 거기에 응했다.

"입 다물어요!" 노파가 그를 가로막으며 말했다. "죽은 자들 위에서 그런 식으로 노래하면 안 되죠."

"무슨 소리! 우리 노래를 들어준다면, 그건 이 노래가 녀석들을 즐겁게 하기 때문이오, 불쌍한 로리쉬! 내일은 이곳에 한 명이 더 오지. 내가 지금 그 잠자리를 만들고 있는데, 그녀는 아름다운 노래를 많이 알고 있었어. 아아! 건강했을 때는 대단한 가수였는데."

"당신은 그 여자가 멍청하다고 생각하지 않았수? 아니 왜, 금송아지며 당신이 언제나 놀리던 것에 대해 자세히 알고 있지 않았수."

"믿지는 않았어. 재밌으려고 그런 이야기를 했던 거지."

"그래도 봤는걸."

"당신들을 놀린 거라니까."

"아아! ……이렇게 갑자기 그 여자가 없어진 건 우리한테 커다란 불행이에요…… 비밀을 알고 있었으니까."

"그렇다면! 딸한테 남겼겠지."

"그 애는 지능이 떨어지는 애잖수. 엄마는 늘 불행을 짊어지고 살았죠. 큰 돈

---

2) 묘지.

벌이 수단도 있었고 옷도 그렇게 잘 입었는데 다른 여자들처럼 가난하게 죽어 버리다니."

"너무 욕심이 없었어. 무엇 하나 요구하지도 않고, 주어지는 조그만 것에 만족했으니까. 그러다가 어느새 잊히고 말았지……."

"부자들은 가난뱅이 사정에는 별 관심도 없죠! ……게다가 그 뒤에 뭐가 있었던 모양이우……. 마님이 그이를 얼마나 아꼈수? 그런데 갑자기 거들떠보지도 않게 되었으니! 조금도! ……내가 그 사실을 안 건……."

"그건 그렇고! 그이가 기른 애는 어째서 그이를 한 번도 떠올리지 않았을까?"

"아직 어린애였으니까 그렇죠. 게다가 이 나라에는 거의 돌아오지 않았잖수. 지금쯤은 군인이나 장군이 되어 있을 거유. 황제가 없어진 뒤로, 고참병을 지휘하는 데 아주 어린 사람을 쓴다는 소문이던데……."

"그런 소문이 있지. 어쨌거나 이상한 일이야. 아무튼 그 불쌍한 여자는 부사크성에서 금 구덩이는 찾지 못했어. 딸은 엄마의 재산 목록을 작성하는 데 그리 고생하지 않을 거야. 가축 몇 마리, 그러니까 암양 서너 마리에 암산양 네다섯 마리, 그리고 허름한 집 한 채가 다니까……."

"거기에 대신 죽는 편이 나았을 정도로 성격이 고약한 친척 아주머니가 남아 있죠."

"잔이 자산가들의 말에 귀를 기울인다면, 그 아주머니와 거리를 둘 텐데."

"자산가들, 자산가들! 한 손으로 붙잡고, 다른 한 손으로 멀리한다. 그들을 그다지 믿지 않는 편이 좋아요."

"그럼 살아 있을 때처럼 가난뱅이로 죽어야 한단 말이오?"

"우리는 첫 번째가 아니라우, 레오나르 영감!" 노파가 음침한 투로 말했다.

"마지막도 아니지, 귀트 할멈!" 성구실 관리자가 달관한 투로 대꾸했다.

그러고는 조용해졌다. 정적을 깨고 멀리서 천둥소리가 들렸다.

"아아! 이젠 끝이군, 불쌍하게도! 그 여자가 죽기를 꾸물거린다면 신부님은 흠뻑 젖고 말 거요." 레오나르가 말했다.

"내 오늘 아침에 그럴 줄 알았수." 노파가 말을 이었다. "새벽에 수렁 위에 하얀 연기가 모락모락 피어오르는 걸 보고 클로디에게 말했다우. 오후에는 천둥이 치고, 해가 지기 전에 불쌍한 틸라를 저세상으로 데리고 갈 거라고……."

"튈라라니?" 기욤이 일어나 두 농민에게 다가가면서 몹시 흥분해서 큰 소리로 말했다.

"앗, 깜짝이야! 간 떨어질 뻔했네!" 늙은 파르카³⁾가 놀라서 구덩이에 떨어뜨린 물레 가락을 주워 올리며 말했다.

"내가 오래전부터 찾던 이름을 당신이 말했소…… 방금 튈라라고 했죠? …… 죽어가는 여자가 튈라라는 이름이오?"

"그럴걸요. 그 여자를 아시오?" 레오나르가 대답했다.

"15년인가 20년 전에 드 부사크 부인 밑에서 일한 여자인가요?"

"그리고 부인의 아들에게 젖을 주었죠."

"그 여자가 이 부근에 삽니까?"

"여기서 멀지 않은 곳이오. 이 소교구 사람이죠. 그러니까 내가 파고 있는 이 구덩이에 곧 묻힐 거요."

"살아날 가망성은 없나요?"

"아아! 없어요." 귀트 아주머니가 말했다. "우리 딸이 어제저녁에 찾아가 봤는데, 벌써 다 죽어가더래요. 지금 신들과 함께 신부님을 부르러 갔다우. 아주 서둘러서 말이우. 병자 성사를 받기에는 이미 늦었을 테지만."

"레오나르, 그 여자 집으로 날 안내해주시겠습니까?"

"어이쿠! 아무리 많은 돈을 준대도 그건 무리요! 무엇보다도 신부님이 곧 돌아오신단 말이오. 신부님의 수말에게 여물을 줄 사람이 아무도 없으니까 난 지금부터 자루가 긴 낫을 가지고 그 목초지에서 꼴을 베어 와야 하오. 여물통에 한가득 채우려면 말이오."

"그럼 당신은 어떠십니까, 귀트 아주머니?" 기욤이 애간장을 태우며 말했다.

"저런! 난 손님처럼 잘 달릴 수 있는 나이가 아니라우. 비탈을 내려가는 건 괜찮지만, 올라가는 건 어려워요……. 혼자 가면 어떻수? 저기 움푹 들어간 길이 보이지요? 왼쪽 저기 너머에! 옆에 하얗고 커다란 돌하고 작은 집이 보이지요? 바로 저기라우. 에피넬이라는 곳이죠."

"서둘러 다녀오겠습니다." 기욤이 말했다.

---

3) 운명의 여신.

"잠깐!" 레오나르가 큰 소리로 말했다. "그쪽으로는 나갈 수 없소. 수렁이 뭔지 모르는 모양이군요? 거기에 빠지면 그대로 죽는단 말이오! ……안내를 맡아줄 사람을 불러주겠소. 클로디가 아까 여기 있었는데. 클로디! 어이, 클로디!"

클로디의 발랄한 얼굴이, 덤불 저편에서 묘지의 나무 울타리를 함부로 뜯어먹고 있던 검은 암산양의 얼굴 옆에 나타났다.

"이분을 퇼라에게 안내해드려라. 가는 길에 나불거리지 말고. 서두르고 계시니까."

"꼭 제가 가야 해요?" 클로디는 당황하면서도 주눅 들지 않고 어머니에게 물었다.

"나막신을 신어라. 네 지팡이는 엄마한테 주고. 가축은 엄마가 지킬 테니까." 어머니가 조용히 대답했다.

클로디가 달려와서 치마를 걷어 올리고 회색 망토에 고리를 채우면서 큰 소리로 말했다. "이쪽으로 오세요, 나리." 그러고는 요란한 소리를 내는 신발로 조약돌을 자박자박 밟아 굴리면서 날쌔게 고지를 내려가기 시작했다.

기욤은 그녀를 겨우 따라갔다. 처녀는 돌멩이 위를 나풀나풀 나는 듯이 걸었지만, 뾰족한 돌들은 기욤의 발밑에서 날카롭게 부서져 그의 신발을 찢어놓았다. 처녀는 산더미처럼 쌓인 돌무더기를 따라 이어진 길로 목장을 지나가지 않았다. 툴의 수렁은 지면 가까이에서 솟아오르는 것이 아니라, 저 아래 지하에서 뿜어져 나와 토양을 침식하는 수많은 샘인데, 기욤은 그게 얼마나 위험한지 알지 못했다. 방목지의 풀로 착각하기 쉬운 가늘고 짧은 쐐기풀로 뒤덮인 늪이 온통 땅을 뒤덮어, 바닷가의 모래 바닥처럼 보이지 않게 깔린 위험이 그것에 익숙하지 않은 눈에는 전혀 보이지 않는다.

늪은 누군가 발을 디디면 천천히 빨아당긴다. 토양은 한동안 고체를 지지할 수 있는 것처럼 보인다. 그러나 그것은 산의 악령이 놓은 덫이다. 조금씩 무릎까지, 허리까지, 어깨까지 빨려든다. 빠져나오려고 안간힘을 쓸 때마다 더욱 깊게 빨려들고 만다. 결국 신속하게 구조되지 않으면, 빠지는 것이 아니라 진흙에 질식해서 죽게 된다. 툴의 아낙네들은 흙에 집어삼켜진 신기한 마을에 다다를지도 모른다고 생각한다. 그리고 잔잔한 날씨에는 가끔 종소리가 들려온다고 믿는 것이다.

활발하고 쾌활한 클로디는 기욤보다 조금 앞서서 걸었다. 그녀는 기욤에게 말을 걸 용기가 없어서, 한편 그가 먼저 침묵을 깨지 않는 데에 놀라며, 이 나리는 기품이 있다고 속으로 중얼거렸다. 드디어 기욤은 처녀의 볼록한 종아리며 우아한 허리에는 전혀 눈길도 주지 않은 채, 불쌍한 튈라에 대해서만 겨우 몇 가지 질문을 던졌다. 미리 대답을 생각해놓는 교활한 농부의 질문처럼 클로디가 되물었다. "네? 뭐라고 그러셨죠?" 청년이 참을성 있게 다시 물었다.

"아, 네. 아주 정직하고, 아주 깔끔하고, 아주 부지런하고, 살림을 잘하는 주부였죠. 아주 잘 살았어요." 클로디가 대답했다.

"그게 무슨 의미지?"

"이웃들을 잘 보살피는 분이었죠. 동생인 고트 아주머니처럼 심술궂지도 않았어요."

"자식은 있소?"

"자식은 없어요. 딸이 하나 있죠." 베리 지방 사람들이 그러는 것처럼, 클로디는 자식이라는 말을 아들에게만 적용하여 말했다.

"그 딸은 혼자 살아갈 수 있는 나이오?"

"물론이죠! 스무 살인가 스물한 살이니까요. 저보다 훨씬 나이가 많은걸요."

클로디는 자랑스럽게 자신의 나이가 열일곱이라고 밝혔지만, 그 말은 기욤의 주의를 끌지 못했다. "그 처녀가 부사크성에서 태어났나?" 그가 물었다.

"아마 그럴 거예요. 찾아갈 생각은 해보지 않았지만요. 게다가 나는 없었는걸요! 하지만 엄마가 말하는 걸 들은 것 같아요."

'나랑 같은 젖을 먹고 자랐군.' 기욤은 그렇게 생각하며 발걸음을 재촉했다.

클로디는 더 대답할 것이 없다는 걸 알자 자기가 질문하기 시작했다.

"잔한테 할 얘기가 있으세요?"

"잔?" 기욤이 외쳤다. "그 처녀 이름이 잔이오? 누가 그 이름을 붙였지?"

"물론 대모죠……." 클로디는 뭐 이런 멍청한 사람이 다 있나 생각했다.

"누가 대모인데?"

"아, 그거라면 잘 알아요! 부사크 부인이요! 부사크성의 마님을 아세요? 아직 살아 계실까요? 부사크에 계실까요?"

기욤은 클로디의 물음에 대답하려고 하지 않았다. 자기 유모의 무덤이 파지는 것을 보고, 같은 젖을 먹고 자라고 어머니가 이름을 붙여준 아이의 후원을 자청함으로써, 자기 가족이 오랜 세월 잊고 지낸 보상을 하라고 자신을 툴로 이끈 신기한 운명에 진한 감동을 느꼈다. 자신을 크로장이나 마르쉐 지방 같은 전혀 다른 낭만적인 절경지가 아닌 툴로 오게 한 우연에서 그는 신의 섭리 같은 것을 느꼈다. 즐거움을 찾아온 곳에서 이른바 완수해야 할 의무를 보여주신 신에게 감사했다.

요염한 클로디는 기욤이 여자에게 조금도 친절하지 않은 것을 보고, 단둘이 되었을 때 자만심을 품었던 당혹스러운 감정이 완전히 사라졌다. 쾌활함만큼이나 호기심에 넘치는 그녀는 조금 전 어머니나 레오나르 못지않게 그에게 질문을 퍼부어댔다. 그가 누구인지, 어디서 왔는지, 특히 죽어가는 여자를 왜 그렇게 열심히 만나러 가는지, 그 불쌍한 여자와 그 딸에게 어떤 관심을 가지고 있는지 알고 싶었다.

타인을 무시하는 듯한, 또는 어딘가에 정신이 뺏긴 듯한 그의 침묵에 답답함을 느끼면서 그녀가 갑자기 말했다. "아, 알겠다! 하인을 구하고 싶어서, 평판 좋은 이 고장에서 한 명을 고용하러 오신 거지요? 잔이 아주 유능하고, 고된 일에도 잘 견디는 좋은 처녀라는 소문을 들으신 게 분명해요. 그래서 안내하라는 거죠?"

"이 고장 밖에서 일자리를 구하는 건 그 처녀한테 나쁘다고 생각하나?"

"그야 그렇죠. 한 번도 어머니를 떠난 적이 없을 테니까요. 어머니가 병으로 쓰러지고 나서, 일자리를 찾아 떠나라고 권하며 추천까지 해준 사람들이 많았답니다. 하지만 잔은 이 고장을 떠날 마음이 전혀 없나 봐요. 누구든 한곳에 익숙해지면 변화를 싫어하게 되잖아요. 하지만 친척 아주머니와 함께 살게 된다면 불행해질 테니까 마을을 떠나는 편이 좋겠죠. 그러니까 나리에게 그런 마음이 있다면 데리고 가시는 게 좋아요."

이렇게 말하는 처녀의 표정에는 기욤을 설득하려는 분명한 의도가 엿보였다. 기욤은 그것을 놓치지 않았지만, 왜 그런지 이해할 수 없었다. 그는 불쌍한 틸라가 아직은 죽지 않았으며 아무리 중병이라도 고치지 못할 병은 없다고 주장하면서 처녀의 은근한 설득을 교묘하게 피했다.

"아아! 그 앤 이제 끝이에요!" 클로디가 대답했다. "보세요, 저기 아래를. 신부님이 포장도로를 따라 툴로 올라오고 계시잖아요. 이걸로 결정 났어요. 퇼라 아줌마한테 필요한 건 이제 아무것도 없어요."

농민답게 아주 무신경하게 내뱉은 이 말에 청년은 불길한 움직임을 느꼈다. '내가 너무 늦게 도착했군. 내 배은망덕한 행동을 갚기는 글렀어. 이제 난 괴로운 죗값을 치르러 하느님의 뜻에 따라 시체 곁으로 보내지겠지.'

천둥소리는 여전히 멀리서 울리고 있었다. 자줏빛 구름이 지평선 곳곳에서 피어올랐다.

"서둘러 가야겠어요." 그가 한 대 얻어맞은 사람처럼 걸음을 늦추는 것을 보고 처녀가 말했다. "에피넬에 오래 머물다가는 다 젖고 말 거예요."

기욤은 반사적으로 발길을 서둘렀다. 그리고 30분쯤 걸어서 드디어 유모의 낡은 대문에 당도했다.

"다 왔어요." 클로디가 결연히 말했다. "전 안 들어갈래요. 죽은 사람을 보는 건 무서우니까요. 나리가 나오실 때까지 저쪽에서 기다릴게요. 하지만 쓸데없이 시간을 오래 끌지는 마세요. 폭풍이 오고 있으니까요."

기욤은 안으로 들어갈 결심을 하기 전 순간 망설였다. 그는 지금껏 한 번도 시체를 본 적이 없었다. 예기치 못한 상황에 이런 시련까지 일어나자 그는 견딜 수 없을 만큼 동요했다.

3장
죽은 여자의 집

차양이 달린 몇 칸짜리 축사가 있긴 하지만 이끼와 잡초로 뒤덮인 단칸방 하나가 달랑 딸린 이 초라하고 허름한 집에서는 강렬한 송진 냄새가 새어 나오고 있었다. 그러나 집 안은 청결하고 잘 정돈되어 평소의 부지런함을 보여주었다. 영구차 모양을 한, 옅은 노란색 장식이 달린 침대 세 대가 두 벽면을 차지하고 있었다. 가운데 침대에 이 집에서는 가장 질이 좋아 보이는 흰 천으로 완전히 덮인 여자의 시체가 있었다. 순수한 밀랍으로 만든 초 네 개가 침대 네 귀퉁이에서 타고 있었다. 스코틀랜드의 산지에서처럼 마르쉐 지방에서는 열성적으로 미신을 따르는 노파들이 어떤 장례식에든 참석한다. 두세 명이 침대 주위에서 기도를 올리고 있었다. 한가운데서 매우 아름답고 키가 큰 젊은 처녀가 시체 옆에 무릎 꿇고 앉아 마룻바닥을 물끄러미 내려다보며 무릎 위에 반쯤 벌린 손을 놓고 조용히 울고 있었다. 그 자세는 카노바가 조각한 막달라 마리아 상을 연상하게 했다.

처음에는 청년의 등장을 아무도 눈치채지 못했다. 그는 진작 잊었지만 잘 알고 있던 사람처럼 착각하게 한 이 천사 같은 얼굴을 자세히 관찰할 수가 있었다. 잔의 투명한 피부는 고통과 피로로 창백해져서 칙칙한 빛의 대리석처럼 차고 어두운 모습을 하고 있었다. 크게 열린 푸른 눈은 한곳을 응시한 채 움직이지 않았고, 끊임없이 솟는 눈물이 그녀의 볼을 타고 흘러내렸다. 크나큰 슬픔에 부동이 되어버린 처녀의 옆모습은 마치 하나의 조각상을 연상시켰다.

낯선 사람의 존재를 처음으로 알아챈 사람은 죽은 자의 여동생이었다. 냉혹하고 비열하게 생긴 덩치 큰 여장부였다. 여자는 정연히 기도를 마치는 것처럼 성호를 그은 다음 자리에서 일어나 기욤에게 다가왔다.

"무슨 일이시죠?" 여자가 거룩한 침묵을 모독하는 듯한 커다란 목소리로 말했다.

"병자의 상태를 알고 싶어서 왔습니다." 기욤이 당황해하며 대답했다.

"시골 의사세요?" 고트 아주머니가 말을 이었다. "이 근방에서는 뵌 적이 없는데…… 이곳에서 의사는 돈벌이가 안 되니까요……. 언니는 한 시간 전에 죽었어요."

"난 의사가 아닙니다." 기욤이 말했다.

"그럼 봉인을 하러 서둘러 찾아오신 변호사신가요? 이 집에는 필요 없어요. 저 앤 이미 성년이거든요. 게다가 요구할 게 아무것도 없으니 뭘 가로챌 마음도 없고요." 여자가 쌀쌀맞게 덧붙였다. "자자! 어서 썩 돌아가요. 난 법률을 잘 알아요. 쓸데없는 비용을 쓸 마음은 없다고요."

기욤은 막무가내로 내쫓길 것 같아 얼른 신분을 밝혀야겠다고 생각했지만, 굴욕감을 느꼈다. 이 주부 입에서 아까보다 견디기 어려운 난폭한 말이 나올까 봐 그는 목소리를 낮추어 이름을 댔다. 그러나 여자는 너무 늦게 왔다고 비난하기는커녕 갑자기 태도와 말투를 바꾸었다.

"그럼 언니가 병에 걸렸다는 걸 아셨어요?" 여자가 간드러지는 목소리로 말했다. "그래서 조금이나마 도움을 주려고 이렇게 오셨군요? 저희 같은 가난뱅이를 위해 일부러 와주시다니, 어쩜 이렇게 친절하세요. 부끄럽지만, 목을 좀 축이게 해드리고 싶어도 아무것도 대접할 게 없네요. 어쩔 수 없잖아요? 가엾게도 언니가 숨을 거둔 지 얼마 되지 않아서 집 안을 정리할 시간이 없었으니까요. 그래도 의자에 앉으세요. 이 누추한 소파 말고요. 나리의 옷이 더러워지지 않도록 흰 천을 씌워드릴게요."

"슬픔을 방해를 하러 온 건 아닙니다." 젊은 남작은 이 여자가 극도의 냉정함을 자유자재로 드러냈다 숨겼다 하는 데에 기분이 상해서 대답했다. "제 불쌍한 유모의 마지막 소원을 문서로 남겨 실행함으로써 편안히 갈 수 있게 해주고 싶었습니다. 그런데 너무 늦게 왔군요. 이런 때에 방해가 되지 않도록 곧 가겠습니다. 하지만 저와 같은 젖을 먹고 자란 저 아이에게 위로의 말을 건네고, 뭔가 도움이 될 건 없는지 묻고 싶군요. 여기에 관한 한 너무 일찍 온 것 같지만요. 어머니를 지금 막 잃었다는 사실 말고는 아무것도 생각할 수 없을 테니까."

고트 아주머니

"아아! 당치 않아요. 저 애한테 꼭 말씀하셔야 하고말고요." 고트 아주머니가 결연한 자세로 얼른 대꾸했다. "저 애는 나리 말씀에 충분히 귀를 기울일 수 있어요. 정말 친절하시네요. 잔! 잔! 이리 와서 이분과 얘기 좀 해라."

"기도하게 놔두십시오." 기욤이 단호하게 말을 이었다. "방해하고 싶지 않습니다. 제 이야기를 들을 상태가 될 때까지 기다리지요."

잔의 주의를 환기하려는 아주머니를 물리치고서 그는 시체 곁으로 다가갔다. 그리고 죽은 자가 누운 침대와 구역질 나는 얼굴에 분명히 새겨진 천박하고 고집스러운 성격을 가진 아주머니의 친권 아래 내던져진 고아가 품고 있을 깊고 절절한 고통을 함께 느꼈다.

잔은 눈을 들어 이방인을 보았다. 그리고 왜 그가 여기 있는지 이해하지 못한 채, 또 이해하려고도 하지 않은 채 곧 다시 눈을 내리깔았다. 다른 여자들은 이제 기도 따위는 신경도 안 썼다. 일제히 놀라 그를 보고 한 사람 한 사람 일어나, 고트 아주머니에게 이 젊은 손님이 뭘 바라고 왔는지 물으러 갔다.

그렇게 잔 곁에 혼자 남은 기욤은 말을 걸기로 결심했다. 그러나 이 젊은 처녀의 신앙심 깊은 소리 없는 고통이 그의 마음에 억제할 수 없는 존경심을 불러일으켰다. 그는 천천히 그 자리를 떠났다. 그의 거절에도 노파들이 우유를 대접하려고 탁자를 서둘러 치우는 동안, 그는 죽은 여자의 수의 위에 뿌연 초록빛을 던지고 있는 잎이 우거진 좁은 창으로 다가가 슬프게 팔꿈치를 괴었다.

그러나 나무딸기 덩굴을 통해, 창문 밑을 등진 벤치에 클로디와 나란히 앉아 있는 레옹 마르시야를 본 순간, 그 슬픈 몽상은 놀라움으로 바뀌었다. 두 사람은 생기발랄하게 대화를 나누고 있었다. 반은 무의식적으로, 반은 호기심에 기욤이 들은 대화는 다음과 같은 것이었다.

"잔의 어머니가 쓰러진 때 이렇게 찾아오다니, 당신 정말이지 뻔뻔스럽군요." 클로디가 화난 목소리를 잔뜩 낮추어 말했다. "당신 말에 태워서 당장 데려갈 셈인가요? 아아! 숨겨두었어도 소용없어요. 내가 멀리서 다 봤으니까. 집 뒤에 있는 나무에 매여 있는 당신 말 말이에요. 그리고 난 생각했죠, 늑대도……."

"무슨 헛소리야, 클로디." 마르시야가 목소리를 죽여 대답했다. "난 숨을 생각도, 나타날 생각도 없어. 이 집 근처를 지나다가, 불쌍한 여자가 죽어간다는 소리를 듣고 상황을 좀 살피러 온 거라고. 아주 단순한 일이잖아?"

"그럼 왜 안에 들어가지 않죠? 왜 이 덤불 뒤에 있는 거예요? 나한테 들켜서 깜짝 놀랐죠? 아하! 당신의 속셈을 알겠어요! 난 저 높은 곳에서 당신을 보고 있었어요. 하지만 당신은 날 보지 못했죠. 당신은 잔이 양 우리에서 나오지나 않을까 기다리느라 정신이 없었으니까요. 하지만 너무 늦게 왔어요, 호색한 씨. 첫째, 잔은 당신을 싫어해요. 당신처럼 여자 꽁무니나 쫓아다니는 남자에게 입맞춤을 허락할 바엔 우물에 몸을 던지는 편이 낫다고 나한테 백 번은 넘게 말했으니까, 나도 백 번은 넘게 똑같이 반복해줄 수 있어요. 둘째, 잔을 파리로 데려가려고 오신, 당신보다 훨씬 잘생긴 젊은 나리가 집 안에 계신답니다."

"아무렇게나 지어내지 마, 클로디. 게다가 그런 게 나랑 무슨 상관이라고 그래? 난 한 번도 잔을 각별히 생각해본 적이 없어. 내가 사랑하는 사람은 너뿐이야. 그러니까 그걸 의심하는 척하지 말아 줘. 그럼 난 갈게. 우리 화해하자."

"싫어요! 입맞춤을 허락하지 않겠어요. 그럴 순 없어요. 게다가 당신은 멀리 가는 것도 아니잖아요."

"맹세코 부사크로 돌아올 거야."

"확실히 당신은 잔에게 멋지게 제안했어요. '귀여운 잔, 우리 집으로 와. 여동생은 아주 상냥하니까 모시기 편할 거야. 나도 네가 원하는 건 뭐든지 해줄게'라고 말이에요. 한 달도 전부터 당신은 아예 노래를 하고 다녔죠. 하지만 그앤 당신 말에 솔깃할 만큼 바보가 아니에요."

"내가 마음만 먹는다면, 그녀도 다른 여자들처럼 내 이야기를 들을 거야. 하지만 그건 완전히 농담이었다고. 잔은 이제 그렇게 아름답지도 않아!"

"뭐라고요! 내일 당장 그 애한테 직접 그렇게 말해보시죠."

"지금 당장에라도 하지! 그런데 아까 말한 그 사람은 누구지? 지금 집 안에 있다는 청년 말이야."

"아하! 그게 신경 쓰였군요! 내가 그걸 어떻게 알아요? 직접 보러 가시지 그래요. 집으로 들어갈 좋은 핑계인데."

"그러면 되겠군." 마르시야가 비아냥거리며 대꾸했다. 그리고 벤치를 떠났다. 그를 놓치지 않으려고 클로디가 뒤를 쫓았다.

이러한 대화가 끝나기 전에 기욤은 시체의 존재와 잔의 신앙심 깊은 눈물이 불러일으킨 존경심과 너무도 대조적인 이런 염치없고 비속한 내용에 혐오감이 들어 창가에서 떨어져 있었다. 그는 잔에게 다가가 심심한 위로의 말을 건 넸지만, 처녀는 거의 듣지 않았다. 그는 이 죽음의 침상 옆에 끝내 식사를 차리 려는 고트의 아첨 가득한 집요함에 조금 기분이 상해서 상을 뿌리친 뒤, 기회 를 봐서 잔을 데려가려고 일어섰다. 그때 문간에서 마르시야와 얼굴이 딱 마 주쳤다.

마르시야는 기겁하도록 놀랐다. 그러나 그 쾌활하고 뻔뻔스러운 성격 덕분 에 곧 침착함을 되찾았다. 그는 허물없는 태도로 호의를 보이며 옛 사냥 친구 의 손을 잡고 흔들었다.

"맙소사, 당신이 어떻게 여기에?" 상대방이 뭐라 질문할 틈도 없이 그가 먼 저 물었다.

"자네보다는 내가 여기 있을 이유가 있을 것 같은데." 기욤이 얼마쯤 위엄이 담긴 눈빛으로 대답했다. "죽은 여자가 내 유모였다는 사실을 몰랐나? 그걸 안 이상 즉시 달려오는 게 내 도리 아니겠는가?"

"그 말이 맞아요, 기욤. 그래야 마땅하죠. 하지만! 가엾게도 당신은 그녀를 살리지 못했군요. 어머니가 가족에게 원조를 보내실 겁니다. 오늘 밤 부사크로 돌아가나요?"

"그럴 생각은 없네." 기욤은 일부러 그렇게 대답했다.

"아아! 툴에서 밤을 보낼 생각이군요? 허름한 여관이지요."

"문제없네. 여행 중에는 뭐든 참아야지."

"아하, 여행을 즐기시는 중이군요? 난 샹봉에서 친척을 만나고 오는 길입니 다."

"최악의 길을 지나갔군!"

"네. 하지만 가장 짧은 길이지요! 이제 툴로 돌아갑니까? 함께 이 길 끝까지 갈까요? 내가 기다리지요."

"자넨 말이고, 나는 도보네. 또 내가 빙 돌아서 가지 않는 이상 같은 길을 가 긴 어렵지. 게다가 당장에라도 폭풍우가 불어닥칠 듯싶네."

"그럼 난 슬슬 출발하겠습니다." 잔 곁에 젊은 남작을 두고 떠나는 게 불만이 라는 기색을 노골적으로 드러내며 마르시야가 대꾸했다. "안녕히 가십시오! 어 머니께 뭐 전해드릴 말씀이라도? 내가 전달해드리죠."

"고맙네." 기욤은 수첩을 찢어 연필로 어머니에게 몇 줄을 적기 시작했다. 그동안 마르시야는 집 안으로 들어와 고트 아주머니에게 친근하게 몇 마디 건네고, 그녀 언니의 죽음을 아주 잠깐동안 진심으로 동정했다. 그리고 목을 축이기 위해서라기보다는 시간을 벌어 잔에게 말할 기회를 찾기 위해, 기욤이 거절한 산양의 젖을 사양하지 않고 다 마셨다.

고트 아주머니는 고의에서인지 적극적이고 안달복달하는 성격에서인지 기회를 만들려고 했다.

"자자, 잔, 불행에 빠진 널 생각해서 일부러 만나러 와주신 나리들에게 감사하다고 말해라…… 자, 일어날 수 있지? ……그렇게 자기감정에만 빠져 있으면 안 된다…… 안됐지만, 죽은 사람은 우리 이야기를 들을 수 없어. 죽은 사람이 가버리는 걸 막을 수는 없단다. 하느님께서 이렇게 명령하신 거야. 불행이 우리에게 원한을 갖고 있을 때는 도움이 되는 기도란 건 없단다…… 눈물을 흘리는 것도 아무 도움이 안 돼. 그런다고 누가 다시 살아나지는 않는다…… 내일 아침까지 그렇게 무릎 꿇은 채로 있을 셈이니? ……그건 어리석은 짓이다. 네가 병에 걸리고 말 거야. 게다가 이제 누가 널 돌보겠니? ……난 그럴 기운이 없다. 거기다 이 이상 할 수 있는 일이 뭐가 있겠니? ……이젠 그만둬라…… 기운 내고, 다 그런 거라고 이제 그만 포기해야 해. 다 그런 거 아니겠니! ……매장 절차도 생각해야지. 보통 일이 아니란 말이다…… 어휴! 이런 귀찮은 일에는 돈이 든다고! ……넌 착한 아이니까 조금은 날 도와줘야 해. 뭘 어떻게 해야 할지 도통 알 수가 없구나. 게다가 집에는 아무것도 없잖니. 슬픈 이 일주일 동안 쓸 1수도 없어…… 잔! 잔! 자, 너랑 같은 젖을 먹고 자란 이 젊은 나리와 얘기를 좀 하렴. 네가 불행해지지 않게 하려고 찾아오신 분이야. 이제 성에서 널 생각하고 있었다는 걸 알겠지? ……네 엄마는 늘 '난 잊혔어! 어쩜 그렇게 냉정할 수가!'라고 말했지만 말이야. 이젠 엄마가 틀렸다는 걸 알겠지? 성에서는 우리를 계속 생각하고 계셨어…… 레옹 씨도 늘 우리를 생각해서 세심하게 도와주셨지…… 그러니까 저분을 보고 얘기를 좀 하렴! 건강한지 어떤지 좀 여쭤봐. 산양 젖으로 만든 치즈를 얼른 찾아와서 저분에게 드리렴. 애, 내 말을 듣고 있나? ……나보고 다 하라는 거냐? 응? ……내가 병이 다 날 지경이다. 하긴…… 네가 언젠 이모 말을 들었니! ……말이야 바른말이지, 가엾은 언니를 잃은 건 내 불행이야. 난 오늘 모든 걸 잃었다고."

기욤은 마르시야가 중단시키려 해도 할 수 없었던 이 대화를 분개하며 들었다. 고트 아주머니는 말을 마치자 요란하게, 그리고 일부러 흐느껴 울기 시작했다. 눈꼴 시린 정도까지는 아니었지만, 우스꽝스러운 광경임은 분명했다. 얌전하게 복종하는 데 익숙한 잔은 용수철 기계처럼 벌떡 일어났다. 아주머니의 요구에 응하려고 노력했지만, 자기가 뭘 하는지도 모른 채 움직이다가, 마르시야에게 대접할 접시를 떨어뜨리고 말았다. 그러나 그는 여장부의 시의 부적절한 대접을 받지 않으려고 일어나 있었다. 흙으로 빚은 이 싸구려 접시가 깨지는 소리에 고트의 검고 작은 눈이 분노로 불탔다. 노파는 손님들이 기꺼이 고아 편을 들어주리란 것을 알았다. 그들을 불쾌하게 할 염려만 없었다면 조카딸에게 갖은 욕설을 퍼부었을 것이다.

"불쌍한 잔, 난 네 시중을 받을 생각도 없고, 이런 식으로 고통을 당하는 건 아주 좋지 않은 일이야. 이런 건 견딜 수 없어. 고트, 하필 이런 날에 잔을 슬프게 한다면, 당신과 나는 더는 좋은 친구가 될 수 없어요. 아주머니 몸속엔 악마가 들어 있는 게 분명하니까." 마르시야가 처녀가 주워 모으고 있던 접시 파편을 뺏어 들어 밖으로 집어 던지면서 말했다.

여장부에 대한 레옹의 친숙한 말투와 이 여자에게 미치고 있는 그의 영향력으로 보아(여자는 금세 냉정을 되찾고 태도를 바꾸었던 것이다), 젊은이가 잔의 집을 뻔질나게 드나드는 것을 여자가 싫어하기는커녕 콩브라유 지방의 아름다운 처녀들에 대한 그의 유명한 집착을 이용하려는 속셈을 품고 있음이 분명했다. 기욤은 다른 때 같으면 이토록 뻔뻔스러운 거래를 그냥 보아넘기지 않았을 것이다. 그러나 잔의 불행으로 눈뜬 흥미와 자신과 처녀 사이에 존재하는 순수한 유대감 때문에 그는 이 사태를 정확히 꿰뚫어 볼 수가 없었다. 그러면서 그는 젊은 법률가에게 진심에서 우러나오는 분노를 느꼈다. 그리고 그토록 자주 어울리면서도 몇 년 동안 마르시야에게 품고 있었던 어떤 혐오감 때문에 자책하던 마음을 털어버렸다.

기욤보다 네다섯 살 많은 레옹 마르시야는 그 간결한 태도와 말씨로 보아, 그가 지닌 탁월한 재능이 이따금 드러나지 않더라도, 예사로운 인물이 아니었다. 약삭빠르고 근면하며 정력적이고, 대담하면서도 끈기 있고, 이기적이면서도 관대하고, 모범적인 마르쉐 사람이었다. 그의 강인한 체질은 쾌락에든 일에든, 즐거움에든 내핍에든 똑같이 맞았다. 그의 육체적·정신적 건전함, 두뇌의 명석함, 행복하고 자유로우며 강함을 추구하는 지칠 줄 모르는 의지가 그를 선한 쪽으로든 악한 쪽으로든 남들보다 더 뛰어난 존재로 만들었다. 더없이 숭고한 행위와 더없이 비열한 행위를 동시에 할 수 있으며 대단한 도락가에 매우 부지런한 그는 과도한 근면에서 과도한 게으름으로, 일의 열중에서 정열의 열중으로 이행했다. 평민처럼 집념이 강하고(그의 할아버지는 석공들에게 회반죽 배달하는 일을 했다), 왕후처럼 씀씀이가 좋았다. 원한의 대상이 된 희생자들을 엄하게 질책하고 가혹하며 신랄한 말로 찌른 뒤에, 너그러운 마음이 들면 그 희생자들의 명예를 회복시키고 여봐란듯이 망토를 걸쳐주었다. 어떤 면에서는 과시욕이 강하지만, 그 나이나 지위치고는 무리도 아니라고 생각되는 허영을 내쳤다. 마음대로 즐기기 위해 필요한 만족을 끊는 젊은 멋쟁이들, 그가 흉내 낼 수도 있었던 이 멋쟁이들의 유치한 사치를 조롱했다. 그는 유행을 무척 경멸하고 거기에 따르지 않았다. 그는 움직일 수도 없이 꼭 끼게 지어진 좋은 옷, 피로를 견디지 못해 방방 뛰는 보기에만 그럴듯한 말, 이 살롱 저 살롱에서 인기를 모으지만 햇빛 아래서는 소름이 돋지 않고는 바라볼 수 없는 여자들에 대한 경멸을 공언했다. 따라서 그는 어떤 때든지 최상의 속옷, 가장 섬세하게 짜인 깔개, 아주 부드러운 옷, 최고로 튼튼하고 최고로 비싼 말, 더없이 천박하지만 더없이 아름답고 젊은 정부를 가졌다. 스물다섯 살인 현재는 유산 덕분에 이미 부자가 되었으며, 미래에는 변호사로서의 재능 덕택에 빛나는 길이 약속되어 있었다. 그는 자기 직업을 사랑했으며, 일에 온몸과 온 정신을 바칠 수 있었다. 그러나 쾌락에 할당한 시간을 만회하려고 초인적인 노력을 기울인 뒤여서, 활력을 회복하기 위해 새로운 방탕에 도취할 필요가 있었다. 회의적이고 얼마쯤 무신론자이기도 한 그는 모든 종교심에 본능적인 증오심을 품었다. 그러나 그는 위대한 신앙의 시정은 이해했다. 그리고 전기 충격처럼 열광적인 영향을 느낄 수 있었다. 전날 밤 그를 웃겼던 일로 그다음 날에는 눈물을 흘릴 수도 있었고, 그 반대의 경우라도 마찬가지였다. 열렬하고도 침착하며, 욕망의 노예면서도 정복자였다. 모든 강렬한 사람이 그러하듯이, 그 안에는 두세 사람이 있었다. 그를 가까이서 보는 사람들에게 그는 칭찬과 경멸, 심취와 경계의 다른 감정을 동시에 느끼게 했다.

그가 천박한 말을 하고, 세상 사람들은 크게 중시하지만 푼돈을 위해 소비되는 재능을 경멸하더라도, 기욤 드 부사크를 빈번히 만나는 동안 그의 교육, 지성의 힘, 확고한 성격을 알아채지 않을 수 없었다. 같은 마을에 태어난 이 두 젊은이는 콜레주에서, 그리고 방학 중에도 만났다. 그러다가 이윽고 파리에서 가끔씩 만나게 되었다. 두 사람은 같은 교제 방식을 추구하지 않았으므로, 사교계가 아니라 극장이나 길거리, 숲, 사격장, 승마 학교, 펜싱 연습장에서 얼굴을 마주했다. 여러 계층의 유능한 인물들 사이에서 운 좋게도 확립된 그들의 교제는 이 시대 부르봉가의 복귀와 생제르맹 거리의 재편성 덕분에 아직 예외에 지나지 않았다. 따라서 기욤 드 부사크는 이따금 파리에서 법학사인 옛 친구를 식사나 어머니의 살롱으로 초대하는 것이 용기와 자유주의를 보여주는 일이라고 생각했다. 그러나 이러한 초대에도 옛 친구에 대한 젊은 남작의 열의는 날이 갈수록 식어갔다.

아직 소년이던 시절, 콜레주를 나올 때까지 그는 친구에게 지배받고 있다고 느꼈다. 남을 쉽게 믿는 여린 심성의 그는 자립적이고 강한 성격의 친구에게 영향을 받았다. 이 친구의 잘못된 조언을 받아들인 탓에 콜레주에서 가끔 벌도 받았다. 상처받기 쉬운 소년이 진심으로 느끼는 이 굴욕을 마르시야는 웃어넘길 뿐이었다. 기욤은 본성으로는 자기가 마르시야보다 훌륭하지만 친구만큼 강하지 못해서, 그를 따라하고 싶은 순간적인 충동 때문에, 친구를 지켜주는 강력한 악마의 도움도 받지 못한 채 괜히 죄를 짓고 말았다고 부끄럽게 생각한 적이 한두 번이 아니었다. 이 소설 첫머리에서 독자 여러분은 그가 회의적인 레옹의 방황을 조금 따라서, 속으로는 한없이 존경하는 아서 경을 함께 놀렸던 모습을 보았다. 인생을 경험하고 책 읽기나 사색을 거듭하며 어른이 됨에 따라, 기욤은 자신의 길이 레옹의 길과 매우 다르기에 자기는 머지않아 그의 비난과 조롱의 대상이 될 것임을 깨달았다. 그래서 그에게 솔직하게 대하는 것을 갑자기 그만두었다. 젊은 변호사와 어울리면서 그 억제된 모순이 젊은 남작에게 어떤 고통을 주었던 것이다. 그리고 그 인격에 대한 은밀한 반감을 점차 키웠다. 예의 바르고 친절한 말투 밑에 완전히 숨겨진 반감이었다. 이 시대 귀족들은 대인관계에서 이른바 위선을 버릴 권리가 있다고는 생각하지 않았다. 그들은 여전히 고귀한 출생 덕분에 자신들이 다른 사람보다 뛰어나다고 생각했으며, 그 신분상 비호자처럼 구는 것이 임무라고 여겼다.

깊은 통찰력을 지닌 마르시야는 젊은 귀족의 친절함과 반감을 정확히 이해했다. 그는 그것을 재미있어했다. 남작의 껍데기뿐인 예의 반듯한 말이나 행동을 글자 그대로 받아들이는 척함으로써 가끔 남작을 괴롭히며 즐겼다. 그는 그것을 이용하고 활용했다. '친구여, 너는 한 번에 기쁨과 사랑과 존경과 경외심을 모두 바라는구나. 네 이름이 가진 특권 때문에 너는 우리 평민에게 자비를 베풀 수밖에 없다. 넌 편견 없는 위대한 청년, 거만하지 않고 친절한 귀족으로 여겨지길 바란다. 너는 나와 비슷한 많은 사람들에 대해 성공했다. 그들은 눈치가 없어서, 너의 매혹적인 미소 밑에 경멸이 숨어있다는 것을 알아차리지 못했기 때문이다. 하지만 나를 속일 수는 없다. 내게는 솔직하고, 난폭하게 대할 것을 강요한다. 그때 비로소 나는 너를 더욱 사랑할 것이다. 그렇지 않으면, 네가 나와 대등하게 어울리는 척하는 것에 장단을 맞춰 나도 너와 대등하게 어울림으로써 너의 자존심에 상처를 입힐 것이다.' 마르시야는 마음속으로 그렇게 말했다.

그런 생각 때문에 마르시야는 기욤의 허영심을 매우 과대평가했는데, 그가 시작한 이 작은 경쟁에서는 유감스럽게도 정곡을 찌르는 점이 상당히 많았다.

잔의 집에서 만나 이 두 청년이 서로 상대방에게서 관찰한 것, 즉 레옹은 위험한 경쟁 상대를, 기욤은 고아가 된 처녀에게 고결한 의도를 품은 적을 서로 피하고 싶어 한다는 점을 알아채는 데 그리 오랜 시간은 걸리지 않았다. 둘 가운데 약삭빠른 쪽이 먼저 결심했다. 마르시야는 작별 인사를 하고, 출발을 위해 말을 가지러 갔다. 그러나 그는 교묘하게 가죽 끈을 이용하여 고트에게 끈을, 잔에게 칼을, 클로디에게 한마디를 청해야 하는 상황을 만들어냈다. 그리하여 집 주위에서 충분히, 클로디의 표현에 따르면 쓸데없이 시간을 보내야만 하는 처지가 되었다. 그러는 동안 비가 내리고 천둥이 치기 시작했다.

기욤도 출발하기로 마음을 정했지만, 마르시야를 조금 골려주기로 했다. 그는 나중에 출발해서, 변호사의 튼튼한 수말이 그의 앞을 쏜살같이 달려가는 것을 보기로 했다. 머잖아 다시 찾아오겠다고 약속하고 그도 작별 인사를 했다. 그리고 초가 근처에서, 그곳에서 일어나는 일과는 무관한 주제로 마르시야와 이야기를 나누며 그의 출발을 기다렸다. 기욤보다 뛰어난 첩자인 클로디가 이글거리는 눈으로 부정한 연인의 동태를 빠짐없이 감시하고 있을 때, 그들이 벌써 출발했으리라고 생각한 고트 아주머니의 쩌렁쩌렁한 목소리가 울려서 두 사람은 무의식중에 귀를 기울였다.

"멍청하고 배려라고는 눈곱만큼도 없는 겁쟁이야, 망토를 입는 거냐? 나가려고? 툴에 가는 데 내일까지 기다릴 셈이냐? 누구더러 친척들을 장례식에 초대하라는 거지? 누구더러 내일 먹을 음식을 갖고 오라는 거지? 언제까지 그렇게 훌쩍거릴 셈이냐? 네 엄마는 이제 듣지 못한다니까! 자자! 얼른 나가!" 그러고는 잔에게 거칠게 덧붙였다. "해가 질 때까지 돌아오지 않으면 큰일날 줄 알아! 기가 막혀서! 지금쯤 벌써 걷고 있어야 할 거 아니냐!"

"누구 집에 가야 하죠?" 잔이 오두막 문간에 나타나 슬픈 목소리로 대꾸했다.

"귀트 아주머니, 레오나르 영감, 콜롱베트, 뚱보 루이스, 친척 아저씨인 제르맹, 그리고…… 맙소사! 내 얘기도 듣지 않고 어딜 벌써 내빼려는 거냐! 뭘 가지고 올 생각이지? 이 얼빠진 년!"

"이모가 원하는 걸 갖고 올게요." 잔이 단념조로 말했다.

"귀트 아주머니 네서는 거위 세 마리, 제르부아즈 네서는 빵 두 덩어리, 신부님 댁에서는 완두콩 반 자루를 얻어 오너라. 다 들고 오지 못하겠거든 레오나르 영감네 아들한테 도와달라고 해. 착한 젊은이니까. 값은 생마르탱 축일에 치른다고 하고. 혹시 누가 외상을 주지 않거든 다른 집으로 가봐라. 자자, 어서 가."

잔은 잔뜩 풀이 죽어서, 그러나 가난한 사람과 약한 사람에게 하늘에서 내려주신 유일하고 위대한 선물인 인내심을 가지고 집을 나섰다. 잔은 자신을 기다리던 작은 무리와 합류했다. 그리고 한마디도 하지 않고 클로디와 나란히 걷기 시작했다. 클로디도 나름대로 무언의 깊은 고통을 느끼면서 잔의 팔을 잡고, 최대한 위로가 되도록 작은 목소리로 이야기하기 시작했다.

마르시야는 기욤과 이야기하면서 말의 보조를 맞추었다. 그러다가 에피넬에서 조금 더 간 곳에서 사람이 겨우 지나갈 수 있는 험한 오솔길이 포장도로와 교차하는 곳에서 기욤은 그에게 작별을 고했다. "말을 타고 있지 않아서 아주 유감입니다." 마르시야가 말했다. "세찬 비를 맞으면서 30분을 견디는 대신, 10분 뒤에는 툴로 돌아가 있을 테니까요."

"정말 유감이에요!" 클로디가 큰 소리로 말했다. "나리들이 우리를 한 명씩 말 엉덩이에 태워주셨으면 좋았을 텐데. 그러면 오랫동안 비에 젖지 않아도 되었을 텐데."

"내 뒤에 타겠어, 클로디? 크루아 자크까지 데려다줄게. 잔은 드 부사크 씨와 함께 갈 거니까 네가 안내할 필요는 없잖아."

"어머나! 레옹 씨, 그게 좋겠네요! 역시 당신은 좋은 사람이에요. 그럼 내가 말에 올라탈 수 있도록, 이 커다란 돌 오른쪽에 말을 세워주세요."

"잠깐, 잠깐." 약삭빠른 마르시야가 말했다. "물론 널 기꺼이 태워주고 싶지. 하지만 몇 밤이나 뜬 눈으로 새서 제대로 걷지도 못하는 이 불쌍한 잔을 태우는 편이 좋을 것 같아."

"아, 아니에요. 전 됐어요." 잔은 매우 단호하게 대답했다.

"흥! 당신 완전히 빠졌군요!" 클로디가 마르시야의 태연한 얼굴을 분노의 눈빛으로 뚫어지게 노려보면서 투덜거렸다. "잔은 당신하고 같이 가지 않을 거예요. 절대로."

"맙소사! 클로디, 넌 그렇게 따뜻한 마음씨를 지녔으면서, 왜 잔에게 내 말에 올라 휴식을 취하라고 권하지 않는 거지? 아아! 클로디, 너답지 않게 왜 그래?"

"잔, 피곤해? 말을 타고 갈래?" 클로디가 넓은 마음씨를 보이려고 애쓰면서 물었다.

"아니야, 괜찮아. 그러고 싶으면 네가 타고 가." 잔은 여전히 차분하게 대답했다. 그리고 마르시야의 제안은 신경도 쓰지 않고 기욤에게 말했다. "대부님, 제가 안내할게요."

이 지방의 젊은 처녀들 가운데에는 자기 대모의 아들을 대부라고 부르는 습관을 가진 사람이 많다. 반대로 대부의 어머니를 대모라고 부르기도 한다. 이토록 순진무구한 입에서 나온 이 다정하고 신뢰 담긴 호칭은 젊은 남작의 마음에 잔잔한 감동을 주었다. 아직 수염도 자라지 않은 얼굴에 따뜻한 감정이 퍼졌다.

드디어 클로디는 마르시야의 말 뒤에 올라타는 데 성공했다. 에두른 계획에 성공하지 못한 것이 못내 아쉬운 마르시야는 '팡숑'에 박차를 가해 절벽 끝에서 발을 구르고 펄쩍 뛰어오르게 함으로써 질투심 많은 처녀를 벌주려고 했다. 클로디는 겁이 나서 비명을 질렀다. 그러나 그녀는 기수에게 힘껏 매달렸다. 섬뜩한 번개가 하늘을 갈랐다. '팡숑'은 겁을 먹고 쏜살같이 내달려 잔과 기욤을 폭풍우 가운데 남겨둔 채, 젊은 남녀를 저 멀리 데리고 사라졌다.

4장
폭풍우

젊은 드 부사크 남작은 자신과 같은 젖을 먹고 자라고 어머니가 이름을 붙여주었으며, 지방 특유의 관습과 소박하고 애정이 담긴 생각에서 그의 대녀를 자청하는 상냥한 잔과 단둘이 남았다. 이러한 생각은 한 가족 전체가 받아들이지 않으면 가족의 수장도 받아들이지 않을 것이다. '대부님'이라는, 자녀로서의 이 말이 기욤의 귀에 사나운 폭풍우를 뚫고 들려왔다. 잔을 위협하는 위험을 쫓아내기에 딱 알맞은 때에 자신을 처녀 곁으로 인도한 비현실적인 다양한 상황의 무게가 그에게 이른바 고결한 만족감을 주었다. 그러므로 한창 즐겁게 여행하던 차에 아주 슬픈 소식을 듣고 갑자기 여행을 방해받았던 일도 전혀 유감스럽게 생각되지 않았다. 그는 이미 골드스미스[1]풍의 전원시 한 편을 떠올리고 있었다. 그리고 그 고결하고 사리사욕 없는 주인공이 되는 데에 만족했다.

그러나 이 시에는 아직 자신의 역할과 수호자의 역할을 이해하는 여주인공이 없었다. 잔은 젊은 변호사의 유혹이 위험하다는 생각을 거의 하지 않았기 때문에 귀족 청년도 자신의 운명과는 관계없는 높은 인물로밖에 보지 않았다. 게다가 이때 잔의 머릿속에는 이들 상류 사회의 신사들 가운데 누구도 들어 있지 않았다. 눈앞에는 여전히 임종을 맞은 어머니의 모습만 있었다. 그리고 외톨이가 되었다는 감정 이상으로, 그때까지 자신의 유일한 애정의 대상이었던 존재의 마지막을 편안히 해줄 충분한 준비를 하지 못한 것은 아닌가 하는 불안감에 시달렸다. 잔은 시골에서 매우 꽉 막힌 처녀로 통했다. 내성적이고, 남들 앞에 나서는 일을 지나치다 싶을 만큼 혐오스러워했기 때문이다. 그녀는

---

1) 1730~1774. 영국의 시인이자 소설가.

춤을 좋아하지 않았다. 시골의 젊은 처녀들이 자신의 매력을 과시하고, 연인을 찾으러 달려가는 마을 축제에도 나타나지 않은 적이 한두 번이 아니었다. 성실하고 부지런하고 양 치는 일에 몰두하며, 거의 언제나 혼자 실타래를 들고 가장 사람이 없는 곳으로 갔다. 날마다 검은 빵 한 조각으로 살고, 밤에는 집에 돌아와 어머니의 보호를 받으며 평온하게 잠들었다.

튈라 아주머니와 그 여동생 고트 아주머니는 마법사로 통했다. 단, 누구에게나 사랑받고 존경받는 잔의 어머니는 사리판단에 밝은 나이 지긋한 여자로, 고트는 음흉한 마녀로 통했다. 튈라의 가축들은 언제나 건강했다. 늘 젖이 빵빵하게 부풀어 축사로 돌아왔으며, 전염병에 걸리는 일은 결코 없었다. 공유지에서 작은 양떼를 기르는 하찮은 생업은 다른 사람들에게는 턱도 없이 불충분하지만, 남편과 아들들은 물론이요 재산까지 남김없이 잃어버려 찢어지게 가난한 이 여자에게는 그 가난에서 자신을 보호하는 수단이었다. 가정을 가져본 일도 없고 뚜렷한 생계수단도 없이 어렵사리 살아가는 고트 아주머니가 짚이불 속에 금화 자루라도 숨기자, 이 재화는 악령들과 몰래 거래한 대가로 수수께끼에 싸여 여자에게 배달된 것이라는 소문이 퍼졌다. 농민이란 이웃 사람이 부자가 되는 것을 심술궂은 눈으로 바라보는 법이다. 그리고 그들은 경제학 지식은 조금도 갖고 있지 않지만, 행운의 기회를 손에 넣은 사람은 반드시 그렇지 못한 사람을 희생양으로 삼는다는 사회 상황의 정확한 개념을 갖고 있다. 그러나 불타는 상상력만으로 상황을 설명하려 드는 이런 소박하고 참을성 많은 사람들은 솜씨 좋은 사람이나 교활한 사람들의 성공을, 쉽게 인정할 수 있는 못된 행위보다는 수수께끼의 영향 탓으로 돌리기를 훨씬 좋아한다. 그들은 아직 알지 못하는 것에서 출발하여 이미 아는 사실로 나아간다. 농민은 누구의 눈에도 분명한 현실에 대해 천상과 지옥의 불가사의한 힘을 떠오르게 한다. 그들은 자신들의 가족을 위해, 소를 위해, 당나귀를 위해, 가톨릭보다는 이교적인 기원과 순례를 한다. 마법사의 복수나 악령의 분노가 보이지 않는 화살로 위협하는 사람들이나 재산을 구하기 위해 과학적인 치료법과 위생학적 예방책에 의존하기를 거절한다.

따라서 고트 아주머니는 자신을 적대시하는 사람의 축사 옆을 지날 때는 반드시 저주를 걸었다. 이 여자를 보면 화가 치민다. 조−마르트르의 돌 근처에서 달이 뜨고 질 때 마주치는 것만큼 위험한 일은 없다. 크리스마스 밤, 균형 있게 지지하고 있는 세 개의 돌 위에서 커다란 버섯 모양을 한 드루이드의 돌이 바르르 떨리며 비명과 함께 춤추는 불길한 시간에 마주치기라도 하면, 집에 돌아와서 잠자리에 누운 뒤 다시는 일어나지 못할 거라고 마을 사람들은 확신했다. 고트가 심술궂은 마녀라는 증거는, 양치기 소녀들이 모는 암산양에 그녀가 주문을 걸기 때문에 젖이 자주 마른다는 것이었다. 소녀들의 암양이 털 깎을 시기가 오기 전에 털이 다 빠지고, 수말이 바위 위를 나는 듯이 달릴 때 다리를 삐거나 진창에 처박히는 일도 모두 고트의 주문 때문이라고 여겼다.

툴을 비롯해 그 일대에서 굳센 정신을 지닌 사람들, 그 가운데에서도 레오나르 영감이 이 불가사의한 일을 맹목적으로 믿는 수많은 사람에게 사실이 아님을 설명했지만 헛수고였다. 그러나 이 초자연적 사건들은 자연 현상으로 모두 설명할 수 있었다. 잔의 양떼는 잘 자랐는데, 그것은 요염하지도 않고 게으르지도 않은 잔이 세심한 주의를 기울이기 때문이었다. 친구들의 양떼는 고트의 불길한 말을 들으면 점점 건강이 나빠지는데, 그것은 눈치 없고 마음이 콩밭에 가 있는 양치기 소녀들이 가축들을 방치하고 가끔 돌보지 않아 생긴 병이 사고의 원인이 된 것이다. 한편 고트는 돈 많고 퇴폐한 부르주아들과 단단히 결탁해 있다. 그들은 비밀 자산을 이 여자에게 맡기고, 이따금 유감스럽게도! 저항할 수 없는 부패의 방책을 그 죄 많은 경험에 맡긴다. 마녀가 짚 이불 속에 감춘 금화 자루의 원천이 여기에 있다.

잔에 관해 말하자면, 그 아름다움은 남들 눈에 띄지 않은 채 꽃피었다. 쾌락을 피하고 마을에 한 번도 나온 적이 없었으므로 거의 알려지지 않았다. 잔을 발견하려면, 마르시야의 방탕한 방학 생활, 그의 날카로운 눈, 그리고 어려운 정복일수록 선호하는 그의 취향이 필요했다. 순진한 처녀는 왜 최근 두 주일 동안 적어도 일주일에 두 번, 양떼를 몰고 집으로 돌아가는 길에 마르시야와 마주치게 되었는지 아직 이해하지 못했다. 단순히 그의 머릿속은 클로디로 가득하다고만 생각했다. 그리고 그녀의 순결한 본능은 자신을 찾는 이 두 사람을 피하라고 재촉했다. 마르시야는 늘 그 풍부한 상상력으로 잔이 지나가는 길목을 예측하고, 클로디에게 그곳으로 사랑의 산책을 가자고 꾀어낼 핑계를 발견했다. 겉으로 보이는 잔의 성격은 내향적이었다. 자존심 높은 조신함은 의심 많고 오만한 마음에 드러나지 않았다. 태어나서 지금까지 어머니를 어떻게 모셨는지, 얼마나 어머니를 위해 헌신하며 살았는지, 어머니의 마지막 순간까지 얼마나 열심히 밤낮없이 간호했는지를 보면, 거기에는 어떤 커다란 자기희생도 가능한 마음이 있다는 사실을 알아차릴 수 있을 것이다. 그러나 퇼라가 아니면 누가 잔을 알랴? 누가 알 수 있으랴? 헌신할 상대가 없어진 지금, 그녀가 가치 있는 존재인지 쟁기에 매인 소처럼 들일에 얽매인 멍청한 소녀인지 그 누가 알랴? 마르시야는 그녀 안에서 푸른 눈을 한, 하얀 백합처럼 청순하고 고대 조각상 같은 몸매를 한 처녀만을 보았다. 그리고 그의 표현에 따르면, 백조처럼 매우 어리석었다. 아직 그녀를 누구의 눈에도 들지 못하게 한 것이 분한 고트 아주머니는 드디어 젊은 방탕자가 조카에게 베푸는 친절 속에서 돈이 될 만한 것을 보았다. 그래서 고트는 퇼라의 죽음을 마르시야의 집에 잔을 하녀로 보낼 빌미로 삼고는 조카를 구박하고 괴롭혔다.

기욤 드 부사크는 잔에게서 영국의 삽화 같은 아름다운 소녀밖에 보이지 않았다. 그가 의무를 다해야 할 대상인 이 가엾은 소녀 안에서 고작해야 발라드의 주제를 보고 있을 뿐이었다. 따라서 잔은 그의 생애에서 이 시기에 지적인 창작의 무한함 속을 떠도는 영혼이었다. 마치 현실에 존재하지 않는 것처럼, 그 어떤 항해자도 미처 발견하지 못한 무인도의 아름다움처럼, 화가나 시인이 계시하지 않았다면 절대로 존재하지 않았을 신세계의 숭고한 고독처럼 남들이 알지 못하는, 눈치채지 못한 존재였다.

"잔, 날 대부라고 불러주어서 기쁘구나. 난 네게 닥친 불행에서 널 구해주고 싶다. 난 네가 오늘 버팀목 하나를 발견한 거라는 사실을 알아주었으면 좋겠다." 기욤은 어떤 단어를 쓰면 평민 소녀가 자기의 생각을 제대로 이해할 수 있을까를 잠시 생각한 뒤에 말했다.

잔은 눈물로 빨개진 아름다운 눈을 들어 기욤을 바라보았다. 그리고 그녀는 '버팀목'이라는 단어를 이해하려고 노력했다. 농민의 마음은 은유에 강해서, 비유적인 표현이 의미하는 바를 잔은 재빨리 간파했다. 그녀는 조용한 목소리로, 그러나 욕심도 희망도 나타나지 않은 말투로 대답했다. "정말 친절하시군요, 대부님."

"아니야, 잔. 난 친절하지 않아. 이렇게 오랫동안 불쌍한 유모를 잊고 살았으

베리 지방의 마을

니까."

"어머니는 조금도 원망하지 않으셨어요, 대부님. 어머니가 따뜻한 사람이었다는 건 사실이니까!" 그렇게 말하고 잔은 다시 조용히 울기 시작했다.

"네 이모와 함께 있는 게 행복하지 않아, 잔?"

"하느님의 뜻에 따를 뿐이죠, 대부님!"

"이모랑 사는 게 싫어?"

"아니요, 대부님. 이모가 싫지는 않아요. 아주 깔끔한 분이죠."

"하지만 깐깐한 성격이지?"

"아니에요, 그렇지 않아요! 대부님, 이모는 먹을 것에 전혀 깐깐하지 않아요. 무슨 일이든지 혼자서 하시고요."

기욤은 잔의 단순함에 조금 혼란스러웠다. 그녀는 왜 그런 질문을 받는지 알지도 못한 채 선생님을 만족시키려고 노력하는 아이처럼 순종적으로 사실 그대로를 대답하고 있었다.

'내가 이 애를 따분하게 하고 있구나. 이 앤 나를 전혀 이해하지 못하고 있어.' 젊은이는 생각했다. '이 애가 실컷 슬퍼하도록 놔두는 편이 좋을지도 모르겠군. 이 애의 마음을 콕 집어내는 말을 해서 이 애의 마음을 움직일 수는 없을까?'

"어머니는 네가 외톨이가 될까 봐 불안해하지 않으셨니?" 그가 말을 이었다.

"절대 그렇지 않았어요, 대부님!" 잔은 어머니 이야기가 나오자 그전보다 마음을 열고 대답했다. "오늘 아침에도 이렇게 말씀하셨는걸요. '하느님의 뜻이다! 하지만 이 엄마가 죽으면서 무엇보다 걱정되는 건 귀여운 잔을 슬프게 하는 거란다.' 아! 어머니 말씀이 맞아요! 어머니를 잃은 것이 너무 괴로워요! 그러니까 하느님께서 대부님의 어머니를 남겨주셨으면 좋겠어요, 대부님!"

잔은 돌려 말하는 것이 서툴렀다. 그러나 그 목소리는 부족한 표현을 보충하고도 남았다. 또한 이 젊은 대부의 미래까지 걱정하는 따뜻한 마음씨를 전달하는 절망적이고도 진실한 말투는 청년에게 깊은 감동을 주었다. 그는 갑자기 울컥해서 어조를 바꾸어 대꾸했다. "넌 다정하구나, 잔! 정말 다정해!"

"아니에요, 대부님. 다정하신 건 대부님인걸요! 그런데 대부님, 비가 많이 내리고 있어요. 대부님은 감기에 걸리고 말 거예요. 몸을 가릴 것이 거의 없잖아요.”

“그런 건 신경 쓰지 않아도 돼.”

“아아! 그럴 순 없어요. 우리 불쌍한 어머니도 이렇게 젖어 병에 걸리셨는걸요. 오늘처럼 궂은 날씨였지요. 어머니는 제가 시냇물을 건너오지 못할까 봐, 들판에 있는 저를 데리러 오셨어요. 어머닌 제가 걱정돼서 당신의 몸을 챙기는 건 잊으셨던 거예요, 가엾게도! 어머닌 도중에 저와 만났어요. 하지만 어머닌 무릎까지 흠뻑 젖어서 다음 날 열이 나고 말았지요.”

“의사들이 어머니를 충분히 치료하지 않았구나?”

“아아! 대부님, 우리는 의사를 부르지 않았어요. 의사를 믿지 않으니까요. 우리가 실수로 의사를 불렀다 해도, 어머니는 의사의 말을 귓등으로도 듣지 않았을 거예요. 어머니는 어떻게 조치해야 하는지 알려주었어요. 그리고 우리는 시키는 대로 했죠. 하지만 그건 아무 소용 없었어요! ……자, 대부님, 젖으시면 안 돼요. 제 망토를 걸치세요……. 아아! 더럽진 않아요, 대부님. 저희 집에 불결한 것이 있었던 적은 한 번도 없답니다. 자, 어서요! 이런 날씨에 대부님이 밖에 계시는 걸 어머니가 아신다면 얼마나 걱정하시겠어요.”

“다정한 잔! 난 네가 나 대신 젖는 건 절대로 그냥 둘 수 없어.” 기욤은 잔이 그에게 걸쳐주려고 이미 벗어든 회색 털 망토를 잔의 어깨에 도로 걸쳐주었다.

“그럼 대부님, 대부님이 입으려고 하지 않으니, 비를 피할 수 있는 곳으로 서둘러 안내할게요. 아마도 곧 이렇게 세찬 비는 잦아들 거예요!” 잔은 산을 가로질러, 바위가 산더미처럼 쌓인 곳으로 갔다. 거기에는 깊은 동굴이 뚫려 있었다.

“조심하세요, 대부님!” 잔이 청년의 팔을 잡으면서 말했다. 그 동작에서는 더없이 부드러운 친근함과 더없는 경의가 담긴 마음씨가 느껴졌다. “대부님한테는 보이지 않겠지만, 여기 우물이 있어요.” 잔은 그를 동굴 깊숙이 데리고 갔다. 바람에 날아들어온 빗물이 이 피난처까지 깊이 쳐들어왔기 때문이다. 기욤은 지쳐서—그는 아침부터 아무것도 먹지 않았다—바위 안에 만들어진 벤치에 앉았다. 몸가짐을 조심하라고 배운 잔은 그의 옆에 앉지 않고 입구에서 조금 가까운 곳, 다시 말해 볕이 비쳐드는 커다란 돌에 기대앉았다. 빛은 성모 마리아상의 윤곽 같은 그녀의 사려 깊고 우아한 몸을 비춰주었다. 그늘에 앉아 있는 기욤은 그 모습을 황홀하게 바라보았다.

처음에는 동굴의 어둠, 잔이 그에게 보여준 열의, 사람들의 시선에서 멀리 떨어져 엄청나게 아름다운 처녀와 완전히 단둘이 있다는 사실, 그리고 폭풍우의 장대한 광경과 장엄한 소리가 불러일으키는 신경의 흥분, 거기에 약삭빠른 마르시야라면 단둘이 되기 위해 커다란 대가도 기꺼이 치르겠지만 자기는 어떤 술책도 쓰지 않고 잔의 신뢰를 얻었다고 생각하는 것만으로 충족되는 작은 허영심, 이러한 모든 감격이 하나가 되어 젊은 남작의 머리를 흥분시켰다. 그는 대녀의 처지뿐 아니라 자신의 처지도 충분히 존중했다. 그래서 그것을 이용하려는 생각을 혐오했다. 하지만 자기 처지가 되면 많은 남자는 자기만큼 고결하지 못할 거라 생각하고 은밀한 기쁨을 느꼈다. 그리고 자신의 미덕을 속으로 음미하면서, 이 미덕은 도발적인 클로디와 함께 산을 내려왔던 한 시간 전에 상상했던 것보다 훨씬 가치 있는 것이라고 생각하기에 이르렀다. 잔은 매우 특별하며 참으로 아름답고 몹시 순진하며, 자기에게 이렇게 따뜻한 관심을 보여준다! 청년의 상상력은 이런 것을 생각했다. '만일 내가 그녀에게 더 애정 어린 감정을 싹트게 하려고 한다면, 이런 때, 그리고 내가 앞으로 이 세상에서 유일한 친구이자 하느님이 자기에게 보내신 필요한 후원자라는 사실을 이해시킬 때 그녀는 그런 감정을 품게 될까?' 그러나 이렇게 하느님을 생각하는 것만으로 천성이 소심하고 이 시대 낭만주의적 그리스도교에 의해 위대하게 살고 싶다는 욕구에 눈뜬 기욤은, 뜻하지 않은 흥분 상태를 정당화하기 위해 하늘에 도움을 요청했다가 벌을 받을까 봐 두려워졌다. 그는 번갯불에 떠오르는 잔의 모습을 잠자코 지켜보았다.

그러나 잔은 예상치 못한 위험에서 몸을 지켜야겠다는 생각은 거의 머릿속에 없었다. 다시 자기 세계에 갇혀 울기 시작했다. 자신을 억제하려고도, 남에게 보이려고도 하지 않는 조용한 단념의 울음이었다. 고독한 생활에 익숙해 있는 툴의 양치기 소녀는 다른 사람들에게 자신이 필요 없는 존재라는 것을 느끼는 순간 그들의 존재를 잊어버리는 버릇이 있었다. 그러나 글자를 배운 적도 없고, 그 지성(정말로 갖고 있다면 말이지만)이 어떤 종류의 단련도 받은 적 없는 야생의 소녀가 생각하는 것이 대체 어떤 것일 수 있으랴?

기욤은 그녀가 벼락으로 새빨갛게 물드는 지평선을 응시하며 같은 자세로 앉아 있는 것을 보고 그렇게 스스로에게 물었다……. 그리고 기품 있게 생긴 양치기 소녀나 엄하게 생긴 나이든 여자가 목장 구석에서 몇 시간 동안이나 느릿느릿 실패에 실을 감는 것을 바라보면서도 이따금 같은 질문을 했다. 이토록 문명과 멀리 떨어져 있는 주민들의 생활양식을 대체 누가 밝혀낼 수 있으랴? 단조로운 밭고랑을 끈기 있게 파는 농부는 대체 무슨 생각을 할까? 풀숲에 누워 되새김질하는 소는 대체 무슨 생각을 할까? 덤불 너머로 이쪽을 놀란 듯이 응시하는 암말은? 인간의 혈관 속과 대지의 노동에 이어진 동물의 혈관 속에 천천히 흐르는 것은 같은 생명일까? 배은망덕한 레아[2]는 자식들과 하인들을 그 어리석음으로 놀라게 할까?

농부의 머릿속에서 명상을 하는 대신에 빠르게 차례대로 계속해서 이상한 광경, 무서운 광경, 맑은 광경이 그들의 잠과 불침번을 조용한 황홀 상태로 만드는 일련의 몽상을 이해하기 위해서는, 전원의 공기를 크게 호흡하고 전원의 난로에서 며칠 밤이나 새워야 했다. 그것은 자신을 덮고 있는 베일에서 미지의 것을 이끌어내려는 아이의 노력과 같은 활동, 같은 시정, 그리고 같은 무력(無力)이다. 그것은 갈리아의 헤라클레스의 거대하고 약한 머릿속에서 꿈틀대는 몽상의 정수다.

이때 잔은 어머니를 생각하고 있었다. 슬픈 몽상 속에서, 그녀는 이제 빠져나올 수 없는 과거의 모든 기억 사이를 헤매고 있었다. 그녀의 흐느낌은 동굴을 가득 채우지는 않았다. 그러나 소리가 잘 반사되는 곳의 신비로운 메아리가, 고통으로 꽉 메인 그녀의 가슴에서 나오는 연약한 한숨을 시시각각 되풀이했다. 그리고 그 한숨에, 젖은 천장에서 보이지 않는 샘으로 규칙적으로 떨어지는 물방울 소리가 섞여 한층 신비롭게 들렸다.

이 또렷한 침묵은 기욤의 마음을 점점 뒤흔들었다. 그는 이제 이 침묵을 깨려고 하지 않았다. 그러나 그는, 어떻게 된 것인지는 모르겠지만 잔 옆에 앉았다. 그리고 자신의 손을 소녀의 손에 겹쳤다.

---

2) 그리스 신화. 크로노스의 아내. 헤라, 포세이돈, 제우스의 어머니.

5장
시골 사제의 박학

잔은 놀라서 고개를 돌렸다. 기욤이 빛 안으로 들어와 옆에 있었다. 그리고 그의 눈에 눈물이 어린 것을 보았다. 그녀는 동요하거나 겁먹지 않고 천진하게 물었다.

"폭풍우가 무서우세요, 대부님?"

기욤은 절로 미소가 지어졌다. 잔의 손에서 자기 손을 떼면서 말했다.

"무섭지 않아. 난 폭풍우가 아니라 네 생각을 했어. 네 슬픔이 내 가슴을 먹먹하게 하는구나. 그러니까 같이 눈물을 흘릴 수 있다면……."

"어머나! 우시면 안 돼요, 대부님. 괴로울 뿐이니까요. 물론 전 울지 않을 수 없죠! 제 어머니니까요! 하지만 대부님한테는 유모에 불과하잖아요. 게다가 그간 소식도 없이 지내셨고요. 대부님한테는 떠올릴 추억이 없잖아요."

"잔, 난 오늘 생각났어. 하지만 생각나지 않았다 해도 널 위해 울고 싶어. 날 이해할 수 있겠니?"

잔은 잠자코 있었다. 이해할 수 없었던 것이다.

"잔, 내가 어머니를 갓 여의었고, 넌 우리 어머니도 모르고 추억도 없다면, 날 가엾다고 생각하지 않을 거니?"

"아아! 당치 않아요! 대부님!"

"넌 나를 위로하려고 내게 무슨 말인가 하지 않을 거니?"

"아아! 당치도 않아요! 대부님." 잔이 확신에 찬 어조로 반복했다.

"그럼 내게 뭐라고 했을지 말해봐. 그 말을 지금 내가 너에게 해줄게."

"아아! 대부님! 전 정말 슬플 거예요. 하지만 대부님에게 뭐라고 말해야 좋을지 모르겠어요."

'나도 그래.' 기욤은 생각했다. 그리고 덧붙였다. "하지만 우정은 조금이나마 위로가 되지 않을까? 넌 느끼지 않는 것 같지만…… 이럴 때는…… 나에 대한 우정을!"

"아아! 당치도 않아요, 대부님!"

"그럼 내가 지금 너에게 우정을 갖고 있다는 걸 모르겠어?"

"정말 친절하시네요, 대부님. 언젠가 보답할 날이 올 거예요!"

"정말이야, 잔?" 기욤은 잔의 손을 잡으면서 큰 소리로 말했다. "날 조금은 고마워해주는 거야? 네가 가끔 그걸 생각해준다면, 바로 그게 나한테 보답하는 길이 될 거야."

"아아! 대부님, 전 너무 가난해서 누구에게도 보답을 할 수 없어요. 하지만 하느님이 저에 대한 우정에 보답해주실 거예요." 잔이 다정하게 대답했다.

기욤은 조금 당황했지만, 자신의 말에 나쁜 의도는 조금도 없었다고 생각하니 안심이 되었다. 그는 잔의 손을 잡은 채로 있었다. 그런데 처녀가 그 손을 빼어 성호를 그었다.

"왜 성호를 긋지?" 그가 물었다.

"방금 번개를 못 보셨어요, 대부님?"

"네가 천둥소리를 무서워할 줄은 몰랐는걸, 잔!"

"아아! 그런 뜻이 아니에요, 대부님. 사람들에게 뭔가 불행한 일이 일어나지 않도록 기도한 거예요."

"넌 말수는 적지만, 말솜씨가 좋구나."

"아아! 아니에요, 대부님. 전 말솜씨가 좋지 못해요."

"아니, 네가 하는 말은 다 따뜻한 마음에서 나온 것들이야."

"못된 마음을 가질 수는 없지요. 불쌍한 어머니가 그토록 따뜻한 마음을 가진 분이셨으니까! 하지만 말솜씨는 없어요. 한 번도 공부한 적이 없으니까요."

"학교에 다닌 적이 없니?"

"네, 한 번도요, 대부님. 시간이 없었거든요."

"그래도 글자는 읽을 줄 알지?"

"아아, 아니요, 대부님! 못 읽어요."

"글을 읽지 못해서 아쉽진 않아?"

"글은 배워서 뭐하겠어요? 전 가축을 쳤어요. 그게 제 일이죠. 어머니는 그걸로 만족하셨어요."

"하지만 이젠 그럴 필요가 없어졌으니, 다른 식으로 살고 싶진 않니?"

"아니요, 대부님."

"아니라고? 하지만 네 이모가 어머니를 대신할 수는 없잖아."

"맞아요, 대부님. 하지만 역시 이모는 이모예요. 혼자 지내시면 쓸쓸하실 거예요."

"하지만 네가 들판에서 생활하면 이모랑 거의 못 만날 텐데?"

"밤마다 잠깐 만나는 거지요. 함께 저녁을 먹는 거예요."

"그리고 밤마다 이모가 아까처럼 못살게 굴고?"

"이젠 익숙한걸요, 대부님. 이모한테 화는 안 나요."

"하지만 이모가 네게 못된 꿍꿍이를 품고 있다면, 잔?"

"왜 그런 말씀을 하세요, 대부님?"

"네 이모는 못된 여자야……."

"아아! 그렇지 않아요, 대부님. 화는 잘 내지만, 그뿐이에요."

"잔, 왜 이모랑 함께 살려고 하지?"

"그래야 하니까요, 대부님!"

"이모가 널 집에서 내쫓으려고 한다면?"

"제 집이에요. 그리고 이모는 그런 짓을 절대로 하지 않으세요."

"이모가 너랑 같이 살기 싫어한다면?"

"억지로 같이 살 수는 없겠죠. 하지만 이모가 뭣 때문에 제가 나가길 바라시겠어요? 이모를 화나게 할 일은 절대로 하지 않을 건데."

"네가 의무로서 그래야 할 때가 있을 거야. 이모가 뭔가 좋지 않은 짓을 시킨다면?"

"절대로 그런 일은 없어요, 대부님."

"확신하는구나?"

"물론이지요, 대부님!"

"그럼 맘대로 해라." 기욤은 잔의 솔직함이 조금 걱정되어 말했다. 순진함을 칭찬해야 할지 미덕을 의심해야 할지 알 수 없어졌다. 유감스러운 마음에 벌떡 일어나 동굴 안을 몇 발짝 거닐었지만, 그는 그 내면의 감정이 부끄럽기도

했다.

"어쨌거나 너는 곧 결혼할 생각이지, 잔?" 그가 계속했다.

"아니요, 대부님." 처녀는 당황하지도 망설이지도 않고 대답했다.

"시기야 언제가 됐든 그렇게 될 거야. 그러면 네 이모 일로 걱정할 필요는 없어지겠지."

"그런 일은 절대로 일어나지 않아요, 대부님." 잔이 의연하게 대답했다.

"절대로라니?" 기욤이 놀라서 말했다. "그건 젊은 처녀의 맹세야. 단언은 할 수 없어, 잔." 그는 미소 지으며 덧붙였다.

"전 맹세했어요." 잔이 대답했다.

"그것참 별나구나. 지금 농담하는 거니, 잔?"

"아아! 대부님, 농담할 날이 아니잖아요!" 잔은 슬프고 진실 어린 목소리로 말을 이었다.

"네 말을 믿지 못하는 걸 용서해라, 소중한 잔…… 하지만 그건 너무 이상해! ……그 이유를 물어도 될까? ……너와 같은 젖을 먹고 자라고 네 대모의 아들인 나를 충분히 신뢰한다면 그렇게 결심한 이유를 말해줄 수 있지?"

"그 이유를 말할 수는 없어요, 대부님. 금지되어 있거든요."

"금지라고?"

"네, 대부님. 충분한 대답이 되지 못했다면 용서해주세요."

베리 방언으로 '금지되어 있다'가 '도저히 그럴 수 없다'라는 뜻임을 기욤은 몰랐다. 잔이 분명히 하지 못한 이 오해가, 그가 품고 있던 의심을 다시 불러일으켰다. 즉 그는 이토록 다정하고 장래를 생각하지 않는 처녀가 마르시야를 어떻게 사랑하지 않으랴? 하고 자문했다. 그 남자는 젊고, 적극적이며 호감 있게 생겼다. 이 근방 처녀들에게 자신의 매력을 뽐낼 수 있다. 클로디뿐만 아니라 이 불쌍한 잔도 이미 사로잡았을 게 분명하다.

이렇게 생각한 젊은 남작은 마음이 몹시 쓰라렸다. 그리고 그의 이야기는, 참으로 유감이지만, 연기가 되어 사라져갔다.

매우 산문적인 영역에서 상상력을 뻗어나가는 대로 내버려둠으로써 맛본 굴욕을 털어내기 위해, 그는 잔 안에서 봤다고 믿었던 것을 잊으려고 노력했다. 그리고 곧 잔의 존재마저 잊어버렸다. 그녀가 계속해서 눈물을 흘려도 신경 쓰지 않았다.

"이 동굴은 대체 뭐지?" 그는 그제야 지하 건조물의 모습에 놀라 큰 소리로 말했다. 잔은 눈물을 흘리면서도 그에게 대답하는 것이 자식으로서의 의무라고 생각하고 말했다.

"파드(fade)들의 동굴이에요, 대부님."

"파드들? 혹시 요정(fée)들을 말하는 거냐?"

"전 요정은 몰라요, 대부님."

"그 파드란 게 대체 뭐지?"

"눈에는 보이지 않지만, 좋은 일도 하고 나쁜 일도 하는 여자들이요."

"그걸 믿는 거야, 잔?"

"물론이죠, 대부님. 믿어야 해요."

"그렇지만 눈에 보이지 않는다면 본 적도 없겠지?"

"전 하느님을 본 적이 없어요, 대부님. 하지만 믿죠. 어머니도 믿으셨어요. 어머니가 제게 들려준 말씀을 전 믿어요."

"그 파드들이 너를 도왔니. 괴롭혔니?"

"절 괴롭힌 적은 한 번도 없어요, 대부님."

"도움이 된 적도?"

잔은 아무 대답도 안 했다. 기욤은 호기심을 주체할 수 없었지만, 이렇게 슬픈 날 억지로 대답을 청해서 처녀를 불쾌하게 하는 것은 인간의 할 도리가 아니라고 생각했다.

"비가 좀 잦아들고 나면 나 혼자 갈 수 있다. 넌 좀 더 있다 가려면 그렇게 해도 좋다, 잔."

"아아! 대부님은 분명 수렁에 빠지시고 말 거예요. 제가 끝까지 안내할게요. 전 피곤하지 않아요."

그녀는 일어섰다. 기욤은 처녀가 바위틈에 뭔가를 놓는 것을 보았다.

"뭘 놓은 거지, 잔?" 그는 지방 미신에 근거한 관습에 흥미가 생겨서 물었다.

"들어오기 전에 딴 '양치기 소녀의 백리향'을 조금 놓은 거예요."

"그걸 누구에게 바치지, 잔? 파드들인가?"

"소녀들의 관습이에요, 대부님."

"소녀들은 뭘 가져오는데?"

"조약돌 한 개요, 대부님. 제가 대부님을 위해 한 개 올려놓을게요."

"안 그러면 파드들이 내게 불만을 품고 복수할까?"

"그럴지도 몰라요, 대부님. 조약돌 한 개를 놓는 건 대단한 일이 아니에요."

"난 두 개를 놓도록 하지, 잔. 널 기쁘게 하기 위해서."

하지만 동굴에서 나오면서 기욤은 아까 그 못된 생각이 다시 고개를 들었다. 저 백리향 꽃은 잔이 비밀스러운 사랑의 대상을 위해 거기에 남긴 표시, 거기서 만나자는 약속이 틀림없다고 생각했다.

남은 길은 서로 아무 말 없이 갔다. 천둥구름을 쫓아내고 다시 새로운 천둥구름을 몰고 오는 바람이 두 사람의 걸음을 힘들게 해서 도저히 대화를 나눌 수가 없었다. 툴에서 가장 높은 단구를 이루는 세 번째 폐허에 다다랐다. 잔이 대부에게 어디 묵을 곳이 있는지 물은 뒤 다음과 같이 작별을 고했다.

"그럼 대부님, 친절에 감사드려요. 건강하세요. 혹시 대부님 마음을 상하게 한 일이 있으면 부디 용서하세요." (이것은 그 지방의 은유로, 손님을 충분히 대접하지 못했다, 또는 적절한 인사를 할 교양이 없는 것을 용서하라는 의미다.)

"잠깐, 친절한 잔." 젊은 남작이 말했다. "돈이 좀 필요할 거야. 외상은 어렵겠지. 내일 나가야 할 식비를 이걸로 치르도록 해."

"아아! 고맙습니다, 대부님. 하지만 넣어두세요. 대부님도 여비가 충분하지는 않으실 테니까요. 전 필요 없어요. 여기선 절 모르는 사람이 없어서 외상도 잘 준답니다."

"잔, 넌 부자가 아니야. 난 조금은 부자고. 불쌍한 내 유모의 매장 비용을 낼 권리가 나에게는 있어."

"그럼 그렇게 하세요, 대부님." 잔은 거절이 도리어 무례가 될까 봐 대답했다. "하지만 너무 큰돈인데."

"나머지는 네가 쓰도록 해, 잔."

"아아! 안 돼요, 대부님. 이건 금화잖아요. 전 갖고 싶지 않아요. 이 근방에서는 금화가 재앙을 가져온다고 믿거든요."

"그래? 그럼 은화로 주지."

"고맙습니다, 대부님. 얼마를 주신 건지 전 모르겠어요. 하지만 이제부터 이모가 시키신 물건들을 사러 갈게요. 나머지는 대부님에게 가져다드릴게요. 이 고장에서 금방 떠나세요?"

"금방은 아니야. 널 다시 만나는 건 정말 기쁜 일이야. 하지만 네게 준 건 조금이라도 되돌려받지 않겠어. 잘 가, 잔!"

"안녕히 가세요, 대부님!" 그리고 잔은 멀어져갔다. 여전히 눈물을 흘리면서.

'이상한 아이야.' 기욤은 잔이 툴의 어느 초가로 들어가는 것을 조용히 지켜보면서 생각했다. '머리가 아주 좋아. 모든 것을 체념하고 받아들이는 듯이 보이지만, 그러면서도 어머니의 죽음을 결코 극복하지 못할 것 같아.' 기욤은 농민 여자가 감수성을 타고나면—그런 일은 드물지만—대부분 이렇다는 것을 알지 못했다. 노동 습관상, 그리고 타인에게 자신의 일을 맡기지 못하기에 고통을 극한까지 표현하지 못한다. 그러나 이처럼 참을성 강하고 점잖은 고통은 아마 다른 어떤 것보다도 그 마음에 깊이 뿌리내리고 있을 것이다.

기욤이 귀트 아주머니의 허름한 집을 찾으려고 할 때, 그 지방의 사제가 마중 나와 있는 것이 보였다. 사제는 기욤이 이곳에 도착했을 때 마중 나오지 못했던 것을 사과하고, 사제관으로 안내했다. 벌써 '스포츠'를 데리고 왔다. 그러나 사제는 이 훌륭한 동물을 소유한 나그네의 이름을 아직 몰랐다. 기욤은 신분을 숨기는 무례를 저지른 채 반갑게 환영해주는 사제의 호의를 받아들여서는 안 된다는 생각에, 서둘러 자신의 이름과 에피넬에 온 이유를 말했다.

이러한 외딴 곳에서 사제를 만났는데 그 사제가 젊다면, 그는 교구장의 분노를 산 총명한 이단자라고 확신해도 좋을까? 나이를 먹었다면, 그것은 파렴치한 생활 태도의 무신론자로 죄를 갚고 있는 것이라고. 둘 가운데 한쪽은 가설이다. 즉 무능해서, 성직자의 대의에 도움이 되도록 속세에서 음모를 꾸미는 데 부적절하다. 그러나 기욤이 눈앞에 둔 인물은 전혀 그렇지 않았다. 기품이 있고, 상당한 교양인이었다. 그는 책모를 꾸미는 데 소질이 없었다. 더 건강하고 좋은 기후나 이토록 후미지지 않은 곳을 요구하지 않는 사이에 그가 이 유형지에 있다는 것이 잊히고 만 것이다.

4시가 다 되었다. 피로와 허기로 녹초가 된 기욤에게 지금 받고 있는 극진한 대접만큼 시의 적절한 환대는 없었다. 평소 그는 예의 바른 청년이었지만, 지금은 사제의 친절한 말도 듣는 둥 마는 둥 하며 스무 살의 왕성한 식욕으로 소박한 요리를 허겁지겁 먹어치웠다. 그러고 나서야 사제의 말에 귀를 기울이고 대답할 수 있는 상태가 되었다.

"이 지방은 대단히 흥미롭군요, 신부님." 그가 후식을 먹으며 말했다. "보이는 돌멩이 하나하나에 갈리아며 로마 주거지의 흔적, 드루이드교의 제단, 갈리아의 마르스라 할 수 있는 위아르 브라의 조각, 유명한 무덤. 요컨대 2, 3천 년을 거친 지의류(地衣類)[1]의 밑이나 저에게는 아무런 의미도 없이 보이는 다양한 형태의 덩어리에서 학자들이 주의를 기울이고 확인하는 모든 것을 발견할 수 있도록, 저에게 고대 사학자처럼 숙련되고 날카로운 관찰안이 없다는 것이 몹시 유감스럽습니다."

"남작님." 사제가 조금 분개해서 말을 이었다. "제가 보기에 당신은 대단히 박학한 발라일롱 씨[2]를 근거로 해서 이 고장의 경탄스러운 것들을 낱낱이 칭찬하려고 길을 나섰지만, 켈트 신성문학을 발라일롱 씨처럼 술술 읽어 내려가지 못한다는 데에 조금 실망하고 계시군요. 하지만 당신의 불쌍한 유모가 살았던 땅에서 조-마트르 못지않게 흥미 깊게 세워진 돌을 만났습니다. 그중에 발로산의 커다란 버섯보다 훨씬 훌륭하게 균형을 잡고 있는 것이 하나 있지요. 그것은 매우 교묘하게 지지되어 있어서 미풍에도 흔들립니다. 그리고 공기의 흐름이 아주 조금만 강해도 그것은 대(台) 위에서 흔들리고 삐걱대며, 매력이 없지는 않은 특별한 소리를 냅니다. 그 소리는 해가 뜰 때, 즉 새벽의 첫 미풍을 받아, 멤논의 우상이 내는 괴상한 소리를 퍽 잘 전달해줍니다. 에프-넬의 돌은 훨씬 조화롭습니다. 그 노래는 거의 끊임없이 들리기 때문입니다. 이 지방 농민들은 현재를 한탄하면서 과거를 말하고 미래를 예언하는 요정이 그 속에 갇혀 있다고 주장합니다. 오용에서 비롯해, 그 돌들에 에프넬이라는 이름이 붙은 것에 주목해주십시오. 그것은 '수장이 없다'는 뜻의 갈리아어 에프-넬에서 유래합니다. 한편 조-마트르는 속죄 의식용 돌 위에서 산 제물을 베고 절단하고 피를 내고 고통을 준다는 뜻입니다. 이른바 신성한 살육이지요. 조-마트르에서 사람이 바쳐졌다는 것은 피를 받기 위한 움푹 들어간 부분과 피를

---

1) 균류와 조류의 공생체. 균류는 조류를 싸서 보호하고 수분을 공급하며, 조류는 동화 작용을 하여 양분을 균류에 공급한다. ≒지의식물(Lichens).
2) 1743~1816. 의사, 정치가, 고고학자. 《캄비오비켄스족에 관한 연구》(1806).

흘려보내는 홈이 있다는 사실로 증명되지만, 에프-넬은 움푹 들어간 부분만 있고 홈은 하나도 없다는 점에 주목하십시오(이 사실에서 이 돌들에는 해를 끼치지 않는 깨끗한 의식만이 행해졌다는 사실이 증명됩니다). 전자는 북쪽을 향한 고지에 있고, 후자는 어두컴컴한 계곡물 옆에 있으며 남쪽을 향하고 있습니다……."

"거기서 어떤 결론을 얻을 수 있지요, 신부님?"

"이 고지와 주위 모든 계곡, 언덕에 그 폐허가 남아 있는 거대한 건조물 때문만이 아니라, 비투리게스족과 레모비케스족의 땅, 즉 옛 베리와 콩브라유의 가장 끝 쪽 경계에 위치했다는 점에서 그 중요성에는 반론의 여지가 없죠. 이 튈라는 중요하고 인구 많은 마을에서 남작님, 툴, 투룸, 투리쿰, 또는 타리쿰은 분명히 알베르니족의 게르고비아에 대항하는 놀라운 공동체인 게르고비아, 게르고비나 보이오룸이었던 겁니다. 이 총칭적인 이름 아래서 흔적을 찾았지만 헛수고였습니다……."

"드루이드교의 돌들은 한참 멀리 있죠, 신부님?"

"곧 도착합니다, 남작님. 툴 같은 공동체는 필연적으로 두 가지 신앙을 가질 수밖에 없죠. 그리고 사실 갖고 있었습니다. 바를로산(山)의 공인된 지배적인 신앙이 있었습니다. 에프-넬의 계곡 깊은 곳에 이의를 제기하는 신앙이 있는데, 묵인되거나 박해받았죠. 자유로운 숭배, 이단, 이렇게 표현될 수도 있겠는데, 수장이 없다는 것을 자랑스럽게 여겼습니다……. 한편 공인된 성당이 조-마트르 돌이었지요(이런 추악한 우상숭배에 이런 존경스러운 단어를 적용하는 것은 잘못이지요. 드루이드 수도사들이 전제적으로 지배했던 성역이라는 표현이 옳을 것 같습니다). 아마도 이 불경한 신앙이 우연히 사라지고 더 순수한 신앙이 에프-넬에서 발생했겠지요. 또 켈트의 킴리인이 침입하기 전에 우리 조상인 갈리아인은 제단을 피로 더럽히지 않았습니다. 에프-넬의 이 평화로운 성역은 박해당한 신앙의 항의 흔적이었을지도 모르죠……. 어떻게 생각하십니까, 남작님? 이런 것들이 모두 분명하다고 생각하지 않으십니까?"

"조금 어두컴컴하고 흐린 날이었나 보군요. 바로 이 폭풍우처럼요, 신부님. 하지만 어쨌거나 신부님의 조사와 반대 이론은 대단히 정교합니다. 틀림없이 고고학자의 것이에요. 동시에 시인의 것이기도 하고요."

"아닙니다, 남작님. 지금 시라고 말씀하셨는데, 저한테 더 진정한 증거가 있습니다. 이 고장의 전승(傳承)이지요. 이곳에는 두 종류의 주술이 있는데, 하나는 유해한 것입니다. 그 기원과 방법은 조–마트르 돌의 것이라고 여겨지지요. 닭 도둑과 채소 도둑, 그리고 처녀들에게 부도덕한 충고를 하거나 복수심에서 이웃의 가축에게 독을 먹이는 위험한 여자 마법사들입니다. 예를 들어 오늘 만나신 고트 아주머니는 바를로산 꼭대기에서 굿을 합니다. 반대로 병자들을 고치고, 우박, 자연재해, 화재, 역병 등 마을의 대재앙을 진정시키기 위해 기도하는 '지식 있는 여자들', 여기서는 이렇게 부릅니다만, 이런 좋은 여자들은 어쩌다 한 번씩 실수가 있을지언정 그 의도는 신실하고 전혀 무해합니다. 이런 여자들은 에프–넬의 돌과 같은 방향에 위치한 '요정들의 동굴'에 조금 집착합니다. 불쌍한 퇼라는 이런 여자였지요. 이 이름은 순수하게 갈리아에서 유래했습니다. 남작님의 돌아가신 유모는 아마도 신전, 더 정확히 말하자면 드루이드의 무녀 퇼라 또는 투리카의 피를 이어받았을 겁니다. 이 고지에 있는 유적과 이중벽으로 둘러싸인 토대를 보고, 남작님은 이곳이 성역이라는 사실을 눈치채셨을 겁니다."

"감복했습니다, 신부님! 모든 것에 관해 어원과 유래를 다 알고 계시다니요. 덕분에 호기심이 생겼습니다. 오늘 아침 들은 대화는 불쌍한 유모가 그 옛날 제 마음을 위로해준 이야기를 떠올리게 해주었습니다. 설명해주시겠습니까?"

기욤은 묘지에서 레오나르와 귀트 아주머니의 대화를 우연히 들었다고 이야기했다. 사제는 조금 전 설명할 때 좋은 가톨릭신자로서의 태도를 보이지 못한 것은 아닌지 걱정이 되어 과학과 시와 문학에 대한 자신의 기호와 진심으로 싸우면서 한숨을 섞어 대답했다.

"사실을 말씀드리기에는 슬픈 일입니다, 남작님……. 그렇지만 이 가난한 마을에 4년 동안 살면서 제가 미신의 재앙에 대항해 한 일은 아주 미미한 것에 불과하다는 사실을 숨길 수는 없겠지요. 이곳은 우상숭배에 있어서는 특권적인 땅입니다. 그래서 궁여지책으로, 얼마쯤은 기분 전환을 위해서이기도 했지만요, 갈리아의 모든 전승의 기원을 조사하기 시작했습니다. 그것들을 듣고 밝혀냄으로써, 이따금 허락된 것보다 많은 즐거움을 느꼈지요. 남작님, 석학과 시인에게 이 땅에는 대단히 흥미로운 것들이 많답니다. 그것들을 문서로 남겨줄

월터 스콧과 같은 작가가 이곳에 있었다면……." 그는 문득 농민보다는 성직자에게 흔히 있는 경계심에 휩싸여 이렇게 덧붙였다. "하긴 소설을 읽거나 이런 유해한 작품의 수가 증가하는 것을 바라는 일은 사제로서 할 일이 아니지요."

"유해하다니요, 신부님?" 기욤이 말했다. "스콧의 작품은 유해하지 않습니다. 소설이라고 다 같은 소설이 아니에요!"

"성직자에게는 적어도 경박한 소설이지요." 툴의 사제는 식사를 함께하는 청년의 솔직한 장밋빛 얼굴을 주의 깊게 관찰하면서 말을 이었다.

"신부님은 죄 없는 기분 전환 거리를 너무 주저하고 계세요." 기욤이 대답했다. "제가 신부님이라면 소설을 읽는 데만 그치지 않고 제가 하고 싶은 대로 할 거예요."

"멋진 농담이군요." 사제가 말했다. "물론 소재는 끊이지 않습니다. 여기에는 시적인 해석 덕분에 농민들의 마음속에는 역사적인 전승에 속하는 많은 추억이 있지요! 묘지에서 들은 이야기로 짐작하셨겠지요?"

"그럼 그들은 그 숨은 보석의 존재를 진심으로 믿는 겁니까?"

"이 부근의 땅을 상속받는 것은 아주 좋은 일이지요. 좀처럼 구하기 어려운 것을 손에 넣을지도 모릅니다. 남작님이 보석을 손에 넣는 것을 마을 사람들은 두려워할 겁니다."

"이 인근의 땅을 제가 갖고 있다고요?" 그 사실을 이때 처음으로 알게 된, 또는 잊고 있던 기욤이 대꾸했다. 그만큼 이 황량하고 메마른 땅은 가치가 없었다.

"만약 남작님이" 사제가 말을 계속했다. "땅을 개량하려고, 따라서 땅을 경작하는 농민들의 처지를 개선하려고 없어질 걸 각오하고 자본을 아낌없이 투자하신다 해도, 아마 몇몇 농민은 매우 불쾌하게 받아들일 겁니다. 식물의 뿌리를 불태우는 금화, 금과 은이 실린 짐수레, 이 땅에서 로마인에게, 나중에는 야만족에게 파괴되고 죽임을 당한 갈리아인들의 오랜 조상들의 반짝이는 투구, 보석을 박은 벨트를 남작님이 빼앗으려고 땅을 갈아엎는 거라고 믿을 겁니다. 갈리아와 켈트의 수장이 죽으면 그 무덤 위에 노예들과 충실한 하인들, 그리고 말을 산 제물로 삼은 뒤 아시다시피 묘소로서 하나의 고지가 주어졌습니다. 금괴와 은괴, 아주 귀중한 무기들, 그리고 어마어마한 재산이 이들의 시체

조─마트르의 돌

와 함께 매장된 겁니다. 이 지방의 분토나 무덤의 뼈 항아리 속에서 금 사슬이 발견되었습니다……. 아, 제 이야기가 지루하시죠, 남작님?"

"당치 않습니다. 아주 흥미로운걸요, 신부님. 그런 무덤은 고대 로마의 건조물입니까?"

"또 갈로로만 시대[3]의 것이지요. 그 이전 시대의 것이 발견된다면, 단순한 장식품이 아니라 아마도……."

"아아! 신부님, 신부님도 보물의 존재를 얼마쯤은 믿으시는군요? 솔직히 말씀해주세요."

"내 것으로 삼으려 하지 않는다면 믿을 수도 있겠죠." 사제가 빙긋 웃으면서 대답했다. "그것이 남작님의 땅에 있고, 제 마당에는 없기를 진심으로 바랍니다. 전혀 찾을 생각도 없이 상추를 심다가 아주 아름다운 로마의 화폐를 발견했지요. 남작님에게 드리겠습니다."

---

3) 갈리아가 로마 제국의 지배하에 있었던 기원전 121년부터 5세기까지.

"그걸 받을 수는 없어요. 하지만 꼭 보고 싶군요." 젊은 남작이 대꾸했다.

사제는 졸참나무로 만든 낡은 책상 서랍을 열어 녹슨 열쇠, 구부러진 못, 아무짝에도 쓸모없는 파편들 속에서 잡동사니, 특히 보존 상태가 좋고, 상트르 지방에 풍부한 안토니우스 피우스, 갈리에누스, 아그리피나, 필리푸스 아라브스의 메달을 몇 개 꺼냈다. 이들 수집품은 가난에서 비롯된 검소한 습관을 은근히 보여주고 있었다.

두 애호가가 이들 화폐를 면밀히 관찰하는 동안 폭풍우는 다시금 거세졌다. 툴 마을의 유일한 나무가 바람에 휘며 비명을 질렀다. 우박이 사제관의 지붕 기와에 소리를 쏟아졌다. 불길한 종소리도 폭풍우의 울림에 섞여 들렸다.

"신부님이 벼락을 걱정하신다면, 레오나르 영감이 이런 폭풍우 치는 날에 돌아다니지 못하도록 해야 한다고 생각해요." 기욤이 말했다.

"반대해도 소용없어요. 게다가 레오나르는 도리를 잘 알지요. 파드는 믿지 않지만, 종은 믿습니다. 온 마을 사람이 믿지요. 말리려고 했다간 돌을 맞고 말 거예요." 사제가 대답했다.

"그럼 결국 이 소교구 사람들은 모두 신자군요?"

"어떤 의미에서는 과도한 신자죠. 즉 그들은 모든 것을 믿습니다. 사실뿐만 아니라 거짓도, 신앙뿐만 아니라 우상숭배도, 그리고 드루이드교도 다신교도. 선을 이루는 영과 악을 이루는 영이 뒤섞여서 권한을 발휘해요. 파드 또는 패트(fate)들은 여기서는 큰 역할을 해요. 툴 부근은 사람들이 판 구덩이며 동굴 천지입니다. 초기 교회 신부들의 외딴 주거지나 갈리아 무녀들이 신탁을 받았던 굴이었죠. 고대 사학자에게 대단히 흥미 깊은 이런 동굴은 눈에 보이지 않는 것들이 산다는 이유로 농민들에게 엄청난 숭배의 대상이랍니다. 농민들은 이파리 한 장이든 이끼 한 줌이든 그것이 기억과 신앙의 상징이기만 하면, 뭐가 됐든지 공물을 신성한 장소로 가지고 와서 눈에 보이지 않는 존재에게 잘 보이려고 애쓰지요."

"저와 같은 젖을 먹고 자란 잔이 그 의식을 하는 걸 봤어요." 기욤이 소리치듯 말했다. 그는 언제 질문해야 좋을지 모르는 채로 사제의 박학한 이야기를 들으면서 아까 전부터 이 처녀를 생각하고 있었다. "말씀해주세요, 신부님. 마녀의 딸이자 조카인 잔도 조금은 마녀가 아닌가요? ……그런데 사제님, 어디가 안 좋으세요?" 젊은 사제가 갑자기 얼굴이 빨개졌다가 파래지는 것을 보고 기욤이 덧붙였다.

"저 천둥소리에 놀란 것뿐입니다. 남작님은 아무렇지도 않으세요? ……확실히 잔은 정직하고 착한 처녀입니다. 최대한의 호의를 받기에 충분하죠."

"저도 그렇게 생각해요." 기욤이 대꾸했다. "솔직히 이야기할 수 있어서 기뻐요, 신부님. 오랫동안 잊고 있었지만, 전 잔에 대해 의무가 있거든요. 그러니까 신부님이…… 이건 신부님과 저만 아는 비밀로 하고 싶은데, 신부님이 제 첫 번째 의무가 잔을 제 어머니에게 데려감으로써 어떤 위험에서 그녀를 보호하는 것이라고 생각하는지 알고 싶어요……."

사제는 동요하고 망설였다. 그리고 흥분한 목소리로 말했다. "무슨 위험을 말씀하시는 건지 모르겠군요……."

"심술궂은 여자의 손에 떠맡겨진 지금, 그토록 눈길을 끄는 아름다움에 이끌려 도시 청년들이 어떤 생각을 품지 않겠어요?"

"그 말씀을 듣고 제 근심이 누그러졌습니다, 남작님." 사제는 생기를 되찾은 듯이 이렇게 솔직하게 대답했다. "섣부른 판단을 내리기가 두렵기도 했습니다. 하지만 그 점에 관해 저와 같은 걱정을 하고 계시니까 말씀드리죠. 오래전부터…… 아니, 전 누구의 이름도 말하고 싶지 않습니다……."

"제가 그 이름을 말하죠." 기욤이 말했다. 그러나 그럴 시간이 없었다. 그의 입술 위에서 그 이름이 사라졌다. 바로 그 인물, 레옹 마르시야가 문을 벌컥 열고, 비에 젖은 옷을 말리려고 활활 타는 난롯불로 척척 다가가는 것을 보았기 때문이다.

6장
번개

"사제 중의 사제에게 축복이 있기를!" 레옹 마르시야가 사제의 손을 친근하게 잡고 흔들면서 말했다. "또 나로군요, 친애하는 기욤. 신부님, 제게 짚 한 단과 포도주 한 잔을 내어주시는 걸 거절하진 않으시겠죠? 전 몸이 얼어붙었다고요. 이 악마 같은 폭풍우가 갑자기 기온을 바꿔버렸어요!"

"부사크 쪽으로 한참 간 줄 알았는데!" 젊은 남작이 말했다.

"말 엉덩이에 태운 둘시네아에게 진창 속에서 전속력으로 달리게 하는 게 가엾어져서 진정한 돈키호테로서 토보소 한복판에 내려주고 오는 길이죠. 이 험한 길을 올라가는 게 임무인 말도 두 사람을 태우고는 빠르게 올라갈 수 없었고요. 원 세상에! 갈리아 사람들은 도로포장이 뭔지도 모르나 봐요! 천둥과 우박이 심해지기 시작했어요. 난 쓸데없이 젖고 싶지 않으니까, 둘도 없는 친구들과 함께 하늘이 개기를 느긋하게 기다리도록 하지요."

"레옹 씨." 사제가 말했다. 사제는 불을 더 피우고 병에 포도주를 가득 채우라고 지시하기 위해 하녀를 부른 참이었다. "당신에게는 의기양양하게 여기저기 돌아다니는 여행 친구들이 늘 있지요. 그래서 이 마을 젊은 처녀들에 대해 입방아에 오르는 걸 알고 계십니까?"

"그래서 신부님은 못된 소문에 귀를 기울이셨어요? 당신 같은 사제의 보석, 모범적인 분이! 당신은 절 화나게 했습니다! 당신은 제가 인간적이고 친절하다고 비난하는 겁니까? 정말 무섭군요, 신부님!"

"이게 이 사람이 늘 하는 대답이지요!" 말은 이렇게 했지만, 사실 더없이 친절하고, 가끔씩 교양 있는 사람이 자신에게 객관적인 추론을 공언하는 걸 봐도 화를 내는 법이 없는 사제는 레옹 마르시야를 대단한 존경까지는 아니지만 사랑했다. "나무라려고 하지만, 설교하는 건 언제나 이 사람이죠."

"설교는 우리 두 사람이 하는 일 아닙니까! 사제는 설교단에서, 변호사는 변호석에서 말이에요."

"아니죠, 아니에요!" 사제가 말했다. "그건 전혀 다릅니다."

"맘대로 생각하세요! 두 달변가에 두 궤변가. 아아! 신부님, 당신의 맛있는 포도주가 제 목구멍을 기분 좋게 자극하네요! 꼭 브러시를 삼키는 것 같아요. 이 신들의 미주(美酒)를 어디서 손에 넣으셨나요?"

"생마르셀에서요. 아르장퇴산(産)을 원하시나요?"

"그건 또 다른 겁니까? 하지만 전 이 엷은 적포도주에 불만이 없습니다. 그런데 기욤, 왜 그러죠? 왜 아무 말도 안 해요? 그리고 신부님도? 뭐라고 대꾸를 해보세요. 안 그러면 이 잔을 엎을 겁니다……. 그런데 전 멋진 발견을 했답니다. 그걸 말씀드리죠."

"고고학상의 발견인가요?"

"아니요, 지질학적 발견입니다! 클로디가 도중에 들려준 이야기죠. 아가씨들을 말 엉덩이에 태우면 어떤 식으로든 이득이 있지요. 정신과 마음이 배가돼요. 제 이야기를 믿으신다면, 전승을 듣기 위해서는 외투를 들어줄 갈색 머리 아가씨 없이는 '라 그리스[1]'에 타지 마세요."

"여전히 짓궂은 농담이군요?"

"금발 머리 아가씨가 좋습니까? 그럼 금발 머리 아가씨를 고르면 되죠."

사제는 다시 당황했다. 그러나 난로 쪽으로 몸을 돌리고 있던 기욤은 그 사실을 눈치채지 못했다. 마르시야도 모르는 것 같았다.

"아무튼, 당신 이야기를 검토해보지요. 어떤 쓸데없는 이야긴지!" 사제는 태연한 척하려고 말을 이었다.

"그러죠! 사람 발자국이 새겨진 봄의 바위를 아시죠?"

"그건 우상숭배를 깨뜨리고 그리스도교를 전파하러 1세기에 툴 생트 크루아로 직접 찾아온 성 마르샬의 발이죠……."

"확실히 성 마르샬과 주님의 이야기죠! 믿는 척이라도 좀 해주십시오. 요정들의 여왕인 고상한 파드는 성인에 대한 경의가 못마땅했습니다. 그래서 이곳

---

1) 흰 털에 검정 또는 밤색 털이 섞인 말이라는 뜻.

에 흐르는 온천을 에보로 보내 분출시키려고 발을 세게 굴러 말려버렸습니다. 제가 하는 말이니 틀림없어요."

"좋습니다! 그 이야기는 저도 알아요. 당신이 발견했다는 게 그게 전부입니까?"

"아아! 깊은 생각이 없는 신부님! ……이걸로 결론을 못 내리시겠습니까?"

"클로디는 할머니한테 들은 시시한 이야기를 들려주었다. 이게 제 결론입니다."

"그럼 전, 만약 당신 방법이 맞는다면, 만약 전해져 오는 전승이 책에는 빠져 있지만 민중의 상징 속에 남아 있는 이야기라면 보르 생 조르주와 툴에 온천이 있었다고 결론 내리지요!"

"그것들은 어떻게 됐지요?"

"좋은 질문입니다! 신부님, 당신은 패배를 인정한 셈이에요! 돌연히 발생된 참사로 갈리아의 집약 파괴 중에, 로마가 지배했던 시대에 고지 비탈에 지어진 목욕탕은 확실히 부서지고 매장되었습니다. 그리고 온천은 건물 잔해와 흘러들어온 토사물 밑으로 사라져버린 거죠."

"왜 고지 비탈이라고 말하죠?" 주의 깊게 듣기 시작하던 사제가 물었다.

"그럼 수렁을 어떻게 해석하겠어요? 수렁은 대체 뭐죠? 거기에 대해서는 생각해본 적이 없나요? 한겨울에도 온천물처럼 수증기가 피어오르는 그 수렁을? 바닥이 보이지 않는 그 수렁을? 여기서 3리외[2] 앞에 있는 에보 온천보다도 온도가 높고, 효험이 좋고, 더 풍부한 광천을 포함하고 있는 그 수렁을? 그런데 보석을 돌 밑에서 찾는다고요? 찾아야 할 곳은 물속입니다. 거기에 진짜 보물, 이 지방의 갑작스러운 부가 있을 겁니다. 그 수렁에 곡괭이를 몇 번 내리칠 생각 따위는 한 번도 하지 않았다고 단언하겠어요."

"확실히 한 번도 없네요. 하지만 농민들은 그 아래 뭔가가 있다고 지금도 계속 얘기하고 있어요."

"그리고 표면은 미지근한 이 진흙이 지하 6피에서는 화상을 입을 정도로 뜨겁지 않을까 확인하기 위해 한 번이라도 온도계를 넣어볼 생각을 하지 않았겠

---

[2] 미터법 채용 전의 거리 단위. 약 4km.

습니까?"

"아아! 온도계가 있었으면 좋겠어요." 사제가 일어나면서 큰 소리로 말했다. "온도계를 구해야 해요! 그게 엄청나게 비싼가요, 레옹 씨?"

"집에 아주 좋은 것이 있습니다. 내일 갖고 오지요."

"내일요? 정말입니까?"

"함께 실험해봅시다."

"내일! 내일! 농담은 아니겠죠?"

"진담입니다!" 레옹이 사제에게 손을 내밀면서 우렁차게 말했다.

사제는 아이 같은 기쁨과 신뢰를 보이며 그 손을 탁 때렸다.

'아아, 불쌍한 잔! 넌 충분한 보살핌을 받지 못하고 있어. 네 미덕의 적은 네 당연한 보호자들의 신중함을 쉽게 흐리게 할 수 있겠지. 이 선량한 사제는 아집이 있어. 마르시야는 그걸 쉽게 이용하는 기술을 알고 있지. 따라서 네게 남은 건 나뿐이야. 불쌍한 고아! 좋아! 난 널 버리지 않겠어. 너무 늦긴 했지만, 적어도 네 실수로 인한 불행한 결과를 막아줘야지.' 기욤은 두 사람의 대화를 들으며 생각했다.

"어라! 불쌍한 잔이군." 마르시야가 말했다. 다시금 얼굴색이 변한 사제를 힐끗 보고, 사제가 걸린 덫을 눈치챘다.

의자에 앉아 있던 기욤은 흠칫 놀라 고개를 확 돌렸다. 마르시야를 쳐다보는 잔의 표정이 눈에 들어왔다. 한쪽의 뻔뻔함과 한쪽의 천진난만함 때문에 이 두 표정에서는 어떠한 종류의 약속도 보이지 않았다.

"안녕하세요, 신부님." 잔이 말했다. "안녕하세요, 레옹 씨. 대부님을 찾고 있는데요. 아아! 안녕하세요, 대부님. 돈이 이렇게 많이 남아서 갖고 왔어요. 정말 고맙습니다, 대부님."

"나머지는 돌려주지 않아도 된다고 말했잖아, 착한 잔."

"그럼 이 돈을 어떻게 해야 하죠, 대부님? 전 많은 돈은 필요 없어요. 적어도…… 40프랑은 되는걸요!"

"상복을 사 입으렴, 잔. 그리고 나머지는 너나 친척들, 친구들한테 필요할 때를 대비해서 갖고 있어." 사제가 매우 다정하고 사려 깊은 목소리로 말했다. 이때 마르시야는 아까 기욤이 마르시야와 잔의 표정을 주의 깊게 관찰했던 것처럼 잔과 사제를 관찰하고 있었다. 고결한 성직자의 순간적이고 은밀한 동요가 그의 눈에는 분명히 보였다. 그러나 얌전한 잔의 천사 같은 침착함은 전혀 흐트러지지 않았다. 이런 일에는 기욤보다 정통한 마르시야도 에프–넬의 양치기 소녀의 마음에서 어떤 사랑도 어떤 경계심도 전혀 읽을 수 없었다.

"그럼 대부님, 안녕히 계세요." 잔이 말했다. 그리고 티 없고 아주 시골스러운 친근함으로 기욤의 목에 매달려 두 볼에 입을 맞추었다. 그녀는 평소처럼 차분했으며, 진지한 천진함을 한순간도 잃지 않았다.

기욤의 볼에 잔의 눈물 자국을 남긴 이 청초한 입맞춤에 마르시야는 전혀 놀라지 않았다. 사제도 인상을 찌푸리지 않았다. 그들은 지방의 방식과 습관을 알고 있었다. 그러나 사제가 이 입맞춤을 보고 고통을 느끼지 않았다고 단언한다면, 그것은 과장에 불과하다. 사제에게 입맞춤하는 일은 결코 없으니까. 레옹은 분한 마음에 부들부들 떨면서 그 입맞춤을 지켜보았다. 대부에게만 입맞춤을 했으니까!

기욤은 더없는 신뢰의 증표로 오해한 이 경의의 표시에 처음에는 황홀했다. 그러나 일주일 전 부사크에 도착했을 때, 교태를 부리는 것이 아닌 뚱뚱한 하녀가 '소중한 주인님'이라고 부르면서 친근하게 포옹해주었던 일을 떠올리자, 금세 마음의 동요가 가라앉았다. "아디외³⁾라고는 하지 않겠다! 내일 참석할 내 불쌍한 유모의 장례식에서 다시 볼 테니까." 마르시야가 있는 것을 의식해서 매우 근엄한 척하면서 잔에게 말했다.

"저희로서는 아주 영광이죠, 대부님." 잔이 말했다.

"남작님, 그건 아주 훌륭한 행동입니다." 사제가 큰 소리로 말했다. "아주 훌륭해요. 감히 말씀드리건대, 이토록 겸허하고 이토록 경건할 수 있는 젊은이는 상류층에 거의 없습니다. 소중한 잔, 너에겐 훌륭한 대부, 참된 친구가 있다. 그러니 용기를 내렴. 오늘 너를 덮친 불행을 체념하고 받아들이면서, 버림받을 공포를 내쫓아주듯이 이토록 때맞춰 마음이 넓은 보호자를 네게 보내주신 하느님께 감사해야 한다는 것도 명심하고. 난 네가 남작님의 훌륭한 어머니를 모시기를 진심으로 바란다. 그러면 넌 그분을 제2의 어머니로 삼을 수 있을 거

---

3) 영원히 이별할 때 하는 인사말.

야. 이미 그 아들에게서 예수 그리스도의 진실한 형제를 발견했듯이."

"소중한 대부님, 대부님은 제게 과분한 친절을 보여주셨어요. 대부님을 위해, 그리고 신부님을 위해 하느님께 많이 기도할게요." 그러고는 자신에게 보여준 관심에 매우 감동해서 착한 잔은 흐느끼면서 밖으로 나갔다.

사제는 처녀가 문 뒤에 놓아두었던 배낭을 메는 걸 도와주러 방에서 나갔다. 그 배낭에는 장례식 때 쓸 음식과 물건들이 들어 있었다. 레오나르의 아들 —아주 못생겼지만 유쾌하고 뚱뚱한 열여섯 살짜리 소년이 잔을 집까지 바래다주고 짐도 들어다주기 위해 부엌에서 기다리고 있었다. 비는 이미 그쳤지만, 바람은 여전히 세차게 불고 있었다. 태양을 가린 두꺼운 베일 탓에 평소보다 일찍 찾아온 밤이 전원에 퍼져 있었다.

"남작님." 두 손님만 남은 꼭대기 방으로 돌아오면서 사제가 감동해서 말했다. "확실히 잔은 댁에서 아주 훌륭한 일꾼이 될 겁니다. 제 소교구에서 가장 착한 사람이에요. 아무리 추천해도 모자랄 정도지요."

'골치 아프게 됐군!' 마르시야는 생각했다. '맘대로 하라지! 난 내 나름의 대책을 세우겠어. 이 선량한 사제는 마음의 평안에 재앙을 가져오는 대상을 자기 눈에서 멀어지게 하려고, 기를 쓰고 잔을 기욤의 품으로 밀쳐내려고 하는군! 아아! 성직자들아, 너희는 늘 이런 식이지! 남이야 신세를 망치든 말든, 자기 영혼만 구원받으면 책임을 지려고 하지 않아.'

"친애하는 신부님." 그가 말했다. "전 신부님이 제 친구 기욤에게 그렇게 추천하는 것을 인정합니다. 확실히 이런 지도자의 비호 아래 있으면, 잔이 마을 젊은이들의 유혹에 노출되는 일은 이제 없겠죠. 하지만 이 선의로 가득한 친절한 계획에서 드 부사크 씨에 대한 걱정은 아무것도 없습니까?"

"그게 무슨 뜻인지 설명해주게." 기욤이 냉정하게 말했다. "나한텐 그 말만 가지고 자네의 정신을 꿰뚫어 볼 만한 통찰력이 없으니까."

"파뉘르주가 말했듯이, 저의 영적 지도자이자 다정한 친구인 신부님과 같이 하지 않는다면 설명할 수 없습니다. 라블레를 읽으셨습니까, 신부님?"

"아니요."

"유감이지만 어쩔 수 없네요. 늑대를 양 우리에 가둬서는 안 된다고 거기서 배우기도 하셨습니까, 친애하는 신부님?"

"무슨 말인지 전혀 모르겠군요."

"이런이런! 모르세요? 잔은 마녀라서, 제 친구 기욤에게 마법을 걸려고 마음만 먹으면, 친한 친구이자 요정들의 여왕인 오만한 파드에게 몇 마디만 하면 끝이라는 걸? 저 애가 여왕의 총애를 받고 있다는 건 누구나 아는 사실입니다."

"어머니를 갓 여의었을 뿐 아니라, 당신 같은 방탕자에게 영광스럽게도 관심을 받고 있다는 내색을 한 번도 한 적이 없는 성실하고 존경스러운 사람한테 어떻게 그런 농담을 할 수 있는지 전 이해할 수 없군요."

"아아! 신부님! 중대한 말씀을 하실 거라면, 부디 곰곰이 생각해 보세요. 제가 당신 소교구의 여자들에게 관심을 품고 있나요? 당신이 이끄는 올바른 길에서 벗어나게 하려면 대단히 교묘해야 할 겁니다. 게다가 제가 잔의 어머니가 잔에게 비기를 전수했다고 말했다고 해서, 그게 그녀를 동정하지 않고 존경하지 않는다는 뜻이 됩니까? ……."

부엌에서 들려온 날카로운 비명과 커다란 나막신 소리가 사제를 긴장시켰다.

"뭘까요?" 그가 마르시야의 팔에 손을 얹으면서 말했다. "불이 났다고 외치는 것 같은데요."

"불이야! 불이야!" 아래층에서 분명한 고함이 들렸다. 사제와 두 손님은 계단으로 달려 나갔다.

"에피넬 쪽에 벼락이 떨어졌어요. 적어도 집 스무 채는 타고 있을 거예요." 클로디가 에피넬에는 초가 한 채, 즉 잔의 집밖에 없다는 사실도 잊고 큰 소리로 외치고 있었다.

"여러분, 어서 가봅시다! 어서요!" 사제가 툴 광장으로 달려가면서, 겁에 질린 소교구 주민들에게 외쳤다. 그들은 구제책을 세울 생각이 없었다. 그저 불구경이나 하려고 높은 곳으로 올라가려 하고 있었다.

"여러분, 각자 집에서 물통을 들고 나오세요. 에피넬에는 물이 있으니까." 마르시야가 말했다.

"에피넬에서 불이 났다면 분명 잔의 집이야!" 기욤이 사제 집에 있는 물통 두 개를 재빨리 들면서 외쳤다.

"물론 그 집밖에 없지. 불쌍한 잔, 하루 사이에 한꺼번에 불행이 닥치다

부사크성의 홀에 있는 난로

니…… 너무 가혹해!" 레오나르가 말했다.

"빨리 오세요! 성구실 관리자 아저씨도요!" 마르시야가 그저 서서 울먹이거나 혀만 차고 있는 사람들을 억지로 잡아끌면서 말했다.

"다리도 멀쩡하지 않은데 내가 어떻게 달려가? 난 어차피 꼴찌로 도착하게 돼 있어. 아, 그전에 비상종을 울리러 가야겠군."

"그래요, 비상종을 울려주세요. 그러면 구조하러 갈 사람들이 모일 거예요. 자, 여러분, 소리 지르고 놀라는 대신 벽을 부수러 와주세요! 여자들도, 애들도, 목수도! 다들 어디 있죠? 마을에요? 도끼는 어딨죠? 날 창고로 안내해주세요!"

"제가 찾아올 게요, 레옹 씨." 한 여자가 말했다. "하지만 남편의 도끼를 잃어버리면 안 돼요."

"신부님이 성수 1판트[4]를 만들어주셔야 하는데. 하늘에서 내리는 불에 효과가 있으니까." 다른 여자가 말했다.

"그런 건 필요 없어." 다른 사람이 말했다. "귀트 할멈을 불러와야 해. 불을 끄는 주문을 알고 있으니까."

"그 할멈이 어떻게 가? 걷지도 못하는데. 말에라도 태워야 하나…… 마침 축사에 커다란 말이 있어."

"아아! 주문이라면 잔도 알고 있어. 귀트 할멈보다 잘 안다고! 아아! 그 애 엄마가 그 애한테 가르치지도 않고 죽었을 리가 없어."

기욤과 마르시야는 결연하게 각오를 다진 두세 사람과 함께 이미 산길을 달려 내려가고 있었다. 구경꾼들과 우는 여자들이 그 뒤를 따랐다. 사제는 뒤처진 사람들과 이기주의자들을 결심시키기 위해, 또 물통과 이런 때 필요하지만 시골에서는 찾을 수 없는 물품들을 모으기 위해 마지막까지 남았다. 해가 서서히 저물기 시작했다. 선두가 화재 현장에 가까워짐에 따라, 불타는 초가지붕에서 뿜어져 나오는 어마어마한 양의 불똥이 거세게 바람에 날려왔다. 그때마다 비명이 터져 나왔다. 기욤과 마르시야에게는 끊임없이 주위에서 "너무 늦었어, 너무 늦었어!" 반복하는 소리가 들렸다. 그들은 숨을 헐떡이며 땀에 흠뻑

---

4) 액체를 재는 옛 단위. 1리터가 조금 안 된다.

젖어 겨우 도착했다. 그리고 잔이 저만치 앞에 가고 있는 것을 보고 깜짝 놀랐다. 그들은 도중에 따라잡을 줄 알았지만 만나지 못했던 것이다.

가까운 곳에 흩어져 있는 초가의 아낙네들이 이미 화재 현장에 몰려와 있었다. 그러나 상위 악마에게 무력한 파드들처럼, 쇳소리를 지르고 공허한 주문을 외느라 기진맥진해 있었다. 몇몇 남자는 고트 아주머니가 이런 때 동물들이 느끼는 우둔한 공포심에서 꿈쩍도 안 하려는 산양과 암양들을 막무가내로 양(羊) 우리에서 끌어내리려는 것을 도와주고 있었다. 오두막의 이 부분은 아직 무사했지만, 불타는 본채 지붕에서는 지푸라기가 사람들 위로 날아오르고 있었다. 이 덩어리가 무너져 내리기를 기다리면서, 격리를 위해 누구도 위험을 무릅쓰고 옆 지붕으로 올라가려고 하지는 않았다. 클로디가 무서운 비명을 지르며 공포에 떠는 사이에, 도끼를 든 마르시야가 혼자 용감하게 그 일을 결행했다. 기욤은 그 뒤를 따르려고 했지만, 다른 생각이 그를 붙들어 맸다. 잔은 어디 있지? 불 주위에 시끄럽고 무력하게 모여만 있는 작은 구경꾼들 틈에서 그녀의 모습을 찾았지만 헛일이었다. 잔은 없었다. 툴로 돌아갔나? 목격한 사람이 있나? 기욤의 물음에 누구 하나 귀를 기울이려고 하지 않았다. 그는 양 우리로 들어갔다. 이미 연기가 자욱해서 아무것도 보이지 않았다. 잔의 이름을 불렀다. 아무도 대답하지 않았다. 고트 아주머니는 뒤쪽 헛간 아래서 애처로운 비명을 지르고 있었다. "내 암탉, 내 암탉! 친애하는 이웃 사람들, 선량한 이웃 사람들, 내 암탉을 구해주세요!"

7장
에프–넬의 돌

재해로 소유물이 파괴되는 광경을 눈앞에서 목격한 농민들의 공포와 망연자실은 말로 표현하기 힘들 정도였다. 보잘것없는 지분조차 얻으려면 갖은 애를 써야 하고 그것을 유지하려면 높은 비용이 든다는 불평등의 법칙은 농민의 불행하고 고뇌하는 마음속에 정성껏 돌볼 대상, 피로의 대상에 대한 과도한 애착, 즉 우상숭배를 낳았다. 튈라의 집은 5백 프랑의 가치도 없었다. 기욤은 녹초가 될 정도로 계속해서 말했다. "소리 지르지 마세요. 울지 마세요. 대신 최대한 많은 것을 끄집어내세요. 불에 탄 것은 내가 책임을 지고 복구하겠습니다. 잔이 미쳐버리지 않도록, 기운을 내도록 찾아주세요. 내가 찾는 것을 도와주세요. 자, 잔을 따라가세요."

"잔이라고요, 나리! 그 앤 벌써 물에 빠져 죽었을 겁니다. 별수 없잖습니까. 그 앤 하루 사이에 모든 걸 잃었어요. 어머니도 재산도. 그런데 더 어떻게 살겠습니까?" 마을 사람이 대꾸했다.

기욤은 적어도 이 손해의 일부를 자신이 메우겠다고 말했지만, 사람까지 설득할 수는 없었다. 몇 명이 "말은 쉽죠. 하지만 동정심이 사라지고 나면 돈은 찾아오지 않는 법이오" 하며 고개를 가로저었다. 사람들 대부분이 기욤 드 부사크의 정체를 몰랐다. 그저 막연하게 정부 관리로 착각하고 있었다. 결국 그들은 모여서 저마다 말했다. "누구 돈으로 새로 짓건 집은 지금도 타고 있어. 사라지는 건 재산이야. 가난뱅이들은 너무 불행해! 아아! 하느님! 아아! 이런 일이! 아아! 예수님!" 그것은 고대 비극에 나오는 죄수들의 합창과도 같은 한탄의 합창이었다. 기욤은 이런 격렬한 항의에 애태우고, 공포와 놀람이 농민들에게 일으키는 흥분에 허무하게 화를 낼 뿐이었다. 사람들을 줄지어 서게 해서, 가져온 물통과 집 옆을 흐르는 개울을 활용할 수가 없었다.

선행을 베푸는 것을 얼마쯤 자랑스럽게 여기고, 아주 조금이라도 고무되면 경쟁심에 불타는 배려 있는 지방의 젊은이들, 곧 공화정 지원병들이나 보병들의 전형인 대여섯 명의 건강한 청년들의 도움을 받아 지붕 위에서 헤라클레스처럼 일하는 마르시야에게 기욤이 합류하려고 할 때, 잔이 드디어 모습을 보였다. 기욤은 머릿속에 그녀 생각밖에 없었다.

처녀는 고지 반대편 비탈에 사는 친척에게 마지막 안내를 하러 길을 돌아갔었다. 그리고 집으로 통하는, 양쪽이 높은 둔덕으로 된 길을 나오자마자 화재를 목격했다. 배낭을 내던지고, 레오나르의 아들 카데와 함께 달려갔다. 카데는 들고 있던 둥근 군용 빵을 갈리아 마을의 돌덩이 사이에 흩뿌리고 말았다. 카데는 호들갑스럽게 우는소리를 했다. 그러나 잔은 파랗게 질려서 숨을 헐떡거리며 한마디도 하지 않았다. 사람들 틈으로 찾다가 겨우 입을 뗄 수 있게 되어서야 "어머니! 불쌍한 어머니는 어디 있죠?" 하고 외쳤다.

"얘 머리가 어떻게 됐나 봐. 판단력을 잃어버렸어. 어머니가 죽은 걸 벌써 까먹었잖아." 주위에서 사람들이 말했다.

"어머니를 어디에 뒀죠?" 잔이 단호하게 계속했다. "맙소사! 그리스도교도였던 불쌍한 어머니의 시체를 저기서 꺼내주지 않았단 말인가요? 이럴 수가! 이모! 이모는 어디 계세요? ……이모라면 거기까지 생각이 미쳤을 텐데…… 대답해주세요, 어머니를 보여주세요!"

누구 하나 어머니를 생각하지 못했다는 사실, 대신 소중하긴 하지만 어머니의 시신만큼 소중하지는 않은 가축에 마을 사람들의 관심이 모아졌었다는 사실을 깨닫고 그녀는 대문을 향해 내달렸다.

"그만둬, 잔!" 기욤은 그녀를 안아서 말리면서 외쳤다. "지붕이 당장에라도 무너지려고 해. 방에는 연기가 자욱해서 숨도 쉬지 못할 테고…… 안 돼! 안 돼! ……들여보낼 수는 없어……."

"이거 놓으세요, 이거 놓으라니까요, 대부님!" 잔이 엄청난 힘으로 뿌리치면서 말했다. "어머니의 불쌍한 시체가 가구처럼 불타 버리는 건 싫어요……. 어머니를 신성한 땅으로 보내고 싶어요. 어머니를 그리스도교도로서 매장해드리고 싶단 말이에요!"

그러고서 잔은 죽은 여자의 방을 향해 달려갔다. 기욤은 막을 수 없었다.

그가 뒤를 따라가려고 할 때, 잔이 숨 막히는 연기 앞에서 안으로 들어가기를 포기한 듯이 머뭇거리는 것이 보였다. 그러나 그녀는 레오나르의 아들에게 다가가 속삭였다. "카데, 난 꼭 안으로 들어갈 생각이야. 어머니를 반드시 꺼내오겠다고 네게 맹세해. 하지만 누구도 따라와서는 안 돼. 모든 게 헛일이 될 테니까!"

친구들이 위험을 함께하려는 것을 막으려고 잔이 자신에 대해 퍼지고 있는 소문을 이용한 것인지, 어려서 어머니가 들려준 파드들의 비호를 믿어서인지 그녀의 이 짧은 말을 카데와 주위에 있던 두세 명의 농부는 금방 이해했다. 마을 사람들이 그녀의 지식을 아는 덕분에 그녀는 그들을 완전히 이해시켰다. 곧 그녀는 대부의 감시를 피해서 연기의 소용돌이 속으로 뛰어들었다. 그녀는 집의 측면과 꼭대기를 휘감는 불구덩이 속으로 모습을 감추었다. 기욤은 확실한 죽음에서 처녀를 강제로 구해내려고 다시 그 뒤를 쫓아가려고 했……. 그런데 두세 명의 건장한 팔이 그를 붙들었다. 카데가 어느 때건―그 표정에 완전히 들러붙은 쾌활함을 눈물이 지울 때조차―그 얼굴에서 사라진 적이 없는 미소를 띠며 그에게 말했다. "걱정하지 마세요, 나리. 잔은 다치지 않아요. 잔은 뭐가 필요한지 알거든요. 이 일의 주문도 알고요. 그걸 하게 해줘야 해요. 어머니의 시체가 불타 없어지게 놔둔다면, 인생이 끝날 때까지 계속 불행하리란 건 나리도 잘 아시잖아요. 들어갔을 때랑 똑같은 모습으로 나올 거예요! 곧 알게 될걸요! 걱정하지 마세요! 화내지도 말고요. 나리의 친절함에는 모두 감사하고 있어요. 화나게 할 생각은 없어요. 나리는 따라 들어가시면 화상을 입을 거예요! 파드들의 일을 방해하면 안 돼요!"

순수한 베리 방언으로 이야기가 길게 이어지는 동안 기욤은 분노에 휩싸였다. 미신을 곧이곧대로 믿는 보호자들과 싸워서 승리자가 되려고 할 때, 기분 나쁘게 삐걱 소리를 내며 흔들리는 대문에 잔이 다시 모습을 드러냈다. 용감하고 건강한 처녀는 소름끼칠 정도로 커 보이는 경직된 시체를 안고 있었다. 수의가 죽은 여자의 머리를 가리고, 관습에 따라 가장 좋은 옷을 입은 시체의 일부를 드러내면서, 불빛이 반사돼 벌건 빛을 띠는 주름이 되어 잔의 발 위에서 흔들리고 있었다. 튈라의 손은 딸의 머리 위에 놓여 있었다. 마지막 애무로 딸을 축복하는 것처럼 보였다. 나중에 툴과 그 인근 주민들은 초가 대문에서 시체가 잔의 이마에 입을 맞추려고 몸을 굽히는 것을 보았다고 입을 모아 선언하고 단언했다. 기적을 더욱 감동적으로 만든 것은, 경건한 처녀가 몇 발짝 걸어 나오자마자 오랫동안 불에 타오르던 대들보 부분의 침식된 지붕이 잔이 나온 방에서 요란한 소리를 내며 무너져 내렸던 것이다. 그리고 재의 소용돌이와 연기 나는 지푸라기, 불붙은 골조의 파편 따위를 멀리까지 날려 보냈다는 점이었다.

"무너지게 내버려두세요! 무너지게 내버려두세요! 안에서 꺼내 와야 할 것은 아무것도 없어요!" 잔이 소리쳤다.

이 마지막 참사에 여자들과 아이들은 쇳소리를 지르며 극심한 공포에 떨면서 여기저기로 흩어졌다. 잔은 침착함을 잃지 않고 발을 빨리 놀렸다. 어떤 파편에도 맞지 않았다.

이 광경은 기욤의 마음에 대단히 강한 인상을 남겨, 그 뒤로 10년이 지난 뒤에도 이따금 꿈속에서 불안감에 휩싸였다. 굳세고 숭고하며 신앙심 깊은 이 행위 속에서 잔은 그의 눈에 드루이드 수도사처럼 아름답고 두려운 존재로 비쳤다. 그녀의 삼베 두건은 어디론가 달아나서 긴 금발 머리가 아무렇게나 흘러내려 있었다. 연기로 빨갛게 된 눈은 황홀하게 쉴 새 없이 움직였다. 그 목소리는 높았고, 평소에 느릿하고 부드러운 말투는 짧고 강했다. 그녀는 인파를 헤치고 걸어갔다. 여전히 시체를 안고 있었지만, 누구 하나 그것을 만질 용기를 내지 못했다. 그녀는 시체를 에프―넬의 고인돌 위에 놓으러 갔다. 두 돌을 지주로 그 위에 올려진 이 길고 평평한 돌은, 근처 물살이 방향을 바꾸어 이곳에서 떠나 기반이 낮아진 옛날 다리와 착각될지도 모른다. "이제 집은 불타도 돼요! 무너지게 내버려두세요. 무너지게 내버려두세요, 여러분! ……." 잔은 단호한 말투로 되풀이했다. 그러고는 은혜로운 물 한 컵을 갖다달라고 했다. 그리고 물이 오기 전에 그녀는 기절해서 쓰러졌다.

기욤과 사제는 서둘러 의식을 차리게 하려고 근처 냇가로 안고 가서, 타는 듯이 뜨거운 손과 얼굴에 물을 축였다. 불이 나자마자 고트 아주머니가 그릇이며 값어치 나가는 물건은 모조리 끄집어냈지만, 정신없는 와중에 먹는 물을 담을 그릇을 찾을 수가 없었다. 잔은 젊은 남작의 하얀 손바닥으로 물을 마셨다. 숨이 돌아오고 기운을 차리자, 그녀는 어머니의 죽음의 침상이 된 드루이드교의 제단으로 되돌아가 무릎을 꿇었다. 아름다운 금발 머리에 붉은빛을 던지는 불을 뒤로한 채 그녀는 넋을 놓고 있었다. "잔, 네 가축은 한 마리도 빠짐없이 구출되었어. 불에 탄 닭은 한 마리도 없어." 뚱보 카데가 다가와서 말했다. "고마워, 카데. 정말 기뻐. 어머니가 정성껏 돌보라고 당부하신 가축들이거든." 잔이 대답했다. "잔, 이 사고로 넌 아무것도 잃지 않았어. 내가 모조리 복구해줄 테니까." 이번에는 기음이 말했다.

"그렇게 하세요, 대부님. 하지만 그럴 가치는 없어요, 괜찮아요! 제 생활은 그렇게 대단한 게 아니거든요. 게다가 이 집에는 이제 어머니가 안 계시니까, 집은 없어져도 돼요."

잔은 이익에 미련을 두는 모습은 단 한 순간도 보이지 않았다. 온 마을 사람들은 그녀의 불운을 가엾이 여기고 집의 잔해를 보며 눈물을 흘렸지만, 그녀는 그렇지 않았다. "많은 선량한 사람이 절 위해 슬퍼해주는 것을 보고, 어머니가 그리스도교도들의 묘지에 갈 수 있다는 것을 알아서 전 불행 속에서 위로받고 있어요. 어머니는 그곳에 있는 불쌍한 아버지와 형제자매들과 함께 있게 될 테니까요." 그녀가 말했다.

그사이 마르시야와 선량한 친구들은 벽을 부수는 데 성공했다. 그러나 예측하지 못했던 사고가 일어나서 그들의 열의는 헛수고가 되었다. 죽은 여자의 방과 양 우리 사이에 있는 벽이 열기로 시뻘겋게 달아올라 그들 위로 쓰러지기 시작한 탓에, 그들은 계획을 포기할 수밖에 없었다. 오랜 세월 지지대가 되어주었던 수평 대들보를 빼앗긴 이 횅한 벽은 곧 양 우리 위로 무너지면서 지붕을 부수며, 불길을 대량으로 분출하는 새로운 출구를 만들었다. 그리고 이 허름한 집의 나머지 부분을 삽시간에 태워버렸다.

고트 아주머니는 건물 이 부분에 보관했던 자신의 종자와 여물이 구출될 희망을 갖고 있는 동안에는 대담함과 침착함을 절대로 잃지 않았다. 그러나 소유물이 불타는 것을 목격한 순간 이성을 잃었다. 하늘과 사람들에게 저주를 쏟아내고, 식량과 함께 죽어버리겠다며 불 속으로 뛰어들려고 했다. 그것을 말리는 데는 마르시야의 힘과 분노가 필요했다. 거기 있던 사람들은 고트가 하는 대로 내버려두었다. 고트는 불에 타지 않을 것이며, 악마는 선량한 그리스도교도들을 화나게 하려고 아주 심술궂은 마녀를 언제나 구출한다고 믿었기 때문이다. "하늘의 불이 이런 못된 여자 위에 떨어진 건 하느님의 심판이야. 고트의 언니가 저 안에 살아 있는 동안에는 징벌이 연기되었지. 하지만 어떻게 됐는지 봐! 틸라가 죽고, 잔은 외출했어. 그리고 갑자기 집이 불탔지. 잔의 가축은 구출되었어. 게다가 잔은 손해를 다 채워줄 성 사람들[1]을 만났어. 두고 보라고! 이것보다 좋은 집을 지어줄 테니까. 마녀 고트는 자기 빵을 찾으러[2] 갈 거야. 하느님은 벌하시겠지. 그리고 소교구의 사람들은 대적에게서 해방되는 거야."

멀리서 고트 아주머니의 비명을 들은 잔은 카데에게 어머니의 시체를 보고 있으라고 부탁한 뒤, 위로하려고 있는 힘을 다해 달려갔다.

"그렇게 심한 손해는 아니에요. 이모, 대부님이 선행을 베풀어주신대요. 이모가 잃으신 건 제가 다 채워드릴게요."

"시끄러워! 썩 꺼져, 이 요망한 년!" 격분한 심술쟁이가 고래고래 고함을 질렀다. "너 따위한테 누가 선행을 베풀어준다고 그래! 네 엄마의 집에 행운을 가져다줄 수도 있었을 텐데, 넌 그러지 않았어. 안 돼, 안 돼! 난 널 잘 알아! 네 대부는 다른 사람들보다 많은 것을 갚아주지 않을 거야. 배려도 이해심도 없는 년!"

"이모, 대부님은 벌써 선행을 베풀어주셨어요!" 잔은 고트 아주머니의 천박한 비유를 이해하지 못하고 대답했다. "아아! 대부님이 툴에서 제게 주신 것을 갖고 있다면, 지금 당장에라도 이모를 위로할 수 있을 텐데! ……." 그러고서 잔은 기욤이 준 것, 그 뒤 거의 잊고 있었던 돈을 호주머니에서 찾기 시작했다.

"너한테 뭘 줬는데?" 고트 아주머니가 소리를 질렀다. "뭘 줬지? 그걸 어디다 뒀어? 잃어버렸구나! 파드들이 있는 동굴에 던져 넣었어! ……."

"아, 여기, 여기 있어요, 이모." 잔이 접힌 종이 사이에 로사리오와 같이 들어 있던 돈을 발견하고 말했다. "이걸 가지세요. 어서요. 이모가 잃으신 걸 조금은 다시 살 수 있을 거예요." 아주머니가 얼마쯤 이성을 되찾는 것을 보고, 그녀는 어머니 곁으로 돌아왔다.

"자기 집에 벼락을 떨어뜨린 여자한테 가진 걸 저렇게 다 줘버리다니, 잔은

---

1) 부사크 가족을 뜻함.
2) 구걸을 뜻함.

못 말리는 바보야!" 주위 사람들이 말했다. "나 같으면 절대로, 저 여자가 걸친 옷조차도 주지 않았을 거야. 내 생각엔 저 여자가 훔친 걸 테니까."

"그런데 그렇게 많은 비술을 알고 있는 저 여자가 왜 불을 끄지 못했을까?"

"고트 말이야? 저런 여자들은 선행은 할 수 없는 거야. 지식은 악행만을 위한 거지."

"하지만 잔도 끄지 못했어."

"원하지 않았던 거야. 다들 원하지 않는 걸 똑똑히 봤잖아! 그게 하느님의 심판이란 걸 알고 있었던 거야. 저 앤 어머니의 시체를 가지고 갔어. 원하는 건 그것뿐이었어. 다시 말해서, 저 앤 원하는 걸 했어! 다들 봤다시피 말이야."

한밤중이 되자, 집은 시커먼 잔해 더미로 변했다. 사람들이 나란히 서서 차례대로 물 양동이를 받아 날라 불끄기를 한 시간쯤 했을 때, 이제 끄집어낼 것은 아무것도 없었다. 그처럼 줄지어 작업하는 모습을 본 적 없는 젊은 처녀들과 아이들에게는 아주 신선한 구경거리였다. 비명과 고함으로 시작된 이 참사를 마무리하는 농담과 웃음소리가 들렸다. 그래도 작업을 새벽에 다시 시작하려면 밤늦게까지 모여 있을 수는 없다고 모두들 생각했다. 사람들은 사방으로 흩어져 돌아갔다. 고트 아주머니는 잔의 너그러움으로 봐서 자기가 가축을 상속받으리라 생각하고는 서둘러 가축을 모은 뒤, 누가 어디로 가느냐고 물을 새도 없이 사라져버렸다. 불탄 집에는 시체를 안치할 장소가 없었다. 그러나 잔은 시체에는 드루이드교의 돌 위가 쾌적할 거라 단언하고, 거기에 그냥 두라며 막무가내였다. 쉬고 오라고 아무리 권해도 자리를 뜨려고 하지 않았다. 사제, 기욤, 마르시야, 카데는 그녀의 결의를 바꿔놓을 수가 없어서 옆에서 같이 밤을 새우며, 그녀가 자기 몸을 생각해서 그들의 도움과 조언을 받아들일 마음이 생길 때까지 그녀의 곁을 떠나지 않기로 했다.

날씨가 누그러지고 대기가 맑아졌다. 하늘에는 달이 빛났다. 초가의 부서진 벽면을 비추는 그 창백한 달빛이, 충분히 꺼지지 않은 불씨에서 아직도 새어 나오는 붉은빛과 대조를 이루었다. 밤공기는 차가웠다. 소방수 일을 하느라 땀범벅이 된 마르시야는 젖은 짚더미 옆에서 추위에 떨며, 작은 불씨라도 발견하려고 도끼로 짚더미를 쑤셨다. 아까는 그렇게 거세던 불이 이제는 불씨조차도 보이지 않는다고 투덜거렸다. 녹초가 된 카데는 평상시의 수면 습관에 완전히 몸을 맡겼다. 아직 온기가 남아 있는 따뜻한 벽에 달관한 자세로 등을 기대고 앉아 깊은 잠에 빠진 것이다. 사제는 잔 옆에서 기도를 시작했다. 두 사람 사이에 있는 것은 죽은 자를 올려놓은 돌뿐이었다. 기욤이 아침에 처음 봤을 때처럼, 에프–넬의 양치기 소녀는 지금도 깊은 생각에 잠겨 꼼짝도 하지 않았다. 새벽 1시, 목자자리가 툴의 종 위에 걸렸을 때, 사제는 기도하면서 꾸벅꾸벅 졸고, 마르시아는 카데와 똑같이 깊은 잠에 빠졌다. 그들보다 젊은 상상력을 가진 기욤은 하루에 일어난 뜻밖의 소동에 누구보다도 강한 인상을 받아서 홀로 멀쩡하게 깨어 있었다. 그는 에프–넬의 처녀에게서 조금 떨어진 언저리에서 경계를 늦추지 않는 보초처럼 천천히 걸었다. 그리고 이따금 멈춰 서서는 감동 어린 눈으로 처녀를 바라보았다. 처녀는 기도 자세로 잠든 것 같았다. 회색 망토에 달린 모자를 상을 당한 표시로 깊게 뒤집어쓴 처녀는 달빛을 받아 그림자처럼 보였다. 새까만 옷을 입은 사제와 하얀 수의에 싸인 죽은 여자는 처녀와 함께 음울한 광경을 빚어냈다. 건물 잔재 속에 갇힌 불이 분화하는 소규모 화산처럼 이따금 솟구쳐 올랐다. 불이 희미한 폭발음을 내며 솟아오르면, 불은 품고 있던 시커먼 지푸라기를 저 멀리 내던졌다. 짚은 터지는 불꽃이 되어 하늘 높이 올라가 순식간에 사라졌다. 이 찰나의 빛에 모든 것이 흔들려 보였다. 죽은 여자는 돌 위에서 움직이고, 잔은 그 움직임에 맞추어 몸을 놀렸다. 마지막 잠 속에서 죽은 자를 조용히 달래려는 것처럼 멀리서 목초지의 암말이 우는 소리와 농가의 개가 짖는 소리가 들렸다. 늪지에서 청개구리가 단조롭게 울었다. 인간의 고통이나 흥분을 아랑곳하지 않는 자연의 울음소리 중에서 가장 이상한 것은 난롯가의 귀뚜라미 울음소리였다. 귀뚜라미는 밤의 침묵 속에서 앞날개를 비벼대며, 그들의 은신처인 잔해 위를 이리저리 뛰어다니고 있었다.

잔이 조심스럽게 일어나, 다가오던 기욤 앞으로 나갔다. "대부님, 신부님이 좀 주무셔야 할 텐데요. 몇 번이나 사제관으로 돌아가시라고 말씀드렸지만 듣지 않으세요. 추워서 온기를 찾고 계신 게 분명한데 말이에요. 감기라도 걸린다면, 소교구 사람들한테 커다란 불행이에요. 아주 선량한 분이세요. 대부님도 이러다가 병에 걸리실 것 같고요. 신부님과 함께 돌아가세요."

"잔, 넌 마르시아의 보호를 받고 싶은 거야?"

"마르시야 씨가 여기 계세요? 전 전혀 그런 줄 몰랐어요, 대부님."

"이젠 그걸 알았는데도 내가 갔으면 좋겠어?"

"그분도 데리고 가세요, 대부님. 이 가엾은 시체 주위에서 위험한 동물을 쫓기 위해 카데가 함께 남아준다면 문제없어요."

"하지만 네 친구 카데는 자기 침대에 누운 것처럼 쿨쿨 자고 있어, 잔. 여기서도 코 고는 소리가 들리잖아."

"필요하면 제가 깨울게요, 대부님."

"내가 가기를 바라는 거야?"

"아아! 그런 게 아니에요, 대부님. 안전한 곳에서 주무시기를 바라는 거예요."

"내가 여기 있고 싶다면, 잔? 네 곁에, 이 불쌍한 시체 곁에 있는 편이 좋다면? 내 의무는 이 시체를 밤새 지키는 거야."

"그럼 대부님은 남으세요." 잔이 말했다. "여러모로 뭐라 감사를 드려야 할지……."

아닌 게 아니라 신부는 꾸벅꾸벅 졸고 있었다. 그는 밤샘 처음에는 조금 동요했다. 이따금 그의 꿈과 사색 속에 나타나는 순진한 얼굴의 잔이 가까이 있기 때문이었다. 그러나 온화하고 신앙심 깊은 알랭 씨는 본능의 요구나 이루어질 수 없는 사랑의 소망과 같이 정열과 광기와 죄악을 낳는 격정적인 본질을 전혀 지니고 있지 않았다. 그렇게 많이 배우지는 못했으나 박학했다. 배울 환경이 아니었던 것이다. 자애롭고 성실한 시골 사제로서 임무를 다하기 위해 철저하게 배우는 데 필요한 시간도 돈도 없었다. 그러나 그에게는 솔직함, 영혼의 평안, 아이와 같은 무구한 기쁨, 기꺼운 희생정신, 올바른 생활 태도를 지니고 있었다. 이런 모든 것이 그를 진정으로 천진난만하게 과학을 사랑하는 사람으로 만들었다. 잔은 그에게 진실로 소중한 존재였으며, 이런 점에서는 올바른 판단과 타고난 훌륭한 성향을 자연스레 따를 뿐이었다. 지성의 빛도 경계심도 없는 이 처녀를 그는 거울처럼 순수하고 티 없는 장미라고 신비롭게 표현했다. 거기에 잔은 나무랄 데 없는 아름다움을 지녔고, 선량한 알랭은 아직 서른 살도 안 된 데다 관심도 기호도 감수성도 지니고 있었으므로 그는 그녀 옆에만 있으면 얼마쯤 동요했던 것이다. 특히 마르시야가 양치기 소녀 주위를 얼쩡거리기 시작한 이래로 사제는 질투와도 닮은 어떤 걱정과 분노를 느꼈다. 처녀를 몹시 사랑해서, 자기 자신의 행복보다는 처녀의 구제가 먼저였다. 타락한 모습일지라도 그녀를 보는 기쁨을 선택할 만큼, 자기 자신을 사랑하지는 않았다.

그는 잔의 손이 자신의 어깨에 친근하게 놓인 것에 깜짝 놀라 눈을 뜨고 전율했다. 그러나 곧 침착함을 되찾았다. 그리고 곁을 떠나기는 슬펐지만 처녀의 간청을 거절할 수 없어서, 자기가 젊은 성인처럼 생각하는 기욤이 그녀를 보호한다는 말을 듣고 고상한 신뢰심에서 그녀의 생각에 동의했다. 기욤이 저만치에서 풀을 뜯고 있던 사제의 말을 끌고 왔다. 선량한 사제는 등자에 발을 올리면서 작은 목소리로 "남작님, 저처럼 곯아떨어지지 마십시오"라고 반복해서 말했다. 그런 다음 조금 속도를 내어 떠났다. 갈리아의 포석을 치는 '라 그리스'의 규칙적인 말발굽 소리가 저 멀리 사라졌다. 카데는 겨울잠에 빠진 것처럼 깨어날 생각을 안 했다. 마르시야는 아까부터 깨어 있었다. 집의 잔해 주위에서 일어나는 일들을 모조리 볼 수 있는 위치에 있던 그는 이 상황에 놓인 자신의 젊은 경쟁자의 행동과 태도를 자세히 관찰하기로 마음먹었다.

8장
세탁부

잔은 곧 고인돌로 돌아왔다. 기욤은 처녀가 다시 돌 위에 무릎 꿇는 것을 보고, 고트 아주머니가 처음에 가지고 나와 산더미처럼 쌓아놓은 부서진 가구 사이에 있던 지푸라기 쿠션을 처녀를 위해 찾으러 갔다. "대부님은 정말 자애로운 분이세요." 잔이 그 세심한 배려에 놀라 말했다. "사랑하는 어머니도 대부님이 보여주신 것 이상은 하지 못했을 거예요, 정말로요!"

"다정하고 소중한 아가씨." 청년이 감동해서 대답했다. "진지하게, 최대한 빨리 너에게 하고 싶은 말이 있어. 내 말을 들을 용기가 있니?"

"대부님, 원하는 대로 하세요. 하지만 내일도 괜찮으시다면 저도 그 편이 좋아요. 돌아가신 불쌍하고 소중한 어머니가 제 기도를 바라고 계세요. 어머니 옆에서 말을 하는 건 좋지 않은 것 같아요. 저와 얘기하고 싶으시면 내일 매장 뒤에 해도 아무 지장 없겠죠."

"아니, 잔. 난 지금 여기서, 너의 돌아가신 어머니 옆에서, 말하자면 어머니 앞에서 얘기하고 싶어. 어머니가 내 선의와 너에 대한 순수한 마음의 증인이 되어주셨으면 좋겠어. 소중한 잔, 난 네 친구이자 보호자가 될 것을 어머니 앞에서 맹세하고 싶어. 그리고 우리의 대화가 불경하기는커녕 천국에 계신 어머니의 영혼을 기쁘게 해드리리라고 확신해."

"대부님이 그렇게 훌륭하게 말씀하시니 듣지 않을 수 없네요. 대부님이 더 잘 아시겠죠. 대부님의 말씀을 믿어요."

"그럼, 잔! 먼저 날 신뢰한다고, 그리고 이제 너의 일은 나 한 사람에게만 맡기겠다고 말해줘⋯⋯. 나 한 사람⋯⋯ 아니, 우리 어머니와 함께, 특히 어머니랑⋯⋯."

"그 점에 대해서는 대부님 말씀을 기쁘게 들을게요. 우리 어머니는 대부님의 어머니는 매우 상냥한 분이고, 돌아가신 아버지는 아주 공정한 분이셨다고 늘 말씀하셨지요."

"그럼 앞으로 무슨 일이 생기면 나하고만 의논하겠다고 약속하지?"

"네, 대부님. 신부님의 동의를 구해서요. 신부님도 아주 공정한 분이니 믿으라고 어머니가 그러셨거든요."

"신부님의 동의를 구하다니, 뭐, 그렇게 해. 하지만 다른 사람은 안 돼. 네 이모도 안 돼!"

잔은 순간 망설이다가 말했다. "이모에게도 동의를 구하지 않을게요, 대부님." 그녀는 바로 오늘 밤, 이모에게는 욕심이라는 단 하나의 정열밖에 없음을 이해했다. 그리고 어머니의 여동생이 이 존경스러운 시체를 장례 치를 생각도 하지 않은 채 불 속에 방치한 데에 화가 났다.

"고마워, 잔. 고마워." 기욤이 그 손을 잡으면서 말했다.

"뭘요, 대부님?"

"안내를 맡아주고, 날 친구로 받아들여준 것 말이야. 네 어머니가 네 약속을 듣고 계실 거야, 잔!"

"그걸로 어머니 뜻이 이루어지기를!" 잔이 수의 자락에 입 맞추며 말했다. "대부님, 오늘은 어떤 조언을 해주실 거죠?"

"난 우리 어머니가 널 고용하리라고 확신하는데, 그때는 부사크의 우리 어머니 집에 살러 와야 해."

"어머니 시중을 들라는 소린가요, 대부님? 어머니께서 절 필요로 하신다고 생각하세요?"

"아니, 잔. 어머니가 널 필요로 할 것 같진 않아. 하지만……."

"그렇다면 대부님, 죄송해요. 전 도시에서 살고 싶지 않아요."

"시골만 좋다는 거야?"

"전 한 번도 도시에서 살아본 적이 없어요, 대부님. 아니, 전 도시에서 태어났어요. 하지만 여섯 살 때 도시를 떠난 뒤로 한 번도 돌아가지 않았죠. 어머니도요."

"어째서?"

"모르겠어요, 대부님. 무슨 슬픈 일이 있었나 봐요. 언제나 '잔, 가족이나 집을 버리는 건 좋은 일이 아니란다! 혼자서 뭐든지 자유롭게 할 수 있게 되면 날 믿어주렴'이라고 하셨지요."

"하지만 가엾은 잔, 이제 넌 가족도 집도 없어!"

"맞아요." 잔이 어머니의 시체를 바라보면서 말했다. 그런 다음, 잿더미가 된 집을 돌아보았다. 그리고 지금껏 살던 집 지붕이 무너지는 것을 본다는 게 얼마나 무서운 일인지 처음으로 깨달았다. "맞아요!" 그녀가 목 메인 소리로 반복했다. "그토록 익숙했던 저 서글픈 집, 아침마다 밤마다 어머니를 바라보던 저집, 어머니 옆에서 잠들었던, 그리고 제가 자는 사이에도 제 어린 산양들이 움직이고 음매 음매 우는 소리가 들렸던 우리 집을 저는 생각하지 않았어요. 네, 그래요. 모두 끝나버렸어요. 전 직후에는 만족했어요. 어머니가 없는 이 안에서는 잘 수 없다고 생각했으니까요. 지금은 어머니의 침대와 정리 선반, 나무로 만든 커다란 의자, 실패, 어머니가 깨끗하게 닦아서 정성껏 물기를 닦아 정리했던 그릇을 다시 한번 볼 수 있다면 기쁠 것 같아요. 확실히 가구의 일부는 건졌어요. 하지만 이런 모든 것이 놓였던 곳, 그것들을 사용했던 손때가 묻은 흔적…… 방에서 도란도란 나누던 대화, 새벽에는 '잔, 안녕, 나의 잔. 내 귀여운 딸. 보렴, 종달새가 눈을 떴다. 이번에는 젊은 아가씨들 순서야' 하셨죠. 저녁에 제가 들판에서 돌아오면 '아, 잔이 돌아왔다! 늑대들이 우리 잔을 잡아먹지 않았어!' 외치던 목소리. 그리고 우리 셋은 나란히 저녁을 먹었어요, 대부님. 이모는 늘 화를 내고, 어머니는 화를 내지 않으셨죠. 어머니는 웃었어요. 이야기를 들려주고 노래를 부르셨어요. 그리고 어머니는 이모와 저를 웃겼어요. 물론 늘 웃어야 했죠! 하지만 언제나 웃겼던 건 아니랍니다, 대부님. 어머니는 자주 저한텐 당신 같은 재치가 없다고 말씀하셨어요. '하지만 그렇다고 어떻다는 건 아니다. 있는 그대로의 네가 좋아, 잔. 이런 너를 내게 주신 건 하느님이니까.' 어머니는 말씀하셨어요. 아아! 정말 옳은 분이시지 않나요, 대부님? 어머니 같은 분은 또 없어요. 사람들이 어머니한테 저에 대해 뭐라고 말하건 어머니는 그 말을 절대로 믿지 않으실 거예요. 어머닌 이렇게 말씀하실 거예요……."

잔은 갑자기 어머니를 돌아보았다. 그녀는 꿈꾸듯이 말하다가, 과거를 말하고 있다는 사실을 완전히 잊었을 때, 갑자기 그 시체에 시선을 돌렸다. 입 밖까지 나왔던 말이 사라지고, 어머니 시체에 몸을 던졌다. 그리고 길게 오열했다.

그녀가 분노와 나약함을 느낀 유일한 순간이었다.

처녀의 꾸밈없는 말투와 생생하게 떠오르는 어디에나 있을 법한 광경은 젊은 남작이 이 비참한 밤에 처녀에게 품은 감동을 잃게 하지는 않았다. 잔의 어조는 뜨겁고 진심에서 우러나왔으며, 그 목소리는 바로 가까이에 있는 히스 아래서 속삭이는 시냇물처럼 부드러웠다. 그 어조에는 거칠거나 천한 구석이 조금도 없었다. 그 소박한 모습 아래서 타고난 내면의 기품이 느껴졌다. 기욤은 자기가 지금껏 극장이나 교회에서 과장스러운 표현만 들었음을 이해했다. 잔의 말이 매우 감동적이어서 그는 눈물을 글썽였다.

"아아! 대부님! 전 대부님을 슬프게 했어요. 용서해주세요." 잔이 일어서면서, 그리고 눈물을 참기 위해서 그러는 것처럼 눈을 쓱 훔치면서 말했다.

'이렇게 오래도록 대체 무슨 이야기를 하는 걸까?' 두 사람의 모습은 보이지만 말소리가 들릴 만큼 가깝지는 않은 곳에 있는 마르시야는 생각했다. 사랑하는 죽은 이의 존재가 무의식 속에서 주는 존경심에 압도되어 두 사람이 목소리를 낮춘 탓에 더욱 궁금했다. 희미한 구름이 달 앞을 지나갔을 때, 죽은 자와 젊은 남녀는 레옹의 날카로운 눈에는 창백하게 보였다. 그들의 모습은 주위에 있는 드루이드교의 돌에 조금 녹아들었다. '대단히 신앙심 깊어 보이는 저 청년이 어머니의 시체 옆에 있는 처녀에게 사랑의 말을 속삭일 만한 뻔뻔스러움을 갖고 있을까? 난 그런 용기는 없다. 저 가엾은 아가씨에게 오늘 밤은 단 한마디도 말을 걸 용기가 없다! 하지만 기욤은 죽은 자가 매장되기를 기다리지 않고 처녀를 속여 자신을 각인시키려 하는 것처럼 보인다. 젊은이여, 그런 건 헛된 약속에 그치기를 바란다. 확실히 난 너에게서 떠나지 않을 것이다. 게다가 이 지방 젊은 아가씨들 사이에서의 약속은 통용되지 않는 화폐와도 같다. 그는 그녀와 함께 선창을 할까? 물론 그는 그럴 수 있다……. 하지만 저 젊은 그리스도교도들은 명백히 위선자다. 그가 우위를 점하게 내버려두지 않겠다. 저 멍청한 놈이 타다 남은 벽을 무너뜨릴 만큼 드르렁거리지만 않는다면 말소리가 들릴 텐데.'

"이봐, 레오나르의 아들!" 그가 잠자는 카데를 흔들어 깨우면서 말했다. "너무 요란하게 자면 주위 사람들이 다 깨잖아." 그는 카데를 깨우려고 서너 번 주먹을 휘둘렀다.

"잠깐! 잠깐!" 카데가 두 팔을 쭉 펴고, 하품을 하려고 입을 찢어져라 벌리면서 말했다. "헛간에서 등을 때리게 해줄게! 누가 날 상대로 이런 장난을 치는 거야? 아아! 나리군요, 레옹 씨! 정말 짓궂으시네요! 어쨌든, 덕분에 완전히 잠이 달아났습니다!"

"어서 일어나, 멍청이! 침대랑 벽 사이로 떨어지겠다."

"흐익! 침대의 어린가지라니! 침대의 어린가지는 정말 귀엽죠! 아아! 농담이군요! 나리는 지금껏 만난 사람 가운데 가장 재미있는 분이세요."

"어서 일어나, 카데. 저기서 시체를 지키다가 잔이 감기에 걸리고 말겠어."

"잔이 아직도 저기 있단 말이에요? 아아! 정말 훌륭한 그리스도교도야! 내가 아는 사람 중에서 가장 상냥한 아가씨예요!"

"자자, 알고 있든 그렇지 않든, 몸을 좀 녹이고 오라고 같이 말하러 가자."

"암요, 암요. 마땅히 그래야죠, 리옹 씨."

마르시야가 다가오자 기욤은 신경이 날카로워졌다. 그러나 잔은 그런 것에는 초연한 것 같았다. 한 술 더 떠서, 자기 집을 구하기 위해 애써준 것과 자기 때문에 고된 밤을 보내게 된 데 대해 아주 정중하게 예를 표했다.

"우리는 신경 쓰지 않아도 돼, 잔." 드 부사크가 자신의 속내를 간파하고 있다는 사실을 모르는 마르시야는 그의 앞에서, 자기는 그가 돌봐주는 처녀를 뜻밖의 사태에서 원조해야 할 불쌍한 아가씨로밖에 보지 않는 척하며 대답했다. "우리는 셋 다 너를 혼자 두지 않음으로써 의무를 다하는 거야. 하지만 너와 너의 대부는 추위로 고통스러울 게 분명해. 그래서 우리가 잠시 교대해주려고 온 거야. 저쪽에서 아직 거세게 피어오르는 불을 좀 쬐고 와. 우리가 교대해줄게."

이렇게 말하면서 마르시야는 시체 옆에 카데만 남기고 자신은 계획대로 멀어지는 대부와 대녀 사이를 방해하기 위해 곧 불 옆으로 돌아가기로 결심했다. 그러나 그것은 그의 계산 착오였다. 카데는 죽은 사람과 마주하고 있을 기분이 아니었다. 지금껏 성구실 관리자 겸 무덤지기 수습생으로서 수많은 매장 작업을 했지만, 이런 임무를 다할 때 한 번도 혼자 있었던 적은 없었다. 아버지처럼 회의적인 태도가 되기는 싫었던 것이다. 즉 아버지한테 물려받게 될 일에 대한 소질은 거의 보이지 않았다. 게다가 잔은 신앙이 없어 조소적이라고 느끼는 마르시야에게, 그녀의 표현을 빌리자면 어머니의 영혼을 기도로 구제하는 임무를 맡길 생각이 없었다. 단, 대부를 위해, 고인돌 옆에서 불을 피우기 위해 불타는 커다란 목재를 몇 개 구해온다는 속 깊은 카데의 생각에 동의했다.

살찐 볼에 공기를 잔뜩 넣고 숨을 불어 불을 피우려던 카데는 귀를 쫑긋 세우기 위해 작업을 중단했다. 그러나 또렷하게 무슨 소리가 들리는 기색이 없자 "잔, 지금 이곳에서 불을 피우는 게 좋은 생각이라고 생각해?" 하면서 다시 작업을 시작했다.

"무슨 말이 하고 싶은 거지?" 마르시야가 물었다.

"여긴 파드들 때문에 아주 위험한 곳이라는 소문이 있단 말이에요!" 카데가 계속했다.

"조용히 해, 카데. 그런 말은 하지 마." 나막신을 잉걸불에 쬐려고 불에 가까이 갔던 잔이 말했다. "파드들을 무서워하는 건 바보 같은 짓이라는 걸 알잖아. 그리고 이곳에서 파드들은 나쁜 짓을 하지 않아."

"잔, 바보 같은 짓이 아니야." 카데가 새파랗게 질려서 외쳤다. "조용히 해봐, 이 소리가 들리지 않아?"

"세탁부가 방망이질하는 소리가 들리네." 잔이 말했다.

"맞아! 그거야! 세탁부! 왜 불을 피워서 밝게 했을까!" 그러면서 카데는 공포에 떨며 마르시야에게 딱 달라붙어 숨었다. 마르시야도 조금 놀라 귀를 쫑긋 세웠다.

"왜 그렇게 놀라는 건가?" 기욤이 다가가면서 그들에게 말을 걸었다.

"별것 아니에요, 대부님." 잔이 조금 새파랗게 되어 말했다. "우리를 쫓아내려는 못된 요정이지요. 하지만 돌은 좋은 돌이에요. 겁먹지 않고 기도하면 무서울 것 없어요." 잔은 서둘러 나막신을 신고, 시체 옆에 다시 무릎 꿇었다.

"맙소사! 이게 꿈은 아니겠지!" 마르시야가 여전히 귀를 쫑긋 세우면서 말했다. "기욤, 냇가에서 세탁부가 방망이질하는 소리가 똑똑히 들리죠?"

"그렇군! 하지만 그게 왜 놀랄 일이지?"

"아니, 밤의 세탁부에 관한 전설을 모릅니까? 달이 밝았을 때 물가에서 특별한 사바트[1]를 열어 찾아와서, 인적 드문 곳에 세탁부들이 놓고 간 빨래판과

---

1) 마녀 집회.

빨랫방망이를 재빨리 붙잡는 이상한 존재들에 관한 전설을요?"

"알지. 그건 어느 지방에나 있는 미신이야. 하지만 진짜 세탁부의 변덕이나 필요에 따른 일로 충분히 설명할 수 있지."

"당신이 생각하는 것처럼 설명이 간단하지는 않습니다. 이 지방에 세탁부들의 으스스한 행렬을 두려워하지 않고 해가 지고 나서 이 일을 할 만큼 대담한 여자가 있으리라고는 생각되지 않으니까요. 그렇지 않나, 카데?"

"아아! 그야말로 진실입니다, 리옹 씨! 가장 무시무시한 밤에 시체를 지키게 되다니!" 가엾은 카데는 극심한 공포에 이를 딱딱 부딪치면서 잔 뒤로 엉금엉금 기어갔다. 그리고 황급히 몇 번이나 성호를 그었다.

"뭔가 기묘한 일이 일어나면 확인하러 가야겠군." 기욤이 말했다.

"기다리세요. 악의를 가진 괴짜일지도 모릅니다." 마르시야가 목수의 도끼를 찾으러 가면서 말했다.

마르시야가 무기를 놓고 온 곳으로 달려가는 동안, 기욤은 여행할 때 차는 사냥용 칼을 빼들고 빨랫방망이의 높고 건조한 소리를 듣고 있었다. 그 소리는 이따금 멈추었다가 1분 뒤에 다시 시작되면서 점점 가까워지는 것 같았다. 세탁부가 언덕에서 에프-넬의 돌 방향으로 흐르는 개천을 따라 한 걸음 두 걸음 내려오는 것처럼 들렸다.

"나랑 같이 있으니까 무섭지 않지, 잔?" 기욤이 일어나서 그의 팔을 잡고 있던 대녀에게 말했다.

"가지 마세요, 대부님." 잔이 세탁부라는 신비한 존재를 믿는 만큼 그녀는 더욱 용기를 내서 말했다. "기도가 아니면 쫓지 못해요."

"날 위해 기도해줘, 상냥한 잔." 기욤이 씩 웃으며 말했다. "네게 불행이 닥친 줄 모르는 어떤 사람이 못된 장난을 하는 게 분명해. 하지만 우리는 세 사람이야. 걱정하지 마. 카데, 너도 같이 갈 거지?"

"무슨 소리를요, 나리! 전 안 갑니다!" 카데가 도망치는 시늉을 하며 말했다.

"저게 뭐가 무서워, 멍청한 녀석!"

"무섭지 않아요, 나리. 하지만 죽는 한이 있어도 전 안 갑니다. 밤새도록 빨래처럼 씻기고 두들겨 맞고 비틀어 짜지다가 아침에는 물에 빠져 죽은 꼴이라니, 전 싫습니다."

"카데의 도움을 구하려고 해도 소용없습니다." 도끼를 휘두르면서 돌아온 마르시야가 말했다. "우리 둘이면 충분합니다, 기욤." 그렇게 말하며 그는 소리가 나는 방향으로 빠르게 걷기 시작했다.

"충분하고도 남지." 기욤이 그를 앞지르려고 애쓰면서 대답했다. "만약 저게 내가 확신하는 것처럼 여자라면, 이렇게 무장하고 탐험하는 우리는 아주 우스운 꼴이 되겠군."

기욤이 이런 말을 하고 있을 때, 바위 모서리에 가려져 그때까지 그의 눈에는 보이지 않던 냇가의 후미진 공동 빨래터가 눈에 들어왔다. 곧이어 농부의 아낙으로 보이는 늙은 여자의 그림자가 버드나무와 자작나무 아래로 보였다. 여자는 마치 미친 사람처럼 매우 빠르게 뜻 모를 말을 중얼거리면서 빨랫방망이를 빠른 속도로 두드리고 있었다.

"아주머니, 꽤 늦은 시간에 빨래를 하시네요." 여자에게 꽤 가까이 다가가긴 했으나 얼굴까지는 알아볼 수 없었던 마르시야가 불쑥 말을 걸었다.

세탁부가 야수처럼 낮게 으르렁거렸다. 그런 다음 빨랫방망이를 물속에 던지고 벌떡 일어나서 돌을 얼른 주워 들더니, 일을 방해하러 온 괘씸한 구경꾼들에게 휙 던지고 쏜살같이 도망쳤다. 마르시야는 추적에 나섰지만, 여자는 믿을 수 없을 만큼 재빨라서 순식간에 차이가 벌어졌다. 걱정하던 대로 그 방향은 수렁 쪽이었다. 그는 기욤이 따라오는지 확인하려고 고개를 돌렸다. 그리고 친구가 땅에 쓰러져 꼼짝도 못하고 있는 것을 발견했다.

돌이 머리에 세게 부딪힌 것이었다. 여행용 모자의 챙 덕분에 충격이 완화되어 피는 나지 않았다. 그러나 충격이 너무 커서 청년은 의식을 잃었다. 그는 마르시야의 도움으로 곧 일어났다. 그러나 손발은 움직일 수 있었지만 머리의 기능은 돌아오지 않았다. 오후 2시쯤, 기욤은 툴의 신부 침대에서 눈을 떴다. 속이 확실히 메스껍기는 했지만, 간밤에 세탁부와 불행한 만남을 한 뒤에 자기에게 무슨 일이 일어난 건지 전혀 기억이 나지 않았다. 카데가 혼자 그의 옆에 있었다. 아직 꿈을 꾸고 있는 듯한 기분인 젊은 병자는 밖에서 들려오는 장례식 노래 같은 음침한 노래를 들었다.

9장
마을과의 작별

기욤을 데리고 온 사람은 레오나르의 아들이다. 눈을 뜨기를 기다리는 사람도 그다. 그를 에프–넬에서 사제관으로 어떻게 데려왔는지 설명해준 사람도 그다. 기욤은 어떤 울혈이 자기 안에서 사고(思考) 작용을 중단시켰는지 당장은 이해할 수 없었지만, 지금은 기력의 쇠퇴와 현기증이 조금 느껴질 뿐이었다. 그는 머리에 작은 혹이 생긴 것만으로 끝났다고 생각하며 일어났다. 어머니가 못 보도록 머리카락으로 이 사고를 감출 수 있겠다 생각하고 기뻐했다. 그의 간호를 맡은, 누구보다 따뜻한 마음씨를 가진 카데는 그가 옷을 입는 동안 그를 위해 포도주 한 잔을 가지러 갔다. 유모의 장례식에 참석하기 위해 그가 묘지로 향할 준비를 하고 있을 때, 사제가 성구실 관리자와 함께 고인의 가족과 참석자들을 거느리고 돌아오는 것이 보였다. 축 늘어져서 어렵게 걸음을 떼고 있는 잔은 망토로 얼굴을 가리고 클로디의 부축을 받으며 맨 뒤를 따랐다. 매우 상냥한 클로디는 진심으로 눈물을 흘리고 있었다. 그런 와중에도 잔은 젊은 남작에게 다가와 진심 어린 모습으로 상태를 물었다. 때가 때인 만큼 그는 크게 감동했다. 그는 잔의 팔을 붙잡고 사제관 부엌으로 데리고 갔다. 처녀는 창백한 얼굴로 숨을 몰아쉬면서 의자에 쓰러져 앉았다. 조금 전에 다시 한번 어머니를 여읜 사람처럼 보였다.

그러나 고트 아주머니가 남자 같은 걸음과 말투로 불쑥 모습을 드러내자 잔은 슬픔에 젖어 있을 수가 없었다.

"잔, 우리 집이 불타버렸으니, 묘지에서 돌아와도 관습에 따라 손님들을 대접할 수가 없구나. 그걸 알면서도 아주 성실하게 장례식에 따라와준 친척들과 친구들에게 고맙다고 말해야지. 그건 네가 할 일이다. 네 의무야. 내가 할 일이 아니란 말이야."

잔은 일어나, 사제관 부엌으로 들어와 있던 참석자들에게 감사를 표했다. 모두 그녀에게 깊은 애정을 표시했다. 기욤은 그들 대부분이 아주 고상하고 소박한 태도로 그녀에게 위로의 말을 건네는 것을 보았다.

"잔, 언제든 우리 집으로 오렴. 넌 누구 집으로 갈지 결정만 하면 돼. 너와 함께 살면서 변변치 않은 음식이나마 먹이는 건 기쁜 일이니까." 장로 가운데 한 사람이 말했다.

"여러분의 따뜻한 마음에 정말 감사해요. 하지만 여러분도 형편이 어려워서 가족들 부양하기에도 벅차잖아요. 그러니 얹혀살 수는 없지요. 전 젊고, 아직 일이 싫지 않아요. 어디 농가로 들어가 일하면서 살기로 마음먹었어요."

"하지만 생장 축일은 벌써 지났고, 생마르탱 축일은 한참 멀었다, 잔! 얼마간은 어디에서 지내려고?"

"여러분, 안심하세요." 기욤이 말했다. "신부님과 내 어머니가 잔의 일자리를 찾고 있으니까요."

"그거 잘됐구먼." 모두를 대표해서 종조부 제르맹이 말했다. "드 부사크 마님이 보살펴주신다면 우리도 만족이지."

모두들 흐느껴 우는 잔에게 입 맞추고 떠났다. 사제가 돌아왔다. 마르시야가 따라 들어왔다. 고트 아주머니는 무서운 눈빛으로 주위를 둘러보고 있는 아주 험상궂게 생긴 남자와 남아 있었다. 사제 앞에서는 누구나 모자를 벗는데도 꿋꿋하게 쓰고 있는 그 남자의 뻔뻔함에 기욤은 아주 불쾌해졌다.

"신부님과 네 대부님께 인사 드려야지, 잔." 아주머니가 말했다. "그리고 다시 돌아와라, 귀여운 아가. 나한텐 네가 필요하니까."

"아니요, 이모. 전 가지 않아요. 이모가 뭘 원하시는지 알아요. 그래서 그러고 싶지 않아요." 기욤은 처녀를 매우 내성적이고 남을 잘 믿는 성격이라고만 믿었는데, 그런 잔이 예상치 못했던 의연한 어조로 대답한 것이다.

"나 참, 어이가 없어서!" 고트가 잔뜩 흥분해서 외쳤다. "널 기르고, 너와 가장 가까운 친척이고, 어젯밤에는 네 집에 두었던 재산을 모조리 잃어버린 뒤에 등에 배낭을 지고 빵을 구걸하러 다니는 신세가 되고, 이젠 틀어박힐 외양간조차 없는 이모한테 그게 할 소리냐?"

"잘 들으세요, 이모." 잔이 말했다. "이모는 기댈 곳을 이미 결정하셨어요. 대부님에게 받은 돈은 어젯밤에 모두 이모에게 드렸고요. 끄집어낸 가구는 모조리 이모한테 양보하겠다고 오늘 아침에 말씀드렸지요. 가축도 다……. 제가 가져가는 건 지금 입고 있는 이 옷뿐이에요."

"그럼 가축을 누가 들판으로 몰고 간단 말이냐? 장터로 끌고 갈 만큼 클 때까지 누가 풀을 먹인다는 거야?"

"이모요. 이모는 아직 젊고 건강하니까 들판에 갈 수 있어요. 그리고 이모의 암산양은 언제나 직접 데리고 나가셨잖아요. 저한테 맡기기 싫다면서 말이에요."

"잔의 말이 맞습니다." 신부가 말했다. "당신은 잔의 도움이 필요 없어요, 고트. 잔은 지금껏 그녀가 할 수 있는 것 이상으로, 아마도 의무 이상으로 당신에게 헌신해왔습니다. 게다가 이젠 성년이 되었으니 당신에게는 아무런 권리가 없어요. 하고 싶다는 대로 내버려두십시오."

"그런 이유로 날 버리다니!" 고트 아주머니는 고래고래 고함을 지르며 욕을 퍼붓고, 비탄에 잠긴 척을 했다. "너를 내가 기르고, 나막신처럼 쪼끄맸을 때는 그렇게 놀아주고 들판에 데리고 갔었는데! 그런 애한테 내 인생을 바치고, 재산을 물려주려고 결혼도 안 했는데!"

"원한다면 결혼하세요, 결혼해서도 돼요, 이모." 잔이 상냥하게 말했다. "저 때문에 결혼하지 못했다는 이야기는 한 번도 듣지 못했어요."

"잘 알았다! 결혼하고말고! 나한텐 아직 재산이 얼마쯤 있다! 그걸 네가 아니라 남편한테 남기겠다고 유언하겠다."

"그럼 결혼해서 맘대로 유언하시면 되겠네요." 사제가 어깨를 으쓱하며 말했다.

"이렇게 버림받다니, 이렇게 잔혹할 수가! 아아! 불쌍한 언니가 이걸 봤으면 죽음의 침상에서 네게 축복을 내리기를 거절했을 거야!" 못된 여자는 울부짖었다.

이런 사나운 욕설은 잔에게 강렬한 인상을 주었다. 그녀는 몸을 부들부들 떨며 어쩔 줄 모르고 이모를 진정시키기 위해 껴안으려고 했다. 그러나 난로 뒤에 계속 서 있던 남자의 음침한 얼굴을 보고 동작을 멈췄다.

"제 말을 좀 들어보세요, 이모. 집이 불타지 않았다면 이모와 헤어지는 일은 결코 없었을 거예요. 집을 다시 지을 방책이 생기면 다시 이모를 부를게요. 하지만 그러진 못할 거예요. 대부님은 손해를 보상해주신다고 하지만, 전 대부님의 제안을 거절할 이유가 있어요. 아주 정당한 이유지요."

"그게 어떤 이유지, 잔?" 기욤이 안달이 나서 물었다.

"그건 나중에 설명할게요, 대부님. 지금은 제가 어딘가에 고용되기를 바라시는 이모에게 말씀드리는 거예요. 이건 제 의무죠. 만약 이모가 지금 가지신 재산으로 만족하지 못하신다면, 제가 번 돈을 드릴게요. 그래도 절대로 이모를 따라갈 수는 없어요. 세례를 걸고 맹세해요."

"고트 아주머니, 저 애가 저렇게 맹세하는 건 나 때문이란 걸 알잖아!" 그때까지 난로 구석에서 잠자코 있던 남자가 눈에 증오심을 드러내며, 낮게 울리는 음침한 목소리로 말했다.

"라게 씨, 당신에 대해서는 아무 말도 안 했잖아요. 당신은 제 일에 대해 함부로 말하시는군요. 당신 집으로 살러 가지는 않겠어요."

"전 결사반대입니다!" 라게의 음침한 얼굴을 보고 경멸의 동작을 자제하지 못하면서 사제가 외쳤다.

"흥, 신부님!" 라게가 대꾸했다. "자신에게 닥친 모든 재앙에 언제나 고통받는 사람이 있죠. 훌륭한 성인인 양 얘기하고 주위에서는 나무랄 데 없는 수도사인 줄 알지만, 나보다 더 사악한 생각을 하는 사람이 있어요."

"암요, 암요! 아주 음험한 사람이 있지요. 늘 남을 희생하고 좋아하는 건 그런 사람들이라고요." 심술궂은 여자가 말을 이었다.

선량한 사제는 두려움과 분노로 얼굴빛이 파래졌다. 기욤은 라게에게 다가가 위엄 있고 경멸에 찬 눈으로 그를 똑바로 쳐다봤지만, 라게는 당황하지 않았다. 그 창백하고 음침한 얼굴은 냉정하고 끈질긴 증오 말고는 그 어떤 표정도 짓는 법이 없는 것처럼 보였다.

"지금 누굴 모욕할 생각이죠?" 기욤이 그를 노려보면서 물었다.

"도련님한테 하는 말이 아닌뎁쇼. 당신보다 높은 양반도 날 겁주지는 못했다오." 농부가 대답했다.

"여기서 나가시오!" 기욤이 불쏘시개를 들고 큰 소리로 외쳤다. 라게가 더럽고 후줄근한 웃옷 아래서 무기를 꺼내려는 것이 보였기 때문이다.

"나가라고요?" 라게가 용의주도한 냉정함으로 조금도 겁먹은 기색을 보이지 않고 말했다. "기꺼이 그러죠. 여긴 이제 괜찮은 사람이 없으니까…… 마르시야 씨를 꼬집어 말하는 건 아니지만요."

"그것참 영광스럽군." 마르시야가 비꼬며 말했다. "라게, 입 닥치고 썩 나가. 알다시피 난 네 운명을 쥐고 있어! 잘 판단해서…… 친절하게 굴어." 놀리듯이 덧붙였다. 라게가 알아들었다는 듯이 히죽 웃으면서 대답했다.

"아참, 그렇죠. 우리는 그만 사라져주지, 고트." 그가 느릿느릿 문 쪽으로 걸어가면서 말했다. "선량한 양반들은 지긋지긋해! 작별 인사는 생략하겠소." 그는 모자를 벗어 인사하지도 않고 사라졌다. 잔의 이모는 주먹을 꽉 쥐고 낮은 목소리로 욕지거리를 내뱉으면서 그 뒤를 따랐다.

"불행한 사람들이에요." 두 사람이 멀어지자 사제가 중얼거렸다.

"천박한 자들이네요. 저 남자는 극악무도하게 생겼어요." 기욤이 말했다.

"그가 그렇게 두려운 존재가 아닌 건 바로 그 때문이죠." 마르시야가 경박하게 말했다.

"아아! 불쌍한 잔!" 카데가 외쳤다. "여러모로 넌 너무 안됐어. 아아! 넌 어머니를 여의는 불행을 만났어. 저 사람들은 이제 네 짐이 될 거고."

"걱정하지 마, 카데." 잔이 눈물을 닦고 성호를 그으면서 대꾸했다. "나한테 못된 짓을 하는 심술궂은 요정이 있다면, 내게 도움을 줄 상냥한 요정도 있을 테니까."

"네 말이 맞다, 잔. 네 말이 맞아. 널 결코 버리지 않을 친구들이 너한텐 있잖니." 기욤과 알랭이 동시에 외쳤다.

"아아! 잘 알아요! 두 분 다 성실하시죠." 잔이 각각 손을 내밀면서 대답했다. 그리고 마르시야에게도 손을 내밀고, 천사처럼 천진하게 덧붙였다. "당신도요, 마르시야 씨. 당신은 심술궂은 사람이 아니에요. 절 위해 그렇게 힘써주셨잖아요. 불길에 휩싸인 우리 집 지붕에 올라가 주셨어요. 내가 불쌍한 어머니의 시체를 지키는 것을 도우려고 밤새 한잠도 주무시지 않았고요…… 카데도 다정한 사람이에요. 모두 제게 친절하게 대해주셨어요. 그게 심술궂고 분별력 없는 사람들한테 받은 슬픔을 조금은 달래줘요."

카데는 결코 버리지 못할 습관대로 입술에 여전히 미소를 띠면서 울기 시작했다. 마르시야는 잔의 감사의 말에 감동했다. 저절로 우러나오는 어떤 애정이 욕망과 뒤섞였지만, 그 격렬한 욕망이 줄어들지는 않았다. 그는 따뜻한 마음과 흉포하지 않은 의식을 지니고 있었다. 순간 자신의 정열과 성의를 양립시킬 방책을 생각했다. 그리고 타협은 금세 이루어졌다. 그는 정말이지 수완 좋은 변호사였다!

"그런데 왜 넌 내게서 널 돌볼 권리를 빼앗으려고 하지?" 기욤이 잔에게 다가가면서 말했다.

"그걸 거절하는 건 아니에요, 대부님. 제가 어디에 의탁해야 할지 조언해주세요. 그리고 상중임을 나타내는 표식을 사는 데 외상이 필요하다면 대부님의 이름을 대도 된다고 허락해주세요. 그거면 충분해요. 그 이상은 아무것도 바라지 않아요."

"그건 지금부터 알게 될 일이야, 잔. 네 자존심은 대체 어디서 오는 거지? 나에 대한 경계심에서인가?"

"아아! 그렇게 생각하지 마세요, 대부님. 제가 감히 어떻게 그런 생각을 하겠어요! 하지만 대부님의 돈을 사양할 이유는 있어요. 대부님 때문에, 그리고 저 때문에도요. 대부님 때문이란 말은, 어머니가 동의하실지 아닐지 대부님은 아직 모르신다는 거예요. 게다가 대부님처럼 젊으신 분은 꼭 필요한 돈만 갖고 계시니까요."

"도대체 누가 너에게 그런 걸 가르쳤지?"

"마르시야 씨요. 마르시야 씨는 세상 물정에 밝으시죠. 마르시야 씨, 오늘 아침에 툴로 돌아가기 전에 말씀하셨죠? 대부님은 아직 아버지의 재산을 자유롭게 쓸 수 없어서 저희 집 손해비용을 대기에는 몹시 어려울 거라고."

"아하! 자네가 이렇게까지 내 재산에 관심이 있는 줄 몰랐는걸?" 기욤이 마르시야를 뚫어지게 쳐다보면서 큰 소리로 말했다.

"내가 그런 말을 했던가? 기억이 안 나는데." 마르시야가 시치미를 뚝 떼고 말했다.

"어머! 똑똑히 기억하실 텐데요, 마르시야 씨! 당신은 친절하게도 제게 집을 다시 지어주시겠다고 제안하셨어요. 당신은 재산을 마음대로 쓸 수 있다면서 말이에요."

"세상에! 마르시야 씨가 너한테 그런 제안을 했단 말이야?" 클로디가 눈을 고양이처럼 동그랗게 뜨고 외쳤다.

"알겠군." 기욤이 쓸쓸하게 말했다. "마르시야 씨는 네 후견인이 되려는 거야. 그리고 넌 내 친절이 아니라 그의 친절을 선택한 거고."

"아아! 아니에요, 대부님. 뭐가 옳고 뭐가 그른지는 저도 알아요. 마르시야 씨는 제 대부가 아니에요. 저분은 대부님에 대한 우정에서, 그리고 저에 대한 커다란 배려심에서 그런 제안을 하신 거예요. 하지만 전 분명히 말했어요. 대부님 앞에서 다시 한번 말하죠. 만일 제가 그 제안을 받아들인다면, 전 욕을 먹을 거고, 친절은 도리어 나쁜 결과를 부를 거예요."

"배려심과 분별력에서 말하고 있군요, 잔." 사제가 말했다.

"아아! 그런 게 아니에요, 신부님. 전 마음이 가는 대로 얘기하는 거예요. 마르시야 씨한테는 매우 감사하지만, 절대로 그 제안은 받아들일 수 없어요." 잔이 말했다.

'멍청한 년, 뒈져버려라!' 마르시야는 유혹의 꿍꿍이가 이렇게 솔직하게 까발려지는 것을 보고 자존심이 매우 상해 속으로 외쳤다.

"집 문제는 신경 쓰지 않으셔도 돼요, 대부님. 전 새 집을 봐도 흥미가 생기지 않을 거예요. 어머니가 절 길러주신 집, 어머니가 생활하고 어머니가 돌아가신 집하고는 절대로 같은 집일 수 없으니까요. 가구도 다 이모한테 드렸어요. 조금이라도 슬픔을 누그러뜨리기 위해서는 그래야 했어요. 전 새 가구는 필요 없어요. 혼자 뭐가 필요하겠어요? 어머니가 남겨주신 거라면 필요했겠죠. 그뿐이에요."

"하지만." 마르시야는 기욤과 알랭의 의심을 없애기 위해 의도적으로 말했다. "집이 있으면 남편도 쉽게 찾을 수 있을 텐데, 가엾은 잔? 대신 지금은……!"

"지금은요?" 카데가 눈치 없이 큰 소리로 말했다. "그래도 원할 때 발견될 거예요……. 집이 없어도 괜찮아요. 문제없어요!"

'이 남자가 아름다운 잔이 마음에 품은 연인가?' 뚱뚱한 카데의 둔중하고 동그란 얼굴을 보면서 기욤과 마르시야는 동시에 생각했다.

그러나 잔은 대답했다.

"소중한 카데, 그렇게 말해줘서 기뻐. 하지만 내가 결혼할 생각이 없다는 걸 잘 알잖아."

"바보 같은 소리 마." 마르시야가 여전히 그 문제에 심드렁한 척하며 말했다.

"아뇨, 바보 같은 소리가 아니에요, 마르시야 씨." 잔이 침착하게 말을 이었다. "신부님은 제가 결혼을 생각할 수 없다는 걸 아세요."

"아하! 신부님, 당신은 그걸 알고 있군요. 당신이?" 마르시야가 야유하는 어조로 말했다. "젊은 아가씨들의 고해를 듣는다는 것이 어떤 것인지 알겠군!"

"잔은 결혼 생각이 없소⋯⋯. 잔은 결혼하지 않을 거요." 사제가 엄숙하게 대꾸했다.

"이런, 그건 고해의 비밀이잖소." 마르시야가 웃으면서 말했다.

"농담이 아니에요, 마르시야 씨." 잔이 과도하리만큼 온화한 그 성격과 어조로 여전히 부드러운 긍지를 드러내며 말을 이었다.

기욤은 강한 호기심에 이끌려 잔을 쳐다봤다. "그게 정말 비밀인가?" 그는 젊은 아가씨에게 물었다.

"그 얘기는 해봤자 아무 소용없어요." 잔이 말했다. "그저 집은 필요 없다, 갖고 싶지 않다고 말하기 위해 꺼낸 이야기예요, 대부님. 하지만 성을 한 채 받은 것처럼 감사해요."

"잔의 말이 맞습니다." 사제가 말했다. "남작님, 신중함이 이 애의 입을 통해 말하고 있는 겁니다. 이 애한테 집이 있다면, 이 앤 따뜻한 마음에서 그곳에 아주머니와 함께 살게 될 겁니다. 양심도 그러라고 권하겠지요. 아주머니는 이 애를 못살게 굴 거고⋯⋯. 더 못된 짓까지는 안 한다 치더라도요." 사제는 목소리를 낮추어 덧붙였다. "남작님, 그 헌신적인 계획을 단념해주세요. 잔의 환경을 다른 식으로 보장할 수단과 기회가 분명 있을 겁니다."

"알겠습니다. 신부님 말씀이 맞아요." 기욤도 같은 어조로 대답했다. "이 아이의 성격이 더없이 섬세해서, 상담하지 않고 돌볼 필요마저 느껴지는군요."

"그러게 말입니다. 때와 기회가 저절로 찾아올 겁니다. 지금 당장 결정해야하는 건, 일시적으로 몸을 맡길 곳입니다." 사제가 다시 목소리를 높여 덧붙였다. "잔, 넌 어디로 가고 싶지? ⋯⋯당장 오늘은!"

"우리 집으로 올래, 잔?" 클로디가 배려심과 순수함이 담긴 커다란 목소리로 물었다.

"고마워, 친절하구나. 하지만 어머니가 곤란해 하실 거야. 일을 하는 데는 너만 있어도 충분하잖아. 난 부담이 되고 싶지 않아."

"잔, 이곳에서 금방 일을 찾으리란 생각은 버려라. 처음에는 번듯한 집에서 신세를 질 필요가 있지. 네 비용은 대부님이 책임져 주실 거다." 사제가 말했다.

"물론이지요. 자존심 센 잔이 저의 작은 보살핌이나마 받아준다면 말이지만!" 기욤이 말했다.

"아아! 대부님의 비난은 부당해요. 전 대부님의 보살핌을 기꺼이 받을 거예요."

"이런! 대체 뭘 걱정하시는 겁니까, 신부님? 당신의 하녀는 꼬부랑 할머니예요. 잔을 고용하세요."

"아니요, 그건 적절치 않습니다." 알랭이 단호하게 대답했다. "성직자가 다른 사람들보다 중상가들로부터 존중받을 만큼, 요즘 신앙은 열렬하지 않아요."

"그럼 모든 걸 해결할 방책이 딱 하나 있지요!" 마르시야가 말을 이었다. "기욤이 오늘 당장 대녀를 부사크로 데리고 가서 어머니를 모시게 하는 겁니다."

기욤은 이 조언에 뭔가 함정이 숨어 있지나 않을까 주의 깊게 마르시야를 관찰했다. 마르시야는 매우 진지했다.

"사실 그게 가장 적절한 생각입니다. 잔은 이모뿐만 아니라, 무슨 짓을 저지를지 모를 심술궂은 라게까지 화나게 하고 말았어요. 고트가 괴롭히며 즐길 희생양으로 삼지 않을 결심을 하기 전까지 전 잔의 일을 안심할 수 없습니다……. 게다가…… 잔, 날 믿고…… 네 대모이신 드 부사크 남작부인을 만나러 가……. 그만큼 먼 곳에서 그만큼 훌륭한 분의 보호를 받으면 두려울 건 아무것도 없을 거야."

"부사크로?" 잔이 겁을 내며 말했다. "저더러 부사크로 가라는 건가요, 신부님?"

"나도 그랬으면 좋겠다, 잔." 기욤이 의무를 다할 수 있다는 확신에 차서 말했다. "오늘 난 네 옆에 있는 적들을 봤어. 넌 너에게 닥친 위험을 잘 이해하지 못하고 있어……. 날 믿는다면, 오늘 당장에라도 우리 어머니를 만나러 가는 걸로 네 마음을 증명해줘."

"대부님." 잔은 이 소원을 명령으로 생각하고, 이유는 이해하지 못한 채 솔직하게 말했다. "원하시는 대로 할게요. 대부님은 제가 부사크에, 도시에 살기를 바라시잖아요. 툴 생트 크루아라는 시골에서 한 번도 나간 적이 없는 제가 말이에요."

"도시에 살기가 싫다면 언제든 이곳으로 돌아와도 좋아. 단, 우리 어머니를 만나서 마음을 터놓고 네 슬픔을 이야기하도록 해. 우리 어머닌 상냥하고 따뜻한 분이시니까, 네게 위로가 될 말을 해주실 거야……. 그런 다음 네 미래에 대해 둘이서 자세히 이야기를 나누도록 해. 네 자주성은 존중되고 지켜질 거야."

잔의 말을 빌리자면, 극도의 슬픔으로 정신이 거의 나가버린 때에 부사크 마님과 대화해야 한다는 데에 조금 당혹스럽고 두려웠지만 잔은 승낙했다.

"그것만으로도 대모님의 눈에 들 거다." 사제가 말했다. 그가 아주 열띠게 강조했으므로 잔은 거스를 수 없었다.

마르시야는 그녀를 말 뒤에 태우겠다고 제안하지 않고, 두 사람이 타고 가기에는 '스포츠'보다 훨씬 튼튼하다며 자신의 말을 기욤에게 권하는 분별력을 보였다. 기욤은 말 뒤에 평민 처녀를 태우고 성문에 도착할 것을 생각하니 조금 불안해졌다. 그러나 잔이 두 젊은이와 함께 출발하는 것을 부당하다고 느낀 사제가 한 명을 더 추가함으로써 모든 것이 해결되었다. 카데가 잔과 사제의 암말을 같이 타기로 한 것이다. 결국, 사제가 옳았다. 평민 처녀가 평민과 같은 말을 타자 아무도 쑥덕거리지 않았다. 부르주아가 그랬다면 얘기는 전혀 달랐을 것이다.

말을 준비하는 동안 사제는 손님들에게 저녁을 대접했다. 그리고 매우 창백해 보이는 기욤에게 내일이라도 피검사를 좀 해보라고 권했다. 기욤은 실제로 극심한 두통에 시달리고 있었다.

클로디는 잔을 부사크로 보냄으로써 마르시야의 욕망에서 안전해질 거라고 생각하는 알랭처럼 안심하지는 않았다. 그녀는 부러운 눈초리로 모든 상황을 지켜보았다. 잔이 매우 정숙하다는 사실만이 그녀를 조금 안심시켰다.

"잔." 그녀가 말했다. "부사크에서 일하게 되면, 나도 너랑 같은 집에서 일할 수 있도록 추천해줘. 난 도시에 아주 잘 적응할 것 같거든!"

"나도 살래!" 뚱보 카데가 말했다. "부사크는 아주 멋진 도시야! 내가 아는 가장 즐거운 도시라고."

"당연하겠지, 멍청아! 거기 말고 아는 도시가 없으니까!" 클로디가 말했다.

식사가 끝나기 전에, 마르시야는 그의 암말 '팡숑'에게 귀리를 먹이기 위해 밖으로 나갔다. 사제관의 마구간이 좁아서, 마을에서 조금 떨어진 곡식 창고에 매어두었던 것이다. 해가 기울기 시작하고 있었다. 곡식 창고에 들어가려고 할 때, 그는 사료 더미와 경작용구 사이에서 창백한 얼굴이 천천히 일어나 이쪽을 가만히 쳐다보는 것을 보았다. 곧 고트 아주머니의 수하이자 친구인, 브리드바쉬[1]라 불리는 라게라는 걸 알아봤다. 이 무뢰한은 황야 한복판에서, 나뭇가지와 흙으로 만든 허름한 오두막에 혼자 살았다. 마녀 고트 말고는 이곳에 같이 살고 싶어 하는 사람은 없었을 것이다. 해가 진 다음에, 이 근방에서 가장 포악한 자가 숨어 사는 기분 나쁜 집 근처를 누가 지나가고 싶어 하랴? 겉은 허름해 보이지만, 라게는 꽤 많은 돈을 숨기고 있었다. 말 도둑이라는, 위험하지만 돈이 되는 일에 전념했기 때문이다. 오베르뉴 지방의 몇몇 솥 제조업자와 마르쉬 지방의 몇몇 부랑자가 부르보네 지방에서 이 일로 돈을 버는 것은 말이 목초지에 있는 여름밤 동안이다. 그들은 자물쇠를 단단히 채운 족쇄를 부순 다음, 말 몸뚱이에 안장도 없이 올라탄다. 그리고 몸에 지니고 다니는 가벼운 고삐를 걸고, 그들이 사는 고지를 향해 전속력으로 달린다. 라게는 시골에서 그 밖의 자잘한 것, 즉 암탉, 거위, 장작, 씨앗 따위를 훔쳤다. 얼핏 보면 얌전하고 아주 상냥해 보이며, 거의 말수도 없고 누구의 집도 방문하지 않았다. 누구든 그의 집 문턱을 넘는 것을 절대로 허락하지 않았다. 그러나 그는 살인만 빼고는 어떤 사악한 생각도, 그 어떤 부끄러운 행위도 태연하게 저질렀다.

"이거 마르시야 나리 아니십니까?" 그는 레옹이라는 걸 분명히 알면서도 멍청한 목소리로 말했다.

"여기서 뭘 하나, 좀도둑 양반?" 젊은 변호사가 대꾸했다. "내 암말의 냄새를 맡으러 왔나? 만일 자네가 내 말의 갈기 한 올이라도 뽑는 날엔 각오하는 게 좋을 거야."

---

1) 가축 도둑이라는 뜻.

"아아! 나리에게는 절대로 폐를 끼치지 않겠습니다, 마르시야 씨. 그러니 나리도 저한테 해를 입히지 마십시오."

"난 자네한테 큰 손해를 입힐 수 있지. 그 점을 명심해둬."

"설마요, 나리는 제 변호사였는데요."

"행여나 내가 자네의 소송을 맡게 된다면, 난 악마의 변호사인 셈일세. 하지만 꼭 그런 건 아니지. 게다가 난 자네가 무슨 짓을 할지 다 알아……."

"아니요, 나리. 나리는 아무것도 모르십니다……. 전 아무 말도 하지 않았으니까요."

"그러니까 자넬 악당이라고 하는 거야."

"나리는 자신이 무슨 말을 하고 있는지 모르시는군요. 하지만 문제는 그게 아닙니다. 전 나리에게 조언을 구하러 온 겁니다."

"지금은 시간이 없네. 토요일에 사무실로 오게……."

"아뇨, 전 안 갈 겁니다, 나리. 잔의 일로 제가 나리한테 듣고 싶은 걸 당장 말해주십시오."

"자네가 잔과 관련이 있는 줄은 전혀 몰랐는걸. 그렇다면 자네에게 아무 말도 해줄 수 없네."

"그렇지 않습니다, 나리, 그렇지 않아요! 말을 준비하는 걸 도와드릴 테니 기다리십시오!"

"헛소리 집어치워! 만지지 마."

"레옹 씨, 잔에게 같이 살자고 강요할 권리가 고트에게 없다는 건가요?" 라게가 낭패한 기색도 없이 말을 이었다.

"고트는 잔과 같이 살면 무슨 이익이 있다는 거지?"

"나리는 다 알잖습니까!"

"아니, 모르는데."

"이건 제 이익이 아니라 나리의 이익과 관련이 있는 일입니다."

"무슨 말인지 모르겠는걸." 마르시야는 라게의 뻔뻔스러움에 속으로 혀를 내두르며 말했다.

"변호사님, 고트가 조카를 고소하는 걸 도와주시어, 조카가 이모의 요구에…… 얼마간…… 제가 무슨 말을 하는지 아시죠?…… 같이 살아야 한다고 나리가 주장해주신다면······."

"그러면?"

"제 집은 외따로 떨어져 있어서 같이 살기에 아주 좋습니다······. 귀여운 처녀를 놓치지 않는 바람둥이라면······ 이를테면 말입니다······!"

"이 뻔뻔스러운 악당 놈! 내가 네놈을 위해 변호를 한다면 이런 식으로 할 테다."

"아아! 화내지 마십시오. 전 아무 말도 할 생각이 없지만, 나리는 고트의 조카와 친구가 되고 싶어서 고트에게 엄청난 선물을 주셨지요. 나리는 이런 애정 문제에 대해선 숨기는 게 거의 없지요!"

"그렇긴 해. 아가씨들에게 사랑받고 싶고, 적선으로 시끄러운 거지들을 쫓아내고 싶지. 하지만 만에 하나라도 폭력에 호소하거나 무뢰한의 뒤를 봐주는······ 대죄를 저지르는 것을······ 돕는······ 그런 일은 절대로 일어나지 않아! 그럼 잘 가게!"

"잘 생각해보십시오. 저와 얘기하러 돌아오시게 될 겁니다." 라게가 침착하게 말했다.

마르시야는 화가 났다. 이 비열한 남자에게 채찍을 내리치고 싶어서 참을 수가 없었다. 그러나 이런 부류의 인간을 잘 아는 그는 반대로 이 남자를 어떤 욕망으로 묶어두기로 했다. 라게는 어두운 축사로 터벅터벅 따라왔다. 마르시야는 그가 앙심을 품고 '팡숑'의 배를 칼로 푹 찌르지나 않을까 두려웠다. "이이야기는 그만두세! 자넨 자기가 무슨 말을 하는지 모르고 있어." 마르시야는 온화해진 목소리로 말을 이었다. "이 돈을 받게. 일주일 동안 빵을 살 수 있을 거야. 자네가 불행하다는 건 아네. 그렇지 않다면 이렇게까지 음흉한 생각을 할 리가 없다고 믿고 싶네."

라게는 어둠 속에서 마르시야의 마음을 받았다. 그리고 그것이 5프랑짜리 동전이라는 것을 확인하자 고맙다고 말하고 축사 뒷문으로 나갔다. 그러나 잔에 대한 꿍꿍이를 버린 것은 아니었다. "이봐!" 마르시야가 그를 불렀다. 라게는 왔던 길을 되돌아갔다.

"내가 호의를 품고 있는 어떤 사람에게든 못된 짓을 저지른다면 난 더 이상네 가난함을 동정하지 않고, 널 악당으로서 고발하겠다!"

"맙소사! 나리, 그런 짓은 안 합니다!" 라게가 말했다. "나리는 제 변호사였어요. 악당을 위해 이렇게 열심히 변호했다는 건 나리의 명성에 타격이겠지요!"

"자네 뭔가 착각을 하고 있군. 변호사는 의뢰인에게 속기는 하지만, 그와 공범자가 될 생각은 없어. 토 달지 말고, 툴의 신부나 네놈이 오늘 내 앞에서 위협한 사람들을 존경하도록 해……. 그러지 않으면 곧 쓴맛을 보게 될 거야."

라게는 낙담했다. 그리고 자기와 다름없는 악당이라고 생각했던 마르시야가 어째서 자신의 적대자들에게 이토록 깊은 호의를 보이는지 속내를 알아내려고 하면서 떠났다.

15분 뒤, 마르시야는 '팡송'을 타고 빠른 걸음으로 달리고 있었다. 옆의 기욤은 말이 움직일 때마다 점점 속이 울렁거렸다. 카데와 잔은 선두에서 '라 그리스'를 빠르게 몰고 갔다. 라게는 바위 뒤에 숨어, 그들이 출발하는 모습을 가만히 지켜보았다. 그리고 마르시야가 자신을 필요로 하지 않는다는 사실을 이해하기 시작했다. 선량한 사제는 탑 꼭대기에서 마르시야에게 "내 온도계는 절대로 잊지 마세요!"라고 큰 소리로 외쳤다. 잔이 툴 생트 크루아에서 멀어짐에 따라 그는 허전하기는 했지만, 커다란 불안감에서 해방되어 집으로 돌아갔다.

10장
결혼 계획

    1천 8백 명에서 1천 9백여 명 정도가 살고 있는 부사크시는 같은 이름의 마을과 함께 상트르 지방에서 가장 빈약하면서도 번잡한 군청 소재지 가운데 하나로 생각할 수 있다. 물론 이는 화자의 의견이 아니다. 프티트 크뢰즈강을 따라, 다른 급류와 합류하는 지점에 있는 깎아지른 듯한 언덕 위에 만들어진 부사크는 집들과 암벽, 폭포, 제멋대로 난 거리, 험한 길이 모여들어 매우 정취 있는 외관을 보여준다. 시인이나 예술가라면 명예를 잃을 일 없이 이곳에서 부족함 없는 생활을 할 수 있을 것이다. 그리고 지사 청사가 있고, 국도가 지나가고, 극장과 산책로가 있고, 마부 딸린 마차가 달리지만 평탄하고 평범한 겉모양을 지닌 위엄 있는 샤트르보다는 이 부사크에 사는 것을 훨씬 좋아할 것이다. 더 한적한 부르주에는 장려한 기념 건조물, 역사를 느끼게 하는 준엄한 외관, 인기척 없는 정원, 중세에 지어진 집들의 뾰족한 박공벽을 비추는 아름다운 달빛, 잡초로 뒤덮인 널찍한 돌길, 해가 짐과 동시에 시작되는 길고 조용한 밤이 있다. 이곳은 고대 아키타니아의 수도이자 사교좌성당 참사회원들과 사법관들의 도시, 멋지게 사라진 공동체 중에서도 가장 까맣게 잊힌, 가장 귀족적인 공동체. 산들에 둘러싸인 게레는 너무도 고독하다. 이 격리된 자연 경관을 보충하는 것은 아무것도 없다. 물은 아름답고 맑다. 그뿐이다. 라 샤트르에는 성곽 구역 뒤에 비옥한 계곡이 있을 뿐이다. 뇌비에는 과도하리만치 더덕더덕 칠해진 비잔틴 양식의 교회와 과거 명성에 대한 존경심도 없이 부서질 위기에 처한 낡은 다리밖에 없다. 부사크에는 토지에 고상함이 있어서, 길거리를 한 발짝 걸을 때마다 아름다운 풍경화를 그려볼 수 있다. 그러나 기념 건조물로 빛나기를 바라지 않는 도시에서는 식생이나 조망, 땅의 높낮이, 폭포 소리, 화강암 덩어리가 그 지방의 아름다운 주요 부분을 이루고 있음을 그곳에 사는 사람들이 이해하기까지는 많은 시간이 필요할 것이다.

그러나 부사크에는 기념 건조물이 하나 있다. 그 기원은 로마 시대로 거슬러 올라가는데, 부사크의 유명한 원수, 장 드 브로스가 그 무렵 유행에 따라 1400년에 재건한 성이다. 이 성은 변칙적인 모양으로, 간소함 속에 우아함과 산뜻함이 있다. 그러나 벽은 10피에의 두께로, 문턱을 하나 넘으면 그 안은 삭막하다. 지금도 우리 지방에서 볼 수 있는, 당당하게 얼굴을 든 중세의 대도적들처럼.

이 성의 절반은 도시에, 절반은 시골에 있다. 안뜰과 문장으로 장식된 정면은 도시를 향하고 있다. 그러나 뒤쪽, 그것을 떠받치는 수직 암석과 함께 프티트 크뢰즈강까지 내려오며 훌륭한 절경을 자랑한다. 절벽을 굽이치며 떨어지는 깎아지른 폭포, 밤나무들이 여기저기 흩어져 있는 광활한 목초지, 끝없는 지평선, 현기증 나는 깊이. 성의 요새가 이편에서 도시를 막고 있다. 요새는 지금도 남아 있다. 도시는 요새를 넘지 않았다. 그리고 이 이야기의 주인공인 젊은 남작 기욤 드 부사크의 어머니, 마지막 '부사크 부인'은 과수원에서 시골로, 또는 안뜰에서 도시로 마음껏 옮겨다녔다.

이 이야기 1부에서 이야기한 사건으로부터 거의 1년 반 뒤, 드 부사크 부인과 친구인 드 샤르무아 부인은 활짝 열린 창가에 앉아, 눈 아래 펼쳐진 멋진 풍경을 걱정스러운 표정으로 바라보고 있었다. 이른 봄이었다. 갓 싹을 틔우기 시작한 나무들은 갈색을 띤 옅은 녹색 옷을 입고 있었다. 과수원의 아몬드나무와 살구나무도, 수풀의 자두나무도 한창 꽃을 피웠다. 멋진 하루가 장밋빛으로 물든 저녁 하늘 속에서 끝나려 하고 있었다. 그러나 대연회장의 커다란 난로에서는 불이 활활 타오르고 있었다. 낡은 성관의 두꺼운 벽 뒤에서의 저녁 공기는 꽤 쌀쌀했다.

이 홀에서 가장 아름다운 장식품은 다른 말이 필요 없을 정도로 호기심을 자극하는, 수수께끼로 가득한 태피스트리다. 이 태피스트리는 지금도 부사크 성에서 볼 수 있다. 이는 지짐[1]이 오리엔트에서 가져왔으며, 그가 갇힌 몸이었던 오랜 세월 부르가뇌프 탑을 장식했다고 추정된다. 나는 이것이 오뷔송에

---

1) 1459~1495. 오스만 왕조의 왕자.

서 제작되었다고 생각한다. 이 점에 관해서는 이야기가 길어지니까 다음에 하겠다. 이 태피스트리가, 갇힌 몸이던 고명한 이교도의 지루함을 달래주었다는 것, 그리고 그것을 만들라고 일부러 명령한 로도스섬의 요한 기사수도회 총장이었던 부사크의 영주 피에르 드뷔송의 손에 돌아왔다는 것은 거의 확실하다. 의상은 15세기 끝무렵의 것이다. 아주 정교한 이들 그림은 걸작인 동시에, 내가 잘못 생각한 게 아니라면 대단히 흥미로운 역사의 한 페이지다.

부사크성의 대연회실에 있는 다른 가구들은 이 이야기의 무대인 시대부터 이미 호화로움으로 이런 과거 영화의 흔적과 어울리기에는 거리가 멀었다. 이들 장대한 장식품 밑에 조잡하고 작은 앙피르[2] 양식, 즉 고대 로마의 상아 의자를 천박하게 흉내 낸 안락의자가 있다. 루이 15세 양식의 정수를 담은 몇 개의 거울은 난로 위의 커다란 판자벽을 충분히 덮지는 못했다. 이러한 가구류와 초라한 성이 이루는 상반된 대조가 조상들에 비해 오늘날의 귀족 계급을 약소하고 매우 가난하게 보이게 한다.

창가에서 대화를 나누는 두 부인의 마음을 이 괴로운 감정이 어느새 채운 것 같았다. 황혼녘에 목소리를 낮추어 이야기하는 두 사람은 퍽 우울해 보였기 때문이다.

이 고귀한 여인들의 나이는 거의 반세기에 가깝다. 그녀들도 예전에는 미인이었다. 적어도 드 부사크 부인의 생김새와 말투는 여전히 그것을 증명했다. 한편 드 샤르무아 부인은 비만이 그 미모를 가렸지만, 그래도 부인은 결단력이 있고 활동적이어서 조금도 가만히 있지 않고 움직였다.

최근 군의 부지사로 승진한 남편과 함께 부사크에 지난밤 도착한 드 샤르무아 부인은, 서로 성격은 매우 다르지만 같은 계급으로 옛 친구와 2, 3년 만에 다시 만나서 매우 기뻐하고 있었다.

"당신이 이 성에서 겨울을 두 해나 연거푸 보낸 데에는 정말이지 놀랐어요." 새로운 부지사 부인이 말했다.

"조금 외롭기는 했답니다." 드 부사크 부인이 대답했다. "하지만 이 섬은 파리에 갖고 있는 아름다운 저택에 비해 견고하게 지어졌고, 넓지만 난방비가 많이

---

2) 제1제정. 나폴레옹이 이룩한 제국(1804. 5~1814. 3).

부사크성의 태피스트리 〈유니콘을 거느린 귀부인〉
(현재 파리 국립중세박물관 소장)

들지 않지요."

"불평은 없어요. 이 신기한 도시에 자리 잡을 때까지 당신이 세심하게 보살펴줄 테니까요. 당신 가까이에서 살면, 이 도시는 곧 매력적으로 다가올 거예요. 하지만 솔직히 이곳에 일부러 틀어박혀 사는 이점도 있을 게 분명해요."

"이곳에 살겠다고 승낙했을 때, 당신은 이 도시를 잘 알았을 거예요."

"15년 전에 당신을 만나러 왔을 때부터…… 두세 번쯤 됐나요?"

"두 번이에요! 난 무엇 하나 잊어버리지 않았답니다."

"나도 당신에 관해서는 무엇 하나 잊지 않았어요. 하지만 완전히 당신의 포로가 된 뒤로는 마을을 감상하는 것을 잊어버렸죠. 내 기억으로는 마을이 이렇게까지 가난하고 추하지 않았어요."

"하지만 당신은 이곳에 오래 머물지 않을 거잖아요. 나한테는 불행한 일이지만, 이건 일급 부지사직을 향한 첫걸음이니까요."

"당신한테만 하는 얘기지만, 1년 반 뒤에 지사 자리에 오를 거라고 믿지 않았다면, 드 샤르무아가 행정관의 길로 들어서는 것에 난 절대로 찬성하지 않았을 거예요. 그렇지만 아들에게조차 조금의 야심도 갖지 않은 당신은 어째서 파리의 겨울을 포기할 만큼 큰 결심을 하게 되었죠?"

"딸의 결혼도 생각해야 하니까요. 나한텐 자식이 둘 있어요. 당신은 하나지만. 그러니 당신과 나를 비교하자면, 내가 돈에 쪼들리는 편이죠. 재산 증식을 포기한 건 아니지만, 기욤은 자신의 독립심이 방해받는 자리에 앉기를 혐오해요. 그 때문에 남편이 저당 잡힌 땅들을 모두 되찾아야 해요. 딸은 과년한 나이에 수도원을 완전히 떠났어요……."

"그래도 당신한텐 아직 둘에게 나눠줄 30만 프랑 어치의 부동산이 있잖아요."

"그 정도는 되죠."

"그럼 충분해요! 우리한테 그 정도 재산이 있었다면, 부사크에 부지사로 오지는 않았을 거예요. 하지만 훌륭한 지사직을 손에 넣을 수만 있다면, 딸을 좋은 집에 결혼시킬 수 있죠. 그런데 기욤은 언제 돌아오나요?"

"일주일 뒤에요. 그때까지는 삶의 보람이 없네요. 1년도 넘게 집을 비웠다고요. 내가 얼마나 목 빠지게 기다리고 있는지 상상할 수 있을 거예요!"

"소중한 아들을 껴안는 게 얼마나 기다려지시겠어요! 아드님이 엘비르를 알아볼지 못 알아볼지 궁금해요. 이젠 처녀가 다 됐으니까요! 당신 딸은 예쁜가요?"

"물론이지요. 따님도 흠잡을 데 없이 매력적이에요!"

"우리 딸은 아버지를 조금도 닮지 않았죠? 불행하게도 내 딸은 당신 딸의 아름다움에 비하면 발끝에도 미치지 못하고, 예의도 부족할 거예요."

"마리는 평범해요. 그뿐이죠. 하지만 마음씨가 곱답니다."

"오빠처럼 조금 몽상적인 구석이 있지 않나요?"

"천만에요! 고맙게도 훨씬 현실적이죠. 보세요! 두 사람이 웃는 소리가 들리나요? 아래층 방에서 말이에요. 마리도 엘비르도 우울하고는 거리가 머네요!"

"맙소사! 저렇게 깔깔 웃는 게 엘비르라고요? 틀림없이 마리는 아니네요! 창문으로 애들을 불러 조용히 하라고 주의를 주고 싶군요. 시골의 부르주아들이 들으면 자기네 딸들처럼 예의가 없다고 생각할 게 뻔해요."

"설마요! 그냥 웃어넘기세요! 그럴 나이잖아요! 딸들은 우리보다 행복해질 거예요. 저 둘은 가문 덕분에 괜찮은 남자들과 결혼할 거예요. 그리고 신분이 상승하면 이익을 얻을 일만 있잖아요. 제정시대의 향연과 가치 속에서 청춘을 보낸 우리에게 지금의 시대는 너무 쓸쓸하고, 삶은 궁핍하게 여겨지지만요."

"그런 식으로 말씀하지 마세요, 아름다운 부인. 부인은 제정시대를 그리워하는 것 같군요?"

"아뇨, 내 지위에서 다해야 할 의무와 그러기 위해서는 어떻게 생각해야 할지에 관해서는 잘 알고 있답니다. 하지만 보나파르트의 실각으로 재산도 지위도 상당히 잃어버렸지요."

"아니죠. 남편께서 돌아가시는 바람에 잃은 거지요. 1815년까지 살아 계셨더라면, 부인의 남편 분도 우리 남편 같이 제정시대의 수많은 관리와 장교들처럼 되셨을 텐데. 왕위계승권을 인정받은 왕자들을 제일 먼저 지지하고 다시 한번 공직에 올라서 지방에 좋은 자리를 얻으셨을 거예요."

"꼭 그렇지만도 않아요. 남편은 황제에게 애착을 갖고 있었거든요."

"마지막에는 남편 분도 황제에게서 마음이 떠났을 거예요!"

"그랬겠죠. 그 때문에 난, 야심에서가 아니라 확신에서, 내가 할 수 있는 일을 다 했을 거고요. 아마 성공은 못 했겠지만……. 솔직히 말하자면, 황제는…… 보나파르트는 우리 남편들에게 강한 영향력을 미쳤어요."

"네, 처음에는 그랬죠. 시종이었을 시절, 남편은 그에게 완전히 빠져 있었어요……. 하지만 그가 어리석은 행동을 거듭하는 걸 보고, 남편은 자신의 진짜 이익과 진짜 의무에 눈떴죠."

"드 부사크도 그렇게 쉽게 마음을 바꿨을지는 의문이군요. 오히려 남편은 나폴레옹이 불운을 만날 때마다 그에게 애착을 느꼈으니까요."

"당신 남편도 몽상적인 분이었군요. 훌륭한 분이셨지요. 전쟁이 그토록 빈번하게 두 사람을 갈라놓지 않았더라면, 그리고 당신이 그토록 질투심이 많지 않았더라면 당신을 행복하게 해줬을 텐데."

"날 그런 식으로 비난할 이유는 없어요……. 당신을 시기한 적은 한 번도 없으니까."

"그렇게 말씀하시고 싶은 기분은 잘 알아요……. 하지만 당신은 살짝 그랬어요!"

"아니요, 조금도요. 남편, 드 부사크는 교태를 부리는 여자를 아주 무서워했으니까요……. 당신이야말로 시기, 질투로는 알아주는 사람이었잖아요."

"세상에, 심술궂기도 하지! ……그 시절에는 다 그러지 않았나요?"

"정도는 달랐지만, 다 그랬죠……."

"당신은 몸치장에 열중했어요, 내 말이 틀려요? 드 샤르무아라면 절대로 당신을 용서하지 않았을 정도로 거기에 돈을 써댔잖아요."

"그건 치장이 아니라 허영이었어요……. 그게 어떻게 똑같죠?"

"정말 오늘 밤은 심술궂군요……. 하지만 내가 멋을 부렸다고 해도, 그리고 지금도 조금 그렇다고 해도 난 그럴 만하죠. 내 남편은 당신 남편만큼 다정하지 않으니까요……. 그건 그렇고, 저 애들은 뭐가 좋아서 저 소란일까! 참을 수가 없네요. 부인…… 온 도시가 다 듣겠어요. 아아! 양갓집 규수도 시골에 있으면 예의가 없어지는군요……. 저 경박한 웃음소리와 커다란 목소리는 대체 뭐람!"

"저렇게 소란을 떠는 건 우리 딸들이 아니에요……. 하녀들이죠. 저건 클로디군요……. 목소리로 알 수 있어요."

"둘 중 누가 클로디죠? 금발 머리를 한 예쁜 처녀가요?"

"아니요, 갈색 머리의 몸집이 작은 쪽이요……. 또 한 사람은 잔이라고 해요. 내 대녀죠."

"맙소사! 우리 딸들을 저런 하녀들과 함께 웃고 즐기게 하는 것이 예법에 맞는 일이라고 생각하세요?"

"불쌍한 아이들도 조금은 즐거야지요……. 지은 죄도 없는데! 분명 우리 딸들은 이 지방의 부레[3]를 같이 추려고 저 하녀들을 방으로 불렀을 거예요. 건강에는 최고의 운동이죠. 클로디는 그 춤을 잘 춰요……. 저 앤 가볍고, 몸매가 균형 잡힌 데다 우아함도 갖추고 있죠."

"또 다른 예쁜 아가씨는? 저 애도 추나요?"

"아니요. 성실하고 우수에 찬 아이죠. 하지만 보통 부레의 노래를 부르는 건 저 애예요. 아름다운 목소리를 지녔지요."

"저 평민 처녀들은 당신을 깍듯이 모시나요?"

"열 배나 급료를 줬던 파리의 하녀들보다 잘하죠. 게다가 저 애들은 시골에서 지루하게 지냈어요. 이건 내가 자화자찬하는, 그리고 당신에게도 권하는 가정의 개혁이죠."

"하지만 저 애들은 할 줄 아는 게 없잖아요? 누가 당신에게 옷을 입혀주죠? 누가 마리의 머리를 묶어주죠?"

"클로디요. 손재주 좋고, 활발하고, 총명하고, 아주 길들이기 쉬운 아이죠."

"다른 한 명은 어때요? 무슨 일을 하죠? 집 안에서는 보기가 힘들던데."

"암소를 돌봐요. 그리고 버터와 크림치즈를 훌륭하게 만들죠. 세탁을 감독하고, 과일을 보관해요. 모든 열쇠를 갖고 있는 사람은 바로 저 애죠. 클로디에 비하면 훨씬 섬세하지 못하고, 손재주도 서툴고, 행동이 굼떠요. 하지만 훌륭한 애랍니다. 분별력 있고, 성실하고, 부지런하고, 상냥하고, 순종적이고, 저한텐 없어선 안 될 존재죠. 아들이 이 집을 위해 파낸 진짜 보물이에요."

"맙소사! 당신을 위해 발견해준 사람이 기욤이에요? 저 애의 예쁜 얼굴을 보고 고른 거군요. 그러니까 마음이 있단 뜻이에요."

---

3) 춤의 하나.

"기욤은 귀족 출신이고 자긍심도 갖고 있어요. 저런 보잘것없는 애들한테 관심을 갖고 눈을 돌릴 일은 없다고요."

"당신은 기욤의 아버지한테는 그만한 신뢰를 주지 않았잖아요? 당신이 언젠가 이곳에서 눈물을 흘리고 있던 걸 똑똑히 기억해요. 하녀를…… 당신 아들의 유모였죠…… 해고한 직후였어요. 드 부사크 씨가 그 여자를 아주 예쁘게 본다고 생각해서 말이에요."

"내 과거의 잘못을 들추는군요. 잔인해요. 불쌍한 유모는 완전히 결백했어요. 조금 굼뜨고, 조금 거만하고 완고했지요. 날 자주 화나게 했어요. 그 무렵 나는 지금보다 성격이 불같았거든요. 나보다 너그럽고 다정한 남편, 드 부사크는 내가 그녀를 혼낼 때마다 나를 비난했어요. 어느 날 나는 억울한 생각이 들어서, 말도 안 되는 일로 남편을 비난했어요. 남편은 화해를 위해 불쌍한 퇼라를 해고하기로 했죠. 난 호된 벌을 받았어요. 아들과 나에게 퇼라만큼 헌신을 다하는 여자를 다시는 찾을 수 없었으니까요. 퇼라는 자존심이 유난히 셌어요. 종복이 뭐라고 했는지, 내가 질투한다는 말을 듣고는, 내가 아무리 청해도 다시는 내 밑에서 일하려고 하지 않았죠. 그 높은 자존심에 내 자존심도 조금 상처를 입었어요. 그리고 불쌍한 남편의 죽음이 찾아왔죠. 재산의 곤란, 기욤의 교육을 위한 파리 체재……. 난 그 여자를 잊어버렸어요. 그런데 지금으로부터 1년 반쯤 전, 이 시골에 다시, 그리고 마지막으로 자리 잡은 지 얼마 안 됐을 무렵, 기욤이 그녀의 죽음을 알려주었어요. 그리고 우연히 방문했던 먼 마을에서 퇼라의 딸, 그러니까 기욤의 젖형제인 저 고아 잔을 데리고 온 거죠."

"세상에! 유모의…… 딸이라고요? 유모의 딸, 저 금발 머리가? 당신 댁에서 아주 어렸을 때 본 적이 있어요."

"저 앤 어머니를 많이 닮았어요, 버릇까지도요. 하지만 저 애가 훨씬 참을성 많고 온순하죠. 처음에는 저 젊은 아가씨를 보는 게 너무 괴로웠어요. 부부의 슬픔, 아마도 내게 있었을 잘못을 떠올리게 했으니까요. 저 애에게 돈을 얼마쯤 줘서 마을로 돌려보내고도 싶었죠. 기욤이 무서운 병에 걸려서 6주일이나 죽음의 문턱에서 헤맨 건 그 여행에서 돌아온 직후였어요. 그리고 잔이 정성껏 간호해주었죠. 그 뒤 난 고마움의 뜻으로 저 애를 이 집에 들였어요."

"듣자 하니, 평민이 던진 돌에 머리를 맞았다지요? 저 애가 원인이고?"

"그건 사실이 아니에요. 아들은 언제나 부정한 일을 참지 못하고, 잔도 그런 건 보지 못했대요. 기욤이 그 무서운 열병이 난 건, 벼락을 맞은 초라한 초가를 구하려고 헌신을 다한 뒤라는 걸 당신도 잘 알잖아요?"

"내가 그걸 어떻게 잊겠어요? 당신이 편지로 알려주셨잖아요. 게다가 그 일로 기욤의 평판이 아주 드높아졌으니, 그 누구도 잊을 수 없죠."

"내가 이 사건에 대해 자세히 적었던가요? 그 초가가 불쌍한 틸라의 집이었다는 것, 잔이 어머니와 얼마 안 되는 재산을 하룻밤 새에 잃었다는 것, 기욤이 말하자면 고귀한 자애심에서 저 애를 받아들였다는 것……. 아들은 그렇게 잔을 알게 되었고, 나에게 데리고 온 거랍니다."

"한 편의 이야기 같군요!"

"아주 단순하고, 그게 전부인 이야기죠. 여주인공은 내 암탉과 우유 창고를 돌보고 있고요."

"기욤은요?"

"기욤이 왜요?"

"아드님은 그 일을 소재로 이야기를 쓰지 않았나요?"

"아들은 아름다운 로맨스를 만들었어요. 하지만 잔은 그걸 전혀 이해하지 못할 테고, 노래도 부를 수 없겠죠……. 농민의 딸치고는 아주 섬세하거든요. 어머니 이름이 나오면 어김없이 눈물을 흘려요."

"세상에! 상냥하다고요? ……기욤은……."

"뭘 묻고 싶은 거죠?"

"아니에요, 아무것도. 그런데 그런 일이 있은 뒤에 어떻게 이렇게 오랫동안 기욤에게 여행을 허락한 거죠?"

"아아! 아시다시피 우리 아들은 건강을 회복하는 데 아주 애를 먹었어요. 깊은 우울증이 마음을 꽉 막았죠. 난 아들의 미래를 생각하면 가슴이 찢어질 것처럼 불안해졌어요."

"그 우울증의 원인을 전혀 몰랐나요?"

"허약, 어떤 심장 발작 말고는 아무 원인도 없었는걸요. 진짜로요. 아들은 날 완전히 신뢰해요. 아들이 거짓말을 하거나 뭘 숨긴 적은 한 번도 없었죠. 당신한테 편지로 알렸듯이, 아들은 우울증의 정신적인 원인을 모르겠다고 줄곧 호소했어요. 의사들은 오락거리나 여행을 권했어요. 아들도 그러고 싶어 했고요. 그리고 우리의 친한 친구 아서 할리 경과 함께 이탈리아에서 두 달을 보내는 사이에 아들은 체력과 식욕, 쾌활함, 그리고 청년다운 생기를 되찾았어요. 아서 경은 아들과 마찬가지로 한 주마다 편지를 보내줘요. 그리고 마지막으로, 내가 곧 이 눈으로 그걸 확인할 수 있을 거라고 알려주었답니다!"

"기욤은 매력적인 젊은이였죠!" 드 샤르무아 부인은 말을 잇고는 갑자기 생각에 잠겼다. "다시 만날 날이 기다려지네요. 그런데 말이에요, 당신의 영국 친구인 상냥한 할리 씨는 소문대로 부자인가요?"

"여행하는 영국인 치고 그렇게 부유한 건 아니지만, 그래도 백만장자예요."

"어머나! 정말 잘됐네요! ......마리의 훌륭한 결혼 상대라고 생각하진 않으세요?"

"당신 머리에 들어 있는 건 자식을 결혼시키는 것과 재산 계획뿐이군요! 난 한 번도 그런 생각을 해본 적이 없다고 단언하겠어요."

"왜 그게 불가능해요? 아주 멋진 생각 아니에요?"

"말도 안 되죠. 장자 상속권이 회복되면 마리는 겨우 2, 3천 리브르의 연금뿐이니까. 백만장자는 마리에게 어울리지 않아요. 아시잖아요. 그리고 난 딸이 훨씬 못한 집안과 결혼하면 좋겠어요."

"왜요! 그렇게 예쁜데! 게다가 그 영국인, 적어도 내가 본 바로는, 현명하고 독특한 사람이었어요. 마리라면 빠져들게 할 수 있을 거예요."

"마리가 그런 교태를 부리는 일은 없을 거예요. 나도 딸에게 그러라고 권하고 싶은 마음은 없고요. 우린 거래에 능숙하지 않아요, 우리는 자존심이 있으니까."

"그런 쓸데없는 자존심은 던져버려요! 막대한 재산이 있으면 당신들의 자존심은 훨씬 더 커질 거라고요."

"제발 딸 앞에서는 그런 말씀을 삼가세요. 댁의 따님 앞에서도 그러지 않길 바라지만."

"남편을 찾기 위해 아름다운 눈과 상냥한 미소를 어떻게 써야 하는지 배워야만 안다면, 그건 멍청한 처녀죠. 젊은 아가씨들은 누구한테 배우지 않아도 그런 건 이미 알고 있어요."

 "마리한테는 멍청함을 선택할 만한 분별력이 있을 거예요. 그 앤 아직 어린 애고 너무 순진해서 아무런 야심도 없답니다."

 "그렇다고 해도 할리 씨가 아주 잘생기고 아직 젊다는 데에는 변함이 없어요. ……적어도 내 생각에는 말이에요……. 그가 몇 살이죠?"

 "서른 살쯤 됐어요."

 "저런! 마흔이 좋은데! 쉰이라면 더 확실하고요. 쉰 살 먹은 귀족들은 서른 명의 여자보다 어린 아가씨를 선호하죠. 그들에게 머리가 있다면 신중해질 게 분명해요. 서른 살 먹은 귀족이라면, 우리 딸들 가운데 하나가 죽을 만큼 사랑한다는 말을 하면 쉽게 믿겠죠. 모든 건 거기 달려 있어요. 내 말을 믿으라니까요. 귀족들은 명가든, 막대한 재산이든, 빼어난 미모든, 오로지 자존심에서 결혼하는 법이니까. 막대한 지참금이 없다면 불타는 정열이 있어야 해요. 만족한 귀족들은 젊은 여성이 사랑에 빠져 죽지 않도록 결심하게 되죠."

 드 부사크 부인은 선량하고 훌륭한 인물이었지만 나약한 성격이 큰 결점이었으며, 훌륭한 신조는 상냥한 성정과 어울리지 않았다. 드 샤르무아 부인에 비하면, 제정이 준 악영향은 훨씬 적었다. 그렇지만 거기서 단역을 맡은 부인들이 모두 그러하듯이, 그것은 부인을 버릇없는 어린애, 왕정복고의 견고한 체제에도 근본적으로는 교정할 수 없는, 사치와 허영의 욕구에 따르는 경박한 인물로 만들었다. 기욤은 어머니를 과대평가했다. 어머니의 사려 깊은 말과 기품 있는 태도를 진짜라고 믿었다. 어머니가 자존심 때문에 감수하는 듯이 보이는 현재의 이 추락한 지위를 내심 얼마나 유감스러워하는지, 그건 알지 못했다. 드 부사크 부인은 뒤에서 음모를 짜는 여자는 아니었다. 그러나 드 샤르무아 부인의 음험한 성격에도, 필요한 만큼의 인상을 찌푸리지는 않았다. 드 부사크 부인은 야비하고 사악한 생각은 단 한 번도 하지 않았다. 그러나 타인의 이러한 악업에 분개하는 대신, 그것들이 지혜와 쾌활한 대담함으로 포장된 것 같이만 보이면 그것을 재미있어했다. 나약한 인간답게, 행여 실패하면 거기에 적극 가담하지 않았던 것을 자랑스럽게 여기고, 책략을 생각해낸 사람들을 약 올리고 비난할 생각으로 은근히 음모에 가담했다. 책략에 손을 빌려주는 것처럼 보이지는 않지만, 자기 이익이 되는 형태로 그것이 성공하면 그들을

부사크성의 벽 걸개에 그려진 여성들
(모리스 상드 그림)

칭찬하고 그들에게 감사할 수 있었다.

따라서 뚱뚱한 샤르무아 부인의 악랄함은 그녀를 실제로 분개하게 하지 않았다. 그녀는 흘려듣기로 했다. 그리고 그것을 더욱 확실히 보여주기 위해, 성공을 믿지 않는 척했다. 떳떳하게 있는 것, 그리고 이런 여성의 친구로 남는 것은 이른바 그녀의 이점을 내버려두는 행동 아닌가? 그러나 더 약삭빠른 샤르무아 부인이 이 건에 대해 그녀의 의향을 살핀 것은, 그녀가 딸을 위한 계획을 갖고 있는지 아닌지 그저 알기 위해서였다. 처음에 점찍은 기욤 드 부사크보다는 아서 경이 바람직한 사윗감일지도 모른다는 생각이 들었기 때문이다.

11장
4월의 물고기[1]

대화가 거기까지 왔을 때, 문 위에서 속닥거리는 소리와 숨죽여 웃는 소리가 들렸다. 그리고 조금 전 그 운명이 결정된 두 아가씨가, 어머니들이 지금 막 지어놓은 공중누각에는 흥미를 보이지 않은 채, 모습을 드러냈다. 부인들은 자기 딸들을 서로 입에 침이 마르도록 칭찬했지만, 어느 쪽도 눈에 띌 만큼의 미인은 아니었다. 엘비르 드 샤르무아는 발랄하고 건장한 아가씨였다. 그녀는 늘 딸을 전투 상태에 두고, 구혼자들을 열병시킬 마음의 준비가 되어 있는 어머니 덕분에 세련된 옷차림을 하고 있었다. 그러나 슬픈 현실에서 벗어나기 위해 드 샤르무아 부인이 아무리 상상력을 발휘해도 엘비르는 실망스러울 만큼 드 샤르무아 씨를 닮았다. 아버지처럼 둔중하고 평범한 정신을 지니고 있었다. 그리고 그 표정은 부모 가운데 한쪽이 한쪽에게 불러일으킨 불쾌감을 쏙 빼닮은 듯이 보였다.

마리 드 부사크는 친구만큼은 발랄하지 않고, 차림새도 좋지 못했다. 그러나 아름답지는 않을지언정 느낌은 아주 좋았다. 창백하고, 조금 야위고, 등이 굽었으며, 턱이 조금 길었다. 정말 아름다운 부분은 눈과 머리카락뿐이었다. 그러나 피부는 아주 맑고, 표정은 풍부했으며, 그 눈빛과 미소는 그녀가 대단히 섬세하고 고결한 마음의 소유자임을 말해주었다. 잠시 그녀와 이야기하면, 그녀를 매력적이라고, 그리고 그녀의 존경과 애정을 쟁취하고 싶다고 생각하게 되었다.

그녀는 이따금 몽상에 잠기는데, 이럴 때면 친구, 즉 따분한 멍청이 엘비르와 마찬가지로 아주 쾌활했다. 두 사람은 대연회실로 들어왔다……

---

[1] 만우절에 하는 거짓말이나 농담을 프랑스에서는 '4월의 물고기'라고 부른다.

"어머니." 마리가 애써 온화하고 쾌활한 사람인 척 노력하면서도 꾸밈없는 어조로 말했다. "시에 사는 두 부인이 새 부지사 부인께 인사드리고 싶다면서 찾아오셨어요." 곧 두 부인이 나타났다. 첫 번째 부인이 매우 대담하게 나와서 아주 우스꽝스러운 방식으로 인사했다. 아가씨들은 희극을 계속 진행하려고 노력하면서도 웃음을 터트리고 말았다.

드 부사크 부인은 아가씨로 분장한 클로디의 천진난만함을 금세 알아보았다. 그러나 뚱뚱한 샤르무아 부인은 근시인 데다, 하녀의 얼굴을 아직 잘 몰랐다. 그래서 아가씨들, 특히 자기 딸이 시민에게 무례한 반응을 보이는 데에 몹시 화가 나서 일어섰다. 그러나 드 부사크 부인이 웃으면서 말하는 것을 보고 겨우 화를 가라앉혔다.

"멋지구나, 클로디. 꼭 공작부인 같잖니! ……."

"제정 시대의 공작부인 같아!" 샤르무아 부인이 다시 앉으며 덧붙였……. "왜 그렇게 소란스럽나 했더니 이것 때문이었구나, 아가씨들?"

"오늘은 4월 1일이에요!" 마리 드 부사크가 큰 소리로 말했다. "저희가 꼭 필요한 물고기를 준비했답니다. 그건 저희의 의무…… 그리고 권리이니까요!"

"아주 재미있었다, 얘들아." 드 부사크 부인이 대답했다. "드 샤르무아 부인은 깜빡 속아서 공손하게 인사까지 했잖니. 나도 속을 뻔했지 뭐냐. 얼굴을 조금도 보여주지 않고 저기 서 있는 또 다른 부인이 누군지 모르니까. 자, 부인, 얼굴이 보이도록 이리 들어오세요."

"너도 이리 와." 클로디가 큰 소리로 말했다. "마님들도 화내지 않고 재미있어 하시잖아."

"부디 용서해주세요, 대모님……." 잔이 쭈뼛쭈뼛 앞으로 나오면서 말했다. "전 절대 이러고 싶지 않았어요……. 분장을 하자고 막무가내로 우긴 사람은 마리 아가씨예요."

"세상에, 잔 아니냐?" 드 부사크 부인이 말했다. "너밖에는 없을 줄 알면서도 알아보지 못했다. 아아! 아무튼 정말 훌륭한 분장이야!"

"저 애가 잔이라고요? 농담이시죠!" 드 샤르무아 부인이 큰 소리를 질렀다. "대체 누가 이렇게 훌륭하게 차려입힌 거죠? ……저 애가 이렇게 예쁘다니, 믿을 수가 없네요!"

"얼마나 공을 들였다고요. 생각대로 잘된 것 같네요." 드 부사크 양이 말했다.

"정말 많은 시간을 쓰셨어요, 아가씨!" 이 가면극에 참을성 있게 따라준 잔이 말했다. "아가씨는 이 연극을 아주 즐기셨어요. 아가씨를 조금이나마 웃게 해드릴 수 있어서 저도 기쁘답니다. 이제 연극이 끝났으니, 이 아름다운 옷을 벗으러 물러나도 될까요?"

"안 돼, 안 돼, 잔! 아아! 사랑하는 잔, 제발 조금만 더 그대로 있어줘. 어머니, 이 얼굴을 잘 보세요! 이 얼굴을 왜 저한텐 주시지 않았는지 후회되시죠?"

"아아! 아가씨가 장난하시는 거예요." 소중한 여주인이 누구보다도 아름답다고 생각하는 잔이 진지하게 대꾸했다.

"이건 네 옷이니, 엘비르?" 드 샤르무아 부인이 로니에트[2]로 꼼꼼히 살피면서 딸에게 말했다.

"네, 어머니. 마리의 드레스는 클로디에게 어울렸고, 제 드레스는 키가 같은 잔에게 어울렸거든요."

"이 옷은 저한테 너무 작아요." 클로디가 거울에 비친 자기 모습을 뚫어지게 바라보면서 말했다. "하지만 역시, 적어도 일요일에는 이런 차림이었으면 좋겠네요."

클로디는 큰 착각을 하고 있었다. 그녀는 평민으로서는 훌륭한 얼굴이었지만, 아가씨로서는 그 반대였다. 흰 머릿수건은 동그란 얼굴에 매우 잘 어울렸고, 짧은 치마는 아름다운 다리와 훌륭한 조화를 이루었다. 그러나 유한부인들의 길고 주름진 드레스에 그녀의 장점은 모두 사라졌다. 또 장난을 좋아하고 활력 넘치는 소녀에게 자주 보이는 곱슬곱슬한 잔머리는 이 시대의 부인들이 영국 상류 사회 여성들에게서 차용한 매끌매끌하고 부드러운 두건 안에 깔끔하게 들어가지 않았다. 마리의 낭만적인 하늘색 드레스에는 시골 소녀다운 말씨와 태도가 우스꽝스러운 우아함이 되어 심한 부조화를 이루었다. 요컨대 동글동글하고 사랑스럽고 꾸밈없는 말과 행동이 매력적인 선량한 클로디도 이때만큼은 어설프게 여장한 개구쟁이 소년 같았다.

---

2) 한쪽에 긴 손잡이가 달린 멋내기용 안경.

잔은 아주 대조적이었다. 시골 소녀라도 아가씨로 꾸며놓으니 아름다웠다. 어떤 순간에도 진지하고 침착한 태도를 잃지 않는 온화하고 얌전한 기질 덕분에, 힘찬 몸의 곡선에서 남성적인 구석은 조금도 느껴지지 않았다. 그 흰 백합과 장미 같은 얼굴색(이 오래된 은유는 그녀에게는 지금도 통했으며, 햇빛도 그보다 환하지 않았다)은 하얀 드레스와 레이스의 러프[3] 덕분에 더욱 투명하고 산뜻하게 보였다. 언제나 두건에 가려져 있던 눈부신 금빛 머리카락은 완벽한 모양을 한 머리통 주위에 드 부사크 양이 자기 취향대로 세 갈래로 땋아 둥글게 고정시켰다. 미끈한 손을 희고 부드러운 아름다운 손으로 만드는 데는, 그녀가 날마다 만지는 우유 말고 다른 화장품은 필요 없었다. 완벽하게 변장하지 못한 부분은 발뿐이었다. 그것은 그리스의 조각상 같은 발이었다. 어렸을 때 히스 위를 맨발로 걷는 데 익숙한 그 발은, 인체에 어울린다고는 도저히 생각할 수 없는 인공적인 발을 만들기 위해 사교계 여성들이 신는 좁고 뾰족한 구두를 편하게 느끼지 못했다. 그 발은 말할 수 없이 아름답고 무척 자연스러웠다.

"너처럼 예쁜 아가씨는 처음 봐, 잔." 드 부사크 양이 뚫어지게 바라보면서 말했다. "하느님이 황후로 만들려고 널 빚으신 것 같아. 이보다 잘 만드실 수는 없었을 거야. 어머니, 우린 이제부터 정원을 산책할 거예요. 멀리서 우리를 본 마을 사람들은 이 변장한 두 사람을 파리에서 도착한 아가씨라고 생각하겠죠. 부지사 부인은 딸이 셋이라는 소문이 순식간에 퍼질 거예요. 그리고 내일 한 명밖에 보이지 않으면, 나머지 두 사람은 어떻게 되었는지 궁금해서 들판으로 달려 나가겠죠. 즉 온 부사크 사람들이 4월의 물고기를 맛보게 될 거예요."

"아가씨들, 난 그 장난에서 빠지고 싶구나." 드 샤르무아 부인이 말했다. "부지사 부인으로서 시민들과 하나가 되어 웃고 즐길 수는 없는 노릇이니까. 그건 아주 천박한 일이야. 그들은 나와 친밀한 관계라고 느끼게 될 테고. 나하고는 어울리지 않는 장난이구나."

"게다가 그랬다가는 마을 사람들을 화나게 할지도 모른다." 드 부사크 부인이 한술 거들었다. "그들을 놀리면, 자기들을 얕본다고 생각할지도 몰라. 소도시 사람들은 자존심이 엄청나게 세거든. 그러니까 마리, 장난은 이걸로 그만두

---

3) 16~17세기에 유럽에서 남녀가 사용한 주름진 옷깃.

어라."

"그 말씀이 맞아요." 마리가 상냥하게 대답했다. "그럼 이걸로 끝낼게요, 어머니."

"아아! 이걸로 우리 장난은 다 끝났구나!" 엘비르가 순식간에 평소처럼 뚱한 말투로 돌아와 말했다. "두 사람에게 옷을 입히는 데 그렇게 많은 시간을 들였는데, 아, 허무해라! 어머니는 늘 이렇다니까. 우리가 재미있어하는 걸 바라지 않으셔! 어머니가 아무 말씀도 안 하셨다면, 드 부사크 부인도 우리를 말리지 않았을 텐데."

"하지만 그건 사람들에게 상처를 줄 거다. 처음부터 우리에게 반감을 갖게 할지도 모르다고!"

"멍청한 사람들을 상처 주는 일은 더없는 불행이고말고요!" 엘비르는 분한 마음에 얼굴이 새빨개져서 대꾸했다. 그래 봤자 그 둔한 어조에서는 주체할 수 없는 솔직한 격정이 보이지도 않았지만.

드 샤르무아 부인이 반론에 나서고, 토론이 좀처럼 끝날 양상을 보이지 않을 때, 카데가 촛불을 들고 들어왔다. 성구실 관리자인 레오나르의 아들은 요즘 드 부사크 부인이 경제적인 이유에서 파리의 하인들 대신 새로 고용한 시골 출신 하인 가운데 한 명이었다. 대모의 상담을 받고, 품행 방정하며 잡일을 담당할 젊은이로서 카데를 추천한 사람은 잔이었다. 카데는 성구체배령식을 함께 받은(농민들은 교리문답을 함께 배운 사람들과 끈끈한 유대 관계로 묶인다) 클로디와, 친절한 친구이자 가축에게 목초를 먹이는 방법을 가르쳐준 잔 곁에서 지낼 수 있게 되어 매우 기뻤다. 그러나 그는 조금 둔하고, 조금 서툴고, 물건을 잘 부수고, 한꺼번에 많은 일을 지시받으면 수없이 실수를 저질렀다. 그리고 반년이 지났어도 아직 그 판단력은 조금도 좋아지지 않았다. 그렇지만 부지런하고, 술을 입에도 대지 않으며, 성실하고, 선의 그 자체인 그는 실수를 저지를 때마다 잘못을 빌었다. 드 부사크 부인은 마리와 함께 그것을 흘려듣기로 결심했다. 마리는 잔이 늘 그에게 마음 쓰는 것을 신경 써서 보고 있었다. 클로디는 매일같이 그를 놀리고, 혼내고, 흉내 냈지만, 그는 화내기는커녕 오히려 기뻐했다. 장난꾸러기 소녀도 착한 마음씨와 변치 않는 우직함으로 그녀를 즐겁게 해주는 카데를 잃었다면 몹시 낙담했을 것이다.

카데는 4월의 물고기 계획에 참가하지 않았다. 평소보다 두 명 더 많은 부인들이 응접실에 있는 모습을 멍하니 바라보다가, 평소 습관대로 겸허하게 시선을 아래로 떨어뜨렸다. 그리고 촛불을 내려놓은 그는 불을 지피고 덧문을 닫고는 불쑥 튀어나온 클로디와 엘비르 양의 웃음소리를 아랑곳하지 않고 나가버렸다. 한편 잔과 마리는 꼿꼿한 자세를 흐트러뜨리지 않고 있었다.

마르시야가 그 직후에 들어왔다. 드 부사크 부인은 그를 집안 친구로서 대우했으므로, 마리가 그를 시험하기 위해 두 가짜 아가씨와 머물러 있게 하는 데에 암묵적으로 동의했다. 다만 마리는 레옹의 재빠르고 날카로운 시선을 경계하여 하녀들을 벽 개구부로 밀쳐놓고, 엘비르와 함께 두 사람 앞에 놓인 재봉틀 옆에 숨었다.

레옹 마르시야는 기욤이 병에 걸린 뒤로 부사크성에서 크게 환영받았다. 그 무렵 그는 청년에게 대단한 호의를 표시했다. 그는 친절하게도 헌신적으로 찾아와 병자의 말 상대가 되어주고, 회복기에는 하루에 두세 번 책을 읽어주었다. 병자의 풀이 죽고 새침한 태도를 혐오하지도 않았다. 기욤이 기운을 차리고 감사함보다는 불쾌함을 드러내기 시작했을 때, 드 부사크 부인과 마리는 기욤이 마르시야에게 더욱 차갑고 서먹한 태도를 보이는 것을 보고 놀랐다. 마르시야에게 퉁명스러운 말을 건네는 일은 여태껏 한 번도 없었다. 그러기는커녕, 따뜻한 말로 늘 마르시야의 헌신에 감사했었다. 그러나 어느 날부터 차가운 말투로 변했다. 마르시야가 안뜰을 통해 성 쪽으로 들어오는 것을 보면, 마르시야를 피하고 불쾌함과 불만스러운 기색을 감추지 못하는 것 같았다. 마침내는 자기 방으로 달려가 나오지 않았다. 성안의 모든 것을 감시하는 클로디는, 기욤이 발코니에서 책을 읽거나 몽상에 잠긴 레옹의 모습을 열쇠 구멍으로 보고서도 레옹이 조용히 노크하면 잠든 척하면서 대답하지 않는 것을 몇 번이나 보았다.

마르시야는 기욤의 바람직하지 못한 태도를 분명히 눈치챘다. 그러나 몇 번이나 모르는 척해주었다. 이런 태도는 드 부사크 부인의 경의와 애정 어린 배려를 배가시키기에 충분했다. 불쌍한 어머니는 이런 반감의 이유에 조금도 의심을 품지 않았다. 이 배은망덕한 행위를 아들의 병 탓으로 돌리고, 아들을 변호하려 노력했다. 의사들이 병자가 흥분이나 불쾌감을 느끼지 않도록 특별히 주의하라고 강하게 충고했으므로 시원하게 꾸짖을 수가 없었다. 드 부사크 부인은 기욤이 드디어 위독한 상태에서 벗어나자 귀여워하는 여동생과 함께 지냄으로써 청년의 우울증이 사라지기를 기대하며, 자신의 딸 마리를 기숙 여학교에서 데리고 돌아왔다. 그러나 이런 변화에도 며칠이 지나자 기욤은 전보다 더 신경질적이고 이상스러우리만큼 풀이 죽어 보였다. 그래서 그를 마르세유로 보내, 이탈리아로 떠나는 아서 경과 합류시키기로 했다. 경이 젊은 친구를 즐겁게 하고 감독할 것을 허락해달라는, 진지한 우정으로 가득한 편지를 거듭 보내왔기 때문이다. 마르시야는 청년을 마르세유까지 안내하겠다고 나섰다. 기욤은 이번에는 그의 동행을 기꺼이 받아들였다. 주위 사람들은 기욤의 몸뿐만 아니라 정신까지 바람직하게 회복될 첫 번째 징후라고 생각했다.

마르세유에서 돌아온 뒤 레옹은 게레에서 지냈다. 눈부신 활동을 시작하기 위해, 부사크라는 초라한 경기장보다는 자신의 재능에 더 어울리는 극장에서 몇 년 동안 변호사로 일할 생각이었다. 그러나 가족과 옛 친구들을 만나거나 소유지를 둘러보기 위해 그는 부사크로 자주 돌아왔다. 부사크성에도 빠지지 않고 들렀다. 한 가족의 친절하고 순수한 상담 상대로서 어려운 재정 상태에 필요한 조언을 했다. 한마디로 그는 필요한 사람이었다. 왕관이나 종교에 그가 그다지 경의를 표하지 않는다는 사실도 성주 부인은 묵인했다. 제정 시대의 상류층 부인이 이러한 것에 집착하는 것도 사실은 자신의 체면과 이름을 위한 것에 불과했다. 지역주민보다 우위를 차지하기 위해 부인에게 있는 것이라고는 제정 시대보다도 존중받는 이 이름이 고작이었다. 이 이름만으로 왕정복고와 연결되어 있는 것이었다.

따라서 부사크의 마님은 자유주의자이자 볼테르주의자인 변호사에게 애정 어린 대접을 했다. 그리고 어머니를 기쁘게 하려고 애쓰는 드 부사크 양은 청초한 우아함으로 그를 맞이하고, 활발하게 굴려고 노력했다. 자신의 진중한 성격이 마르시야의 비아냥에 상처 입을지도 모른다는 것은 잘 알았다. 어떤 주제로든, 진지한 논의에 동의할 만큼 그를 신뢰하지도 않았다. 오빠가 조금도 호의를 보이지 않고, 부도덕까지는 모르겠으나 신앙심이 없어 보이는 이 인물을 마리는 내심 경계했다. 성에서는 그 점에 대해 모르는 척했다. 더구나 아가씨들 앞에서는 방탕이라는 단어가 입에 오를 일이 없었다.

"부인." 마르시야가 여주인에게 말했다. "곧 손님이 오실 겁니다. 비탈길 아래서, 엄숙한 사람들이 탄 커다란 마차를 만났습니다……. 제가 모르는 사람들이었는데, 몇 번이나 제게 부인 댁을 물어보더군요."

"커다란 마차…… 엄숙한 사람들……." 드 샤르무아 부인이 재빨리 딸의 옷차림을 쳐다보면서 큰 목소리로 말했다.

"당신이 모르는 사람들?" 드 부사크 부인이 덧붙였다. "정말 이상한 일이네요. 당신은 이곳 사람들을 다 알잖아요, 레옹 씨."

"그게 4월의 물고기라는 걸 모르시겠어요, 어머니?" 드 부사크 양이 빙그레 웃으면서 말했다.

"아아! 마리 양" 마르시야가 대답했다. "무례하게도 여러분에게 그런 짓은 결코 하지 않을 겁니다……. 저에 대한 어마어마한 영광으로서 여러분이 지금 저에게 하신 것을요."

"그게 무슨 뜻이죠?"

"그럼 그 부인에게 인사드리겠습니다." 깔끔하게 정리되지 못한 머리카락 아래로 클로디의 구릿빛 목덜미를 알아보고 마르시야가 말을 이었다.

그리고 젊은 아가씨들에게 다가가 클로디에게 일부러 진지하고 공손하게, 그러나 똑바로 그 얼굴을 보지 않고 인사했다. 잔의 아름다움과 고상하고 차분한 말투에 완전히 주의를 빼앗겼기 때문이다.

"어떻게 그렇게 빨리 저인 줄 아셨죠? 카데는 전혀 몰랐는데?" 클로디가 일어서면서 자신의 가슴을 부채로 탁탁 치며 큰 소리로 말했다.

"정말 우아하게 부채질을 하시는군요!" 마르시야가 평소처럼 놀리듯이, 그리고 여전히 잔을 곁눈질로 바라보면서 덧붙였다. "꼭 안다르시아의 미인 같습니다."

"그거 욕인가요, 레옹 씨?" 클로디가 냉소적인 칭찬을 전혀 알아듣지 못하고 물었다.

재봉틀 옆에서 재치 있는 쾌활한 응답이 오가는 동안 코안경을 마르시야에게 향하고 있던 드 샤르무아 부인은 재빨리 드 부사크 부인에게 변호사의 이름과 지위와 재산에 관해 물었다. 그러나 경찰지사로 태어난 듯한 여자의 날카로운 눈빛으로, 이 변호사가 뚱뚱한 엘비르에게는 짧은 시선만 던졌을 뿐

거의 주의를 기울이지 않았다는 것, 그리고 마리와 클로디와 이야기하면서도 아름다운 잔에서 눈을 떼지 않는다는 것을 재빨리 알아차렸다.

"부인, 이제 이 장난을 끝낼 시간이에요. 손님들이 도착하시겠어요. 안뜰에서 말 울음소리가 들려요……." 그녀가 드 부사크 부인에게 말했다.

"아니에요! 짐마차가 돌아온 거예요."

"상관없어요! 저 어리석고 시끄러운 아이들을 내보내주세요. 날 위해 그렇게 해주세요. 지금 손님이 오면 내가 너무 불편해요……. 게다가 정말이지……." 부인이 잔뜩 목소리를 낮추어 덧붙였다. "하녀가 너무 예뻐요. 그건 우리 딸들한테 불리한 일이에요. 과년한 딸을 가진 당신이 잔을 왜 곁에 두는지 난 이해할 수 없군요. 그걸 전혀 깨닫지 못하면서 딸을 좋은 곳에 시집보낼 생각이라면, 내가 당신을 올바르게 이끌어야지요. 자! 아무것도 걸릴 것 없잖아요! 내가 저 가짜 아가씨들을 본대로 닭장으로 내쫓겠어요."

뚱뚱한 샤르무아 부인은 일어섰다. 그러나 한 발짝도 떼기 전에 카데가 얼굴은 새빨갛고, 숨은 헐떡거리고, 머리는 산발이 되고, 입이 귀에 걸린 채 큰소리를 지르면서 응접실로 뛰어들어왔다.

"마님! 두 분이 오셨습니다! 두 분이요! 마님! 두 분이 오셨다니까요! 두 분이요. 틀림없습니다!"

"아들이!" 어머니로서의 애정만으로 상황을 이해한 드 부사크 부인이 외쳤다.

부인은 마리와 함께 문을 박차고 나갔다. 너무 기쁜 나머지 이성을 잃고 타인의 기쁨 속에 섞여 있던 카데와 부딪치면서, 갑자기 기욤이 어머니와 여동생의 품속으로 뛰어들었다. 아서 경이 그 뒤를 따랐다. 행복하고 침착한 태도로 가족의 포옹과 넘치는 진정성을 바라보며 자기 차례를 기다렸다.

12장
괴짜 신사

"약속을 지켰기를 바랍니다." 처음의 흥분이 가라앉자 아서 경이 말했다. "병에 걸리기 전과 똑같이 발랄하고 싹싹하며, 전보다 더 튼튼해진 그를 여러분 곁으로 데리고 돌아왔습니다."

아닌 게 아니라 기욤은 완전히 아름다운 청년이 되어 있었다. 그는 되도록 좋은 혈색을 보여서 어머니를 기쁘게 해드리려고 아침에 살짝 화장을 했다. 너무 오래 집을 비운 뒤라 가족에게 둘러싸여 느끼는 순수한 행복에 그의 눈은 빛났다. 계속해서 어머니를 껴안고, 여동생 손에 애정을 담아 입 맞추고, 아서 경을 자신의 구세주이자 선량한 친구이자 진짜 의사라고 모두에게 소개하면서 꼭 끌어안았다. 마르시야를 한없는 애정을 담아 환영해주기까지 했다. 예전의 반감을 버렸다기보다는 잊어버린 듯이 보였다. 드 샤르무아 부인과 그 딸을 소개하자 딱 알맞게 다정한 인사말을 건넸으므로, 어머니와 여동생은 그의 귀가를 기뻐했다. 결국 누구나 그를 매력적이라고 느꼈다. 뚱뚱한 부지사 부인은 이렇게까지 미남이 아니기를 바랐을 것이다. 즉 미모라는 이 장점은, 부인에 따르면 신붓감을 고를 때 젊은이들을 재산면에서 더 까다롭게 만들기 때문이다.

부인은 코안경을 대고 아서 경을 넋 놓고 쳐다봤다. 그 아름다운 얼굴과 기품 있는 위엄을 지칠 줄 모르고 바라봤다. 처음에는 사윗감으로 생각하기보다는 자기가 스무 살쯤 어리지 않은 것을 유감스럽게 생각했을 정도였다.

잔과 클로디는 자기들이 가장하고 있다는 사실도 잊고 먼발치에 서 있었다. 그중 한 사람은 이토록 훌륭한 옷차림을 한 아름다운 신사들을 황홀하게 쳐다보면서. 또 한 사람은 대모이자 여주인의 기쁨에 감동하여, 굳이 나서거나 숨으려고 하지 않고, 평소처럼 자신의 일은 잠깐 잊고서. "저 키 큰 신사는 정말 기묘한 말을 쓰네!" 클로디가 아서 경의 매우 두드러진 영국 억양에 놀라서 말했다. "저 봐, 영어로 말한다!" 옆으로 다가오던 카데가 조심스럽게 대답했다.

"저게 영어라는 거야?" 클로디가 말을 이었다. "저런 말을 용케 알아듣네."

"저 신사는 영국인이냐?" 이번에는 잔이 말했다. 4세기 이후 이 지방 농민들의 마음에 뿌리박힌 앨비언[1]의 자손에 대한 공포와 원한이 잔에게도 있었지만, 그녀는 이 영국인이 악마가 아니라 그리스도교도로 보인다는 데에 놀랐다.

"마리 양, 낯설고 엄숙한 사람들의 방문을 고함으로써 내가 당신에게 드린 4월의 물고기에 대해 삼가 사과를 드립니다." 마르시야가 말했다.

"네! 기꺼이 용서해드리죠." 젊은 아가씨가 대답했다. "그건 그렇고, 당신의 교묘함에는 놀랐어요! 어쩜 그렇게 시치미를 뚝 떼고 거짓말을⋯⋯."

"비난해야 할 사람은 아서 씨입니다. 나한테 조심하라고 그랬거든요! 꼭 여러분을 놀라게 해드리고 싶었답니다!"

"그렇습니다, 미스 메리." 아서 경이 온화한 쾌활함과 느릿한 어조로 말을 이었다. "아직 어린 당신이 기숙 여학교에서 무엇에도 뒤지지 않는 훌륭한 이야기를 무수히 하면서 한마디 할 때마다 내 앞에서 웃었던 그 4월 1일 이후, 난 당신을 골탕 먹이려고 정열을 쏟았습니다. 이번엔 내가 당신을 당혹스럽게 할 차례지요."

"마리 양이 이번에는 당신에게 4월의 물고기를 주지 않으리라고 확신하는 겁니까, 아서 경?" 마르시야가 드 부사크 양에게 눈짓하면서 말했다.

"불가능하지요!" 영국인이 큰 소리로 말했다. "난 이제 미스 메리의 말을 믿지 않습니다!"

이때 기욤이 여동생에게 다가갔다. 클로디를 흘깃 보았지만, 처음 보는 얼굴이었다. 클로디는 그가 이탈리아로 출발한 지 한참 뒤에 성관에 찾아왔다. 더구나 그는 생애에서 딱 하루, 즉 툴 생트 크루아 마을에 있었던 그날 이 소녀를 만났을 뿐이었다. "어디선지는 모르겠지만, 이 얼굴과 매우 닮은 얼굴을 보았습니다." 그러나 잔을 보자마자는, 새 옷을 입은 그녀가 매우 아름답고 편안해 보였다. 처음에는 그것을 입었다고 믿을 수가 없었다. 그는 드 부사크 부인

---

1) 그레이트 브리튼섬의 옛 명칭.

이 대녀의 고상한 성격을 높이 평가해서 자기와 대등한 시녀로 만들기 위해 그녀를 천한 신분에서 격상시켜주었다고 상상하고 기쁨과 공포를 동시에 느꼈다.

그는 아버지 같은 마음으로 잔과 재회할 생각이었다. 그런데 도중에 안뜰에서도 성관 계단에서도 그녀가 보이지 않자, 지금도 가끔 분노를 터뜨리거나 황당한 편견에 사로잡힌 어머니가 잔을 시골의 양들 곁으로 돌려보낸 것은 아닌지 의심했었다. 그러다가 드디어 응접실에서 아가씨의 옷을 입은 그녀와 만났다. 예의범절을 배운 것이 틀림없다. 곧 그 입에서 세련된 말이 나올 것이다. 그 기품 있는 얼굴, 얌전하고 품위에 넘치는 그 태도는 그의 추측과 얼마나 일치하는가! 그는 그녀에게 다가가 그 손을 잡았다. 뭐라고 말을 걸려고 했다. 그러나 떨려서 얼굴이 창백해지고 말이 목에 걸려 나오지 않았다. 그 손은 매우 하얗고 부드러웠다. 모슬린 소매로는 아름다운 팔이 드러나 보였다. 기욤은 심장을 두근대며 잔의 손을 입술로 가져갔다. 불쌍한 소녀는 당황했다. 대부의 당혹감을 차가움으로 받아들이고, 이 공손하고 어색한 애무를, 마르시야가 아까 클로디에게 했던 거만한 인사가 그랬던 것처럼 변장이 불러일으킨 조롱으로 받아들였다. 눈에는 눈물이 가득 고였다. 그녀는 평민의 옷으로 갈아입고 대부의 저녁 식사를 준비하기 위해 클로디와 함께 곧 조용히 응접실에서 나왔다.

이 아름다움과 순진함, 꾸밈없는 우아함이 아서 경에게 깊은 감동을 주었다. 그는 기억력이 좋긴 했지만, 어째서 이 천사 같은 얼굴을 전에 본 것 같은 기분이 드는지 이해할 수 없었다. 꿈에서 봤나? 특별히 선호해서 자주 떠올리는 얼굴인가? 피렌체나 로마에서 경건한 사랑을 품고 응시했던 르네상스 시대의 성모 마리아상 가운데 어느 것과 특히 아주 닮았나?

"저 젊은 여성은 누굽니까?" 그가 마르시야에게 물었다.

"드 샤르무아 양의 영국인 가정교사요." 마르시야는 마리의 쾌활함에 눈으로 도움을 구하면서 침착하게 큰 소리로 대답했다. "미스 제인이죠. 다른 사람은 미스 클로디아. 마리 양의 가정교삽니다."

"미스 제인! 가정교사!" 영국인이 어안이 벙벙해서 되풀이했다.

"아서 경! 아직도 4월의 물고기일까 봐 걱정하는 겁니까? 그렇게 경계만 하시니, 이젠 당신한테 인사도 못 하겠습니다."

아서 경은 완전히 마음을 놓고 덫에 걸려들었다. 그리고 저녁 식사 때 편하게 영어로 대화할 수 있게 된 것을 기뻐했다.

서둘러 식사가 나왔다. 두 여행자는 몹시 배가 고팠다. 아서 경은 기욤의 가족들이 아무리 애원하고 아무리 비난해도, 식사 뒤에는 곧장 출발하기로 단호하게 결심했다. 그는 긴급한 용건으로, 소유지가 있는 오를레앙의 부름을 받고 있었다. 그는 마부들에게 말을 마차에서 풀지 말라고 명령해두었다. 그러나 그는 일주일 뒤에 돌아오겠다고 명예를 걸고 약속했다.

저녁이 차려지기 시작한 식탁 주위에서 클로디와 카데가 서로 시비를 걸고, 작은 소리로 나무라고, 가르치고, 몸짓이나 눈빛으로 놀리면서 돌아다녔다. 평민 차림으로 돌아온 클로디는 아가씨 분장을 했을 때처럼은 아서 경을 놀라게 하지 않았다. 침착한 카데의 물집투성이 갈색 손 대신 처녀의 손이 사뿐사뿐 그의 접시를 바꾸는 것을 볼 때마다, 몸에 밴 친절함으로 '고맙네'라고 말하는 것 말고는 그녀에게 주의를 기울이지 않았다.

기욤은 그제야 클로디를 알아보았다. 집안 돌아가는 사정이 시시콜콜 적힌 사적인 편지 추신에 그녀를 성에 들였다고 쓰여 있었던 것이 떠올랐다.

"클로디는 아까 변장을 하고 있었던 거야?" 옆에 앉은 마리에게 물었다.

"당연하지." 여동생이 대답했다. "오늘이 심심풀이도 필요 없을 만큼 행복한 날이 될 줄 모르고 4월 1일의 연극을 준비했던 거야."

"그럼 잔도 변장했겠네?"

"물론이지. 몰랐어?"

"잘은 몰랐지!" 기욤이 떨떠름하게 말했다.

"어머! 오빠가 얼마나 점잔을 떨면서 그 손에 입 맞췄는데! 난 아서 경을 속이려고 우리를 도와주는 줄로만 알았어."

"그런 생각은 하지 않았어." 기욤이 대꾸했다.

"맙소사! 그럼 오빤 아직 제정신이 돌아오지 않은 거야?"

두 사람이 이런 대화를 속삭이는 동안, 드 샤르무아 부인은 결혼을 주제로 큰 소리로 수다를 떨어 아서 경의 머리를 아프게 했다.

"꽤 오래전에 파리의 드 부사크 부인 댁과 드 브로스 부인, 드 클레르보 부

부사크성의 정원

인 댁에서 당신을 뵌 적이 있어요. 그때 당신은 미혼이셨죠. 프랑스에 땅을 살
까 영국으로 돌아가서 정착할까로 고민하고 계셨어요. 우리의 사랑하는 왕자
들이 귀환한 지 얼마 안 된 때였죠. 당신은 군인이 아니었지만, 우린 당신을 이
나라의 해방자 가운데 한 사람으로 생각했어요. 지금은 결혼하셨을 것 같은
데…… 아니면 부인이 돌아가셨나요? 내 기억이 틀렸다면 부디 용서해주세요."

마르시야는 해방자라는 단어에 저도 모르게 어깨를 으쓱했다. 그러나 영국
인은 이 단어를 매우 냉정하게 받아들였다. 드 부사크 부인은 친구가 아서 경
의 결혼을 추측하는 꾀를 부리는 것을 보고, 그것이 경박하기 그지없는 술책
임을 알려주기 위해 팔꿈치로 쿡 찔렀다. 그러나 샤르무아 부인은 목적을 달성
하는 데는 어떤 수단도 유용하다 확신하고 그것을 무시했다.

"그럼 아직 독신이세요?" 그녀가 말을 이은 것은, 아서 경의 3년 동안 계속된
여행은 결혼과 양립할 수 없었다고 판단한 뒤였다. "그럼 지금이 바로 그때라
고 생각하세요, 아서 경? 당신은 아직 남자로서 한창일 나이잖아요. 그렇지만

서른이 넘으면 독신 중년 남성이 되기 시작한답니다. 정말이라니까요."

"그 말이 맞습니다, 부인." 아서 경이 맞장구쳤다. "이기주의자에 편집광이 되어, 여성을 행복하게 해줄 능력을 나날이 잃어가게 되지요. 그래서 빨리 결혼하려고 마음먹고 있습니다."

"아주 좋은 생각이에요! 난 결혼하지 않는 귀족을 언제나 높게 평가하지 않았답니다. 그래, 신붓감은 벌써 구하셨겠지요?"

"아뇨, 아직 확실히는……."

"어머나! 망설이고 계시는군요?"

"아주 망설이고 있지요." 영국인이 분명한 어조로 대답했다.

"알겠어요! 당신은 사랑에 빠졌는지 아닌지 자신이 없어요."

"전 아직 사랑에 빠지지 않았습니다. 하지만 그럴 가능성이 매우 크죠." 영국인이 말했다. 그리고 누군가를 찾는 것처럼, 주위로 천진한 시선을 돌렸다.

'어쩜, 순진하고 솔직하기도 하지. 조금 떠보는 건 재미있다니까.' 뚱뚱한 샤르무아 부인은 생각했다. 젊은이들이 다른 이야기를 하는 사이에, 부인은 목소리를 낮추어 그에게 말했다. "당신이 마음에 둔 사람을 떠올리게 하는 사람이 이곳에 있는지 없는지 찾아보는 건가요?"

"전 아직 아무도 마음에 두지 않았습니다, 부인." 영국인이 웃으면서 말했다.

'이 남자가 나한테 구애하는 건가?' 부지사 부인은 자문했다. '내가 결혼할 수 없는 몸이라는 게 너무 아쉽다! 엘비르는 가지런한 이를 갖고 있다는 걸 보여주기는커녕 하필 이런 때 왜 저렇게 입이 나와 있담? 아가씨들은 정말 어리석어!'—"분명 원하는 게 있으시겠죠?" 그녀가 자기 재산이 얼마 안 되는 것을 안타깝게 생각하며 말을 이었다.

"그야 많죠, 부인!"

"당신은 요즘 부자 귀족들하고 다를 게 없네요! 더 부자가 되기를 바라죠."

"아아! 전 그런 것보다 훨씬 커다란 야망을 품고 있습니다."

"유서 깊은 이름을 원하시나요?"

"그 여성이 아름다운 이름을, 아주 쉽게 말할 수 있는 이름을 갖고 있으면 좋겠습니다."

"재미있는 분이군요. 난 그걸 잘 알 수 있어요. 부디 명문가 여성을 고르라고 권하고 싶군요. 당신은 귀족이긴 하지만, 저명한 가문은 아니니까요. 프랑스에서 어느 정도 존중받으며 살고 싶다면 가문이…… 일류까진 아니더라도요. 당신이 몽모랑시 가문을 바랄 수는 없는 노릇이잖아요…… 적어도……."

"부인, 저한텐 그런 것보다 더 큰 야망이 있습니다." 영국인은 당황하지 않고 말을 이었다.

"어머나! 도대체 어떤 야망이죠? 그럼 당신은 어마어마한 부잣가요?"

"전 성실한 사람입니다. 제 아내에게 사랑받고 존경받고 싶어요. 그게 제 야망입니다."

"맙소사! 정말 독특한 분이군요! 그렇지만 정말 매력적이에요. 재치가 넘치는 민족은 프랑스인뿐이라고들 하지만, 당신은 재치가 철철 넘치는군요!"

"정말 친절하시군요, 부인."

"친절한 건 당신이죠! 당신은 이 세상에서 가장 매력적이고 가장 마음씨 착한 분이에요. 꼭 결혼하세요! 정말로요! 꼭 사랑받기를 바랄게요. 당신은 그럴 가치가 충분히 있는 분이니까, 당신한테 어울리는 여성을 만나기는 어렵지 않을 거예요."

"생각보다 훨씬 어렵답니다, 부인. 사랑받을 만하고, 성실하고 충실하게 사랑할 줄 아는 여성은, 여성들이 재기가 넘치는 프랑스에서는 대단히 보기 드물지요!"

"아니요, 착각을 하고 계시군요! 재기보다는 마음을 가진 여성을 난 알지요. 일주일 뒤에 돌아오시면 그걸 증명해드리겠어요."

"일주일 뒤라! 너무 긴데요." 영국인이 유독 침착하게 말했다.

"어머나! 뭐가 그리 급하죠? 아무래도 이탈리아 여행에 그다지 만족하지 못하고 이 프랑스에서 더 좋은 것을 기대하시는 것 같군요. 자자! 일주일 동안 기다리세요. 난 적절한 조언을 할 수 있지요. 인간의 마음을 알거든요. 그리고 당신한테 호의가 있고요…… 정말로요! 친아들처럼 말이에요."

"아주 친절하시군요!" 영국인은 주의 깊게 보지 않으면 놓칠 만큼 엷은 비웃음을 띠며 말했다.

후식이 나왔다. 그것은 잔이 내왔다. 훌륭하게 보존되어 무스 안에 가지런히 들어간 사과와 포도가 든 바구니를 가지고 들어왔다. 깨끗한 평민 차림으로, 더 효율적으로 음식을 나눌 수 있도록 소매를 팔꿈치까지 걷어 올리고, 재빨리 저어 녹기 시작한 풍부한 크림치즈를 식탁 가운데에 놓으려고 아름다운 흰 팔을 뻗었다. 그 얼굴에는 생기가 넘쳤다. 어떤 때는 기욤 옆에서, 어떤 때는 영국인 옆에서 음식을 나눠주려고 경계심도 고의도 없이 몸을 굽혔다. 그러나 기욤은 마르시야가 자기 옆으로 아름다운 카네포르²⁾가 지나갈 수 있도록 의자를 엘비르의 의자에서 조금 떨어뜨렸음에도 그녀가 마르시야에게 다가가지 않도록 주의하는 것을 눈치챘다. 기욤은 애써 그녀에게서 시선을 거두고, 생각을 돌릴 수 있는 주제라면 무엇이든지 여동생과 이야기했다. 그러나 그날 밤 잔은 본의 아니게 주의를 잡아끄는 숙명이었다.

그녀가 방에서 나가자마자 샤르무아 부인의 결혼 도발에 몹시 지친 아서 경은 드 부사크 양에게 말을 걸면서 화제를 돌렸다.

"마리 양, 당신들은 저녁 식사로 물고기를 상에 낸 것 같더군요. 하지만 미안하게도 난 손을 대지 않았습니다." 웃으면서 말했다.

마리는 영국인 가정교사 이야기는 이미 잊고 있었다. 그녀는 놀라서 아서 경을 쳐다보았다.

"미스 제인은 완벽한 변장을 하고 있군요." 영국인이 계속했다. "하지만 어떤 모습도 똑같이 아름다워요. 난 단 한 순간도 속지 않았답니다."

"정말 죄송해요." 마리가 말했다. "당신은 이 집의 아름다운 우유 담당 하녀를 영국인 가정교사로 오해하고 계세요. 당신을 골탕 먹이려던 건 절대로 아니에요. 그 이야기를 지어낸 건 마르시야 씨예요."

"연극을 아주 잘하시는군요." 영국인은 우유 담당 하녀 잔을 변장한 미스 제인이라고 굳게 믿으며 반박했다.

"아아! 너무하시네요!" 젊은 아가씨들이 웃음을 터트리며 큰 소리로 말했다. "우리가 속이는 게 지금이라고 생각하시나 봐요."

"훌륭한 연극입니다!" 아서 경이 마찬가지로 진심으로 웃으면서 반복했다.

멋지게 속아 넘어간 영국인이 무슨 생각을 하는지 분명히 알기란 불가능했다. 그러나 그가 아무리 편견이 없는 사람이라 할지라도, 우유 담당 하녀에게

---

2) 고대 그리스에서 제례 행렬 때 바구니를 머리에 얹고 나르는 처녀.

그만한 위엄이 있다고는 전혀 믿으려 하지 않는다는 점, 흰 드레스를 입고 영국식으로 땋은 금발 머리로 나타난 자기 나라의 아름다운 처녀에 대한 첫인상과 공감이 섞인 찬미의 마음으로 그가 충만해 있다는 점은 확실했다. "그녀는 정말이지 세상에서 가장 아름답습니다. 가능하다면, 아무것도 쓰지 않기보다는 두건을 쓰는 편이 더 아름다울 것 같아요." 그는 식탁을 떠나면서 재미있어하며 물었던 마르시야에게 말했다. 오빠에 대한 배려에 감사하며 마리가 아서 경을 위해 정성껏 준비하고 마음을 담아 따라준 차를 영국인은 여섯 잔이나 비우고, 즉시 마부들에게 마차를 준비하라고 일렀다. 그러고는 거듭되는 간청을 뿌리치고, 일주일 뒤에 돌아오겠다고 다시 맹세하고는, 양자처럼 생각하는 소중한 기욤을 꼭 끌어안은 뒤 출발했다. 그가 마차에 올라타려고 할 때, 가족들과 함께 거기까지 배웅 나와 있던 뚱뚱한 샤르무아 부인이 낮은 목소리로 재빨리 그에게 말했다. "저하고 그 일을 의논하기로 약속하셨죠? 나한테 알리지 않고 그 엄청난 계획을 실행하면 안 돼요. 난 모르는 사람이 없지요. 난 당신이 함정에 빠지는 일이 없도록 당신한테 정보를 주는 일도 누구보다 잘할 수 있어요."

"안심하세요, 부인." 아서 경이 여행용 캐릭[3]을 걸치고 꼼꼼하게 단추를 채우면서 조금 놀리듯이 대답했다. "일주일 뒤에 그 일에 대해서 같이 이야기하죠. 그리고 되도록 일주일 이내에 부인께 편지를 쓰겠습니다. 전 대단히 인내심이 없거든요."

이 마지막 말은 뚱뚱한 샤르무아 부인의 마음에 딸의 결혼에 대한 더없이 감미로운 희망을 남겼다. 부인은 밤새 잠을 이루지 못했다. '그 일에 대해 일주일 내로 나한테 편지를 보내겠다니!' 계획으로 가득 찬 그 커다란 머리를 베개 위에서 움직이면서 부인은 몇 번이나 반복했다. "그가 편지를 보내겠다는 사람은 나지 드 부사크 부인이 아니야! 그러니까 그가 생각하는 사람은 우리 딸이 분명해. 확실히 그는 우리 딸을 쳐다봤어. 아주 많이. 내가 그에게 결혼을 권유할 때마다 그는 아주 야릇한 눈으로 엘비르를 쳐다봤지. 기묘한 표정이었어. 장난을 하는 건지 진지하게 말하는 건지 잘 모르겠어. 어쨌거나 그는 독특해.

---
3) 여러 겹의 깃이 달린 외투.

그는 날 마음에 들어 해. 많은 신사가 어머니 성격에 끌려서 젊은 딸을 배우자로 선택하지! 게다가 엘비르는 완전히 마리를 이겼어. 마리는 눈은 예쁘지만 너무 깡말랐거든! 어린애처럼 보이지 뭐야. 그 애를 보면 결혼 생각은 떠오르지 않아."

바로 그다음 날 다음과 같은 짧은 편지가 도착했을 때, 부사크의 부지사 부인의 달콤한 환상은 어찌 되었겠는가!

부인,
한시라도 빨리 적절한 조언에 따라 제가 원하는 대로 결혼하고 싶어서, 따님의 영국인 가정교사 미스 제인을 열렬히 사랑하는 한 성실한 남자가 청혼을 위해 그 이름과 재산을 제시하고자 하오니, 부인께서 부디 저의 중개인이 되어주시기를 바랍니다.

아서 할리.

13장
오빠와 여동생

이 갑작스럽고 기묘한 사랑 고백은 드 샤르무아 부인에게 마른하늘에 날벼락이나 다름없었다. 그녀는 드 부사크 부인의 방으로 달려가 오랫동안 나오지 않았다. 드 부사크 부인은 이 사건을 진심으로 받아들이지 않았다. 귀찮고 부적절한 조언을 하는 여성에게 아서 경이 못된 장난을 친 것이라고 생각했다. "그런 게 아니에요! 그런 게 아니라니까요!" 분개한 샤르무아 부인이 목청을 높였다. "당신이 단언하듯이 그가 명예를 중시하는 사람이라면, 이런 장난은 치지 않을 거예요. 실제로 딸의 가정교사 미스 제인이 존재한다고 가정하고 백만장자가 결혼을 원한다는 걸 알게 되면, 그 애는 얼마나 기쁘고 자랑스러워하겠어요! 그런 뒤에 4월의 물고기에 불과했다는 것이 알려지면 얼마나 창피하고 화가 나겠냔 말이에요! 결단코, 교양 있는 남성이라면 그런 장난은 하지 않아요. 부엌데기가 상대라도 말이에요!"

"하지만" 드 부사크 부인이 말을 이었다. "할리 씨는 당신이 생각하는 것만큼 잘 속는 사람이 아니에요. 잔이 하녀라는 사실을 그는 충분히 이해했어요. 당신이 자신의 바람을 진짜라고 믿지 않으리라 확신하고, 그 애들을 가지고 자기를 놀린 데 대한 복수로 이런 장난 편지를 쓴 거라고요."

"그게 그의 의도라면 본때를 보여주겠어요!" 드 샤르무아 부인이 목청을 높였다. "그가 우리 딸을 사랑하도록 만들겠어요. 그리고 그에게 딸을 절대로 주지 않겠어요. 하지만 그 전에 잔을 쫓아내서 날 기쁘게 해주세요."

"아니, 대체 왜요? 그 불쌍한 애가 무슨 잘못이라고요?"

"아주 요망한 계집이니까요!"

"큰 오해예요. 그 애는 요망하지 않아요."

"됐어요! 그런 건 상관없어요! 그 애는 아름답고 모두가 좋아해요. 우리 딸들에게 해가 된다고요. 더는 그 애를 두고 볼 수가 없어요."

잔은 더없이 충실하고, 성관에 매우 쓸모 있는 하녀였다. 드 부사크 부인은 그녀를 쫓아내지 않겠다고 아주 단호하게 말했다. "반드시 그래 보이겠어!" 드 샤르무아 부인이 그 생각은 단념한 듯이 작은 목소리로 중얼거렸다.

"이게 할리 씨가 보낸 4월의 물고기에 대한 내 결론이에요." 그녀가 편지를 구겨 불 속에 던져 넣으면서 말했다. "이 일에 대해서는 입을 다물어주시겠죠?"

"내 친구는 다른 식으로는 이해하지 못하고, 난 당신이 이 벌을 누구에게도 알리지 않고 당신 가슴에만 묻어둘 거라고 생각하니까 더욱 그래야죠. 이 일에 대해 뭔가 아는 게 있다고 생각하고 싶지도 않네요."

"난 이런 무례한 편지를 받았다고 보이는 것조차 싫어요. 속아 넘어간 줄 알 테니까요. 친구인 아서 경이 이 일에 대해 나한테 뭐라고 말한다면, 난 아무것도 모르는 척하겠어요."

드 샤르무아 부인은 새 부지사 공관으로 이사하기 위해 눈코 뜰 새 없이 바쁜 남편과 합류했다. 별것 아닌 일로 트집을 잡아 남편에게 불평을 늘어놓고 질책함으로써 그 불쾌한 기분을 조금이나마 풀었다.

한편 할리가 역마를 바꿔 타고 부사크로 보낸 편지를 쓴 라 샤트르에서 이 기묘한 사명을 다하기 위해 그리 서두르지 않고(꼬박 하루가 걸려서) 찾아온 베리 지방의 사자(使者)는 지시받은 대로 제인 양에게 뜻을 전했다. 그 사자가 이 이름을 영국식으로 발음하는 데에 긍지를 나타내지 않았다는 점과 가져온 짧은 편지에 적힌 이름이 프랑스인의 눈에는 잔처럼 보였다는 점에서, 읽기를 배우고 철자를 또박또박 말할 줄 알게 된 클로디는 그 편지가 누구에게 온 것인지 어렵지 않게 이해했다.

"엊그제 이 성에 들른 영국 신사가 보낸 건가요?" 사자에게 말했다. "참 이상하네! 성에 뭘 두고 가셨나 봐. 차라리 나한테 쓰시지. 잔은 아직 글자를 모르니까. 답장을 보내야 하나?"

"아니, 필요 없어! 영국 신사는 파리로 돌아갔으니까." 카데가 현명하게 지적했다.

"그럼 그 애가 암소를 데리고 돌아올 때 전해줘야지." 클로디가 편지를 앞치마 앞주머니에 넣으면서 말했다.

"그러면 안 돼! 지금 당장 줘. 영국인 나리가 도착하는 대로 직접 주라고 하셨단 말이야." 사자가 말했다.

"아아! 그럼 내가 갔다 오지." 클로디가 대답했다. 그녀는 부엌용 앞치마 자락을 걷어 올리고, 강이 암벽을 따라 흐르고 잔이 암소를 지키는 목장으로 내달렸다. 그러나 정원에 다다르기도 전에, 오빠와 산책하던 드 부사크 양을 만났다. 그녀는 내용이 빨리 듣고 싶어서 편지를 건넸다. 마리는 그 기대에 응하지 않았다. 편지를 산책 도중에 잔에게 전달해주겠다고 하자 클로디가 자존심이 조금 상해서 온 길을 되돌아가자 기욤이 말했다.

"이건 진짜 할리 씨의 글씨체야. 그런데 잔에게 대체 뭐라고 썼을까?"

"나야 모르지." 청년이 대답했다. "잔은 글자를 읽을 줄 알아?"

"아니, 영어로 쓰여 있으면 더 못 읽지." 드 부사크 양은 편지 봉투를 열면서 말했다.

두 젊은이, 특히 마리는 영어에 꽤 정통했다. 내용은 다음과 같았다.

"친애하는 미스 제인, 내가 결혼을 결심한 지 몇 달이 되었습니다. 난 내가 훌륭한 골상학자이며 인상학자라는 자부심을 가지고 있습니다. 따라서 아름다운 얼굴이 내게 줄 아주 솔직하고 강한 첫 호감을 따를 생각으로 있었습니다. 난 당신을 아주 짧은 시간밖에 보지 못했습니다. 그렇지만 감동하면서도 당신을 꽤 주의 깊게 지켜보았습니다. 당신에 대해 오해하지 않았다는 사실, 당신의 표정은 당신의 영혼을 반영한다는 사실, 당신의 영혼은 당신의 얼굴처럼 완벽함의 전형이라는 사실을 확신하기 위해서였습니다. 즉시 나는 당신을 사랑한다는 것, 그리고 당신이 같은 감정으로 내게 대답해주신다면 평생 당신을 사랑하는 것이 저의 숙명이라는 것을 느꼈습니다. 2주 뒤에 당신과 다시 만날 때 진실하고 경의에 찬, 더없이 깊은 존경과 더없이 애정이 담긴 칭찬으로 구축된 사랑을 당신에게 바칠 것을 용서하십시오. 당신의 마음이 어떤 약속에서도 자유롭고, 내가 당신의 친구가 되는 데 어울린다고 판단하신다면, 내 구애를 받아들이고 나를 당신의 가장 헌신적인 봉사자로 믿을 수 있도록, 그때까지 내 신분과 성격에 관해 기욤 드 부사크 씨나 그의 가족에게 물어보십시오.

아서 할리."

"확실히 진지해 보이네, 그렇지?" 마리가 깊은 상념에 잠긴 오빠에게 물었다.

"그래, 아주 진지해. 이보다 더 진지할 수 없을 만큼!" 긴 침묵 뒤에 기욤이 대답했다. "아서 경은 천박하고 잔혹한 장난을 칠 수 있는 사람이 아니야. 장난으로라도 거짓말을 한 적은 한 번도 없지. 그의 펜이 과장된 말을 한 적은 없어. 그는 잔에게 애정을, 적어도 상냥한 아버지 같은 애정을 품었어. 그는 결혼을 바라고 있어. 아마 결혼하겠지."

"기욤, 난 정말이지 꿈을 꾸는 것만 같아."

"난 그렇지 않아! 모든 게 아서 경에게는 대단히 자연스러운 것처럼 느껴져. 그건 그의 모든 생각, 그의 모든 말, 그의 모든 계획, 그의 모든 신념의 결과이자 확인이야. 상류 사회나 그 경박한 허영보다 훌륭한 그의 마음은 진실만을 열망하고 있어. 그에겐 뭔가 독특한 선입관이 있고, 그게 그를 특별한 사람으로 만들고 있지만, 이성이나 사리분별력은 조금도 잃지 않았어. 그가 사람의 속마음을 읽고, 생김새로 잘못 판단하는 일 없이 올바로 평가할 수 있다고 자부한다는 건 분명해. 이 점에서 그가 거의 기적에 가까운 직관적인 인식을 얻는 걸 난 본 적이 있어. 그가 순간적인 놀라운 통찰력으로 어떤 여성의 장점과 결점을 파악하지 않고 그 여성의 미모를 칭찬하는 걸 본 적은 한 번도 없어. 그리고 그는 언제나 이렇게 결론 내리지. '이 여성은 아직 내 이상형이 아니군요. 내가 이상형을 찾은 그날, 그 여성이 내 애정 안에서 행복을 발견하고 그것을 받아준다면 좋을 텐데!' 처음에 난 이 괴상한 말이 아주 냉정하고 사려 깊은 어조로 들려서 비웃었어. 하지만 조금씩 할리 씨 안에서 진지한 정신, 정열적인 영혼, 고결하고 확고하며 흔들림 없는 성격을 발견하게 되었지. 마리, 상류 사회의 놀림이 아서 경을 조금이라도 상처 입히는 일은 없을 것이고, 잔과 결혼하면 그는 자기를 세상에서 가장 행복한 남자라고 생각할 거야!"

"아아! 기욤." 드 부사크 양이 큰 소리로 말했다. "난 아서 경을 친오빠처럼, 진짜 친구처럼 사랑해왔어. 그리고 지금은 영웅처럼 칭찬하고 싶어! 아아! 틀림없이 그분은 지혜롭고 훌륭해. 이 모범은 감성의 계시에 품고 있는 내 신념을 굳건하게 해. 잔은 천사 같은 사람이야. 여성으로서 훌륭해. 아무리 상류 사회가 이 결혼을 놀리고 경멸한다 해도, 하느님은 축복하실 거야. 그리고 바람직하고 순수한 마음의 소유자들은 기뻐하겠지. 오빠 나처럼 생각하지 않아? 왠지 친구의 이 결심이 슬퍼서 넋이 나간 것처럼 보이는데."

"조금 그렇긴 해." 기욤이 동요하며 대답했다. "아서 경은 상류 사회를 상대로 큰 싸움을 해야 할 거야! ……확실히 그는 독립해 있어! 존중해야 할 가족도, 배려해야 할 사람도 그에겐 없어……."

"싸워야 할 대상이 상류 사회뿐이라면, 그분은 무시함으로써 쉽게 이길 수 있을 거야. 기욤, 친구에게 지지 마. 아니, 그분을 위해, 그분과 함께, 싸울 준비를 해. 난 그분의 협력자이자 변호자임을 분명히 밝히겠어. 놀림받고 비난받아도, 그분의 행동을 칭찬하고 찬미하는 데 지나침은 없을 거야."

"다정하고 순수한 마리, 넌 정말 훌륭해!" 기욤이 동생의 팔을 가슴에 대면서 말했다. "아아! 내 마음이 널 얼마나 올바르다고 느끼는지 네가 알 수 있다면!"

"내가 순수하다면 오빠도 그래. 내가 훌륭하다면 오빠도 마찬가지야! 봐, 오빠의 눈에 눈물이 고였어. 그 눈물을 흘리게 하는 건 아서 경의 고결한 용기야."

"하지만 잔은?" 기욤이 목 메인 소리로 말을 이었다.

"잔이 왜? 오빠는 아서 경의 선택을 의심하는 거야? 오빠도 그분은 절대로 잘못 판단할 사람이 아니라고 단언했잖아. 그럼 이번엔 내가 같은 것을 단언하지. 잔은 둘도 없이 소중한 친구니까. 오빠는 잔을 몰라. 도와줘야 할 불쌍한 고아로만 보였나 보구나. 오빠가 병에 걸렸을 때 그 애가 오빠의 머리맡에서 지치지도 않고 천사처럼 늘 경건하고 조용하게 며칠 밤이나 간호한 걸 오빤 고마워하고 있어. 결국 오빠 그 애를 충실하고 헌신적인 하녀로 생각하는 거야. 하지만 난 그 앨 알아, 난! 그래, 나만이 그 앨 알지. 잔이 우리와 대등한 사람이란 걸 난 알아. 그리고 하느님 앞에서는 분명 우리보다 훌륭하다는 것도. 우리 가운데 누구도 그 애의 끈기와 확고함과 신앙과 헌신을 갖고 있지 않아. 순진무구함과 그 영혼이 발하는 자연의 빛으로 그 애는 내게 책 읽기로는 상상할 수조차 없었던 숭고한 진실을 몇 번이나 보여주었어! 아아! 확실히 잔은 특별한 존재야. 난 잘 알아. 난 여든 명에서 백 명쯤 되는 귀족과 유복한 집 소녀들과 함께 자랐어. 그녀들을 관찰했어. 그녀들의 결점, 허영, 타고난 사악한 성향, 좁은 마음을 알지. 가장 훌륭한 소녀들 중에는 그 계급이나 부 때문에 일찌감치 타락한 사람들이 있어. 그런데 오빠, 오빠는 내 말을 믿지? 이제부터 할 얘기는 어머니한텐 절대로 말할 용기가 없는 내용이거든. 어머닌 내 머리가 이상해져서 도취된 거라고 말씀하실 게 뻔하니까. 지금 잔이 내게 품게 해준 신뢰와 존경의 감정을 기숙 여학교 시절의 친구들은 어느 한 사람도 주지 못했어. 그 누구도 이 시골 처녀만큼 내게 소중하진 않았어. 수녀들조차 누구 하나 잔보다 순진무구하고 신앙심 깊게는 보이지 않았지. 그래, 잔은 초기 그리스도교도야. 웃으면서 순교하고, 하느님이 그 마음에 주신 은혜를 알면 교회가 성녀로 삼을 아이야."

"마리, 내 마음은 네 말에 깊이 동요하고 있어. 넌 나를 괴롭게 하는구나." 기욤이 정원 벤치에 앉으면서, 아니 거의 쓰러지면서 말했다. "난 아직도 가끔 혼란스러워. 네 흥분이 내게 전달되어 날 격렬하게 흔들어. 잠깐 한숨 돌리고 싶구나."

"소중한 오빠! 소중한 오빠! 날 용서해." 마리가 오빠의 손을 잡으면서 말했어. "우린, 우리 생각이 법정에서 전해지는 날엔 단죄받을 게 분명한 이 불공평하고 어리석은 상류 사회를 거스르는 두 명의 노예가 틀림없어."

"아아! 내 동생, 너의 뜨거운 목소리가 얼마나 심금을 울리는지 넌 몰라!" 기욤이 마리의 손에 입 맞추면서 괴롭게 외쳤다. 그리고 울기 시작했다.

기욤의 동요는 동생을 그리 놀라게 하지 않았다. 더 흥분해 있었고, 더 몽상적인 성격이었기 때문이다. 그러나 오빠에게 이런 흥분 상태가 매우 해롭다는 것을 목격한 뒤 언제나 그것을 걱정하는 동생은 오빠의 관심을 다른 데로 돌리려고 애썼다.

"아참! 이 편지를 어떻게 하지? 잔에게 어떻게 전달하지? 이게 진지한 청혼이라고 어떻게 설득하지?" 오빠에게 말했다.

기욤은 자기가 그 역할을 맡는 건 적절하지 않으며, 동생은 자기가 없는 편이 훨씬 설득하기 쉬우리라 생각했다. "넌 잔의 소박한 말투에 익숙해. 그 애를 이해시키기 위해 필요하다면 넌 그렇게 말할 수 있잖아. 그러니까 네가 아서경의 청혼 편지를 가지고 가, 마리. 경탄하진 않더라도 적어도 감동은 받을 거야." 그렇게 말하고 기욤은 다시 쓰러졌다.

"잠깐." 마리가 확신을 갖지 못하고 큰 소리로 말했다. "걱정이 생겼어. 아서경은 잔의 변장한 모습에 속은 채로 있는 걸까? 그분은 잔을 마르쉬 지방의 하녀라고 생각할까, 영국인 가정교사라고 생각할까?"

"그렇군!" 이번에는 기욤이 큰 소리로 말했다. "후자라면 그의 청혼은 조금도 이상하지 않고, 결혼을 결심한 것도 별다르지 않지. 교양 있는 가정교사라면 자기 신분과도 어울린다고 생각할 테니까. 게다가 할리 씨가 잔을 영국인 미스 제인으로 착각한다면, 아마 그의 애정에는 같은 나라 사람이라는 의식이 조금은 섞여 있을 거야."

"맞아, 그렇다면 이야기는 전혀 다르지." 마리가 지적했다. "그분은 우리의 의도와 다르게 착각하고 있는 거야. 그분은 이렇게 살결이 하얗고 이렇게 고상하고 이렇게 차분한 아름다운 여성이 영어는커녕 같은 프랑스어로 해도 그분의 말을 거의 이해하지 못하는 시골 처녀라는 걸 믿고 싶지 않을 테고, 받아들이지도 않을 거야! 그래도 잔에 대해 알고 마침내 그 마음을 움직여서 그 생각의 시적인 비밀을 꿰뚫어 볼 수가 있다면, 그분은 분명 지금까지보다 더 잔을 사랑하고 찬미하실 거야. 하지만 결국 그분은 자기가 몸을 내맡기고 있는 기묘한 감정을 예상하지 못했어. 샤르무아 부인의 말대로, 암소들을 모는 잔을 보고 그분이 어떻게 생각할지를 확실히 알기 전에는 우린 그분의 의도를 잔에게 밝혀선 안 돼."

"한숨 돌렸어, 마리!" 기욤이 말을 이었다. "그의 놀라운 결심을 생각하는 것만으로 숨이 막혔거든. 왠지는 모르지만, 마치 무분별한 행위처럼 날 불안하게 했어. 지금은 이 모험적 행위가 심각하기보다는 유쾌하게 보이기 시작했어. 저 상냥한 아서가 얼마나 완벽하게 속아 넘어갔는지 봐! 우리랑 같이 배꼽을 잡고 웃게 될 거야! 하지만 그를 위해 비밀로 해둬야 해, 마리. 우리끼리 하는 얘기지만, 견디기 어려운 드 샤르무아 부인, 머리가 둔한 엘비르, 못돼먹은 마르시야, 그리고 그들과 함께 온 부사크 마을이 고상하고 순진한 아서를 웃음거리로 만들어야 하니까."

"어머니한테도 얘기하면 안 돼, 알았지, 오빠?" 드 부사크 양이 말을 이었다. "어머닌 상냥한 만큼 마음이 약해서. 샤르무아 부인에게 우정을 품고 계시니까, 이 모험적 행위를 분명 말씀하실 거야."

"누구에게도, 특히 잔에게는 말하면 안 돼."

"특히 잔에게는 모든 걸 숨겨야 해. 내가 잘 아는데, 그 앤 워낙 분별력이 뛰어나서, 아무리 사소한 거라도 실현 불가능한 계획을 품는 위험은 절대로 무릅쓰지 않아. 절대로 믿지 않을 거야. 그래서 아서 경이 있을 때는 양쪽 다 서먹한 상황에 놓이게 될 거야."

"영국 신사가 편지를 썼다는 걸 저 불쌍한 아이한테 어떻게 설명해야 좋을까? 클로디한테서 그 사실을 들을 텐데."

"아무 말도 하지 않아도 돼. 그 앤 캐묻고 다니는 성격이 아니니까! 그래! 이 일이 집안에서 대사건이 되기 전에, 이건 그냥 장난이라고 잔한테 말해두자……. 목장 저쪽에서 그 애의 모습이 보여…… 자, 가자."

"난 안 갈래." 기욤이 말했다. "난 여기 있고 싶어. 저 애한테 뭐라고 말해야 좋을지 모르겠어."

"그럼 우리 둘을 위해 내가 거짓말을 하지!" 마리가 말을 이었다. 그리고 잔에게 달려갔다. 처녀는 나무 아래서 에프-넬이며 어머니, 산양들에게 목초를 먹이던 광활한 히스 들판, 늑대와 도둑의 악령을 쫓기 위해 신경 써주는 상냥한 파드들의 꿈을 꾸고 있었다.

"잔." 젊고 우아한 영주 아가씨가 친근하게 팔을 두르며 말했다. "우리의 친구 할리 씨가 너한테 편지를 보냈어. 하지만 그 편지는 4월의 물고기에 이은 장난 편지란다. 넌 읽어도 무슨 말인지 모를 거고, 사실 나도 잘 모르겠어……. 2주 뒤에 돌아와서 할리 씨가 직접 우리한테 설명해주실 거야."

"마음대로 하세요, 마리 아가씨." 잔이 어깨에 놓인 마리의 가녀린 손에 입 맞추면서 말했다. "그분은 장난을 좋아하는군요! 이따금 아가씨 같았으니까요! 하긴 아가씬 가끔이 아니죠. 아가씨가 조금이라도 즐거워하는 걸 보면 전 기쁘답니다, 소중하고 사랑스러운 아가씨!"

"그 영국인한테 화난 건 아니지, 상냥한 잔?"

"아아! 당치 않아요, 아가씨! 제가 기분 상할 이유가 어디 있겠어요? 그분은 전혀 심술궂어 보이지 않던걸요. 게다가 그분은 기욤 도련님을 돌봐주셨고, 아가씨는 그분을 좋아하잖아요!"

"그분이 착해 보이던?"

"그래 보여요, 아가씨. 물론이죠! 자세히 보진 못했지만!"

"그분이 너한테 열등감을 주니?"

"아아! 당치 않아요. 전 수치심을 느끼는 성격이 아니랍니다. 말주변이 좋지 않다는 건 저도 알아요. 제가 할 수 있는 범위에서 최선을 다하는 거죠."

"그 영국인이 너한테 말을 걸었니?"

"네. 차에 넣을 크림을 가져갔을 때, 대기실에서 손을 씻고 계셨어요. 저한테 뭐라고 말씀하셨죠. 하지만 전 전혀 알아듣지 못했어요."

"영어였니?"

"모르겠어요, 아가씨. 한마디도 이해하지 못했거든요."

"그분이 너한테 말하면서 웃고 있었니?"

"아니요, 조금도요! 아가씨가 하신 말씀 때문에, 절 영국 아가씨로 오해하는 것 같았어요."

"그래서 넌, 웃었니?"

"아니요, 아가씨. 전 아가씨의 즐거움을 망칠까 봐 걱정이 돼서 웃고 싶지 않았어요."

"그래, 그분이 프랑스어로는 한마디도 안 하시던?"

"네. 제가 식사 시중을 드는 게 못마땅하다는 듯이 제 손에서 크림을 뺏어 들고는, 제 손을 입술에 갖다 대셨어요. 물론 아주 이상하다고 생각했죠! 하지만 제가 웃을 새도 없이 카데가 들어왔죠…… 제가 잘 웃지 않는 건 아가씨도 아시죠? ……영국 신사는 재빨리 응접실로 가셨어요."

"그때 넌 일복을 입고 있었니?"

"네, 저녁 식사 때였으니까요."

"그래, 넌 그런 일들이 이상하지는 않았고?"

"아니요. 그런 건 귀족들 사이에선 흔한 일이잖아요."

"손에 입맞춤 당한 게 기분 나쁘진 않았니?"

"절 화나게 할 의도로 그런 게 아니란 걸 알았으니까요. 장난으로 그러신 거예요."

"그럼 잔, 그 입맞춤이 너를 조금이라도 기쁘게 하지는 않았니?"

"맙소사! 아가씨는 정말 짓궂으시네요! 대체 왜 기뻐야 하죠? 전 그분을 모르는데요."

"잔, 오빠가 돌아왔을 때 오빠도 네 손에 입을 맞췄지?"

"네, 아가씨. 똑같이 장난치신 거죠."

"하지만 그 입맞춤은 널 괴롭게 했지? 얼굴에 다 쓰여 있던걸."

"네, 아가씨, 그 말이 맞아요. 대부님이 그렇게 완전히 회복되고 얼굴빛도 좋아지신 걸 보고 전 무척 기뻤어요! 얼마나 끌어안고 싶었다고요! 그런데 갑자기 대부님이 절 놀리기 시작하셨어요. 전 그게 몹시 슬펐답니다. 하지만 나중에 그런 일로 슬퍼하다니, 저도 참 바보라고 생각했어요. 대부님이 출발 때처럼 슬프고 괴로워하시는 걸 보기보다는 웃는 걸 보는 편이 훨씬 좋으니까요."

"상냥한 잔, 오빠가 장난친 거라고 생각하지 마. 오빠가 내 손에 입 맞추는 걸 똑똑히 봤겠지? 물론 그건 날 놀리기 위해서가 아니었어."

"아아! 아가씨는 전혀 다르죠. 아가씨는 동생이잖아요. 반대로, 전 대녀예요. 전 기욤 도련님을 존경해요."

"오빠도 너에게 경의를 표해야 했어, 잔. 그리고 오빤 널 존경해."

"왜요, 아가씨?"

"너도 오빠의 여동생, 즉 젖형제니까. 그리고 나처럼 마음의 친구니까. 오빠는 은혜를 모르는 사람이 아니야. 그러니까 병에 걸린 동안 네가 어떻게 보살펴줬는지 절대로 잊지 않을 거야. 오빠가 위독했을 때, 난 곁에 없었어. 아무것도 몰랐어. 오빠가 위험한 상태에 있다는 건 비밀이었거든. 그땐 네가 오빠의 진짜 여동생이었어. 네가 없었더라면 오빤 죽었을 거라고 어머니가 나한테 몇 번이나 강조했는지 몰라. 불쌍한 어머니는 이성을 잃으셨어. 집안사람들이 다 그랬지. 너만 그 옆에 딱 붙어서 오빠의 착란을 그때마다 진정시키고, 미친 사람처럼 온 방 안을 휘젓고 다니는 걸 막았어. 다른 사람이라면 오빠에게서 힘으로밖에 얻지 못했을 것도 넌 상냥함으로 얻었지. 안심하고 의사의 지시에 따르도록 오빠를 설득하려고 발치에 몸을 던졌고, 때로는 어린애 대하듯 오빠를 혼내고, 간청과 상냥함으로 오빠를 진정시켰어. 아아! 소중한 잔, 내가 이토록 사랑하는 오빠의 목숨은 네가 살린 거야! 오빠랑 내가 어떻게 널 친형제처럼 사랑하지 않을 수 있겠니?"

기욤은 더는 혼자 있을 수가 없었다. 주체하기 어려운 호기심에 그는 두 사람에게 다가갔다. 풀들 덕분에 거의 들리지 않는 그 발소리는 소녀들의 귀에 닿지 않았다. 두 사람이 이런 대화를 나누는 사이에 그는 바로 뒤까지 와 있었다. 잔과 그 사이에 있는 것은, 그의 모습을 감춰주는 커다란 밤나무뿐이었다.

"그 말이 맞아, 잔. 네 말이 맞아, 마리!" 그가 갑자기 모습을 드러내며 큰 소리로 말했다. "너희 둘은 내 동생이야. 가끔 내 머릿속에서 너희는 한 사람이돼. 아아! 마리, 내가 한 번도 하지 못했던 말을 잔에게 전해주고, 잔이 날 위해 해준 모든 것에 대해 이토록 진심 어린 우정으로 보답해줘서 정말 고맙구나! 아아! 잔, 난 한 번도 너에게 고맙다고 말하지 못했어! 진작 그랬어야 하는데. 넌 나에게 천사 같은 사람이었어. 거의 미친 사람이었지만, 난 모든 걸 보고 모든 걸 이해하고 모든 걸 느꼈지. 네가 내 머리맡에서 밤새 무릎 꿇고 있는 걸 난 봤어! 네가 몇 번인가 날 어린애처럼 껴안고 안락의자로 데려갔던 걸 기억해. 난 앙상하고 초췌했어! 넌 언제나 힘세고 지칠 줄 몰랐지. 30일도 넘게 뜬눈으로 밤을 새웠어. 잠은 낮에 두 시간쯤 내 침대 발치에 놓인 매트리스 위에서 잔 게 다였지. 아아! 널 힘들게 하는 착란을 극복하지 못해서 내가 얼마나 자책했는지 몰라, 소중한 잔! 그러고도 넌 병이 나지 않았어! 길고 잔혹한 병을 앓던 어머니를 간호하고도 말이야. 내가 낫고 이번에는 어머니가 과로로 쓰러지시자 넌 다시 어머니를 간호했지. 그런데도 난 한 번도 너에게 고맙다고 말하지 못했어."

"아아! 대부님, 대부님은 저에게 몇 번이나 그보다 열 배는 많은 감사의 말을 해주셨어요." 잔이 눈물을 글썽이며 말했다.

"그렇지 않아, 잔. 그렇지 않아!" 청년은 흥분해서 외쳤다. "난 원인 모를 우울증에 시달렸어. 말을 할 수도, 눈물을 흘릴 수도 없었지. 병을 앓을 때와는 다르긴 했지만, 아직껏 미친 사람이었어. 지금 너한테 하고 있는 말을 하지 못한 탓에, 난 집을 비운 동안 수없이 자책했어! 사흘 전에 돌아왔으면서도 그때도 너한테 말하지 않았어. 널 거의 쳐다보지도 않았어……. 왠지는 나도 모르겠어! 분명 내가 아직 얼마쯤 미쳐 있기 때문일 거야, 잔. 동생이 본보기를 보여주지 않았더라면, 난 마음속에 있는 말을 너에게 전할 결심을 아직도 못하고 있었을 거야. 하지만 난 은혜를 모르는 사람이 아니야. 이것만은 믿어줘. 용서해줘. 그리고 특히, 내가 도착했을 때 널 놀리려고 네 손에 입 맞춘 거라고 생각하지 말아줘. 아아! 잔, 그건 내가 어머니나 마리를 놀릴 수 있는 사람이라고 말하는 것과 같아. 이제 그렇게 믿지 않겠다고 말해줘, 상냥한 잔. 무릎 꿇고 부탁할게."

그렇게 말한 기욤은 이성을 잃고 얼굴이 붉으락푸르락하면서 당황한 잔의 무릎에 매달렸다. 그리고 떨어뜨리고 있는 그녀의 손에 키스를 퍼부었다. 잔은 처음에는 대답 대신 흐느껴 울기만 했다.

"아아! 소중한 대부님." 잔은 기욤의 아름다운 금발 머리에 입 맞추면서, 한없이 깨끗하고 한없이 어머니 같은 진심을 드러내며 겨우 말했다. "대부님은 절 기쁘게 하는 게 아니라 괴롭게 하고 계세요! 이렇게 큰 감사의 말을 들을 만큼 저는 해드린 게 없는걸요! 대부님은 에프-넬에서도, 툴에서도 저에게 친절하게 대해주셨어요! 아아! 대부님의 호의를 잊을 수는 없어요. 대부님이 그토록 괴로워하실 때, 가슴이 찢어지는 고통을 느끼실 때 제가 병간호하는 건 당연한 일이지요! 하느님께서 대부님에게 죽음 대신 절 주시도록, 전 심신을 다해 기도했어요. 혹시 누가 죽어야 한다면, 그건 저라는 걸 알았어요. 제가 정말 열심히 기도했거든요. 하지만 자애로운 하느님과 예수 그리스도의 어머니이신 고귀한 성모님은 우리 둘 가운데 하나라도 죽는 걸 원치 않으셨어요. 소중한 대부님, 대부님이 행복하게 결혼해서 귀여운 아이들을 얻으셨으면 좋겠어요! 제가 대부님만큼 소중하게 생각하는 마리 아가씨도 행복한 가정을 꾸리시기를 바라고요!"

"잔, 네 행복은 바라지 않는 거니?" 잔을 안고 있던 마리가 말했다.

"저요? 아가씨, 전 아가씨 곁에서 아가씨를 모시고, 일하고, 아이들을 돌볼 수 있다면 그것으로 충분히 행복해요."

"그럼 넌 결혼하고 싶지 않아?"

"아가씨! 그런 생각은 하지 않아요."

"아니 왜, 잔? 그래, 넌 전에도 툴에서 똑같은 말을 했었지! 하지만 그건 진심이 아니었잖아?" 기욤이 끼어들어 말했다.

"어머나, 잔, 정말이야? 결혼하기 싫어?" 드 부사크 양이 젊은 처녀에게 말했다. 그러나 처녀는 기욤에게 알쏭달쏭한 미소로 대답할 뿐이었다.

"아니요, 아가씨. 아가씨가 그러시길 바라는 것뿐이에요. 어머, 암소들이 풀을 먹지 않네요. 파리가 귀찮게 굴어서 그렇죠. 이제 외양간으로 데리고 갈 시간이에요."

"우리 질문에 대답하지 않을 거야?" 마리가 처녀를 가지 못하게 하려고 말을 이었다.

"저것 보세요, 아가씨." 잔이 말했다. "암소들이 달아나고 말겠어요. 정원으로 뛰어들지도 몰라요! 제발 제 시간을 빼앗지 말아 주세요!" 그러더니 잔은 마리의 팔을 뿌리치고 목장을 가로질러갔다.

"이렇다니까! 저 앤 늘 이런 식으로 도망가버려!" 드 부사크 양이 오빠에게 말했다. "자기 일이나 미래에 대해 저 애가 어떻게 생각하는지, 지금껏 한 번도 제대로 알 수가 없었어. 오빠, 저 애 마음속에는 이상한 자기희생이 있어. 난 저 애에 대해 수많은 상상을 해 봤지만, 평범한 결말은 찾을 수가 없었어."

기욤은 다시 우울해져서 상념에 잠겼다. 병에 걸린 뒤로 이 청년의 마음속에는 비밀이 생겼다. 그의 온화하고 상냥한 성격은 착란 발작 중에도 사라지는 일이 없었다. 이탈리아에서는 예전의 티없는 생각을 되찾은 듯이 보였다. 그러나 부사크로 돌아오고 나서는, 요양 때의 그 모습으로 저도 모르게 돌아온 것처럼 느끼고 있었다. 내면의 폭풍우가 불길한 신음을 내뱉고 있었다. 격렬하게 심경을 토로하는가 하면, 이내 극심한 고뇌와 어떤 공포심이 감정의 분출을 철저하게 억눌렀다. 솔직히 말해, 매력적인 여동생과 함께 있는 것은 이 병에 적합한 치료법이 아니었다. 이 정열적인 젊은 아가씨는 세상에 나간 적이 없었다. 그러므로 사회를 몰랐다. 아니 직감적으로 그것을 혐오했다. 소녀 시절에는 열렬한 신앙심에 몸을 맡기고 복음서를 진지하게 받아들였다. 그녀는 열광적으로 공명정대와 헌신을 믿었다. 가녀린 몸 안에 불같은 정신이 있었다. 우아함과 뛰어난 감성이 가득 밴 말투 속에 단호하고 대담하게 극단적으로 열광하는 성격을 숨기고 있었다. 더없이 숭고한 광기를 부릴 수도 있었다. 도피할 곳이 어디인지 알았다면 열두 살 때 사막으로 살러 갔을 것이다. 열일곱 살 때는 사교계의 허영을 모조리 버리고 인간 사회의 한복판에서 그 불공평하기 짝이 없는 규칙과 싸우며 다른 사람과 동떨어져 살기를 꿈꿨다. 어중간한 나이로 어른이 아니었기에, 그 본령인 이 열광의 불속에서 쾌적하게 살았다. 기욤이 청춘의 날개를 펼치지 못하고 무서운 격정에 휩쓸려 고뇌의 불속으로 뛰어들어 피폐해지는 것을 그녀는 눈치채지 못했다.

이 청년 또한 동생처럼 고결한 본능을 지니고 있었다. 그러나 그에게는 어머니와 같은 나약함이 있었다. 마리와 함께 있으면 그는 감성에 마음을 불태웠다. 둘이서 더없이 유덕하고 더없이 선동적인 소설을 탐독했다. 드 부사크 부인과 있으면 기욤은 상류 사회의 권력과 그 무리에 속한 어머니가 요구하는 '명문가 남성의 의무'만 기억했다. 그 조건은 그의 결혼 계획과 그가 품고 있는 거대한 야망을 얽매었다. 그러고 싶지 않았지만, 그의 겁 많은 의식은 자신의 의무와 야망 사이에서 잔혹한 싸움을 해야만 했다. 이리하여 그는 자기 자신과의 끝없는 싸움에 몸을 맡긴 채 불행과 고통에 시달렸다.

동생과 함께 천천히 성관으로 돌아오면서 기욤은 동생의 말 한마디 한마디에 주의 깊게 귀 기울였다. 들끓던 마음이 달고 쓴 위로의 말로 채워진 듯했지만, 그는 완전히 넋이 나간 사람처럼 보였다. 여전히 잔이 화제에 올랐다. 마리는 자신이 오빠의 마음에 주고 있는 깊은 상처를 깨닫지 못한 채, 젊은 아가씨의 미래와 아서 경의 감정을 추측하는 데 몰두했다. 서민의 딸인 잔에 대한 그의 사랑 고백으로 맛본 최초의 환상이 아깝다고 했다. 또 미스 제인이 암소의 젖을 짜는 모습을 보고 할리 씨가 연정에서 빠져나온다면, 이 이야기는 평범한 전개로 끝날 것이라고 말했다. 그러나 그는 매우 침울해 있었다. 그리고 동생과 헤어지자 혼자서 강가로 나가 몽상에 깊이 잠겼다.

14장
아서 경

기욤은 그 주의 남은 날들을 잔과 스칠 때마다 얼굴도 보지 않고 친근한 인사말만 건넸다. 잔은 놀라지도 슬퍼하지도 않았다. 까다로운 성격도 아니었고, 대부가 목장에서 발치에 무릎 꿇고 토로했던 열광적인 감사의 마음이 병간호한 사람에 대한 병자의 고마움을 충분히, 그리고 영원히 말해준 것이라고 생각했기 때문이다. 병에 걸리기 전의 기욤이 어땠는지 전혀 모르는 데다 회복기 때보다 겉모습은 훨씬 생기 있어 보였으므로, 그가 본디 상태로 돌아왔다고 여겼다. 그의 슬픔이 모조리 다시 되돌아온 것은 눈치채지 못했다. 기욤은 어머니나 샤르무아 가족 앞에서는 내면의 고뇌를 아주 교묘하게 잘 감추었다. 그러나 마리와 단둘이 되면 자제하지 못했다. 마리는 오빠의 우울증이 날이 갈수록 심해지는 것이 두려웠다.

클로디는 그 지방 사람들이 말하는 이른바 '방의 소녀'였지만, 밤에 드 부사크 양의 침실을 돌보는 것은 그녀가 아니었다. 잔이 아침에 들판이나 낙농장에서 일을 하기 때문에, 그녀를 애틋하게 사랑하는 마리는 그녀와 수다를 떨기 위해 취침 시간을 비워두었다. 마리는 그날 느낀 것을 모조리 잔에게 말하는 습관이 있었다. 젊은 여주인의 기쁨과 불안을 듣는 것은 잔에게는 이른바 감수성 교육이었다. 그녀가 받을 수 있는 유일한 교육이었다.

들판에서 보내는 나날에서 갑자기 문명(文明)으로 들어오자, 잔은 처음에는 어느 것도 제대로 이해할 수가 없었다. 시골 생활의 간단한 필수품과 지금 그녀가 모시는 귀족들의 무수한 인공적 필수품 사이에는 그녀가 뛰어넘기를 포기한 미지의 커다란 괴리가 있었다. 그녀처럼 호의적인 성격이 아니라면, 이 기묘한 차이를 비판했을 것이다. 두드러진 진보를 보이는, 따라서 타락하기 쉬운 클로디의 정신은 온갖 허영과 그녀에게 요구되는 세심함을 감탄하며 받아들이고, 주인들이 누리는 것을 선망의 눈길로 바라보았다. 이 유복과 사치를 조금이라도 맛보면 그녀는 우쭐해졌다. 이 경험한 적 없는 기쁨에 대한 욕망이 만족감과 함께 무의식중에 그녀 안에 생겨났다. 카데는 불평등한 생활 조건을 이미 정해진 일로 받아들였다. 그러나 겉모습은 순박해도 조소적이고 회의적인 철학자인 레오나르 영감의 아들이라는 데는 변함이 없었다. 그의 미소는 주의가 생각하는 것만큼 얼빠진 것이 아니었고, 아무도 눈치채지 못했지만 이따금 비아냥거리는 태도가 담겨 있었다. 그러나 잔은 에프-넬에 있던 때와 조금도 변함없이 몽상하고, 기도하며, 언제나 상냥하고, 거의 아무것도 생각하지 않았다. 진정한

시골 소녀, 다시 말해 겉으로는 드러나지 않지만 시정으로 가득한 마음의 소유자였다. 농촌에서는 아직 볼 수 있는 순진무구한 인간의 유형, 존재하지 않는 황금시대—사람들이 완벽해서 완전화의 가능성이 쓸모없는 시대—를 위해 만들어진 것 같은 훌륭하고 비밀스러운 유형 가운데 하나였다. 이런 유형은 충분히 알려지지 않았다. 겉모습은 회화에서 이따금 재현되었다. 그러나 시는 그 본질과 독자성이 간파될 뿐이라는 사실을 잊고, 이상화하려고 하거나 말로 표현하려고 함으로써 끊임없이 추하게 만들어왔다. 시골에 사는 사람들이 종교, 새로운 사회의 성과, 은혜에 민감해지려면 커다란 변화가 필요하다는 사실을 확실히 깨달아야 한다. 그러나 알려지지 않은 것은 자연이 어느 시대에건 이런 환경 속에서—아름다운 이상이 그들 속에 있으며, 완전히 신의 아들딸이기에 진보할 필요가 없고, 정의, 지혜, 자비, 그리고 진정함의 성당을 필요로 하지 않는 탓에—아무것도 습득할 수 없는 사람들을 낳고 있다는 사실이다.

인류가 간절히 바라고, 구하고, 예언하는 이상 사회를 위해 그들은 모든 준비가 되어 있지만, 그들의 불안은 인류를 앞지르지 않는다. 그들은 악을 이해하지 못하며, 악을 보지 않는다. 그들은 무지의 구름 속에서 살아가는 것 같다. 그들의 존재는 숨어 있다. 그들의 마음만이 살아 있는 듯이 느껴진다. 그들의 정신은 원초의 무구(無垢)처럼 한정되어 있다. 그것은 〈창세기〉 속의 신의 낙원에서 잠들어 있다. 한마디로 말해, 원죄는 그들을 더럽히지 않았으며, 그들은 이브의 자손들과는 다른 종족에 속한다.

갈리아의 이시스[1]라고 해야 할 잔은 이런 부류였다. 주위 사람들의 관심사에는, 마치 현대로 옮겨온 드루이드교의 무녀처럼 무관심해 보였다. 그녀는 어느 것 하나 비난할 줄을 몰랐다. 상냥함과 자애로움이 그 마음을 채웠으며, 비난만이 설명을 가능하게 하는 것은 이해하기를 포기했다. 그 온화한 황홀경 속에서 아름다운 백합처럼 살았다. 밤의 미풍, 햇살의 입맞춤, 대지와 하늘의 작용, 이 모든 것에 가슴을 열었다. 그러나 인간 사회의 동요에는 백합처럼 무감각했으며, 사람들의 말에서 의미를 찾지 않았다.

모든 것이 놀라웠으므로, 사실 잔은 어떤 것에도 놀라지 않았다. 그녀 삶 속의 새로운 사건 하나하나가 '또 내가 모르는 무엇이다. 설명을 들어도 이해하지 못할 게 뻔한 무언가다' 그렇게 소박한 생각을 그녀 안에서 눈뜨게 했다.

마르시야는 잔을 조금도 이해하지 못했다. 기욤은 시적이고 운명적인 직관과 같은 것으로 애착을 느꼈다. 아서 경은 부분적으로 추측했다. 마리만이 그녀를 잘 이해했으므로, 그것을 자랑으로 여기는 것도 당연했다. 잔이 어떻게 마음의 작용만으로 고상함에 몸을 맡길 수 있는지 이해하려면, 숭고라는 개념에 지성으로 다다라야 했다. 따라서 드 부사크 양은 잔이 자기에게서 배우는 것만큼 자기에게 가르칠 것을 갖고 있다는 사실을 꿰뚫어보았다. 젊은 여자 성주가 그 애정으로 더욱 빛났다면, 에프—넬의 양치기 소녀는 마음의 평온함 덕분에 더욱 의연했다. 마리가 잔에게 배려 가득한 영혼의 고뇌를 이해시켰을 때, 잔은 헌신적인 영혼의 강인함과 경건한 자기희생의 평온함을 마리에게 이해시켰다. 두 사람은 설화석고로 만든 작은 성모 마리아상 앞에서 함께 저녁 기도를 올렸다. 이 성모상은 기욤이 이탈리아에서 보낸 것으로, 젊은 처녀들은 거기에 계절마다 화관을 씌워주었다. 두 사람은 정확하게는 같은 신앙을 갖고 있지 않았다. 마리는 가톨릭 신자가 아니었다. 평등주의의 그리스도교도, 만일 이런 표현이 허락된다면, 급진적인 복음주의자였다. 즉 자기도 모르는 사이에 이단자가 되어 있었다.

잔은 그보다 더 자각이 없는 급진적인 이교도였다. 그녀가 믿는 시골의 미신은 드루이드 수도사들의 신앙에서 곧장 배운 것이었다. 이 교리의 참뜻은 거

---

1) 고대 이집트의 여신으로 어머니와 아내의 본보기.

의 알려져 있지 않다. 교리를 더럽히고 왜곡한 죄악에 의해서만 판단되기 때문이다.[2] 성모 마리아와 고결한 파드가 에프–넬의 양치기 소녀의 시정 가득하고 원시적인 상상력 속에서 기묘하게 일체 되었다. 그녀가 지상의 불평등을 받아들이는 그 단념 속에는 뭔가 원시적인 고대의 것이 있었다. 그러나 이 단념 속에 나약하고 비겁한 것은 조금도 없었다. 돈의 가치를 모르고, 욕망도 없고, 삶 속에 영혼의 기쁨이 아닌 다른 기쁨이 있다는 것을 이해하지 못하는 잔은 타인의 부나 권력에 따라 행복을 빼앗기는 일은 없었다. 앞서 언급했다시피, 잔은 연구되지는 않았으나 확실히 존재하고 아스트레[3] 시대에 속한다고 여겨지는 드물고 특별한 존재였다.

어느 저녁, 제비꽃을 한가득 흩뿌린 젊은 여자 성주의 하얀빛이 감도는 방에서 잔과 마리가 기도를 마쳤을 때, 마리가 잔에게 말했다. "우리는 특히 오빠를 위해 기도했어. 오늘 밤 푹 잠들고, 내일 아침엔 표정이 오늘만큼 침울하지 않게 해달라고 말이야!"

"어머나! 뭘 걱정하세요?" 잔이 대답했다. "대부님이 행복해지는 데 필요한 모든 건 지금은 갖고 있지 않지만, 곧 생길 건데 말이에요. 분명 그렇게 될 거예요. 그러니까 대부님의 고통을 참아주세요. 사라질 테니까요."

"무슨 말이 하고 싶은 거야, 잔? 오빠가 바라는 걸 넌 안단 말이야?"

"대부님은 젊으세요. 분명 혼자라는 데 조금 싫증이 나신 거예요. 부자들은 아주 늦게 결혼하죠. 우리 시골에서는 스물두 살의 젊은이라면 벌써 가정을 갖고 있어요. 대부님은 상냥하고 배려심이 있어요. 예쁘고 착한 부인과 귀여운 아이들이 있다면, 삶이 즐거워질 거예요! 대모님께 신붓감을 찾으라고 말씀드려야 해요. 아가씨, 제 말을 믿으세요. 그분은 분명 만족하실 거예요."

"그럼 넌 가족이 없으면 행복해질 수 없다고 생각하는 거야, 잔? 하지만 넌 결혼할 마음이 없다고 말했잖아!"

"제가 아니라 대부님을 말하는 거예요, 아가씨. 전 따분해할 시간이 없어요.

---

2) (원주) 그러나 드루이드교가 시바교와 마찬가지로 신의 삼위일체와 영혼 불멸에 대한 엄숙하고 영속적인 신앙에 근거해 있다는 사실이 이 신앙이야말로 모든 위대한 종교의 원리이며 그리스도교는 그 전개에 지나지 않는다는 사실이 알려져 있다.

3) 목가소설. 5세기 프랑스를 무대로 양치기 소녀 아스트레와 양치기 셀라동과의 사랑을 그림.

하지만 대부님은 일을 하지 않으시잖아요. 그러니까 상대가 필요해요."

"안뜰 문에서 종이 울린 것 같은데, 잔?" 드 부사크 양이 종소리에 주의를 빼앗겨 말했다. 11시였다. 온 마을이 잠에 빠졌다. 이런 늦은 시각에 방문자가 나타나는 일은 결코 없었다.

"그런 것 같아요, 아가씨. 대문에서 종이 울렸어요."

"이런 시각에 누구지? 집안사람들은 다 잠이 들었는데!"

"그렇죠! 깨어 있는 사람은 카데가 아니에요. 그 앤 한번 잠이 들면 날이 샐 때까지 깨는 법이 없으니까요. 몸 위로 성이 떨어진대도 깨지 않을걸요. 무슨 일인지 보고 올게요."

"기다려, 잔. 같이 가자. 누군지도 모르고 문을 열어줄 순 없잖아. 창문으로 이야기해봐야겠어."

"재미있을 것 같으면 오세요, 아가씨!"

드 부사크 양은 바레주[4] 스카프를 머리에 아무렇게나 뒤집어쓰고, 잔의 작은 램프를 들고서, 뜻밖의 사건에 호기심과 두려움이 뒤섞인 마음으로 잔과 함께 재빨리 계단을 내려갔다.

종은 주의 깊게 울렸다. 성의 주인들을 갑자기 깨우고 싶지 않다는 듯이.

"대담하진 않은 사람이군요." 잔이 창문을 열면서 말했다. "무슨 일이시죠?"

"여러분 곁으로 돌아온 친구입니다." 마리는 그 목소리가 아서의 목소리인 것을 알았다.

"맙소사! 어서! 자, 어서 문을 열자!" 이번에는 마리가 야단을 떨면서 친구로서 애정을 담아 창문으로 인사했다.

아서 경은 가시밭길을 빨리 달리기 위해 생트 세베르에서 말을 탔다. 영국인은 젊은 여자 성주가 문을 다시 닫는 것을 흔쾌히 도와주었다. 잔은 낡은 임대 말의 고삐를 쥐고 마구간으로 데리고 갔다. 암흑 속에서 그에게는 마리의 표정이 보이지 않았다. 두 사람은 성관으로 가서, 지금은 부엌으로 쓰이는, 1층을 차지하는 커다란 위병대기실로 들어갔다.

"밤공기가 차죠. 몸을 녹이는 데 필요한 게 뭔가 있을 거예요." 마리가 말했

---

4) 가제처럼 얇은 모직물.

다. "여기 불씨가 아직 있어요. 전 어머니와 오빠를 깨우고 올게요."

"기욤은 괜찮지만…… 어머님은 안 됩니다……. 주무시게 놔두세요. 내일 아침 일어나시는 시간에 창문 아래서 팡파르를 울리지요."

"그래요, 안 그래도 어머닌 오늘 두통을 앓으셨어요. 그러니 푹 주무시는 게 좋을 거예요……. 하지만 오빠는……."

마리가 오빠의 침실로 올라가려고 할 때, 기욤이 부엌 문턱에 나타났다. 그는 종소리와 대문 경첩이 삐걱거리는 소리, 그리고 특히 아서 경이 쓰다듬어주어도 진정하지 않는 개들이 짖는 소리를 들었다. 서둘러 옷을 입고, 등불을 찾으러 부엌으로 내려온 것이다.

"야아!" 그가 아서 경이 동생과 한밤중에 단둘이 있는 것을 보고 비명을 질렀다. 그리고 재회를 기뻐하며 친구를 꼭 끌어안았다. 그러나 동시에 기묘한 고통이 마음을 옥죄었다. 잔이 깨워서 일어난 클로디가 시중을 들기 위해 달려왔다. 아서 경이 다른 사람들에게는 폐를 끼치기 싫다고 했으므로, 마리와 활발한 하녀는 식탁 한쪽에서 야식을 준비했다. 이 시골스러운 소박한 대접이 젊은 주인들을 매우 즐겁게 했다. 그리고 평소처럼 온화하고 밝은 그들의 손님은 즉석으로 나온 차가운 고기와 딱딱한 소스를 마음껏 즐겼다.

"이렇게 빨리 만날 줄은 몰랐어요." 기욤이 말했다. "그래서 마구간에는 요리용으로 찍어둔 살진 송아지가 아직도 서 있지요."

"여러분, 난 예정보다 이틀이나 일찍 돌아왔습니다. 그 이유를 설명하지요."

마리는 아서 경이 클로디 앞에서 설명하고 싶어 하지 않는 것을 눈치채고, 클로디에게 침실을 준비하고 있는 잔을 도우라고 명령했다.

"자, 말하겠습니다 여러분! ……." 아서 경은 한 손으로는 오빠의 손을, 다른 한 손으로는 여동생의 손을 잡고 엄숙하게 말했다. 그리고 정신을 집중하려는 것처럼 잠시 침묵했다. 기욤은 자신의 얼굴이 새빨개지는 것을 느꼈다.

"난 중대한 결심을 했어요, 친애하는 기욤." 영국인이 엄숙한 표정으로 말을 이었다. "당신이 동생에게 아무것도 숨기지 않는다는 걸 아니까, 계획은 기꺼이 동생의 판단에 맡기겠습니다. 난 결혼할 생각입니다. 내가 찾던 인물을 드디어 발견했거든요. 그 여성에게서, 그리고 만약 부모님이 계시다면 부모님에게서 허락을 받을 수 있도록 노력하기 위해 이곳으로 돌아온 겁니다."

'문제의 핵심에 근접했군!' 마리는 한숨을 쉬면서 생각했다. 그리고 아서 경이 더 깊은 이야기를 못하게 하려고 오빠를 쳐다봤다. 그러나 기욤은 생각에 몰두해 있었다.

"난 두 통의 편지를 썼습니다." 아서 경이 말을 이었다. "한 통은 직접 그 사람에게, 그리고 나머지 한 통은 보호자, 즉 따님을 수발하는 아가씨의 후견인이라고 추측되는 드 샤르무아 부인에게요……. 답장은 없었습니다. 올바른 예법에서 조금 벗어난 내 청혼이 진심으로 받아들여지지 않은 건 아닌지 불안해서, 확실히 설명하려고 서둘러 달려온 겁니다. 드 샤르무아 부인이 나에게 큰 호감을 품고 있다고는 생각합니다. 따라서 미스…… 제인…… 이름은 모릅니다만, 그 얼굴은 내 마음에 쏙 듭니다. 나에게 커다란 안정을 주지요……. 이 여성과 나의 결혼을 아주 솔직하고 아주 성실하게 중개해주었으면 하는 사람은 친애하는 당신, 기욤과 당신, 상냥한 마리 양입니다."

"친애하는 아서, 당신은 정말 독특하고 고상하고 훌륭해요. 당신을 혼란에서 건져주어야 할 우리, 나와 동생은 당신에겐 아주 불행한 사람으로 보일 게 틀림없습니다. 당신은 결과적으로 우리가 바라던 것 이상으로, 그리고 아주 본의 아니게 농담에 걸려들고 말았습니다. 우리는 그 결과를 예상하지 못했어요. 당신에게 할 말이 있습니다……. 미스 제인이란 사람은 전혀 존재하지 않았습니다."

"오우! ……." 할리는 영국인들이 이 감탄사를 외칠 때 으레 그러는 것처럼 별로 놀라는 기색이 느껴지지 않는 어조로 말했다.

"아아, 정말 놀라셨죠? 사실은 존재하지도 않았던 거예요!" 드 부사크 양은 따뜻한 미소를 띠고 할리의 손을 잡으면서 말했다. "드 샤르무아 양에게도 저에게도 가정교사는 없어요. 미스 클로디와 미스 제인은 사실 클로디와 잔이랍니다. 한 사람은 이 집 하녀고, 한 사람은 소를 돌보고 우유를 짜지요."

"오우!" 영국인이 말했다. 그 커다랗고 푸른 눈이 점차 휘둥그레졌다.

"힘내세요." 마리가 부드럽게 말을 이었다. "당신은 그 인물의 사회적 지위를 오해했어요. 하지만 갈 박사의 머리뼈 관찰도 라바터의 인상학도 잔의 정신적 가치는 정확히 가늠하지 못했죠. 잔은 아름다울 뿐 아니라 착하고 순수해요. 천사 같은 여성이죠. 하지만 전 잔이 어떤 교육도 받은 적이 없다는 점, 양떼와 함께 들판에서 지냈다는 점, 오빠의 유모의 딸로 평민에 불과하다는 점, 그리고 글도 못 읽고 우리의 무의미한 모든 지식에 적응 능력이 부족해서 읽고 쓰기는 절대로 못할 거라는 걱정이 있다는 점을 당신에게 지금이나마 말씀드려야 해요. 그 앤 이 세상의 현실적인 것보다 천상의 일을 더 잘 알지요."

"오우!" 영국인은 세 번째 놀람의 감탄사를 내뱉더니 생각에 잠겨버렸다.

"친애하는 아서, 오해가 어떤 결과를 부를지 걱정하셔야 해요." 기욤이 말했다. "이번 재미있는 장난이 가족이 아닌 사람들 사이에서 웃음거리라도 되면 안 되잖아요. 드 샤르무아 부인은 당신의 편지에 관해 우리에게 아무 말도 하지 않았어요. 우린 부인이 그런 편지를 받았는지조차 알지 못해요. 편지 내용은 우리만 알지 잔은 몰라요. 잔은 글자를 읽지 못하니까요. 이 편지를 돌려드리죠. 장난이긴 했지만, 이 이야기는 이것으로 끝내죠. 어머니는 아무것도 몰라요. 샤르무아 부인에게는, 그 편지는 4월의 물고기였고 부인을 놀린 건 나라고 내가 쉽게 이해시킬 수 있을 거예요."

할리는 기욤의 말을 한마디도 듣지 않았다. 그는 귓전에서 아직 울리고 있는 마리의 말을 해석하는 데 몰두하고 있었다. 그러다가 이윽고 그녀를 보고, 냉정하고 대단히 체계적으로 잔의 성격과 취미, 습관에 관한 일련의 질문을 던졌다. 젊은 아가씨는 잔에 대한 애정과 칭찬의 마음에서 그 질문에 또박또박 대답하고, 완벽하고 솔직한 칭찬으로 말을 맺었다. 마리는 이토록 순진하고 지금껏 그가 살아온 사회와 너무도 다른 세상에서 살아온 인물과 그가 의견을 나눌 때 필연적으로 만나게 될 곤란을 조금도 숨기지 않았다.

할리는 주의 깊게, 그러나 겉으로는 냉정하게 귀를 기울였다. 이윽고 괘종시계가 새벽 1시를 알렸다. "천사 같은 여성입니다. 당신도요. 밤새 곰곰이 생각하고 결심할 시간을 주십시오." 그는 말하면서 마리의 손에 입 맞췄다.

"더 오래 생각하세요. 조금도 서두를 것 없어요. 잔은 당신의 생각을 몰라요⋯⋯." 기욤이 말했다.

그러나 할리는 기욤의 목소리가 들리지 않는 척했다. 기욤은 그의 결정이 어떤 영향을 불러올지와 다른 사람들 눈에 비칠 품위를 생각해야 한다고 말했지만, 정열에서 주의를 돌릴 수는 없었다. 도대체 누가 그의 속마음을 꿰뚫어볼 수 있었으랴? 겉모습은 태연자약하지만, 매우 솔직했다. 동시에 그 애정은 매우 끈기 있었다. 그는 계단에서 마리에게 인사하고, 낡은 성관의 복도를 숨죽여 걸어, 그를 위해 준비된 침실로 기욤과 함께 향했다.

방에 들어간 그의 눈을 최초로 잡아끌고 다시금 짓눌린 "오우!" 소리를 지르게 한 것은, 침대 옆에 서서 그가 누울 침대에 하얀 덮개를 씌우고 있는 잔의 모습이었다……. 성의 세탁물 관리를 맡아서 큰 서랍장의 열쇠를 갖고 있는 잔은 침구 배치도 담당했다. 최고급 침구를 만질 수 있는 것은 그녀의 손뿐이었다. 눈처럼 새하얀 천에는 그녀의 배려로 아이리스 향과 제비꽃 향 향수가 뿌려져 있었다. 얇은 모슬린 장식에 주름이 잡히지 않도록 잡고 쿠션 주위에 너울거리게 했다. 그 동작은 언제나 조금 굼떴다. 그러나 절대로 휴식은 취하지 않았으므로, 그 일은 클로디의 덜렁대고 분주한 움직임을 이따금 이겼다. 그녀의 표정에는 천사 같은 위엄이 있어서, 주어진 일의 미천함을 느끼지 못할 정도였다. 진지하고 상념에 잠긴 표정으로 베개 끈을 느슨하게 매는 모습은 마치 고상한 무녀가 산 제물을 신에게 바치는 의식 같았다. 그 모습이 신비로워 영국인은 말없이 꼼짝 않고 잔을 바라보았다. 당황한 기욤 또한 그 자리에 못박힌 듯 서서 그들을 바라보며 생각했다. 그는 아서 경을 잔과 단둘이 둘 바에는 우정을 잃는 편이 낫겠다고 생각했다. 아서 경이 이 젊은 아가씨와 마주앉으면, 기욤 이상으로 쭈뼛거리고 어색해할 것은 틀림없었다. 처녀는 침착함을 잃지 않고, 고개를 기울이고 정성껏 매듭을 하나씩 묶고 있었다. 기욤은 처녀가 고르디아스의 매듭을 짓는 것처럼 보였다. 그만큼, 그 짧은 시간이 그에게는 길게 느껴졌다. 이윽고 처녀가 나갔다. 처녀에게 잘 자라고 인사할 용기도 없었던 사랑에 빠진 영국인은 커다란 한숨을 내쉬면서 안락의자에 털썩 앉았다. "친애하는 기욤, 내 마음속에서 무슨 변화가 일어났는지 내일 당신한테 모조리 이야기하도록 하죠. 밤이 좋은 생각을 하게 해줄 겁니다."

"밤새 생각하시려고요?" 기욤이 물었다. 우정에도 불구하고 마음속에서는 쓸쓸함을 금할 길이 없었다. "난 반대로 푹 자라고 권하고 싶습니다. 몹시 지치셨을 테니까요. 내일 천천히 생각하기 위해서라면 휴식이 더 자유롭고 더 건강한 마음을 돌려줄 겁니다."

아서 경은 대답하지 않았다. 기욤은 그 굳건한 자유와 신념을 비참하리만치 질투하며 헤어졌다.

아서는 성관에 도착했을 때 방으로 들여놓았던 트렁크를 열어 파자마를 꺼내 입고 슬리퍼를 신었다. 그런 다음 난로 위 선반에 있는 촛대에 불 두 개를 켜고, 더 편안하게 생각에 잠기기 위해 안락의자에 깊숙이 몸을 파묻었다. 그러나 5분도 지나지 않아 문을 가볍게 두드리는 소리가 났다. 그가 문을 열자 홍차를 곁들인 아침 식사 쟁반을 가져온 잔의 모습이 나타났다. "마리 아가씨께서 보내셨습니다, 나리." 잔이 탁자에 쟁반을 놓으면서 말했다. 그리고 불 앞으로 주전자를 가지고 갔다. 그사이 아서 경은 잔의 출현을 숙명이라 생각하고 과감하게 문을 닫으러 갔다. 그러고는 다시 안락의자에 앉았다. 생각에 잠긴 그의 모습은 처녀에게 수치심을 주지 않았다. "아가씨, 한 가지만 물어도 되겠습니까?" 그가 탁자에 도자기 그릇을 늘어놓는 잔에게 말했다. 잔은 영국인이 아주 예의 바르다고 생각했다. 그리고 그의 명령을 기다린다고 차분하게 대답했다.

15장
잠 못 이루는 밤

"잔 양. 무례하지만, 결혼할 마음이 있는지 묻고 싶군요."

이것이 아서 경이 본론으로 꺼낸 말이었다. 솔직히 이보다 서툰 질문은 없었다. 선량한 영국인은 순진하고 정직하며 고결한 훌륭한 인물이었다. 그러나 어떤 언어로 말해도 웅변가는 아니었다. 그는 숭고한 사상에 확고한 정열을 갖고 있었지만, 그것이 표현되는 일은 없었으며, 늘 그렇기에 온화한 상태에 있었다. 그런 의미에서 그는 잔의 성격과 신비로운 유사성을 지니고 있었다. 그에게 사랑과 선의 실천은 호흡과 마찬가지로 자연스러운 행위였다. 악의 존재를 믿지 않을 만큼 악에 무지했다. 또한 진중하고 조용하며 끊임없이 이상을 알아가고 실현시켰으므로, 종교적·철학적 신념을 표명하고 준수하기 위해 정신에 활기를 불어넣을 필요도 없었다. 성실, 헌신, 인내, 이것이 그의 신조였으며, 모든 생각의 요약이기도 했다. 그의 상상력은 그 이상으로는 뻗어가지 않았으나, 자기에게 규정된 이 규범 아래로 머무는 일은 결코 없었다. 위대한 정신의 소유자는 아니었으므로, 그를 당황하게 하기란 쉬웠다. 또한 조금이라도 자기주장을 할라 치면 금세 혼란스러워져서 프랑스어로는 이해할 수 없게 되었다. 따라서 그는 자기 자신을 경계하고, 어떤 논의에도 끼어들지 않았다. 그를 불쾌하게 하는 논증에는 무언의 항의로만 대꾸했다. 따라서 많은 것을 말해주고, 놀람과 불만과 때로는 기쁨을 가장 강력하게 표현하는 "오우!"만으로 대답하는 것이었다.

잔은 전혀 낯선 남자의 입에서 나온 이 질문에 몹시 놀랐다.

"왜 그런 걸 물으시죠? 농을 거시려는 건가요, 나리?"

"그런 게 아닙니다." 영국인이 말을 이었다. "난 절대로 농담을 하지 않습니다, 잔 양. 당신한테 아주 진지하게, 자유롭게 결혼할 의사가 있는지 묻는 겁니다."

"나리, 그건 제 문제입니다." 잔이 대답했다.

"미안합니다만, 그건 나에게도 큰 관련이 있는 문제입니다. 내가 아는 사람을 대신해서 당신에게 결혼을 신청하기로 했거든요."

"그게 대체 누군가요, 나리?"

"당신이 결혼을 원하지 않는다면, 그게 누군지 알 필요도 없겠죠."

"그래요! 나리는 절 놀리고 계시는군요. 그럼 편안히 주무세요. 더 필요한 건 없으신가요?"

"잠깐만 기다려요, 잔 양. 부탁입니다. 혹시 이루어질 수 없는 누군가를 사랑해서 결혼을 바라지 않는 겁니까?"

"아아, 나리!" 잔은 미소 지으면서 대답했다. "그걸 부정하기란 어렵지 않네요. 그렇지 않으니까요."

"친구에게 말하듯이 제발 나한테 진실을 말해줘요."

"절 놀리지 마세요, 나리. 우린 서로 거의 모르는 사이잖아요. 그런데 어떻게 친구처럼 말하라는 거죠?"

"잔, 당신은 날 모르지만, 난 당신을 아주 잘 압니다."

"제 돌아가신 어머니가 이 성에 계실 때 어머니를 아셨던 분이 아니라면 어떻게 그럴 수 있는지 모르겠네요."

아서 경은 난생처음으로 책략을 생각해냈다. 사실 아주 순진한 책략이긴 했지만.

"난 어머니를 알았습니다." 그는 그것이 잔에게 믿음을 줄 유일한 방법이라는 것을 알아채고 말했다.

이 작은 거짓말은 잔에게 마법과 같은 효과를 가져왔다. 그녀는 영국인의 얼굴을 자세히 관찰할 생각도 하지 않았다. 그의 나이도 신경 쓰지 않았다. 아서 경은 고작해야 서른 살로, 풍성한 머리, 대단히 발랄하고 아름다운 얼굴, 고른 치아, 반듯하고 온화한 이마를 가졌다. 키가 크고 몸매는 날씬했지만, 그 수수한 복장과 진중한 태도에는 까불거리는 구석도 관심을 끌고자 하는 구석도 어려 보이는 구석도 전혀 없었다. 잔은 이 영국인이 20년 전에 어머니를 아는 게 가능한지 자문조차 하지 않았다.

"돌아가신 저의 소중한 어머니를 말하는 거라면, 얘기는 전혀 다르죠. 어머니를 걸고 농담을 하진 않으실 테니까요. 그래, 무슨 얘기를 하려고 그러시죠?"

"잔, 난 마리 양이나 당신의 젖형제인 기욤만큼이나 당신에게 관심이 있습니다. 당신이 행복했으면 좋겠고, 그렇게 되도록 돕는 것이 내 의무라고 생각해요. 당신의 바람을 모두 만족시킬 만한 자산이 나에겐 있습니다. 당신이 그런 환경에 있는 사람을 사랑해서 재산의 차이 때문에 어려움을 겪는다면, 내가 당신에게 적절한 지참금을 주겠습니다. 그러니 날 믿고 솔직하게 대답해줘요."

"나리, 정말 친절하시군요. 어머니가 옛날에 뭔가 도움을 드렸나 봐요. 하지만 제게 지참금을 주시겠다니, 그건 과분해요. 게다가 그럴 필요는 없어요. 전 누구도 사랑하지 않고, 결혼하고 싶은 사람도 없으니까요."

"당신이 무척 사랑하고 그리워하는 어머니의 명예를 걸고, 그걸 나에게 맹세해주겠습니까?"

"네, 나리. 그야 쉽지요. 필요하시다면, 기꺼이 맹세할게요."

할리는 잠시 침묵했다. 그 표정과 어조로 보아 잔이 거짓말을 하고 있지 않다는 것을 잘 알 수 있었다.

그녀가 방에서 나가려는 것을 보고 그가 말을 이었다. "당신의 장래를 위해 뭔가 해주고 싶습니다. 그건 내 의무 같은 거니까요. 행복한 결혼을 위한 조건을 말해주겠습니까?"

"이 집에서는 모두 제게 결혼 이야기를 하는군요. 정말 이상해요. 정작 전 한 번도 말한 적이 없고, 조금도 생각하고 있지 않은데 말이에요!"

"그럼 내가 그 이야기로 당신에게 모욕을 주고 있다고 생각하나요? 그렇다면 더는 아무 말도 하지 않겠습니다. 당신에게 상처를 주려던 건 아니었으니까요."

"네! 잘 알아요, 나리." 잔은 무례하게 보였을까봐 걱정하면서 말했다. 그녀에게 예의는 호의나 성실함을 표현하는 수단이었으므로, 그것은 진지한 의무였다.

"바라는 게 있다면 뭐든 말씀해주세요. 기분 상하지 않을 테니까요."

"그럼 잔, 남편감으로 어떤 사람을 원하는지 물어도 될까요?"

"전 전혀 모르겠어요, 나리. 그런 질문은 처음이거든요."

"하지만 가정은 할 수 있잖아요! 당신은 가정도 하지 않나요? 가정이라는 말이 무슨 뜻인지 몰라요?"

"아니요, 나리. 전 그 말을 알아요. 시골에서도 가끔 사용하니까요."

"그럼 남편감을 고를 마음이 생겼다고 가정해봐요. 어떤 사람이 좋죠?"

"질문이 많아서 대답 못 하겠어요. 모른다고 말씀드렸잖아요."

"어떤 사람이었으면 좋겠죠? 이것도 몰라요? 예를 들어 그 사람이 가난뱅이라면 거절할 겁니까?"

"아아! 아니에요, 그런 이유로 거절하진 않아요. 저도 가난하니까요. 가난한 사람들 속에서 태어나, 가난한 사람들과 같이 자라고, 가난한 사람들과 같이 죽어갈 테니까요!"

"그럼 부자라면 뭐라고 말할 거죠?"

"싫다고 할 거예요, 나리."

"아아! 왜요?"

"거기에 대해서는 대답할 수 없어요. 하지만 거절할 거예요."

"부자는 못됐다고 생각하는 건가요?"

"아아! 아니요, 나리. 대모님도, 대부님도, 마리 아가씨도 큰 부자죠. 하지만 아주 다정하세요."

"그럼 돈 많은 남자는 당신을 유혹하기 위해 사탕발림만 하지, 진지하고 성실하게 결혼할 마음은 없다고 생각하는 건가요?"

"그런 일도 일어나겠죠. 하지만 그 사람이 절 속인 게 아니라고 확신한다 해도, 역시 받아들일 수는 없어요."

"그 사람이 당신 마음에 들기 위해 전 재산을 버린다면? 당신에게 어울리는 사람이 되기 위해 청빈한 삶을 맹세한다면?" 당황한 아서 경은 잔의 신비로운 생각의 본질을 읽으려고 외쳤다.

"그렇다면 저도 생각을 조금은 바꿀지도 모르죠. 하지만 충분하진 않아요."

"그렇다면 또 어떤 희생을 치러야 하죠?" 영국인이 내심 흥분하며 말을 이었다. "모든 것에 동의할 만큼 당신을 사랑할 수 있는 사람이 분명 있습니다."

"아니요, 나리. 그렇지 않아요." 잔이 말했다. "그런 사람은 없어요. 제가 보증해요. 행여 누군가가 제 생각에 동의한다 해도, 약간의 타산적인 생각에서 언젠간 분명 그걸 후회하게 될 거예요!"

"이해할 수 없군요…… 아아! ……설명해줘요!" 아서 경이 목소리를 높였다. 그의 이마는 에프-넬의 양치기 소녀의 수수께끼 같은 말속 의미를 진지하게 파악하기 위해 땀이 송골송골 맺혀 있었다.

"이제 그만하세요, 나리." 잔이 대답했다. "이 이상은 말씀드릴 수 없으니까요. 저에게 관심을 가져주시는 건 좋지만, 절 결혼시킬 생각은 하지 말아주세요. 전 아무것도 필요 없어요. 나리의 친절에 감사합니다. 그게 어머니 덕분이라면 더욱더요."

그는 놀란 나머지 망연자실해서 더는 그녀를 붙들어둘 용기도 없었다.

잔은 문 뒤에서 귀를 쫑긋 세운 채 열쇠 구멍으로 방 안을 훔쳐보던 클로디를 발견했다. 클로디는 오지랖과 무례함의 현장을 들켰어도 전혀 부끄러워하는 기색이 없었다. 잔도 이 죄를 따질 생각이 없었다. "이런 데 있었어?" 잔이 공용 방으로 돌아가면서 말했다. "아직 안 자고 뭐했어?"

"네가 저 사람 방에서 돌아오지 않는데 잠이 오겠니?" 툴의 처녀는 천진난만하게 대답했다. "그래서 너한테 무슨 얘기를 하나 엿들으러 왔지. 정말 재밌던데?"

"왜 들어오지 않고? 나 대신 대답해줬으면 좋았잖아. 넌 나보다 말주변이 좋으니까."

"어머! 그건 너무 부끄럽잖아." 클로디는 창피를 모르는 성격인 주제에 수줍음을 타는 척하면서 대답했다. "네가 어떻게 모르는 사람과 이렇게 오래 얘기할 수 있었는지 모르겠다."

"부끄러울 게 뭐 있니? 나쁜 말은 하지도 않았는데. 게다가 저분은 아주 예의가 바르시거든."

"그래, 정말 그렇더라! 발음도 아주 분명하고. 저렇게 웃기는 사람이 아니었다면, 대단한 미남으로 보였을 텐데."

"저분이 웃긴다고?"

"그럼! 영국인이라는 게 웃기지 않아?"

이런 대화를 나누면서 두 처녀는 작은 탑 안에 있는 자기들의 방으로 들어갔다. 창문으로, 더 정확히 말하자면 모서리가 둥글고 아래쪽이 둥근 총안으로 되어 있는 벽의 개구부 틈으로 달빛이 들어왔다. 이 총안은 옛날에 파수꾼이 매의 새끼를 조준하기 위해 사용하던 것이었다. 좁지만 깊은 개구부에 돌 벤치가 비스듬하게 놓여 있었다. 틈으로 들어오는 달빛이 젊은 처녀들의 취침에 필요한 유일한 빛이었다. 저택의 관리비를 어떻게든 절약하려는 하녀답게, 두 사람은 램프를 껐다. 조끼의 끈을 끄르려고 돌 벤치에 앉은 잔은 밭을 바라보며 상념에 잠겼다. "무슨 생각해?" 바로 침대에 누웠던 클로디가 큰 소리로 말했다. "오늘 밤은 자고 싶지 않아?"

"졸린 시각이 지나버렸어." 잔이 말했다. "그리고 이젠 잠을 즐길 수가 없는 걸. 곧 새벽이니까. 클로디, 달빛을 보면 아주 이상한 기분이 든다는 걸 넌 믿지 않지?"

"아아! 난 달빛이 좋아!" 클로디가 수다를 떨고 싶은 마음에 졸음과 싸워가며 말을 이었다. "밤이 되면 난 겁이 많아져. 하지만 달이 밝게 빛나면 하나도 무섭지 않지. 모든 게 보이니까."

"그래? 난 너랑 달라." 잔이 말했다. "달빛은 날 조금 불안하게 해. 그건 파드들의 변덕이야! 상냥한 파드도 심술궂은 파드도 그때는 밖으로 나오거든. 그리스도교도의 영혼이 그들 마음에 들지 않으면 그 영혼은 위험해지는 거야."

"아, 조용히 해, 잔!" 클로디가 외쳤다. "네가 파드들 이야기를 하니까 무서워지잖아. 너도 잘 알다시피 난 이제 믿고 싶지 않아. 시골에서는 그 이야기가 통했지만, 도시에서는 어리석게 들려. 들으면 다들 비웃을 거야. 마리 아가씨한테 그런 얘길 했다간 혼날 게 뻔해!"

"억지로 믿으라고 하진 않아, 클로디. 안 그래도 넌 지금껏 파드를 믿은 적이 없잖니. 요정에게 조금도 관심이 없는 사람들도 있어. 하지만 그게 뭔지, 그리고 선량한 요정들과 사이좋게 지내기 위해 심술궂은 요정들을 피하는 방법이 뭔지 알아둬야 할 사람들도 있거든. 난 파드들이 없다고는 말할 수 없어. 난 파드들에 대해 아주 많은 걸 알거든, 클로디."

"이젠 입 다물고 눕도록 해! 무서워 죽겠네. 왜 이런 시간에 그런 얘길 하는 거야? 그게 있다고 확신하면서 참 용기도 있다, 얘……. 고맙게도 이 방에 있으면 조금은 안심할 수 있어. 문이 단단히 닫혀 있으면, 요정들은 창문으로는 들어오지 못할 테니까. 애초에 창문도 없지만."

"그런 건 아무 상관 없어, 클로디. 방문이 아무리 작아도, 들어오려고 하면

통과할 수 있거든. 하지만 무서워할 것 없어. 나랑 같이 있는 한 널 괴롭히는 일은 없을 테니까."

"잘됐어. 내 손으로 쫓아내지 않아도 되니까!"

"그런 말 하지 마, 클로디!"

"너한테니까 말하는 거야. 잘 알잖아. 그런데 그 일 말이야, 이제 마르시야는 너한테 전혀 얘기하지 않아?"

"전혀."

"설마, 전혀?"

"넌 날마다 묻는구나! 아니라고 했잖아!"

"그렇지만 잔, 여자가, 다 큰 여자가 그 같은 남자를 피하기란 거의 불가능한걸."

"그렇게 어렵지 않아."

"아니, 어려워. 정말로! 건방지게 부탁하는 사람이야! 틀림없이 그걸 요구할 거라니까!"

"다른 사람들처럼 도리를 아는 사람이야!"

"난 그 사람한테 도리를 깨우쳐주려고 수없이 노력했지만 다 실패했어."

"그건 너한테 진심으로 깨우쳐줄 마음이 없었으니까 그렇지, 클로디."

"당연하지! 그렇게 다정한 사람인걸! 게다가 그렇게 말솜씨도 좋고!"

"그렇게나 많은 선물을 줬고!"

"아주 다정해. 선물이라니!"

"그만 포기해준다면 더 다정할 텐데!"

"누구나 너처럼은 될 수 없어. 그러니까 내 말 잘 들어. 내가 훌륭하게 처신했다고는 하지 않겠어. 나한텐 이래저래 슬픈 일뿐이었으니까."

"자자, 슬퍼하지 마! 그래도 네가 결혼하는 데에는 변함이 없으니까, 클로디."

"그런 마음을 없애겠어. 사실 신사랑 이야기하는데 평민을 상대로 뭘 하겠어? 마르시야 같은 사람은 재기에 넘치지만, 카데는 정말 바본걸!"

"하지만 착하고 용기 있고 언제나 널 사랑하잖아. 마르시야 같은 사람은 사랑이 오래가지 않아!"

"그럼 넌 그 사람이 벌써 나를 조금도 사랑하지 않는다고 생각하는 거야?"

"그렇겐 말하지 않았어. 네가 느끼기엔 어떤데?"

"너무 슬프지! 하지만 그 슬픔이 가시기 시작했어. 잘 풀리지 않으면, 내가 스스로 날 위로해야 하니까."

"그래, 스스로 위로해야지, 클로디. 그래도 네가 부지런하고, 성실한 남자한테 아직 사랑받을 수 있는 선량한 아가씨라는 데는 변함이 없으니까. 네가 만난 불행은 다른 많은 사람들한테도 일어나는 일이야. 호의나 우정에서 한 일이라면, 그렇게 큰 실수는 아니야. 하느님은 용서하실 거야. 그런데 세상이 어떻게 용서하지 않을 수 있겠어?"

"그래! 용서해야 해!" 클로디가 눈물을 닦으면서 말했다. 그리고 너그러운 친구 잔의 침대에서 스르르 잠에 빠졌다.

순수한 잔이 죄를 뉘우치는 클로디에게 이토록 너그럽다는 사실에 놀라지 않기 바란다. 이 지방에서는 젊음과 충동 때문에 저지른 죄 한두 가지는 젊은 처녀의 명예를 조금도 상처내지 않는다. 처녀들은 본디 내성적이고 얌전하지만, 유혹에 넘어가기 쉽다. 남자들은 처녀들의 의지가 약한 것을 질책하지 않으며, 도발하고 그것을 약점으로 삼는다. 18세기에는 편견이라 불렸던 것을, 이 지방 평민들이 늘 그러는 것보다 더 교묘하게 무시할 수 있는 상류 사회 남자는 한 명도 없었다. 이것은 인정해야 할 사실이며, 거기서 잔의 신조에 반대되는 어떠한 결론도 이끌어내서는 안 된다. 남다른 강한 의지를 지닌 잔은 타인의 잘못에 대해서는 관용과 배려 그 자체였다.

한편 잠들기 전에 기도하는 습관이 있는 잔은 아직 자지 않고 있었는데, 작은 탑 안을 밝혀주는 총안이 갑자기 시커먼 물체로 가려지는 것을 보았다. 그녀는 비명을 질렀다. 눈 깜짝할 사이에 어떤 물체가 나타났다가 사라졌다. 이윽고 바깥벽을 따라 그것이 미끄러지는 소리가 들리더니, 숨죽인 발소리가 정원의 모래를 자박자박 밟는 소리가 났다. 이 층은 땅에서 겨우 10피에나 12피에밖에 높지 않아서, 벽을 뒤덮은 포도덩굴을 타고 꼭대기 창문까지 오를 수가 있었다. 눈을 번쩍 뜬 클로디는 담요를 머리까지 뒤집어썼다. 잔은 용감했지만, 선뜻 총안을 들여다볼 용기가 나지 않았다. 몇 번이나 성호를 긋고, 신앙심 깊은 악마 퇴치 동작을 한 뒤에 그녀가 내다볼 용기가 났을 때는 이미 물체가 사라진 뒤였다. 달빛이 환하게 비추고 있었다. 포도나무 그림자가 오솔길의 빛나는 모래에 또렷하게 떠올라 있었다.

"바보, 이렇게 놀라게 하는 법이 어디 있어?" 클로디가 말했다.

"난 악마라고 안 했어." 잔이 대답했다. "머리가 보인 것 같았는데."

"뿔이 있었어?"

"아니, 사람 같았어. 제대로 볼 여유는 없었지만, 달빛이 뒤에서 비춰서 넓적한 머리에 딱 붙은 머리카락 같은 게 보였어."

"늙은 브리드바쉬의 머리 같아 보이던?"

"그런 것 같아. 하지만 라게가 여기에 뭘 하러 왔을까?"

"선행을 베풀러 온 건 아니겠지. 어젯밤에 문은 단단히 잠갔니?"

"영국인과 함께 문단속을 한 건 마리 아가씨야. 빗장을 내리는 걸 잊으신 게 분명해. 그리고 너도 알다시피, 저 심술궂은 라게는 뱀 같은 사람인걸. 열쇠 구멍으로 들어왔을 거야."

"설마! 넌 뭔가 봤다고 상상하는 거야. 개들은 짖지 않았잖아."

"개들이 그 남자한테는 절대로 짖지 않는다는 걸 너도 잘 알잖아. 그 남자는 개들을 잠재우는 주문을 알고 있다고."

"맞아, 훌륭한 주문이지! 그 남자는 개들에게 죽은 말의 고기를 던져주니까. 마법사라기보다는 도둑이고, 약다기보다는 악당이야."

"옷을 입고 밖으로 살피러 가야겠어." 잔이 말했다.

"난 안 갈래." 클로디가 큰 소리로 말했다. "무서워 죽겠는걸."

"안뜰이나 정원에 피해가 생겼으면 다 우리 책임이야, 클로디. 나 혼자 갈게. 라게라면, 생각하기조차 무서운 다른 것보다 훨씬 안 무서워." 클로디는 잔을 혼자 위험과 맞서게 하고 싶지 않았다. 용기를 쥐어짜서 함께 나섰다. 주위는 고요했다. 안심한 클로디는 방으로 돌아오면서 잔을 놀렸다.

"그건 중요한 게 아니야. 진짜로 내가 봤다니까." 잔이 말했다. "그게 라게라면 그렇게 놀랄 일도 아니야. 그는 어떤 곳에든 숨어들어서 밤새 돌아다니다가, 모두가 일할 때 자는 사람이니까."

"그 남자가 티티새처럼 캐묻고 다니기 좋아하는 건 사실이야." 클로디가 말을 이었다. "뭔가를 숨기려고 하면 어김없이 그 남자가 방해하니까. 밤에 집 안에서 하는 얘기를 다 듣는 게 분명해. 난 누구한테도 얘기한 적이 없는데, 마르시야와 어떤 관계인지까지 다 알더라니까. 그러니까 다들 그 남자를 마법사로 생각하고 무서워하는 거야."

그 무렵 아서 경은 깨어 있었다. 보통은 아주 온화한 그의 상상력이 이날은 폭주했다. 잔이라는 인물이 보인 소박함과 불가사의함이 대조를 이루어 그를 더없이 당혹하게 했다. '내가 평민을 좋아하리라고, 글도 못 읽는 여자와 결혼을 결심하리라고, 그 여자의 자존심에 거절당하고 깊은 수수께끼에 머무르리라고 그 누가 생각이나 할까!'

다음 날 아침 9시에 젊은 남작이 방에 들어왔을 때, 그가 말했다. "오늘 아침 나는 어젯밤 미스 제인을 좋아할 때보다 훨씬 더 시골 처녀 잔에게 마음을 빼앗겼습니다. 당신과 헤어진 뒤에 난 그녀와 이야기를 나눴죠……."

"정말이요?" 기욤이 얼굴을 붉히면서 목소리를 높였다.

"정말이요. 그녀는 나에게 수수께끼 같은 말을 했습니다. 하지만 나에겐 창조주가 빚어낸 더없이 순진무구하고 더없이 훌륭한 모범처럼 보였습니다. 난 이미 예감했던 것, 즉 글은 배우지 못했지만 세상의 박학다식한 사람들보다 더 깊게 아는 사람들이 있다고 믿기 시작했습니다. 잔은 정말 특별해요. 그 마음에는 비밀이 있고, 그것이 내 마음을 불안하게도 하고 잡아끌기도 합니다. 숭고한 것이든지 상식을 벗어난 것이든지 둘 중 하나가 말입니다. 난 인생을 무미건조하고 따분하다고 생각했습니다! 당신한테 고백하진 않았지만, 때로 염세적인 기분에 젖었던 내가 완전히 감동하고 완전히 젊어졌습니다. 난 두렵고 괴롭습니다……. 하지만 난 살아 있습니다."

"그 말인즉슨 당신도 희망을 갖고 있다는 거군요? 당신은 분명 그 불쌍한 아이한테 사랑받을 겁니다." 기욤이 말했다.

"그 반대가 될까 봐 너무 걱정입니다. 그 앤 야심이 없어요. 그게 바로 내가 그녀를 칭찬하는 이유죠. 그래서 사랑하고, 동의하게 할 수 있다면 그녀와 결혼하겠다는 내 결심을 바꿀 생각이 없습니다."

기욤은 아서 경을 단념시키려고 하지 않았다. 당혹스럽고 불안해져서 그는 기다리고 있는 어머니에게 친구를 데리고 갔다. 드 샤르무아 가족이 점심을 먹으러 왔다. 부지사 부인은 영국인에게 대단히 날카로운 태도를 보였고, 그는 편지에 대해 해명하겠다는 생각조차 하지 않았다. 처음보다 더 진지하게, 아니

더 정열적으로 그의 마음을 가득 채우기 시작한 사랑을 솔직히 설명하기란 불가능했기 때문이다. 따라서 드 부사크 부인과 친구들은 그 편지는 농담에 불과했다고 생각했다. 그래도 부지사 부인은 자기 딸의 매력에 그가 전혀 무관심한 것을 보고, 그냥 넘어갈 수가 없어 복수심에 불타올랐다. 눈치가 빠른 부인은 잔이 기욤의 마음을 얼마나 흔드는 대상인지 금세 알아봤다. 엘비르를 위해 점찍어뒀던 두 후보자 가운데, 부인은 이 하녀에게 마음을 빼앗긴 한 사람밖에 보이지 않았다. 부인은 잔을 증오하고 기회가 있을 때마다 일부러 엄하게 굴어, 영향력을 미칠 수 없는 이 성관에 혼란과 고통을 불러일으키기로 결심했다.

16장
바를로산의 벨레다

마르시야는 오후에 왔다. 게레에 많은 고객을 만들 생각이 없는 그는 지방에 사는 변호사들처럼 얽매이지는 않았다. 고향에서 첫 진출을 장식하는 정도만 바라며 어느 정도 영예와 중요성이 있는 소송사건만을 변호하는 그에게는 이따금 부사크로 돌아와 며칠을 보낼 만한 자유가 있었다. 변호사 모임에서 영광을 얻는 일에 무관심과 경멸에 가까운 태도를 보이기는 했지만, 그 밑에는 끈기 있는 야망을 숨기고 있었다. 다시 말해 앞으로 의원(議員)이 되기를 간절히 바랐다.

이런 성격의 그가 잔과 같은 처녀에게 뜨거운 정열을 품을 수 있으리라고는 쉽게 상상하기 어렵다. 마르시야는 에프-넬의 양치기 소녀에게 대단히 냉정했다. 그러나 그의 의지에는 깊은 생각에서 비롯한 집요함이 있었으므로, 무의식중에 욕망으로라도 고집했다. 채워지지 않은 변덕스러운 욕망이 그의 뜻과는 반대로 언제까지고 그의 마음을 괴롭혔다. 콩브라유 처녀들 가운데 가장 아름다운 처녀를 자기 것으로 만들려고 한 지 2년이 다 돼가지만, 그 소망은 이루어지지 않았다. 가끔 그는 이런 문제로 인생에서 처음 실패를 맛봤음을 떠올리고, 처녀에게도 자기 자신에게도 몹시 화가 났다. 그래도 다른 처녀들을 대할 때보다 신경 써서 잔을 대했다. 그는 잔이 부사크성으로 온 것을 보고, 자기 옆에 있게 된 것에 희망을 걸고 기뻐했다. 그리고 기욤이 병에 걸린 동안 온갖 핑계를 대며 성관을 드나들었다. 특히 밤에 안뜰이나 우유 창고에서 기다리다가, 그녀가 소중한 대부를 돌보러 서둘러 향하는 낡은 성관의 넓은 회랑에서, 더 나아가서는 병자가 극도로 쇠약해진 뒤로 이따금 잔과 마주앉게 되는 침대 옆에서조차, 그는 느닷없이 거만한 말재간을 부리며 어이없는 청혼을 하고 계속해서 친한 척을 했다. 그러나 단 한 순간도 그녀의 마음을 움직이지 못했으며, 겁을 주지도 못했다. 그녀는 꽤 체력이 좋았으므로, 힘으로 제압당하는 것을 두려워하지 않았다. 물론 신중한 마르시야는 그런 행동은 하지 않았다. 이 엄숙하고 조용한 성관에서 잔이 비명을 지르는 것만으로, 잔의 목소리가 울려 퍼지는 것만으로도 그는 큰 웃음거리가 되고 창피를 당할 거라는 걸 직감했기 때문이다. 따라서 그녀가 귀를 기울이게 되기를 기대할 수 있는 행동은 말과 약속으로 마음을 사로잡는 것뿐이었다. 그러나 그가 훌륭한 연설을 할 때마다 잔은 어깨를 으쓱했다. "불쌍한 젊은 주인님이 이토록 병이 위중하고, 불쌍한 대모님이 슬픔에 잠겨 계신 때에, 어떻게 그런 농담을 할 수 있는지 모르겠네요. 그렇지만 당신은 그분들을 사랑하는 것 같아요. 당신은 이 성관에 신경을 많이 쓰니까요. 하지만 당신은 제정신이 아닌 것 같아요. 늘 누군가를 화나게 하잖아요. 당신은 발에 불이 붙어도, 여자들 주위에서 시선 끌기에만 집중할 거예요. 이제 절 가만 내버려 두세요. 당신은 시답지 않은 말만 해요. 한 번만 더 같은 말을 하면, 클로디에게 손 좀 봐주라고 하겠어요."

잔의 냉정함이 분노나 공포보다 좋은 방어수단이었다. 결국 마르시야는 그녀가 분별력을 갖고 이야기하고 있으며, 자신을 실제보다 나쁘게 판단하고 있지는 않다고 느꼈다. 그는 기욤에 대해 헌신과 애정을 갖고 있었으며, 모든 행동이 위선인 것은 아니었기 때문이다.

이상이 콩브라유의 진주—그는 농담 반 진담 반으로 잔을 이렇게 불렀다—에게서 그가 얻은 모든 것이었다. 중산계급의 남자가 농민 처녀들을 유혹하는 일은 드물다. 그들은 그녀들에게 말할 때 경멸이 담긴 거만한 말투를 버리지 않지만, 사랑에 빠진 순진한 그녀들은 그것을 이해하지 못한다. 소유욕(허영이라고는 하지 않겠다)은 거저일 수 없어서, 불행하게도 처녀들에게 이런 사건은 가끔 일어난다. 공포를 느낄 만큼 타락한 부르주아들은 봉건영주 대신, 그들의 부와 힘과 가난한 자의 가족을 연결하는 종속관계에서, 일찍이 영주가 행사했던 몇 가지 권리를 자기 것으로 삼았다.

건강이 회복됨에 따라 대녀에 대한 기욤의 질투심 섞인 비호를 마르시야는 분명히 눈치챘다. 그는 우스워 보일까 봐 잔에게 무관심한 척했다. 이 젊은 친구의 마음에 있는 뚜렷하고 불길한 정열을 꿰뚫어 본 것 같아, 헌신적으로 친구의 사랑을 장려하고 싶은 생각마저 들었다. 그는 기욤이 자기에게 도움을 요청하고, 자기의 부도덕한 경험에서 우러나온 조언을 청하기를 바랐다. 그러나 젊은 남작은 그에게 마음을 열 바엔 차라리 죽음을 선택했을 것이다.

그러나 마르시야는 그와 같은 계급에 속하는 이 지방의 어떤 여성보다도 성관의 부인들이 자기를 우아하게 맞이해주고 비위를 맞춰주는 데에는 내심 만족했다. 귀족계급이 이곳보다 잊혀 지내는 지방은 거의 없었으며, 이 시대에는 이 계급을 조롱하고 모욕하는 것이 너무도 당연한 유행이었지만, 야심에 불타는 부르주아라면 누구나 이런 약점을 지니고 있었다.

그러나 정황상 잔은 마르시야의 끈질긴 구애에서 벗어나 있었다. 그는 다른 지방에서 살았고, 자신의 일과 평판과 장래를 생각했다. 시골 처녀에 대한 일시적인 연정은 이따금 타오를 뿐이었다. 그녀에게 말을 붙일 기회는 점점 적어지고, 영향력을 행사할 수 있는 인물로서의 권위 또한 위태로워졌다. 날이 갈수록 젊은 시절의 방탕한 행동은—이 지방에서는 과도한 관대함을 보여줄 뿐이지만—평판 좋은 변호사라는 이름과 어울리지 않게 되었다. 관심사가 점점 진지해지는 가운데, 마르시야는 욕망도 억제하고 있었다. 한마디로 말해, 잔에 대한 욕망은 그의 마음속에 잠들어 있었다. 그것을 깨우기 위해 아주 강력한 기회를 기다렸을 것이다.

식사 전에 그는 기욤과 아서 경을, 잔이 평소에 암소를 돌보는 목장으로 데리고 갔다. 그는 강가 바위산에서 토끼를 몇 마리 사냥하자는 핑계를 댔다. 사실은 마음에 품은 사람과 맞닥뜨린 아서 경을 보려는 꿍꿍이였다. 클로디는 아서 경의 방문 앞에서 이야기를 엿듣고 잔에 대한 간접적인 사랑 고백을 거의 외우고 있었는데, 클로디에게서 완전히 멀어지지 않은 마르시야가 그것을 모조리 전해 들었기 때문이다. 옛 연인과 가끔 수다 떠는 즐거움 말고는 누구와도 교제가 없는 데다, 그가 여전히 뜬소문을 재미있어하는 걸 보고 클로디는 성관에서 일어나는 어떤 사소한 일이라도 그에게 떠벌렸다. 어떤 일이든 빠짐없이 알고 싶은 마르시야는 그녀를 개인 탐정으로 삼았으며, 그녀는 악의 없이 그 역할을 맡았다. 뒷말하기 좋아하는 이 뻔뻔스러움은 지방 부르주아의 습관 그 자체다.

세 젊은이는 목장 끄트머리에 도착했다. 그러나 마르시야의 날카로운 눈도, 기욤의 슬프고 불안스러운 시선도 잔을 찾을 수가 없었다. 암소들이 방목지에 있는 걸 보면 처녀가 멀리 있는 것 같지는 않았다. 그러나 그들은 그녀를 만나는 것을 포기해야 했다. 마르시야는 할리에게 약속한 사냥감을 몰기 위해 하는 수 없이 바위산으로 들어갔다.

그제야 그는 커다란 바위에 둘러싸여 곤히 잠든 잔을 발견했다. 이 무기력하고 무방비한 모습은 잔의 습관이나 들판에서 잠자면 위험하다는 시골의 선입관과는 정반대였다. 그러나 어젯밤은 겨우 두 시간밖에 못 잔 만큼 피로에 지치고 만 것이었다. 실패는 아직 옆구리에 매달려 있었지만, 방추는 바닥에 떨어지고 실은 끊어져 있었다. 형태 좋은 머리는 바위 쪽으로 숙였고, 방추의 삼은 새하얀 이마에서 베개 역할을 했다. 그녀는 실로 깨끗한 자세로 앉아 있었다. 옆구리로 늘어진 오른손은 방추를 빙그르 돌리는 동작을 보일 듯 말 듯 무의미하게 했다.

가장 먼저 그녀를 발견한 마르시야가 몇 걸음 앞에 멈춰 서서, 친구들에게 가까이 오라고 손짓했다. 기욤은 조심성 많은 잔이 이렇게 이 남자의 시선을 받는 걸 보고 가슴이 미어지는, 이루 말할 수 없는 감정에 휩싸였다. 그러나 아서 경은 잔을 한동안 묵묵히 바라본 뒤에 갑자기 깊이 감동한 모양이었다. 그 손을 두 친구 팔에 얹으면서 나직한 목소리로 중얼거렸다. "오우! …… 당신들은 기억하십니까?"

"뭘요?" 마르시야가 물었다. "뭐가 생각나는 게 있는가 보군요!"

"오우!" 영국인이 감동해서 손을 잔 쪽으로 뻗으면서 말했다. "다 생각났습니다! 그녀는 세상에서 가장 아름다운 아이였고, 지금은 세상에서 가장 아름다운 아가씨죠!"

"맙소사!" 기욤이 손을 이마에 짚으면서 말했다. "꿈속처럼 뭔가가 떠오릅니다! ……생각날 수 있게…… 도와주세요! ……."

"기욤." 할리가 말했다. "조―마르트르의 돌과 무녀 벨레다를, 그리고 우리가 그녀에게 걸었던 세 가지 소원을 생각해봐요!"

"바로 그겁니다!" 마르시야가 외쳤다. "지금 막 생각났어요. 세 가지 소원에 대해서는, 그게 뭐였는지 이젠 정확히 기억나지 않지만, 세 개의 다른 동전이 있었어요. 세 가지 소원에 대해서는…… 할리 씨의 '성실한 남편'이라는 소원은 기억납니다. 그리고 '건강한 연인……'이라는 내 소원. 기욤의 소원은 생각나지 않아요."

"나도야. 내가 뭘 바쳤는지는 기억나. 그건 금화였어."

"난 모두 생각납니다. 바로 어제 일처럼." 아서 경이 큰 소리로 말했다.

"그게 잔이었다고 생각하는 겁니까?" 기욤이 동요하며 물었다.

"물론." 마르시야가 대답했다. "난 전혀 알 수 없지만, 쉽게 확인할 수 있죠."

그가 목소리를 낮추지 않은 탓에 잔이 잠에서 깨어 놀라움과 부끄러움으로 새빨개졌다. 눈을 비비고 일어나 미소를 짓고는 암소들을 바라보았다. 가축은 조금 떨어진 곳에 있었다. 잔은 그쪽으로 달려가려고 했다. 그러나 마르시야가 불러 세웠다.

"잔, 네가 어렸을 때 어느 날 조-마트르의 돌 위에서 자고 있는데 바를로산의 파드들이 네 손에 놓아둔 동전 세 닢을 어떻게 했는지 누구한테도 말하지 않았니?" 그가 떠보듯이 물었다.

에프-넬의 초가가 불탄 뒤 처음으로 기욤은 잔의 얼굴에 격렬한 동요와 극도의 공포가 번지는 것을 보았다.

"아아! 어떻게 그걸 알죠? 어머니한테만 말했는데. 그리고 어머니는 누구에게도 말하지 않았는데."

"이모는 알고 계셨을 거야, 잔!"

"아니에요! 이모는 절대로 몰라요. 대체 누가 당신한테 그런 얘길 할 수 있죠? 당신이 안다고 해도 그건 제 잘못이 아니에요. 전 한 번도 말하지 않았으니까요."

"하지만 그렇게 단순한 일을 어째서 숨기려고 하는 거야?" 기욤이 말했다. "그 우연한 사건을 왜 그렇게 중대하게 생각하는지 모르겠어, 잔."

"그럼 대부님도 그 일을 아세요?" 잔이 당황해서 말했다.

"나도 압니다." 영국인이 친근하고 공손하게 잔의 손을 잡으면서 말했다. "그게 당신에게 어떤 슬픔의 원인이 되었는지 우리에게 설명해주십시오."

"아니요, 나리. 그 일로 슬퍼했던 적은 없어요." 잔이 묘하게 자랑스러운 투로 말했다.

"왜 그 일을 숨기고 싶어 하니, 잔?" 마르시야가 두 연적에게 조그만 고통을 주려고 잔에게 허물없는 말투를 쓰며 말했다. "설마 파드들이 그걸 너한테 진짜로 준 거라고 믿는 거야?"

"거기에 대해서는 아무것도 할 말이 없어요, 마르시야 씨." 잔이 불만스럽게 대답했다. "학문이 있는 여러분은 여러분 나름의 생각이 있고, 우리에겐 우리 나름의 생각이 있어요. 확실히 우리는 단순해요. 하지만 우리가 낮이고 밤이고 생활하는 시골에서, 여러분은 보지도 알지도 못하는 것들을 우리는 봐요. 우리를 이대로 내버려두세요. 여러분이 우리를 바꾸려고 한다면, 그게 우리에게 불행을 가져올 거예요."

"그게 파드들이었다고 믿는 거로군?" 마르시야가 반복했다. "그럼 맘대로 해! 봐요, 기욤!" 놀리고 싶은 기분이 들자, 가끔 그러듯이 젊은 남작에게도 허물 없는 말투를 쓰며 덧붙였다. "이게 우리 지방의 아름다운 양치기 소녀들이 지닌 정신이죠! 그녀들은 수없이 많은 어리석은 미신을 믿어요. 당신의 대녀도 그 정신을 잃지 않았네요. 누이가 가르친 지도 벌써 2년이 되어가는데 말이에요. 잔, 뭐 할 말 있어? ……."

"아뇨, 아무것도 말하고 싶지 않아요." 잔이 서글프게 대답했다. 그녀에게는 그것이 분노의 표현이었다. "거기에 대해서는 말하고 싶지 않아요. 제발 절 놀리지 말아주세요. 무례가 아니라면, 제가 모르는 것도 놀리지 마시고요. 전 아무 말도 하지 않았고, 무슨 해를 끼친 것도 아니잖아요."

"아아!" 아서 경은 잔의 표정에 나타난 괴로움을 보고 가슴 아파하며 외쳤다. "난 아무것도 모릅니다……. 하지만 잔이 틀렸다면 사실을 말해줘야죠. 놀리는 게 아니라 가르쳐줘야 해요."

아서 경은 잔의 얼굴이 눈물로 젖은 것을 보고 말을 잃었다. 이렇게 그녀를 울려버렸다는 사실이 몹시 가슴 아프고 당황스러웠다. 그녀를 안심시키고 위로하고 싶은 마음이 간절했지만, "오우! ……"라는 말밖에 나오지 않았다.

기욤의 고뇌와 동요는 더욱 또렷했다. 그러나 마르시야가 있어서, 빠르게 멀어지는 잔을 붙잡기 위해 용감하게 발을 성큼 내딛을 수도 뭐라고 말을 건넬 수도 없었다.

"그런데" 유일하게 전혀 동요하지 않는 듯이 보이는 마르시야가 말했다. "그 불가사의를 어떻게 생각하시죠, 아서 경? 우리 지방의 풍속에 대해 새롭게 생각해봐야 하는 것 아닌가요? 당신은 미지의 먼 나라들을 여행하고 오셨습니다. 프랑스 한복판에 이렇게 시대에 뒤떨어진 미신이 있을 줄은 예상도 못하셨을 거라고 전 확신해요!"

"아니요, 이렇게 많은 환상적인 시정이라고 해야죠." 할리가 대답했다. "이런 모든 것에 조금이라도 우스꽝스럽거나 경멸스러운 것이 있으리라고는 생각하지 않습니다. 고대 갈리아의 환상열석에 출몰하는 요정이나 파드들에 대해 당신이 언젠가 나한테 말해주었던 것을 똑똑히 기억합니다. 그런데 저 젊은 아가씨가 왜 우는지 설명해주시겠습니까?"

"파드들에 대해 이야기하거나 파드들과 인간 사이에 있었던 일을 이야기하는 것은 불행을 가져오니까요. 그건 파드들에 대한 죄지요. 또 그 순간부터 파드들은 신뢰하던 수다쟁이 인간을 쫓아다니며 괴롭힌답니다. 저 앤 우리가 바를로산의 세 요정이라는 생각은 하지 못하는 거예요. 선량한 요정들에게 선물을 받은 거라고 계속 생각하는 겁니다. 비밀이 드러날까 봐 무서워하고, 비밀을 말하지 않았다고 부정하는 거예요. 아서 경, 그 환상적인 시정에 대해 나는 당신만큼 너그럽지 않습니다. 난 미신을 혐오해요. 어떤 형태든 엄청난 무지를 유감스럽게 생각합니다. 그것을 비웃을 기회를 전 절대로 놓치지 않죠. 이런 무지한 사람들에 대한 의무라고 생각하니까요. 우리가 그들을 어리석음 속에 가둬두는 대신 계몽하면 그들은 반드시 우리와 대등해질 겁니다."

"못 본 사이에 독지가가 되셨구먼." 기욤이 얼마쯤 비꼬는 투로 말했다.

"난 쭉 독지가였지요." 마르시야가 대꾸했다. "지금도 당신 이상으로 독지가라고 자부합니다, 기욤. 당신들 특권계급은 가난한 사람들의 영원한 복종을 위해 그들의 영원한 무지를 바라는 마음이 있기 때문이지요. 그리고 당신들은 시인을 자칭하면서, 그들의 불쌍한 두뇌를 가득 채운 불가사의를 칭찬합니다. 또 당신들은 헌신으로써, 불가사의한 광경과 순례와 어리석은 말과 행동을 비호함으로써, 우리 지방의 불쌍한 주민들에게 광기를 안겨주고 있습니다. 반대로, 파렴치한 자유주의자인 우리는 그들이 우리와 똑같이 볼테르를 읽고, 그들이 신이나 악마나 몇몇 사람에게 품고 있는 존경심을 묻어버리기를 바라지요."

"마르시야 씨, 당신의 논리는 어떤 점에서는 맞지만, 어떤 점에서는 틀렸어요." 할리가 대답했다. "난 당신과 함께 농민을 그 비참함과 공포에서 해방시키고 싶습니다……. 하지만 그들이 문자를 읽게 되었을 때 읽힐 것이 볼테르밖에 없다면, 난 그들을 위해 그 시정에 넘치는 전설이나 불가사의한 신앙을 그리워하게 될 겁니다. 잔은 아까 꽤 본질적인, 당신은 깨닫지 못한 것을 말했습니다. 낮이고 밤이고 시골에서 생활하는 농민들은 모두가 절대로 볼 수 없는 사물을 본다고 그녀가 그랬지요. 즉 그들의 마음은 우리의 마음보다 시정에 적합합니다. 그런 점에서 우리가 그들을 불쌍하게 여겨야 할지 부러워해야 할지 그들에게 잘못을 깨닫게 해야 할지 칭찬해야 할지, 난 잘 모르겠습니다."

"네, 맞습니다. 당신들은 그들이 호기심과 사랑이 많다는 점을 칭찬합니다. 당신들은 그들의 전설을 운문으로, 훌륭한 산문으로, 음악으로 옮기려고 기쁘게 모을 것입니다. 하지만 당신들은 자신들의 아이가 그런 옛날이야기를 듣고 자라기를 바라지 않을 것이고, 아이들이 유모가 말해주는 이야기를 진짜로 믿으면 그건 사실이 아니라고 깨우쳐주려 무척 애쓰겠죠."

"틀렸네." 기욤이 말했다. "아이들은 농민들처럼 시정을 필요로 하지. 상징을 사용해야만 가르칠 수가 있어. 난 자네가 그렇게 경멸하는 그 옛날이야기를 듣고 자랐네. 젖과 볼테르의 정신을 함께 빨았다면 난 아주 유감스러웠을 거야."

"당신이 잔과 젖형제라는 건 나도 압니다." 마르시야가 미소 지으며 대답했다. "당신이 어떻게 생각하든, 옛날에 내가 농민이었던 우리 할머니의 우화를 좋아했듯이, 당신은 틸라 아주머니의 이야기를 좋아했겠지요. 하지만 당신이 그런 상징을 좋아하는 건, 지금 거기서 의미를 찾고 발견했을 경우입니다. 한편, 불쌍한 잔이나 그 친구들은 거기서 그들 삶의 걱정과 고뇌와 어리석음을 이루는 중대하고 무서운 현실을 발견합니다. 우리 철학자는 거기에 대해 뭐라고 말하죠?" 할리에게 조금 비아냥거리며 물었다.

"옛날에 기욤의 두뇌를 다루었듯이 농민들의 두뇌를 다뤄야겠지요. 즉 그들에게 시정을 남겨주고, 상징을 발견하도록 돕는 겁니다."

"그럼 시정에 대한 신앙이 없어질 겁니다." 토론을 좋아하는 레옹이 큰 목소리로 말했다. "그들은 당신들처럼 그것을 재미로만 생각하게 될 겁니다. 가장 냉정한 사람들은 비평가가 되고, 가장 예술적인 사람들은 문학가가 될지도 모르죠. 저는 바라지 않는 일입니다. 하지만 그렇게 되면 당신들이 그들의 시정이라 부르는, 그들이 숭배하는 미신에 대한 그 순진한 믿음을 그들은 순식간에 잃어버리게 될 겁니다."

할리는 대답하지 않았다. 자기보다 말솜씨가 좋고 명쾌한 논리에 강한 마르시야가 빈틈없는 이론을 내놓자 말문이 막혔던 것이다. 그렇지만 마르시야는 영국인을 설득하지는 못했다. 할리는 마르시야의 명확한 비판을 정당하게 평가하면서도, 그 감정은 매우 무미건조하다고 느꼈다. 그가 주장하는 유물론 철학은 극심한 공포심 없이는 그릴 수가 없었다. 이미 결정되어 있는 진리의 좁고 명확한 정신, 어떤 부분만으로 만족하는 정신은 미지의 것 가운데서 더 크고 더 이상적인 진리를 추구하는 정신보다 논의에서 훨씬 우세한 법이다. 할리는 논리의 훈장을 순순히 변호사에게 양보할 수밖에 없었다. 그리고 기욤은 레옹의 재능이 자기도 인정하고 싶지 않을 만큼 확고하게 느껴져 점점 주눅이 들다가, 마지막에는 아예 입을 다물고 말았다.

이 대화는 보통 부모들이 부사크시의 몇몇 관리와 왕정파 부르주아들과 놀이를 하며 즐기는 동안 성의 아가씨들과 젊은 손님들이 멀리 떨어져 모여 수다를 떠는 책상을 둘러싸고 밤새 이어졌다. 아서와 기욤은 마리가 있을 때만 잔을 화제로 삼고 싶었다. 그러나 바를로산에서 일어난 뜻밖의 사건, 즉 조-마트르의 돌의 무녀라는 별명이 붙은 양치기 소녀와 잔이 동일 인물이었음을 깨달은 할리의 발견과 미신을 잘 믿는 처녀가 세 사람이 자기 손에 놓아주었던 동전에 대해 말하는 것을 듣고 슬퍼했던 이야기를 마르시야가 엘비르에게 하는 것을 막을 수가 없었다. 부사크 양은 이 이야기를 주의 깊게 듣고는 낱낱이 알고 싶어 했다. 할리만이 정확하고 상세하게 기억하고 있었다. 그때 아주 어렸던 기욤은 그의 이야기를 따라 어렴풋한 기억밖에 떠오르지 않았다. 마르시야는 기욤보다 기억력이 좋았다. 그러나 두 사람만큼 그의 마음을 감동시키지 못한 이 사소한 이야기의 시정은 할리의 도움이 없었다면 아마 마르시야도 더 떠올리지 못했을 것이다. 같은 사건을 두고 사람마다 다른 인상을 받고, 그 느낌을 그대로 간직하는 일은 흔하다.

아서 경이 조-마트르의 돌을 본 것은 그때가 처음이었다. 그 미개의 장소는 그의 기억 속에 선명한 광경으로 남아 있었다. 그래서 아주 사소한 것도 그 일과 연관이 있는 듯 생각되었다. 그러나 셀 수 없이 많이 그 주변을 지나갔던 마르시야는 사건의 상황을 자세히 떠올리기가 몹시 어려웠다. 인적이 거의 없는 이 주변의 바위 위나 딸기나무 수풀 아래서 잠자는 양치기 소녀들을 그는 수도 없이 보아왔고, 게다가 얕잡아 보는 마음으로 그들을 기다렸다가 놀라게 했다. 그러나 잔은 외딴 집과 그 사교적이지 않은 습관 때문에 오랫동안 정열적인 사냥꾼들의 시선으로부터 보호되어 있었으므로, 마르시야는 그녀의 얼굴을 잊고 있었다. 물론 바를로산에서 만난 뒤로 잔의 얼굴은, 클로디의 까만 눈이 젊은 변호사를 툴의 히스 황야와 에프–넬의 고인돌로 끌어들였던 무렵과는 다르게 많이 변해 있었다. 그리고 기욤은 파리 사교계에서 보낸 4년 동안 청년기의 기억과 새로운 생활의 감동 사이에서 몹시 갈등하고 있었다.

부사크시의 온화하고 품행 방정한 풍습에 따라 모두 일찌감치 돌아간 뒤에도 아서, 기욤, 마리는 잠시 대연회장에서 담소를 계속했다. 영국인은 잔에게 변함없는 애정을 품고 있었다. 드 부사크 양은 아서의 생각을 멈추기는커녕, 자기가 그의 사려 분별력이라고 부르는 것을 칭찬하고, 그의 독특한 결혼 계획에 힘을 모았다. 기욤은 아무 말이 없었다. 커다란 난로에 몸을 굽히고, 복잡한 마음으로 숯을 헤집었다. 할리는 기욤에게서 완전한 동의는 얻어내지 못했다. 청년은 성실하긴 하지만 맹목적인 직관과 양식 있는 지성을 끈끈하게 연결하는 위험성을 염려했다. 그리고 친구는 세상과의 견딜 수 없는, 아마도 끊임없이 지속될 투쟁을 지적했다. 청년은 자신의 엉뚱한 결심에 쏟아질 조롱과 비난이 두려웠다. 아서는 이런 이론에 감정이나 자연이성의 관점에서 뒤돌아볼 여지없는 근거로 반대했다. 기욤은 아서의 열정에 감동하고 가슴이 벅차서 속으로는 졌다고 느꼈다. 그리고 잔이 이 기묘한 결혼의 결의를 끝내 거절할 거라고 생각하자 희미한 안도감이 느껴졌다. 그는 가능하다면 양치기 소녀의 생각을 알기 전에는 사랑 고백을 하지 말아달라고 아서 경에게 애원했다. 그러자 마리는 친구의 숭고한 역할을 앞에 두고 오빠의 냉정함과 나약함에 불만을 표시했다. 결국 다음 날 드 부사크 양은 잔의 비밀을 캐낼 때까지 잠시도 그 곁을 떠나지 않기로 했다.

17장
고결한 양치기 소녀

몽상을 좋아하는 마리가 축사에 있는 잔을 만나러 갔을 때, 해는 아직 뜨지 않았다. 처녀가 소젖을 짜는 동안, 마리는 여물통에 앉아 바를로산 이야기로 본론에 들어갔다. 처녀가 여태껏 살아오면서 가장 중요한 사건이라고 여기는 기적을 일으킨 사람은 기욤, 아서, 마르시야라고 마리가 말하자 아름다운 젖 짜는 소녀는 일손을 멈추었다. 그녀는 밝혀진 이 진실에 기가 막혔다. 만약 다른 사람이 그 말을 했다면 절대로 믿지 않았을 것이다. 그러나 처녀는 젊은 여주인을 성모 마리아를 숭배하듯 믿었다. 처녀는 비정한 현실이 준 고통에 망연자실했다. 농민들에게서 초자연적 사건에 대한 신앙을 빼앗는 것은 그 영혼의 일부를 망가뜨리는 거나 다름없다.

"잔, 꿈을 빼앗겨서 무척 슬프니?"

"네, 아가씨. 유감이에요." 잔이 대답했다. "날마다 그걸 생각하는 게 습관이었으니까요. 하지만 기쁨을 빼앗긴다면 고통도 빼앗기게 되죠."

"자세히 설명해줘. 나한텐 뭐든지 말해도 돼, 잔. 너도 알다시피 난 널 사랑하니까. 절대로 널 놀리지 않으리란 것도 알잖아. 네가 파드를 이렇게까지 믿는 줄은 몰랐지만, 파드들이 널 괴롭히거나 모욕하는 일은 지금까지처럼 없을 거야."

"아아! 알아요. 정말 친절하시네요! 하지만 아가씨들은 우리 같은 깊은 믿음이 없어서 그런 말씀을 하시는 거예요."

"그건 그래. 하지만 네 이야기를 듣고 옳다고 생각되면, 네 생각을 받아들일 수도 있을 거야. 자, 이교도인 나를 개종시킨다는 생각으로 네 신앙을 가르쳐줘. 파드들이 뭔지 가르쳐줘."

"네! 아가씨, 그건 아주 간단해요. 신의 딸들이나 악마의 딸들이죠. 우리는 파드들을 알아요. 우리가 선량한 파드들에게 몸을 바치느냐 심술궂은 파드들에게 몸을 바치느냐에 따라 우리를 사랑하기도 하고 미워하기도 하죠. 우리의 고통을 어루만져주기도 하고 더해주기도 해요. 우리를 선의 울타리 안에 보호하기도 하고 악의 구덩이에 던져 넣기도 하지요. 지식을 갖고 있으면 분별력을 잃지 않고, 천국으로 갈 수 있게 바르고 선하게 살 수 있어요. 하지만 아무것도 모르면 나쁜 생각이 떠올라서 어느새 악에 몸을 맡기고 말지요."

"그럼, 조-마트르의 돌 위에서 네가 잠에서 깨어나, 손에 든 동전을 발견했을 때, 넌 그걸 요정들의 선물이라고 생각했니, 함정이라고 생각했니?"

"잠깐만요, 아가씨. 전부 이야기할게요. 이 지방에는 보물이 숨겨져 있다는 걸 모르시니까요!"

"알아. 다들 찾지만 아무도 못 찾잖아. 툴의 고지 밑에는 순금 송아지가 묻혀 있다고도 하지. 너희가 황금 송아지라고 부르는 그 금송아지가 한 해 특정 시기에, 특히 크리스마스 밤에 비밀의 보금자리에서 나와, 눈과 콧구멍으로 불을 내뿜으면서 들판을 내달린다지?"

"네, 아가씨. 그렇게 말해요."

"나쁜 짓을 저지른 사람이 그 소와 마주치면, 그 소가 그 사람을 겁주고 쫓아가서 죽이기까지 한다지? 반대로 그 사람이 은혜로운 상태에 있고,[1] 올바르게 행동하면 무서울 건 아무것도 없고. 그리고 그 사람이 운 좋게도 크리스마스 밤 미사의 성체봉헌 때 소와 마주치면 뿔을 잡고 길들일 수가 있다지? 황금 소는 그 사람 앞에 무릎을 꿇고 그를 은신처로 데리고 간다며? 고대 툴 시의 보물, 몇 천 년 전에 사라진 보물이 묻혀 있는 황금 동굴로 말이야."

"네, 아가씨. 다 아시는군요."

"농담으로 누가 말하는 걸 들었거든. 그리고 어젯밤 마르시야 씨가 자세히 이야기해주었어. 툴과 그 근처에 사는 사람들 대부분이 이 어리석은 전설을 굳게 믿는다고 단언했어. 부르주아들에게는 밝히지 않지만 말이야. 잔, 너도 믿니?"

"아가씨는 그걸 어리석은 전설이라고 하시는군요! 거기에 대해 전 아무 말도

---

1) 큰 죄가 없고, 신과의 친교를 유지하는 상태에 있는 것을 뜻함.

잔

하지 않겠어요. 그게 틀렸다고는 할 수 없어요. 어머니가 믿으셨으니까요. 그게 진실이라고 말할 생각도 없어요. 툴의 신부님이 그건 죄라고 말씀하셨으니까요. 하지만 만에 하나라도 소와 마주쳤을 때 죽지 않도록 나쁜 짓을 하지 않으려고, 그리고 그게 신의 뜻이라면 보물을 발견할 수 있도록 언제나 노력해왔어요."

"그럼 잔, 넌 믿고 있구나? 그리고?"

"그리고? 위험에 빠지지 않도록, 약간의 금이라도 들고 다녀서는 안 된다는 말은 듣지 못하셨나요?"

"아, 그 말도 들었어. 그럼 넌 금이 불행을 가져온다고 생각하는 거니?"

"그거라면 확신할 수 있어요! 부자가 처녀에게 그걸 보여주자, 그 처녀는 언제나 분별력을 잃고, 늙고, 심술궂고, 추해도 그 소의 말을 고분고분 따르게 되었죠. 제가 손안의 금화를 발견한 날이었어요. 전 처음에는 멀리 집어던지려고 했었죠. 그런데 다음 순간, 그것이 다른 사람들에게 불행을 가져오는 일이 없도록, 조-마트르의 커다란 돌 밑에 칼로 구멍을 파고, 나막신 안에 루이 금화를 집어넣었어요. 손안에는 은화도 있었지만, 은화에 대해서는 들은 바가 없어서 얼른 어머니한테 가지고 갔지요."

"그럼 바로 파드들에 대해 생각해냈다는 거야?"

"아니요, 아가씨. 생각하지 않았어요. 아예 몰랐어요. 금은 불행을 가져온다는 것만 알았죠. 조금도 갖고 싶지 않았어요. 저한테 일어난 일을 어머니에게 말하고 은화 두 닢을 보여드리자, 어머니가 그때서야 가르쳐주셨어요. 위험한 곳에 있는 조-마트르의 돌 위에서 잠들면 어떻게 하냐고 심하게 혼을 내셨지요. 그리고 저를 금으로 샀다고 생각할 못된 요정들에게서 몸을 보호하려면 어떻게 해야 하는지 가르쳐주셨어요. 어머니는 제가 루이 금화를 호주머니에 넣지 않고 바를로산에 놓고 온 것과 그걸 발견하고 기뻐하거나 욕심 부리지 않은 것을 기뻐해주셨어요. 어머니는 커다란 에퀴 은화는 어떻게 처리해야 할지 모르셨어요. 선일지도 모르고 악일지도 모르기 때문이었죠. 하지만 선도 아니고 악도 아닐지도 몰랐어요. 활발하고 장난을 좋아해서, 물렛가락을 숨기거나 실을 끊거나 잠깐 넋 놓는 사이에 실을 반대 방향으로 감아서 실패를 풀어버리는 귀여운 장난을 하는 파드들도 있거든요. 그래서 교회에서 에퀴 은화에 성수를 묻힌 뒤, 가난한 사람들을 위해 헌금함에 넣었어요. 5수짜리 동전은 반짝반짝하고 아주 작고 아주 귀엽고…… 앞면에 나폴레옹 황제가 새겨져 있었죠. 불쌍한 어머니는 그 황제를 아주 좋아하셨어요. 어머니는 유모가 아니었다면, 아주 옛날 고결한 양치기 소녀 시절에 이 지방을 빼앗고 황폐하게 한 영국군과 싸우러 떠난 군대에서 요리를 해주고 싶었다고 자주 말씀하셨죠."

"그래서 황제가 새겨진 그 작은 동전은 어떻게 했어?"

"돌아가신 소중한 어머니는 이렇게 말씀하셨어요. '잔, 이건 좋은 거란다. 이 동전은 행복과 명예의 상징이야. 심술궂은 요정이 금화로 널 유혹하려는 걸 보고 널 지키려고 네 손에 이 작고 하얀 동전을 놓은 건 친절한 파드란다. 널 도와주려는 건 물론 에프–넬의 고상한 파드야. 네가 못된 아이가 아니라는 것과 엄마를 한 번도 골치 아프게 하거나 누구한테 폐를 끼친 적이 없다는 걸 알기 때문이지. 그러니까 파드가 준 선물을 한시도 몸에서 떼어놓아서는 안 된다.' 그러면서 어머니는 작고 하얀 동전에 구멍을 뚫고, 친절한 모든 파드들을 지배하시는 다정한 성모 마리아의 작은 메다이[2]가 달린 제 묵주 십자가에 달아주셨어요. 보세요, 아가씨, 지금도 갖고 있어요. 묵주 끝에 달려 있지요? 저는 이것을 늘 호주머니에 넣어둔답니다. 그리고 밤이 되면 목에 건답니다. 전 이렇게 한시도 몸에서 떼지 않아요."

잔은 마리에게 이 지방 들판에 자라지만 이름을 모르는 회색빛 도는 씨앗으로 만든 작은 묵주를 마리에게 보여주었다. 아서 경의 작은 선물이 작은 쇠고리에 꿰어져 거기에 매달려 있었다.

"지금까지 말한 게" 잔이 말을 이었다. "저한테 많은 기도를 하게 해준 세 닢의 동전 이야기랍니다. 기적이라 믿고 있고, 가끔 무서워지기도 하니까요. 아가씨는 기적이 아니라고 하시죠. 하지만, 그건 틀리신 거예요. 파드들이 그 일에 관련돼 있을지도 모르잖아요. 저에게 행운이나 불행을 가져올지도 모르는 동전을 선택하도록 세 나리들을 움직인 건지도 몰라요."

"잔, 네가 소중히 여기는 이 작고 하얀 동전은 누가 준 건지 아니?"

"분명 대부님이겠죠!"

---

2) 그리스도, 성모 마리아, 성인 등의 모습을 조각한 간소한 메달. 신앙심의 증표로 목에 거는 민간 풍습이 있다.

"그렇지 않아. 영국분이야."

"영국인이요? 맙소사!" 잔이 놀라서 말했다. "영국인이 그리스도교도에게 행복을 가져다줄 수 있나요?"

"영국인은 그리스도교도가 아니라고 생각하는 거니?"

"모르겠어요."

"우리랑 똑같이 좋은 그리스도교도라고 단언할 수 있어, 잔!"

"지금은 그렇게 말한다는 건 저도 알아요, 아가씨. 하지만 아가씨가 거의 모르시는 아가씨의 아버지 시대에는 다른 식으로 말했답니다. 제가 만에 하나라도 소를 잡아서 보물을 찾았으면 좋겠다고 어머니가 말씀하셨던 이유를 아세요?"

"말해줘!"

"보물은 막대해서 누구도 그 끝을 볼 수 없고, 지상에 있는 모든 사람을 행복하게 해줄 수 있을 뿐만 아니라, 프랑스에서 영국인들을 쫓아낼 대규모 군대에 급료를 줄 수도 있다고 어머니가 저한테 말씀하셨을 때 그들은 파리를 지배하고 있었으니까요."

"왜 너희 어머니는 그렇게 영국을 미워하셨지?"

"댁의 일들을 아셨기 때문이죠, 아가씨. 기욤 도련님을 키우실 때 일이에요. 위대한 군인이었다는 아가씨의 돌아가신 아버지는 영국군에 도전장을 내셨어요. 그리고 아가씨의 어머니는 남편이 전사할까 봐 늘 두려움에 떨면서 죽을 만큼 영국을 미워하셨지요. 황제가 영국 군대에 쫓겨나 감옥에 들어갔을 때, 우리 어머니는 울고 또 우셨어요. 저도 어머니가 우는 걸 보고 따라 울었죠. 그리고 영국인들이 프랑스인을 지휘하러 그들 나라에서 영국인 왕을 파리로 데리고 왔다는 소식이 전해지자 어머니는 화를 내며 이렇게 말씀하셨어요. '아아! 소중한 부사크의 마님이 얼마나 슬퍼하고 계실까!' 그래서 아가씨, 전 이 댁에 와서, 마님이 영국인 왕인 루이 18세가 좋다는 말씀을 하셨을 때 깜짝 놀랐답니다. 그의 초상화는 걸려 있고, 황제의 초상화는 다락방에 처박혀 있는 걸 보고는 어떻게 생각해야 좋을지 알 수 없었어요. 그래서 전 마님이 모르시도록 황제의 초상화를 제 방에 갖다놓았어요. 그래도 괜찮다고 생각해요."

"괜찮을 거야, 분명. 나도 위대한 황제에게 감탄하고 있고, 불쌍하다고 생각해. 하지만 그런 식으로 황제의 초상화를 존경하는 걸 드 샤르무아 부인에게 들키지 않도록 조심해. 어머니가 불태울 때까지 그만두지 않을 테니까."

"아가씨, 그래서 전 아침마다 그 위에 앞치마를 덮어서 감춘답니다. 하지만 밤에 방으로 돌아오면 감상해요. 그것은 제게 기쁨을 주죠. 물론! 들어보세요. 저희 아버지도 공화국 시절에 병사였어요. 그리고 황제의 지휘하에 이탈리아라는 나라에 가서 싸우셨지요. 저도 아버지를 몰라요. 하지만 아버지가 영국인을 싫어하셨다는 건 알아요. 집에 황제의 판화가 있었지만, 다른 것과 함께 불타버렸죠."

"그럼 넌 영국인들하고 싸울 생각이니, 잔? 보물을 발견하면 막대한 군대를 손에 넣어서 멋진 백마를 타고 뛰어다닐 생각이야? 저 옛날 붉은 옷을 입은 영국 병사들로부터 이 나라를 해방한 저 아름다운 양치기 소녀처럼?"

"아아! 아가씨, 어떻게 그런 걸 아세요? 전 밤마다 그 꿈을 꾼답니다. 가끔은 완전히 잠에서 깼을 때도, 가축을 돌볼 때조차, 이런 일들이 일어나는 걸 상상해요. 하지만 그런 건 누구한테도 말한 적이 없어요."

"하지만 잔, 난 네 마음을 알겠어. 나도 똑같은 몽상에 잠겨 있으니까. 생트 세베르와 이렇게 가까운데, 거기서 일어난 사건에 마음을 움직이지 않을 수는 없잖아. 툴에는 영국 군인들이 이 땅을 더럽히기 위해 돌에 새긴 사자가 있대. 지금도 마을 사람들은 날마다 나막신으로 걷어찬다는구나."

"아아! 아가씨, 아가씨가 저랑 같은 마음인 게 느껴져요! 아가씨의 할아버지는 '고결한 양치기 소녀'랑 아주 친한 친구셨고, 영국군을 몹시 증오한 훌륭한 군인이기도 하셨다고 어머니한테 들었어요."

"우리 할아버지가?"

"네, 아가씨. 부사크 영주님이요. 어머니는 이 성에서 들으셨대요."

"그런 건 네가 생각하는 것보다 훨씬 오래전 일이야, 잔. 하지만 그건 중요한 게 아니지. 확실히 우리 집안 가운데에는 '오를레앙 처녀'의 친구였던 부사크 원수라는 사람이 있었어. 나도 그런 훌륭한 생애를 보내는 건 정말 멋진 일이라고 생각해, 잔. 하지만 그건 옛 시대에 일어났던 일이야. 봐, 이 나라는 오랫동안 영국과 사이좋게 지내왔고, 앞으로도 그럴 거야. 우리는 자유로워. 영국인들이 찾아와서 공공연히 이 나라의 지배자가 되려는 일도 없을 거고. 이젠 그들을 미워하지 않고, 그들에게 군대를 동원하는 생각 따위를 하지 않는 것이 너 같은 그리스도교도에게 어울리는 일이야."

"제 말이 불쾌하셨나요, 아가씨? 그렇다면 사과할게요."

"그 반대야. 네 생각은 아주 마음에 들어, 다정한 잔. 게다가 그 몽상 덕분에 네가 더 좋아졌어. 하지만 그런 건 모두 불가능해. 그리고 우리를 좋아하고, 나폴레옹 황제를 추도하는 다정한 영국인들도 있잖아."

"정말이에요, 아가씨? 그런 사람들이 있어요? 아아! 그런 사람들은 용서해야 해요."

"그래, 잔. 아름다운 '양치기 소녀'와 황제에게 너만큼이나 감탄하는, 우리의 친구 할리 씨부터 용서해야겠지."

"하지만" 잔이 고개를 도리질 치며 말했다. "영국인들은 이 두 사람을 죽였잖아요. '고결한 양치기 소녀'에게 의식이 있다며 화형에 처했다고요!"

"할리 씨는 순교자나 성녀처럼 존경해. 이건 확실해."

"맙소사! 그럼 그 영국인은 좋은 사람이잖아요!"

"이 세상에서 가장 훌륭하고, 가장 현명하며, 가장 배려를 아끼지 않는 사람이지, 잔."

"그 말을 들어서 기뻐요. 묵주에서 그분의 작고 하얀 동전을 빼지 않겠어요."

"빼지 말고 갖고 있어. 빼면 그분이 매우 슬퍼하실 거야."

"그건 또 왜요, 아가씨?"

"널 사랑하니까, 잔."

"절 사랑한다고요! 그럼 그분이 우리 어머니를 알고 있다는 게 사실인가요?"

"그건 나도 몰라. 하지만 널 아주 사랑하셔."

"도대체 왜요?"

"고결하고 아름다운 것을 사랑하는 분이니까. 아름다운 사람이 아름다운 사람을 알아보는 건 당연하지 않아, 잔?"

드 부사크 양은 이런 식으로 말을 이어갔다. 잔은 얼떨떨해서 감사의 말을 몇 번이나 했지만, 자기가 왜 그 사랑의 대상이 됐는지 전혀 이해할 수 없었다. 그러나 깊은 배려의 표시라고 받아들이고, 아서 경을 칭찬하는 젊은 여주인의 말에 순수하게 귀를 기울였다. 그러나 잔이 그에게 어떤 감정을 품고 있는지 말하려고 할 때, 마리는 자기가 우위가 아니라 열세가 되었다는 것, 처녀가 보통과는 정반대의 감정, 즉 어떤 경계심과 공포심에 휩싸였다는 것을 눈치챘다.

"아가씨는 이로써 벌써 두 번이나 제 생각을 말하게 하셨어요." 그녀가 말했다. "어째서 아가씨가 그런 걸 걱정하시는지 전 모르겠어요."

"그건, 잔." 드 부사크 양이 말을 이었다. "나도 이제 다 커서 내일이라도 누군가에게 청혼을 받을 수 있기 때문이야."

"아아! 아가씨가 이런 걸 물으시는 이유가 제 생각을 듣기 위해서라면" 이 작은 함정에 간단히 빠진 잔이 대답했다. "전 입조심을 해야겠어요. 예기치 못하게 아가씨를 슬프게 할지도 모르니까요."

"당치 않아, 잔. 나도 너랑 같아. 결혼을 조금도 조급하게 생각하지 않고, 누구에게도 빠지지 않았다고. 그러니까 넌 뭐든지 이야기해도 돼. 네 의견을 들려줘."

"아아! 아가씨, 전 아가씨에게 조언할 수 없는걸요!"

"그럼 이제 내가 싫어진 거야?"

"당치 않아요!"

"그럼 말해줘." 마리가 잔의 목에 팔을 두르고, 여물통 위에 앉은 자기 옆으로 끌어당기면서 큰 소리로 말했다. "네가 나고, 할리 씨가 너와의 결혼을 원한다고 가정해봐."

"전 모르겠어요."

"가정은 할 수 있잖아!"

"아가씨를 기쁘게 할 수 있다면, 뭐든지 가정해볼게요." 잔이 말했다. "제 마음을 거짓 없이 이야기할게요. 제가 그분과 결혼하는 일은 결코 없어요. 첫째, 영국인이니까요. 그리고 전 영국인의 아이를 낳고 싶지 않으니까요. 그분을 미워하지 않을 수는 있어요. 그렇게 선량한 분이니까 존경도 해요. 하지만 그분과 결혼이라니! 그분이 저랑 어울리는 대등한 사람이라 해도, 돌아가신 소중한 어머니와 불쌍한 아버지의 마음을 거스를 순 없어요. 그리고 아가씨, 그분은 부자니까 저한테 불행을 가져올지도 몰라요. 그러니까 전 싫다고 말하겠어요. 우리 시골에서는 돈이 사람을 오만하고 못되게 만든다고 말해요. 물론, 상냥하고 소중한 아가씨는 예외죠. 아가씨만큼 다정하고 배려 넘치는 사람은 없어요. 또 아가씨와 비슷한 사람도 그리 많진 않을 거예요. 엘비르 아가씨도 아가씨하고는 달라요. 그리고 전 단순해서 돈 쓰는 방법을 몰라요. 나쁜 짓을 저지를지도 모른다고요. 어머니도 저한테 그냥 가난하게 살라고 하셨어요. 마지막으로, 그런 일은 일어나지 않을 거예요. 저랑 결혼하고 싶어 하는 훌륭한 영국인이 4만 명쯤 있대도, 전 그 가운데 가장 선량한 사람도 원하지 않을 거예요. 제 세례를 걸고 맹세해요.”

잔은 평소보다 생기 있게 말하고 있었다. 내면에 숨은 애국열 같은 것이 그 눈빛을 빛내서, 표정은 똑같았지만 평소보다 그녀를 훨씬 아름답게 보이게 했다. 시인의 영혼처럼 감수성 풍부한 마리는 잔의 완고함이 무척 애잔했지만, 한편으로는 감탄하지 않을 수 없었다. 그리고 마음속으로 잔 다르크와 비교해보았다. 세련됨과는 거리가 먼 시골 말투를 쓰는, 양치기 지팡이를 내던지고 칼을 잡기 전의 ‘오를레앙 처녀’의 모습을 보고 그 목소리를 들은 것만 같았다. 한데 섞인 상냥함과 의연함, 천사 같은 온화함과 억제된 열정이 보클레르의 여주인공이 지닌 특징이었을 것이다. 그리고 브로스 후작[3]의 몽상가 후손은, 아름다운 ‘양치기 소녀’의 영혼이 강인함과 영광의 고통으로 가득 찬 빛 속에서 다시 모습을 드러내고 변용을 이루기까지 잔 속에 계속 살면서, 따분하고 평화로운 생활의 피로를 달래기 위해 쉬고 있다고 상상했다.

그러나 마리는 이 아침의 대화를 오빠와 아서 경에게 자세하고 정확하게 이야기한 뒤 빙그레 웃으면서, 아서 경은 평범하지 않은 양치기 소녀의 마음을 사로잡으려는 계획을 포기하거나, 아니면 시간과 배려와 인내심을 쏟아부을 각오를 해야 할 거라고 단호하게 말했다.

아서 경은 연애를 처음 생각했던 것처럼 빠른 속도로 달려가려던 마음을 바꾸어 천천히 진중한 걸음으로 해야 한다는 것을 마지못해 인정했다. 이 예치기 못한 정복의 어려움이 그의 사랑을 더욱 불타오르게 했다. 그리고 그는 스무 살 청년처럼 몽상적이고 감상적이 되었다. 머리는 시적 몽상으로 가득 차고, 마음은 소설 같은 감정으로 가득 찼다. 일찍이 쉐뤼뱅[4]이 눈부신 백작부인

---

3) 부사크의 영토는 13세기 초 브로스 후작의 것이 되었다. 잔 다르크의 친구였던 부사크 원수는 그 자손이다.

4) 보마르셰 《피가로의 결혼》의 등장인물. 백작부인을 동경하는 시동.

곁에서 그랬던 것처럼, 서툴고 겁먹고 어쩔 줄 몰라 했다. 그는 마리에게는 칭찬과 관심의 대상이었고, 그의 일거수일투족을 관찰하는 마르시야에게는 우스꽝스럽기 그지없는 전형이었다. 사실 이 선량한 할리 안에는 두 가지가 다 존재했다. 돈키호테의 나이와 슬픈 표정을 제외하면, 이때의 그는 양치기로 변신하기 위해 투구를 벗고 머리에 화관을 쓴 세르반테스의 주인공과 닮은 구석이 있었다.

기욤은 뜻밖에 커다란 중압감에서 해방된 것 같았다. 엘비르에게 아주 친절하기까지 했다. 드 샤르무아 부인은 아서 경과 잔이 서먹해진 것을 보고는 깜짝 놀라서 확실한 기대를 품기 시작했다.

18장
풀 베어 말리기

며칠이, 또 몇 주일이 겉으로는 평온하게 흘러갔다. 시골을 무척 사랑하는 아서 경은 부사크에서 여름을 보내달라는 청을 기꺼이 받아들였다. 성주는 그가 아들에게 미치는 커다란 영향력을 발휘하여, 아들이 무기력함을 떨치고 평생의 길을 선택하도록 이끌어주기를 기대했다. 기욤은 어머니가 제안하는 다양한 직업을 날이 갈수록 혐오했다. 이제 어머니는 흠잡을 데 없는 결혼으로 눈부신 삶을 얻기만을 바라게 되었다. 그래서 아들을 근처 성관으로 데리고 가기도 하고, 이웃 귀족계급의 딸들을 자신의 성으로 초대하기도 했다. 그러나 기욤은 그녀들의 매력에 찬탄을 하기는커녕 결점을 지적하기만 했다. 어머니는 몹시 불만이었다. 부인의 걱정을 들은 부지사 부인은 기욤이 안타깝게도 어떤 천하고 밝히기도 부끄러운 여자에게 연애 감정을 품고 있는 게 분명하다고 집요하게 귀띔을 해주었다. 몇 번인가 잔의 이름을 내비치기도 했다. 그러나 겉으로는 이 비난의 타당성을 증명할 아무런 근거도 없었으므로, 드 부사크 부인은 부지사 부인의 말을 전혀 믿으려 하지 않았다.

할리는 부인의 이 야심찬 계획을 실현하는 데 유능하다고는 할 수 없는 보좌역이었다. 그는 가끔 부인의 의향에 따라 행동하려고 했다. 그러나 아서의 행동을 이상하게 여긴 기욤이 어째서 조언과는 정반대의 행동을 하느냐고 물으면 대답이 궁해진 선량한 아서는 빙그레 웃기만 했다. 그러고는 결혼에 대해서 애정 말고는 깊이 생각할 게 없다고 털어놓았다. 그는 배우든 오페라 가수든 무희든 자기 마음에만 들면 그 사람과 결혼할 마음이 있는 영국인이었다. 그리고 잔은 아주 눈부시지는 않지만 더 본질적인 자질이 마음에 들었으므로, 그녀와 결혼함으로써 취향과 고귀한 이성을 실행에 옮길 생각이었다.

그는 잔을 끈기 있게 사랑했다. 그러므로 갑작스러운 청혼으로 겁을 주고 싶지는 않았다. 조금씩 다가가 전원생활의 풍습 속에서 그녀에게 신뢰감을 주고, 그녀가 이해할 수 있는 말로 이야기할 기회를 찾으려고 멀리서 그녀를 관찰하기로 했다. 보기 드문 맹꽁이였지만, 그는 마음을 적시는 성의로 잔을 기쁘게 하고 그녀가 이해할 수 있는 수단을 찾으려고 애썼다. 그는 친척과 시골, 툴의 친구들에 관한 지식을 얻었다. 그는 툴에 가서 알랭 신부와 가까워진 뒤 자신의 계획을 말하고, 자기편이 되어달라고 부탁했다. 절대로 비밀을 지킨다고 약속하고, 잔의 태도가 희망적으로 바뀌면 선량한 사제가 그녀에게 말한다는 조건이었다. 그는 이 기회에 잔이 번 돈을 고트 아주머니에게 전달하는 심부름꾼 역할도 맡았다. 그는 누구에게도 쉽게 말을 건네지 않았으며, 그 여자가 겉보기엔 가난하지만 이 지방에서 알아주는 부자라는 사실도 신경 쓰지 않았다. 얼마 안 되는 돈을 4배로 불려놓은 탓에, 그가 잔의 행복한 연인이며, 잔이 이제야 자신의 젊음과 아름다움을 이용할 수 있음을 이해했다는 오해를 주고 말았지만, 그는 그것을 깨닫지 못했다.

어느 날 잔이 그의 앞에서 드 부사크 양에게, 시골에서 가장 그립고 생각나는 것은 기르던 개이며, 레오나르 영감이 그 개를 아주 좋아하는 것을 보고 어쩔 수 없이 두고 왔다고 말하는 것을 들었다. 아서 경은 그 개를 사서 데려오기로 마음먹고 길을 떠났다. 성구실 관리인은 개를 선뜻 돌려주었으나, 각하의 돈을 거절하지는 않았다. 훌륭한 신사가 볼품없는 목장견을 아주 비싼 값에 사들이는 이 기묘한 사건이 뜻하는 바를 알아내려고 툴 마을이 온통 들썩거렸다. 도시에서 에프─넬의 소녀 품행이 좋지 못하다는 소문이 전혀 들려오지 않았으므로, 마을 사람들은 영국인이 머리가 조금 이상하다는 결론을 내렸다. 일주일에 두 번 성에서 부사크 장터로 장을 보러 오는 잔과 만난 툴의 아낙네들은 잔에게 저마다 아서 경을 몹시 비웃었다. 그래도 그의 넉넉한 마음씨는 모두 인정했다. 그가 가는 길목마다 돈을 뿌리고 다니며, 이 건조한 황무지에 사는 가난한 사람들에게서 말할 수 없을 정도로 자주 쓸데없는 도움을 받으려고 애썼기 때문이다. 예를 들어 그가 길 끝까지 걸어서 가는 동안 자기 말을 붙잡아달라든가, 그에게는 아무런 쓸모도 없는 정보를 달라든가, 꽃을 한 송이 꺾어 오라든가, 새를 한 마리 팔라든가 하는 것이었다. 모두 누더기를 걸친 가난한 사람들에게 얼토당토않은 금액을 지불할 기회를 만들기 위한 것이었다. 그러나 그런 미개한 지역에 사는 농민들은 원조를 받는 일이 매우 드물었기에, 이게 웬 떡이냐 하며 넙죽 받으면서도 그의 자선에 놀랐다. 그 때문에 광기 어린 술수나 책략이라도 되는 것처럼 그들은 대부분 겁을 먹고 말았다.

잔은 본디 남을 놀리는 성격이 아니었으므로, 아서 경이 놀림감이 된 데에 존경심 섞인 애잔함 같은 것을 느꼈다. '그 불쌍한 분을 마을 사람들이 놀리는 건 그분이 선량해서야!' 그녀는 그에게 특별한 경의를 품고 이야기하고, 시중을 들 때는 아이가 부모에게 하는 것처럼 극진하게 했다. 그러나 첫날 이상으로 그를 사랑하는 것처럼은 보이지 않았다. 그는 몹시 놀라고 실망해 거의 포기하는 심정으로, 끝내 단념하거나 아니면 감동할 날을 기다렸다.

그는 비밀을 기욤과 그 여동생에게만 털어놓았다. 드 샤르무아 부인에게 쓴 편지는 진지한 의도가 전혀 담겨 있지 않았으므로 놀림감이 되어도 내버려두었다. 그러나 그가 목장이나, 잔이 암소들에게 먹일 잡초를 긁어모으는 정원이나, 조금도 진화하지 않은 동물을 그리기 위해 외양간에 드나드는 것을 클로디와 카데는 화제에 올리지 않을 수 없었다. 카데는 자기가 사랑하는 사람이 잔인지 클로디인지 분명히 하지 않았다. 그러나 잔에게 조금쯤 마음이 끌리고, 조금쯤 질투가 나는 것은 사실이었다. '잔은 운이 좋아. 그 영국인은 툴의 고지에 있다는 황금보다 많은 부를 가지고 있으니까. 잔이 '황금 동굴'을 발견할 거라고 했던 틸라 아주머니의 예언이 맞았으니까.' 클로디는 그렇게 말했었다. 그러나 자기가 누구보다도 먼저 예측한 이 결혼이 이루어질 가망이 없자 클로디는 어떻게 생각해야 좋을지 몰랐다. 그리고 정직함은 의심할 바 없는 잔이 영국인이 '시시한 사랑의 말'을 한 적이 한 번도 없다고 말하지 않은 걸 보면, 마르시야가 자기에게 했던 것처럼 아서 경도 그러고 있을 거라고 결론 내렸다.

그러나 거의 매주 토요일과 일요일을 부사크로 돌아와서 보내는 마르시야는 자기가 최고의 사랑이라고 부르는 것을 할리가 하고 있다는 증거를 낱낱이 포착했다. 그는 도시의 몇몇 친구와 그것을 놀리는 즐거움을 끊을 수가 없었다. 그들은 그 이야기를 당구장에서 떠들었다. 그래서 그 소문은 장터가 서는 광장으로 퍼져나갔다. 그리고 마침내는 소문이 날개를 단 듯 이웃 도시로, 마을로 삽시간에 퍼져나갔다. 한 달 뒤에는 온 군에, 아니 군의 경계를 넘어서까지, 부사크성에는 하녀에게 빠져 그녀를 아내로 삼고 싶어 하는 아주 돈 많고 잘생긴 괴짜 영국인이 있다는 소문이 널리 퍼졌다. 타고난 성품이나 환경 면에서 본디 마을 처녀들이나 침모들의 미모를 몹시 질투하는 지방의 부인들은 그 영국인 이야기에 대단히 분개했다. 부인들은 남편들이 하녀를 애인으로 삼을 수는 있으나 하녀와 결혼까지 하는 것은 인간성 상실, 즉 배덕의 증거라며 아내들끼리 뜻을 같이했다. 청년들은 그렇게까지 영국인의 마음을 빼앗고, 소문에 따르면 더 확실히 신부 자리에 오르려고 무정한 여자인 척한다는 이 아름다운 처녀를 보고 싶어 했다. 샹봉에서, 구종에서, 생트 세베르에서, 다른 어디보다 주민들이 심술궂고 산책을 좋아하는 라 샤트르에서도 부사크의 미녀를 보러 왔다. 하지만 그들 눈에 잔의 모습은 쉽게 마주쳐지지 않았다. 그들은 헛된 여행을 한 꼴이 싫어서, 그 처녀는 조금도 예쁘지 않았다고 했다. 그리고 그 영국인은 쾌락에 질려 목을 베어 자살할까 하다가 지루함을 달래려고 추녀와 결혼할까 고민하는 방탕자였다고 떠들고 다녔다.

이런 소문은 큰 소리로 말하지 않으려고 신중에 신중을 기하는 클로디와 카데 덕분에 성관에는 아주 조심스럽게 들어올 뿐이었다. 밖에서 떠도는 모욕적인 말이 드 부사크 양이나 그 오빠의 귀에 절대로 들어가지 않도록 하라는 명령을 받았기 때문이다. 잔은 같은 방 친구에게서 그 소문을 듣고 어깨를 으쓱했다. 자기가 그 화제의 중심이며 모든 시선을 모으고 있다는 사실을 마을에서 유일하게 믿지 않으려고 했으며, 믿을 수도 없었다. 샤르무아 부인은 추문이라고 드 부사크 부인이 질리도록 야단법석을 떨면서, 잔을 내쫓으라고 강력하게 요구했다. 그러나 낡은 성관에서 늦은 시각에 일어나 세 시간에 걸쳐 몸치장을 하고, 소파 위에서 꾸벅꾸벅 졸고, 두통에 시달리면서 제정 시대의 훌륭한 여성의 삶을 사는 쉰 살의 드 부사크 부인은 통찰력이 거의 없고, 극단적인 해결책을 혐오했으며, 아서 경이 자기 하녀보다 자기 딸과의 결혼을 생각할 가능성이 훨씬 크다고 생각했다. 아서 경이 그 둘에게 품고 있는 솔직하고 꾸밈없는 우정은 주의를 돌리기에 충분한 것이어서, 샤르무아 부인조차 때때로 알쏭달쏭해졌다. 기욤도 엘비르에게 매우 친절하게 대해서 가끔 그녀를 달콤한 착각에 빠뜨렸다. 그러나 그는 인내하고 놀리는 데에 질리자 이 씁쓸한 장난을 갑자기 멈추었다. 샤르무아의 여자—마을에서는 이렇게 불렸다(부인은 그 거만한 태도와 음침한 성격, 가식적인 신앙심으로 진작 미움을 받고 있었다)—

가 다시 의혹과 강한 분노에 빠진 것은 이런 때였다.

아서 경의 소설 같은 연애 이야기는 두 인물에게 심각한 결과를 불러왔다. 한 사람은 그를 가시 돋친 말로 비웃었고, 또 한 사람은 슬프게 비난하는 것처럼 보였다. 전자는 레옹 마르시야였다. 그는 전투 본능에 휩싸였다. 영국인이 그 이름과 재산으로 손에 넣고자 하는 권리를 잔에게서 먼저 빼앗을 수만 있다면, 자신의 선량한 말도 내놓고 아주 멋들어진 장래도 약속했을 것이다. 마르시야는 잔을 부사크로 데려오는 데 협력했던 일을 땅을 치며 후회했다. 부사크에서는 선의로밖에 그녀를 얻을 수 없었으므로 그는 성공하지 못했다. 만일 그녀가 아직 에프―넬의 양치기로 있다면, 그리고 아서와 기욤이 그녀를 얻으려고 그와 경쟁하러 온 게 아니라면 그는 황야까지 그녀를 쫓아갔을 것이다. 퇴폐하고 대담무쌍한 계획에 그녀는 분명히 반항하지 않았을 거라고 생각했다. 그러나 지금은 책략을 바꿔가며 기다려야 했다……. 마르시야는 그럴 시간이 없었다. 그 밖에도 해야 할 일과 쾌락이 산더미처럼 많은 판에 그 어리석은 계집을 생각하는 것은 너무 비상식적이라고 생각했다. 밤에는 그녀가 남편이 된 아서 경과 팔짱을 끼고 교회에서 돌아오는 꿈을 이따금 꿨다. 그러면 그 남편을 웃음거리로 만들지 못한 것이 몹시 분해서 욕지거리를 내뱉고 어깨를 움찔하며 눈을 뜨는 것이었다. 그의 자존심은 더할 나위 없이 상처 입었다.

아서 경에 관한 소문으로 흥분한 또 한 사람은 기욤이었다. 이 청년은 잔에게 소설풍으로는 정열이라 불리는 감정을 품었다. 정열, 단지 그뿐이었다. 그 어떤 헌신과 그 어떤 용기도 아끼지 않는 깊은 애정이라는 관점에서 보면, 달관한 평정심을 유지하며 사랑하고 고양된 사랑을 모른다며 그가 마음속에서 비난하는 아서 경에 훨씬 못 미쳤다. 사람은 이런 식으로 착각을 하는 법이다. 욕망에서 비롯한 감동에 지나지 않는 것을 애정으로 착각하고, 어떤 일에도 견딜 수 있는 애정에서 비롯한 평정심을 조롱한다. 기욤은 이 시골 처녀와의 결혼은 한 번도 생각한 적이 없었다. 그는 처녀의 남다른 미모와 마음을 울리는 순진함, 툴에서 처음 봤을 때 느꼈던 비현실적인 감각에 상상력이 자극받았다. 다음에는 병에 걸려 누웠을 때 그녀가 보여준 헌신이 그의 순진한 자만심을 부추겼다. 품에 그녀를 안으려면 말 한마디면 충분하다 믿었고, 지금도 믿고 있었다. 그는 신앙심에서, 배려심에서 자제하고 있었다. 그리고 자신의 덕행에 크게 감탄해서는 그 커다란 희생적 행위의 대상에 격렬하게 사랑에 빠졌다. 그러나 그는 이 광기에서 헤어나기로 결심했다. 그는 멀어졌다. 그는 헤어났다. 잊기조차 했다. 그러나 누이의 애정으로 더 아름다워진 잔을 눈앞에 두고, 그는 돌아온 순간부터 혼란스러워졌다. 그리고 지금 아서 경의 애정이 새삼 그의 애정을 눈뜨게 했다. 매우 깊은 감정과 매우 진지한 계획을 품게 하는 잔은 그의 눈에 새로운 매력과 새로운 가치를 주었다. 그 결혼을 방해하지 않는 것을 자신의 의무로 삼았기에, 그는 그녀를 포기하는 것을 자신의 과업으로 여기면서 아주 유치하게, 극심한 흥분 상태에서 그녀를 원했다. 그의 변덕스러운 소망은 고정관념에서, 끊임없이 되풀이되는 몽상에서, 마음을 흥분시키는 고뇌에서 한마디로 말해 정열이 되었다. 이 노골적이면서도 비현실적인 애정을, 청년의 정신 상태에 있는 특유의 애정을 묘사하는 이름이 없는 탓에, 나는 정열이라고 이름 붙였다. 그는 드 샤르무아 양의 비위를 맞추려고 애씀으로써 때때로 진지하게 기분을 바꾸려고 했다. 그러나 보잘것없는 재능, 광기 어린 화장, 타인의 재기에 달려드는 수다 등 엘비르는 잔에 비해 너무도 못했다. 기욤은 귀족 아가씨를 마을 처녀와 비교하려 했던 것을 곧 후회했다. 엘비르는 아무런 매력도 없었다. 제멋대로 구는 본능, 과시욕, 시야가 좁은 편견만이 두드러졌다. 상냥한 마리조차 그녀에 대한 기욤의 잔혹한 조롱을 비난하면서도 그녀를 좋아할 수 없었다.

어느 날, 기욤의 마음속에 쌓인 흥분이 너무도 격렬해져서 갑자기 폭발할 뻔했다. 수확 때였다. 성 근처에 있는 아름답고 광활한 목초지의 마른풀이 거둬졌다. 목초가 아직 어릴 때는 잔이 그 풀밭 근처에서만 암소들을 돌봤다. 소달구지에 올라가 갈퀴를 조금이나마 마음대로 척척 움직이는 일은 주인, 하인, 성관의 젊은이들 할 것 없이 모두에게 커다란 즐거움이었다. 카데가 막대기를 들고, 동양의 황제같이 당당하게 일꾼들을 지휘했다. 그중에서도 가장 다부진 아서 경이 자기가 짐수레에 실은 마른풀 더미 꼭대기에서 교묘하게 균형을 잡고 서 있었다. 선량한 영국인은 농장 남자들이 어떻게 일하는지 관찰함으로써 이 농촌의 재능을 쉽게 획득한 데에 조금 우쭐해 있었다. 그는 거친 파란색 베로 만든 작업복을 입고, 양치기 소년들이 들판에서 짠 밀짚모자를 쓰고 활력 넘치는 근육을 자랑스레 과시하면서, 지금껏 공들여 가꿔 온 아름다운 손을 햇볕에 태우는 것을 즐겁게 생각했다. 그러나 그는 여자같이 새하얀 손을 잔이 경멸하지나 않을까 걱정했다. "정말 일이 능숙하시네요!" 잔이 그의 힘과 열의에 감탄해서 천진하게 말했다. "전 도시 사람이 이렇게 훌륭하게 일하는 걸본 적이 없어요. 클로디, 나리가 꼭 우리랑 똑같은 사람 같지 않니?"

아서 경의 귀에 이보다 기분 좋게 들리는 말은 또 없었을 것이다. 그는 어서마르쉬 지방이나 베리 지방에 있는 비옥한 농장의 소유자가 되어, 지긋지긋한사교계에서 멀리 떨어져 인심 좋은 시골 사람으로서 내키는 대로 살기를 꿈꿨었다. 수확물을 자기 손으로 다발 짓고, 소작인들과 함께 인간답게 노동하고, 개척민들을 풍요롭게 하고, 농민을 행복하게 하고, 아름답고 건강한 아내 곁에서 더없는 행복을 맛본…… 이것이야말로 그가 줄곧 꿈꾸던 삶이었다. 소박한 기호와 인간의 노동으로 아름답게 가꿔진 자연을 굳게 사랑해왔으니 하느님은 틀림없이 이런 삶을 주실 거라고 그는 생각했다. 땀에 젖은 이마, 희망으로 빛나는 눈을 한 아서가 잔과 다정한 눈빛과 활기찬 대화, 갈퀴로 잔뜩 긁어모은 마른풀을 교환하는 사이, 소들은 그날 넉넉히 받은 꼴 속에 무릎까지 파묻고, 귀찮게 쫓아다니는 파리를 따돌리느라 고삐에 매인 애달프게 아름다운머리를 이따금씩 흔들었다. 그 진동이 수레를 타고 전해져, 아서 경 옆 마른풀더미 앞에 있던 사랑스러운 마리를 깜짝깜짝 놀라게 했다. 이 젊은 아가씨는더위를 견디기에는 너무 허약했다. 그녀는 일꾼들 주위에서 떠들거나 기욤의어깨 위를 귀여운 발로 사뿐히 밟고 올라갔다가 내려오기를 반복했다. 그리고클로디 옆에서 갈퀴로 마른풀 더미를 쿡쿡 찌르기도 했다. 그러고는 숨이 차서 깔깔 웃으면서, 그 지방 말로 밀로사라 불리는, 임시로 쌓아놓은 작은 마른풀 더미 위에 쓰러졌다. 활발하고, 짧은 옷을 입은 클로디는 볼을 빨갛게 물들이며, 아서 경처럼 으스대며 자신의 민첩함과 열의를 보여주고 있었다. 엘비르는 시골 소녀처럼 튼튼했다. 하지만 코르셋이 너무 조여서 자유롭게 움직일 수가 없었다. 마른풀 위에 앉아 양산으로 더위를 피하고 있는 어머니는 딸이 가엾게도 새빨갛게 달아오른 것을 보고, 6월의 햇빛 때문에 과도한 화장을 한딸이 평소보다 돋보이지 않는다고 판단하고 끊임없이 엘비르를 불러들였다.

기욤은 상의를 벗고 있었다. 새하얀 셔츠를 햇빛에 번쩍거리며, 여성의 목처럼 매끄러운 하얀 목덜미를 드러내고 있었다. 사실 그는 더없는 미남이었지만, 클로디의 눈에는 너무 말라 보였다. "일사병에 걸려 열이 나겠어요, 기욤 도련님." 처녀가 동정 어린 걱정을 했을 때, 그는 영국인의 다부진 체격과 자신의 빈약한 몸매를 비교당한 기분이 들어 모욕감을 느꼈다.

잔이 마른풀을 넘겨주는 일을 계속하면서, 그 옆에서 넘겨받는 일을 맡아서 경과 눈빛이나 말로 끊임없이 사이좋은 대화를 나누는 것을 보고 기욤은 혐오감을 느꼈다. 그는 나뭇가지 하나를 주워들고 소들의 앞으로 가서, 파리를 쫓는다는 핑계로 짐수레를, 따라서 연적을 거칠게 흔들며 고소해했다. 아서 경은 잘 버텼다. 그를 우스꽝스러운 자세로 떨어뜨리기란 도저히 불가능했다. 그는 웃고 있었다. 그리고 아무리 흔들어도 균형을 잡을 수 있다고 말했다.

드 부사크 부인은 멀리 떨어진 나무 덤불 아래서 마르시야와 단둘이 이익 문제를 논의했다. 마르시야는 겨우 기욤에게 다가가, 활기차고 유쾌한 다른 얼굴들에는 무관심할 정도로 소들의 얼굴이 어디가 그렇게 재미있느냐고 물어보았다.

"이 지방에서 가장 아름다운 머리장식을 달고 강인함 속에서도 온화함을 지닌 소의 얼굴을 찬미하기에 자넨 그다지 예술적이지 못하군." 청년이 이해하지 못하는 척하면서, 또 진짜 걱정거리를 머리에서 떨쳐내려고 애쓰면서 대답했다. "시정 넘치는 어느 날, 유피테르가 이것으로 변신했다는 것을 난 이해할 수 있네. 아주 훌륭하게 무장한 이 넓은 이마에, 이토록 자긍심 강하고 이토록 온화한 이 까만 눈에 신이 깃들어 있지. 낮은 콧구멍에, 그리고 이 섬세한 입술을 촘촘하게 두른 가늘고 하얀 털에는 천진난만함이 감돌고. 커다랗고 짧은 이 무릎과 이 조용하고 느릿느릿한 걸음걸이에는 농민의 기운이 있어. 언제나 뻣뻣하고, 앙상한 등뼈를 철썩철썩 때리는 이 강인한 꼬리에는 사자의 용맹함이 있고. 그래, 이건 아름다운 동물이야! 축 처진 목살은 훌륭하고, 옆구리는 엄청나게 발달해 있어. 우둔한 얼굴이라고들 하지만, 그건 틀린 말이지. 힘과 순진무구함을 나타내잖아? 대지를 갈고 동물을 복종시키는 인간의 얼굴과 닮은 구석이 있지. 농민들은 자기도 모르는 사이에 얼마나 예술을 이해하고 있는지! 이렇게 느릿느릿하고 이렇게 소박한 양식의 이 머리장식을 그 어떤 화가가, 그 어떤 조각가가 표현할 수 있을까! 왕관과도 닮은 이 밀짚 이마장식, 그리고 뿔과 멍에를 둘러싸고 있는 띠의 창의성 넘치는 교차! 이것은 정말이지 고대의 풍습이 틀림없어. 아피스[1]도 이보다 당당하게 왕관을 쓴 적은 없을 거야."

"됐습니다, 됐어요." 마르시야가 빙긋 웃으면서 대답했다. "그야말로 시정이고, 예술이네요. 하지만 시정은 다른 데도 있습니다. 내 예술가로서의 감정은 다른 모델을 고를 겁니다. 보세요, 기욤, 잔을요! 아주 우아하면서도 아주 힘찬 저 아름다운 처녀를! 남자처럼 힘차군요! 보세요! 50리브르[2]나 되는 마른풀을 손끝으로 들어올리고 있습니다. 그것도 해돋이에서 해넘이까지 3분마다요."

"아아! 저도 그렇게 생각합니다요!" 카데가 목청 높여 말했다. 그는 기욤이 소에 대해 늘어놓은 시와 같은 말을 놀랍게 들었지만, 마르시야의 입에서 나온 잔에 대한 칭찬의 말이 훨씬 쉽게 이해되었다. "레옹 씨, 저 앤 제가 아는 사람 가운데 가장 힘이 센 처녀입니다. 6부아소[3]의 보리를 들어올려서는 저랑 똑같이 가뿐하게 짊어지지요. 정말이라니까요! 아아! 저 아름다운 처녀가 말입니다!"

"흠, 자넨 나름대로의 시심이 있군." 레옹이 말을 이었다. "그런데 기욤, 뿔이 있는 커다란 가축에게 그랬듯이 잔을 기분 좋게 칭찬하기 위해 한 가지라도 발견할 수 없나요? 잔에게는 신들의 선량한 부분이 없다는 겁니까? 유노[4]나 팔라스[5]처럼 힘세고, 헤베[6]처럼 젊고, 신들의 사자 이리스[7]처럼 우아해요. 자자! 난 시인이 아닙니다. 변론할 때는 이런 은유는 쓰지 않지요. 하지만 내가 당신이라면, 이 시골 처녀에게서 당신이 주목하는 수많은 아름다움을 발견했을 겁니다. 봐요, 얼마나 예쁘게 입었는지! 모든 여성에게 저 간소한 옷을 입게 하려고, 선량한 신은 늘 우리에게 여름 햇살을 뿌려주시는 겁니다. 짧은 치마와 셔츠만 입었잖아요. 매력적이라고 솔직하게 말해요! 당신은 고대 미술품을 말합니다! 이건 고대 양식처럼 순결하고 관능적이에요. 아무것도 안 보이

---

1) 고대 이집트인이 숭배했던 소.
2) 옛 중량단위. 380~550그램. 지방별로 달랐다.
3) 옛날에 곡식을 재던 용량 단위. 약 13리터.
4) 로마 신화. 유피테르의 아내. 최고 여신.
5) 그리스 신화. 거인신.
6) 그리스 신화. 청춘의 여신.
7) 그리스 신화. 무지개의 여신.

지만, 멋진 상반신을 꿰뚫어 보는 거죠. 셔츠는 목에서 호크를 채웠고, 소매는 손목까지 내려옵니다. 옷감은 고급도 아니고, 비쳐 보이지도 않아요. 하지만 이 닳아빠진 거친 삼베 천에는 저 여유 있는 그리스 의상의 깨끗함과 부드러움이 있습니다. 그리고 잔은 페이디아스[8]가 조각한 조각상과 다름없습니다! 봐요. 샤르무아 양이 그녀 옆에서는 밀랍 인형처럼 보이지 않습니까! 확실히, 확실히 저 앤 소보다 아름답다고 말하겠습니다. 여신도 어린애 같은 천진난만함도 저 앤 지니고 있으니까요. 조–마트르의 돌에서 잠자던 드루이드교의 무녀를 떠올려봐요. 그건 벨레다였습니다, 그렇지만 하녀였습니다! 소의 낮고 사랑스러운 콧구멍과 섬세한 입술은 당신 숨도 당신 입술도 끌어당기지 않습니다. 하지만 정말이지 저 고결한 옆얼굴과 장밋빛 입술은……."

기윰은 그 말을 끝까지 듣지 않고 갑자기 마르시야에게서 등을 돌렸다. 그는 성으로 돌아가는 어머니의 팔을 빌리려고 달려갔다. 그는 마르시야가 참을 수 없었다. 마르시야는 정열적인 묘사를 계속하는 내내 악마 같은 미소와 눈빛을 띠고 있었다. 이런 모든 것이 기윰에게 말하는 것 같았다. "넌 자연의 걸작을, 네 비밀스러운 생각의 대상을 보고 있다! ……찬미하고, 갈망하라! 저 애의 수줍음을 물리칠 사람은 바로 나다. 넌 저 애가 이해하지 못하는 시나 짓고, 비참하게 실패할 것이다."

기윰은 목장으로 돌아가지 않았다. 방으로 올라가, 소름끼치도록 아래가 까마득하게 내려다보이는 발코니에서 몸을 앞으로 내밀고, 더없이 어두운 상념에 잠겼다. 거둬들인 풀을 말리는 사람들의 웃음소리와 양치기들의 고함이 아득하게 사라져갔다.

---

8) 고대 그리스의 대표적인 조각가.

19장
청년의 사랑

저녁 식사 때 기욤은 극심한 두통을 핑계로, 식사가 끝나자마자 방으로 돌아왔다. 사실 기분이 좋지 않아서 그는 잠들려고 노력했다. 어지럽고 답답했다. 생각이 멈춘 것 같다. 동생이 상태를 살피러 왔다. 그는 열도 나고, 조금 헛소리도 했다. 서둘러 어머니에게 알리고, 시내에 사는 의사를 불러 오라고 사람을 보냈다. 한밤중에 신경 발작이 일어났지만, 적절히 조치한 덕분에 그 격렬함은 가라앉았다. 병자는 새벽 1시에 안정을 되찾았고, 2시에는 곤히 잠들었다. 발작으로 말미암은 동요는 완전히 사라졌다. 의사는 돌아갔다. 3시가 되자 마리는 어머니에게 잠자리에 드시라고 간곡하게 말했다. 4시, 밤샘을 하기에는 너무도 허약한 마리의 손에서 읽고 있던 소설이 떨어졌다. 《체스터의 대원수》였다. 젊은 성주와 그 마음을 허락한 헌신적인 친구, 사랑스러운 로즈 프리밍의 매력적인 성격을 흥미롭게 읽어 내려감에 따라, 마리는 잔에 대한 우정을 더욱 강하게 느꼈다. 그러나 월터 스콧도 이 연약한 소녀의 피로를 풀어주지는 못했다. 잔은 소중한 아가씨의 혈색이 몹시 좋지 않은 것을 보고, 그만 가서 쉬라고 간청했다. 마리는 좀처럼 말을 듣지 않았다. 그러나 오빠의 손에서 열이 내리고 숨소리가 완전히 안정된 것을 보자, 잔의 간곡한 청을 받아들였다. 잔은 강철 같은 체력을 지니고 있었다. 이전, 지독한 병에 걸렸던 대부를 밤새도록 병간호하면서 그 무수한 밤을 소파에서 지낸 적이 있어서 하룻밤쯤은 별것도 아니었다. 게다가 곧 클로디가 교대하러 와줄 테고, 3시까지 깨어 있던 아서 경이 6시에 돌아오기로 약속했다. 마리는 오빠를 무척 사랑했지만, 진실은 보지 못했다. 아서 경이 주인공으로 있는 평화롭고 목가적인 시에 마음이 빼앗겨, 기욤이 말없이 고통받고 있는 불안하고 어두운 드라마는 눈치채지 못했던 것이다. 가끔 의혹이 떠오를 때가 있었지만, 마리는 형제애에 흠집을 내는 일인 것처럼 얼른 떨쳐버렸다. 잔이 돈 많고 고귀한 남성에게 사랑받고 구혼받은 사실이 마리에게는 너무도 당연한 일로 생각되었다. 오빠 마음에 아서만큼은 아니지만 성실한 사랑이 싹트고 있으리라고는 생각하지 못했다. 다른 모든 점에서 자신을 굳게 믿는 오빠 기욤이 아무 말도 없다는 사실과 아서의 계획에 오빠가 비난 섞인 반응을 보였다는 사실에서, 대녀에 대한 오빠의 순수한 애정을 의심할 수 없었다.

병자와 단둘이 된 잔은 소설을 주웠다. 그리고 시간을 허비하지 않기 위해서인지 잠을 쫓기 위해서인지, 몇 줄을 더듬더듬 읽어 보았지만 이해할 수 없었다. 그러다가 대부가 가냘프고 쥐어짜는 목소리로 자기 이름을 부르는 것을 듣고 깜짝 놀라 일어섰다.

그녀가 옆에 서 있는 것을 보고 기욤은 비명을 지르며 손으로 얼굴을 가렸다. "아아! 대부님, 저 때문에 놀라셨군요." 잔이 말했다. "하지만 대부님이 절 부르셨어요."

"내가 널 불렀다고, 잔?" 창백한 얼굴의 청년이 손을 내리고, 잔의 손을 잡으면서 말했다. "난 자고 있었어! 그런데 네 꿈을 꿨지. 그리고 아주 답답했어. 그런데 여기서 뭘 하는 거야, 잔? 왜 내 방에 있지? 오오! 도대체 왜! 대답해줘!"

"대부님은 몸이 좀 안 좋으시니까요. 하지만 대단한 건 아니에요, 대부님. 하느님 덕분에 금방 나았어요!"

"그럼 가버릴 거야? 날 버리고?" 기욤이 힘주어 팔을 잡으면서 외쳤다.

"아니요! 대부님! 여기 있을 거예요. 대부님이 괜찮아지기 전엔 절대로 떠나지 않을 거란 걸 아시잖아요."

"아아! 그래, 난 괴로웠어. 기억하고 있어!" 청년 남작이 말을 이었다. "넌 없었어?"

"아니요, 있었어요, 대부님!"

"맞아, 널 봤어. 용서해줘, 잔. 내 머리는 몹시 쇠약해 있어."

"물약을 좀 드셔야겠어요, 대부님."

"안 먹어, 물약은 안 먹을 거야. 날 떠나지 마, 잔. 내 손에 있는 네 손이 약보다 효과가 있어. 하지만…… 널 알게 된 뒤로 넌 줄곧 날 괴롭혀왔어!"

"제가 대부님을 괴롭혔다고요?" 잔이 극심한 공포심을 느끼며 말했다. "제가 어떻게 그런 재앙을 가져왔다고 그러세요? 대부님을 회복시키기 위해서라면 목숨도 아깝지 않은 제가요!"

"잔! 오오, 소중한 잔!" 기욤이 흥분하는 한편 한풀 꺾여서 정열을 더는 자제하지 못하고 외쳤다. "특히 얼마 전부터 넌 날 괴롭히고 있어. 네가 날 더는 사랑하지 않으니까!"

"제가 대부님을 더는 사랑하지 않는다고요?" 이번에는 잔이 울음을 터트리며 외쳤다. "도대체 누가 대부님에게 그런 이간질을 했죠? 하지만 여긴 그렇게 심술궂은 사람이 없는데!"

"다른 남자를 사랑하고부터는 날 사랑하지 않잖아, 잔. 솔직히 대답해줘! 난 더는 참을 수가 없어. 난 널 열렬히 사랑해⋯⋯."

"왜 그런 말씀을 하세요, 대부님?"

"왜 모르는 척하지? 할리 씨가 너한테 말했을 텐데."

"아아! 아니요, 대부님! 그 영국 분은 한 번도 그런 말을 하신 적이 없어요. 그건 하느님에게만 할 수 있는 말이에요. 그런데 어째서 대부님은 제가 대부님이 아닌 다른 사람을 사랑한다고 하시는 거죠? 제가 대부님을 사랑하고 싶어하지 않는다는 뜻인가요?"

"그럼 넌 날 사랑했어, 잔? 오오! 말해줘!"

"맙소사, 언제나 변함없이 사랑하고 있어요, 대부님."

"날 사랑한다고! 그런데 어떻게 그처럼 침착하게 그런 말을 할 수 있지?"

"아니요, 대부님. 침착하게 말하고 있지 않아요." 차분함을 지적받았다고 착각한 잔은 부당하게 비난받은 무고한 슬픔을 온화하게 드러내며 눈물을 흘리면서 대답했다.

"아아! 그렇지 않아! 넌 날 사랑하지 않아." 기욤이 잔의 팔을 놓고 절망해서 머리카락을 쥐어뜯으며 말했다. "넌 내 말을 이해 못해. 내가 뭘 원하는지도 모르잖아!"

"아아, 그게 무슨 말씀이세요, 대부님." 잔이 기욤의 머리맡에 무릎 꿇으면서 말했다. "이렇게 화내시면 안 돼요. 병이 나셨을 때, 제가 충분히 돌보지 않았다며 언제나 질책하시던 것과 똑같네요. 전 온 힘을 다해 대부님을 돌봤어요. 제가 무식해서 대부님의 말씀을 잘 이해하지 못하는 건 제 잘못이 아니에요."

"넌 다 이해했어, 잔. 사랑한다는 단 한마디를 별개로 하면 말이야!"

"아아! 당치 않아요! 병에 걸리지 않았다면, 지금 이게 부당하다고 인정하실 텐데. 하지만 절 나무라시는 게 대부님에게 좋은 영향을 준다면, 나무라서 마음을 편하게 하세요."

"아아! 잔혹해. 너무 잔혹해. 사랑을 이해하지 못한다니!" 기욤이 몸을 비틀며 외쳤다.

"듣기 거북한 말을 쓰시네요, 대부님. 그건 마르시야 씨의 말이에요."

"아아! 난 확실히 알아. 마르시야는 너에게 사랑의 말을 속삭였어, 그도 말이야! ……."

"그분은 누구에게나 사랑을 말해요. 하지만 아주 혐오스럽게 말하죠, 대부님!"

"그 비열한 자가 널 모욕했나?"

"아니요, 대부님! 전 모욕당하지 않았어요. 그리고 그분한테 화를 내면 안 돼요. 그분은 바보도 아니고, 도리도 잘 알아요. 꽤 오래전부터 절 곤란하게도 하지 않고요. 제가 그분의 무분별한 언동을 나무랐을 때도, 그분은 이제 절 내버려두겠다고 아주 성실하게 약속했어요. 그 뒤로 전 그분에게 불만을 품은 적이 없어요."

"그럼 왜 내가 말한 사랑이라는 말에 그렇게 상처받는 거지? 말해봐! 자, 대답해줘!"

"말 못해요…… 대부님……. 하지만 그렇게 말씀하시면, 절 사랑하지 않는 건 이제 대부님인 것 같아요."

"잔, 이제 알겠군. 내가 널 속이고 유혹할 속셈이라고 생각하는 거야……."

"아아! 아니에요, 대부님. 그렇게 생각하지 않아요. 대부님은 아주 다정하고 성실한 분이에요. 그런 생각을 하실 리 없어요."

"하지만 내 사랑은 네 마음에 상처를 주고 널 겁먹게 하잖아!"

"대부님, 제가 어리석었다면 용서하세요. 그건 분명 우리와 대부님 같은 귀족들이 다르게 이해하는 말이라서 그래요. 연인들의 일을 이야기할 때 우리는 그렇게 말하거든요."

"그럼 잔, 내가 널 사랑한다면?"

"아아, 아니에요! 대부님, 그런 일은 있을 수 없어요!" 잔이 슬픈 듯이 눈을 내리깔면서 말했다. "그런 말씀을 하시는 건 병 때문이에요."

"그래! 확실히 이런 말을 하는 건 병 때문이야. 열은 포도주 같아서, 우리가 생각하는 걸 말하게 하지."

"절 그렇게 대하지 마세요, 대부님." 잔은 상냥한 평소의 모습과는 다르게 엄한 표정으로 말했다. "전 그럴 만한 가치가 없어요."

"그렇게까지 거절하는 걸 보니, 날 미워하는 거로군!"

"당치 않아요!" 잔은 눈물로 젖은 얼굴을 앞치마로 가렸다.

"아아! 난 네 마음에 상처를 주고, 몹시 슬프게 하고 있어! 난 정말 불행해! 난 머리가 돈 거야. 넌 나에게 애정이 없어!"

"아아! 대부님, 그렇다면 전 저를 용서하지 않을 거예요. 그런 생각을 머리에 넣을 바엔 죽음을 택할 거고요."

"무슨 말이 하고 싶은 거지, 응? 정말 단순해! 돌았어! 분명 나를 모욕하고, 날 존경하는 마음이 없다고 생각하고 있겠지? 말해봐, 넌 미쳤어!"

"그게 대부님을 모욕하는 일인지 아닌지 전 잘 모르겠어요. 하지만 대모님의 마음에 상처를 주는 일인 것만은 분명해요. 그리고 소중한 아가씨의 마음도요. 하지만 고맙게도 전 그럴 수 없어요! 대부님 댁에 와서 대부님의 돈을 받고 대부님의 빵을 먹는 주제에, 뻔뻔하게 제 주인이신 대부님을 사랑하겠다는 생각까지 하다니! 그건 죄예요. 절대로, 절대로, 하느님은 제가 그런 생각을 눈곱만큼이라도 품은 적이 없다는 걸 아실 거예요!"

"마지막까지 말해줘, 잔. 내게 모든 걸 말해줘. 난 모든 걸 알도록 선고받았으니까. 네 말대로, 내가 널 사랑하고 네게 날 좋아해달라고 애원해도 넌 결코 동의하지 않을 거야?"

"아아! 대부님! 그런 식으로 말씀하지 마세요. 진짜 같잖아요. 그리고 그게 진짜라면, 전 대부님을 떠나 다시는 만나는 일이 없도록 멀리, 아주 멀리 시골로 돌아가야 해요."

"아아! 정말 끔찍한 말이구나! 넌 날 떠나고 싶어 해, 떠날 수 있겠지……. 너한텐 그럴 용기가 있을 거야! 나도 그런 용기를 가지려고 애썼지만 소용없었어!

난 돌아와야 했어. 난 내가 다 나았다고 생각하고 널 다시 만났어. 그런데 내 고뇌는 이전보다 훨씬 견디기 힘든 것이 되어 다시 나타났어."

"아아! 말도 안 돼요, 대부님. 그게 무슨 말씀이세요? 병이 저한테 벌을 내리고 말 거예요. 제가 모든 것의 원인인 것처럼요. 하느님께서 그런 식으로 대부님의 생각을 저에게 집중시키셨다니, 제가 하느님께 무슨 잘못을 했다고 이러시나요?"

"잔, 네 존재가 날 천천히 괴롭힌 뒤에, 이번에는 그 말로 날 절망시켰어. 네 아름다움이 내 마음을 괴롭히고, 네 미덕이 날 때려눕혔어."

"제가 대부님을 괴롭히고 있다면," 잔은 비탄에 잠기고 마음에 상처를 받았다. 그러나 기욤이 어떤 착란에 빠져 있다고 굳게 믿었으므로, 잔은 상냥함을 잃지 않고 말했다. "이제 이 집을 나가야겠네요. 다른 사람이 시중을 든다면 저 이상의 우정은 없을 거예요. 하지만 병에 걸린 대부님의 신경을 건드려서 언제나 불만을 품게 해버리는 저보다는 그 사람이 행복하겠죠. 클로디나 영국 분과 교대하러 가야겠어요. 소중한 대부님, 이제 이 방에 오는 일이 없더라도, 시중을 드는 일이 없더라도, 정말 가슴이 찢어지지만, 대부님을 지금까지와 변함없이 사랑할 것을 약속해요."

"내 그렇게 말할 줄 알았지, 잔!" 기욤이 격노하여 소리를 질렀다. "넌 나를 버릴 기회를 찾고 있었어. 그러다가 이젠 아주 침착하게 날 떠나는구나. 내게 삶의 의욕을 준다는 핑계로 내 숨통을 끊고 있어. 어서 가, 가라고! 날 혼자 내버려둬, 혼자 둬! 이젠 나도 모르겠어!"

응석받이 어린애처럼 생떼를 쓰며 청년은 꺼이꺼이 울고, 신음하고, 경련하는 것처럼 몸을 뒤틀기 시작했다.

불안해진 잔은 드 부사크 양이나 부인을 데리고 오려고 일어섰다. 걱정스러운 증상이 다시 나타나면 즉시 알리라는 지시를 받았기 때문이다. 방에서 막 나가려고 할 때, 병자의 격렬한 흥분 상태에 놀라 멈춰 섰다. 그녀는 병자를 혼자 둘 용기가 없었다. 그래서 병자 곁으로 돌아가면서, 이전처럼 침착함을 되찾게 하려고 상냥하게 질책하고 어머니처럼 애원하려고 했다. 그러나 기욤의 증상은 이전에 비해 훨씬 가벼웠고, 이전보다 훨씬 사랑으로 불타올랐다. 그는 잔을 가슴에 안고, 그녀의 차갑고 떨리는 손을 넘치는 눈물로 적셨다. 그리고 그날, 그리고 평생토록 곁에 있을 것을 약속시키더니, 겁쟁이 연인들처럼 두서없는 말다툼을 하는 데 질려서 대담하게도, 더 정확히 말하자면 착란에 빠져서 자신의 사랑과 질투와 스무 살의 격정까지 분명하게 고백했다. 마르시야처럼 난폭한 말은 아니었지만 훨씬 정열적인 애원이자, 오랜 시간 끝 모를 깊이를 재고 현기증 나는 도취와 공포와 충동 사이에서 갈가리 찢긴 뒤에 죄책감을 느끼면서도 돌진하는 첫사랑의 뜨겁고 지리멸렬한 말이었다.

잔은 대답 대신 눈물만 흘렸다. 그리고 처녀가 보여준 이 진심 어린 고통에 기욤은 자신이 정열까지는 아니지만 모든 것을 희생할 만큼 절대적인 헌신으로 사랑받고 있음을 느꼈다. 잔이 그의 팔을 뿌리치고 문 쪽으로 도망친 것은 그때였다. 불쑥 나타난 아서 경과 마주쳐서 하마터면 그 품으로 뛰어드는 꼴이 될 뻔했다.

"오우!" 영국인이 겁먹은 잔과 병자의 숨죽인 비명에 깜짝 놀라 외쳤다. 그에게는 병자가 질투와 절망에서 다시 흥분 상태에 빠진 듯이 보였다.

"아무것도 아니에요." 잔이 말했다. 그러나 그 심상치 않은 표정은 그 말을 반증하고 있었다. "대부님은 증세가 좀 심하세요. 위로해주세요. 전 계속 신경을 자극해서 그만 물러가려고요."

그녀는 방에서 뛰쳐나갔다. 그리고 모든 파드들의 여왕인 성모 마리아와 성인이 되었다고 믿고 속으로 성녀 잔 데 샹[1]이라고 부르는, 어머니의 머리를 사로잡았던 시적 혼동에서 자신의 수호성녀라고 생각하는 '고결한 양치기 소녀' 잔, 그리고 그녀가 프랑스의 대천사 미카엘이자 영국인들의 희생양이라고 생각하는 황제 나폴레옹의 그림 앞에 무릎 꿇었다. 눈물을 흘리며 한참 동안 기도했다. 그리고 마음이 가라앉자, 너무도 잔혹하고 예기치 못한 이 상황에서 어떻게 행동해야 할지 가르쳐달라고 하느님에게 구했다.

그 묵상하는 모습을 클로디가 보았다.

"무슨 생각해?" 그녀가 물었다. "네 암소들은 아직 풀을 먹을 시간이 아닌데, 넌 일요일에 교회에 있는 것처럼 기도하는구나."

"그래, 클로디." 잔이 대답했다. "일을 하면서도 기도는 충분히 할 수 있지." 이

---

1) '시골의 잔'이라는 뜻. 잔 다르크가 성녀가 된 것은 1920년.

렇게 말하고, 덕망 있는 신사와 훌륭한 집안의 청년과 우수한 변호사를 각각 애태우는 아름다운 처녀는 자기가 돌보는 세 마리의 훌륭한 암소, '비쉬' '베르메이유' '왕비'에게 풀을 먹이러 갔다.

목장으로 나온 지 두 시간쯤 지났을 때, 강가에 튀어나온 암벽을 따라 이쪽으로 오는 아서 경의 모습이 잔의 눈에 들어왔다. 그를 피하고 싶었다. 나리들이 그녀에게 경계심과 공포심을 주기 시작했기 때문이다. 그러나 영국인은 특히 이때 아주 배려심 넘치고 성실한 표정이었으므로, 잔은 조금 마음을 놓고 뜨개질을 계속했다. 아서 경은 바로 근처에 있는 바위 위에 앉았다.

"소중한 잔." 그가 말했다. "난 아주 미묘한 일에 대해 당신과 이야기하러 왔습니다. 내가 프랑스어로 내 마음을 잘 표현하지 못하더라도, 내 선의를 봐서 용서해줘요." 굳이 지적할 필요도 없는 성(性)과 시제 문법에 관한 실수를 가끔 저질렀지만, 아서 경은 프랑스어로 대단히 훌륭하게 자기 생각을 말할 수 있었다. 그렇지만 잔에게 어떤 종류의 슬픔을 보였다. 자기가 무지하다고 말함으로써, 잔이 두 사람의 신분 차이를 조금이나마 잊기를 기대했다. 그러나 잔은 평소보다 존경심을 더 많이 불러일으키려면 더 많은 존경심을 보여야 한다는 사실을 잊지 않았다. 그것이 걱정 없이 주장할 수 있는 유일한 평등이라는 것을 그 어느 때보다 잘 알고 있었다. 그럼에도, 아서 경을 의지할 용기까지는 없었지만 그는 참으로 고마운 사람이라는 것을 본능적으로 느꼈다.

아서 경은 배려심이 가득한 말투로, 그리고 잔의 마음을 푸근하게 하고 존경심이 우러나게 할 만큼 차분한 목소리로, 그녀가 마음을 열고 말하도록 애썼다. 지금 막 기욤의 비밀을 알아채고 손에 넣었다는 사실과 자신의 감정과 상관없이 이런 상황에서 그의 조력과 조언과 보호를 위해 그녀가 그 젊은 대부의 애정에 보답하고 있는지 알고 싶은 마음을 분명하게 전했다. 잔은 오랫동안 대부의 비밀을 밝히기를 꺼렸지만, 아무리 숨겨봐야 소용없음을 깨닫고 말했다.

"이런 일에 대해 알랭 신부님처럼 말씀하시니, 선량한 분에게 말하듯이 대답하겠어요. 당신은 선량한 분 같으니까요. 대부님이 저 때문에 불행해진 건 사실이에요. 하지만 전 그 사실을 오늘에서야 처음 알았어요. 전 너무 슬프답니다. 대부님을 편하게 해드릴 수만 있다면 성에서도 기꺼이 나가겠어요. 전 대부님을 무척 사랑해요. 그건 하느님이 알고 계세요! 하지만 옳지 않은 방법으로 사랑해선 안 돼요. 대부님을 이성(異性)으로 사랑하다니, 아아! 그런 일은 있을 수 없다고, 절대로 없다고 당신과 대모님에게 맹세할 수 있어요. 정말로, 단 한 순간도 그런 생각을 한 적이 없어요!"

"그래요, 생각하지 않았어요, 잔. 당신의 대부가 당신을 사랑하는 일이 가능하다고 생각하지 않았어요. 하지만 그걸 안 지금, 자신의 뜻과는 달리 조금쯤은 생각하지 않나요?"

"아니요."

"당신은 자긍심이 강하고 신중하니까. 그리고 주위 사람들과 당신 자신에게 경멸당할 것을 걱정하니까. 하지만 대부님이 당신과 결혼할 수 있고 그걸 바란다 해도 허락하지 않을 건가요?"

"허락하지 않아요, 절대로."

"당신은 그의 가족이 반대할 거라 생각하고 있고, 대모님을 슬프게 하고 싶지 않을 테니까. 하지만 대모님도 동의한다면?"

"그래도 마찬가지예요."

"나한테 진실을 말하고 있나요, 잔? 친구들에게, 형제에게, 고해 신부에게 진실을 말하듯이?"

"네."

"하지만 내가 이야기한 것은 아마도 불가능한 일이 아닙니다. 난 드 부사크 부인에게 영향력이 있어요. 당신을 도와서 재산의 불균형을 메워줄 수도 있어요. 이 이야기는 언젠가 한 번 했었죠. 지금까지 이상으로 난 당신의 종이자 친구입니다."

"아아! 당신은 저에 비해 너무나 친절하고 너무나 고상해서 전 조금도 이해할 수 없어요. 어떻게 그 고마움을 표시해야 할지도 모르겠고요. 하지만 모두 소용없어요. 제가 대부님과 결혼하는 일은 절대로 없을 테니까요. 대부님의 어머니가 명령하신다 해도 말이에요."

"오오! 잔, 잘 생각해봐요! 기욤 씨는 아주 잘생긴 청년이에요. 상냥하고 친절하죠. 그는 재기가 있어요. 당신을 위해 헌신했고요. 그리고 그는 당신을 죽을 만큼 사랑해요."

"그럼 대부님 대신 제가 죽을래요! 대부님과 결혼하라는 말을 못하도록." 잔이 말했다.

그러고는 울기 시작했다.

"잔." 아서 경이 목소리를 높였다. "혹시 결혼했나요? ……."

"제가요?" 잔이 깜짝 놀라 얼굴을 들면서 말했다. "무슨 말씀을 하시는 건가요! 제가 결혼했다면 사람들이 그걸 모르겠어요?"

"누군가와 약속했나요?"

"누구하고요? 아니요, 착각을 하고 계시는군요."

"그럼 누구를 사랑하고 있나요?"

"아니요." 잔은 기다란 속눈썹을 뺨에 떨어뜨리면서 대답했다. 그러한 의심에 자존심이 상했다는 듯이.

"당신처럼 아름답고 사랑받는 여자가 스물두 살이 되도록 어떤 남자에게도 조금의 호의조차 품을 행복을 누릴 수 없다는 게 말이나 됩니까?"

잔은 잠시 침묵을 지켰다. 그녀는 모욕을 당한 기분이었다. 아서 경은 피로와 눈물로 하얗게 질린 잔의 뺨이 잠시 희미하게 붉어지는 것을 본 듯했다.

"아니요." 그녀가 겨우 대답했다. "당신은 이런 질문으로 절 괴롭게 하시는군요. 전 지금껏 한 번도 양심을 슬프게 한 일이 없고, 누구를 사랑한 적도 없어요. 제가 대부님의 고통을 감당할 수 있는지 없는지 알고 싶어 하신다는 건 잘 알겠어요. 하지만 그건 불가능해요. 만일 대부님이 절 계속 마음에 두신다면, 전 이곳에서 나가야 해요."

"잔." 아서 경이 깊은 감동과 혼란을 동시에 느끼며 외쳤다. "이젠 당신에게 그 어떤 것도 권할 수가 없습니다. 그래서도 안 되고요. 난 기욤의 친구입니다. 그를 나 이상으로 소중히 여긴다고 말해도 좋을 정도로요. 그의 괴로움이 내 마음을 짓누르는군요. 어떻게 하면 고칠 수 있을지 모르겠습니다. 당신한테 딱 하나만 부탁하지요. 내가 당신의 가장 헌신적이고 가장 신뢰할 수 있는 친구임을 잊지 말아달라는 겁니다. 당신이 혹시 이 성을 나가게 되고 나도 나가게 되더라도, 당신이 어디에 있는지 나한테 가르쳐주고, 당신을 만나러 갈 수 있게 허락해주겠다고 약속해줘요. 나도 당신에게 털어놓고 싶은 비밀이 있습니다. 하지만 당신이 얼굴을 붉힐 만한 비밀은 아닙니다. 명예를 걸고 맹세해요."

"툴 생트 크루아가 아니면 제가 또 어딜 가겠어요?" 잔이 대답했다. "콩브라유 고원 쪽에 있는 소작농가에 들어갈 생각이에요. 거긴 목초의 질이 좋아서, 돌보는 가축이 무럭무럭 자라는 걸 보는 게 즐겁거든요. 만나러 와달라는 말씀은 드릴 수 없어요. 그랬다간 당신이 험담을 듣게 될 테니까요. 저도 마찬가지고요. 무슨 볼일이 있으시거든 툴의 신부님에게 편지를 보내세요. 신부님은 외국어를 아주 잘 하시거든요. 당신이 전하고자 하는 내용을 잘 설명해주실 거예요."

"그러지요, 잔." 할리는 더욱 감동해서 대답했다. 그리고 작별의 표시로 손을 잡으려고 했다. 그러나 이런 상황에 빠진 신중한 잔이 자신에게 품고 있는 신뢰가 사라질까 봐 두려웠다. 그래서 귀부인을 대하듯 깍듯하게 인사하고, 적어도 질투의 고통에서 젊은 친구를 해방시키기 위해 그날 당장에라도 부사크를 떠나기로 결심하고 서둘러 그 자리를 벗어났다.

홀로 남겨진 잔은 잔잔했던 생활에 거센 바람을 몰고 온 그 사건과 자신의 비탄을 동정해주는 영국인의 따뜻한 마음씨를 생각했다. 그때, 암벽 밑에서 옷을 아무렇게나 걸친 남자가 눈에 들어왔다. 남자는 여우처럼 기어올라왔다. 낚싯줄과 바구니를 들고 있었는데, 급류 가장자리 바위에 무사히 도착하면 그 바구니를 때때로 옆에다 놓았다. 그곳은 매우 험해서 아무도 지나는 이가 없었다. 국경으로 치면 밀수업자들이나 지나다니는 오솔길 같은 곳이었다. 이곳은 마을에 가까워서 도둑이나 밀정들이 많이 다녔다. 남자는 지저분하고 움푹 꺼진 커다란 모자를 깊숙이 쓰고 있어서, 잔이 내려다보는 고지에서는 얼굴이 보이지 않았다. 그러나 느린 듯하면서도 재빠른 그 동작에서 라게 할아범이라는 것을 추측할 수 있었다. 남자는 낚시를 하는 것이 아니었다. 땅을 살피기도 하고, 반대편 기슭으로 지나가는 사람을 엿보기도 하는 것 같았다.

불안해진 잔은 그 자리를 떠나, 암소들을 목장 반대편으로 몰고 갔다. 왠지는 모르지만 라게는 그녀를 극심한 불안감에 빠뜨렸다. 영감은 여전히 잔의 이모와 살고 있었다. 따라서 고트 아주머니의 겉모습에 속아 넘어간 잔이 이모가 무일푼이 되지 않도록 부쳐주는 돈을 나눠 쓰고 있을 것이 틀림없었다.

잔은 성으로 돌아와, 대부의 상태가 어떤지 물었다. 마리는 오빠가 쇠약과 흥분 상태에 교대로 빠지는 것을 보고 침울해 있었다. 그는 알 수 없는 헛소리를 하고, 저택 안에서 들리는 작은 소리에도 불안해했으며, 잔이 어디에 있느냐고 몇 번인가 물었다. 마리가 간청했지만, 잔은 온갖 핑계를 갖다 대면서 그를 보러 가지 않았다. 아서는 편지를 쓰고 있었다. 그는 걱정스러운 눈치였다. 끊임없이 젊은 병자를 보러 가고, 의사에게 조언을 구했다. 오후가 되자 그는 토지자산 투자를 제안하는 샹봉의 공증인에게 볼일이 있다고 말했다. 아주 작은 여행 가방에 짐을 싼 뒤 말을 타고, 이삼 일 뒤에 돌아오겠다고 약속하고는 부르보네 지방을 향해 출발했다.

해가 떨어지자 잔은 목장에서 표백 중인 새 삼베를 걷으러 갔다. 밤새 둬도 나쁠 것 없어서 가끔 그냥 두지만, 절벽에서 발견한 남자가 마음에 걸렸다. 그녀는 자신의 부주의로 저택의 천이 분실되는 것은 절대로 싫었다.

그녀가 옷감을 걷어 둘둘 감기 시작했을 때, 달은 높이 떠올라 목초지에 커다랗고 어렴풋한 그림자를 던지고 있었다. 그러나 뒤에서 라게가 "잠깐 기다려, 귀여운 잔. 기다려! 내가 도와주지" 하고 속삭였을 때, 하마터면 천을 떨어뜨리고 도망칠 뻔했다.

"무슨 일이죠? 여기서 뭘 하는 거예요?" 잔이 발목을 휘감는 천을 어깨로 들춰 올리면서 애써 단호한 목소리로 물었다.

"여기서 만날 거라고 생각했던 사람이 내가 아닌가 보지?" 라게가 농지거리를 던지듯이 말을 이었다. "하지만 네 연인은 지금 막 떠났는걸, 잔. 커다란 황갈색 말을 타고 말이야."

잔은 쓸데없는 대화로 시간을 죽이고 싶지 않았다. 그래서 발을 재게 놀려, 정원으로 통하는 오솔길로 갔다.

"누가 천을 훔쳐갈까 봐 걱정이냐, 귀여운 잔?" 라게가 따라오면서 말했다. "처녀 마음을 훔치는 남자들을 걱정하는 편이 훨씬 쓸모 있을 텐데."

세 걸음쯤 가다가 그는 다시 말을 이었다. "근데 네가 영국인하고 머잖아 결혼할 거란 소문은 사실이냐, 귀여운 잔? 어머니라면 뭐라고 말씀하셨을까?"

"거짓말이에요. 전 누구하고도 결혼하지 않아요." 정원이 가까워지자 안심하면서 잔이 말했다.

"듣자 하니 넌 어마어마한 부자가 될 거라던데. 아니, 이미 됐다지, 아마. 부르주아가 되면 친척들을 잊지 말아주렴."

"당신은 저한테 아무것도 아니잖아요. 당신하고는 관계없는 일이에요." 잔이 말했다.

"영국인은 툴 생트 크루아에 간 게 틀림없다. 혼인 공시를 하러 말이야." 라게가 다시 말을 이었다. 밤에 살금살금 뒤를 따라가거나 괜한 소리를 늘어놓아서 남을 깜짝 놀라게 하는 것을 좋아하는 것이 그의 습관이었다. "하지만 넌 다른 교회에서 결혼해야 할 거다, 잔. 그건 알랭 신부님한테 너무 가혹하니까. 아마 너도 내일 시골로 돌아가겠지? 널 오래 보지 못해서 이모는 오래전부터 쇠약해졌단다. 열이 통 내리질 않아. 네 얼굴도 보지 못하고 죽는 일은 없으리라 믿는다."

"그게 정말이에요?" 정원 어귀에 다다르자, 잔은 발을 멈추고 밤의 배회자 앞에서 문을 빼꼼 열고서 물었다. "이모가 병이 났어요?"

"영국인이 툴에 갔으니 진짠지 아닌지 누구를 시켜 물어보면 될 것 아니냐?"

"그분은 툴에 가지 않았어요."

"간 줄 알면서 시치미를 떼기는! 내가 조―마트르의 돌에서 만났는걸."

"샹봉이나 보나로 갔을 거예요. 난 어디로 갔는지 몰라요. 하지만 당신 말이 거짓인지 아닌지, 이모가 병에 걸렸는지 아닌지 곧 알게 되겠죠."

"아아! 그래, 이모가 죽으면 알게 되겠지." 라게가 대답했다.

"하지만 이모가 쇠약해져 있다면 당신은 어째서 곁을 지키지 않는 거죠? 아픈 사람을 이렇게 내팽개쳐두다니, 당신에게 몸을 의탁한 건 정말 실수였어요!"

"난 이제 같이 살지 않아! 두 달 전에 헤어졌다." 라게가 말했다.

"그럼 불쌍한 이모는 지금 어디에 사시는데요?"

"파드들의 동굴 속이든, 커다란 수렁 한가운데든 자기가 마음에 드는 곳이라면 난 상관 안하지."

"맙소사! 당신은 비열한 사람이에요. 난 진작 알았다고요!" 잔이 그를 쫓아내면서 대답했다. 그러고는 내일 당장 이모를 만나러 달려가야 하는지 라게의 악의 담긴 말을 믿어도 좋은지 갈팡질팡하면서 성으로 돌아갔다.

20장
도시여 안녕

기욤은 저녁에 일어났다. 그는 아주 자제하고 있으며 좋아진 것처럼 보였다. 그러나 아서 경이 출발했다는 소식을 듣자, 친구의 고결하고 배려심 있는 행동을 이해하고 자신의 행동을 몹시 후회했다. '아서의 숭고한 추측이 어디까지 갔는지 도대체 누가 알 수 있으랴? 그는 내 비밀을 꿰뚫어 보았다. 그리고 아마도 잔을 영원히 포기하겠지. 그는 내가 사랑에 빠진 것을 눈치챘다. 그리고 내가 자기처럼 그녀와 결혼할 수 있다고 생각하고 있어! 그녀와 결혼한다? ……오오! 그녀가 날 사랑해준다면, 나와 함께 행복해질 수 있다면 나도 그런 용기와 그런 성실함을 가질 수 있을 텐데. 아, 분별력 없는 불행한 놈! 난 그녀를 속이고 유혹하려고 했다. 내 불안하고 겁 많은 마음에 그녀와 나에게 어울리는 사랑을 준다는 생각을 확고하게 할 만한 용기가 없어! 친구의 희생적 행동을 받아들일 수는 있을까? 그가 사랑을 털어놓은 뒤에, 내가 내 이익을 위해 그의 희망과 싸워 이길 수 있을까? 난 잔에게 망설이고 고뇌하는 마음을 주게 될까? 고결한 아서가 그녀에게 줄 밝은 미래 대신 내 어머니의 분노와 맞서 싸워야 할 무수한 장애와 그냥 견뎌야 할 무수한 박해를 주게 될까?'

나약함에서 비롯한 온갖 불안감과 양심의 가책에서 비롯한 수많은 후회에 괴로워하며 비참한 청년은 베개에 머리를 묻고 눈물과 흥분을 꾹 참았다. 집안 사람들은 아직 그가 걱정스러웠다. 의사가 다시 불려왔다. 의사는 그가 진짜 병에 걸린 것 같지는 않고 어떤 정신적인 원인이 몸에 이상을 일으킨 것 같다고 돌려 말했다. 기욤은 괴로움을 감추려고 안간힘을 다했다. 어머니나 동생이 애정을 담아 몸 상태를 물으면, 속내를 토로하는 대신 대충 둘러댔으므로, 그 다음 고백은 거의 불가능해지고 말았다. 그는 더 이상 자기에게 신경 쓰지 말라고 두 사람에게 애원했다. 자신을 밤새 병간호하도록 잔을 보내줄 것을 기대했던 것이다. 고열로 인한 헛소리를 탓하면서 무분별했던 자신의 행동을 지울 수 있을지도 모른다고 생각했다. 그러나 잔 대신 클로디가 커다란 안락의자에 앉으러 왔다. 클로디는 잔이 이틀이나 연달아 밤새워 병간호를 하면 너무 피곤할 거라고 말했다. 몇 달 동안 피곤함을 모르는 잔을 봐온 기욤은 그녀가 병간호를 거부한 것을 깨닫고 비통한 심정으로 그 상황을 받아들였다.

"당신한텐 내가 슬픔을 주체하지 못하는 것처럼 보이겠지요." 그다음 날 드부사크 부인이 부지사 부인에게 말했다. "아들은 확실히 어떤 어두운 생각에 가슴 아파하고 있어요. 의사는 아들이 진짜로 아픈 게 아니라 놀랍게도 정신적인 병이라고 해요. 기욤이 본인에게는 죽음보다도 나쁜 상태로 조금씩 떨어지는 것을 그냥 보고만 있어야 할까요? 날 가엾게 여겨주세요. 날 안심시켜주세요. 당신은 많은 것을 꿰뚫어보고 상황을 판단할 줄 아니까요. 제발 나한테 가르쳐주세요."

"오, 그건 벌써 입이 닳도록 말씀드렸잖아요." 부지사 부인이 대답했다. "아드님은 구제책이 필요해요. 바로 결혼이죠. 당신은 아드님을 아가씨처럼 길렀어요. 신앙심 두텁고 사려 깊은 사람으로 말이죠. 그건 아주 좋아요. 하지만 아드님이 저렇게 독신을 계속 고집한다면 반드시 미쳐버리고 말 거예요."

"그렇게 무서운 말은 하지 말아주세요. 이따금 말씀하셨다시피 정말 기욤이 저도 모르게 사랑에 빠졌다고 생각하시나요?"

"그럴지도 모르죠. 하지만 매일같이 관찰한 바로는, 아드님은 특정한 누구를 사랑한다기보다는 모두를 사랑하는 것 같아요."

"그게 무슨 뜻이죠?"

"아드님은 젊고 순진한 수도사처럼, 만나는 모든 여자를 사랑해요. 당신이 매우 아끼시고, 이 성관에서는 대등한 신분처럼 대우받는 저 아름다운 잔이 아드님의 뇌리에서 떠나지 않는다 해도 난 놀라지 않을 거예요. 당신은 내 말을 믿으려 하지 않죠. 당신은 눈이 멀어 있어요. 기욤은 순결하다고는 할 수 없는 생각으로 그 아가씨를 사모하고 있어요…… 뭐, 실제로는 분명 순결하겠지만, 그 점에 대해서는 뭐라고 말씀드릴 수가 없네요. 아무튼 이 젊은이의 흥분된 모습을 좀 보세요! 아서 경을 마치 중세의 전우처럼 사랑하고, 여동생을 거의 애인처럼 사랑하잖아요…… 우리 딸까지 사랑하고요."

"그렇게 생각하세요?"

"당신한텐 불쾌한 일이겠죠. 하지만 사실이에요. 아아! 당신이 겸허하고 얌전한 외모 밑에 자식들을 위한 수많은 야망을 감추고 있다는 건 알아요. 당신은 마리가 할리 씨와 결혼하기를 바라죠. 기욤의 신붓감으로는 이 지방 어느 곳에서 막대한 지참금을 가져올 사람을 찾고 있어요. 난 당신만큼 유복하진 않지만, 엘비르는 외동딸이에요. 게다가 남편은 반년 이내에 지사직에 오를 거고요. 적게 어림잡아도 3만 리브르의 연금이 약속되어 있죠. 기욤도 같은 길을 걸었으면 좋겠어요. 그러면 땅을 경작해서 얼마 되지 않는 수익을 올리는 것보다 더 큰 자산이 생길 테니까요."

"나에 대해 오해를 하고 있군요." 드 부사크 부인이 반론했다. "아들을 위해 이따금 눈부신 몽상에 빠진 적은 있지만, 난 무엇보다도 아들의 행복과 건강에 신경을 써왔어요. 아들이 엘비르에게 빠졌다는 확신이 들었다면, 아들을 위해 망설임 없이 당신에게 부탁했을 거예요."

"어머! 아드님은 확실히 우리 딸한테 빠졌어요. 다만, 진실을 말씀드리자면, 기묘한 태도나 변덕이 가끔 보이죠. 잘 아시다시피 며칠이나 우리 딸과 붙어 지내다가도 어느 날 갑자기 다른 생각을 하곤 해요. 시를 짓고, 동생과 소설을 읽고, 달을 감상하고, 잔을 바라보죠. 더군다나 격정적인 영국인이 잔을 사랑한다는 걸 알자, 부도덕한 분위기 속에서 이성을 잃었어요. 자, 이제 마음을 굳게 먹고 그 멍청한 두 계집을 쫓아내세요. 합쳐서 나이가 백오십 살이 되는 하녀를 고용하시고, 소설을 불에 던지고, 밤에 혼자 들판으로 산책하러 나가는 대신 끊임없이 우리와 함께 있으라고 기욤에게 말하세요. 그러면 두 달도 안 돼서, 우리 딸을 사랑한다고 당신에게 반드시 고백할 테니까요. 두 사람을 결혼시켜주세요. 단둘이 짧은 여행이라도 떠나게 해주세요. 분명 당신 마음에 들 거예요."

"잘 알겠어요." 부사크 부인이 말을 이었다. "잔이 그 계획에 지장이 될 거라고 생각하시는 거군요. 잔은 아들의 시중을 들어주고, 나한테도 헌신적이었는데…… 확신이 생기면 해고하겠어요."

"당신이 그 애의 미래를 결정하세요. 평민이나 댁의 우둔한 카데와 결혼시키세요. 그러면 모든 게 해결될 거예요."

"그랬으면 좋겠어요. 하지만 그게 기욤을 몹시 자극하게 된다면 어쩌죠? 난 아무것도 할 수 없어요. 아들은 간밤에 계속 잔만 불러댔어요. 솔직히 말하자면, 그래서 난 당신이 틀리지 않았다고 생각했어요. 그 애의 아름다움이 아들의 마음을 좀 지나치게 흩트려놓은 거죠."

"그럼!" 샤르무아 부인이 잠시 침묵하다가 말했다. "얼마간 잔을 아드님에게 주세요. 그러면 아드님은 안정을 되찾을 거예요."

"저더러 그 애를 아들에게 주라고요? 그 말은 모든 도덕과 모든 신앙심에 어긋나는 말이에요!"

"그 애를 아드님한테 주라고 한 건 아드님이 그 애를 선택하게 놔두라는 뜻이었어요. 좋은 어머니라면 모든 상황을 고려해야죠. 지나친 배려가 도리어 해가 될 때는, 늘 피하기 어렵고 가끔 필수 불가결한 어느 정도의 무궤도는 보아넘겨야 하죠."

"엘비르의 결혼 이야기를 한 지 얼마나 됐다고 그런 충고를 할 수 있죠?"

"이거야말로 내가 나 자신의 이익에는 조금도 집착하지 않는다는 것, 그리고 나의 유일한 걱정은 당신이 아드님을 절망에서 건져내는 것이라는 증거죠. 그리고 사위에게 결혼 전에 애인이 있었다는 것쯤 난 아무렇지도 않아요. 어차피 그럴 바엔 다른 여자보다는 잔이 그 대상인 게 낫죠. 젊고 건강하니까요. 그 애에겐 책략이 없어요. 아드님을 완전히 빠지게 할 순 없단 말이죠. 그 어리석음에 금세 질릴 테니까요. 게다가 그 앤 온순하고 순종적이니까 버림받더라도 투덜대지 않을 거예요. 또 당신은 불평하지 못하도록 많은 보상을 해주겠죠. 하지만 엘비르와 기욤이 결혼한다면, 그 정도는 우리 양가가 충분히 치를 수 있어. 원하신다면 레옹 마르시야 씨가 처리해줄 수도 있고요……."

"입 조심하세요." 드 부사크 부인이 겁에 질려 말했다. "당신 말 하나하나가 아주 비도덕적으로 들리는군요. 당신은 악마 같은 마음을 지닌 사람이에요."

부지사 부인은 성주의 양심을 비웃지 않았다. 성주는 힘없이 반론했다. 두 부인은 그 뒤로도 오랫동안 허물없는 대화를 나눴지만, 목소리가 너무 작아서 클로디가 열쇠 구멍에 아무리 귀를 갖다 대도 들리지 않았다.

이 대화가 끝나자마자 잔은 대모에게 자작나무로 덮인 정자로 오라는 부름을 받았다. 그러나 그곳에는 드 샤르무아 부인밖에 없었다. 이 비열한 여자가 드 부사크 부인 모르게 행동한 것이었다. 천성이 뻔뻔한 그녀는 즉시 단호한 조치를 취하기로 했다. "잔." 부인은 자신이 이런 심판자 앞에 불려나왔다는 사실을 알고 놀라고 있는 젊은 처녀에게 말했다. "당신에게 긴히 할 말이 있어요. 솔직히 대답하면 모두 너그럽게 용서해줄 거예요. 당신의 대모는 모든 걸 알고 있답니다."

잔은 얼굴을 붉히며 눈을 내리깔았다. 그러나 그녀는 민감함과 신중함 대신에 헌신의 본능에서 입을 다물었다. 만일 부인이 진실을 캐내려고 일부러 거짓말을 하는 거라면 나에게서 아무것도 알아내지 못할 것이다, 라고 잔은 생각했다. 난 대부님의 비밀을 말하지 않을 것이다. 난 대부님에 대해 불만을 이야기하지 않을 것이다. 대부님을 야단맞게 할 바엔 내가 쫓겨나는 편이 낫다.

"할리 씨의 정열에 당신이 빠졌다는 것, 그리고 당신이 드 부사크 씨에게 당신과의 결혼을 결심시키는 일을 똑같이 쉽다고 생각한다는 걸 우리는 알아요. 하지만 둘 다 불가능한 일이죠. 당신은 속거나 희롱당하고 있어요. 할리 씨는 이탈리아에서 결혼한 몸이에요. 남작의 결혼은 그 어머니가 결단코 반대할 거고요. 그도 그런 생각을 했던 걸 부끄럽게 생각할 게 뻔해요."

"할리 씨가 결혼한 몸이고 선량한 부인이 있다면, 그 사실을 알게 돼서 전 기뻐요." 잔이 깊은 경멸감을 담아 차갑게 대답했다. "대부님 일이라면, 저도 대부님처럼 그런 생각은 한 번도 한 적이 없어요. 저도 정신이 나가진 않았으니까요."

"거짓말을 하는군요, 잔." 부지사 부인이 말을 이으며 그 부리부리하고 까만 눈으로 잔을 겁주려고 했지만, 소용없었다. "우리는 모든 걸 알고 있어요. 그가 열에 들떠서 모든 걸 털어놓았지요. 당신을 동정해서 결혼하겠다고 약속했다고······."

"그렇다면 대부님은 지독한 병에 걸린 게 틀림없어요. 사실도 아닌 일을 말씀하셨으니까!"

"당신에게 그런 말을 한 건 부정하지 않는군요?"

"거기에 대해서는 얘기할 게 없습니다, 부인."

"당신을 대모 앞으로 데리고 가겠어요. 죄를 자백하게 하겠어요."

"전 나쁜 생각을 한 적도 없고, 나쁜 짓도 하지 않았어요. 하나도 겁나지 않는다고요, 부인.”

“뻔뻔함도 정도껏 떨어야죠, 잔 양. 소란을 일으킬 셈인가요? 그럼 맘대로 해요! 하지만 그렇겐 안 될 거예요. 당신의 껍데기뿐인 미덕은 무시될 거예요. 신부가 되겠다는 실현 불가능한 계획은 머리에서 지우는 게 좋아요. 이런 일은 그리 오래가지 않을 테니까, 지금까지처럼 신중하게 비밀만 지켜준다면, 다른 건 못 본 척해줄 거예요.”

잔은 너무 분해서 대답조차 나오지 않았다. “대모님에게 말씀드리러 가겠어요” 하고는 더 이상 한마디도 들으려 하지 않고 샤르무아 부인에게서 등을 확돌렸다.

불행하게도, 이때 드 부사크 부인은 아들 방에 있었다. 잔은 그리로 부인을 만나러 갈 용기가 없어서 복도에서 기다렸다. 그러나 드 샤르무아 부인은 의지박약한 친구에게 아주 적절한 때 경고하는 기술을 알고 있었다. “내가 멋지게 해냈답니다.” 부인이 친구를 기욤 방의 발코니로 데리고 나가면서 말했다. “잔에게 겁을 줬지요. 그 애가 지은 죄가 있다면 얌전해질 거예요. 신중한 아이라면 복종하겠죠.”

“그게 무슨 뜻이죠? 뭘 했다는 거예요?” 드 부사크 부인이 말했다. “당신은 날 깜짝깜짝 놀라게 하는군요.”

“당신은 늘 깜짝깜짝 놀라는군요. 당신은 절대로 행동하지 않을 거예요! 그러니까 내게 맡기세요. 오늘 밤 잔에게 아드님을 밤새 병간호하라고 명령하세요. 두 사람이 사이가 좋다면, 그 앤 당신을 배신하기란 무리라고 아드님에게 말하고 좋은 친구로서 헤어지자고 제안할 거예요. 아직 뜻이 맞지 않았다면, 내가 은근히 알려준 일을 통해 사이가 좋아질 거고요. 이 관계는 장래에 위험하지 않아요. 곧 알게 될 거예요! 기욤이 내일 아침에도 안정을 되찾지 못한다면, 앞으로 내 조언을 일절 듣지 않아도 좋아요.”

“하지만 그건 죄예요!” 이것이 이 도덕에서 벗어난 어머니의 양심에서 우러나온 고민의 마지막 외침이었다. 샤르무아 부인은 위협으로 양심의 가책을 봉해버렸다. “괜찮아요! 일을 순리에 맡기고 싶다면, 아드님이 이탈리아로 출발하기 전 상태로 돌아가는 걸 각오하든가 또 한 번 출발시킬 결심을 해야 할 거예요. 여행과 기분전환이 다시 병을 고쳐주겠죠. 1, 2년이면 충분하지 않겠어요?”

"아아! 끔찍해!" 드 부사크 부인이 비명을 질렀다. "다시 한번 아들을 잃다니. 겨우내 아들과 멀리 떨어져 지내다니. 그런 것과 바꿔야만 아들의 건강을 기대할 수 있다니. 난 견딜 수 없어요."

"그럴 줄 알았어요!" 샤르무아 부인이 대답했다. "그러니까 내 인생 경험과 당신에 대한 내 애정을 믿으세요." 부인이 말했다. "당신의 길잡이가 되어줄게요. 먼저 오늘 하루 잔과 이야기하기를 거절하세요. 오늘 밤 아드님과 단둘이 있을 수 있게 하시고요. 내일이면 아드님도 그 애도 당신을 괴롭히는 일이 없을 거라고 장담하지요."

드 부사크 부인은 굴복했다. 잔은 대모님을 꼭 뵙고 싶다고 몇 번이나 청했지만 그때마다 단호하게 거절당했다.

잔은 암소들에게 사료를 주러 갔다. 그리고 다음 날까지 무엇 하나 부족한 것이 없도록 준비한 뒤, 특히 예뻐하던 흰 송아지를 쓰다듬었다. 그리고 마지막 기쁨을 주기라도 하는 것처럼 가장 부드러운 목초를 골랐다. 그런 다음 모든 것을 꼼꼼히 정리했다. 그리고 허드렛일이지만 그녀에게는 소중했던 일에 즐거운 시간을 바쳐왔던 외양간 문턱에 잠시 서서, 노동의 나날을 경건하게 마치려는 것처럼 커다랗게 성호를 그었다.

그런 다음 작은 탑에 있는 자신의 방으로 올라가, 최소한의 소지품을 작은 보퉁이에 꾸렸다. 대모에게 받은 장신구 몇 개는 클로디의 상자에 선물로 넣었다. 그녀가 가져가는 유일한 사치품은 그녀의 세례명 축일에 마리한테 받은 금 십자가였다. 잔은 마리에게 모든 걸 털어놓을 수 없다는 건 잘 알았다. 작별 인사를 할 힘도 남아 있지 않았다. 하지만 적어도 좋아하는 아가씨의 기도대와 침대를 한 번 더 보고 싶었다. 둘이서 평온하고 정결한 기도를 그토록 수없이 올렸던 성모 마리아 석고상 앞에 그녀는 마지막으로 무릎 꿇었다. 어젯밤 그곳에 둘이 달았던 꽃 장식에서 시든 꽃 한 송이를 빼서 묵주와 함께 품에 넣었다. 방을 나오는데 아가씨의 드레스와 숄이 잔의 눈에 들어왔다. 그녀는 오랫동안 거기에 입 맞추었다. 비통한 눈물이 그녀의 볼을 타고 흘러내렸다······.

내려오다가 계단에서 클로디와 마주쳤다. 아무 말 없이 껴안았다.

"어디 가는 거야?" 친구가 빨개진 눈으로 슬픈 미소를 지으며 깜짝 놀라 말했다.

"들판에." 잔이 대답했다.

"너무 늦었는데." 클로디가 말했다.

"그렇지 않아. 지금이 그 시간이야." 잔이 대답했다. 그러고는 서둘러 내려갔다.

안뜰 대문에서 카데와 마주쳤다.

"산책이라도 가는 거야, 잔?"

"시골로 돌아가려고. 이모가 중병이시래. 오늘 아침에 출발했어야 했는데."

"이렇게 혼자서 돌아간다고? 도중에 해가 지고 말 거야."

"길은 아니까 괜찮아! 게다가 피노와 함께인걸."

"피노는 확실히 영리한 개야. 하지만 나쁜 놈들을 만나면 안전히 지켜줄 수 있을까?"

"그럼, 물론이지. 걱정하지 마."

"왜 아침에 얘기하지 않았어? 그럼 나도 같이 가게 해달라고 했을 텐데……."

"갑자기 두 사람이나 없어지면 클로디가 할 일이 많아지잖아. 그럼 잘 있어, 카데. 날 잡지 말아줘."

"내일은 돌아올 거지, 잔?"

"되도록 빨리 올게." 잔이 미소 지으면서 말했다. 그러나 그녀는 등을 돌리자마자, 두 번 다시 올 일이 없다는 생각에 다시 눈물을 흘리기 시작했다.

잔이 출발한 지 십 분 뒤, 누가 레옹 마르시야의 사무실 문을 조용히 두드렸다.

"누구시죠?" 그가 평소처럼 퉁명스럽게 말했다.

"변호사님, 혼자 계십니까?"

"또 당신이군, 불한당 양반? 이번엔 또 무슨 일이오?"

"잠깐 의논할 일이 있어서요, 변호사님."

"라게 영감, 당신의 그 귀찮은 사건은 이제 지긋지긋하오. 게다가 지금은 근무 시간이 아니오. 썩 돌아가요."

"변호사님은 정말 칼 같으시군요. 그러지 말고 제 얘기를 좀 들어보십시오."

"어림없는 소리. 어서 나가요. 당신을 위해 변호할 생각은 없으니까. 구제불능 같으니."

"아아! 제 이야기를 들으시면, 제가 눈처럼 깨끗한 사람이란 걸 알게 되실걸요."

"그렇겠죠, 늘 그렇듯이! 이번에도 도둑질인가요? 아니면 하찮은 복수?"

"당치 않습니다. 악당들은 언제나 절 미워하지만요! 하지만 지금 놈들은 제가 여장을 하고 저 불쌍한 고트 할멈이랑 밤중에 도랑가로 나가 세탁부 흉내를 낸다고 생각하지 않을까요?"

"당신 얘기는 영 믿을 수가 없소. 당신은 당신을 사람답게 만들려는 사람들을 모함하는 경향이 있으니까."

"나리, 절대 그렇지 않습니다! 전 그러지 않아요. 잔의 집에 불이 났을 때, 전 악당들이 타다 남은 가재도구를 훔쳐 가려고 그 못된 짓을 한 거라는 이야기를 들었죠. 그 악당이 누군지 전 짐작하고 있습니다. 죄는 제가 뒤집어썼지만 말입니다."

"사람 행위의 선하고 악하고는 평소 행실로 결정되는 거요……. 그게 당신이란 걸 알았으니 더 맞는 말이지, 라게 영감! 그러니 그 입 다무시오."

"아아! 그래요? 뭔가 오해를 하신 것 같은데! 실은 잔 때문에 온 건데 말이죠……."

"다시 말하지만, 그 입 다무시오!"

"그 앤 지금 성을 나갔는데, 혹시 아세요?"

마르시야는 전율했다. 라게는 대머리독수리 같은 눈으로 그의 당혹감과 혐오감, 그리고 더 묻고 싶은 욕망을 꿰뚫어보고 말을 이었다.

"확실합니다, 나리, 확실해요! 개를 데리고 혼자서…… 툴로 갔지요……. 지금쯤 도시를 빠져나갔을 겁니다…… 그 앤 걸음이 빠르거든요!"

"그게 나랑 무슨 상관이오?" 마르시야가 말했다. "당신 이야기는 지긋지긋하오. 썩 돌아가시오!"

"네, 갑니다, 가요. 그런데 가는 길에 나리의 하인에게 얼른 말을 준비시키라고 말해놓을깝쇼?"

'비열한 놈, 저 작자는 말한 건 한단 말이야.' 마르시야는 라게가 마구간 쪽으로 가는 것을 보면서 생각했다.

그리고 5분 뒤, 파렴치하고 비열한 상대를 자기에게 보낸 불운을 저주하면서도, 마르시야는 자신을 몰아세우는 잔인한 본능과 싸우지 않고 등자에 발을 올리고 있었다.

그는 마을을 쏜살같이 달렸다. 그러다가 해가 저물기 전에 잔을 따라잡으려면 지름길로 가야겠다는 생각에 속도를 늦춰, 부사크에서 툴로 뻗은 험한 길을 오르기 시작했다. 길이 두 갈래로 갈라지는 지점에 다다랐다. 척박한 그 주변 땅에는 없는 덤불을 대신하는, 돌을 쌓아올렸을 뿐인, 레이스처럼 얇고 부서지기 쉬운 낮은 담장에 라게가 팔꿈치를 괴고 있었다.

"그 애는 생 실뱅 쪽으로 갔습니다." 마르시야가 사보 쪽으로 길을 잡으려고 하자 비열한이 말했다.

그리고 마르시야가 못 들은 척하면서 그 조언에 따르자 "이런 도움도 얼마쯤은 가치가 있는 법이지요!" 하면서 말 앞을 가로막았다. "비키시오. 안 그러면 내 회초리가 어떤 나무로 만들어졌는지 알게 될 것이오!"

"어이쿠, 무서워라! 이 세상에는 배은망덕한 놈뿐이군!" 깜짝 놀라 악당이 중얼거렸다.

부사크성의 기도실

21장
환영

'저 라게라는 악당은 나의 악령이야.' 레옹은 걸음을 빨리하면서 생각했다. '만일 천벌이 내린다면, 그건 내가 놈의 도움을 뿌리쳤음에도 받아들일 수밖에 없었기 때문이야……. 그건 그렇고, 잔은 정말 아름다워! …….'

잔은 빠르게 걷고 있었다. 툴까지는 족히 4리외는 되었지만 그녀는 개의치 않았다. '귀트 아주머니 집이나 레오나르 영감 집 문을 두드리기에 너무 밤이 늦었다면, '파드들의 동굴'에서 날이 새기를 기다리자. 그곳은 안전하니까. 어떤 위험도 날 위협하지 못할 거야.' 이렇게 생각했다.

미신을 믿고 따랐지만, 아마도 바로 그런 이유 때문에 잔은 공포를 몰랐다. 어렸을 때부터 초자연에 대한 신앙을 마음에 품고 있었으므로, 어머니가 가르쳐준, 심술궂은 파드나 위해를 가하는 광녀를 쫓아내는 데 효과가 있는 지식에 의지하고 있었다. 이전에는 초가을 밤에 들판에서 한밤중까지 가축을 돌보는 일이 자주 있었다. 팔려고 마음먹은 암산양을 살찌우기 위해 이렇게 7월 중순부터 9월까지 밤이슬에 젖어가며 풀을 먹이는 것은 이 지방의 관습이었다. 그것을 '암양들을 밤이슬에 적신다'고 표현했다.

이 들판에서 밤을 새는 동안, 보통 성인 여자들보다 용기 있는 소녀들은 부르보네 지방이나 베리 지방에 예로부터 전해지는 발라드나, 더없이 슬프고도 우아하며 멋진 선율을 목청껏 불러서 이 목초지와 저 목초지의 노랫소리가 서로 어우러지는 것을 즐긴다. 지방의 상류 사회 사람들은 아무런 가치도 없는 것으로 평가하지만, 다행히도 농민들은 이 관습을 계속 보존하며 지금도 만들고 있다. 아가씨들이 피아노 반주로 매우 무미건조하게 엉터리 같은 오페라 신작을 노래할 때, 양치기들은 가장 위대한 거장들도 진작 알았으면 하고 땅을 칠 소박하고 순수한 선율을 전원의 메아리로 되풀이하는 것이다.

아직은 밤이슬에 젖을 시각이 아니었지만, 한밤중에 집 밖에 있으려니 잔은 깨끗하고 시적인 추억으로 가득한 그때로 되돌아간 것 같은 기분이었다. 공동지에서 작은 양떼를 지키면서 친구들에게 더없이 아름다운 노래를 가르쳐주던 어린 시절을 떠올렸다.

"봄이 온 지 반 년이 되었네……."

"작은 세 명의 장작꾼이 있었네……."

"노래해주렴, 나이팅게일아, 노래해주렴, ……."

어머니에게 신비의 세계에 관해 배운 뒤로는, 모두 모여 공포를 피하고 꽤 난잡한 후렴구—곡에도 가사에도 18세기가 각인된 전원의 외설—를 노래하는 활달한 양치기 소녀들과 떨어져 지냈던 가장 진지한 나날이 생생하게 떠올랐다.

박식한 틸라는 사랑하는 딸에게 이해 못하는 내용을 노래하지 말라고 가르쳤었다. 그것은 악령을 쫓기는커녕 불러들이고 클로디나 다른 처녀들에게 일어났던 것처럼, 부끄러운 줄 모르고 그런 노래를 부르는 처녀들을 무모한 행동으로 이끌기 때문이다. 밤에 인적 없는 곳에서 이런 노래를 부르는 것은 좋지 못하다고 확신했던 잔은 그 무렵 마르쉬 지방의 외딴 언덕 꼭대기나 부르보네 지방의 목초가 우거진 비탈에서 역사적인 성격을 띤 대단히 오래된 후렴구를 부르곤 했다. 이를테면 봉건적 군사제도의 무질서와 비참한 시대에 살았던 농민들의 한탄,

농민을 붙잡고 약탈하는
십장을 나는 저주한다.
붙잡고, 약탈하고,
결코 돌려주지 않는다.

그리고 '고결한 양치기 소녀'를 위해 만들어졌다고 틸라가 생각했던 소박한 군가,

귀여운 양치기 소녀
너는 전투에 나간다……
……
소녀는 금 십자가를 걸고

손에는 백합꽃을
유례없는 소녀…….

그리고 바위산의 메아리가 마지막 소리를 되풀이할 때, 잔은 아예 무시할 수만은 없는 경건한 공포에 전율했다. 친절한 파드들의 맑고 가녀린 목소리가 자기 목소리와 하나가 되어 달님에게 인사하는 소리가 들리는 것이라고 생각했다—음탕한 자와 부정한 자들의 무시무시한 복수의 여신이자, 드루이드 수도사들이 화나게 하는 것을 두려워한 이 갈리아의 헤카테[1]—. 잔은 이런 막연하고 실체 없는 신앙이 연관된 말도 시대도 몰랐다. 그 옛날, 독신을 고수하며 나라를 지키고 민중에게 천상의 일들을 가르쳤던 성인 같은 여성들이 있었다는 것만은 어머니에게 들어 알고 있었다. 이런 무녀들은 잔의 머릿속에서 파드들과 하나가 되어 있었다. 드루이드교의 돌이나 한때는 드루이드 수도사에게 바쳐졌던 동굴이 많이 있는 지역에서는 지금도 '파드'와 '여성'을 구별 없이 쓴다. 알랭 신부가 단언하는 바로는, 샤를마뉴 시대에도 주교나 사법관들은 농민들이 멘히르를 공식적으로 숭배하지 못하게 하기 위해 그들을 위협하고 단호한 조치를 취해야만 했다. 이 시대에 드루이드교와 그리스도교가 진지 다툼을 했다면, 오늘날 이 두 신앙이 전승의 신비로 고양된 머릿속에 뒤섞여 있는 것은 놀라운 일이 아니다. 이 지방 농민들은 그리스도교에 대해 거의 지식이 없다. 그들이 받아들일 수 있는 종교 교육은 너무나도 초보적이다. 더 정확히 말하자면, 너무도 보잘것없다. 그래서 가톨릭의 신비와 그 이전에 숭배했던 형용할 수 없는 신비는 그들에게 똑같이 이해하기 어려운 것이었다. 틸라는 알랭이 조금은 이교도라고 질책했으며, 그의 설교에는 절대로 가지 않았다. 그리고 잔은 자기가 어머니처럼 정통하다고 생각했다. 드루이드 수도사들, 성스러운 파드들, 성녀 같은 여성들은 그녀 눈에는 훌륭한 그리스도교도, 하늘에서 보내신 영혼, 영국 병사들의 옛 철천지원수였다. 어머니가 그녀들이 에프–넬의 돌 위에서 제물을 바치는 것을 본 적이 있다고 말했다면 조금도 망설이지 않고 믿었을 것이다. 그녀가 그 완전한 이름도 모르고 '아름다운 잔'이나 '고결한 양치기 소녀'라고 불렀던 잔 다르크는 그녀에게는 파드나 드루이드 수도사

---

1) 그리스 신화. 달과 저승과 주술의 여신.

였다. 사실의 순서 따위는 농민의 머리에는 중요한 것이 아니다. 생각은 나이를 먹지 않기 때문이다. 그 생각을 받아들이고, 거기에 젖고, 언제까지나 젊고 빛나는 형태로 그 생각을 자기 자식들에게 전달한다. 그리고 아이들은 부모와 똑같이 생활하고 어린아이인 채로 죽어간다. 나는 작년에 한 늙은 거지에게서, 필립 오귀스트 시대에, 우리 집 근처에 있는 요새에서 영국인 병사들이 어떻게 쫓겨났는지를 배웠다. 어느 측에서 공격했는지, 농성군은 어디로 탈출했는지, 병사가 얼마나 있었고 전사자는 얼마나 나왔는지 늙은 거지는 전략과 사건의 세부를 완벽하리만큼 알고 있었다. 대체 어떤 고고학자, 어떤 역사가가 내게 그런 것을 가르쳐주었나? 이 늙은 거지가 말해준 것 가운데 틀린 것이 딱 한 가지 있었다. 혁명이 일어나기 전에 이런 모든 사건을 목격했다고 주장한 것이다. 그러나 이야기가 진실이라는 데는 변함이 없다. 그것은 그의 아버지로부터 자식에게로 이어져 내려온 것이기 때문이다.

잔은 부사크성과 고결한 가족에게 작별을 고했을 때 가슴이 찢어지는 느낌이었다. 이 가족을 마음속에서 현실보다 훨씬 친근하게 받아들이고 있었던 것이다. 부당한 처사가 그녀 마음에 격한 고통과 극도의 놀라움을 주었다. 그러나 그녀는 신의 자애와 진실의 힘을 굳게 믿었으므로, 머지않아 용서받을 거라고 확신했다. 그러나 그녀는 "고향과 가족을 떠나면 안 된다"는 어머니의 말도 기억해냈다. 그 말을 잊고 있었던 것을 자책하고, 소중한 죽은 자의 입을 통해 나온 최고로 지혜로운 이 말을 두 번 다시 잊지 않겠노라고 다짐했다.

그래도 성에서 멀어짐에 따라 마음은 가벼워지고, 저녁의 산들바람이 눈물에 젖은 눈을 말려주었다. 아주 오랫동안 충분히 들이마시지 못한 시원한 산 공기가 그녀에게 용기와 희망을 되돌려주었다. 그녀는 마을을 나오면서 엄청난 노력을 했고, 도시에 살면서 커다란 희생을 치렀다. 기욤이 병에 걸리지 않았다면 결심하는 일은 결코 없었을 것이다. 미개한 땅에 태어나 그곳에 뿌리내린 야생식물과도 같은 그녀는 경작된 땅에 옮겨 심어진 이래 가까스로 생명을 유지해왔을 뿐이다. 그녀는 자신의 진짜 주거지에 다시 뿌리내리고, 태어난 고향의 바위에 입 맞추기를 간절히 바랐다. 한 발짝 걸을 때마다 하늘이 넓어지고 별이 밝기를 더하는 것 같았다. 툴의 생 마르시알 교회의 종루가 구조의 감시탑처럼 지평선에 높이 솟아 있었다. 그것은 짙고 푸른 하늘에 선명하게 떠올라, 마치 거인처럼 커지는 듯이 보였다. 2년 가까이 부사크성 꼭대기에서 밤마다 종루를 바라봤을 때는 그토록 작고 그토록 멀게 보였었는데! 그녀는 서글픈 행복을 꿈꾸기 시작했다. '이모는 드디어 그 심술궂은 라게와 헤어지셨어. 이모의 병이 낫도록 간호해드려야지. 그리고 누구에게 고용되든 다시 양치기로 돌아가자. 아주 아름답지만 가끔 감당하기 어려운 암소보다 내가 좋아하는 소박한 가축인 암양과 암산양들을 다시 돌보자. 언젠가 내 양떼를 갖게 되든 아니든 상관없어. 가축과 일에 대한 내 애정은 변함없는걸. 한숨 돌릴여유가 있잖아. 혼자 끝도 없이 긴 몽상에 잠길 수 있어. 부르주아들 귀에 들어갈 걱정을 하지 않고 노래도 마음껏 부를 수 있고. 하느님을 믿지 않는 사람들에게 놀림받지 않고 기도하고 믿을 수 있어.' 잔은 도시에서 날이 갈수록 열의가 식고 답답함을 느꼈다. 도시에서도 시정을 잃은 것은 아니지만, 외딴 곳으로 들어감에 따라 다시 시인이 되어가는 것을 어렴풋이 느꼈다. 사람들의 목소리와 부자들의 저택 가까이에서 끊임없이 일어나는 공사의 소음으로 오랫동안 지워졌던 자연의 작은 소리를 황홀하게 들었다. 목초지의 벌레와 늪지의 개구리는 그녀가 그들의 영역 위를 지나가도 단조로운 기도를 중단하는 일이 거의 없었으며, 밤에서 영감을 얻은 신비로운 낭독을 새로운 열의로 금세 다시 시작했다. 황소가 멀리서 울고, 메추라기의 더없이 힘찬 구애의 목소리가 히스 황야에 울려 퍼졌다.

갑자기 죽음의 새[2]의 음침한 울음소리가 울려 퍼지자, 이 행복한 소리들은 혼비백산하여 침묵했다. 잔도 몸을 부르르 떨었다. 피노가 우뚝 멈춰 서더니, 불행을 알리는 그 외침에 긴 울음소리로 응했다. 불길한 생각이 잔의 머리를 스쳤다. 그녀는 툴의 종루를 보려고 했지만, 구름에 가려져 있었다. 그녀는 그것을 다시는 못 볼 것만 같은, 거기에 결코 다다를 수 없을 것만 같은 생각이 들었다. 이마에서 식은땀이 흘렀다. 그녀는 주위를 둘러보았다. 그러자 오른쪽에 발로산과 칙칙한 조-마르트르의 돌이 보였다.

'여긴 위험한 곳이야.' 그녀는 생각했다. '재수 없는 돌에 이렇게 바짝 붙어 지나가고 있으니 가슴이 답답해지는 것도 당연하지. 옛날에는 저기서 사람들

---

2) 쏙독새.

이 죽음을 당했어. 고백을 하지 않고 죽은 사람들의 영혼이 기도를 구하고 있는 거야.' 그녀는 성호를 긋고 주기도문과 함께 암송할 수 있는 유일한 기도인 '아베 마리아의 기도'를 외기 시작했다. 그때 피노가 컹컹 짖으며, 적의 접근을 막으려는 듯이 주인의 뒤에서 길을 막았다. 잔은 뒤를 돌아보았다. 말에 탄 남자가 급한 비탈을 올라오는 것을 보았다. 그녀는 한쪽으로 물러서 길을 비켜주었다. 그리고 젊은 처녀임을 숨기려고 두건을 내렸다.

"어이! 피노! 어이! 귀여운 피노! 누가 미워서 그렇게 짖니?" 마르시야가 말했다. 꼬리를 흔들면서 등자의 냄새를 맡으러 간 개는 그 목소리를 알아들었다. "이렇게 멀리 도대체 어디를 가는 거야, 잔?" 계속 걷는 잔과 보조를 맞추려고 말의 속도를 늦추면서 기수가 말을 이었다. "네 개를 알아보지 못했다면 그냥 지나갈 뻔했잖아. 좋은 아침이야!"

"네, 좋은 아침이네요." 잔이 부드럽지만 단호한 어조로 말했다. 멈추지 말고 어서 가라고 말하는 듯했다.

"정말 놀랐어!" 마르시야가 고삐를 당겨 '팡송'을 걷게 하면서 말을 이었다. "너 같은 처녀가 지켜줄 친구도 없이 이렇게 멀리까지 나오면 안 되지."

"전 아무것도 두렵지 않아요, 마르시야 씨. 하느님께서 함께해 주시니까요."

"널 사랑하는 남자가 분명 멀지 않은 곳에 있겠지?"

"정말 짓궂으시군요! 절 사랑하는 남자와 제가 어울리지 않는다는 걸 잘 아시잖아요."

"지금은 다른 길을 가고 있지만, 다시 만나게 될 거야."

"그만 놀리세요, 마르시야 씨. 전 지금 기분이 좋지 않으니까요."

"그래, 불쌍한 잔? 성에서 나쁜 일이라도 있었던 거야?"

"맙소사! 아니에요! 그분들은 모두 친절해요. 이모의 병이 중해서, 지금 죽음을 만나러 가는 것 같단 말이에요. 이모의 상태를 아세요, 마르시야 씨?"

"왜 그걸 나한테 묻지?"

"사무실에서 여러 사람을 만나시잖아요. 우리 고향 사람도 만났을지도 모르고."

"난 두 시간 전에 레게에서 돌아온 참이야. 그리고 라 빌레트에 있는 내 부동산 때문에 곧 다시 출발해야 한다고. 이모가 병에 걸렸다는 걸 누가 너한테 알려줬지?"

"물론 그 심술궂은 라게죠! 분명 절 슬프게 하려고 거짓말을 한 걸 거예요."

"확실히 그는 심술궂은 자지." 마르시야는 말했지만, 무시무시한 공범자의 책략을 즉시 알아채고, 놀라운 순발력으로 그것을 이용할 방법을 생각해냈다. "그걸 알리지 말았어야지. 나도 꽤 오래전부터 알고 있었지만, 너한테는 말하지 않았어."

"그러면 안 되죠, 마르시야 씨. 제가 의무를 다하지 못하게 되잖아요."

"그렇지. 하지만 나도 어쩔 수 없었어. 이 나쁜 소식을 너한테 전해야겠다고 선뜻 결심하지 못할 이유가 있었거든."

"이모가 위독하신가요?"

"지금은 몰라. 일주일 전에 내가 우리 집을 떠날 때는 아주 나빴지만."

"당신 집이요? 집이 어딘데요?"

"몽브라. 2주 전부터 이모가 거기 계신다는 걸 몰랐어?"

"전혀 몰랐어요. 그런데 왜 이모가 당신 집에 계시죠?"

"아아! 지금도 있지. 그럼 어쩌겠어? 난 심술궂은 여자는 그다지 좋아하지 않아. 그런데 그 여자가 전에 널 괴롭히는 걸 봤거든. 하지만 너무 불행해져서 난 그 여자를 동정하게 됐지. 그 못된 라게 놈에게 쫓겨난 뒤로 집집마다 구걸하고 다녔던 거야. 그러다 어느 날 몽브라까지 왔는데, 마침 내가 거기 있었던 거지. 심한 병에 걸리고 몸도 아주 쇠약해져 있었지. 내가 부엌으로 들어 포도주와 수프를 주지 않았더라면 안뜰에서 죽어버렸을 거야. 우리 집 늙은 하녀가 그 여자를 가엾이 여겨, 다시 동냥자루와 지팡이를 손에 들고 떠날 만큼 체력이 회복될 때까지 며칠간 집에서 지내게 해달라고 나한테 빌더군. 넌 모르겠지만, 우리 집 하녀는 아주 착해. 너도 그렇게 생각하겠지만, 난 기쁘게 동의했어. 조금은 널 위해서, 잔. 이런 연유로 그 뒤 이모는 몽브라에 계시지. 극진한 간호를 받고 있지만, 상태는 점점 나빠지고 있어. 특히 널 아주 보고 싶어 하신다."

"아아! 하느님! 불쌍한 이모! 그 이야기를 들으니 가슴이 찢어지는 것 같아요, 마르시야 씨! 더 일찍 알았더라도 아마 믿지 않았겠죠! 하지만 요전에 급료를 받고서 그 영국 분을 통해 돈을 보냈는데, 에프-넬의 돌을 보러 가시면서 친절하게도 그 일을 맡아주셨지요……. 아, 그런데 그건 2주 전이 아니에요, 마르시야 씨. 라게 영감이 거짓말을 한 거예요."

"라게 영감은……." 마르시야가 당황해서 말했다. "라게 영감은 분명 거짓말을 한 거야. 그래! 아주 간단해! 놈이 돈을 가로챈 게 틀림없어. 그리고 이모에게 돈을 돌려주지 않으려고 매몰차게 내쫓은 거야. 확실한 건, 고트가 우리 집에 있다는 사실이지……. 아마 2주 전부터였을 거야. 아니, 확실히 2주 전이야!"

"정말 그럴지도 몰라요." 사람을 쉽게 믿는 잔이 말을 이었다. "이모한테서 소식이 끊어진 것도 그때쯤이었거든요. 마르시야 씨, 친절을 베풀어주셨군요! 놀랍진 않아요. 언제나 너그러운 마음을 지니신 분이란 건 알고 있으니까요. 이모를 대신해 감사드릴게요. 허락해주신다면, 내일 아침 몽브라로 만나러 가겠어요. 모시고 갈 수 있도록 말도 구하고요."

"어디로 모시고 가려고?"

"아무 친척 집이나요. 아직 돈이 조금은 있거든요. 그리고 모두 착하니까, 늙은 여자를 무일푼으로 내버려두지는 않을 거예요."

"좋을 대로 해, 잔. 하지만 아주머니는 폐를 끼치고 있지 않아, 정말이야."

"친절하시네요, 마르시야 씨. 정말 고맙습니다! 괜히 저 때문에 늦지 않게 조심하세요. 전 당신처럼 빨리 걸을 수 없고, 당신은 저처럼 천천히 걸을 수 없으니까요."

"어디로 가는 거지?"

"툴로 가요."

"아주머니도 없는데 거긴 왜?"

"아마 계실 거예요, 마르시야 씨. 당신은 이모가 아직 당신 집에 있으리라고 확신하지 못하시잖아요."

"확신해…… 아주머니가 아직 계시다고 라 빌레트에서 들었는걸."

"그럼 내일 아침 해뜰 녘에 갈게요."

"왜 지금 가지 않지? 여기서 1리외도 안 되는데. 툴까지는 아직 2리외나 남았잖아. 도대체 몇 시에 도착하려고 그래? 새벽 1시엔 누구도 대문을 열어주지 않을 거야."

"어머! 오해하고 계시군요, 마르시야 씨. 전 10시 전에는 분명히 도착할 거예요." 잔이 양치기들의 시계인 별을 보면서 말했다. 그들은 큰곰자리와 작은곰자리의 위치를 보고 몇 분 단위까지 정확히 시간을 읽는 것이다.

"하지만 그렇게 헛걸음을 하다니, 그렇게 피곤한 일을 왜 하려고 그러지? 이모를 보러 몽브라로 바로 오면 좋잖아. 거기서 안심하고 묵을 수도 있고. 네가 원한다면 내일 새벽에 부사크로 돌아갈 수도 있어."

잔은 고개를 저었다. "아니요, 마르시야 씨. 몽브라에 가서 잘 수는 없어요."

"누굴 두려워하는 거지? 나야?"

"그런 말은 하지 않았어요, 마르시야 씨. 하지만 소문이 날 거예요."

"무슨 소문이 난다고 그래? 난 몽브라에서 자지 않을 건데."

"묵지 않으세요?"

"그래. 난 오늘 밤 11시에는 부사크로 돌아가야 해. 몽브라에는 두고 온 서류를 가지러 가는 것뿐이야. 돌아가서 사무실에서 밤새 일할 생각이라고."

"마르시야 씨, 그럼 어서 먼저 가세요. 당신이 몽브라를 떠날 쯤에 제가 도착할 거예요. 그럼 걱정할 것 없죠."

"마음대로 해, 잔. 그런데 길은 알고?"

"어머! 잘 알죠! 헤매지 않을 테니 걱정하지 마세요."

"이쪽 길로 오는 거야." 마르시야가 말했다. "우리는 바를로 바로 근처에 있으니까. 왼쪽으로 가면 안 돼." 그렇게 말하고 그는 말에 박차를 가했다. 그러나 서른 걸음쯤 가서 멈추더니, 뭔가를 찾는 것처럼 말에서 내렸다. 이윽고 따라잡은 잔이 그가 채찍을 찾는 것을 아무런 의심 없이 도와주었다. 그는 채찍을 손에 숨기고 있었다. 밤은 완전히 어두워져 있었다. 별 몇 개만이 간신히 보일 뿐이었다. 길에 바위가 불쑥불쑥 솟아 있어서 가슴을 철렁 내려앉게 했다. 가엾게도 잔은 계속해서 바위에 부딪혔다.

"내 뒤에 타기는 싫어?" 마르시야가 물었다. "이런 어둠에서는 자기가 어디에 있는지도 모르게 될 거야. 비도 곧 내릴 것 같고."

"아아! 괜찮아요. 망토가 있으니까요."

"하지만 다 큰 처녀가 오밤중에 이렇게 외딴 곳을 혼자 걷는 건 현명하지 못한 짓이야. 불행한 일이라도 생기면 그 책임이 나한테 돌아올 거 아니야, 잔! 자, 어서 내 뒤에 타. 그럼 30분은 빨리 도착할 거야. 나도 말이야."

"기다리지 말고 어서 가세요, 마르시야 씨."

"아니, 난 기다리고 싶어. 그리고 너와 나란히 가고 싶어. 너한테 무슨 일이 생길까 봐 걱정스러우니까."

"도대체 무슨 일이 생긴다고 그러세요?"

"나랑 같이 있으면 무슨 일이 생긴다고 그렇게 걱정이지? 실제로 넌 날 두려워하고 있잖아. 내가 그 비열한 라게 영감이라도 되는 것처럼!"

"어머나! 아니에요, 마르시야 씨. 당신이 성실한 분이란 건 잘 알아요. 당신은 농담을 좋아하시죠. 하지만 오늘 전 슬픔으로 가슴이 꽉 막혀서 농담할 기분이 아니에요."

"불쌍한 잔. 농담할 생각 따윈 없어. 지난 1년 동안 난 널 그냥 내버려뒀잖아. 날 비난할 만한 일이 여태껏 한 번이라도 있었어?"

"아아! 없었죠. 그렇게 말씀하시니 제가 틀린 것 같네요."

"그럼 어서 타!" 마르시야가 잔을 안아 올려, '팡숑'의 엉덩이에 가지런히 개켜놓은 그의 망토 위에 앉히면서 말했다. 잔은 막연한 공포를 지우려고 과장해서 고상을 떨고, 더 나아가서는 그것 때문에 상대가 불쾌해할까 봐 걱정했다. 그녀는 하느님과 이모의 은인의 명예를 믿기로 했다. 마르시야는 '아름다운 승마 부인'을 건드리지 않도록 조심해서 '팡숑'에 올라탔다. "자! 내 뒤에서 꽉 잡아. 서둘러 가야 하니까. 비가 내리기 시작했어." 그가 말했다.

"아니요, 비는 오지 않아요, 마르시야 씨." 잔이 말했다.

"곧 소나기가 될 거란 말이야. 자! 팔을 내 몸에 둘러. 안 그러면 떨어지니까 조심해."

그녀가 자기를 붙잡게 하려고 그는 말의 옆구리를 세게 찼다. 말은 쏜살같이 달리기 시작했다. 어쩔 수 없이 꼭 붙잡을 수밖에 없게 된 잔은 한 손으로는 껑거리끈을 붙잡고, 다른 한 손으로는 마르시야의 웃옷을 붙잡았다. 옆구리에 젊은 처녀의 팔이 닿는 감촉을 느끼자마자, 걷잡을 수 없는 흔들림이 그에게 남은 마지막 양심을 망설임없이 눌러버렸다. 그녀가 겁을 먹지 않도록 그는 한마디도 말을 걸지 않았다. 어둠과 험한 길에도 불구하고 두 사람은 30분도 되지 않아 몽브라의 고지에 도착했다.

오해에서든 그 진짜 이름[3]의 보존을 위해서든 농민들이 밀브라[4]의 요새라고 부르는 몽브라 성관은 고지에 있는 당당한 폐허다. 봉건영주 성관의 폐허는 일찍이 갈리아의 요새를 대신했던 고대 로마의 토대 위에 있다. 이 땅에서 파비우스와 그에 대항하는 캉비오비켄스의 툴인들 사이에 끔찍한 전투가 벌어졌다. 이 부근에는 지금도 고대 로마의 주둔지와 갈리아의 분지 유적이 발견된다. 그러나 알랭 신부가 열심히 믿고 봐왔듯이, 고고학자들을 근거로 이런 위대한 유물들을 봐야 한다.

레옹 마르시야는 부자였다. 부사크 근처에 몇 개의 소유지가 있었다. 그중에서도 라보프랑쉬 쪽에 소유지, 즉 소작지가 있었는데, 그곳에 이 광대한 폐허가 있었다. 건축용 석재와 노동력을 싼값에 얻을 수 있는 이 지방에서는 아무런 가치도 없는 재산이었다.

소작지는 고지 아래에 있었다. 몽브라에 처음 와보는 잔은 그녀의 기수가 민가가 있는 외곽 지역을 피해 빙 둘러가고 있다는 것을 알지 못했다. 레옹은 험한 언덕길을 올라 그의 사냥감을 곧장 성관으로 데리고 갔다. 그는 장려했던 이 성관의 옛 모습을 그리워하지는 않았지만, 소유자라는 데 조금 자부심을 느꼈다. 석공이었던 할아버지가, 조상은 생활한 적이 없었던 이 넓은 부지를 사들였다. 권력을 과시한 이들 저택 잔존물과 귀족들의 마음속에 연결되어 있는 슬프고 질투심 깊은 혈연의 감정도 평민인 마르시야에게는 아무런 환상도 주지 않았다. 그래도 그는 자기가 성주라고 느꼈으며, 귀족들이 하나같이 품는 자존심에 대해 비웃음과 복수심에 찬 은밀한 쾌감을 느꼈다. 그는 요새의 부서진 문장인 작은 방패에 몇몇 경건하고도 대담한 글귀와는 반대로 "우리 금, 그리고 우리 권리"라고 신이 나서 새겨 넣었다.

주거용 건물은 남아 있지 않고, 탑도 온전한 것이 없었다. 뚝뚝 잘려나간 높은 성벽으로 둘러싸인 목장은, 한때는 쇠창살이 끼워져 있었던 문이 빈틈없이 둘러쳐져 아무도 지나다닐 수 없는 빈터로 변했다. 문에는 천연 나무로 만든 단단한 횡목에 자물쇠가 단단히 걸려 있었다. 이 땅은 소작농들이 여름에 그들의 암말에게 그의 종자, 즉 수말과 함께 초록 풀을 먹이는 데 쓰였다. 평평

---

3) (원주) 고고학자들은 '몽바르', 즉 '(켈트인의) 음유시인들의 산'에서 유래한다고 본다.
4) 천 개의 팔이라는 뜻.

한 지면처럼 한때 병사들의 발로 다져진 이 정원에서 풀은 높고 빽빽하게 자랐다.

"잠깐만, 잔. 울타리를 닫고 갈게." 젊은 처녀가 풀 위로 뛰어내리는 것을 도우면서 레옹이 말했다. "그런 다음에 이모가 계신 곳으로 다른 문을 통해 안내하지."

"그럼 여기가 아니에요?" 그가 말한 다른 출구를 눈으로 찾으면서 잔이 물었다. 만약 그 문이 실제로 있다 쳐도, 어둠 때문에 알아볼 수가 없었을 것이다.

"그래, 그러니까 안심해." 레옹은 문에 자물쇠를 걸고, 열쇠를 벽 틈에 숨기면서 말을 이었다. "'팡숑'을 훔쳐가지 못하게 이쪽에서도 문을 잠가야 해. 시간을 좀 줘."

"하지만 다시 곧 출발하실 거잖아요, 마르시야 씨?"

"마구간에 넣지 않는 건 그 때문이지. 말의 재갈을 빼면 이 녀석이 모든 걸 부숴버릴 테니까."

주인이 재갈을 풀고 재빨리 안장까지 풀어버리자, '팡숑'은 우정을 담아 길게 울면서 얌전한 방문자, 즉 소작농 암말의 냄새를 맡고 인사했다. 레옹은 잔의 손을 잡고, 윗부분이 무너져 흉하게 일그러진 건물 출입구로 데리고 갔다. 좁고 낮은 문을 빠져나가자 15피에 두께 벽 사이에 놓인 회랑이 작은 원형 방으로 이어져 있었다. 방으로 빛을 들여보내는 좁고 기다란 문은 창문 같고, 가구는 호화롭지는 않았지만 어떤 쾌적함이 있었다. 이 점을 제외하면, 잔이 부사크성에서 지냈던 방과 매우 비슷했다. 그 방에는 휴식을 취할 때 쓰는 멋진 소형 침대, 안락의자 몇 개, 마호가니 탁자 위에 놓인 책 몇 권, 엽총 두 자루, 바이올린 등이 있었다. 벽에는 칼과 밀짚모자가 걸려 있었다. 그러나 너무 어두워서 잔은 아무것도 볼 수 없었다. 그녀는 저택에 감도는 정적과 어둠이 조금 무서웠지만, 이모가 보호를 구하지도 않고 받지도 않은 이 성관에, 마르시야의 방에 그와 단둘이 있을 줄은 꿈에도 몰랐다.

22장
몽브라의 탑

몽브라의 영지에는, 소유자의 저택에서 멀리 떨어진 소작지에서는 거의 어디에서나 보이듯이, 주인의 방이라 불리는 작은 별채가 있었다. 그러나 마르시야는 성관을 선택했다. 이 넓은 폐허 안에서 유일하게 주거가 가능한 방을 정리하고 꾸미게 했다. 그리고 다른 곳에서 뽐내는 웅변의 효과를 조사하기 위해 고독 속에서 착상을 얻으려고, 또 더 존경할 만한 활동에 심취하려고 이곳으로 찾아왔다. 몽브라의 작은 탑은 그의 서재이자 방탕한 부르주아의 시골 별장 같은 곳이었다. 장소는 나무랄 데 없었다. 무례한 이웃들도 그의 비밀스러운 행동을 감시할 수는 없었다. 성관에서 총의 사정거리의 네 배나 떨어진 곳에 사는 소작농들은 어떤 작은 소리라도 듣고 달려오면 환영받지 못한다는 사실을 잘 알고 있었다.

"여기서 기다려." 마르시야가 부들부들 떨고 있는 잔에게 말했다. "등불을 찾고, 늙은 하녀를 깨워 올 테니까. 하녀는 자기가 기르는 암탉과 같은 시각에 잠자리에 든다고 하더군."

"저도 같이 가요, 마르시야 씨." 이 탑에서는 어쩐지 마음이 놓이지 않는 데다, 그의 영지에는 암탉도 하녀도 없는 게 아닐까 걱정되기 시작한 잔이 말했다.

"아니, 넌 집안사람들을 모르잖아. 게다가 불이 없어서 어디에 부딪힐 거야." 그가 말을 이었다. "이 낡은 오두막에는 위험한 구멍과 장소가 잔뜩 있어. 여기서 움직이면 안 돼, 잔. 금방 돌아올게……."

그는 황급히 방에서 나가 잔을 가두었다. 문 밖에서 열쇠가 돌아가는 것을 확인하자 그녀는 몹시 떨기 시작했다. 그래도 마르시야가 죄를 저지를 수 있으리라고는 생각하지 않았다. 그리고 어떤 제안, 어떤 약속도 자기에게는 아무런 효과가 없을 거라고 생각했다.

마르시야는 죄를 저지를 생각이 없었다. 몹시 회의적인 성격이었으므로, 이런 영역에서 기회가 생기리라고는 생각하지 않았다. 언제나 헤픈 마을 처녀들이나 의지가 약한 여자들만 유혹했으므로 거칠게 행동한 적은 없었다. 또 여성의 정조를 몹시 경멸하는 척했으므로, 자기를 거절할 수 있는 여자가 있으리라고는 전혀 생각하지 않았다. 잔이 그토록 교제를 거부한 것은 지나친 경계심의 결과라고 생각했다. '저 애한테는 다른 여자들보다 많은 시간과 말이 필요해.' 그는 생각했다. '하지만 다른 곳에서는 찾지 못했던 기회가 드디어 찾아왔어. 나랑 네다섯 시간 같이 갇혀 있으면, 망상의 힘을 빌려 저 차가운 갈라테이아[5]를 불태울 수 있겠지. 저 여자가 대리석으로 되어 있지 않은 한, 난 싸우지 않고도 조용히 정복할 수 있을 거야. 거친 폭력은 소용없지!' 마르시야는 계속 생각했다. '그건 책략이나 웅변, 기지나 거짓말을 자신들의 정열을 위해 쓰는 기술을 모르는 거친 녀석들이나 하는 짓이야. 참을성이 없고 거친 놈들은 자제할 줄을 모르지. 그들은 상대방을 이해시키는 대신 마음에 상처를 줘. 정복하고, 사랑하는 대신 지배하고, 저주하지.'

'사랑받을 수 있어! ······' 정신을 가다듬으려고 목장을 기운차게 거닐면서 변호사는 생각했다. '사랑받을 수 있어, 남들 눈을 피해, 그것도 몇 시간 동안이나! 이거야말로 변호해야 할 소송이야, 꼭 이겨야 할! ······행여 잔이 내게서 도망치는 날이면, 내 계획은 비참하고 어리석은 것이 될 거야. 내일 난 그녀 덕분에 온 나라의 웃음거리가 되겠지. 그러니까 잔이 나보다 훨씬 더 비밀을 지키고자 하는 마음을 먹지 않고 이곳에서 나가는 일이 있어선 안 돼. 자, 이건 변론이야, 이건 결투야. 패배는 곧 죽음이지. 적과의 화해란 있을 수 없어.'

"잔, 이모는 오늘 아침 내 하녀와 함께 떠났어. 하녀가 툴까지 데려다준다고 했대." 그가 방으로 들어가면서 말했다.

"떠났다고요? 그럼 병이 아니란 말이에요?"

"몸이 좀 좋아졌나 봐. 이 낡은 집에서는 갑갑했던 모양이지. 시골이 그리워진 거야. 내 소작농이 말을 타고 네 어떤 친척에게 데리고 갔대. 이제 부사크로

---

5) 그리스 신화에 나오는 바다의 요정.

돌아갈 수 있어. 책상 서랍에서 서류를 찾을 시간만 좀 줘."

"불을 부탁하러 갔다 올게요." 잔이 마르시야의 마지막 말에 조금 안심하여 말했다. "이런 어둠 속에서는 서류를 찾을 수 없어요."

"전혀 반대야……. 난 서류가 어디 있는지 아니까. 눈을 감고도 찾을 수 있지. 나가지 마, 잔. 소작농들이 안뜰에 있어. 그들은 네가 들어오는 걸 보지 못했어. 그러니까 난 네가 나가는 모습도 보이고 싶지 않아."

"하지만 그건 더 나쁜 짓이잖아요!" 잔이 말했다. "거리낄 게 조금도 없는데 어째서 숨기려고 하죠?"

"그런 놈들은 남 험담하기를 좋아하지. 솔직히 말해, 넌 그들의 말을 개의치 않을지 몰라도, 난 그들이 날 가지고 쑥덕거리는 게 아주 달갑지 않아. 내 품행이 나쁘다는 소문을 지어낸 것도 그런 멍청이들이지. 하지만 너도 알다시피 네 대부인 기욤이 내 처지였다면, 내가 그보다, 그리고 영국인인 네 구혼자보다 분별력이 있었을 거야."

"그런 말씀은 하지 마세요, 마르시야 씨. 그리고 내가 나갈 수 있도록 소작인들을 돌려보내주세요."

"그들은 귀리 한 통을 '팡송'에게 먹이는 중이야. 다 먹이고 나면 알아서 돌아갈 거야. 난 할 일이 있다고 말해놨으니까."

"하지만 당신은 이렇게 갇혀 있을 필요가 없잖아요."

"아니, 있지! 여자란 파리처럼 호기심이 많으니까. 나를 따라 여기까지 찾아올 거야. 자기의 새끼 양이나 칠면조에 관해 내게 할 말이 있다고 하면서, 사실은 내가 혼잔지 아닌지 확인하러 말이야."

"그러니까 마르시야 씨, 가끔 누구랑 같이 왔다는 뜻이군요?"

"그야 뭐, 한두 번 클로디랑 같이 왔지! 너도 알잖아! 그녀는 한때 좀 미쳐 있었어!"

"불쌍한 클로디! 당신은 그 애에게 고통을 줬어요! 그렇게 착한 애한테! 그건 당신답지 않아요, 마르시야 씨."

"그래서 어쩌라고? 그녀한텐 다른 연인이 있었을지도 몰라. 다른 남자보다는 내가 낫지. 난 지금도 친구니까. 그리고 그녀를 버리는 일은 절대 없을 테니까."

"맙소사! 돈과 선물이 모든 걸 위로한다고 생각하나요? 틀렸어요. 클로디는 거의 밤마다 울고 있다고요. 하지만 이젠 됐어요, 마르시야 씨. 자, 나가요."

"한숨 좀 돌리게 해줘! 내가 억지로 널 붙들어둘까 봐 걱정이야? 넌 나를 나쁜 사람으로 착각하고 있어, 잔!"

"아아! 그렇지 않아요."

"좋아! 그럼 잠깐 좀 쉬고 있어. 15분이면 우린 자유가 될 테니까. 자, 어서 앉아. 너무 큰 소리로 말하지 말고. 난 서류를 찾아야겠어."

"아까부터 찾고 있었잖아요, 마르시야 씨…… 이러다간 툴에 너무 늦게 도착하겠어요."

"툴이라니? ……그럼 오늘 밤 부사크로 돌아가지 않을 생각이야?"

"아니에요. 이모를 만나고 싶으니까요!"

"이런, 잔, 뭔가가 있군. 저택 사람들에게 화가 났나?"

"맙소사! 아니에요…… 큰 오해예요! 전 그분들을 무척 사랑해요. 화가 나다니, 그런 일은 절대로 없어요."

"그럼 그들이 너한테 화가 났나?"

"그럴지도 모르죠……. 하지만 그렇다 해도 전처럼 돌아갈 거예요."

"잔, 무슨 일이 있었는지 얘기해봐."

"아무 일도 없었어요. 얘기할 것도 없다고요."

"그래도 날 믿는 게 좋아. 넌 훌륭한 처녀야. 하지만 귀족이 어떤 사람들인지 모르지. 네가 적절한 조언을 구하지 않으면, 넌 너도 모르는 새에 평판과 이익을 잃게 될 거야."

"듣자 하니, 마치 제가 그분들에게 소송이라도 걸 거라고 생각하시는 모양이군요. 일부러 저에게 조언해주실 건 없어요. 전 변호사가 필요 없어요."

"변호사란 고해신부와 같아. 사실을 숨김없이 듣고 상담한 것은 절대로 후회하지 않는 사람들이지. 잔, 네가 나온 저택의 모든 비밀을 내가 알고 있다는 것, 그리고 네가 오늘 지키려는 비밀을 내일이면 그들이 내게 말할 거라는 건 확실해. 드 부사크 부인은 모든 걸 내게 의논하지. 네게 설명하기 위해, 아니면 네게서 설명을 듣기 위해 아마 내일 난 너한테로 보내질 거야. 곧 알게 된다니까. 네가 어떤 불만을 품고 있는지 네가 먼저 말해준다면, 화해는 훨씬 빠르게 이뤄질 거야. 네 이익도 더 많이 보호될 거고."

"아아! 어이가 없군요, 마르시야 씨. 당신은 뭐든지 소송 사건으로 몰아가시는군요! 이렇게 자세히 캐물을 것도 없어요, 정말이에요. 그리고 부인께서 정말로 당신에게 모든 걸 털어놓는다면, 제가 모든 걸 용서하겠노라고 전해주세요."

"잔, 넌 날 너무 신중하게 대하는군." 마르시야가 말했다. 지금까지는 떨어져서 얘기했지만, 서둘러 출발하려는 그녀의 주의를 교묘하게 돌리면서 조금씩 다가갔다. "난 이미 문제가 뭔지 알고 있어."

"알고 있다면 저한텐 얘기하지 마세요. 안 그래도 전 슬프니까요." 잔이 대답했다.

"널 슬프게 할 생각은 없어, 불쌍한 잔. 그건 날 더 슬프게 하는 일이니까. 난 너에게 새로운 슬픔을 주지 않으려는 거야. 난 뭐든지 알고 있어. 기욤이 널 유혹할지 아닐지 알기 위해 드 부사크 부인이 내게 상담을 요청한 게 겨우 일주일 전이니까."

"아아! 말도 안 돼요!" 불행하게도 너무 진실한 이 폭로에 마음의 가장 섬세한 부분을 다친 잔이 말했다. "대모님께서 그걸 당신한테 말했다니!"

"부인은 믿지 않았어. 하지만 그 뚱뚱한 샤르무아 부인이 옆에서 끈질기게 말하는 바람에 불안해진 거지. 별로 놀랄 일은 아니야, 잔. 어머니란 아들이 괴로워하는 걸 보면 언제든 불안해지는 법이니까. 그리고……."

"그럼 기욤 도련님의 병이 다 저 때문이라고 주장하신 건가요?"

"샤르무아 부인은 그렇게 주장하더군. 하지만 난 네 대모님을 안심시키고, 이런 모든 일에 네 책임은 없다고 이해시키려고 노력했지."

"다시 한번 그걸 말씀해주세요, 마르시야 씨. 전 아무 잘못도 하지 않았어요. 그리고 대부님이 괴로워하시는 건 저 때문이 아니에요. 절대로 아니에요!"

"아아! 잔, 거기에 대해서는 나도 보증할 수 있어. 확실히 넌 헤픈 여자가 아니야. 하지만 네 대부에게 희망을 주는 일은 절대로 없었다고 하느님께 맹세할 수 있나?"

"할 수 있고말고요. 네, 하느님께 맹세해요. 당신한테도 솔직하게 맹세할 수 있고요!"

"젊은 처녀는 뜻하지 않게, 그리고 거의 무의식중에 희망을 주는 법이지. 너에겐 사랑이 있어, 잔. 그리고 그 사랑을 싹 틔운 남자는 그걸 똑똑히 볼 수 있지. 네가 그 사랑을 아무리 감추려고 노력해도 말이야."

"아니요, 그렇지 않아요!" 잔이 외쳤다. 거기에는 진실한 울림이 있었다. "전 단 1분도 대부님에게 애정을 품은 적이 없어요!"

"나한테 네 명예를 걸고 맹세할 수 있나, 잔?" 마르시야가 솔깃해서 외쳤다.

"그럼요! 하지만 그게 당신하고 무슨 관계가 있죠? 당신도 날 믿으려고 하지 않는데."

"잔, 난 널 믿어. 널 아주 존경하는데 어떻게 안 믿겠어? 난 네 친구야, 유일한 친구. 널 부당하게 비난하는 사람들에 대해 네 옹호자가 되고 싶어. 자, 맹세해줘. 그리고 네 손을 내 손에 올려놓고……."

"왜 그래야 하는데요?"

"내가 널 지키려면 내 명예를 걸어야 하고, 그건 중대한 일이니까. 너도 내가 거짓 맹세를 하길 바라진 않겠지? 내일 아침 난 네 대모에게 가 있을 거야. 나한테 네가 떠났다고 알리고 널 욕하려고 부인이 사람을 보내겠지. 난 오늘 밤 녀와 만나지 않은 척을 해줄게. 그리고 기욤에 대한 네 마음은 내가 잘 알고 있으며, 네 진실은 내가 보증한다고 말하겠어. 그러면 네 대모님은 나한테 맹세할 수 있느냐고 물을 테고, 내 손을 자기 손에 올리라고 말할 거야. 만일 네가 나한테 같은 방식으로 맹세하지 않는다면, 나도 그때 맹세하지 못할걸. 그러니까 네 손을 이리 줘, 잔. 판사 앞에서, 사제 앞에서 그러는 것처럼 말이야. 그리고 기욤 드 부사크를 사랑하지 않는다고 내게 맹세해."

"그걸로 인정해주신다면" 의심을 모르는 잔이 말했다. "기꺼이 그러죠. 하지만 대부님을 사랑하지 않는다고는 못 하겠어요. 그건 거짓말이니까요. 하지만 형제를, 아버지를 사랑하듯이, 다시 말해 대부를 사랑하듯이 사랑한다고 맹세할 순 있어요!"

"다정하고 정직한 잔!" 마르시야는 그녀가 거두려고 했던 손을 교묘하게 붙잡으면서 말했다. "저택 사람들은 널 아주 부당하게 대했어. 너한테 이런 고통을 주다니, 정말 생각도 못했지 뭐야. 네 슬픔이 내 가슴을 먹먹하게 하는구나. 넌 지금 내 의뢰인이자 내 피보호자야. 하찮은 이익을 위한 법정이 아니라, 감사와 명예라는 신성한 이익을 존중하지 않는 배은망덕한 가족 앞에서 난 널 변호하겠어. 네가 기욤을 얼마나 극진히 보살폈는지 생각하면…….”

“전 대부님을 원망하지 않아요, 마르시야 씨. 그분은 딱 한 번 절 괴롭게 하는 말씀을 하셨는데, 지금은 분명 후회하고 계실 거예요. 마리 아가씨는 천사 같은 분이세요. 전 평생 그분 곁을 떠난 걸 후회하겠죠. 대모님도 아주 상냥하시고…… 어머니를 배신하고 나와 결혼하도록 내가 아들을 설득했다는 생각을 어떻게 하실 수 있었을까! 아아! 대모님을 위해서라면 제 하찮은 피라도 모두 바칠 수 있는데, 그런 대모님이 그런 거짓말을 어째서 진짜로 받아들이셨을까! …….”

불쌍한 잔은 흐느껴 울기 시작했다. 그리고 더할 수 없는 슬픔에 휩싸인 탓에, 레옹이 소파의 자기 바로 옆에 앉아 있다는 사실, 그가 두 팔을 돌려 당장에라도 껴안으려 한다는 사실, 그 불타는 숨결이 어둠 속에서 그의 가슴 쪽으로 기울어진 투명하도록 흰 목덜미에 닿고 있다는 사실을 깨닫지 못했다.

“소중한 잔.” 그가 떨리는 목소리로 말했다. “네가 기욤을 비난하지 않고 불쌍하게 여기는 건 옳아. 그에게 사랑받을 수 없다니, 정말 불행한 일이지. 대체 어떤 남자가 수많은 여자 가운데 가장 아름답고 가장 훌륭한 처녀를 사랑하지 않을 수 있겠어?”

“그런 말씀 마세요, 마르시야 씨.” 잔이 일어나면서 대답했다. “전 다른 여자보다 아름답지도 않고 훌륭하지도 않아요. 그런 식으로 제 마음을 돌리려 하다니, 전 정말 불행해요. 어쨌든, 우리 출발해요, 마르시야 씨. 전 툴로 돌아가고 싶어요.”

“비가 억수같이 내리고 있어, 잔. 비가 그치면 가자.”

“어머! 오늘 밤은 비가 오지 않아요. 하늘이 흐리긴 하지만, 비구름이 아닌걸요.”

“들어봐, 잔, 소나기 소리잖아!”

잔은 귀를 기울였다. 탑 바로 가까이에 있는 바위산에서 개울이 폭우와 같은 소리를 내며 흐르고 있었다. 잔은 속았지만, 그래도 고집을 피웠다.

“저랑 같이 나가서 비에 젖어달라고는 하지 않겠어요. 어차피 우린 같은 방향으로 가지 않을 거니까요. 어쨌든 전 여기에 계속 머물러 있을 수가 없어요. 안녕히 가세요, 마르시야 씨.”

"좋아! 우산을 찾아올 테니 기다려……."

"아아! 전 우산을 쓸 줄 몰라요……. 고마워요, 마르시야 씨."

"그럼 잔, 툴의 신부님에게 작은 꾸러미를 가져다드리겠어? 봉인해 가지고 올 게……. 하지만 너한테 따질 게 아직 남았는데." 그가 불을 찾으면서 말을 이었다. "넌 내가 반론해야 할 것을 아직 말하지 않았어."

"아무 반론도 하지 마세요, 마르시야 씨. 제가 비난받도록 내버려두세요." 잔이 말했다. "불행은 일어나버렸어요. 그들은 이렇게 말하겠죠. '잘못은 우리가 했지만 넌 이제 저택으로 돌아오고 싶지 않겠지.' 전 존경도 신뢰도 받지 못하고 있어요. 이젠 지긋지긋해요. 이런 하찮은 일로 반란하는 건 저한테 오히려 모욕이에요."

"하지만 그 사람들의 경멸이 네 마음에 고통을 줬고, 네가 존경심을 잃고 싶지 않은 사람도 있어. 바로 마리 아가씨지."

"아아! 아가씨는 절 비난하지 않을 거예요!"

"모든 게 네 잘못이라고 반복해서 듣지 않는다면 그렇겠지!"

"아가씨한테 그런 말은 할 수 없을 거예요."

"샤르무아 부인이라면 어떤 일도 할 수 있어. 부인의 입을 다물게 하고, 네 젊은 주인에게 네 무죄를 호소하도록 날 이용해야 해. 잔, 듣자 하니 영국인도 널 유혹했다지? 네 야심의 증거로, 그에 대한 교태와 냉담함이 드디어 그에게 너와의 결혼을 결심시켰다고 하던데."

"그런 것에 일일이 대답해야 하나요, 마르시야 씨? 그건 드 샤르무아 부인이 지어낸 이야기예요. 그 영국 분은 저와의 결혼을 절대로 바랄 수 없었어요. 다른 나라에서 이미 결혼했으니까요……."

"그가 결혼한 몸이라고? ……."

"그 부인이 그러던데요. 그러니까 부인이 그가 두 번 결혼하기를 원한다고 믿는다면, 부도덕한 사람이라고 부인에게 비난받아야 할 사람은 그분이에요. 전 모르는 일이에요. 제가 아는 건, 그 영국 분이 제게 사랑이나 결혼에 관해 한마디도 하지 않았다는 거예요."

"단언할 수 있어, 잔? 진실의 표시로 다시 한번 네 손을 내밀어줄래?"

"그런 악수는 이제 됐어요, 마르시야 씨. 제 말을 믿으려 하지 않는데 그깟 맹세가 무슨 소용이에요?"

"잔, 그런 의식은 네가 생각하는 것보다 중요해. 만일 성실한 남성이 너와 결혼하기를 지금 바란다면, 그리고 그 남성이 부사크 가문의 변호사에게 그 집의 재산과 네 행동에 대해 모든 걸 알고 있는 자로서 내게 상담을 요청한다면……."

"그런 일로 고민하시지 않도록 조언을 드려야겠군요. 전 결혼할 생각이 없어요. 언제나 그렇게 말해왔고, 지금도 말할 수 있어요."

"아아! 잔, 그건 맹세하면 안 돼!"

"전 그걸 하느님께, 그리고 사랑하는 돌아가신 어머니의 영혼에 맹세해요." 모욕적일 뿐 아니라 그녀에게는 얼토당토않게 보이는 수많은 의혹에 화가 나서 잔이 외쳤다. "그래요! 그래요! 지금까지 그랬던 것처럼 오늘도, 진심으로, 그렇게 맹세해요!"

'젠장, 다 글렀군!' 레옹은 생각했다. '이 애한테 거짓말을 할 필요도 없어졌어.' ―"알았어, 잔!" 그가 다시 그녀에게 다가서며 말했다. "네가 약속하고 싶어하지 않는 것도 당연해. 네 말이 맞아. 그 귀족들은 모두 그런 방법으로 널 유혹하려고 했으니까. 그리고 넌 이 광기 어린 청혼을 거절함으로써 네게 분별력과 자긍심이 있다는 걸 그들에게 보여줬지……. 그 어떤 농민, 그 어떤 노동자라도, 보석 같은 네게 어울리는 남성은 결코 없을 거야……. 네 마음에 드는 행복한 남성을 네 힘과 자유 속에서 사랑할 수 있도록 몸을 지켜야 해. 널 쓰러뜨리는 이 최초의 슬픔에 너무 괴로워하지 말고. 부사크 가문의 부당한 처사와 영국인의 어리석음은 네 평판을 떨어뜨리지 않을 거야. 넌 다시 사랑받을 수 있어, 정말로."

"전 누구의 애정도 필요 없어요, 레옹 씨. 하느님은 다정하게 모든 자식을 사랑해주시니까요."

"물론 하느님은 다정하시지. 하지만 하느님은 그 자식들에게 서로 사랑하라고 명령하셨어. 저택에서 쫓겨났다는 사실은 너에게 불리하게 작용할 거야……."

"쫓겨난 게 아니에요, 제가 나온 거지요."

"아무도 그 말을 믿지 않을걸! 한동안 넌 욕을 듣고, 부당하게 비난받고, 공격도 당할 거야. 잠시 시골에서 벗어나 라 샤트르나…… 게레…… 그렇지, 게레로 가서 일하는 편이 좋을 거야. 부사크성에서 일어난 불행한 사건에 관한 소문은 거기까진 닿지 못할 테니까. 내가 책임지고, 네가 그만둔 일보다 더 좋은 일을 찾아줄 수 있을 거야. 날 그렇게 경계하지 않는다면 우리 집으로 와도 좋아, 잔……. 아니, 넌 분명 거절하겠지. 나도 알아. 내가 미친 사람이라는 소문도 있고, 넌 언제나 내게 편견이 있었으니까……. 그래도 곰곰이 생각해보면, 내가 널 존경하고 네 평판을 조금도 해치지 않은 유일한 사람이었다는 걸 깨닫게 될 거야. 예전에 너에게 농담을 한 적이 있었지……. 하지만 그 농담이 널 아주 슬프게 한다고 해서 난 농담을 그만뒀어. 그 점은 인정해줘. 그 뒤로 널 알아감에 따라, 난 네가 여느 처녀들하고는 다르다는 걸 깨달았어. 아아! 난 널 존경해, 잔. 나만이 널 존경해. 네 가치를 아는 건 나뿐이니까. 난 애정을 과시해서 시골 사람들의 입방아에 널 올리는 일은 하지 않을 거야. 내가 한 번도 네 험담거리를 제공한 일이 없다는 점을 인정해줘. 예전에 널 가볍게 대했던 점은 나도 반성하고 있고, 네게 진심으로 용서를 바라고 있어. 하지만 그때도 난 일부러 널 화나게 하는 일은 결단코 하지 않았어."

"맞아요, 마르시야 씨." 잔은 경계심을 풀지 않을 수 없어 상냥하게 대답했다. "전 조금도 탓하지 않아요. 게다가 당신은 저와 이모에게 친절을 베풀어주셨는 걸요. 정말 고마워요."

"친절이라니, 잔! ……좋아, 맘대로 생각해. 그리고 뭐든 내 덕분이라고 생각하는 게 있다면 고마워하도록 해. 적어도 네게 떳떳한 점이 있어. 바로 난 널 유혹하지 않았다는 거야. 그리고 너와 단둘이 있는 지금조차 여동생 대하듯 널 소중하게 대한다는 거야……. 그렇지만 잔, 나도 널 사랑했었어. 다른 어떤 남자보다 훨씬, 천 배는 더. 넌 그걸 몰랐지. 내 애정은 진지하고 깊은 것이어서 난 네게 말하지 않았어. 널 안심시키기 위해서만 지금 말하는 거야. 네 불행을 기회로 이용할 마음은 추호도 없어, 불쌍한 고아, 불쌍한 외톨이! 내가 너한테 바라는 건 아주 조금의 신뢰와 우정뿐이야. 그것만 내게 준다면 내 희생과 괴로움은 충분히 보상될 거야……. 난 네 대부 이상으로 괴로워, 잔! 난 꾀병 같은 건 부리지 않아. 응석받이 어린애처럼 가족을 불안에 빠뜨리진 않는다고. 죽을 것처럼 굴어서 네 동정을 바라는 일은 하지 않아. 아니, 오히려 난 애정을 양식으로 살아가지. 그건 날 몰두하게 하고, 불안하게 해. 하지만 그건 내게 널 존경할 수 있는 용기를 주지. 그리고 네가 불행하지 않다면, 난 내가 불행하다는 원망은 안 해!"

잔은 다시 일어섰다. 그리고 문을 열려고 애썼다.

"마르시야 씨, 솔직한 말씀 고마워요. 하지만 이런 사랑 얘기는 그다지 도움이 안 돼요. 언제나 그런 건 절 놀리는 말이라는 생각이 들고 마는걸요. 용서해주세요. 그러니까 문을 열어주세요. 전 갈래요."

"자물쇠를 열려고 했었군." 마르시야가 문이 안 열리는 척을 하면서 말했다. "이젠 나도 어찌해야 좋을지 모르겠어. 좀 기다려봐, 열어볼 테니. 앗, 열쇠가 떨어져버렸네. 같이 좀 찾아줘."

마르시야가 호주머니에 열쇠를 갖고 있으리라고는 잔은 상상도 못했다. 그녀는 순진하게 믿고 찾기 시작했다. 마르시야가 그녀에게 다가갔다. 그리고 더는 참지 못하고 두 팔로 끌어안았다.

"이거 놓으세요!" 잔이 힘껏 그를 떠밀면서 말했다. "당신을 가장 교활한 남자라고 생각하게 될 거예요."

"미안, 잔. 네가 보이지 않았어, 정말이야." 마르시야가 떨어지면서 말했다. "지나치게 경계하는 거 아니야? 좀 우스울 정도야. 도대체 내가 뭘 했다고 그래? 난 너의 작은 우정을 원할 뿐이야. 그런데 네 대답은 이해할 수 없는 경멸이구나."

"아아! 당신을 경멸할 생각은 없어요." 잔이 말했다. "전 툴로 돌아가고 싶은데 당신이 이렇게 날 붙들어두니까 좀 화가 났을 뿐이에요! ……."

"맹세하지만, 난 열쇠를 찾고 있어……. 안 되겠군, 자물쇠를 부숴야겠어! 아야! 팔을 다쳐버렸네……. 맙소사, 잔, 넌 정말 잔혹하구나. 날 이렇게 재촉하고 다그치다니."

"다치셨어요, 마르시야 씨? 아아! 죄송해요! 여기서 나가려면 어떻게 해야 하죠? 밤이 깊었어요……."

잔은 창가로 다가갔다. 그리고 밖으로 손을 내밀고 말했다. "비는 안 와요. 저 개울 소리에 착각을 한 거예요. 레옹 씨, 전 창문으로 나갈래요. 여기 오는데 계단을 올라오지 않았으니까 분명 높지 않을 거예요."

"아니야! 그만둬, 잔!" 마르시야가 소리치며 달려들어 그녀를 꽉 끌어안았다. "절벽이 있단 말이야."

"이거 놓으세요, 마르시야 씨. 이렇게 끌어안지 마세요. 자살할 생각은 없으니까."

"아아!" 마르시야가 소파에 주저앉으면서 말했다. "간 떨어지는 줄 알았네! ······잔, 잔, 내가 널 얼마나 사랑하는지 넌 몰라. 나도 몰랐어······. 네가 거기서 떨어진다고 생각하는 것만으로 심장이 철렁 내려앉는 기분이었다고. 아아! 이 심장의 고동을 너도 느낄 수 있으면 얼마나 좋을까! 정말 죽는 줄 알았어."

잔은 당황하고 점차 불안해져 입을 다물었다. 마르시야도 마찬가지였다. 한참 뒤, 그가 움직이지 않는 것을 보고, 그녀는 다시 문을 열려고 노력했지만 헛수고였다. 마르시야는 움직이지 않았다. 뭔가 새로운 계략으로 그녀의 경계심을 풀려고 궁리하고 있었다!

"어디가 안 좋으세요? 아니면 주무시는 건가요, 마르시야 씨?" 잔이 더는 참지 못하고 물었다.

"아파." 그가 탁한 목소리로 대답했다. "너무 아파. 그 문을 열려다가 팔을 다쳤어. 팔을 못 쓰겠어. 유감이지만 왼쪽 팔에 전혀 힘이 없어. 기다려줘, 잔. 날 슬프게 하고 싶지 않다면, 같은 행동은 하지 말아줘. 여기서 나갈 방법이 있어. 내가 이 창문으로 죽지 않고 뛰어내리는 데 성공하면 널 꺼내줄 수 있을 거야."

"아아! 그러지 마세요, 마르시야 씨." 잔이 겁에 질려 말했다.

"그럼 어쩌라고? 우린 나갈 수 없어. 하지만 넌 1분이라도 여기 더 있고 싶어 하지 않잖아."

"같이 문을 부숴요, 마르시야 씨!"

"열 명이 있대도 문은 꿈쩍도 안 할 거야. 전체가 쇠로 보강된 옛날 감옥 문이니까."

"마르시야 씨." 잔이 갑자기 공포에 질려서 말했다. "이곳에 가두려고 절 속이신 거라면 하느님이 천벌을 내리실 거예요!"

"아아! 왜 그런 무서운 의심을 하지?" 마르시야가 말했다. "이젠 됐어. 그 창문으로 나가, 잔. 그리고 헤어지자고."

잔은 창문 쪽으로 몸을 기울였다. 하늘은 조금 개어 있었다. 달이 가까워지고, 지평선이 희끄무레했다. 그러나 주위의 얕은 산들이 던지는 그림자 때문에 어둠은 한층 짙어져 있었다. 히스로 덮인 지면은 잔의 눈 아래서 뚜렷한 윤곽도 없이 흔들리고 있었다. 탑 아래까지 10피에쯤 되는지 50피에쯤 되는지 가늠할 수가 없었다. 마르시야의 단호하고 강한 어조가 그녀를 두렵게 했다. 그녀는 그를 말리려고 한 발짝 다가섰다.

"잔." 그가 그녀를 가슴으로 끌어당기면서 말했다. "오늘 밤은 안녕이야. 아마 영원히 안녕이야! 다른 남자들은 널 유혹하려고 달콤한 말을 썼겠지. 하지만 난 널 유혹할 생각이 없었다는 걸 증명하기 위해 목숨을 걸겠어. 적어도 나한테 안녕이라고 말해줘. 그리고 딱 한 번 입을 맞춰줘. 내 인생에서 처음이자 마지막 입맞춤이야! ……그 단 한 번의 입맞춤을, 잔, 너는 두려워하는구나! 한 시간 전부터 나는 무수한 입맞춤을 빼앗을 수 있었어. 그리고 네가 나를 무서워하지 않도록 심연으로 몸을 던질 바로 이 순간에 겸허하게도 단 한 번의 입맞춤을 요구하고 있지……. 거절하지 말아줘. 아닌 게 아니라, 이곳에 계속 있다가는 난 이성을 잃을지도 몰라. 네 경계심, 네 두려움이 날 혼란스럽게 해. 아아! 잔, 네가 그렇게 의심하지 않았더라면, 넌 내 곁에서 오늘 밤을 안전하게 보낼 수 있었을 거야……. 하지만 이젠 날 내쫓아줘……. 그래, 쫓아내. 난 떨려서 헛소리를 하고 있으니까……. 안녕, 잔! 하지만 딱 한 번만 입을 맞춰줘! ……."

"싫어요." 잔이 몸을 풀면서 말했다. "안 돼요, 절대로! 그게 중대한 죄라고 생각해서가 아니에요. 클로디를 비난할 생각은 없으니까요. 하지만 저에겐 큰 죄가 될 거예요. 숨김없이 말씀드리죠. 동의하신다면, 전 그 뒤의 창문에서 뛰어내리겠어요. 도망치기 위해서가 아니라 자살하기 위해서요."

"아아! 그건 나에 대한 증오에서야! 격렬한 증오! 그게 아니면 도전이군." 마르시야는 그의 책략이 철저하게 실패했음을 깨닫고 격노해서 외쳤다. "잔, 그건 정말 파렴치한 짓이야. 넌 내 이성과 의지를 가지고 놀며 즐기는 것 같군."

"아니요, 마르시야 씨." 잔이 상냥하게 말했다. "증오해서가 아니에요. 전 당신을 증오하지 않아요. 누구도 미워하는 일이 없도록 하느님이 지켜주시니까요! 당신에게 말해야겠군요. 사실 전 맹세를 했어요. 그걸 어기면 전 지옥에 떨어질 거예요."

"맹세라니!" 이 말에 새로운 망상을 시작하며 마르시야가 외쳤다. "아아! 잔, 그 맹세만 아니었으면 넌 나를 사랑했겠지. 지옥에 떨어진대도 상관하지 않았을 거야! 넌 내게 입을 맞춰줄 수 없어, 그건 인정하지. 그러니까 이제 입맞춤을 바라지는 않을게. 하지만 내가 억지로 입을 맞추는 것까진 방해할 수 없을 거야. 죄는 나 한 사람의 몫이야……. 아니, 아니, 네가 나보다 약하다는 게 비난받을 일은 아니지……. 거부해도 좋아, 그건 네 의무야……. 하지만 나에게도 권리를 행사하게 해줘."

마르시야가 방 안을 도망 다니는 잔을 쫓아다니고 있을 때, 누군가가 탑의 문을 쾅쾅 두드리며 덜걱덜걱 흔들었다.

23장
방랑자

잔이 성에서 나가자, 이 갑작스러운 출발에 놀란 카데는 클로디에게 이 소식을 알리러 갔다. 클로디는 서둘러 마리에게 알렸다. 마리는 걱정되고 겁이 나서 곧장 어머니에게 설명을 요구했다. 드 부사크 부인은 드 샤르무아 부인의 뛰어난 흥정 능력에 의지했다. 그리고 이 샤르무아 부인은 이 결과가 상상했던 어떤 결과보다 훨씬 만족스럽다는 판단 아래, 기욤에게 이 이별의 필요성을 인정시키겠다고 자신했다. 그러나 어떤 책략을 쓸 것인지는 설명하지 않았다.

그날 밤 드 샤르무아 부인은 기욤의 방에서 15분쯤 나오지 않았다. 청년은 자신의 처지를 완전히 체념하고 받아들인 것처럼 보였다. 그러나 부지사 부인이 이 승리를 성주에게 자랑하러 방에서 나가자, 기욤은 기다렸다는 듯이 서둘러 옷을 입고 마구간으로 내려갔다. 그리고 누구의 도움도 빌리지 않고, 하인들이 저녁을 먹는 시간을 일부러 이용해 '스포츠'에 안장을 얹고 뒷문으로 몰래 나갔다. 그는 말을 타고 툴을 향해 쏜살같이 달렸다.

잔이 성에서 나간 것은 한 시간도 전이었다. 그녀가 툴에 도착하기 전에 따라잡아 그 계획을 단념시켜야 했다. 그는 말에 박차를 가했다. 그러나 길모퉁이에서 아서 경과 우연히 맞닥뜨렸을 때는, 그녀를 만나지 못한 채 이미 바를로산과 조–마르트르의 돌을 지나고 있었다.

밤은 더욱 캄캄해졌다. 그러나 영국인은 기욤보다 높은 곳에 있었다. 기욤은 커다란 밀짚모자의 윤곽과 맑게 갠 하늘에 뚜렷이 떠오른 레인코트 자락을 보고 그가 아서 경임을 알아보았다.

"멈추세요." 그가 다가가면서 말했다. "저예요."

"이 시간에 말을 타고 어딜 가죠? 여행이라도 떠나나요?" 아서 경이 큰 소리로 말했다. "아, 다행입니다! 소중한 기욤의 병이 나았다니!"

"아서, 확실히 병은 나았습니다. 완쾌됐어요." 기욤이 흥분한 목소리로 대답했다. "당신한테 할 얘기가 정말 많아요. 하지만 먼저 말해주세요. 당신은, 당신은 도중에 잔을 만나지 못했나요?"

"잔이요? 이런 시간에 잔이 밖에 있다고요? 난 툴에서 곧장 오는 길인데, 누구도 만나지 못했어요. 알랭 신부님과 대화를 나누며 하루를 보냈지만, 툴에서는 누구도 잔이 오는 줄은 모르고 있었습니다. 무슨 일인데 그래요? ……."

"아서, 당신은 다 알고 있지요. 당신은 내가 잔을 사랑하는 걸 꿰뚫어 보았어요. 그래서 당신이 멀어진 겁니다. 하지만 당신이 모르는 게 있어요, 아서. 내가 그녀에게 상처를 주었고, 그래서 그녀가, 그녀가 다시 떠났다는 사실입니다. 아아! 아아! 지금 난 얼마나 불안한지 몰라요! 대체 잔은 어디 있을까요?"

"언제 사라졌죠?"

"한 시간인가 두 시간 전에요. 정확히는 모르겠어요. 그녀를 찾는 짧은 시간이 몇 년처럼 느껴져요……."

"멀리는 못 갔을 겁니다." 할리가 말했다. "각자 찾아봅시다. 난 툴로 가겠습니다. 가는 길에 집집마다 들러서 그녀의 행방을 물어보지요. 당신은 부사크로 돌아가면서 그렇게 해주세요. 반드시 어딘가에 머물고 있을 테니까."

"당신 말이 맞아요, 아서. 헤어져서 찾아봐요."

"잠깐, 기욤. 왜 그렇게 불안해하죠? ……잔이라면 누구나 알고 있고, 농민들은 평화롭고 친절한데. 이런 시골에서 무슨 위험이 있겠어요?"

"아서, 집안사람 가운데 누군가가 나보다 더 잔의 자존심에 상처를 줬을까 봐 걱정인 겁니다! 난 몰라요…… 그저 의심할 뿐이죠……. 하지만 어머니를 비난할 수는 없습니다! 난 잔이 절망했을까 봐 두렵습니다!"

"하지만 당신은 그녀의 마음을 누그러뜨리기 위해 무슨 말을 할 수 있죠, 기욤? 성으로 데리고 돌아갈 수는 있습니까?"

"아서, 그녀가 있어야 할 곳은 우리 집, 내 옆, 여동생과 나 사이입니다! ……이젠 우리 곁을 떠나선 안 돼요. 내가 준 고통을 위로하기 위해 무슨 말을 해야 할지는 알고 있습니다."

"당신이 그녀와 당신에게 어울리는 애정을 바칠 결심이 되어 있다면, 기욤, 당신은 나를 잘 압니다. 당신은 믿을 수 있어요……."

"내 말을 오해했군요, 아서. 모두 설명하죠……. 하지만 지금은 그럴 때가 아닙니다. 지금은 잔을 찾아야 해요."

"시간이 많이 걸릴 겁니다!" 두 사람 근처에서 나지막한 목소리가 들렸다. 기욤이 뒤를 돌아보자, 등에 진 배낭으로 허리가 굽고 지팡이를 짚은 남자가 있었다. 보아하니 거지 같았다. 그는 천천히 기욤의 말과 아서의 말 사이로 걸어 나왔다.

"누구냐?" 영국인이 힘줄이 불거진 건장한 팔로 멱살을 잡으면서 고함쳤다. "우리가 말하는 사람이 어디에 있는지 아느냐?"

"내 목을 이렇게 졸라대면 말할 수가 없잖습니까." 라게가 침착하게 대답했다.

어둠 때문에 기욤은 브리드바쉬 영감의 얼굴을 알아볼 수가 없었다. 그의 기억 속에 그 얼굴이 새겨져 있다고도 생각할 수 없었다. 그러나 이 불길한 목소리는 어디선가 들은 것 같았다. 아서 경이 남자의 멱살을 푸는 것을 보고, 이번에는 그가 꼬깃꼬깃해진 그의 멱살을 재빨리 잡고, 영국인이 한 질문을 되풀이했다.

"누구냐!"

"별 볼 일 없는 삶을 찾아다니는 불쌍한 남자지요." 라게가 대답했다. "폭력은 그만두세요. 옷이 찢어지겠어요. 나리들, 그래 봐야 얻는 건 아무것도 없답니다."

그렇게 말하고 라게는 기수의 손을 풀기 위해, 비록 앙상하지만 민첩한 손으로, 필요하다면 언제든 '스포츠'의 머리를 칠 준비가 되어 있는 지팡이의 손잡이를 빙빙 돌렸다.

"착한 양반." 할리가 부드럽게 말했다. "혹시 젊은 처녀가 이리로 지나가는 걸 봤거든, 지금 어디쯤에 있을지 말해주시오. 답례는 하겠소."

"얼마나 젊은 처녀를 찾는데요?" 라게가 자못 자신 없는 척하며 말을 이었다. "혹시 뷜라 아주머니의 딸이자 이 시골에서 에프-넬의 아름다운 양치기 소녀라고 불리는 잔을 말하는 거라면 내가 봤습죠. 똑똑히 봤어요. 그 애가 어떤 길로 갔는지 난 알죠. 하지만 나리들은 몰라요. 툴에서 부사크까지 밤새 헤매고 다녀도 만나지 못할걸요."

"어디 있는지 말해!" 기욤이 외쳤다. "어서!"

"나리한테 말했다가 괜히 나만 피해 보게 되면 난 얻는 게 뭐죠?"

"얼마를 원하나?" 영국인이 말했다.

"물론 나리는 분별력이 있으시니까, 하나의 봉사는 다른 봉사 만한 값어치가 있다는 걸 아실 겁니다. 이런 봉사에는 값을 매길 수 없다는 것도요. 오늘 같은 일은 더 비싸게 쳐지죠. 나리들은 그 처녀에게 흑심을 품고 있지 않습니까? 무엇보다 나리들은 둘이잖아요. 그 처녀는 나리들을 원하지 않더라도 몸을 지킬 수단은 거의 갖고 있지 않을 테니까."

"구역질 나는 놈이군! 추잡한 생각일랑 집어치워! 말해, 안 그러면 목을 졸라버릴 테다!" 기욤이 발끈해서 방랑자를 흔들면서 외쳤다.

"진정해요, 젊은 나리. 진정하시라니까요." 라게가 말했다. "흥분하지 않도록 조심해야죠! 불쌍한 사람한테 이렇게 폭력을 행사하는 법이 어디 있습니까? 언젠가 후회할 겁니다."

"진정하세요, 기욤." 아서 경이 말을 이었다. "이 늙은 미치광이의 설명을 들어봅시다. 이자는 우리가 누군지 알고 돈을 요구하는 게 분명해요. 그 돈을 주겠소. 그러니 얼른 얘기하시오. 안 그러면 우릴 속이려 하는 것으로 간주하고 더는 귀를 기울이지 않을 것이오."

"난 나리들이 어떤 분인지 모릅니다." 조심성 많은 라게가 대답했다. "나리들하고는 안면이 없는걸요. 나 같은 불행한 가난뱅이가 돈 많은 부르주아를 알 턱이 없잖습니까. 그래도 돈 많은 부르주아들이 밤이 되면 예쁜 아가씨들 뒤꽁무니를 쫓아다닌다는 건 모르는 사람이 없지요. 에프-넬의 잔이 예쁘다는 소문도 알고 있고요. 특히, 이 근방에서 그 애를 찾는 게 나리들만이 아니라는 것도 말입니다. 사실 난 조금 전에 다른 남자도 만났죠."

"다른 남자라니!" 기욤이 격분한 나머지 부들부들 떨면서 외쳤다. "말해…… 그 남자는 어디 있지?"

"그 남자는 그 처녀를 나리들이 절대로 찾을 수 없는 곳으로 데리고 갔습니다!" 라게가 놀리듯이 대답했다. "그럼 안녕히 가세요, 친애하는 나리님들! 신의 가호가 있기를!"

라게는 그 연약한 등에서는 절대로 나올 수 없을 것 같은 힘으로 몸을 확

방랑자

돌려, 그의 목을 꽉 조르고 있는 기욤의 팔을 뿌리치고, 덫에서 탈출한 늑대처럼 몸을 흔들면서 몇 걸음 앞으로 걸어갔다.

"1루이면 진실을 말해주겠소? 아니면 2루이?" 냉정하고 신중한 할리가 재빨리 그를 쫓아가서 큰 소리로 말했다.

"나리한테 50프랑, 나리의 친구 분에게도 같은 금액을 꼭 받아야겠는뎁쇼!…… 하지만 사랑하는 두 사람이 어디에 있는지 들어 봤자, 여기 지리를 모르신다면 찾아갈 수 없습니다. 길을 잃지 않고 거길 가려면 이 길을 백 번은 넘게 지나다닌 경험이 있어야 해요."

"우릴 안내해주게. 백 프랑을 주지."

"아아! 이렇게 가는 길을 방해해 놓고 고작 백 프랑이라뇨! 그것도 나 같은 늙은이한테! 정말 어이가 없군요."

"원하는 액수를 말하고 어서 앞장서게!"

"그것보다 두 배는 값어치 있는 일인데!"

"알겠네, 두 배를 주겠소. 당신 말이 사실이라면 거기에 조금 더 얹어주리다. 하지만 속을 생각은 없소. 그러니 우리를 함정에 빠뜨릴 생각은 마시오. 우린 무기도 갖고 있고, 경계도 하고 있소."

"요컨대 겁을 먹었다 그거군요! 그런데 나도 무섭습니다……. 늑대들은 사람을 무서워하고, 사람은 악마를 무서워하죠. 이 세상에서는 모두가 무서워한다 이 말입니다."

"당신은 뭘 무서워하지?"

"나리들과 마찬가지로 속는 게 무섭죠. 보상의 증거로 그 권총을 주세요! 이름들은 어떻게 되시죠? 오늘 밤 약속을 지키지 않으신다면, 내일 돈을 받으러 댁으로 찾아가야 하니까요."

"이자는 우릴 우롱하고 있어요." 기욤이 친구에게 말했다. "잔이 누구랑 같이 있을 리 없어요, 아서. 이 거지를 쫓아버리세요. 앞서 갑시다."

라게는 할리가 망설이는 것을 보고 마음을 바꿨다. 실패하지 않으려면 누구를 상대해야 하는지 그는 너무도 잘 알았다. 그의 경계심은 남을 깔보고 조롱하는 성격을 무기로 흥정하는 것에 지나지 않았다.

"내 말을 좀 들어보세요." 그가 말했다. "거긴 나한테 위험한 곳입니다. 물론

2백 프랑 이상의 위험이죠! 하지만 난 아무래도 좋습니다. 나리들이 약속대로 나한테 보상을 주지 않으신다면, 두고 보세요, 사람들 앞에서 창피를 당하게 될 테니까. 자! 출발하시죠! 이쪽으로 오세요."

그렇게 말하고는 마치 경계를 게을리하지 않는 보초처럼 30분 전부터 감시하던 라보프랑쉬 쪽으로 걷기 시작했다.

"단언하지만, 이 악당은 우릴 속일 셈입니다." 기욤이 아서 경에게 말했다. "우리를 도적놈들의 소굴로 데리고 갈 거예요. 시간 낭비라니까요."

"한번 믿어보죠!" 아서 경이 말했다.

"그런데 주인님들." 라게가 말했다. "다리 여덟 개가 보좌를 하는데도 거의 속도가 나지 않는군요."

"걷지 않는 건 그쪽이잖소." 영국인이 말했다. "우리 말 앞을 개구리처럼 느릿느릿 기어가는 대신 우리에게 길을 가르쳐주면 어떻소?"

"그렇습니까, 나리?" 라게가 커다란 돌 아래에 배낭을 내려놓으면서 말했다. 돌에는 네 갈래 길의 저주받은 교차점을 성스럽게 해주는 십자가가 새겨져 있었으므로 그는 나중에 자루를 다시 찾을 수 있을 거라고 확신했다. 종교적인 상징이 지켜주지 않는다면 사바트를 위해 악마들이 출몰할 곳이었다.

허리가 굽은 거지는 이내 몸을 일으켰다. 그러자 비슬비슬하던 노인은 7리외 가는 장화[1]를 신은 듯이 보였다. 그리고 말들이 겨우 따라갈 만큼 빠른 속도로 기수들의 앞을 달려갔다.

몽브라의 고지 기슭에 도착하자 라게는 발을 멈췄다. "여깁니다, 나리들." 그가 말했다. "약속한 돈을 주세요. 안 그러면 소작농들을 깨울 겁니다. 그럼 나리들은 원하시는 대로 마르시야 씨의 성관 문 앞에 다다르지 못하게 될걸요."

"마르시야!" 기욤이 그제야 그곳이 전에 젊은 법학사와 점심을 먹으러 왔던 폐허라는 것을 깨닫고 외쳤다. 그러고는 쏜살같이 고지의 오솔길을 올라갔다. 아서 경은 이 짧은 여행 동안 한시도 몸에서 뗀 적 없는 권총의 총대를 꽉 쥔 채, 라게에게 줄 금화 스무 닢을 헤아렸다.

"내 말고삐를 놔라. 안 그러면 즉시 네놈의 머리통을 날려버릴 테다." 방랑자

---

[1] 빨리 달릴 준비를 한다는 뜻.

에게 보상을 건네면서 말했다.

　라게는 어둠 속에서 영국인의 금화와 강철의 무기가 빛나는 것을 보았다. 그는 루이 금화를 받아서 재빨리 세어본 뒤, 당장이라도 내뺄 준비를 하면서 말했다.

　"정원에서 열쇠를 찾으세요. 오른쪽 첫 번째 돌 속에 있지요. 그게 없으면 들어가지 못합니다. 작은 탑도 오른쪽에 있어요. 안뜰에 통로가 있는데, 그 끝에 보기만큼 튼튼하지 않은 유일한 입구가 있지요. 나리들이 약속대로 보상을 주셔서 난 만족합니다. 마르시야는 구두쇠예요. 배고픈 사람이 집 앞에서 굶어죽는대도 나 몰라라 할 사람이죠. 나리들이 나를 그에게 팔아넘기신다면, 난 죽은 목숨입니다. 하지만 그렇게 되기 전에 어떻게 되는지 보십시오."

　그렇게 말하고 남자는 모습을 감췄다.

　아서는 곧 기욤을 쫓아갔다. 침착함을 잃지 않고, 성관 입구에서 청년을 불러 세웠다.

　"기욤." 그가 말했다. "어떡하려고요? 우린 속은 건지도 모릅니다. 그럴 가능성은 아주 커요. 잔이 원하지도 않는데, 마르시야가 잔을 툴 쪽이 아니라 이리로 데리고 왔다는 그 어떤 증거도 없지 않습니까? 설마 그 고결한 여성이 자신을 유혹한 남자를 자진해서 따라나섰으리라고는 생각하지 않겠죠? 그렇다고 마르시야가 대죄를 저지를 사람으로 보입니까?"

　"그는 어떤 일이든 저지를 수 있습니다! 어서 가요, 아서. 잔이 이곳에서 위험에 빠져 있을 것만 같아요."

　"하지만 그건 거의 믿을 수 없는 일이에요. 진정해요, 기욤. 우리가 당신 친구 집에 이런 시각에 느닷없이 나타난 핑계거리를 좀 찾읍시다."

　"누가 내 친굽니까! 단언컨대, 그는 비겁자입니다!"

　"기욤, 당신은 질투 때문에 흥분하고 착란에 빠져 있습니다. 마르시야는 분명 완전히 결백할 거예요. 여기서는 냉정함이 필요합니다. 지금껏 좋은 관계에 있던 사람의 집에 갑자기 무기를 들고 나타날 권리는 없으니까요. 기욤, 감히 말하지만, 잔은 내게 소중한 존재입니다. 적어도 당신이 생각하는 것만큼이나요. 그녀의 명예는 나 자신의 명예 이상으로 신성합니다……. 그렇긴 하지만 난 도적의 말만 믿고 손에 권총을 들고서 무분별하게 그녀를 내놓으라고 쳐들어갈 결심이 서지 않는군요. 난 망설이지 않고 저 방랑자를 따라 여기까지 왔고, 잔을 찾기 위해 마르시야 씨의 집을 뒤지는 것도 주저하지 않을 겁니다. 하지만 난 이런 것들이 명예와 배려와 정의의 범위에 따라 이루어져야 한다고 생각합니다."

"아서." 기욤이 친구의 팔을 세게 쥐면서 말했다. "난 침착할 수 없어요. 내 머리는 타는 듯이 뜨겁고, 내 피는 요동치고 있어요…… 난 잔에게 집착하고 있지 않고, 사랑도 하지 않아요…… 적어도 이젠 사랑하지 않는다고요…… 아마 한 번도 사랑하지 않았을 거예요……. 그건 내 상상력이 저지른 잘못이에요. 나도 모르는 새에 내 안에서 발동했던 숭고한 본능이에요! 아서, 당신은 이 세상에서 이 비밀을 들을 수 있는 유일한 사람이고, 또 들어 줘야 해요. 당신은 잔의 남편이 되고 싶어 하니까요. 또 되어야 하고요…… 잔은 우리 아버지의 딸이에요! 잔은 내 동생이에요……. 마르시야의 품 안으로 그녀를 찾으러 갈 권리가 나한테 있는지 없는지 지금 당장 판단해주세요!"

할리는 드러난 사실에 순간 망연자실했지만, 곧 냉정함과 침착함을 되찾았다.

"기욤." 그가 말했다. "내가 먼저 말할게요. 나한테 맡겨요. 그리고 무슨 일이 일어나든 자제해요."

할리는 바닥에 내려서서, 라게가 어디 있는지 가르쳐준 열쇠를 찾아 자물쇠를 열었다. 젊은 친구가 먼저 행동하지 못하도록 그는 청년에게 안뜰을 한 바퀴 둘러보라고 왼쪽으로 보낸 뒤, 청년에게 알리지 않고 작은 탑으로 향했다. 그는 통로로 들어갔다. 한 시간 전부터 참을성 있게 문을 긁고 있던 피노에게 부딪혔다. 그는 문에 귀를 바짝 댔다. "네가 아무리 싫어해도 난 상관 안 해, 잔! 그깟 입맞춤 한 번 했다고 해서 지옥으로 떨어지진 않아!" 단호한 어조로 말하는 마르시야의 커다란 목소리가 들렸다.

그러더니 허둥지둥 도망가는 발소리가 원형 천장에 부딪혀 사방에 울려 퍼지고, 고뇌 끝에 두 개의 손이 방문을 잡고 흔드는 것처럼 들렸다. "이거 놓으세요, 마르시야 씨. 무서워요." 잔의 겁에 질린 목소리가 들렸다. "재미로 이러시는 거면 너무 잔혹해요. 이런 장난을 할 바엔 차라리 죽어버리겠어요."

할리가 마르시야의 사악한 계획을 중단시키려고 엄청난 힘으로 문을 두드린 것은 바로 그때였다. 기용은 이미 그의 뒤에 와 있었다.

"아아! 하느님, 감사합니다!" 잔이 외쳤다. "보세요, 사람들이 당신에게 창피를 주러 왔어요, 마르시야 씨."

"잔." 마르시야가 속삭였다. "입 다물어, 안 그러면 목숨은 없을 줄 알아!"

"흥! 원한다면 죽이세요." 잔이 말했다. "난 입을 다물지 않을 거예요."

그러나 그녀는 마르시야가 황급히 상자에서 엽총을 꺼내들고 총구를 포위자들에게 돌린 다음 총알을 장전하는 소리를 듣고는 입을 다물었다.

"잔." 그가 계속 속삭였다. "내 뜻을 거스르면 이곳에 처음으로 들어오는 자는 큰 희생을 치르게 될 거야! ……네가 재수 없게 한마디라도 말하거나 비명을 지르거나 조금이라도 움직인다면…… 난 문을 열고…… 널 죽일 거야! …….''

"마르시야 씨." 잔도 속삭였다. "제발 안심하고 문을 여세요. 한마디도 안 할게요. 당신을 비난하지 않을게요. 소란도 부리지 않겠어요. 전 누구에게도 들키지 않고 여기서 나가기만 하면 돼요. 당신이 절 겁주려고 했다는 건 누구에게도 말하지 않겠어요."

밖에서는 여전히 돌쩌귀가 흔들릴 정도로 문을 쾅쾅 두드리고 있었다. 그러나 그들이 아직 아무 말도 하지 않았으므로, 마르시야는 도둑이 틀림없다고 진지하게 생각했다. 그는 도둑인 것 같다고 잔에게 말하고, 총에 맞을까 걱정이니 침실로 물러나 있으라고 했다.

"만일 도둑들이라면" 잔이 대답했다. "당신이 다치지 않도록 도울게요, 마르시야 씨. 전 겁쟁이가 아니에요. 여기서 나가는 건 그다음에 해도 돼요."

"좋아! 착한 아가씨." 마르시야가 각오를 다지고 냉정하게 말했다. "저기 난로 위 벽에 걸려 있는 엽총을 들고 문 뒤에 있어. 내가 이 총을 다 쏘면 그걸 건네줘."

"문 여세요, 마르시야 씨." 아서 경이 말했다. "아주 긴급한 용건으로 할 이야기가 있습니다."

"이런이런! 주인님." 마르시야가 대답했다. "왜 그렇게 큰 소리로 말하고, 문은 또 왜 그렇게 세게 두드리십니까? 하인들을 깨우는 게 당신 방식인가요? 옷을 입을 시간을 주세요." 그러고는 재빨리 잔에게 말했다. "네 질투심 많은 영국인의 이를 다 날려버리고 싶지 않거든 침대 커튼 뒤로 숨어."

"저더러 당신 침대 뒤에 숨으라고요?" 잔이 대답했다. "아아! 싫어요, 절대로 숨지 않겠어요! 난 숨고 싶지 않아요."

"맘대로 해." 마르시야가 말했다. "네가 내 애인이라는 인상을 주는 데는 변함없으니까. 어떤 결과가 될지 곧 알게 될 거야! 맘대로 하라고, 귀여운 아가씨!"

"할리 씨!" 그가 목청을 높여 말을 이었다. "주먹으로 내 방 문을 살살 쓰다듬는 데 질리면 말씀하세요! 내가 혼자가 아니라는 것과 당신에게 절대로 문을 열어주지 않으리라는 걸 알려드리죠! 안뜰에서 기다리세요. 저 멀리서. 도움을 드리러 곧 따라갈 테니까요."

"문 열어!" 인내심이 극에 달한 기욤이 외쳤다. "안 그러면 문을 부숴도 모른다!"

"이런이런! 두 분이셨습니까?" 마르시야가 경멸하는 투로 차갑게 말을 이었다. "좋습니다! 그리고 싶으면 문을 부수세요, 주인 나리들. 여긴 당신들에게 도움이 될 총알이 네 발 있거든요. 내 애인을 보여줄 생각은 없으니까."

"그럼 죽음을 건 싸움이 되겠군!" 기욤이 고함쳤다. "우리도 무기를 갖고 있다. 우릴 안으로 들여보내라."

그러고는 격노한 손으로 문을 덜컹덜컹 흔들었다.

마르시야는 문이 휘어, 얼마 전에 새로 칠한 벽으로 문고리의 잠금장치 부분이 나온 것을 보고는 저항할 생각을 포기했다. 경멸하거나 비웃는 게 아니라, 질투심 많은 어린애 같은 인간에게 복수하는 것은 자신에게 어울리지 않는 행동 같았다. 그는 문이 부서지도록 놔두려고 뒤로 물러서서, 어떤 공격에서도 잔을 지키려고 어둠 속에서 그녀의 모습을 찾았다. 그러나 잔은 마법사처럼 사라졌다. 그는 그녀가 침대 뒤에 숨어 있다고 생각했다. 그리고 그것을 확인하려는 순간, 문이 요란한 소리와 함께 떨어져 나갔다. 아서 경이 먼저 맨손으로 뛰어들었다. 그리고 죽을힘을 다해 그를 앞지르려고 두 손에 권총을 들고 맹렬히 달려드는 기욤을 몸으로 막았다.

"아주 훌륭하군요, 아주 훌륭해요!" 마르시야가 말했다. "당신들은 질투에 미친 격정을 공유하고, 내 집에 예의도 갖추지 않고 난폭하게 쳐들어오는 것을 좋아하는 모양이니, 당신들을 도적처럼 맞이해도 되겠지요. 하지만 난 당신들의 바보 같은 행동에 연민을 느낍니다. 당신들 두 사람에게 1대 2로 무작정 살인을 저지르기보다는 더 공명정대하고 더 용감하게 행동하기를 요구하는 바입니다!"

"원한다면 즉시 그렇게 해주지!" 기욤이 외쳤다. "마침 달도 떴고, 네놈의 정원은 우리가 적절한 거리를 확보하기에 충분한 넓이니까."

"아니요, 내일하죠." 마르시야가 말했다. "더 이상 겁을 주고 싶지 않은 여성이 여기 있거든요. 당신들이 물러날 때까지 난 아무 짓도 안 할 겁니다."

"그 여성이 당신 집에서 나가는 걸 말리지 말라고 당신을 설득할 때까지 우린 물러날 생각이 없소." 할리가 아주 냉정하게 말했다. "마르시야 씨, 우린 그 여성이 여기 갇혀 있다는 걸 압니다."

"거짓입니다." 마르시야가 큰 소리로 말했다. "당신들이 내 경계심을 무리하게 부추기는 이상, 문을 부쉈듯이 쉽게 내 침대에 접근하지는 못할 거라고 분명히 말해두지요."

"잔!" 기욤이 외쳤다. "숨은 곳에서 나와. 대답해! ......아무 걱정할 것 없어. 우린 널 구하러 온 거야."

"아시겠죠, 여러분?" 마르시야가 비꼬는 투로 말했다. "잔이라고 부르고 싶은 사람은 여긴 없다는 걸. 또 여기 있다고 해도 당신들의 보호를 그다지 원하지 않는다는 걸. 보세요, 대답이 없잖아요."

"대답하지 않는다면" 기욤이 소리쳤다. "그건 기절했거나 죽었기 때문이다! 하지만 네놈이 그녀를 무참하게 모욕했거나 수치심을 줬다고 해도 난 역시 그녀를 여기서 구출할 것이다. 극악무도하고 비열한 자들 가운데서도 가장 경멸스러운 놈에게 지금 당장 제재를 가하는 한이 있더라도 말이야!"

달이 지평선과 이어진 언덕 꼭대기로 올라가기 시작했다. 그 움직임에 따라 이따금 일어나는 산들바람이 달을 가린 구름을 날려 보냈다. 달빛이 탑 안으로 비쳐 들었다. 아서 경의 눈빛은 그 판단력처럼 맑고 명석했다. 그는 침대가 흐트러지지 않았다는 점, 커튼이 열려 있다는 점, 오래된 건물의 이 작은 방에는 잔이 숨을 만한 옷장도 별실도 전혀 없다는 점을 즉각 확인했다. 그녀는 기욤과 자신이 방에 뛰어드는 순간, 그 혼란스러운 틈을 타고 밖으로 몰래 도망친 게 분명했다. 이렇게 판단하자 아서 경은 사라져가던 냉정함을 되찾았다.

"기욤." 그가 청년 남작에게 말했다. "그렇게 의심과 걱정으로만 움직여선 안 돼요. 잔은 이곳에 없습니다. 이미 안뜰로 도망쳤어요. 어서 따라가시고, 마르시야 씨와 이야기하는 것은 나한테 맡겨줘요."

"잔은 거짓말을 하지 않을 거다. 나한테 진실을 말해주겠지." 밖으로 뛰어나가면서 기욤이 외쳤다. "그녀의 말이 네놈의 죄를 증명하는 것이라면 재앙이 닥칠 줄 알아라, 마르시야!"

"마르시야 씨." 아서가 그와 단둘이 되자 말했다. "난 당신의 행동을 단정하지 않겠습니다. 당신이 어떤 책략으로 잔을 이곳으로 오게 했는지 모르니까요. 하지만 난 그녀가 깨끗한 채로 이곳에서 나갔다는 걸 압니다. 당신이 그녀에게 폭력을 쓰지 않고 말로 설득할 수 있으리라 생각했다고 믿고 싶군요."

"내 행동이나 의도에 대한 당신의 해석은 사양합니다." 레옹이 대답했다. "누구에게도 해명할 생각은 없어요. 자신의 행동과 의도를 설명해야 할 사람은 바로 당신이지요. 당신의 신속한 사죄와 보상을 기다리겠습니다."

"혹 내가 경솔하게 굴었다면," 할리가 말했다. "이곳에 잔이 있다는 확신 없이 쳐들어온 거라면 당신의 속셈에 저항하는 그녀의 목소리를 듣지 못했다면, 다시 말해 내가 착각을 했던 거라면 당신에게 어떤 종류의 사죄도 할 것이고 당신이 보상을 요구하기 전에 먼저 제안할 겁니다. 하지만 다 들었어요. 이런 행동을 한 것도 처음이지만, 내 인생에서 마지막이기를 기대합니다. 이런 행동이 부끄럽진 않습니다. 나한텐 당신의 졸렬하고 천박한 자만심으로부터 불쌍한 처녀의 명예를 지킬 권리가 있기 때문이지요. 하지만 내가 그 옹호자라고 경솔하게 명언하면 당신은 이 명예를 우습게 여길 테니까, 내가 어떤 자격으로 이곳에, 잔과 당신 사이에 끼어들었는지 기꺼이 설명하겠습니다."

"그래요." 마르시야가 쓴웃음을 지으며 말했다. "내가 알고 싶은 점도 바로 그겁니다. 당신은 이미 결혼한 몸이에요. 그런 당신이 결혼할 생각도 없는 대단히 아름다운 처녀에게 나보다 무슨 권리를 갖고 있다는 거죠?"

"내가 결혼했다고요? 누가 그런 말을 지어내던가요? 당신은 속은 겁니다. 난 자유로운 몸이에요. 그리고 내 의도는 그녀가 여기서 혹독한 시련을 받았다고 해도, 또 이걸 빌미로 당신이 내게 쏟아부을 게 틀림없는 비웃음의 말과 바꾸더라도 잔에게 결혼을 신청하는 겁니다. 그러니까 잔의 구혼자로서, 당신의 심한 모욕으로부터 그녀를 지키러 오는 건 놀랄 일이 아니지요. 나도 자진해서 당신 집에 불법으로 침입하지는 않았을 겁니다. 조금만 대화를 나눴다면, 내 뜻에 반해 우리의 젊은 친구가 그 격정에서 부서뜨린 이 문을 당신이 열어줬을 거라 생각하고 싶어요. 하지만 기욤은 그 불같은 성격에 더해 분노와 좀 과감히 말하자면 아버지 같은 배려심에 자극받았습니다. 그는 대부로서, 즉 고아의 유일한 후원자, 유일한 의붓아버지로서 내게 결혼을 허락하고 날 그녀의 보호자로 선택했습니다. 이 모든 일이 당신 눈에는 웃기지도 않게 보일 거라는 건 압니다. 이렇게 솔직히 말함으로써 어떤 조롱을 받을지도 알고요. 오늘부로 당신을 내 과거와 현재와 미래에 걸친 평안과 명예의 적으로 간주하고, 당신이 결투 신청을 받을 날과 시각을 지정하기를 바라는 건 그 때문입니다."

"그래서 습격자인 당신이, 모욕당하고 도망간 사람을 책임지고 있다는 겁니까? 변변찮은 남작이 유혹할 마음조차 없었던 계집과 결혼하고 싶어서? 그것 참 갸륵하군요! 당신이 내게 준 역할을 받아들이죠. 내 요구는 당신과 결투하는 것뿐입니다."

"원하는 대로. 무기 선택과 결투에 관한 모든 우선권은 당신에게 있습니다. 그럼 내일 아침에 결정 나기만을 바랍니다."

"안 되겠는데요. 내일모레, 존경하는 가족의 명예와 삶이 걸린 소송 사건을 변호해야 해서요. 오늘은 월요일입니다. 밤늦게 게레로 출발해야 해요. 승부는 내가 돌아간 뒤로, 즉 수요일 아침으로 미루도록 하죠."

"알겠습니다. 그 전에 다른 약속을 바란다든지 인정하는 일이 없기를 바랍니다."

"물론이죠." 마르시야는 완벽하리만치 냉정하고 용기 있는 사람의 호의를 담아 말했다. "아서 씨, 당신의 젊은 친구를 내 원한으로부터 지킬 생각이군요. 그가 아까 내게 준 모욕을 철회하라고 그를 설득해주십시오. 그러면 용서하겠다고 당신에게 약속하지요."

"그런 약속은 절대로 받아낼 수 없을 겁니다. 나도 시도할 생각이 없고요. 당신의 원한은 머잖아 결투로 풀어야 할 겁니다. 내가 죽게 되면 당신의 명예는 저절로 회복될 겁니다."

"기욤이 어린애라는 건 압니다. 난 그에게 사격과 펜싱을 충분히 연습시켰어요. 난 내가 틀림없이 이기는 시합은 바라지 않습니다. 그러니 내 너그러움을 기대하세요. 그리고 적어도 오늘 밤은 그에게 날 화나게 하지 않겠다는 약속을 받아내주세요.”

“그 점에 관해서는 아무것도 보장할 수 없군요. 그러니 그 청년의 분노를 더 이상 부채질하지 마십시오. 난 그를 쫓아가 데리고 가겠습니다. 부디 이 방에서 나오는 일이 없기를 바랍니다.”

“약속하지요, 아서. 그런데 우린 아직 장소도 무기도 정하지 않았는데?”

“당신이 정하세요. 난 내일 아침 당신의 통보를 기다렸다가 당신의 뜻에 맞춰 행동할 겁니다. 난 어떤 시합에도 훈련이 되지 않았습니다. 그러니 어떤 걸 선택하든 아무래도 좋아요.”

“맙소사! 당신의 고백은 날 자극하는군요! 난 검이든 권총이든 똑같이 자신 있는데.”

“압니다. 당신에게 잘된 일 아닙니까.”

“제비를 뽑읍시다!”

“맘대로!”

할리는 레옹에게 작별 인사를 하고 서둘러 멀어져갔다. 기욤은 크게 동요한 채 탑 쪽으로 돌아와 있었다. 그 혼자였다.

“아서!” 그가 외쳤다. “이 폐허 안을 샅샅이 뒤졌지만, 잔은 어디에도 없어요. 그녀가 있을 곳은 이 탑밖에 없습니다. 마르시야가 어딘가에 숨긴 거예요. 재갈을 물렸든가 죽인 게 분명해요! 끔찍한 범죄입니다. 날 내버려두세요! 다시 한번 들어가야겠어요! 저 극악무도한 놈의 목을 졸라 진실을 말하게 하겠어요. 추악한 은신처에서 아예 가루로 만들어버리겠어요.”

“안 됩니다, 기욤, 안 돼요!” 할리가 가로막았다. “난 그의 태도와 목소리와 방을 구석구석 관찰했어요. 아까 잔의 개가 우리를 따라 탑까지 들어왔는데 지금은 없잖아요. 내가 레옹과 이야기하고 있을 때, 저 멀리 밖에서 개가 짖는 소리가 들렸던 것 같습니다. 잔은 도망친 거예요. 돌아가면서 그녀를 찾아봅시다.”

“당신의 확신은 비상식적이에요, 아서! 행여 잔이 여기 있다면, 우린 그 비열한의 손에 그녀를 남겨두고 가는 셈이 됩니다! 안 되죠, 안 돼! 그녀를 데리고 나가기 전에는 절대로 못 갑니다!"

"보세요." 아서가 옛날 요새의 컴컴한 문을 가리키면서 말했다. "저기 누가 서 있는 게 안 보이나요! 저건 잔입니다, 틀림없어요!" 두 사람은 철창문 쪽으로 달려갔다. 분명 지금 방금 그곳으로 그림자 하나가 재빨리 미끄러지듯 들어갔다.

그러나 그것은 잔이 아니었다. 그것은 라게, 즉 브리드바쉬였다. 그는 그들에게 따라오라 손짓하고 있었다.

24장
불행

라게는 뒤를 주의 깊게 살피면서 걸었다. 그리고 기욤과 그의 친구를 서둘러 밖으로 데리고 나가려고 했다.

"그 처녀를 찾지요?" 경계심 많은 이 염탐꾼이 말했다. "내가 없으면 절대로 못 찾을 겁니다. 얼마를 주시렵니까?"

"원하는 대로 주겠다!" 기욤이 대답했다. "넌 우리를 속이지 않았다. 널 상대로는 계산하지 않겠다."

"어이쿠, 젊은 나리, 계산해주십시오! 계산해주세요!" 라게가 모자를 내밀면서 말했다.

기욤은 호주머니에서 금화를 한 움큼 꺼내더니, 진짜로 헤아려 보지도 않고 부랑자의 꾀죄죄한 모자 안에 모조리 던져 넣었다.

"아주 좋군요. 마침 날씨도 나쁘지 않아요." 라게가 말했다. "그럼 젊은 나리들, 나만 따라 오십시오."

그러더니 두 사람을 오래된 성관 외벽을 따라 어떤 장소로 데리고 가서 멈춰 섰다. 폐허의 산사태로 만들어진 땅은 비스듬하게 다져지다가 그 부근에서 파여 있었다. 마르시야가 임시로 거주하는 작은 탑에 불빛을 들이는, 오래된 쇠창살을 제거한 좁은 창을 땅바닥에서 높이 떼어놓기 위해서인 것 같았다. 흙과 자갈은 저만치에 2층 높이까지 쌓아올려져 있었다. 따라서 이 창은 성관을 둘러싸는 담장 역할을 하는 오래된 연못을 부분적으로 복원한 것에 불과한 좁은 도랑 위로 거의 25피에 높이에 있었다. 이 인적 없는 외딴 성관에서 가끔 밤을 보내는 마르시야는 그의 작은 거주지에 가능한 한 많은 방어 시설을 만들어놓았다.

"우릴 어디로 데리고 가는 건가?" 라게가 지팡이 끝으로 도랑 바닥을 가리키는 것을 보고 기욤이 물었다.

"처녀는 저기에 있습니다." 라게가 작은 탑 창에서 보이지 않도록 흙과 자갈 더미 뒤에 몸을 숨기면서 잔뜩 목소리를 낮춰서 말했다. 그런 다음 지팡이를 들어 그 창을 가리키더니 위에서 아래로 허공에 선을 그었다. 그러고는 잔인하리만치 감정이 담기지 않은 투로 덧붙였다.

"아주 작은 불행한 일이 일어났을 뿐입죠. 처녀는 죽었다는 겁니다! ……그래도 보러 가십시오…… 난 따라가지 않겠지만……. 난 처녀가 떨어지는 걸 똑똑히 봤지만, 가까이 가서 보고 싶지는 않아요…… 그 정도로 바보는 아니거든요! ……사건이 재판에 부쳐지면 내가 죄를 뒤집어쓸지도 모르고."

그렇게 말하고 라게는 처음처럼 사라져버렸다. 그는 마르시야가 무서웠다. 그러나 정작 마르시야는 기욤과 아서가 나가는 것을 탑의 문을 통해 지켜본 뒤 안뜰로 잔을 찾으러 갔다. 그는 어느 구석에 웅크리고 앉아 떨고 있을 그녀를 찾아낼 생각만으로도 만족스러웠다.

아서와 기욤은 이미 도랑 바닥에 도착해 있었다. 두 사람은 어둠 속을 정신없이 헤집고 다녔다. 그러나 잔은 없었다.

"다행이야!" 아서가 말했다. "이번엔 부랑자가 우릴 속였어요."

"아아, 이럴 수가! 그렇지 않아요. 여기 잔의 망토가 있어요!" 그렇게 말하고 기욤은 젊은 처녀의 소매 없는 망토를 주워들었다.

그들은 그래도 그녀를 계속 찾았다. 불길한 생각을 서고 주고받을 용기가 없어 그저 묵묵히 도랑을 따라 가다가 골짜기 아래에 닿았다.

이 좁은 골짜기에는 투명한 계곡 물이 바위 사이로 경쾌한 소리를 내면서 가느다랗게 흐르고 있었다. 기욤은 그 돌 벤치 쪽으로 달려갔다. 그리고 한 여성이 물가에 앉아 있는 것을 똑똑히 보고 기쁨의 비명을 질렀다. 구름이 걷히고 달빛이 밝게 비쳤다. 잔이었다. 죽은 사람처럼 새파란 얼굴로 꼼짝 않고 있기는 했지만, 입가에 미소를 띠고 몽상에 잠긴 듯한 안정된 자세로 두 손을 포개고 있었다. 피노가 그 발치에 엎드려 있었다.

"잔!" 기욤이 그 옆에 무릎 꿇으면서 외쳤다. "이제 살았어! 하느님께 영광을!"

"어머! 별일 없었어요. 정말 별일 없었어요, 대부님." 잔이 말하고, 그의 입맞춤에 손을 맡겼다. "안녕하세요, 아서 씨! 여행에서 돌아오신 거예요? 전 괜찮아요. 고맙습니다!"

"잔, 잔, 어디로 온 거야? 어디에 숨어 있었어? 추락한 건 아니겠지?" 기욤이 말했다.

"추락이요? 네, 좀 심하게 떨어진 것 같아요…… 마르시야 씨의 말 위로 요…… 아니…… 정확히 모르겠어요, 대부님. 전 잠깐 땅바닥에서 잠이 들었답니다. 하지만 제 개가 몇 번이나 제 옷을 잡아끌어서 절 깨워주었어요. 전 일어섰어요. 뼈는 어디도 부러지지 않았어요. 좀 걸어봤거든요. 하지만 몸이 젖은 솜처럼 무거워요. 그래서 좀 쉬려고 앉은 거예요. 제 암소들이 안 보이네요. 분명 클로디가 몰고 갔을 거예요. 대부님, 이제 집으로 돌아갈 시간이에요."

"그래, 집에 가자! 상냥한 잔, 소중한 잔, 아아, 사랑하는 내 동생!"

"동생이라고요? 그럼 여기 소중한 아가씨가 오셨어요? 안 보이는데요! 맙소사! 제가 정신이 나갔나 봐요, 대부님. 제가 어디서 왔는지 모르겠어요."

"기욤." 할리가 속삭였다. "말을 시키지 마세요. 혼란을 주지 마세요. 창문에서 뛰어내린 것만은 분명합니다……." 그는 고개를 돌려, 멀리 있어서 더욱 음침해 보이는 그 창의 높이를 몸서리치며 바라보았다. "저렇게 높은 데서 떨어지다니!" 그가 말했다. "하느님께서 우리를 위해 엄청난 기적을 보여주셨군! 잔이 괜찮아야 할 텐데. 하지만 보시다시피 기억을 잃었어요. 좀 걷게 해볼까요? 그리고 기억을 되살리려고 너무 서둘러서는 안 됩니다. 부사크에 도착하면 사혈을 받는 게 좋겠어요."

"어서 돌아가요, 네, 대부님?" 잔이 아무렇지도 않게 일어서면서 말했다. "여기 있으니까 왠지 불안해요. 그런데 여긴 처음 보는 곳이군요. 저택의 목장인가요? 라게 영감을 못 보셨어요?"

"라게!" 기욤이 방랑자와 마주쳤던 곳을 그제야 떠올리고 말했다. "아니, 잔. 여기 라게는 없어. 어서 가자. 너의 소중한 아가씨가 자기 전에 '잘 자라' 인사하려고 널 기다리고 있어."

잔은 기욤의 팔에 매달려 가볍게 걸었다. 아서가 그들이 도착했을 때 성문에 매어놓았던 말을 끌고 와서 말 잔등에 앉혔다. 그들은 프티트 크뢰즈강의 계곡을 따라 부사크로 돌아갔다. 기욤은 달빛에 비친 마을을 본 적이 있었다. 아서 경은 추락 때의 엄청난 충격으로 잔이 신경성 발작을 일으키지나 않을까 걱정했다. 그들은 나란히 서서 되도록 천천히 나아갔다. 다정한 아서 경은 잔이 불쌍해서 슬퍼졌다. 하지만 가끔 애정을 담아 기분은 어떠냐고 묻는 것 말고는 달리 뭐라 말을 건넬 수가 없었다.

"전 좋아요." 잔이 깜짝 놀라 대답했다. "왜 그런 걸 물으세요? 전 병에 걸리지도 않았는데."

잔은 충격적인 기억을 모두 잊어버렸다. 그녀는 사색에 잠긴 듯이 보였다. 그러나 그녀의 사색은 이제 평화롭고 기분 좋은 몽상뿐이었다. 밤공기는 맑고, 달은 밝게 빛났다. 잔의 귀에는 툴을 향해 걸어갈 때처럼 귀뚜라미와 참개구리의 노랫소리가 아직도 들렸다. 지금은 마을의 종루를 등지고 있었지만, 그 사실을 깨닫지 못했다. 그녀의 눈앞에서 모든 것이 흔들리고, 그녀의 기억과 애정 속에서 모든 것이 뒤섞였다. 예전에 부르보네 지방의 목장에서 밤새 가축을 지켰던 일, 성 주위에서 새벽이슬에 젖으면서 몽상에 잠겼던 일. 에프-넬의 암산양들, 부사크의 암소들, 친절한 알랭 신부, 소중한 마리 아가씨, 그리고 그녀가 뜬눈으로 보고 있는 행복한 꿈속에서는 아직 죽지 않은 어머니 틸라까지. 이따금 그녀는 쇠약한 머리를 아서 경의 어깨에 기댔다. 그의 애정 어린 정결한 힘이 조용히 자기에게 미치고 있음을 그녀는 어렴풋이 느꼈다. 그러나 겁 많은 수줍음조차 이 친구가 지금 옆에 있다는 사실을 깨닫지 못하는 것 같았다.

이 이야기의 등장인물인 세 젊은이가 부사크성에 도착했을 때는 자정이 지나 있었다. 성관에는 인기척이 거의 없었다. 클로디는 너무 걱정이 되어 부엌 구석에서 혼자 울고 있었다. 카데는 그 자리에 없어서 그들의 말을 맞이할 수가 없었다. 기욤의 갑작스러운 출발과 긴 부재에 극도의 불안을 느낀 드 부사크 부인의 명령으로 그를 찾으러 카데 자신이 말에 타고 있었기 때문이다.

"나리 어머니께서 밤 10시까지 툴로 오는 길목에서 나리를 기다리셨어요." 클로디가 젊은 남작에게 말했다. "지금 막 돌아오셨죠. 마리 아가씨와 드 샤르무아 부인은 아직 거기 계세요."

"내가 마리 양을 안심시키러 가겠습니다." 할리가 기욤에게 말했다. "당신은 어머니를 위로하러 가봐요. 클로디에게는 잔을 충분히 보살펴달라고 부탁하고요. 가는 길에 의사에게 그녀를 진찰해달라고 말해놓겠습니다."

"의사 선생님은 아직 저택에 계세요." 클로디가 말했다. "잔, 너 어디 아프니?"

"별거 아니야." 클로디를 껴안으면서 잔이 말했다.

드 부사크 부인은 눈물을 흘리면서 아들을 나무랐다. 기욤은 어머니의 애정 어린 비난을 평소와는 다르게 조금 반항적으로 들었다. 왜 모두에게 자기가 병이 났다고 며칠 전부터 믿게 하려고 했는지 이해할 수 없다고 주장했다. 자신은 매우 건강하며 여태껏 몇 번이나 그랬듯이 문득 조–마트르의 돌 위로 달이 뜨는 것을 보러 가고 싶어졌었다는 것, 도중에 만난 아서 경과 이야기를 나누기 위해 발을 멈췄다는 것, 병에 걸린 이모를 툴에서 병문안하고 온 잔과 우연히 마주쳤다는 것, 대녀를 자신의 말 뒤에 태웠는데 불행하게도 잔이 말에서 떨어졌다는 것, 이 낙마로 부상을 입은 불쌍한 처녀를 좀 쉬게 하려고 낮은 곳을 지나 천천히 돌아왔다고 단언했다.

그의 이야기는 사실보다 더 사실 같고 자연스러웠다. 드 부사크 부인은 추호도 의심하지 않았다. 단, 하인을 자기 말 뒤에 태우는 건 우습고 잘못된 행동이며, 시골 소시민이나 하는 그런 행동을 흉내 내는 것은 용서할 수 없다고 아들에게 주의를 주었다. 어머니가 잔의 사고보다도 예법에 더 신경 쓰는 것을 보고 기욤은 화가 났다. 그는 잔은 어떤 일에서든 자신과 대등하며, 사교계의 편견으로 사람을 차별하는 데에 놀랐다고 어머니에게 가시 돋친 말로 대답했다. 드 부사크 부인은 아들이 반항한다고 생각했다. 부인은 아들을 타이르고, 다시 눈물을 흘렸다. 그러자 아들은 질책을 끝까지 들으려고 하지 않았다. "어머니." 그가 말했다. "제가 더 걱정하는 것이 있어요. 그건 바로, 제가 병에 걸렸을 때 헌신적으로 절 돌봐준 뒤로는 이제 절대로 하인이라고 부를 수도 그렇게 볼 수도 없는 저의 젖형제, 어머니에게는 대녀인 이 집 자식에게 일어난 사고예요. 전 그 상태를 물으러 갈 거예요. 제 지위의 우월성과 제 인격의 우수함에 대한 이 논의는 내일로 미룰게요. 용서해주세요. 잔을 제 말에 태운 건 확실히 큰 잘못이었어요. 그녀를 낙마시키는 안타까운 실수를 저지르고 말았으니까요. 고백하지만, 이게 뼈저리게 후회하는 유일한 일이에요."

그로부터 잠시 뒤, 마리의 부름으로 잔의 방에 드 부사크 부인, 기욤, 마리, 아서, 그리고 의사가 모였다. 잔은 주위에 모여 자신을 걱정하는 모습을 보고 깜짝 놀랐다. 의사도 놀랐다. 잔은 자기가 어디서 떨어졌는지 기억하지 못했다.

자기가 어떤 사고를 당했는지 들은 대로 믿기는 했지만, 파헤쳐진 흙 위에 발부터 떨어지고 그다음 무릎을 짚었다는 것, 그리고 얼마나 그랬는지는 정확하지 않지만 잠시 잠들었다는 것 등은 선명하게 기억했다.

"물론 잠시 기절한 겁니다. 놀라기도 하고, 아마 무서웠겠죠." 의사가 말했다. "이 아가씨는 아픈 곳이 없습니다. 다치지 않았다는 거죠. 따라서 치료할 곳도 없습니다."

"선생님." 아서 경이 의사를 한쪽으로 데리고 가면서 말했다. "추락은 잔이 기억하는 것보다 더 심각합니다. 말이 겁에 질렸던 장소는 툴로 가는 길 끝에 있는 아주 험한 곳이었거든요. 잔은 거의 30피에 높이에서 떨어졌습니다. 확실히 풀밭 위로 떨어지긴 했지만, 15분쯤 기절해 있었습니다. 그때부터 의식이 분명치 않아요. 자기가 어디에 있는지, 자기에게 무슨 일이 일어났는지 거의 모르고 있습니다."

"그렇다면 얘기가 달라지는군요." 의사가 말했다. "즉시 사혈해야겠어요. 척수 손상, 심장 피막 파열, 뇌진탕이 무척 염려되니까요."

사혈을 하자 잔은 조금씩 혈색이 돌아왔다. 그리고 마리가 자기 침대 옆에 준비시킨 침대에서 곧 곯아떨어졌다. 마리는 사랑하는 양치기 소녀—그녀는 이렇게 불렀다—와 한시도 떨어지고 싶지 않았다. 크게 동요하고 나면 반드시 기력이 쇠진하는 기욤에 비해, 건강한 아서 경은 누울 생각도 안 했다. 작은 소리 하나도 내지 않으려고 주의하면서 그는 몇 번이나 살금살금 찾아와 복도에서 귀를 기울였다. 그리고 동이 틀 무렵, 평소 습관대로 일찍 일어난 잔이 소중한 아가씨의 방에서 발랄하게 나와 들판의 공기를 들이마시러 가는 것을 보고서야 안도했다. 잔은 그도 지금 막 일어났다고 생각했다. 그리고 여전히 그가 결혼했다고 믿고는 그에게 아무런 경계심도 품지 않은 채, 자신을 도와준 일들에 감사하면서 순수하게 악수했다.

"다 기억이 났나요?" 그가 물었다.

"네. 오늘 아침에 다 기억났어요. 하지만 어쨌든 어젯밤에 말씀하셨듯이, 모든 게 잘될 거라고 말해야겠지요. 그래야 마르시야 씨도 괜한 소리를 안 들을 테고요."

"잔, 그럼 그 악당을 용서할 생각인가요?"

"하느님은 모든 걸 용서하라고 명령하셨어요. 그리고 마르시야 씨는 악당이 아니에요. 절 상대로 조금 어리석은 방식으로 농담을 한 것뿐이죠. 말투는 천박한 젊은이예요. 언제나 젊은 여자들에게 입을 맞추려고 하죠. 하지만 저한텐 안 통해요. 전 못하게 했어요. 전 그 사람이 생각하는 것보다 강해요. 저한텐 죽어도 입을 맞추지 못했을 거예요. 하지만 그 사람은 자기 방에 절 가두고, 절 나가지 못하게 하려고 온갖 얘기를 지어내며 재미있어했어요. 저에 관한 나쁜 소문이 돌게 하려고 밤새 절 가둬놨다고도 할 수 있겠죠. 그래서 전 당신과 대부님의 목소리를 듣고 무척 기뻤답니다. 그런데 놀랍게도 그는 저 때문에 당신과 대부님을 죽이려고 하는 것 아니겠어요? 그는 총을 들고 '네가 여기 있겠다는 데 동의한 것처럼 굴지 않으면 영국인의 머리를 날려버리겠다'고 말했어요. 전 그가 일을 크게 만들지 않기를 바랐죠. 그땐 꼭 미친 사람 같았거든요. 그리고 문 너머에서 당신이 한 말이 그를 격분하게 해서 저한테 대단히 냉혹하고 심술궂은 말을 했어요. 그래서 전 한편으로는 그 사람이 격분한 나머지 저에게 치명적인 구타를 할지도 모른다는 공포를, 다른 한편으로는 그런 곳에서 당신들에게 목격당하는 수치심과 그 사람이 말할지도 모르는 제 험담에 대해 반론할 수 없는 수치심을 느꼈죠. 이런 모든 것이 저에게 창에서 뛰어내릴 결심을 하게 했어요. 창은 겨우 몸이 빠져나갈 만큼 작았어요. 그래도 힘들게 성공했죠. 그가 창이 높다고 단언했음에도 전 거기서 벗어나고 싶다는 한 가지 생각뿐이었어요. 그 사람은 그건 자살행위라고 했지만, 전 당신과 대부님을 죽게 하느니 제가 죽는 편이 낫다고 생각했어요. 그러나 결국 모두 위협에 불과했죠. 그는 당신들에게 폭력을 쓸 마음이 없었어요. 지금은 그렇게 확신해요. 창문도 그렇게 높지 않았죠. 하나도 다치지 않았는걸요. 피를 뽑아서 쇠약하게 하지 않았더라면 전 분명 평소와 똑같았을 거예요. 어쨌거나 이런 모든 일이 끝나서 정말 기뻐요. 전 들판으로 가겠어요. 어제 들은 바보 같은 말을 모두 믿다니, 정말 어리석었어요. 대부님도 대모님도 여전히 저한테 다정하시다는 것, 소중한 아가씨가 변함없이 절 사랑해주신다는 것을 알았어요. 절 미워하는 건 드 샤르무아 부인뿐이에요. 왜 그런지 모르겠어요. 전 언제나 샤르무아 부인과 아가씨를 성심성의껏 모셔왔는데."

아서 경은 잔에게 드 샤르무아 부인과 무슨 일이 있었는지 설명을 요구했다.

그러나 진실은 잔의 매우 신중하고 불충분한 대답에서 추측하는 수밖에 없었다. 젊은 처녀는 백작부인이 그녀를 모욕하기 위해 썼던 말을 전달하기에는 너무도 신중하고 너무도 자존심이 셌다.

"부인." 드 부사크 부인이 침실에서 코코아를 마시면서 부지사 부인에게 말했다. 요즘 부쩍 자주 드나드는 부지사 부인은 오늘 아침에도 꼭두새벽부터 와 있었다. "당신 계획은 하나도 성공하지 못했군요. 어젯밤 기욤에게 어떤 말을 할 생각이었는지 난 몰라요. 하지만 당신의 비결에는 상식이 없었어요. 기욤은 지금까지보다 더 잔을 사랑해요. 우리 애들은 둘 다 기가 막힐 정도로 그 애만을 사랑하죠. 기욤은 미친 사람처럼 그 애를 쫓아갔어요. 그 애는 목이 부러질 뻔했지만, 그것이 오히려 아들의 광기를 부추겼지요. 딸애는 아예 자기 방에서 재울 정도예요! 애들은 정말이지 영문도 모를 목적에 고양돼서 나에게, 그리고 더 나아가서는 사회에 반항할 각오가 완전히 되어 있답니다. 그 둘은 잔이 얼마나 이 집에 봉사하고 있는지, 얼마나 미덕을 갖추고 있는지 내게 가르쳐요. 난 의지가 약한 사람이에요. 그리고 곰곰이 생각해보면 나도 잔을 소중하게 생각하지요. 그 애가 아들을 살려준 건 결코 잊지 못해요. 당신이 어제 그 애를 쫓아냈을 때, 난 당신에게 격노했었죠. 지금도 그 화가 아직 남아 있어요. 당신이 아무것도 해결하지 못한 채 모두를 괴롭게 하고 있으니까요."

"지금 기욤은 뭘 하고 있죠?" 뚱뚱한 부지사 부인이 의기양양한 얼굴로 느긋하게 물었다.

"자고 있는데요."

"아침 9신데 아직도 잔다고요? 그래, 어젯밤은 잘 잤나요?"

"네, 잘 잤죠. 내 명령으로 아들 몰래 침실에서 밤을 보낸 카데가 단언하던 걸요."

"그렇군요." 샤르무아 부인이 말을 이었다. "그렇게 깊이 잠들었다면 사랑의 열정은 이미 식은 거예요."

"그런가요?"

"명예를 걸고 맹세하죠. 어제 난 아드님에게 마법의 말을 했어요. 아드님은 잔을 쫓아갔죠. 아주 단순한 일이에요. 아드님이 그 애를 대등하게 취급한다? 그건 있을 수 있는 일이죠. 그 애가 귀여움과 존경받기를 바란다? 그것도 예상하던 일이었어요. 어쨌든 아드님은 이제 잔을 사랑하지 않아요. 우리가 원하는 대로 엘비르와 결혼할 거예요."

"무슨 소린지 이해할 수가 없어요."

"모르시겠어요? 그럼 좀 도와드리죠. 기욤의 유모는 당신이 결혼하기 전에 이 저택의 하녀였어요. 아름다운 여자였던 걸 난 기억해요. 거의 기억나진 않지만, 아마 몸가짐도 바른 여자였겠죠. 결혼 2, 3년 뒤에 당신은 그 여자를 질투했어요. 당신은 오해를 했을지도 몰라요……. 어쨌든 잔은 당신 남편의 딸, 그러니까 기욤의 동생일지도 모른답니다."

"세상에! 아들에게 했다는 게 이 거짓말인가요?"

"당연하죠!"

"말도 안 돼! 당연히 지어낸 얘기죠! 드 부사크는 군대에 있었어요. 잔이 태어날 때까지 틸라를 만난 적은 한 번도 없다고요."

"그게 뭐 어떻다는 거죠? 그런 정확한 정보를 도대체 누가 기욤에게 주겠어요? 그걸 캐묻고 다니기에 아드님은 너무 섬세해요. 난 조금 귀띔해줬을 뿐이에요. 그리고 추측은 아드님이 했죠."

"당신은 정직한 여자의 추억을 더럽혔어요!"

"틸라의 명예를요? 그것참 엄청난 죄군요! 당신도 당신 애들하고 똑같아요!"

"기욤의 아버지를 죄인으로 만들었군요! 내 남편이 아들에게 받을 존경을 실추시켰어요!"

"그건 또 왜죠? 남편의 명예가 이런 일에서 오는 건가요? 혹시 내가 잔을 당신의 딸이라고 생각하게 했다면 또 모를까. 그건 전혀 다른 얘기니까요. 하지만 내 가설로는 모든 것이 기욤의 상황과 훌륭하게 맞아떨어졌어요. 난 시적인 감성과 웅변을 구사했지요. 평민 아가씨를 사랑하는 기욤! ……아버지도 그랬을지도 모른다. 정열에 몸을 맡긴 기욤! ……아버지는 몸을 맡겼다. 이게 주제였어요. 이런 사랑의 결과로서 하인들 틈에서 자라고, 가난뱅이가 되고, 타락하고, 형제와 만나 근친상간의 정열 대상이 되는 위험에 빠진다……. 이런 불쌍한 아이가 태어난다는 것이 교훈이었어요. 기욤은 절규했죠. '됐습니다, 그만하세요! 이젠 듣고 싶지 않아요. 전 다 나았어요. 저를 위해 할 수 있는 모든 것을 해왔어요. 하지만 어머니한텐 이 이야기를 영원히 비밀로 해주세요.

어머니가 아버지를 영원히 믿을 수 있게 해주세요. 돌아가신 아버지! 하마터면 같은 실수를 저지를 뻔한 제가 무슨 권리로 아버지를 비난할 수 있을까요……' 자! 이제 좀 웃으시고 날 칭찬해주세요."

드 부사크 부인은 금세 웃음을 터트렸다. 그리고 샤르무아 부인에게 감탄하며 고맙다고 말했다.

"당신 의견에 적극 찬성해요." 그녀가 말했다. "하지만 머잖아 잔과 혈연관계라는 건 거짓말이었다고 기욤에게 밝히셔서 아들의 오해를 풀어주겠다고 약속하신다는 조건에서요."

"알겠어요! 그러고말고요!" 샤르무아 부인이 말했다. "아드님이 엘비르의 남편이 되고, 잔은 아주 멀리, 아주 멀리멀리 가버렸을 때 그럴게요. 반대로 당신이 그 애를 여기서 계속 일하게 한다면 기욤은 언제까지고 자기가 오빠라고 생각할 테고, 어쩔 수 없을 땐 내가 다시 증언할 거라고 생각해주세요."

"지칠 줄 모르는 분이군요!" 드 부사크 부인이 말했다.

한편, 잠에서 깬 기욤은 잔의 상태를 물으려고 벨을 울렸다. 그녀가 아무 일도 없었다는 듯이 암소를 돌보고 있다는 이야기를 듣고 그는 몹시 놀랐다. 그는 동생 방으로 달려가서 이렇게 말했다.

"마리, 우리 친구의 행복한 꿈은 반드시 이루어져야 해. 잔의 처지는 그 고결한 영혼에 어울리는 것이 되어야 해. 오늘까지 할리 씨는 겁쟁이였어. 잔은 조심성이 많아서 그런지 쉽게 믿으려고 하지 않았지. 우리는 의지박약하고 우유부단했어. 지금이야말로 우리는 중립적인 태도에서 벗어나야 해. 서로 이해하기 위해 만들어진 이 두 개의 심장과 편견 없이 두 사람을 보면 서로를 위해 만들어진 것처럼 보이는 이 두 존재를 가까워지게 하려면 바로 지금 솔직하고 적극적으로 노력해야 해."

"정말 놀라운 말이네." 마리가 대답했다. "어제 무슨 일이 있었는지 난 전혀 몰라. 우연히, 하지만 확실한 정보통으로부터 잔의 이모가 병에 걸리지 않았다는 소식을 들었어. 그러니까 그건 여길 나가기 위한 핑계였던 셈이야. 우리의 뭔가가 잔의 마음에 상처를 주고 심한 고통을 줬던 게 분명해. 잔이 우리를 버리기로 결심한 건, 우리의 뜻에 반해 잔의 귀에까지 들어가버린 결혼에 관한 온갖 소문 때문일 거라고 난 생각해. 오빠 잔을 우리 곁으로 데리고 올 능력이 있었어. 하느님의 은총이 있기를! 난 이제 잔 없이는 살 수 없는걸. 내게 잔은 정말 소중해, 오빠. 친동생 같은 존재야! 솔직히 말하자면 어젯밤 오빠와 아서 씨를 걱정하며 기다리고 있을 때, 헤아릴 수 없는 비현실적인 소망과 엉뚱한 몽상이 머리에 떠올랐어. 내가 사교계를 떠나 나를 짓누르는 이 신분을 버리고, 인적 없는 곳으로 도망가서 나막신을 신고 에프−넬의 히스 들판으로 잔과 함께 산양을 치러 가는 그런 계획을 생각하는 날 문득 발견했다면, 오빠 믿을 수 있겠어? 그래, 난 이런 평화로운 꿈을 꿨어. 그런데 이곳에서, 내 아름다운 양치기 소녀와 내 잔 다르크와 1년 동안 내 마음과 머리에 적은 아직 간행되지 않은 모든 시의 여주인공과 떨어진 채 이곳에서 지내야 하는 데다 이 꿈마저 실현시킬 수 없다니!"

"소중한 마리, 사랑하는 무모한 아가씨!" 젊은 남작이 감동한 듯이 미소 지으면서 대답했다. "네 꿈은 이루어질 거야. 충격을 주지도, 주위의 반감을 사지도 않고. 물론 가족들에게 고통도 주지 않고. 잔은 아서 경과 결혼하게 될 거야. 두 사람은 우리와 가까운 곳에서 우리와 함께 살게 될 거고. 그들은 아직 경작되지 않은 땅을 사들여 조금씩 비옥하게 만들 거야. 넌 농촌의 노래를 부르면서, 새끼 산양들이 뛰어다니는 걸 보면서, 네 아름다운 양치기와 함께 그 땅을 오랜 시간 거닐 수 있을 거야. 비오는 날엔 나막신을 신고 네가 양치기라고 생각하는 건 자유지. 하지만 이 모든 일이 일어나게 하려면, 잔이 우리에게 보내야 할 신뢰를 한시바삐 되찾아줘야 해. 그녀를 타락시키려는 인간은 이곳에는 없으며, 성실한 남성이 결혼을 원하고 있다는 걸 알려야 해. 무엇보다도 그녀가 암소들에게서 멀어져 네 방에서 우리 세 사람과 하루를 보내러 오게 해야 해. 잔의 대모이자 당연한 후원자인 우리 어머니에게 아서 경이 그녀와의 결혼을 진지하게 신청할 수 있도록 오늘 밤 유별나긴 하지만 행복에 가득한 단결이 결정되어야 해."

"정말 설렌다!" 마리가 말했다. "이렇게 기쁜 꿈에서 깰까 봐 걱정스러워!"

잔은 마리의 방에서 소중한 아가씨와 열띠게 이야기하는 대부 사이에 앉아 있었다. 아서 경이 몸을 굽히고 거의 무릎 꿇은 자세로, 자기와 결혼해주겠느냐고 물었을 때의 잔의 소박하고 긴 놀람을 묘사하기란 어려울 것이다. 그 소극적인 자신감과 드 샤르무아 부인의 거짓말을 극복하기란 쉬운 일이 아니었다. 그러나 아서 경이 자신은 한 번도 결혼한 적이 없다며 명예를 걸고 맹세하고, 대부와 아가씨가 친구의 정직함을 보장하는 말을 듣자 잔은 무릎 위에서 손을 깍지 끼고 머리를 갸웃한 자세로 진지하게 생각에 잠긴 채 아무 대답도 하지 않았다. 그녀는 더는 아무 소리도 듣지 않고 하늘에서 오는 빛과 영감을 받기 위해 마음속에서 기도하는 듯이 보였다. 그녀의 얼굴은 생기로 빛나고, 가슴은 희미하게 떨리고 있었다. 그녀가 이토록 아름다워 보인 적은 처음이었다. 걸핏하면 갈라테이아에 비유했던 마르시야라면 그녀가 처음으로 생명의 신성한 빛을 받았다고 말했을 것이다.

그러나 이 빛은 아주 잠깐밖에 지속되지 않았다. 잔의 얼굴은 추락했던 밤처럼 조금씩 혈색을 잃어갔다. 한곳을 응시한 눈은 생기를 잃었고, 입술은 평소의 신중함과 고집스러움을 되찾았다.

"좋아, 잔!" 마리가 명상에서 깨우려고 잔을 흔들면서 말했다. "넌 행복해지고 싶지 않은 거야?"

"소중한 아가씨." 잔이 마리의 손에 입 맞추면서 대답했다. "아가씨는 저의 행복을 자신의 행복 이상으로 원해주셨어요. 그리고 전 돌아가신 어머니를 사랑했듯이 아가씨를 사랑해요. 그러니까 제가 얼마나 아가씨를 기쁘게 해드리고 싶은지 알아주세요! 대부님, 대부님은 제게 주신 조그만 고통을 위로하려고 뭐든지 해주셨어요. 전 이미 잊었답니다, 정말이에요. 제가 아가씨만큼이나 대부님을 신뢰하는 걸 믿어주세요." 그런 뒤 진심을 담아 아서 경의 손을 잡으면서 말했다. "전 당신이 정직하고 배려심 있고 진정한 그리스도인이라는 걸 잘알아요. 당신이 영국인이 아닌 것처럼 우정이 느껴져요. 그러니까 제가 당신을 미워한다는 생각 같은 건 하지 마세요. 하지만 아무리 제가 당신과 결혼하고 싶다 해도 그게 저한텐 용서받지 못할 일이라는 건, 제 이름이 잔이고 하느님이 관대하신 분이라는 것만큼이나 명확한 사실이에요. 그러니까 절 원망하지 마세요. 제가 당신의 청혼을 아무렇지도 않게 거절한다고 생각하지도 말아주세요. 하느님의 뜻대로 하는 것을 유감스러워하는 게 죄가 아니라면, 그건 저한테 슬픔이나 마찬가지예요."

"잔." 할리가 말했다. "난 당신이 그러는 이유를 모릅니다. 그렇지만 짐작은 합니다. 난 어제 종일 알랭 씨와 대화를 나눴어요. 그는 당신 믿음의 비밀을 말해주지 않았지만, 난 당신이 신앙의 불안을 느끼고 있다는 걸 눈치챘지요. 신앙이 근거 없는 불안감을 진정시켜주는 일이 불가능하다고는 생각하지 않습니다. 그러니까 툴의 사제가 당신과 이야기할 수 있도록 내일 당신을 사제에게 안내할 수 있게 허락해주십시오. 당신이 내 청혼을 거절해야 할지 내게 희망을 남겨줘야 할지 최종적으로 결정하기 위해서요."

"알랭 신부님을 다시 만나는 건 정말 기쁜 일이에요." 잔이 말했다. "훌륭하고 올곧은 분이시죠. 하지만 신부에 지나지 않아요. 신부를 만난다고 해서 하느님에 대한 제 의무가 바뀌는 건 아니죠. 원하신다면 이리로 불러주세요. 당신이 원하는 만큼 대화를 나누죠. 하지만 그런다고 해서 제가 결혼을 결심하리라고는 생각하지 마세요. 제 이야기를 들으면 알랭 신부님도 저처럼 전 결혼할 수 없다고 당신한테 말씀하실 거예요."

"잔, 난 네가 잘못 생각하는 것 같아." 드 부사크 양이 말했다. "그리고 신부님은 네 생각을 바꿔주실 거야. 얼굴색이 아주 안 좋구나, 사랑하는 양치기 아가씨. 거절한다고 심란해하는 건 아닌지 걱정이다."

잔은 얼굴이 발그스름해졌지만, 그 뒤 더욱 창백해졌다.

"머리가 좀 아파서 그래요." 잔이 말했다. "이렇게 꼼짝도 못하고 방에 갇혀 있기 싫어요. 할리 씨, 보시다시피 전 별난 부인이 될 거예요! 일하러 가게 해주세요, 아가씨."

25장
결론

잔과 세 친구가 나눈 대화의 비밀과 결과는 아무에게도 알려지지 않았다. 그리고 잔이 성에 다시 모습을 보인 것은 해가 지고 난 뒤였다.

"저런 애는 처음 봤어!" 그녀가 돌아오는 것을 보고 카데가 말했다.

"죽다 살아났으면서 전과 똑같이 일하다니! 일찍 죽고 싶어서 환장했어, 이 맹꽁아?"

"심술궂게 왜 그런 말을 하니, 카데?" 잔이 빙그레 웃으면서 대답했다. "대부님의 집채만 한 말이 널 땅바닥에 내팽개칠 때마다 넌 죽었니?"

"어쨌든" 클로디가 잔을 보면서 말했다. "난 네가 진짜로 떨어졌는지 아닌지도 모르고, 요 전날 네가 어디서 밤을 보내고 왔는지도 몰라. 그런데 네 얼굴도 입술도 새파랗다. 이대로 있다간 다들 널 보고 겁먹을 거야. 꼭 고결한 파드 같은걸!"

그래도 잔은 다음 날 아침에도 들판으로 나갔다. 그러나 그녀는 클로디에게 밤에 잠을 이루지 못했다고 고백했다. 드 부사크 양은 그날 밤도 잔을 자기 방에서 재웠다. 잔은 소중한 아가씨를 깨울까 봐, 잠 못 드는 고통 속에서도 잠자코 있었다. 그녀는 조금 두통이 있을 뿐이라고 잘라 말했다. 잔은 씩씩하게 고통을 견디도록 단련돼 있는 게 분명했다. 육체의 고통에 좌우되지 않는 특별하고 완벽한 체질을 타고난 게 분명했다. 아침에 그녀를 진찰했던 의사는 창백한 얼굴빛이 조금 걱정스러워서, 또 그 침착한 대답이 오히려 의심스러워서 클로디에게 그녀의 상태를 물었다.

"아아! 어쩌겠어요, 선생님." 그녀가 말했다. "고통을 호소하지 않는 사람은 많아요. 잔은 절대로 말하지 않는 부류고요. 그들은 괴로운지 아닌지, 아픔을 느끼는지 아닌지 죽어도 말하지 않아요."

기욤과 아서는 아침 일찍 말을 타고 툴의 사제를 식사에 초대하러 갔다. 그 날 아침은 마르시야와 할리의 첫 번째 결투 날이었다. 그러나 마르시야는 소송사건에서 반론해야 하기 때문에 소송에서 이기든 지든 게레를 떠나는 건 이틀 뒤에나 가능하다고 어젯밤 속달로 알려왔다. 위험에 맞서는 레옹의 담력과 그가 어떤 무기든 잘 다룬다는 사실은 잘 알려진 바였으므로 망설임이나 의도적인 시간 끌기로 비난받을 염려는 없었다. 더구나 그가 아서 경과 붙고 싶어서 좀이 쑤셔한다는 것은 확실했다. 그러나 그는 이 결투와 그 원인이 된 사건은 곧 널리 퍼질 것이며, 사람들은 자신의 행동을 비난할 것이고, 그 이상으로 두려운 조롱이 자신에게 상처를 줄 거라고 생각했다. 그는 잔이 뛰어내린 사실을 몰랐다. 그 뒤 라게와 만나지 못했던 것이다. 보수를 기대하며 오랫동안 마지못해 그를 위해 움직이던 이 비참한 남자는 변호사의 혐오감과 경멸에 그 탐욕스러운 꿈이 배신당한 기분이었다. 그는 변호사가 자신의 판단을 실컷 이용해 먹고 보수는 주지 않는다며 분개했다. 레옹이 잔에게 몽브라로 갈 결심을 하게 했을 때 그는 컴컴한 바를로산을 헤매고 다녔으므로, 변호사가 자기에 대해 어떤 식으로 말했는지 듣지 못했다. 그는 돈 때문만이 아니라 복수심에서도 적으로 돌아서 있었다. 그리고 원한을 살까 봐 그 뒤 마주치지 않도록 조심했다. 그러나 레옹은 아무것도 몰랐다. 레옹은 잔이 부사크성 사람들에게 자기의 악행을 호소하여 사람들이 자기를 단죄하고 이윽고 온 마을 사람이 자기를 웃음거리로 삼으리라 생각하고 있었다. 그리고 그가 대실패라 부르는 것의 오명을 씻기란 거의 불가능했으므로, 그는 적어도 변호를 크게 성공함으로써 명예가 어느 정도 회복되기를 바랐다. 그는 유리한 소송을 맡았다. 변호하고 화려하게 승소하여, 자존심이 받은 상처를, 그의 표현을 빌리자면, 영예로운 관으로 감추기를 바랐다.

기욤은 잔과 아서 일에 정신이 팔려 마르시야의 일은 까맣게 잊어버린 듯이 보였다. 그러나 마르시야에게 아서보다 더 격렬한 복수 계획을 불태우고 있었다. 이미 자신의 형제로 간주하고 있는 인물과 은밀한 헌신을 경쟁하며 그 계획을 숨기고 있었다. 그러나 그 인물 또한 쌍방에게 위험한 결투에 먼저 도전함으로써 친구의 인생을 보호하려는 똑같은 계획을 실행에 옮기려 하고 있었다.

점심 식사 뒤, 청년들은 산책을 핑계로 알랭을 목초지로 데리고 나왔다. 아서, 기욤, 그리고 마리가 샤르무아의 두 여인이 방해하러 오는 일이 없도록 감시하는 동안, 툴의 선량한 사제는 깎아지른 암벽 뒤에서 이야기했다. 알랭은 동요의 빛을 완벽하게 숨기는 기술을 고독 속에서 습득했다. 그는 툴의 고지에 있는 늪지대를 샅샅이 수색했지만, 파드들의 여왕이 정신없이 들이마셨다는 광천수를 발견하지 못했다. 그러나 그는 그것을 찾는 데 더욱 심취했다. 수많은 땅을 파헤치고 수많은 메달과 금석문을 수집한 덕에 그는 고고학자가 다 되어 있었다. 즉 그는 청춘과 그 괴로운 흥분을 잊고 있었다. 이미 백발이 성성해져서, 서른두 살인데도 벌써 노인과 같은 풍모를 하고 있었다. 게다가 마르쉬 지방 특유의 열기 탓에 이 불쌍한, 그러나 정직한 길잡이는 말투도 진중해지고 성격도 차분해졌다.

"내 딸아." 그가 잔에게 말했다. "넌 정결과 청빈과 겸허를 맹세했다. 물론 나는 그걸 안다. 하지만……."

"'하지만'은 없어요, 신부님." 잔이 대답했다. "신부님은 제가 열다섯 살 때, 돌아가신 사랑하는 어머니가 제게 처음 그 맹세를 시키시고 그 뒤로 매해 부활제 영성체 때마다 새롭게 하는 것을 지켜보셨잖아요."

"그래, 내 딸아. 너의 처음 맹세에는 얼마쯤 이교의 냄새가 배어 있었지. 넌 에프–넬의 돌 위에서 맹세했지만, 그곳은 내가 신성하다고 인정할 수 없는 곳이니까. 따라서 그 첫 맹세는 내 눈에는 아무런 효력도 없는 것이었다. 근본적인 동기가 완전히 껍데기뿐이고 알맹이가 없는 이상 네게 의무를 지울 수 있는 것은 없단다. 이제는 너도 그걸 알 거야."

"동기…… 동기라고요, 신부님? ……그건 잘못된 동기가 아니었어요. 바를로산의 파드들이 제 손에 동전 세 닢을 놓은 것은 저에게 불행이 일어나기를 바라서라고 어머니는 생각하셨어요. 그리고 그 불행으로부터 몸을 지키기 위해 성모 마리아님께 세 가지 맹세를 해야 한다고 하셨죠. 루이 금화를 위해서는 청빈을, 에퀴 은화를 위해서는 정결을, 5수짜리 동전을 위해서는 겸허를 맹세해야 한다고요……. 이게 사건의 전부예요……. 제 힘으로는 바꿀 수가 없어요."

"하지만 넌 그 맹세들을 이해하지 못했을 거야. 넌 아이였으니까."

"아니에요! 이해했어요, 충분히요!"

"하지만 어머니 말씀에 따른 것뿐이잖니?"

"어머니 말씀에 따르는 것, 성모 마리아님의 마음에 드는 것, 그리고 맹세로 이 나라에서 영국군을 내쫓는 기적을 일으켰던 '고결한 양치기 소녀'와 닮는 것은 제 기쁨이었어요."

"그야 좋은 일이지. 그런데 너, 성모 마리아님을 고결한 파드라고 불렀니? 고백하렴, 잔!"

"우리가 그런 식으로 부르는 게 뭐가 어떻다는 거죠, 신부님? 그건 모독이 아니에요."

"보물을 발견하고, 황금 소를 손에 넣는 일을 파드가 도와준다고 생각했던 거니?"

"고결한 파드는 저 '고결한 양치기 소녀'가 차례차례 마을에 도착해서 전투에 이기는 것을 크게 도와주었어요! 고결한 파드는 지상의 모든 사람을 부자로 만들어줄 황금 동굴을 제게 찾게 하고 싶었을지도 몰라요. 제가 그것을 바란 건 욕심 때문이 아니었어요, 신부님. 전 청빈을 맹세했으니까요. 남편이 될 사람을 찾기 위해서도 아니었어요. 순결을 맹세했으니까요. 유명해지고 싶어서도 아니죠. 겸허하게 언제까지고 양치기로 살겠다고 맹세했으니까요."

"하지만 잔, 지금은 그런 보물이나 영국군과의 싸움, 그리고 아주 오랫동안 네 마음을 유혹해온 모든 사람이 부자가 된다는 몽상은 모조리 지워버려야 해. 이제는 그런 걸 생각해선 안 된다. 유복하고, 인간적이고, 자애롭고, 이 근방의 땅을 경작하고, 이 지방을 위생적으로 만들고, 일함으로써 주민들을 행복하게 해주는 사람과 결혼하는 것이 네게는 가장 큰 행복이자 가장 칭찬받을 일일 거다."

"전 그런 건 몰라요, 신부님. 그럴지도 모르죠. 만약 그렇다면 전 그 사람의 선의를 아주 존경할 거예요. 하지만 제가 한 맹세를 어길 수는 없어요. 전 아주 자유로운 의지로 약속했어요. 동전은 세 파드가 준 게 아니라 세 신사가 준 거라고, 맹세의 동기는 무효라고 아무리 말씀하셔도 소용없어요. 전 맹세는 그대로이며, 누구도 이런 일을 놀릴 수는 없다고 말하겠어요."

"너한테 그걸 놀리라고 조언하는 건 아니다! 하느님과 네 양심이 맺은 계약

부샤크성 '조르주 상드의 방'

은 사람들과 맺은 것보다 천배는 신성해. 하지만 교회가 유효하다고 인정하지 않는 무모한 맹세, 동기가 경박하고 부끄러운 것이라면, 하느님이 거절하신 무모한 맹세가 있어."

"부끄러운 맹세라고요, 신부님? 제 맹세는 지상의 가난한 사람들을 한 명도 빠짐없이 행복하게 하는 게 동기였다고요!"

"잘못된 생각과 어리석은 미신에 기초해서 맹세했다고 인정해라. 네 마음은 훌륭하고 다정했으며 네 의도는 숭고했어. 하지만 네 지성은 계발되지 않았어, 잔. 양심의 문제에 관한 한은 내가 너보다 좀 더 깊이 안다는 사실을 믿어야 한다."

"하지만 신부님, 교회에서 제게 다시 맹세를 해도 좋다고 허락하셨을 때, 신부님은 그게 옳다고 믿으셨어요!"

"지금도 그렇게 믿는다. 하지만 맹세의 동기가 무효하다는 데는 변함이 없어. 그때 난 툴의 미신에 관해 전혀 몰랐다. 하지만 지금은 알지. 게다가 너희는 은유를 사용해서 고해하지. 때로 너희는 악마를 이야기하는데, 내겐 그게 꼭 신에 관한 이야기로 들리는 거야."

"아니에요, 신부님!" 잔이 조금 화를 내며 말했다. "전 악마를 숭배하지 않아요!"

"그런 뜻은 아니다, 잔. 그런 게 아니라, 교회는 이제 네가 한 모든 맹세에서 널 해방시켜줄 수 있다고 말하는 거야."

"교회라고요, 신부님? 툴 생트 크루아의 교회 말이에요?"

"아니, 로마 교회지."

잔은 순종적으로 눈을 내리깔았다. 그녀는 이따금 사제가 로마 교회에 대해 이야기하는 것을 들었다. 그러나 모든 농민과 마찬가지로 그녀의 정신에도 이 말은 부자들만 순례하러 갈 수 있는 특별한 신앙 대상의 장려한 대건조물을 의미할 뿐이었다.

"로마 교회의 덕을 믿어요." 그녀가 말했다. "하지만 역시 하느님 이상의 교회는 없어요."

사제는 자신을 이해시키려고 노력했다. 그는 교황에 관해 이야기했다. 농민들은 교황에 관한 이야기도 가끔 듣는다. 그들은 교황을 대사제라고 부른다. 잔도 다른 호칭에 익숙하지 않았다.

"전 대사제에게 약속한 것도 아니고, 로마 교회나 툴의 생 마르시알 교회도 아니에요." 그녀가 말했다. "그 맹세는 하느님께, 성모 마리아님께, 그리고 저의 사랑하는 돌아가신 어머니께 한 거예요. 어머니는 신부님처럼 말씀하시지 않았어요. 어머니는 맹세란 평생 지켜야 한다고 하셨죠. 자기 자신을 배신할 바엔 죽는 편이 행복하다고 매일같이 말씀하셨어요."

사제는 교회의 수장이며 천국의 열쇠, 지상 사람들의 죄를 용서하고 용서하지 않는 권한을 받은 사도들의 후계자에 관해 설명했다. 알랭이 한 인간에게 인정하는 권한에 잔은 놀라고 왠지 모르게 화도 났다.

"그 모든 걸 알았다 해도, 얼마 전에 집이 불타고 불쌍한 어머니의 시체가 놓였던 에프−넬의 돌 위에서 했던 맹세를 절대로 어기지 않겠노라고, 절대로 결혼하지 않겠노라고, 남자에게 사랑의 입맞춤조차 절대로 하지 않겠노라고 전 맹세했을 거예요. 신부님, 어머니의 영혼이 절 꾸짖으러 올 거라는 것, 고결한 성모님이 우정을 빼앗아버리시리라는 것, 하느님이 제게 벌을 주실 거라는 걸 잘 아시잖아요. 한 번 한 건 아무것도 바꿀 수 없어요. 그건 쓸데없는 생각이에요."

잔의 열광적이기까지 한 믿음의 결심을 흔들 수 있는 것은 아무것도 없었다. 그녀를 설득하려고, 아니 시험하려고 질문을 던졌던 알랭은 크게 감탄하면서 그녀 곁에서 돌아왔다. 그리고 젊은 친구들에게 그 감탄의 마음을 전했다. 그러자 아서 경은 깊은 슬픔에 잠겼다. 그는 잔에게 다가가 슬픈 시선을 던졌다. 그리고 그녀의 믿음을 존중하고 될 수 있다면 자신의 애정을 극복하자고 마음먹고서 한마디도 하지 않고 그 곁을 떠났다.

사제가 드 부사크 부인에게 작별 인사를 하러 왔다. 사제가 방문한 진짜 이유를 전혀 모르는 부인은 그를 대단히 유쾌하고 조금 독특한 사람이라고 생각했다. 부인은 어원 연구에 관해 그에게 조금 더 질문하려고 했지만, 누구도 호응해주지 않았다. 한 시간 전에는 희망이 잔의 친구들을 쾌활하게 해주었다. 그러나 지금은 미소를 짓는 데도 엄청난 노력을 해야 했다.

알랭은 그만 가려고 했다. 이미 그의 말은 대문 앞에서 대기하고 있었다. 마리는 그에게 약속한 책을 가지러 방으로 올라갔다. 그때 잔이 기도대에서 무릎 꿇고 있는 것이 보였다. 그 얼굴색은 기도를 받는 성모의 석고상보다 창백했다. 눈은 열려 있고, 빛바랜 듯이 보였다. 두 손은 모으고, 몸은 뻣뻣하게 앞으로 기울어 있었다. 그 시선과 자세가 조금도 흐트러지지 않는 것에 드 부사크 양은 극심한 공포를 느꼈다.

"잔." 그녀가 외쳤다. "왜 그래? 대답해봐. 무슨 생각해? 어디 아파? 내 말 들려?"

잔은 움직이지 않았다. 입은 반쯤 벌린 채였다. 마리는 그녀를 만져봤다. 차가웠다. 손발은 조각상처럼 딱딱했다. 드 부사크 양의 비명을 듣고 모두 달려왔다. 처음에는 모두 잔이 죽었다고 생각했다. 의사는 멀지 않은 곳에 있었다. 그는 두 번째 사혈을 했고, 잔은 의식을 회복했다. 그녀는 사제에게 은밀히 할 이야기가 있다고 몸짓으로 전달했다. 너무 쇠약해져 있으니 많이 말하지 말라는 주의를 받은 뒤에 힘없는 목소리로 말했다.

"하늘에서 명을 받았어요."

모두 물러나자, 알랭도 겨우 알아들을 만큼 들릴락 말락 한 목소리로 잔이 말했다.

"몸이 너무 이상해요. 이대로 죽을지도 모르겠어요. 그래서 제가 지었을지도 모르는 아주 작은 죄를 고해하려고 해요. 신부님…… 아시죠…… 그 영국인을? 지금 어디에 있죠? 네! 전 그 사람을 생각했어요. 조금 많이 생각했죠."

"넌 그러고 싶지 않았는데 그랬구나."

"네! 물론이에요. 하지만 생각하지 않을 수 없었어요. 특히 어제부터 밤새 눈앞에 그 사람이 어른거렸답니다. 이건 큰 죄인가요, 신부님?"

"그렇지 않아. 절대 그렇지 않단다, 애야. 그건 무의식중에 일어난 일이니까 죄가 아니야."

"하지만 아까 목초지에서 신부님과 이야기할 때, 맹세를 지켜야 한다는 것이 아주 안타깝게 느껴졌어요. 결혼하고 싶어서가 아니에요. 그런 건 한 번도 생각해보지 않았는걸요. 그렇게 다정한 분께 고통을 주는 것이 괴로워서예요."

"알겠다! 잔, 네가 맹세를 깰 수 있게 해달라고 내가 교황님에게 부탁하면 되겠니?"

"아니요! 절대로 아니에요, 신부님! 그리고 문제는 그런 게 아니에요. 제 마음을 편안하게 하는 게 중요하죠. 천국에 있는 제 소중한 친구는 영국인에게 그런 감정을 품었다고 저를 분명 비난할 거예요. 그리고 전 제가 이렇게 나약한 사람이라는 게 부끄러워요. 하지만 그 사람이 제게 작별 인사를 하려는 것처럼 목초지에서 절 바라봤을 때, 전 가슴이 찢어지는 것 같았어요. 그러니까 전 죄를 용서받아야 해요, 신부님."

"다른 사람한테도 이런 감정을 품은 적이 있니, 잔?"

"아니요! 한 번도 없었어요, 신부님. 대부님 때문에 슬픈 적은 있었죠. 그렇지만 그건 다른 감정이었어요. 그 일로 자책하진 않았으니까요……."

"그랬구나……. 내 질문을 용서하렴. 너의 죄를 사해주기 전에, 너의 잃어버린 기억을 상기시켜야겠다. 레옹 마르시야 씨는……."

"아아! 그 사람은!" 잔이 말했다…….

하지만 너무 기운이 없어서 그 이상 말할 기력이 없었다. 천사 같은 상냥함을 보이면서 미소 짓는 것이 고작이었다. 그 상냥함에는 여성의 장난기 어린 자부심이 조금 섞여 있었지만 사제는 그녀의 죄를 사해주었다. 그녀는 잠에 빠진 듯이 보였다. 그녀가 눈을 떴을 때는 마리가 그 손을 쥐고 있었다. 기욤은 창백한 얼굴로 그녀 옆에 기운 없이 무릎 꿇고 있었다. 할리는 선 채로 마비된 듯이 꼼짝도 하지 않았다. 의사가 그에게 끔찍한 말을 전했기 때문이다.

"증상은 심각합니다. 이 젊은 처녀는 당장에라도 숨을 거둘지 몰라요."

그러나 잔은 고비를 넘긴 듯이 보였다. 소중한 아가씨의 침대에 누워 아가씨의 보살핌을 받으며 큰 안정감을 맛보는 듯이 보였다. 그리고 조금도 아프지 않다고 단언했다.

"정말 놀랍군요." 의사가 말했다. "자거나 고통스러워하거나, 분명 둘 가운데 하나니까요."

어떻게 대처해야 좋을지 알 수 없었다. 잔은 고통을 호소한 적이 없다고 클로디는 말했다. 그녀는 괴로워한 적이 있을까? 그녀는 인간에 대한 동정 말고는 괴로움을 느낀 적이 없는 천사의 본성을 지녔다고 마리는 생각했다.

고해하고 나자 잔은 회한을 극복했는지 망설임을 버린 것처럼 보였다. 할리 씨를 동요하지 않고 바라봤던 것이다. 밤이 되기 전에 교구로 돌아가야 하는 알랭이 작별 인사를 했을 때, 그녀는 마음의 평안을 느낀다고 말했다. 해가 질 무렵, 그녀는 일어나서 카데와 클로디에게 옆으로 오라는 손짓을 했다.

"너희," 두 사람에게 말했다. "만일 내가 죽으면 피노를 돌봐줄 거지?"

카데는 흐느낌으로 대답할 뿐이었다. 클로디는 진심으로 외쳤다.

"죽으면 안 돼, 잔. 차라리 내가 너 대신 죽을래."

"아아! 나도 죽고 싶지 않아." 잔이 빙그레 웃으면서 말했다. "자, 가서 저녁 차려야지. 나 때문에 저녁이 늦어졌잖니. 대부님, 아가씨, 식사하러 가셔야죠. 전 아주 건강해요, 하느님 덕분에요! 괜찮으시면 나중에 다시 와주세요."

"네, 그래요. 가서 저녁을 드세요." 잔의 손목을 짚고 있던 의사가 말했다. "맥박은 양호합니다. 오늘은 아무 일도 없을 거예요."

"할리 씨." 의사가 복도에서 아서 경의 뒤를 쫓아가서 말했다. "15분도 지나기 전에 저 앤 숨을 거둘 겁니다. 드 부사크 양은 매우 섬세하고 저 애를 무척 사랑해요. 제가 보기에도 기욤은 아주 사랑하고요. 불쌍한 이 젊은이들의 건강 상태는 그런 광경을 보기엔 너무 허약합니다. 부디 두 사람을 데리고 가서, 아무 일도 없는 척해주세요. 당신은 차분하고 건강하니까요. 클로디에게 가서 아래층에 있으라고 말해주세요. 집 안에 커다란 비명이 울릴 테니까요……. 그리고 당신은 돌아오세요! 마지막 경련을 일으키는 병자를 붙잡으려면 두 사람은 있어야 합니다.”

할리는 정신을 차릴 수 없을 만큼 슬펐지만, 의사의 세심한 지시에 하나하나 충실히 따랐다. 그가 돌아오자, 의사와 함께 잔의 곁을 지키던 카데가 웃으면서 그를 반겼다. “아아! 잔은 훨씬 좋아졌어요.” 손뼉을 치면서 말했다. “보세요, 노래도 부르잖아요. 아아! 정말 기뻐! 죽는가 싶었는데!”

“자, 어서 저녁을 차리러 가라. 알겠지? 넌 이제 여기 필요 없어.” 의사가 그에게 큰 소리로 말했다. “할리 씨. 문과 창문을 닫아주세요. 단말마의 비명이 방 밖으로 새나가지 않도록. 용기를 좀 내세요. 마지막 순간은 격렬하고 끔찍하답니다. 이 앤 뇌진탕이에요. 발작이 일어나려 하는군요……. 오래 가진 않을 겁니다.”

의사의 엄청난 냉정함이 불행한 아서를 공포와 절망으로 떨리게 했다. 잔은 침대에 앉아 있었다. 뺨은 창백하고, 눈은 반짝반짝 빛났다. 잔은 개를 쓰다듬으며 힘차고 낭랑한 목소리로 노래하고 있었다.

내가 흰 옷을 입고
문가에 앉아 있을 때…….

그러나 의사는 틀렸다. 잔의 마지막 순간은 그녀의 생애처럼 온화하고 체념적인 것이어야 했다. 고향의 다른 노래 가사를 중얼거리면서 그녀의 목소리는 평온해지고 천상의 울림을 띠었다.

눈을 통과하여
내 죽음의 노랫소리가 들리네.
산기슭에서는
사람들이 아직 내 죽음을 슬퍼하네…….

“오오, 난 여기 있어! 오오, 난 여기 있어! 피노, 우리 강아지, 우리 개 피노! 휘이, 휘이! 자, 가라, 가라…… 돌아, 돌아, 돌아! …….”

“아아! 뭐라고 그러는 거니!” 할리가 두 손을 맞잡으며 외쳤다.

“출발하려고 양떼를 모으는 겁니다. 개를 몰아서요.” 의사가 말했다. “목초지에 있다고 생각하는 겁니다⋯⋯. 망상이죠."

"할리 씨, 당신한테 할 말이 있어요." 갑자기 잔이 단호한 목소리로 말했다. "당신은 성실한 분이에요. 하느님의 뜻대로 사는 분이죠⋯⋯. 저의 소중한 아가씨는 천사 같은 분이에요⋯⋯. 전 하느님과 성모 마리아님의 대리로서 당신에게 아가씨와 결혼할 것을 명령해요⋯⋯. 그리고 잘 들으세요. 툴 생트 크루아에 가서 그곳 사람들을 모두 모으세요. 그런 다음 제가 앞으로 하는 얘기를 제 대리로서 그들에게 전달해 주세요. 땅속에 보물이 있어요. 그건 누구의 것도 아니죠. 그건 모두의 것이에요. 자기가 갖겠다는 욕심으로 찾는다면 누구 하나 찾지 못할 거예요. 다 같이 나누려는 사람들만 찾을 거예요. 그리고 그런 사람들은 누구보다도 부자가 될 거예요. 5수밖에 갖지 못했다고 해도⋯⋯ 저처럼⋯⋯ 그리고 성녀 테레사처럼⋯⋯. 이 사실을 사람들에게 말해주세요. 이건 지혜예요. 어머니가 제게 주신 지혜. 보물을 발견하면 모든 사람에게 주라고 분명히 명령하신 진실의 지혜예요. 만일 제 말을 듣지 않으면, 다시 긴 세월 동안 오래된 노래를 부르게 될 거예요."

제게 말씀해주세요, 어머니.

프랑스인은 어떻게 되나요?

모두 무일푼이랍니다.

지금까지 그랬듯이.

잔의 목소리에는 천상의 울림이 있었지만, 점차 약해져갔다.

"할리 씨." 그녀가 말했다. "기다려주세요. 아직 가지 마세요. 제 묵주를 제 손에 올려놔주세요⋯⋯. 됐나요? 전 느껴지지 않아요. 제 손은 죽어버렸어요. 소중한 아가씨를 사랑해주실 거죠? 아아! 하느님, 보세요, 제 앞에 고결한 파드가 있어요. 어쩜 하얗기도 하지! 태양처럼 빛나네요⋯⋯. 발끝에 황금 소가 있어요! 안녕! 내 친구들! ⋯⋯안녕, 나의 카데. 안녕, 나의 클로디⋯⋯. 거기 있니? 날 위해 하느님께 기도하고 있구나⋯⋯. 불쌍한 이모를 대부님께 부탁해 줘⋯⋯. 그런데 소중한 아가씨는? 아아! 보여요! ⋯⋯안녕히 주무세요, 소중한 아가씨. 보세요, 해가 져요⋯⋯. 그리고 툴의 종이 나타나네요. 보세요, 전 도착했어요. 하느님 덕분에! ⋯⋯."

잔은 팔을 뻗고, 마리라고 착각하는 아서 경의 손을 잡으려고 했다. 그러나 그녀가 말했듯이, 그 손은 죽어 있었다. 팔은 침대 밖으로 뻣뻣하게 굳은 채 나와 있었다. 아서는 그 팔에 입맞춤을 퍼부었지만 그녀는 느끼지 못했다. 그녀는 살기를 그만두었다…….

처음에는 괴로움에 몸부림치던 기욤, 아서, 마리도 용기를 되찾고, 잔의 시체를 툴의 묘지에 있는 튈라와 다른 친척들 옆에 묻었다.

아서 경의 예방책에도 기욤은 마르시야와 결투했다. 잔의 추락과 죽음을 전해들은 마르시야는 오만함을 완전히 버리고, 아서 경의 가슴에 얼굴을 묻고 자책하면서 진심으로 슬퍼했다. 아서 경은 그가 그 회한으로 충분히 벌받는 것을 보고 모든 것을 용서했다. 그러나 그에 대한 기욤의 격노는 조금도 사그라지지 않았다. 기욤의 어머니는 잔을 잃은 그의 슬픔을 위로하려고, 잔은 절대로 그의 여동생이 아니라며 그의 오해를 바로잡았다. 새롭게 밝혀진 이 사실은 청년의 괴로움을 부추길 뿐이었다. 그는 이 순결한 처녀의 죽음을 드 샤르무아 부인과 마르시야의 탓으로 돌렸다. 마르시야에 대한 그의 분노는 활활 불타올랐다. 그는 마르시야를 신랄하게 도발하도록 부추겼다. 흥분하기 잘하는 변호사도 이번만큼은 강한 인내심과 관용을 발휘했지만, 결국 조-마트르의 돌에 있는 환상열석에서 결투하는 데 동의하고 말았다. 마르시야는 이 극단적인 수단을 피하려고 갖은 수를 썼다. 기욤에 비해 실력이 월등했기 때문이다. 그러나 기욤은 마르시야의 허벅지에 중상을 입혔다. 마르시야는 다리를 못 쓰게 되었다. 이 사실이 도시 및 시골의 아름다운 처녀들로부터 인기를 얻는 것을 방해했다. 농민들에게는 몸의 기형이나 불구가 그리 불쾌한 것은 아니지만, 훌륭한 체격의 몸에 생긴 추함보다도 혐오감을 불러일으켰다. 클로디는 사랑하는 남자가 불구가 되어 괴로워했다. 더 정확히 말하자면 잔의 죽음의 진짜 원인을 알았을 때, 또는 간파했을 때 그녀는 절대로 그를 용서할 수가 없었다.

마리와 아서는 오랫동안 비탄에 잠겨 있었다. 그러나 잔은 마지막 소망을 할리에게 말했다. 그는 그 소망을 이루어주는 것이 자신의 의무라고 생각했다. 그에게 잔 다음으로는 마리가 모든 여성 가운데 최고의 여성이었다. 죽은 이 소중한 여성에 대한 애정이 두 사람 사이에 신성한 유대감을 만들었다. 그 죽음으로부터 1년 뒤, 두 사람은 결혼했다. 그리고 그는 기욤과 함께 짧은 여행

툴의 묘지

을 했다. 우울한 괴로움을 떨치기 위해서였다. 젊은 남작은 겨우 건강을 회복했다. 그러나 엘비르 드 샤르무아와 결혼하지는 않았다. 엘비르는 오랫동안 결혼하지 못해서 어머니를 크게 낙담시켰다.

기욤에게 후회가 없는 것은 아니었다. 잔을 너무나 사랑한 일, 아니 충분히 사랑하지 못한 일, 정열을 진작 자제하지 못했던 일, 자신의 대녀에게 할리 씨의 애정처럼 고결하고 헌신적인 애정을 처음에 쏟아붓고 씩씩하게 양보하지 않았던 일. 이런 일들로 그는 뼈아픈 자책을 했다. 그러나 전화위복이라는 말이 있다. 뉘우침이 우리의 마음을 깨끗하게 해준다면, 그것은 진실이다. 기욤은 그 본보기였다. 위업을 달성한 것은 결코 아니다. 그는 여전히 몽상적이며, 고독을 사랑했다. 그러나 사회의 편견이 그보다 못한 존재로 간주하는 사람들과의 어떤 관계에서도 그는 확고한 자애심과 친절함을 품었다. 이 점에서 그는 동생과 의남매를 계속 본받았다. 두 사람의 고결한 생각과 행동은 우리가 사는 이 비참한 시대, 유죄를 선고받은 시대보다 백 년은 앞선 듯이 보였다.

마르시야는 호된 벌을 받았다. 그는 방탕한 생활을 그만두었다. 그러나 이 잘못된 정열을 다른 정열로 바꾸기에 그의 본질은 자기본위가 너무 지나쳤다. 정치적 야망이 그의 두뇌에 흥분제가 되어, 그의 인생의 새로운 망상이 된 것이다.

글쓴이 해설

《양치기 처녀》는 내 최초의 신문연재 소설이다. 이 형식에는 내게는 없다고 생각되는 재능과 획득하려고 애써본 적 없는 특별한 기량이 요구된다. 오래된 〈콩스티튀시오넬〉지가 새로운 크기로 바뀌어 아주 새로워진 1844년의 일이다. 알렉상드르 뒤마와 외젠 쉬는 한 장(章)을 독자의 흥미를 끄는 급전개로 끝내는 훌륭한 능력을 이미 이때부터 지니고 있었다. 그것은 발자크도 잘하지 못하는 것이었고, 나는 더욱 뒤떨어졌다. 그들보다 통찰력이 풍부한 발자크와 그들보다 운필이 더디고 몽상적인 나는 이런 풍요로운 사건과 복잡한 줄거리에 대해 창의성과 상상력을 다툴 수가 없었다. 발자크와 나는 이따금 이 일로 토론했다. 우리는 시도해보려고 하지 않았는데, 그것은 이 분야나 다른 작가의 재능을 경멸해서가 아니다. 남을 중상하기에 발자크는 너무 의연했고, 나는 내 지적인 기쁨에 너무 빠져 있었다. 중상은 질투고, 질투는 인간을 몹시 불행하게 만들기 때문이다. 우리는 성공하지 못할 것이며, 그만큼 빛나지는 않지만 똑같은 가치와 똑같은 목적을 가진 일을 희생해야 한다고 확신했기에 해보려고도 하지 않았던 것이다.

이 목적, 다시 말해 소설의 목적은 인간을 그리는 것이다. 어떤 상황에 있는 사람도, 관념이나 정열과 싸워 불안하게 하는 내면세계나 격렬하게 동요시키는 외부세계와 격투하는 사람조차, 그것은 늘 인생의 모든 감동에 젖고 모든 가능성에 노출되는 인간이다.

《양치기 처녀》를 시도한 뒤 나는 《마의 늪》, 《사랑의 요정》, 《사생아 프랑수아》를 썼다. 홀바인이 그린 성모 마리아는 신비로운 유형처럼 내게 끊임없이 강렬한 인상을 주었다. 내가 거기서 보는 것은 아주 몽상적이고 수수하며 소박한 야생의 처녀. 한없이 무구한 영혼, 따라서 생각을 표현하기 어려운, 막연한 명상 속에 있는 깊은 감정이다. 이 원초의 여성, 황금시대의 이 처녀를 현대 사회의 어디에서 찾을 수 있으랴? 현대 여성은 읽고 쓰기가 가능한 이상 가치는 낮지 않을 테지만, 다른 유형에 속한다.

나는 원초의 여성은 들판 외에는 없다고, 아니 그중에서도 인적 없는 곳, 경작되지 않은 황무지, 우리의 가장 오래된 문명의 수수께끼로 가득한 흔적이 남아 있는 원시의 땅에서밖에 찾을 수 없다고 생각했다. 쟁기가 지나간 적이 없고, 자연이 미개하고 웅대하며, 갈리아의 유형과 불가사의한 신앙이 보존되는 것처럼 보이는 이러한 신성한 곳은 많은 개혁과 연구와 발견이 이루어지는데, 이런 곳은 프랑스에 의외로 드물지 않다. 오히려 이따금 개천이나 덤불로 나뉜 단순한 지대에서 근대 문명과 고대의 미개척 상태가 대비를 보이고 있다. 과거의 원시적인 영혼이 지배한다고 여겨지는 이러한 인적 없는 곳에 있으면, 그곳이 도시나 사람들의 삶에서 2천 리외나 떨어진 곳이라는 생각이 든다. 현재의 생활에서 2천 년이나 떨어진 듯이 느껴진다고 말해도 좋을 것이다.

나는 머릿속에서 뒤죽박죽된 이 갈리아의 성모나 홀바인, 알려지지 않은 잔 다르크의 유형을 발전시키고 완성해서 한 인물을 만들어내기로 했다. 그러나 생각대로는 되지 않았다. 연재소설이 요구하는 조건을 충족하려면 조금 서둘러서 펜을 진행시켜야 했다. 게다가 그 뒤에는 과감히 했던 것을 그 무렵에는 할 용기가 전혀 없었다. 다시 말해 현실의 환경 속에 내가 그린 유형을 놓고, 꽤 제한된 작품의 크기와 조화된 시골 인물들, 생각, 감정으로 돋보이게 하는 일이다. 잔을 현대 문명의 다양한 유형으로 끌어들이는 것은 내가 꿈꾼 잔의 진짜 위대함을 약하게 하고 그 필연적인 소박함을 해치는 듯이 보였다. 아까 언급한 풍경과 습속의 대비처럼 나는 대비의 소설을 썼다. 그러나 내가 현대 사회와 현재 생활을 잊었고 독자들에게도 잊기를 바랐던 간소한 오아시스로 혼동한 것 같은 느낌이었다. 내 문체와 말투가 방해를 했다. 이 새로운 말은 내가 내 눈으로 보고 내 몽상에서 이해한 풍경과 인물을 그려내지 못하고, 원시 대가들의 건조하고 눈부시며 소박한, 그리고 단조롭게 칠해진 그림에 그림물감과 아스팔트로 마구 덧칠하는 것처럼 느껴졌다. 에트루리아의 인물상에 입체감을 주려 노력하고, 호메로스를 알쏭달쏭한 말로 해석하고, 현대의 천으로 고대 나체상의 신성함을 더럽히는 듯이 느껴졌다.

그러나 르네상스 시대 화가와 조각가들은 그것을 해냈다. 제르맹 필롱[1]은 이교의 삼미신(三美神)에 그의 천재성만이 만들어낼 수 있었던 모슬린과 호박단을 입혔다. 그러나 제르맹 필롱이 아니라면 시도하지 않았을 일이다. 부디 독자 여러분은 내가 나 자신한테 했던 것보다 더 나에게 관대하기를 바란다.

노앙, 1852년 5월

조르주 상드

---

1) 1535?~1590. 프랑스의 조각가.

La Mare au Diable

마(魔)의 늪

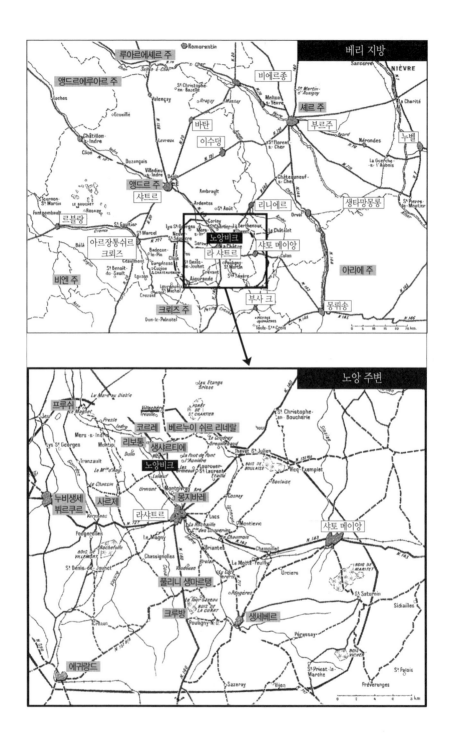

책을 쓰면서

《삼긋장이[1] 야화》라는 전원소설 연속물 첫 작품으로 《마의 늪》을 썼을 때, 나에게는 문학의 체계였던 이론도, 혁신적인 의도도 전혀 없었다. 어느 누구도 혼자서 혁명을 할 수는 없다. 특히 예술 영역에서는 모든 사람이 관계되기 때문에 인류가 어떤 것인지를 잘 알지 못하면 더욱더 그러하리라. 하지만 이것은 전원풍속의 소설에는 맞지 않으리라 생각한다. 그것은 어느 시대를 막론하고 여러 형태로 존재해 왔다. 어떤 때는 화려하고 어떤 때는 소극적이었으며 때론 소박했다. 이제까지 말한 적도 있고 여기서 되풀이하지만, 전원생활의 꿈은 어느 시대에나 도시 사람들의 이상이고 궁중 사람들의 이상이기까지 했다. 문명인을 소박한 생활의 매력으로 이끌어가는 것만으로는 참신하지 않다. 그래서 나는 새로운 말을 만들고 싶다고도, 자신을 위해서 새로운 수법을 발견해 보고 싶다고도 생각하지 않았다. 그럼에도 사람들은 내 많은 신문소설에서 그렇게 했다고 주장했다. 하지만 나는 나 자신이 의도한 것을 어떻게 대처할지에 대해 누구보다 잘 알고 있다. 가장 단순한 생각, 가장 소박한 상황이야말로 예술작품을 만들어내는 단 하나의 영감인데도 비평가들이 그렇게까지 깊게 파고드는 경우를 보면 언제나 놀랍다. 특히 《마의 늪》은 나에게 강한 인상을 준 홀바인의 판화와 내 눈앞에 벌어졌던 파종기의 씨 뿌리는 광경들과 날마다 거닐던 소박한 풍경 가운데서 펼쳐졌기 때문에 쓰게 된 매우 조촐한 이야기다. 무엇을 썼느냐고 묻는다면 나는 사람들을 감동시키는 소박한 것을 쓰고 싶지만 생각대로는 잘되지 않는다고 답할 것이다. 나는 소박한 것 가운데 아름다운 것을 분명하게 보고 확실히 느꼈다. 하지만 보는 것과 그리는 것은 다르다! 예술가가 기대할 수 있는 것은 보는 눈이 있는 사람들에게 자신처럼 바라보는

---

[1] 농민들이 재배하는 삼을 훑는 사람. 이 시대, 베리 지방의 농민들은 그들이 키우는 양의 털과 삼베를 몸에 걸쳤다. 또 삼긋장이는 전설이나 신기한 이야기의 '말하는 부분' 역할을 했다

마음을 불러일으키게 하는 것이다. 따라서 당신이 소박함을 보길 바라고, 하늘과 전원과 나무들과 특히 농민을, 또 그들이 가진 뛰어난 것, 진실한 것을 보기 바란다. 이 이야기에서도 그런 것들을 조금은 볼 수 있을 것이며, 자연에서는 훨씬 더 많이 보게 되리라 생각한다.

1장
이 책을 읽는 이들에게

이마에 땀이 나고
너는 가난한 삶을 살아간다
오랜 일과 피로 끝에
보라, '죽음의 신'이 너를 초대하리라.

홀바인의 한 장의 판화 아래 쓰여진 옛 프랑스 4행시는 그 소박한 표현 가운데 깊은 슬픔을 나타내고 있다. 이 판화에는 밭 한가운데에서 쟁기를 갈고 있는 농부가 그려져 있다. 넓은 논밭과 들판이 펼쳐지고 거기에는 초라한 오두막 한 채가 있다. 태양이 언덕 너머로 지고 있다. 힘든 하루 일이 끝났다. 나이 든 농부는 땅딸막한 체구로 누더기를 걸치고 있다. 농부가 몰고 있는 네 마리의 말은 삐쩍 마르고 지쳐 있다. 쟁기의 날은 울퉁불퉁하고 단단한 흙에 깊게 박힌다. 이 '땀'과 '노동'의 광경 속에서 단 하나의 존재만이 씩씩하고 가벼운 몸놀림을 보이고 있다. 그것은 상상이 만들어낸 인물로, 채찍을 손에 든 해골이다. 말 옆 밭고랑을 달리고 채찍으로 말을 때리고 쟁기질을 하는 나이 든 농부의 하인이다. 이는 죽음의 신이다. 홀바인이 〈죽음의 무도〉[1]라는 철학적이고 종교적인 무서운 주제 속에 어떤 의미를 암시하는 망령이다.

모든 장면에서 역할을 하고 있는 사신이 연결고리이기도 하고 중심 주제이기도 한, 이 연작들, 아니 오히려 하나의 광대한 구도 속에서 홀바인은 군주, 고위성직자, 연인들, 도박사, 술꾼, 수녀, 고급 창녀, 도둑, 가난한 사람들, 군인, 수도사, 유대인, 여행객, 그의 시대와 현대의 모든 사람을 그렸다. 곳곳에 죽음

---

1) 15세기 무렵, 특히 그림으로 그린 주제. 모든 나이, 신분의 남녀가 해골의 모습을 한 사신에게 이끌려 춤을 추는 윤무.

의 신을 나타내는 망령이 비웃으며, 위협하고 의기양양해 있다. 하지만 죽음의 신 모습이 보이지 않는 그림이 하나 있다. 그것은 부자의 문 앞 퇴비 더미 위에 누워 있는 거지 라자로[2]가 자신은 사신 따위는 두려워하지 않는다고 이야기하는 장면이다. 아마 그에게는 잃을 것이 없고, 그의 삶은 이미 죽음이 예정된 것이나 다름없기 때문이리라.

르네상스의 반이교적인 그리스도교의 이러한 금욕적인 생각은 충분히 마음의 위로가 되는 것인가, 종교적인 마음을 가진 자에게 그것이 맞는 것인가? 야심가, 사기꾼, 폭군, 방랑자 등 인생을 남용하고 사신에게 머리채를 잡힌 모든 죄인들은 곧바로 벌을 받는다. 하지만 맹인, 미치광이, 가난한 백성들은 죽음이 자신들에게 불행한 것이 아니라고 생각한다. 오랫동안의 비참함을 보상받는 것인가? 그것은 아니다! 달래기 어려운 슬픔, 소름 끼치는 숙명이 이 예술가의 작품을 짓누르고 있다. 그것은 인류의 운명에 던진 비통한 저주의 말과 비슷하다.

이것은 마치 홀바인의 눈앞에 있었던 사회에 대한 비통한 풍자이고, 진실한 묘사이다. 범죄와 불행, 이것이야말로 그의 마음을 움직인 것이다. 하지만 우리, 다른 세기의 예술가는 무엇을 그리면 좋을까? 죽음의 상념 속에 현재 인류의 응보를 찾는다는 것인가? 부정에 대한 죄, 고뇌에 대한 보상으로 죽음을 기원하는 것인가?

절대로 아니다. 우리는 이미 죽음과는 상관없이 삶을 상대로 한다. 우리는 이제 무덤도 허무도 강제적인 극기로 얻은 구제도 믿지 않는다. 우리는 삶에 만족하기를 바란다. 그것은 삶이 결실을 맺기를 바라는 것이 아니다. 라자로는 거기에서 떠나야 한다. 가난한 자가 부자의 죽음을 기뻐하는 것이 이미 없어졌기 때문에 모든 사람은 행복해야 한다. 일부 사람의 행복이 무거운 죄가 되고, 신보다 저주받는 것이 되지 않기 때문이다. 농부가 보리를 파종하면서 일에 전념한다는 것을 알아야 한다. 그래서 사신이 자기 곁에 붙어 다닌다는 것을 기뻐해서는 안 된다. 죽음이 번영의 죄나 비참함을 위로해서는 안 된다. 신은 죽음을 벌로 정한 것도 아니고, 인생을 메우는 것으로 정한 것도 아니다.

---

2) 《신약성서》 누가복음 16장 19절~31절.

홀바인 〈죽음의 무도〉

〈농부〉

〈유아〉

〈행상인〉

신은 삶을 행복한 것으로 정했기 때문이다. 그래서 무덤은 주위에서 행복해지기를 바라지 않는 사람을 보내는 것을 허락받는 듯한 피난처여서는 안 된다.

오늘날 예술가 가운데에는 주위에 진지한 시선을 던지고 고뇌나 비참함, 라자로의 거름 더미를 그리는 것에 전념하는 사람이 있다. 이것은 예술과 철학의 영역이리라. 하지만 비참함을 죄악으로 비겁하게, 때로는 악덕을 범죄적으로 그리는 것으로 그들의 목적은 이루어진 것일까? 그 효과는 그들이 바라듯이 유익한 것일까? 이 점에 대해서는 단언할 수 없다. 이 세상의 사치라는 무른 땅 아래에 묻힌 심연을 보이는 것으로 그들은 악랄한 돈을 무서워했다. 마침 〈죽음의 무도〉의 주제가 유행한 시절에, 커다란 입을 연 그 남자의 무덤과 아주 더러운 양팔 속에 지금도 그를 안고 있는 사신을 보였듯이, 오늘날에는 성품이 나쁜 부자를 겁내게 하는 것은 그의 집 문을 억지로 열려고 하는 강도나, 자기를 기다리고 있는 살인자라고 말할 수 있으리라. 솔직히 말하면 악랄한 부자를, 그가 죄인이나 밤도둑으로 나타내며 어떻게 가난한 자의 괴로움을 느낄 수 있는지 우리는 모른다. 홀바인이나 그의 선인들이 제작한 판화 가운데에서 이를 갈고 바이올린을 치는 무서운 사신은, 그 무서운 겉모습에서는 악한 인간의 마음을 돌려 희생자를 위로할 수 없었다. 현대의 문학은 이 점에서 중세나 르네상스 예술가들과 같은 길을 걷고 있는 것이 아닐까?

홀바인이 그린 술꾼들은 죽음의 상념을 털어버리려고 마치 미친 것처럼 잔을 채운다. 그들의 눈에는 보이지 않는 사신이 그들에게 술을 따르는 하인의 역할을 하고 있다. 현대의 악랄한 부자는 농민의 폭동을 막기 위해 요새를 쌓고 대포를 만들기를 바라지만, 예술은 엄습하는 때를 기다리면서 남의 눈에 잘 안 띄는 곳에서 세부에 이르기까지 계획을 세우는 농민의 모습을 그들에게 보이는 것이다. 중세 교회는 면죄부를 파는 것으로 이 세상의 권력자들의 불안감을 완화하려고 했다. 현대의 정부는 부자들에게 많은 헌병과 간수, 총검과 감옥으로 인한 돈을 지불하는 것으로 그들의 불안감을 진정시키고 있다.

알브레히트 뒤러, 미켈란젤로, 홀바인, 칼로, 고야는 그들 시대와 나라의 악을 통렬히 풍자했다. 그것들은 불후의 작품이고 누구의 눈에도 분명한 가치를 가진 역사에 남을 소산이다. 우리는 예술가에게서 사회의 병폐를 찾고 권리를 부정할 생각은 없다. 하지만 공포와 위협을 묘사하는 그림 말고 지금 그려야 하는 것은 없는 것일까? 재능과 상상력 덕분에 유행이 된, 퇴폐의 비밀을 그린 이러한 문학 가운데 우리는 극적 효과가 있는 극악인들보다도 상냥하고 온화한 인물에 마음이 끌린다. 온화한 이는 죄를 뉘우칠 수 있게 하지만, 극악인은 공포를 기억하게 한다. 공포는 이기주의를 고치지 못하고 오히려 증가시킨다.

예술의 사명은 감정과 애정의 사명이고, 오늘날의 소설은 소박한 시대의 우화, 그리고 예술가에게는 그가 그린 것이 격한 공포를 완화시키기 위해 조심성과 화해의 몇 가지 방법을 제안하는 임무보다 더 커다란 더 시적으로 풍부한 임무가 있다고 우리는 믿고 있다. 예술가의 목적은, 그 배려의 대상을 사랑하게 하는 것이리라. 그래서 필요하다면 그 대상을 조금 미화하더라도 나는 그것을 비난하지 않는다. 예술은 실증적인 현실의 연구가 아니기 때문이다. 《웨이크필드의 목사》[3]는 《타락한 농부》[4]와 《위험한 관계》[5]보다 영혼에 유익하고 건전한 책이었다.

독자들이 내가 이러한 생각을 말한 것에 대해 용서해 주기를 바란다. 그래서 머리말로 받아들였으면 한다. 이제부터 하는 이야기 가운데에는 이러한 것은 전혀 없다. 이야기는 아주 짧고 단순하므로 공포를 주는 이야기에 대해 내 생각을 여기에 말하는 것으로 미리 변명을 할 필요가 있었다.

이렇게 길게 옆길로 샌 것은 한 농부에 대한 것이 계기가 되었다. 내가 이야기를 하려고 했고, 이제부터 이야기하는 것은 한 농부의 이야기이다.

---

3) 올리버 골드스미스, 1766년.
4) 니콜라에듬 레티프(레스티프 드 라 브르통), 1775년.
5) 쇼데를로 드 라클로, 1782년.

2장
밭갈이

나는 홀바인이 그린 농부를 서글픈 마음으로 오랫동안 바라보고 나서, 전원생활과 농민의 운명에 대해 생각하면서 들판을 걸었다. 시커멓고 아주 거친 빵 한 조각이 하루의 그토록 힘든 노동에 대한 유일한 보수, 유일한 이윤이라 한다면 비옥한 땅에서 난 귀중한 성과를 강제로 빼앗기면서도 그 땅을 일구느라고 온 힘과 생애를 바치는 것은 아마도 슬픈 일이리라. 땅을 덮고 있는 많은 열매와 길게 자란 풀과 통통히 살찐 가축들, 이런 것은 몇몇 사람의 소유물이고, 더 많은 다른 사람에게는 고역과 종속의 도구이다. 한가한 사람은 대부분 전원도, 목장도, 자연의 정경도, 그를 위해 금화로 변할 수 있는 운명의 가축도, 그 자체로서 사랑하는 것은 아니다. 그들은 신선한 공기와 건강을 위해 시골에 와서 며칠씩 머물고는 대도시로 돌아가 자기가 고용한 사람들이 땀 흘려 일해 얻은 소득을 소비한다.

한편 실제로 일하는 사람들은 몹시 고달프고 불행하며 앞날에 대해 너무 불안하기에 전원의 아름다움과 전원생활의 매력을 즐길 수 없다. 노동자에게도 황금색을 띤 전원, 아름다운 목장, 좋은 가축이 돈 자루로 보이기는 하지만 만족하기에는 턱없이 모자란, 아주 적은 몫밖에 차지할 수 없으므로 늘 가난하다. 그래도 그들은 그 땅 주인이 만족할 수 있는 세를 바쳐야 하기에 해마다 돈 자루를 채워야 하는 것이다.

자연은 영원히 젊고 아름답고 너그럽다. 자연은 시정(詩情)과 아름다움을 거기에서 생각하는 대로 성장하고 있는 모든 생물, 모든 식물에게 준다. 자연은 행복의 비밀을 쥐고 있고, 누구 하나 그것을 자연에게서 빼앗갈 수 없었다. 가장 행복한 사람이란 자신의 기량을 익히고 자신의 손으로 일하고 자신의 지력을 쓰면서 만족감과 자유를 이끌어내고, 심정과 지성으로 살고, 자신의 일을 이해하고, 신의 일을 사랑하는 시간을 갖는 사람일 것이다. 예술가는 자연의 아름다움을 지켜보고, 재현하는 것마다 이런 기쁨을 맛본다. 하지만 이 지상의 낙원에 사는 사람들의 괴로움을 본다면, 마음이 곧고 인정이 있는 예술가라면 곧바로 그 기쁨 속에서 마음이 혼란스러울 것이다. 행복은 정신과 마음과 기량이 신의 눈앞에서 협조해서 움직이고, 신의 자비와 인간 영혼의 깊은 기쁨 사이에 신성한 조화가 이루어질 때 존재한다. 이때야말로 우의(愚意) 화가는 채찍을 손에 들고 밭고랑을 걷는 가엾은 추한 사신 대신에, 수증기가 피어오르는 밭 위에 축복받은 보리를 한 움큼씩 뿌리는 천사를 사람들 옆에 둘 수 있을 것이다.

그리고 전원에 사는 사람에게는 마음 편하고 자유롭고 시정이 풍부한 생활, 열심히 일하는 소박한 삶의 꿈이 공상이라 여겨질 만큼 생각하기 어려운 것은 아니다. '아, 농부가 자신의 행복을 안다면 얼마나 다행인가!'라는 베르길리우스[1]의 슬프고도 감미로운 말은 유감스러운 마음을 나타내고 있다. 하지만 유감스럽게 생각하는 모든 말이 그렇듯 그것 또한 예언이기도 하다. 농부 또한 예술가가 될 수 있는 날이 올 것이다. 아름다움을 표현하는 것이 아니더라도(그때는 그것이 그다지 중요하지 않을 것이다) 적어도 아름다움을 느낀다는 점에서. 시정에 대한 농부의 이러한 신비적인 직관이 앞으로의 성향이 아니라고, 막연한 망상의 상태로 존재하지 않는다고 사람들은 생각하는 것일까? 이미 오늘날 얼마쯤 여유가 있는 사람들과 불행이 극한에 달해도 도덕적, 지적 발달이 완전하게 파괴되지 않는 사람들은 단순한 행복이 원초적인 상태로 존재하고 그러한 행복을 느끼면서 그 가치를 인정하는 것이다. 게다가 고뇌와 피로 가운데 시인들의 목소리가 이미 나오는 지금, 왜 사람들은 노동이 영혼의 노동과는 서로 어울릴 수 없다고 말하는 것일까? 분명히 이 배척은 과도한 노동과 심각한 비참함이 가져온 일반적인 결과이지만, 사람이 적당히 그리고 유익하게 일할 때에는 무능한 노동자와 서툰 시인밖에 없을 거라고 말하지 않길 바란다. 시의 감정 가운데 기쁨을 이해하는 사람은 평생 단 한 줄의 시도 쓰지 않았다 하더라도 진정한 시인인 것이다.

---

1) 고대 로마 시인. BC 70~BC 19. 《농경시》의 한 구절.

나는 산책하면서 어느새 이런 것을 생각했다. 사람에게 있어서 교육의 가능성을 믿는 마음이 밖에서의 영향으로 강요받은 것임을 알지 못했다. 나는 농부들과 눈앞에 닥친 파종 준비를 하고 있는 밭의 가장자리를 걷고 있었다. 밭은 홀바인의 그림에 그려진 밭처럼 넓었다. 풍경도 광대했다. 가을이 다가오고 있어서 조금 붉은색을 띤 큰 나무들이 짙은 갈색을 띤 널따란 대지를 에워싸고 있었다. 그곳에는 막 내린 비가 밭고랑에 물줄기를 남기고, 햇빛을 받아 가느다란 은색 실같이 반짝였다. 날씨는 맑고 따뜻했다. 쟁기의 날로 갓 파헤쳐진 땅에서는 김이 엷게 피어올랐다. 밭 위쪽에는 한 노인—꽤 넓은 등과 근엄한 얼굴이 홀바인이 그린 노인을 연상시키지만, 옷을 보면 가난하다고는 생각되지 않는 노인—이 얌전한 담황색 소 두 필이 끄는 옛날식 쟁기를 힘있게 몰고 있었다. 소는 크고 약간 마른 편이나 뿔이 길고 미끈해, 목장의 장로라 할 만한 풍채를 지녔다. 오랜 습관으로 이 지방에서 부르는 말로 '형제'가 되었다가, 서로 떨어지면 새로운 동무와는 함께 일하는 것을 거부하고 너무 슬픈 나머지 죽어버리는 늙은 소. 농촌을 모르는 사람들은 짝에 대한 소의 우정을 이야기한다. 하지만 외양간에서 약해질 대로 약해진 짐승이 불안에 떨며 꼬리로 앙상한 옆구리를 치고, 여물통에 공포와 경멸을 담아 숨을 내뱉으며 눈은 끊임없이 문 쪽을 바라보고 제 짝이 매달고 있었던 멍에와 고삐 냄새를 맡아보다가 비통한 울음소리로 끊임없이 저의 짝을 부르는 모습을 보기 바란다.

"한 번에 두 마리를 잃은 거나 마찬가지야. 형제가 죽었으니 남은 놈도 이젠 일을 안 할 거야. 도살하려면 살을 찌워야 해. 하지만 이젠 아무것도 먹지 않아. 곧 굶어 죽을 거야." 소를 치는 사람은 이렇게 말한다.

늙은 농부는 천천히 필요 이상의 힘은 들이지 않고 아무런 말도 없이 일하고 있었다. 얌전한 두 마리의 소도 농부와 마찬가지로 천천히 앞으로 나갔다. 하지만 꾸준히 일을 해 노인의 밭고랑은 아들의 밭고랑에 뒤지지 않을 정도로 빠르게 일구어지고 있었다. 아들은 조금 떨어진 곳에서 여기보다 딱딱하고 돌이 많은 곳을 별로 튼튼하지 않은 소 네 마리로 일구고 있었다.

그다음으로 내 주의를 끈 것은 사실 아름다운 풍경, 화가에게는 숭고한 그림 재료였다. 경작되는 벌판 저편 끝에 잘생긴 젊은이가 멋진 쟁기를 몰고 있었다. 불처럼 광택이 있는 갈색에 검은색이 섞인 털을 가진 어린 소가 여덟 마

리. 황소들은 털이 짧고 곱슬곱슬했으며 커다랗고 사나운 눈과 거친 동작은 아직 길들여지지 않은 티가 역력하게 드러났다. 또 하는 일이 힘에 벅차 고르지 못하고, 멍에와 코뚜레가 아직도 성가셨을 뿐 아니라 이런 속박에 화가 나서 씩씩거리면서 겨우 따르는 것이다. 사람들은 이를 두고 '갓 멘 소'라고 부른다. 이 여덟 마리의 소를 부리는 젊은이에게는 조금 전까지 방목지로 버려져 몇 백 년 묵은 나무뿌리들이 꽉 들어찬 곳이었는데, 그의 힘과 젊음 그리고 거의 길들지 않은 소 여덟 마리로는 어림없는 일로, 힘센 장사나 해낼 수 있는 일이었다.

여섯 살인가 일곱 살인가, 천사처럼 귀여운 남자아이가 양털 가죽을 블라우스 위 어깨에 걸치고 르네상스 시대의 화가들이 그린 어린 세례자 요한을 떠올리게 하는 모습으로 쟁기를 따라 밭고랑을 걸으면서, 별로 날카롭지 않은 쇠꼬챙이가 달린 길고 가느다란 막대로 소 옆구리를 찌르고 있었다. 아이의 작은 손짓에 그 오만한 짐승이 몸을 떨고, 멍에와 이마에 묶인 가죽 끈을 삐걱거리면서 수레의 채를 세게 흔들게 했다. 나무뿌리가 쟁기 날에 걸릴 때마다 농부는 크게 소리를 질러 소의 이름을 하나하나 불렀다. 그것은 소를 자극하기보다 오히려 진정시키기 위해서다. 소가 갑작스런 장애물에 화가 나 날뛰고 그 큰 발로 땅을 파헤치기 때문이다. 젊은이가 소리를 지르고 꼬챙이로 앞의 네 마리를 제압하고 어린아이가 뒤의 네 마리를 막지 않았다면 소들은 날뛰면서 밭의 사방팔방으로 쟁기를 휘둘렀을 것이다. 어린아이도 무섭게 하느라 소리를 질렀는데, 천사 같은 그 얼굴을 닮아 소리도 맑았다. 주위 풍경도, 젊은이도, 남자아이도, 멍에를 멘 황소도 모두 힘이나 은총의 아름다움이었다. 땅을 정복하는 이 맹렬한 싸움에도 불구하고 거기에서는 만물의 아름다움과 깊은 정적을 느낄 수 있다. 장애물이 제거되고 소가 다시 밭을 갈면 농부는—난폭한 태도는 활기를 내려는 데 지나지 않지만—소박한 영혼을 가진 사람들 특유의 온화함을 바로 되찾고 그 자식들에게 아버지다운 만족스러운 눈길을 던진다. 그러면서 이 젊은 아버지의 목소리가 장중하고 구슬픈 노래를 부르기 시작했다. 이 지방의 오랜 관습으로 일소들의 기운을 돋우는 수완이 능숙한 농부에게만 전해지는 노래였다. 그 기원은 아마 신성한 것이라 생각되고, 예전에는 신비한 힘이 있었던 것이 틀림없는 이 노래는, 지금도 짐승들의 용기를 북돋우고 불만을 가라앉히며 오랜 노동에서 오는 권태를 완화시키는 힘이 있다고 여겨진다. 완벽할 정도로까지 똑바로 밭고랑을 파 나가면서 소를 잘 부릴 수 있고, 쟁기 날을 들거나 땅속에 눌러서 소들의 고통을 덜어주는 것만으로는 충분하지 않다. 소들에게 노래를 불러주지 않는다면 완전한 농부라고 할 수 없다. 그것은 심미안과 특별한 재능이 요구되는, 독특한 기량이다.

사실 이 노래는 마음대로 끊었다 불렀다 하는 하나의 서창[2]이다. 음악 예술의 규칙에서 보면 그 형식과 발성 때문에 악보로 옮길 수는 없다. 하지만 아름다운 노래이고, 그것이 반주의 목적으로 하는 노동의 성질, 소의 걸음걸이, 들판의 정적, 노래를 부르는 사람의 소박함에 조화를 이루어 어떤 천재라 해도 대지의 노동에 관계가 없다면 만들어내지 못했을 것이고, 이 지방의 어떤 가수도 흉내 낼 수 없을 것이다. 1년 가운데 밭갈이 말고는 어떤 일도 없는 시기에는 그토록 감미롭고 힘찬 노래가 마치 바람 소리처럼 흘러나온다. 독특한 음조가 바람 소리와 어느 정도 비슷하다. 각 음절의 마지막 음은 믿을 수 없을

---

2) 오페라의 독창 가운데 말하듯이 노래하는 부분.

정도로 숨을 길고 힘차게 내뿜으며 떨어 4분의 1음씩 높아진다. 세련되지는 않았지만 거기에는 이루 말할 수 없는 매력이 있다. 계속 들으면 그 시간, 그 장소에서 조화를 깨지 않고 다른 노래가 나올 수 있으리라고 생각지도 못할 것이다.

그래서 나는 같은 광경이지만 홀바인의 그림과 대조를 이루는 하나의 그림을 눈앞에 둔 것이다. 비참한 늙은이 대신에 쾌활한 젊은이, 여위고 지친 말 대신에 힘이 세고 원기 왕성한 소 여덟 마리를 끄는 쟁기, 사신 대신에 사랑스러운 아이, 절망의 상징과 파괴의 상념 대신에 활력에 찬 광경과 행복의 사상.

이때 어느 프랑스 말로 된 4행시 '이마에 땀이 나고……'와 베르길리우스의 '아, 농부가 자신의 행복을 안다면 얼마나 다행인가!'가 동시에 내 머리에 떠올랐다. 실로 아름다운 한 쌍의 젊은이와 아이가 시적인 상황에서 힘차고 우아하게 위대하고 장엄한 일을 끝맺는 것을 보고, 나도 모르게 유감 섞인 깊은 연민의 정을 느끼게 되었다. 다행이다, 농부여! 확실히 내가 농부라면 다행이다. 만약 내 팔이 갑자기 튼튼해지고 내 가슴이 강해져서 이렇게 자연을 기름지게 하고 자연을 노래할 수 있게 한다면, 그리고 빛깔과 소리의 조화, 음조의 가냘픔과 주위의 우아함, 한마디로 말하면 이 모든 것의 신비스러운 아름다움을 끊임없이 보고 머리로 깨달을 수 있다면! 특히 불멸의 숭고한 창조를 주관하신 하느님의 마음과 내 마음의 교류가 끊이지 않을 수 있다면 말이다.

그러나 유감이다! 이 젊은이는 아름다움의 신비를 한 번도 느낀 적이 없고, 이 아이도 그것을 결코 느끼지 못할 것이다! …… 그들이 지배하는 짐승들보다 그들이 뛰어나지 않다든지, 그들의 피로를 잊게 하고 근심을 가라앉게 하는 어떤 황홀한 계시를 한 번도 받은 적이 없다고 믿는 것을 하느님이 알아주시기를! 나는 그들의 고귀한 이마에서 주의 증표를 본다. 그들은 돈을 내고 땅의 소유자가 된 사람들보다 훨씬 더 뛰어난 땅의 왕으로 태어났기 때문이다. 그들이 그것을 느끼는 증거는 그들이 그 땅을 떠나면 반드시 벌을 받고, 그들이 땀을 흘린 이 땅을 사랑한다는 것이다. 진실한 농부는 그들이 태어나 자란 땅을 떠나 군인이 되면 죽을 만큼 고향을 그리워한다는 것이다. 이 젊은이에게는 내가 누리는 즐거움의 일부가 빠져 있다—하늘만이 포용할 수 있는 넓은 신전의 일꾼인 그가 당연히 받아야 할 무형의 즐거움. 어머니의 배 속에서

부터 이미 그에게 노예 선고를 내렸던 사람들은 그에게서 꿈을 빼앗을 수 없어서 깊은 사고력을 빼앗아버렸다.

좋다! 불완전하고, 아이의 상태에서 영원히 빠져나갈 수 없는 그라 하더라도 학문이 감정을 질식시킨 사람들보다는 더 훌륭하다. 그에게 명령을 내릴 정당하고 절대적인 권리를 부여받았다고 믿는 그대들이여, 그를 경멸하지 마라. 그대들이 빠져 있는 그 무서운 착오는 그대들의 정신이 감정을 죽였다는 것을 증명하고, 인간 가운데에서 가장 불안전하고 가장 무분별한 것을 증명하고 있기 때문이다! …… 나는 그대들 영혼의 거짓 빛보다 소박한 그의 영혼을 사랑한다. 그의 삶을 말해야 한다면, 나는 온화하고 감동적인 면모를 뚜렷이 드러나게 하는 것이 더욱 큰 기쁨이리라. 그대들의 사회 규율의 가혹함과 멸시가 그가 느낄 모멸감을 그릴 수 있다는 점에서는 그대들이 우월감을 느낀다 하더라도 말이다.

나는 이 젊은이와 이 귀여운 아이를 알고 있다. 그리고 그들의 이야기를 알고 있다. 왜냐하면 누구나 그렇듯이 그들도 그들의 이야기를 가지고 있기 때문이다. 그리고 한 사람 한 사람이 그것을 이해했다면 …… 자기 생애의 이야기에 관심을 가질 것이다. 백성으로 일개 농부이지만, 제르맹은 자신의 의무와 애정을 알았다. 나에게 그것을 소박하고 명료하게 이야기한 일이 있었다. 나는 아주 흥미롭게 그 이야기를 들었다. 그가 밭갈이하는 모습을 꽤 오랫동안 바라보고 나는 자문했다. 그의 이야기는 그가 쟁기로 갈아 나가는 밭고랑처럼 단순하고 곧고 꾸밈없는데, 왜 쓰이지 않을까 하고 말이다.

다음 해에는 이 밭고랑은 메워지고 새로운 고랑으로 덮일 것이다. 마찬가지로 인류라는 밭에 대부분의 사람 자취도 드러났다가 사라진다. 한 줌의 흙이 그 자취를 지운다. 우리가 파놓은 밭고랑도 묘지의 무덤처럼 계속 파헤쳐지게 된다. 농부의 밭고랑이 한량의 밭고랑만한 값어치가 없겠는가? 그렇지만 한량들에게는 이름이 있다. 무슨 별난 짓이나 어리석은 짓으로든 세상에 조그만 일을 벌이면 남겨질 이름이……

그러면 '재간 있는 농부'인 제르맹의 밭고랑을 될 수 있으면 망각의 허무에서 구해내 보자. 그는 이 계획에 대해서는 전혀 모를 것이고, 관심도 없을 것이다. 그래도 나는 이 일을 시도해 보려는 것이 기쁘다.

"제르맹, 이제 아내를 다시 얻어야 해." 어느 날 장인이 말했다. "내 딸이 죽은 지가 벌써 2년이 다 되어가네. 큰애가 일곱 살이니까 말이야. 자네도 이제 서른이고. 여보게, 자네도 알다시피 서른을 넘기면 결혼하기에 너무 늦은 걸로 여기지 않나. 자네에게는 세 아이가 있어. 이제까지는 아이들이 우리를 곤란하게 한 적은 한 번도 없었지. 내 아내와 며느리가 되도록 잘 보살펴주었고, 당연한 일이지만 무척 사랑해 주었지. 피에르는 다 컸어. 소를 몰 줄도 알고, 목장에서 가축도 지킬 수 있지. 말들을 물 먹이러 끌고 갈 만큼의 힘도 있어. 그러니 걱정이 되는 건 그 애가 아니야. 다른 두 녀석이지. 우리야 물론 그 애들을 사랑하지만, 그 가엾은 애들이 올해는 좀 걱정스러워. 며느리의 해산날이 가까워 오고, 어린 애가 또 있으니까. 아이가 태어나면 자네의 어린 솔랑주, 특히 실뱅을 돌볼 수 없을 거야. 실뱅은 아직 네 살도 안 된 데다 밤낮을 가리지 않고 가만히 있지를 못하는데 말이야. 자네를 닮아 활발한 애야. 훌륭한 일꾼이 되겠지. 하지만 다루기가 너무 힘들어. 그 녀석이 구덩이 쪽으로 도망치든가 가축들 다리 밑으로 뛰어들 때엔 이젠 내 아내도 잡지 못해. 게다가 적어도 1년은 아내가 이제 곧 태어날 아이와 둘째 녀석을 돌봐야 할 거야. 그러니 자네 애들은 우리에겐 걱정거리고 짐일세. 우리가 돌봐주지 못할 애들을 보는 것은 괴로운 일이지. 또 잠시라도 방심한 사이에 사고가 일어나기라도 하면, 마음에 여유가 없어. 그러니까 자네에게는 새 아내가, 나에게는 새 며느리가 필요해. 잘 생각해 보게. 이제까지 몇 번이나 이야기했지만, 시간은 금방 간다네. 세월은 절대로 기다려주지 않지. 아이들이나 집안이 다 잘되길 바라는 우리를 위해서라도 하루라도 빨리 결혼해야 해."

"알겠습니다, 장인어른." 제르맹이 대답했다. "그렇게 말씀하시면 아버님 말씀을 따라야죠. 그렇지만 제게는 괴로운 일입니다. 물에 빠져 죽는 것만큼이나 바라지 않는다는 것을 숨기지는 않겠습니다. 어떤 사람을 잃었는지는 알지만, 어떤 사람을 만날지는 모르지 않습니까. 그녀는 정말 좋은 아내였습니다. 아름답고 상냥하고 부모님에게나 남편에게나 아이들에게나 다 잘하고, 집에서나 들에서나 일을 잘하고 손재주가 있는, 좋은 점만 가진 아내였습니다. 아버님께서 저와의 결혼을 허락해 주셨을 때, 그녀를 아내로 맞이할 때, 만약 제가 불행히도 그녀를 잃는다면 그녀를 잊어버린다는 것은 조건에 넣지 않았습니다.”

“제르맹, 자네가 한 말은 착한 맘에서 나온 것일세.” 모리스 영감이 말을 이었다. “나는 자네가 내 딸을 사랑하고 행복하게 해준 것을 알고 있네. 자네가 그 애 대신에 죽어서 사신을 만족시킬 수 있었다면 분명히 그렇게 했을 것이고, 카트린이 지금 살고 자네가 무덤에 있으리라는 것도 잘 알지. 그 애는 자네에게 사랑받을 만했지. 그래서 자네도 잊기 어렵겠지만, 우리도 잊지 못하네. 자네에게 그 애를 잊어버리란 말은 아닐세. 그 애가 우리 곁을 떠난 것은 신의 뜻이었네. 우린 그 애에 대한 추억을 소중히 간직하고 있어. 그 애가 죽어서 슬픔에 빠져 있다는 것을 우리의 기도와 생각과 말, 행동으로 알리지 않은 날은 하루도 없었어. 그 애는 어미를 잃은 자신의 어린아이들을 위해 새로운 어머니를 구해 주라고 자네에게 바랄 걸세. 그러니 내 딸을 대신할 만한 여자를 만나는 것이 중요해. 쉽지는 않을 게야. 그러나 불가능하지도 않아. 우리가 자네에게 그런 여자를 찾아내 주거든 내 딸을 사랑했듯이 그녀를 사랑해 주게. 자네는 성실해서 그 여자가 우리를 도와주고 자네 애들을 사랑해 주는 것을 고맙게 여길 거야.”

“알겠습니다, 아버님.” 제르맹이 말했다. “언제나처럼 아버님의 뜻을 따르겠습니다.”

“한 집의 가장으로서의 내 우정과 도리의 말에 자네가 늘 따라준 것은 옳다고 생각하네. 그럼, 자네의 새 아내를 고르는 일을 같이 생각해 보세. 우선 자네가 어린 처녀를 아내로 맞는 것은 찬성하지 않네. 자네에게 필요한 여자는 어린 처녀가 아니야. 특히 어린 여자는 경솔해. 세 아이를 키우는 건 꽤 무거운 짐이야. 특히 자신이 낳은 애가 아닐 때는 더 그렇지. 똑똑하고 상냥하고 일을

"제르맹, 이제 아내를 다시 얻어야 해." 어느 날 장인이 말했다.

잘하는 여자여야 해. 만약 자네 아내가 자네와 비슷한 나이가 아니라면 이런 일을 수락할 만큼 분별이 있진 않을걸세. 자네는 아내보다 나이가 너무 많고 애들은 너무 어려. 애들이 고생을 할 거란 말일세."

"제가 걱정하는 것도 그것입니다." 제르맹이 말했다. "가엾은 아이들이 학대라도 받는다면?"

"그런 일은 없어야겠지." 영감이 말을 이었다. "하지만 이곳은 나쁜 여자가 착한 여자보다 드무니까. 바보가 아니고서야 어울리는 여자 하나 고르지 못하겠나?"

"그렇습니다, 아버님. 우리 마을에는 착한 여자들이 있습니다. 실벤, 클로디, 마그리트…… 어쨌든 아버님의 맘에 들어야겠지요."

"아, 침착하게. 그 애들은 너무 어리거나 너무 가난하거나…… 너무 예뻐. 그것도 생각해야 해. 예쁜 여자는 못생긴 여자처럼 성실하지 않아."

"그럼, 못생긴 여자를 아내로 맞으라는 건가요?" 제르맹은 조금 걱정스러운 듯 말했다.

"아니야. 못생긴 여자는 안 돼. 새 아내도 아이를 낳을 테니까. 못생기고 허약해서 건강하지 못한 애들을 가지는 것만큼 슬픈 일은 없으니까. 아직 생기 있고 건강하고 예쁘지는 않지만 못생기지도 않은 여자가 자네에게 맞을 걸세."

"잘 알겠습니다." 제르맹은 조금 쓸쓸하게 웃으면서 말했다. "말씀하신 여자를 아내로 맞으려면 특별히 만들어야 하겠습니다. 가난한 여자는 안 되고, 부자는 더군다나 홀아비에게 쉽지 않겠지요."

"그 여자도 과부라면 어떤가, 제르맹? 아이도 없고 재산이 많은 과부라면?"

"우리 고장에 그런 여자는 없습니다."

"하지만 다른 지방에는 있지."

"아버님은 누군가 점찍어두셨군요. 그렇다면 지금 말해 주세요."

4장
유능한 농부 제르맹

"내가 생각해 둔 사람이 하나 있지." 모리스 영감이 말했다. "레오나르란 여자인데, 게랭의 과부야. 푸르쉬에 살고 있어."

"그 여자도 동네 이름도 모르겠군요." 제르맹은 단념하면서도 더 침울하게 대답했다.

"이름이 카트린이야. 자네의 죽은 아내와 같은 이름이지."

"카트린이라고요? 그 이름을 부르는 것은 좋지만, 카트린이라! 그렇지만 그 여자를 죽은 아내만큼 사랑할 수 없다면 더 괴롭고 죽은 사람이 더 생각날 텐데요."

"아니, 분명 좋아할 거야. 행실이 좋고 마음이 넓은 여자야. 오래 본 것은 아니지만 나쁜 여자는 아니었어. 어리지는 않아. 서른두 살이니까. 친정도 괜찮아. 모두 정직한 사람들이야. 8천 프랑인가 1만 프랑의 땅을 가지고 있어. 그 땅을 팔고 다른 땅을 사도 좋아. 재혼이니까. 자네 성격이 그 여자하고 맞으면 그 여자도 자네의 처지가 나쁘다고는 생각하지 않겠지."

"그럼 미리 알아보셨군요?"

"그래, 자네의 의견도 묻지 않고서. 그러나 그런 건 자네들 둘이 서로 알아가면서 물어보면 되지. 그 여자의 아버지는 나의 먼 친척이고 좋은 친구라네. 자네도 알고 있을 거야. 레오나르 영감 말이야."

"네, 장에서 아버님과 말씀 나누시는 걸 뵌 적이 있습니다. 지난 장날에는 함께 식사를 했지요. 꽤 오랫동안 이야기를 하셨는데, 그럼 이 이야기였던가요?"

"그래. 그 영감은 자네가 소를 파는 것을 유심히 보더니 좋게 생각한 모양이야. 자네가 잘생긴 데다 부지런하고 능력이 있는 것 같다고 하더군. 자네가 어떤 사람인지, 같이 살면서 함께 일한 8년 동안 자네가 불쾌한 말을 하거나 화를 낸 적이 한 번도 없고 잘 지냈다는 것을 얘기해 줬더니, 그 영감이 자네를 자기 딸과 결혼시키기로 작정한 듯해. 솔직히 말하면 그 여자는 평판도 집안도 좋아. 재산도 넉넉한 것 같고 말이야.”

“아버님은 돈 많은 것에 맘이 끌리시는군요.”

“물론이지. 중요해. 자네도 그렇지 않은가?”

“원하신다면 아버님의 마음에 들도록 저도 소중하게 생각한다고 해두죠. 그러나 아버님도 아시겠지만, 저는 우리 재산 가운데 어느 것이 저의 몫인지에 대해서도 상관하지 않습니다. 전 그런 일에 대해서는 잘 모르고 머리 또한 둔합니다. 땅이라면 알지만요. 소나 말, 소나 말에 쟁기를 다는 것, 파종, 타작, 사료 주기도 알고요. 양과 포도밭, 과수원, 그리고 사소한 수입과 재배 방법은 처남 일이라 제가 별로 상관치 않는 것을 아시지 않습니까. 돈에 대해서 기억력이 나쁘니, 네 것 내 것을 따지며 다투느니 모두 다 줘버리겠습니다. 제가 셈이 틀리거나 또 제 몫이 아닌 것을 내놓으라고 할까 봐 겁이 나기도 합니다. 또 셈이 복잡한 건 질색이라 알고 싶지도 않습니다.”

“어쩔 수 없어. 그러니까 나는 자네가 똑똑한 여자를 아내로 얻었으면 하는 걸세. 자넨 도무지 우리와 계산을 분명히 하려고 들지 않아. 그래서 내가 자네들을 화합시키고 또 어느 것이 누구의 것인지를 일러주지 않으면 그 때문에 내 아들과 자네 사이에 의가 상할지도 모르지.”

“아버님은 오래 사셔야지요! 그러나 아버님이 돌아가시고 나서의 일은 걱정하지 마십시오. 처남과는 절대로 싸우지 않겠습니다. 저는 자크를 아버님처럼 믿습니다. 저는 재산이 없으니 제 것이라는 것은 모두 아버님의 딸이자 제 아내의 재산이고, 아이들의 재산입니다. 저는 안심할 수 있습니다. 처남도 그럴 것입니다. 자크도 자기 애들을 위해서 누이 자식들의 것을 뺏으려 들지는 않을 겁니다.”

“그것은 자네 말이 맞네, 제르맹. 자크는 착한 아들이고 형제지간의 의도 좋아. 정말 정직하지. 하지만 아이들이 크기 전에 자크가 자네보다 먼저 죽을지도 모르네. 아이들에게 조언을 해주거나 그들의 싸움을 해결하기 위해 윗사람이 있어야 해. 그렇지 않으면 법률가들이 끼어들어서 온갖 명목을 붙여 전부 빼앗아갈 걸세. 그러니 남자고 여자고 간에 한 사람이 서른 명쯤 되는 애들과 손자, 사위, 며느리 등 모든 식구들의 행동을 지도하고 재산을 관리해야 해. 가족은 가늠할 수 없을 정도로 커지는 거야. 벌통이 꽉 차서 분봉을 해야 할 때는 각자 제 몫을 가져갈 생각을 하잖나? 내가 자네를 사위로 맞을 적에도 내 딸은 부자고 자네는 가난했지만 그 애가 자네를 택한 것을 나무라지 않았네. 자네는 훌륭한 일꾼이고 나처럼 농부에게 가장 큰 재산은 자네가 가진 두 팔과 마음씨라는 것을 잘 알고 있었던 거지. 그런 사람이 집안에 들어오면 충분했으니까. 하지만 여자는 다르네. 여자가 집에서 하는 일은 재산이 줄어들지 않도록 하는 것이지 벌어들이는 일이 아니네. 게다가 자네가 애들을 데리고 아내를 구하는 지금, 자네가 이제부터 낳을 애들이 전처 아이들의 상속분을 요구할 권리는 전혀 없으므로, 만일 자네가 죽는다면 부인이 재산을 가지고 있지 않는 한 곤궁에 빠지리란 것도 생각해야 해. 그리고 자네가 애들을 더 낳아서 우리 식구가 늘어나게 되면 먹일 것도 더 들 거란 말일세. 우리가 그런 책임을 진다면 그야 물론 불평 없이 그 애들을 먹여주긴 하겠지만, 그 때문에 식구들의 안락은 줄어들게 되고 또 전처의 애들은 자기들 몫을 잃게 될걸세. 식구 수가 늘고 재산이 늘지 않으면, 아무리 현명하게 일하더라도 곤란하게 되는 거지. 이게 내 생각이야, 제르맹. 잘 생각해 보고 그 과부의 마음에 들도록 노력해 보게. 좋은 품행과 넉넉한 재산을 가진 그 여자가 우리 집으로 들어오면, 당장 도움이 될 뿐만 아니라 또 앞으로도 마음을 놓을 수가 있을 테니까 말이야."

"그렇게 하죠, 아버님. 그 여자 맘에 들도록 노력하죠. 그리고 그 여자를 좋아하도록 노력하겠습니다."

"그러려면 만나야지."

"그 동네로요? 푸르쉬로 말입니까? 여기서 멀죠? 지금은 갈 시간이 없습니다."

"좋아하는 여자와의 결혼이라면 시간을 허비하는 것도 각오해야 하지만, 자기들이 무엇을 바라는지 잘 아는 사람들 사이에서 결정해야 하는 결혼이라면 곧바로 결정이 나는 거야. 내일이 토요일이니까 밭갈이를 좀 일찍 끝내고, 점심을 먹고 나서 두 시쯤 출발하면 돼. 밤에는 푸르쉬에 도착할 거야. 요즘은 달도 밝고 길도 좋으니까. 여기서 30리밖에 안 되는 마니에 근처라네. 말을 타고 가면 돼."

"날씨도 선선하니 걸어가고 싶은데요."

"그렇긴 하지만 말이 잘생기지 않았는가. 좋은 말을 타고 간다면 더 당당해 보일 수 있어. 새 옷을 입게. 그리고 레오나르 영감에게는 선물을 가져가게. 내 심부름으로 간 걸로 해서 영감하고 얘기도 하고, 일요일에는 그녀와 시간을 보내게. 그리고 월요일 아침에는 승낙인지 거절인지 마음을 정해서 돌아오게나."

"알겠습니다." 제르맹은 조용하게 말했지만 마음은 전혀 평온하지 않았다.

제르맹은 근면한 농부처럼 늘 온순하게 살아왔다. 스무 살에 결혼해 평생 한 여자만을 사랑했다. 괄괄하고 쾌활한 성격이었지만, 홀아비가 되고 나서는 다른 여자와 농담을 하거나 노닥거린 적도 없었다. 사실 죽은 아내를 생각하는 마음을 가슴속 깊이 간직하고 있었다. 그래서 장인의 말을 따르기는 하지만, 걱정이나 슬픔이 없는 것은 아니었다. 장인은 늘 집안을 현명하게 다스려 왔고, 제르맹은 공동 사업에 전적으로 헌신했다. 따라서 그 공동 사업의 대표며 집안의 가장인 장인에게 자신을 바친 제르맹은 장인의 옳은 의견과 모든 사람의 호의를 거슬러 반항해서는 안 된다고 생각했다.

그래도 슬펐다. 죽은 아내를 생각해 남몰래 눈물을 흘리지 않는 날은 거의 없었다. 고독이 무겁게 짓누르기 시작했지만, 슬픔에서 벗어나고 싶다기보다 다른 여자와 새롭게 만난다는 것이 두려웠다. 사랑이 갑자기 찾아와 자신을 위로해 줄 수 있을지도 모르겠다고 막연한 생각을 했다. 사랑 말고 달리 위로 받을 방법은 없을 테니까. 사랑은 구할 때는 나타나지 않는다. 예기치 않을 때 우리 곁에 온다. 모리스 영감이 제시한 이 냉정한 결혼 계획, 본 적 없는 결혼 상대, 게다가 그녀의 지혜나 행동거지에 대한 칭찬까지 생각해 보았다. 그러나 생각들이 서로 엉켜 뒤범벅이 되었다. 그는 자기 스스로 장인의 제안을 거부할 만한 적절한 이유를 밝히지 못해 받아들일 수밖에 없었다. 제르맹은 그러한 불운에 대항해 싸우지도 못한 채 말 못할 고통을 느끼며 장인 앞에서 물러났다.

모리스 영감은 집으로 돌아가고, 제르맹은 해가 지고 밤이 되기까지 하루의 마지막 시간을 양들이 집 근처 울타리에 뚫어놓은 구멍을 메우는 일로 보냈다. 그가 가시나무 울타리를 일으켜 세우고 흙덩이로 다지고 있는 동안, 옆의 수풀 더미에선 개똥지빠귀들이 재재거리고 있었다. 호기심이 강한 개똥지빠귀들은 그가 떠나자마자 바로 확인해 보러 올 것이 틀림없었다.

5장
기예트

모리스 영감이 집에 돌아오니 이웃집 아주머니가 불씨를 얻으려고 와서 그의 아내와 이야기를 하고 있었다. 기예트 아주머니는 모리스 영감 집에서 그리 멀지 않은 곳에 있는 몹시 초라한 초가집에서 살고 있었다. 가난하지만, 꼼꼼하고 똑똑한 여자였다. 집은 초라해도 늘 깨끗하고 잘 꾸며져 있었다. 정성을 들여 기워 입은 옷은 가난하지만 자존심을 잃지 않았다는 것을 보여주었다.

"저녁 불씨를 얻으러 오셨군요, 기예트 아주머니." 영감이 말했다. "필요한 게 또 있습니까?"

"아니에요, 모리스 영감님." 기예트 아주머니가 대답했다. "지금은 아무것도 없어요. 전 이것저것 바라지 않아요. 친구들의 호의를 염치없이 받진 않아요."

"그렇지요. 그래서 친구들이 늘 도와주려고 하지요."

"여기 형님하고 얘기하는 중인데, 제르맹이 드디어 재혼할 생각을 했느냐고 물었어요."

"아주머니는 입이 가볍지 않으니까." 모리스 영감이 대답했다. "아주머니한테는 얘기해도 소문날 염려는 없겠지요. 그래서 아주머니와 아내에게만 하는 얘기인데 제르맹이 마음을 굳혔어요. 내일 푸르쉬에 가기로 했어요."

"잘됐군요!" 모리스 부인이 큰 소리로 외쳤다. "가엾은 사람, 제발 자기처럼 착하고 정직한 여자를 얻었으면 좋겠는데!"

"아! 푸르쉬에 간다고요?" 기예트 부인이 말했다. "우연이네요! 저에게도 잘된 일이에요. 조금 전에 뭔가 필요한 게 없느냐고 물으셨죠. 청을 한 가지 드려야겠습니다."

"말해 보세요. 내가 들어드리죠. 기꺼이 들어드려야지."

"제르맹이 제 딸을 좀 데리고 가줬으면 하는데요."

"어딜? 푸르쉬에?"

"아니요. 푸르쉬가 아니라 오르모에요. 제 딸이 거기서 1년 정도 있게 되어서."

"어머." 모리스 부인이 말했다. "딸과 떨어져 산다고요?"

"얼마라도 벌어야죠. 저도 괴롭고 딸도 괴롭지만. 성 요한 축일[1]까지만 해도 우린 서로 떨어질 생각을 못했는데, 성 마르탱 축일[2]도 다가오고, 또 오르모 농장에 좋은 양치기 자리를 얻게 됐거든요. 농장 주인이 저번에 장 보고 돌아가는 길에 이곳으로 지나갔는데, 마을 공동 목장에서 양 세 마리를 지키고 있던 우리 마리를 보고, '아가씨는 꽤 한가하군. 양치기에게 양 세 마리라니. 양백 마리쯤 어떤가? 우리 집으로 오지. 우리 집 양치기가 병이 나서 제 부모한테 돌아갔거든. 일주일 안에 온다면 내년 성 요한 축일까지 일하는 것으로 50프랑을 주지'라고 했다더군요. 딸은 그 자리에서는 거절했지만, 저녁에 집에 돌아와서는 제가 겨울 날 걸 걱정하는 것을 보고는 저한테 털어놓은 거지요. 이번 겨울은 두루미와 기러기들이 예년보다 한 달이나 일찍 하늘을 지나가는 것을 보니 춥고 길 거예요. 둘이 울었지만, 결국 용기를 냈어요. 얼마 안 되는 땅에서 나는 걸로는 겨우 한 사람밖에 먹고살 수 없는 노릇이고요. 그리고 언제까지 같이 살 수는 없으니까. 마리도 이제 나이가 찼으니—이제 열여섯 살이에요. 다른 애들처럼 해야지요. 밥벌이도 하고 어미도 도와야죠."

"기예트 아주머니." 늙은 농부가 말했다. "50프랑만 있으면 아주머니의 고통을 덜어주고 딸을 멀리 보내지 않아도 된다면, 내가 그 돈을 마련해 줄 수도 있어요. 50프랑이면 우리 같은 사람들에겐 조금 벅차긴 합니다만, 무슨 일이든지 우정뿐만 아니라 도리에도 따를 필요가 있으니까. 올겨울 곤궁에서 벗어났다고 해도 닥쳐올 어려움을 면하진 못할 겁니다. 마리가 결심한 것이 늦어지면 늦어질수록 떠나기가 힘들 거예요. 게으른 버릇이 생길 수도 있지요."

"아, 그것은 걱정하지 않아요." 기예트 아주머니가 말했다. "마리는 씩씩해서 큰일을 맡겨도 돼요. 잠시도 쉬지 않아요. 집에 일이 없으면 초라한 세간을 닦고 문지르고 해서 거울처럼 반짝이게 해놔요. 그 애는 일을 잘해요. 멀리, 모

1) 6월 24일. 이날은 많은 지방에서 특히 베리 지방에서 사람을 많이 고용한다.
2) 11월 11일. 특히 성 요한 축일에 고용된 자가 농가에 고용된다.

르는 사람의 집에 가는 것보다는 영감님 댁에 양치기로 들어간다면 더 좋겠지만요. 우리가 그러기로 결정한다면, 영감님께선 그 애를 성 요한 축일부터 데려다 쓸 수도 있을 거예요. 그러나 지금은 일꾼을 모두 구하셨으니, 내년 성 요한 축일이나 돼야 생각해 볼 수 있겠지요.”

“아, 좋고말고요! 나도 기쁠 거예요. 하지만 그때까지 일을 잘 배우고 남의 일을 해주는 데 익숙해져야 되겠지요.”

“그렇고말고요. 이미 정해진걸요. 오르모의 농장주가 오늘 아침 사람을 보내 그 애를 오라고 했어요. 승낙을 했으니 그 애는 가야지요. 근데 그 애는 길을 잘 모르고, 저도 그 먼 곳으로 혼자 보내고 싶지 않아요. 제르맹이 내일 푸르쉬로 간다니 그 애를 데리고 간다면…… 저는 간 적이 없지만 듣기로는 그 근처인 것 같은데요.”

“바로 옆이에요. 내 사위가 데리고 갈 거요. 당연하지요. 제르맹이 저녁 먹으러 들어오는군. 여보게, 제르맹. 기예트 아주머니네 마리가 오르모에 양치기로 간다는데 자네가 그 애를 말에 태워 데려다줄 텐가?”

“알겠습니다.” 제르맹이 대답했다. 걱정거리가 있었으나 언제나 이웃을 도와줄 마음이 있었기 때문이었다.

열여섯 살 된 딸을 스물여덟 살 남자에게 맡긴다는 것은 우리 세계에서는 어머니로서 생각지도 못할 일이었다. 제르맹은 사실 스물여덟 살이다. 그 지방에서는 그가 결혼을 하기에 너무 나이가 많다고 여겼지만, 그래도 그 고장에서는 제일 미남이었다. 10년이나 밭일을 해온 대부분의 농부들처럼 얼굴이 상하지도 않았다. 그는 밭일을 10년 더 하더라도 늙어 보이지 않을 만큼 건장했다. 그러므로 젊은 여자라면 제르맹이 생기 있는 얼굴빛, 5월의 하늘처럼 푸르고 맑은 눈, 분홍빛 입술, 고른 치아, 푸른 초원을 맘껏 뛰노는 망아지와 같이 멋있고 탄력 있는 체격을 가진 것을 아는 순간 나이가 많다는 선입견을 버릴 게 틀림없다.

하지만 대도시의 문란한 풍조에서 멀리 떨어진 시골에서는 정숙한 풍속이 신성한 전통으로 되어 있었다. 벨레르 마을의 어느 누구에게 물어도 모리스 영감 집안은 점잖고 정직했다. 제르맹은 아내를 구하러 가는 길이었으며, 신붓감으로 생각하기에 마리는 너무 어리고 가난했기에 냉정하거나 나쁜 사람이 아닌 한, 마리 곁에서 나쁜 생각을 한다는 것은 있을 수 없었다. 그래서 모리스 영감은 제르맹이 이 예쁜 처녀를 말 꽁무니에 태우는 것을 보고도 조금도 걱정하지 않았고, 기예트 부인도 제르맹에게 마리를 동생처럼 여기라고 부탁하면 그를 모욕하는 일이라 생각했다. 마리는 어머니와 같은 또래 친구들과 몇 번이나 포옹한 뒤 울면서 말에 올라탔다. 제르맹도 자신의 일로 침울한 표정이었을 뿐, 그녀를 동정하면서 진지한 얼굴로 출발했다. 한편 이웃 사람들은 마리에게 손을 흔들며 작별 인사를 했다. 그것이 마리를 더 슬프게 하는 일인지 생각도 못한 채 말이다.

라 그리즈[1]는 어리고 잘생겼으며 힘센 암말이었다. 그놈은 자랑스럽고 힘차게 귀를 젖히고 재갈을 물고서 무거운 두 사람을 태우고 가고 있었다. 긴 방목지 앞을 지날 때 암말은 자신의 어미를 찾았다. 그리고 이별의 뜻으로 울자 어미 말은 말굽 소리를 내며 울타리로 다가와 새끼를 따라가려고 목장 울타리를 따라 달렸다. 그러다가 새끼가 뛰기 시작하는 것을 보고 한 번 울고는 뭔가 생각하거나 불안한 듯 멈춰 섰다. 고개를 번쩍 쳐들고 입 한 가득 물고 있는 풀을 먹는 것조차 잊은 듯했다.

"저 가엾은 말은 늘 제 새끼를 알아보거든." 제르맹은 슬픈 마리를 위로하려고 했다. "그러고 보니 가기 전에 피에르에게 키스를 해주지 않았네. 집에 없었단 말이지! 어제저녁에는 데리고 가달라면서 한 시간이나 울었거든. 오늘 아침에도 설득해 보려고 어찌나 애쓰던지. 어쩜 그렇게 약았는지! 근데 어떻게 해도 안 된다는 것을 알자 화가 났어. 들판에 갔는지, 온종일 보이지 않더군."

"저는 봤어요." 마리는 눈물을 참으려고 애쓰면서 말했다. "술라네 애들하고 잡목림 쪽으로 뛰어갔어요. 집을 나온 지 한참된 것 같다는 생각을 했어요. 배가 고픈지 인목 열매와 오디를 먹었거든요. 제가 간식으로 가지고 있던 빵을 주었더니 고맙다고, 우리 집에 오면 과자를 주겠다고 하더군요. 정말 귀여운 아이에요, 제르맹 씨!"

"정말 귀여운 아이지." 농부는 말을 이었다. "그 애를 위해서라면 뭐든지 할 거야! 할머니가 나보다 분별력이 있었기에 망정이지, 아니었으면 난 그 애를 데리고 가지 않을 수 없었을 거야. 그 애가 어찌나 울어대던지 그 조그만 가슴이

---

1) La Grise. 회색이라는 뜻.

울렁거리더군."

"그럼 왜 안 데리고 가세요, 제르맹 씨? 곤란하게 하진 않을 텐데요. 피에르는 제 말만 들어주면 얼마나 얌전한데요."

"이제부터 가는 곳에선 그 애가 방해가 될 거라는 거야. 적어도 장인어른 생각엔 말이지…… 난 반대로 그 애를 어떻게 볼지 궁금한데…… 그런데 어른들은 모두 가족의 짐을 처음부터 보여선 안 된다고 하시니…… 마리야, 왜 이런 말을 너에게 하는지. 너는 무슨 말인지도 모를 거야."

"알아요, 제르맹 씨. 곧 결혼하신다는 거 알아요. 어머니가 가르쳐주셨어요. 하지만 마을에서도, 이제부터 가는 곳에서도 누구에게도 말하지 말라고 하셨어요. 안심하세요. 한마디도 안 할 테니."

"그래. 아직 결정되지 않았으니까. 그 여자 마음에 안 들지도 모르고."

"마음에 들길 바라야죠, 제르맹 씨. 왜 마음에 안 들겠어요?"

"그거야 모르지. 난 애가 셋이나 있어. 낳은 사람이 아닌 여자에게는 큰 짐이니까."

"그건 그래요. 하지만 제르맹 씨의 애들은 다른 애들과는 달라요."

"그렇게 생각해?"

"천사처럼 사랑스럽고 교육을 잘 받아서 그런지, 그렇게 귀여운 애들은 없을 거예요."

"그래도 실뱅은 말썽꾸러기야."

"아직 어리니까요! 그럴 나이잖아요. 그래도 얼마나 영리해요!"

"확실히 영리한 아이야. 씩씩하기도 하고! 암소나 황소도 겁내지 않아. 하는 대로 내버려두었으면 제 형과 같이 말에 올라타기도 했을 거야."

"저라면 큰애를 데리고 왔겠어요. 그렇게 예쁜 아이가 있는 걸 보면 제르맹 씨를 곧 좋아하게 될 거예요."

"그녀가 아이를 좋아한다면 그러겠지. 하지만 좋아하지 않는다면!"

"애들을 귀여워하지 않는 여자가 있을까요?"

"많지는 않겠지만 그런 여자도 있어. 그게 내 걱정이야."

"그럼 제르맹 씨는 그 여자를 전혀 몰라요?"

"그렇지. 게다가 만난 뒤에도 알아보지 못할까 봐 걱정이야. 나는 남을 의심하는 성격이 아니야. 그럴듯한 말을 하면 그대로 믿어서 나중에 후회한 적이 많아. 말과 행동은 다르거든."

"아주 친절한 여자라던데요."

"누가 그래? 장인어른이?"

"네, 그래요."

"그렇다면 좋겠지. 하지만 장인어른도 잘 몰라."

"그럼 잘 보세요. 잘못 보면 안 되니까요."

"그래, 마리. 이대로 바로 오르모에 가지 않고 너도 잠깐 그 집에 들러주면 좋겠는데. 너는 똑똑하고 무슨 일에나 주의를 잘 기울이니까. 뭔가 생각할 것이 있으면 나에 살짝 가르쳐주지 않을래?"

"아, 안 돼요, 제르맹 씨. 할 수 없어요! 제가 잘못 보는 게 아닐지 생각만으로도 무서워요. 그리고 경솔한 한마디로 혼담이 깨지면 제르맹 씨 장인, 장모께서 저를 원망하실 거예요. 안 그래도 전 늙으신 어머니에게 근심 끼칠 일이 많은데 이런 걸로까지 걱정하게 해드리고 싶지 않아요."

그들이 이렇게 이야기하고 있을 때, 라 그리즈가 귀를 쫑긋 세우고는 오던 길을 돌아서서 덤불로 다가갔다. 처음에는 무서웠지만 그 정체를 알 것 같았다. 제르맹은 덤불 속 떡갈나무의 큰 가지 아래 아직도 물기가 가시지 않은 구덩이 속에서 어떤 것을 봤는데, 처음에는 새끼 양인 줄 알았다.

"길을 잃은 짐승인가." 그가 말했다. "움직이질 않으니 죽었나? 주인이 찾고 있을 텐데."

"짐승이 아니에요." 마리가 큰소리로 말했다. "아이가 자고 있어요. 피에르에요."

"아니!" 제르맹이 말에서 뛰어내리면서 말했다. "이 녀석 집에서 이렇게 멀리 떨어진 곳에서, 더군다나 구덩이에서 자고 있다니! 뱀이라도 나오면 어쩌려고!"

제르맹이 아이를 안아 올리자 아이는 눈을 뜨고 빙긋 웃으며 두 팔을 아버지 목에 감고는 말했다.

"아빠, 나 데리고 갈 거지?"

"그래, 아직도 그 소리구나! 몹쓸 녀석 같으니라고. 대체 여기서 무엇을 하고 있었니, 피에르?"

"아빠가 지나가기를 기다렸어." 아이가 말했다. "길을 보고 있었어. 그러다 잠이 들었고."

"내가 보지 못하고 지나갔으면 넌 밤새 밖에 있게 되는 거잖아. 늑대가 너를 먹을지도 모르는데!"

"아빠가 날 꼭 볼 줄 알았어!" 피에르는 자신 있게 말했다.

"자, 피에르, 아빠한테 뽀뽀하고 인사해. 저녁 먹는 데 빠지지 않으려거든 서둘러 집으로 돌아가."

"그럼 아빠, 나 안 데리고 갈 거야?" 아이는 금방 울 듯이 눈을 비비기 시작하면서 부르짖었다.

"할아버지랑 할머니가 안 된다고 한 것은 잘 알고 있지." 제르맹은 자기의 위엄이 거의 없는 남자처럼 할아버지의 권위를 빌려 말했다.

그러나 아이는 아빠의 말을 들으려고 하지 않았다. 마리를 데리고 갈 수 있으면 저도 데리고 갈 수 있지 않느냐고 막무가내였다. 제르맹은 깊은 숲을 지나가야 하는데, 거기에는 어린 애를 잡아먹는 위험한 짐승이 많다, 라 그리즈가 사람을 셋이나 태우기를 원하지 않는다, 가는 곳에는 아이를 위한 침대도 먹을거리도 없다는 둥 여러 가지 이유를 내세웠다. 그러나 이 모든 이유로도 피에르를 설득할 수 없었다. 아이는 풀밭에서 누워 뒹굴며 아빠가 이젠 자기를 귀여워하지 않는다고, 저를 데리고 가지 않으면 낮이고 밤이고 집에 절대로 들어가지 않겠다고 소리를 질렀다.

제르맹은 아버지였지만 여자처럼 다정하고 약한 마음을 가지고 있었다. 아내가 죽고 혼자 아이들을 보살펴야 했던 것, 또 엄마가 없는 불쌍한 아이들이 사랑에 몹시 굶주렸을 것이라는 생각이 그의 마음을 이렇게 만들었던 것이다. 자신의 나약함이 부끄럽기도 하고, 또 자신의 거북스러움을 마리에게 숨기려고 하면 할수록 갈등이 심하게 일어나 이마엔 진땀이 솟고 눈시울이 붉어져서 금방 울 것만 같았다. 결국 그는 화를 냈다. 하지만 자신의 굳센 마음을 보라는 듯이 마리 쪽으로 몸을 돌렸을 때, 이 착한 소녀가 울고 있는 모습이 눈에 들어왔다. 그는 용기를 모두 잃고 말로는 혼내고는 있지만, 눈물이 걷잡을 수 없이 흘러내렸다.

"제르맹 씨는 너무 엄격해요." 마침내 마리가 말했다. "저라면 이렇게 슬프게 우는 아이의 말을 그렇게까지 안 들어줄 순 없을 거예요. 제르맹 씨, 피에르를 데리고 가요. 저 말은 어른 둘에 아이 하나를 태우는 데 익숙해요. 그 증거로 제르맹 씨의 처남과 저보다 훨씬 무거운 그의 부인이 토요일에는 아들과 함께 장에 가잖아요. 피에르를 제르맹 씨의 앞에 태우세요. 전 이 애의 맘을 아프게 하느니 혼자서 걸어가겠어요."

"그럴 필요 없어." 설득당하기를 원했던 제르맹이 대답했다. "라 그리즈는 힘이 세. 자리만 있으면 두 명은 태울 수 있어. 하지만 가는 도중에 이 녀석을 어떻게 해? 추울 거고, 배도 고플 거야…… 게다가 오늘 밤과 내일 누가 재우고 씻기며 입히는 시중을 들어주겠어? 난 알지도 못하는 여자에게 그런 폐를 끼칠 생각은 없어. 그러면 그 여자는 틀림없이 처음부터 무례라고 생각할 거야."

"그 여자가 좋아하는지 싫어하는지는 곧 알게 될 거예요. 절 믿으세요. 또 게다가 만일 그 여자가 피에르를 싫어하게 되면 제가 돌보겠어요. 제가 내일 그 댁에 가서 옷을 갈아입혀 들로 데리고 가겠어요. 그리고 종일 데리고 놀게요."

"그렇지만 널 귀찮게 할 거야. 거추장스러울걸. 하루가 얼마나 긴데."

"제게는 오히려 그게 더 나아요. 피에르는 제게 동무가 되어 낯선 고장에서 지낼 첫날을 덜 슬프게 해줄 거예요. 아직도 우리 고장에 있다는 생각이 들 테니까요."

피에르는 마리가 자기를 편드는 것을 보고 그녀의 치마를 얼마나 꽉 잡았던지 그 아이를 떼어내려면 아주 심하게 다루어야 했을 것이다. 아버지가 양보하자 아이는 볕에 그을린 작은 손으로 마리의 손을 잡고 좋아서 껑충껑충 뛰며 입을 맞추고, 아이들이 원하는 것을 가지려 할 때와 같이 마리를 말 있는 곳으로 서둘러 데리고 갔다.

"자." 그녀는 아이를 안아 올리며 말했다. "작은 새처럼 팔딱거리는 연약한 가슴을 가라앉혀야지. 밤이 되어 춥거든 내게 말해, 피에르. 망토로 꼭 싸줄게. 아빠에게 뽀뽀하고, 말 안 들어서 잘못했다고 해. 다신 절대로 그러지 않겠다고 해. 알았지?"

"응, 알았어. 아빠가 하자는 대로 하겠다고 약속하는 거지?" 제르맹은 손수건으로 아이의 눈물을 닦아주며 말했다. "아이를 잘 다루는구나, 마리!……정말 착하구나. 작년 성 요한 축일에 너를 왜 우리 집 양치기로 들이지 않았는지 모르겠어. 우리 애들을 잘 돌봐주었을 텐데. 이 애들을 미워하지 않는 것으로 내게 큰 은혜나 베푼 것처럼 생각할 여자를 찾아가는 것보다는 차라리 나았을 텐데 말이야."

"그렇게 나쁘게 생각하면 안 돼요." 마리는 제르맹이 염소 가죽을 입힌 넓은 안장 안쪽에 자기 아들을 올려 앉히는 동안 말고삐를 잡아주며 대답했다. "만일 제르맹 씨 부인이 애들을 사랑하지 않으면 내년에 절 고용하세요. 그럼 애들이 조금도 눈치 못 채게 잘 데리고 놀 테니 걱정하지 마세요."

"그렇게 나쁘게 생각하면 안 돼요." 마리는 제르맹이 염소 가죽을 입힌 넓은 안장 안쪽에 자기 아들을 올려 앉히는 동안 말고삐를 잡아주며 대답했다.

7장
광야에서

"근데." 몇 발자국 가자마자 제르맹이 말했다. "이 녀석이 집에 들어가지 않은 걸 알면 어른들이 걱정을 하며 사방으로 찾아다니실 텐데."

"저기 길에서 일하고 있는 도로 보수공에게 당신이 아이를 데리고 가니까 집에 알려달라고 부탁하면 안 될까요?"

"그렇군, 마리. 넌 별걸 다 생각해 낼 줄 아는구나. 난 자니가 이 근방에 있으리라곤 생각도 못했는데."

"마침 저 사람은 제르맹 씨 댁 바로 옆에 사니까 꼭 전해 줄 거예요."

제르맹은 자니에게 부탁한 다음 다시 말을 달리기 시작했다. 피에르는 무척 좋아서 점심을 안 먹은 사실도 잊어버렸다. 하지만 말이 흔들리면서 배가 고파지고 10리쯤 가자 얼굴이 창백해지면서 하품을 하고 배가 고프다며 칭얼댔다.

"시작이군." 제르맹이 말했다. "이 녀석이 얼마 가지도 않아서 배가 고프다니, 목이 마르다고 할 줄 알았는데."

"목도 말라요!" 피에르가 말했다.

"좋아! 그럼 코르레에 있는 르베크 아주머니의 주막 '동이 틀 무렵에'에 들르기로 하자. 간판은 괜찮지만 초라한 곳이야! 자, 마리, 너도 포도주 한 모금 마시렴."

"아뇨, 전 괜찮아요. 제르맹 씨가 이 녀석과 들어가 있는 동안, 전 말을 지킬게요."

"아니야. 넌 아침에 빵을 피에르에게 주었잖아. 그러니까 넌 아무것도 먹지 못한 거고. 게다가 집에서도 아무것도 안 먹잖아. 울기만 했으니까."

"정말 배가 고프지 않아요. 걱정이 많아서 그런지! 조금도 먹고 싶지 않아요."

"억지로라도 먹어야 해. 그렇지 않으면 병난다. 길은 멀고, 거기 가서 인사도

하기 전에 먹을 걸 달라고 할 수야 없잖니. 나도 먹고 싶지 않지만 네게 본보기가 되어야겠다. 결국 나도 점심을 먹지 않은 거나 마찬가지니까 다 먹어 치우고 말 거야. 자, 라 그리즈를 문에다 매어놓을 테니 내려라."

세 사람은 함께 르베크의 주막에 들어갔다. 그리고 채 15분이 되지도 않아 다리가 불편한 뚱뚱한 아주머니가 먹음직스러운 오믈렛과 흑빵, 그리고 묽은 포도주를 그들 앞에 갖다놓았다.

농부는 서둘러 먹지는 않았다. 그러나 피에르가 어찌나 많이 먹던지 제르맹이 길을 떠날 생각을 하기까지 한 시간이나 걸렸다. 마리도 처음엔 인사치례로 먹었지만, 나중에는 식욕이 생겼다. 열여섯 살의 나이에 그렇게 오랫동안 굶을 수도 없을 뿐더러 시골 인심이 굶고 지내게 내버려두지도 않았다. 제르맹이 그녀를 위로하고 용기를 북돋우기 위한 상냥한 말도 그 효과를 나타냈다. 그녀는 애써 일곱 달이 금방 지나갈 거고, 집에 다시 돌아올 때의 행복을 생각하려고 했다. 모리스 영감도 제르맹도 일자리를 주기로 약속했으니까 말이다. 그러나 마리가 명랑해져서 어린 피에르하고 놀기 시작했을 때, 제르맹은 그녀에게 창문 너머로 골짜기의 아름다운 경치를 보라고 했다. 창문 너머로 한눈에 보였다. 정말 웅장하고 푸르며 비옥한 골짜기였다. 마리는 멀리 바라다보았다. 그리고 벨레르의 집들이 보이는지 물었다.

"물론 보이지." 제르맹이 말했다. "우리 집도 보이고 너희 집도 보이지. 봐, 저기 작은 회색 점이 보이지. 고다르네 큰 포플러나무에서 멀지 않은 곳, 교회 종각에서 조금 아래쪽에 말이야."

"아, 보여요!" 그녀는 이렇게 말했지만 다시 울기 시작했다.

"너한테 집 생각을 나게 한 내가 잘못이지." 제르맹이 말했다. "내가 오늘 바보짓만 하는군! 자, 마리야, 떠나자. 해가 짧아서 한 시간이 지나면 달이 뜨고 추워질 거다."

그들은 다시 길을 떠나 넓은 들판을 지나갔다. 말이 너무 빨리 달리면 마리와 피에르가 피곤해할까 봐 제르맹은 라 그리즈를 빨리 몰 수 없었다. 그들이 큰길을 벗어나 숲으로 들어갔을 때는 이미 해가 져 있었다.

제르맹은 마니에까지의 길은 알고 있었다. 그러나 샹트루브 방향이 아니라 장에 갈 때 자주 다녀보지 않은 프레슬과 라 세퓔튀르를 통해서 내려가는 게

빠를 것이라 생각했다. 그는 길을 잘못 들어 숲으로 들어가기 전에 시간을 좀 허비했다. 푸르쉬를 등지고 갔는데도 알지 못했다. 게다가 아르당트 위쪽으로 꽤 많이 올라갔다.

제르맹이 방향 감각을 잃어버린 것은 밤이 되면서 피어오르기 시작한 안개 때문이었다. 하얀 달빛을 받아 더 짙어지고 앞을 분간하기 어려운 가을밤의 안개였다. 숲 속 빈터 여기저기에 널려 있는 큰 물웅덩이에서 아주 짙은 김이 피어올라 라 그리즈가 그곳을 건널 때 물이 철벅거리는 소리를 내며 진흙 속에서 발을 빼느라 애쓸 때에야 비로소 길을 잘못 든 것을 깨달았다.

마침내 똑바로 뻗은 길을 찾아내어 끝까지 따라가서 자신이 어디에 있는지를 알아보았을 때, 제르맹은 이미 길을 잃었다는 것을 알았다. 모리스 영감이 길을 가르쳐줄 때, 숲에서 나가면 가파른 언덕을 내려가고 넓은 초원을 지나 두 번 정도 개울을 건너야 한다고 말했기 때문이다. 가을이 시작되면서 큰비가 내려 물이 깊을지도 몰라서 조심해서 개울에 들어가라고 일러주기까지 했던 것이다. 내리막길도 초원도 개울도 없고, 한쪽에 쌓인 눈처럼 희고 평평한 광야만 보여서 제르맹은 말을 멈춰 인가를 찾고 지나가는 사람을 기다렸으나 그에게 길을 가르쳐줄 만한 것은 하나도 보이지 않았다. 그래서 그는 왔던 길을 되돌아서 숲 속으로 들어갔다. 그러나 안개는 더욱더 자욱해지고 달은 완전히 가려졌다. 길은 몹시 울퉁불퉁하고 물웅덩이는 깊었다. 라 그리즈는 두 번이나 고꾸라질 뻔했다. 세 명이나 태웠으니 힘이 빠질만도 했다. 나무에 부딪치지 않는 힘은 아직 가지고 있었으나 등에 태운 사람들이 나뭇가지에 부딪치지 않도록은 할 수 없었다. 나뭇가지는 그들의 머리 높이에서 길을 방해하고 있어서 위험했다. 제르맹은 몇 번이나 나뭇가지에 부딪혀 모자를 잃어버리고 그것을 찾느라 무척이나 고생했다. 피에르는 잠이 들어 마치 자루처럼 몸을 맡겼다. 팔을 못 쓰는 제르맹은 말을 부추기지도 잘 몰 수도 없었다.

"아무래도 마법에 걸린 건가." 제르맹이 말을 세우고 말했다. "이 숲은 취하지 않는 한 길을 헤맬 만큼 넓지 않아. 그런데 두 시간이나 헤매고 있다니. 라 그리즈는 한 가지만 생각해. 즉 집에 돌아가는 거야. 이놈 때문에 길을 잘못 들게 됐어. 집에 돌아가려 한다면 라 그리즈에게 맡겨두기만 하면 돼. 그런데 잘 만한 곳이 아주 가까이 있다면 바보가 아니고서야 어떻게 그곳을 포기하고 그렇게 먼 길을 다시 돌아갈 수 있겠어. 하늘도 땅도 보이지 않아. 이 망할 놈의 안개 속에 그냥 있다간 이 애가 열이 날까 봐 걱정이 되고, 말이 앞으로 고꾸라지면 우리 무게 때문에 죽을까 봐 걱정이 돼."

"더 이상 무리하면 안 돼요." 마리가 말했다. "내려요, 제르맹. 그리고 애를 제게 주세요. 제가 안을게요. 제가 더 잘해요. 말고삐를 잡으세요. 땅에 붙어 걸으면 더 잘 볼 수가 있을 거예요."

이 방법은 그들을 말에서 떨어지지 않게 할 뿐이었다. 안개가 축축한 땅에 착 달라붙었기 때문이었다. 몹시 걷기 힘들었다. 그들은 곧 지쳐서 커다란 떡갈나무 아래 마른자리를 발견하곤 걸음을 멈췄다. 마리는 땀범벅이었지만, 불평 한마디 하지 않고 조금도 걱정하지 않았다. 모래 위에 앉아서 아이를 제 무릎에 뉘었다. 그동안 제르맹은 라 그리즈의 고삐를 나뭇가지에 매어놓고 그 근방을 살펴보고 있었다.

그러나 이 여행이 너무나 싫었던 라 그리즈는 배에 힘을 한 번 주더니 고삐를 풀고 뱃대끈을 끊었다. 그리고 대여섯 번 높이 뛰어오르더니 길을 찾는 데는 누구의 도움도 필요 없다는 것을 똑똑히 보여주려는 듯 잡목림을 거쳐 달아나버렸다.

"자, 봐." 말을 붙잡으러 갔다가 못 찾은 제르맹이 말했다. "이젠 걷는 수밖에 없어. 길을 찾았다 하더라도 아무 소용이 없어. 개울을 걸어서 건너야 할 테니말이야. 길에 물이 흥건한 걸 보면 이 풀밭이 개울 아래쪽에 있는 게 틀림없어. 다른 길은 모르니까 안개가 걷히길 기다려야 해. 한두 시간 넘게야 걸리지 않겠지. 잘 보이게 되면 인가를 찾자. 그러나 지금은 여기서 나갈 수가 없어. 우리 앞에 웅덩이가 있는지도 모르고, 뒤에도 뭐가 있는지 알 수 없어. 우리가 어느 쪽으로 들어왔는지조차 모르겠는걸."

"봐, 저기 작은 회색 점이 보이지. 고다르네 큰 포플러나무에서 멀지 않은 곳, 교회 종각에서 조금 아래쪽에 말이야."

8장
큰 떡갈나무 아래서

"알았어요! 참겠어요, 제르맹 씨." 마리가 말했다. "이 작은 언덕에 앉아 있으니 그다지 나쁘지 않아요. 비가 와도 이 커다란 떡갈나무의 우거진 잎들을 뚫지는 못해요. 불을 피울 수도 있어요. 건들거리는 고목들이 있는데 말라 있어서 불이 붙을 거예요. 제르맹 씨, 부싯돌 가지고 있죠? 아까 담배를 피우시던데."

"물론 있었지! 부싯돌은 미래의 아내에게 가지고 가는 불치하고 같이 안장 위 전대 속에 들어 있었는데 그 망할 놈의 말이 모두 가지고 갔지. 망토까지 말이야. 가지에 걸려서 찢어졌든지 잃어버렸든지 하겠지."

"아니에요, 제르맹 씨. 안장도 망토도 전대도 모두 당신 발밑에 있어요. 라 그리즈가 뱃대끈을 끊고 달아날 때 다 떨어졌어요."

"아! 정말이네!" 제르맹이 말했다. "나뭇가지를 모은다면 옷을 말리고 몸을 녹일 수 있을 거야."

"그건 어렵지 않아요." 마리가 말했다. "부러진 나뭇가지가 사방에서 부스럭거리니까요. 어쨌든 우선 그 안장을 이리 좀 주세요."

"뭘 하려고?"

"애 침대요. 아니, 그렇게 말고 뒤집으세요. 이렇게 하면 땅에 굴러떨어지진 않을 거예요. 말의 온기로 아직 따뜻해요. 저 돌로 양쪽을 괴어주세요."

"안 보이는데! 넌 고양이처럼 밤눈이 밝구나."

"됐어요. 망토를 주세요. 이걸로 애 발을 싸고 제 망토는 몸을 덮어줄게요! 보세요, 아이가 제 침대처럼 편안하게 누워 있잖아요! 얼마나 따뜻한지 만져보세요!"

"정말이구나! 넌 애들을 정말 잘 보살피구나!"

"어려운 일이 아니에요. 이젠 저 전대 속에서 부싯돌을 찾아주세요. 나뭇가지를 준비할 테니."

"너무 축축해서 불이 붙지 않겠는데."

"제르맹 씨는 뭐든 의심하시네요! 양을 칠 때 비가 오는 들판에서 불을 지폈던 일은 생각나지 않으세요?"

"그건 양치기 애들이 잘하는 거지. 하지만 난 걷기 시작하면서 소몰이를 했으니까."

"그래서 손재주보다 팔 힘이 세다는 거군요? 자, 나뭇더미가 쌓아졌으니 불이 붙나 안 붙나 두고 보세요. 부싯돌하고 마른풀 한 움큼만 주세요. 됐어요! 이번에는 바람을 불어주세요. 폐가 약하지는 않죠?"

"당연하지." 제르맹은 풀무처럼 바람을 불었다. 얼마 지나지 않아 불이 붙고 푸르스름한 불길이 올라왔는데 결국 떡갈나무 잎사귀들 아래서 푸르스름한 불길이 올라와 안개와 싸우더니 열 자나 될 듯한 주변의 공기를 차츰 밀어내 안개를 걷었다.

"전 이제 불티가 애에게 떨어지지 않도록 꼬마 곁에 있겠어요." 마리가 말했다. "제르맹 씨는 나무를 던져서 불이 꺼지지 않게 하세요. 이렇게 하면 열이 나는 일도 감기에 걸리는 일도 없을 거예요."

"머리가 참 좋구나." 제르맹이 말했다. "밤의 마법사처럼 불을 피울 수 있고 말이야. 기분이 좋아졌어. 다시 용기도 나고. 아까는 무릎까지 젖어 이렇게 밤이 새기를 기다릴 것을 생각하니 정말 화가 났거든."

"기분이 상하면 아무것도 생각이 나지 않죠."

"그럼 너는 기분이 상한 적은 없니?"

"없어요! 한 번도. 그래봐야 아무 소용이 없으니까요."

"아무 소용도 없긴 하지. 하지만 속상한 일이 있을 때 화를 내지 않을 수 있을까! 넌 걱정거리도 많았잖아? 늘 행복하진 않았을 텐데."

"맞아요. 불쌍한 엄마와 고생을 많이 했어요. 슬픈 일이 많았죠. 하지만 좌절한 적은 한 번도 없어요."

"어떤 경우에도 일하는 것이라면 나도 열의를 잃지 않았을 거야. 하지만 가난한 것만큼은 달라. 자유롭지 못하니까 말이야. 그런데 아내 덕분에 부자가 됐고 지금도 부자야. 내가 처갓집에서 일하는 한 부자일 거야. 앞으로도 그러기를 바라고. 하지만 누구나 슬픔은 있지! 나도 나대로 괴로움을 겪었으니까."

"네, 부인을 여의셨으니 참 유감이에요."

"그렇지."

"저도 슬펐어요, 제르맹 씨! 부인은 참 상냥한 분이었죠. 자, 그 얘긴 그만해요. 또 울 것 같으니까요. 오늘은 이제까지의 슬픔이 다 살아나고 있어요."

"사실 너를 매우 좋아했지. 너와 네 어머니를 소중히 여겼어. 우니? 자, 나는 울지 않을 거야, 나는……."

"제르맹 씨도 우시네요. 남자가 자신의 죽은 아내를 생각하고 우는 게 뭐 부끄러우세요? 우세요. 저도 그 슬픔을 나눌 테니까요!"

"착한 마음을 가졌구나. 너와 같이 울고 나니 위로가 되었어. 발을 불 옆으로 좀 가까이 가져와. 치마도 다 젖었구나. 불쌍하게도! 자, 내가 꼬마 옆에 앉을 테니 너는 이리 와서 불을 쬐어라."

"아니에요, 여기도 따뜻해요." 마리가 말했다. "앉으시려거든 망토 자락을 깔고 앉으세요, 전 괜찮으니까요."

"여기도 좋구나." 제르맹은 마리 바로 옆에 앉으며 말했다. "내가 조금 힘든 건 배가 고픈 것뿐이야. 벌써 9시야. 험한 길을 걷느라 어찌나 고생을 했는지 기운이 쭉 빠져버렸어. 너는 배고프지 않니?"

"저요? 전혀요. 제르맹 씨처럼 네 끼씩 먹지 않으니까요. 또 저녁을 먹지 않고 잔 적이 많아서 한 번쯤 굶는다고 놀라지 않아요."

"너 같은 아내가 있으면 좋겠다. 돈이 들지 않을 테니 말이야." 제르맹이 웃으면서 말했다.

"전 부인이 아니에요." 마리는 제르맹의 생각이 어떤지 눈치채지 못하고 순진하게 말했다. "꿈이라도 꾸세요?"

"그래, 꿈을 꾸나 보다." 제르맹이 말했다. "횡설수설하는 건 배가 고파서야."

"식욕이 대단해요!" 마리도 조금 기분이 좋아져 말했다. "대여섯 시간 먹지 않고는 살 수 없다면 전대 속에 고기가 있잖아요. 구울 불도 있고."

"그래! 좋은 생각이야! 하지만 미래의 장인 될 분에게 줄 선물은 어떻게 하지?"

"자고새 여섯 마리에 산토끼 한 마리인데요? 배가 부르기 위해서 다 필요하지는 않잖아요."

"하지만 꼬챙이도, 받침대도 없이 구우면 숯처럼 다 탈 거야!"

"그렇지 않아요." 마리가 말했다. "냄새가 나지 않도록 구워드릴게요. 들판에서 종달새를 잡아서 돌멩이 사이에다 넣어 구워보신 적 없으세요? 아! 그렇지! 제르맹 씨는 양치기가 아니라는 것을 깜박 잊었네요. 자, 이 자고새의 털을 뽑으세요! 그렇게 세게 말고요. 껍질이 벗겨져요."

"한 마리를 벗겨서 나에게 보여주면 되잖아!"

"그럼 두 마리나 잡수시려고요? 많이 드시네요! 자, 보세요. 털을 다 뽑았어요. 이제 구울게요."

"식당을 해도 되겠구나. 그렇지만 불행히도 여기에는 식당이 없으니 나는 이 늪의 물을 마시는 수밖에."

"포도주가 먹고 싶으세요? 아니면 커피? 장터 나무 그늘 밑에 있는 것같이 생각하시는군요! 주인을 불러 벨레르의 농부에게 술을 가져오라고 하세요."

"아니! 요 깜찍한 처녀가 날 놀리고 있어? 그래, 넌 포도주가 있으면 안 마실 건가?"

"저요? 전 오늘 저녁 르베크 아주머니 주막에서 마셨어요. 태어나서 두 번째로 마신 거였어요. 얌전하게 계신다면 포도주 한 병을 드리지요!"

"뭐라고? 마리, 넌 정말 마법사니?"

"제르맹 씨가 르베크 아주머니한테 포도주 두 병을 시키셨잖아요. 제르맹 씨와 피에르가 한 병을 마시고, 전 제 앞에 놓인 병에서 겨우 한 모금만 마셨어요. 그런데도 그걸 자세히 보지도 않고 두 병 값을 다 치르셨거든요."

"그래서?"

"그래서 마시지 않은 병을 바구니에 넣어 가지고 왔죠. 제 생각에는 제르맹 씨나 피에르나 도중에 목이 마를 것 같았거든요. 자, 이거예요."

"넌 내가 이제까지 만난 사람 가운데에서 가장 생각이 깊구나. 주막에서 나올 때는 울고 있었는데! 그런데도 자신보다 남을 생각했다니. 마리, 너를 신부로 맞는 남자는 바보는 아니겠구나."

"그러길 원해요. 전 바보는 싫어요. 자, 새고기를 잡수세요. 잘 구워졌어요.

빵이 없으니 밤을 드세요."

"대체 어디에서 밤까지 구했니?"

"놀라셨죠? 걸어오면서 가지에서 몇 개 따서 주머니에 넣었어요."

"그래서 밤도 구웠어?"

"불을 지피고 밤을 넣지 않을 리가 없잖아요. 들판에서는 늘 그렇게 하니까
요."

"그래, 마리. 자, 같이 저녁을 먹자! 너의 건강을 빌고 좋은 남편을 얻길 바라
며 마시겠다…… 너가 바라는 남편 말이야. 조금 얘기해 줘!"

"곤란해요, 제르맹 씨. 생각해 본 적이 없어서."

"뭐? 정말이야? 한 번도 없어?" 제르맹은 농부답게 맛있게 먹기 시작하면서
가장 맛있는 부분을 떼어 길동무에게 권했다. 그러나 마리는 받지 않고 밤만
몇 개 먹을 뿐이었다. "그럼 마리." 그는 상대가 대답을 하지 않자 말을 이었다.
"너는 아직 결혼을 생각한 적이 없는 거야? 그럴 나이잖아!"

"그래요. 하지만 너무 가난해요. 결혼하려면 적어도 100프랑은 필요한데, 그
돈을 모으려면 5년이나 6년은 일해야 해요."

"안됐구나! 모리스 영감이 내게 100프랑쯤 주셨으면 네게 줄 텐데."

"괜찮아요. 그럼 사람들이 뭐라고 하겠어요?"

"뭐라 한다는 거니? 난 늙어서 너와 결혼할 수 없다는 것은 누구나 알잖니.
그러니 아무도 그런 생각은 안 해. 내가…… 네가……."

"농부님! 아이가 깼어요." 마리가 말했다.

9장
저녁 기도

피에르는 일어나더니 멍청하게 주위를 둘러보았다.

"이 녀석은 먹는 소리만 들리면 늘 안다니까!" 제르맹이 말했다. "대포 소리에도 깨지 않을 텐데, 옆에서 입만 놀려도 바로 일어나니까."

"이 애만 한 나이 땐 제르맹 씨도 그랬을 거예요." 마리가 놀리는 듯한 미소를 지으며 말했다. "피에르, 침대 지붕을 찾는 거니? 오늘 밤은 나뭇잎 지붕이야. 그래도 아빠하고 저녁 먹겠니? 네 몫은 있어. 네가 달랄 줄 알고 남겨두었거든."

"마리야, 너도 먹어야지." 농부는 큰 목소리로 말했다. "난 이제 됐어. 염치없는 사람은 아니야. 너는 우리를 위해 참고 있는데 그건 공평하지 않아. 부끄럽구나. 네가 먹지 않으면 내 아들도 못 먹게 할 거야."

"우리 걱정은 마세요." 마리가 말했다. "저는 오늘 입맛이 없어요. 하지만 피에르는 새끼 늑대처럼 배고파하고 있어요. 보세요, 얼마나 잘 먹는지! 아마 이 애도 다부진 농부가 될 거예요!"

실제로 피에르는 아버지 그대로의 식욕을 보였다. 잠이 깨기도 전에 지금 어디에 있는지, 어떻게 여기에 왔는지 알지도 못한 채 먹기 시작했다. 그리고 배가 차자 일상에서 벗어난 애들이 그러하듯 흥분해서 보통 때보다 호기심을 보이고 분별력이 없었다. 자기가 있는 곳이 어디인지 설명해 달라고 해서 숲 속에 있다고 말해 주자 겁을 냈다.

"이 숲에는 나쁜 짐승들이 있어?" 아버지에게 물었다.

"없어. 무서워할 것 없어." 아버지가 말했다.

"아버지하고 숲에 가면 늑대가 나를 데리고 간다고 한 건 거짓말이었구나?"

"이 녀석 따지는 것 좀 봐." 제르맹은 당황했다.

"얘 말이 옳아요." 마리가 말을 이었다. "당신이 그렇게 말하셨어요. 얘는 기억력이 좋아서 다 기억해요. 근데 피에르, 아버지는 거짓말을 하지 않으셨어. 네가 자는 동안 큰 숲을 지나왔고, 지금은 작은 숲에 있어. 여기에는 나쁜 짐승은 없어."

"작은 숲은 커다란 숲에서 멀어?"

"아주 멀지. 게다가 늑대는 큰 숲에서 나오지 않아. 만약 여기에 오더라도 아버지가 해치울 테니 괜찮아."

"마리도?"

"그럼. 피에르도 도와줄 테니까. 무섭지 않지? 막 때려줄 거지?"

"응, 응." 아이는 으쓱해서져 용사처럼 자세를 취하며 말했다. "우리가 해치울 거야."

"너처럼 애들을 그렇게 잘 타이르거나 설득하는 사람은 아마 없을 거야." 제르맹이 마리에게 말했다. "너도 막 어린애를 면했고, 네 엄마가 네게 말해 주던 것을 기억하고 있을 테니까. 어리면 어릴수록 애들과 말이 잘 통하는 것 같아. 엄마 노릇을 아직 모르는 서른 살 먹은 여자가 아이들을 상대로 말하거나 생각하는 것을 배우려면 힘이 들겠지."

"왜요? 그 여자에 대해서 왜 나쁘게만 생각하는지 모르겠네요. 그런 생각은 버리세요."

"그 여자 이야기는 그만하지!" 제르맹이 말했다. "그 이야기는 그만하고, 이제 두 번 다시 문제 삼고 싶지 않아. 모르는 여자를 왜 필요로 해야 할지?"

"아빠." 아이가 말했다. "왜 오늘은 엄마 얘기만 해? 엄마는 죽었는데……"

"아! 넌 네 불쌍한 엄마를 잊지 않았구나."

"잊지 않았어. 하얀 나무로 된 예쁜 상자에 넣는 것을 봤어. 그리고 할머니가 날 곁으로 데리고 가서 입 맞추고 안녕 하고 말하게 했어. 엄마는 아주 하얗고 차가웠어. 매일 밤 아주머니가 하느님에게 기도했어. 엄마가 천국에 가서 따뜻하게 있게 해달라고. 지금 엄마가 천국에 있을까?"

"그래. 하지만 늘 기도해야 해. 네가 엄마를 소중하게 생각하는 것을 엄마에게 알려야 하니까."

"내가 기도할게." 아이가 말을 이었다. "오늘 밤은 기도하는 것을 잊었어. 하지만 난 혼자서 기도를 못해. 조금씩 잊어버리거든. 마리 누나가 나를 도와줘야 해."

"알았어, 피에르. 도와줄게." 마리가 말했다. "여기 와서 내 옆에 무릎 꿇고 앉아."

아이는 마리의 치마 위에 무릎을 꿇더니 작은 손을 모으고 기도를 하기 시작했다. 처음에는 아주 열심히 외웠다. 시작 부분은 잘 기억하고 있었기 때문이다. 그러다 점점 느려져서 떠듬거렸다. 그리고 마지막에는 마리가 일러주는 대로 한 구절씩 따라했다. 매일 밤 졸려서 끝까지 외우지 못했기 때문이다. 오늘 밤도 마찬가지로 주의가 산만하고 억양이 단조로워졌다. 마지막 음절은 겨우 따라했다. 그것도 세 번이나 되풀이하고 나서야 겨우 따라했다. 아이는 머리가 무거워지는 듯하더니 이내 마리의 가슴에 기대 쓰러졌다. 손이 스스로 풀리며 무릎 위로 떨어졌다. 불빛에 의지해 제르맹은 마리의 품에서 잠이 든 어린 천사를 바라보았다. 마리는 아이를 안고 아이의 금발에 입김을 불어 따뜻하게 하면서, 자기도 경건한 생각에 빠져 들어가 마음속으로 카트린의 영혼을 위해 기도했다.

그 모습을 보고 감동한 제르맹은 마리에게 느낀 존경과 감사의 마음을 전하기 위해 적당한 말을 찾았지만, 자신의 생각을 표현할 단어를 하나도 찾지 못했다. 그는 마리가 안고 있는 아들에게 입 맞추러 그녀에게 다가갔다. 그리고 피에르의 이마에서 입술을 떼지 못하고 있었다.

"너무 세요." 마리는 제르맹의 머리를 살짝 밀면서 말했다. "깨우겠어요. 이제 눕혀야겠네요. 벌써 꿈나라로 갔으니까요."

아이는 눕히는 대로 가만히 있었는데, 안장의 염소 가죽 위에 드러누우면서 지금 라 그리즈를 타고 있느냐고 물었다. 그리고 파란 눈을 뜨고는 잠시 나뭇가지를 가만히 쳐다보았다. 눈을 뜬 채 꿈을 꾸는지, 아니면 낮 동안 머릿속에서 아른거리다가 졸음이 오자 이제 형태가 잡히는 어떤 생각에 집중하는 것 같이 보였다. "아빠, 나에게 새엄마를 얻어주려면 마리가 좋아."

그러고는 대답도 기다리지 않고 눈을 감더니 잠이 들었다.

불빛에 의지해 제르맹은 마리의 품에서 잠이 든 어린 천사를 바라보았다.

10장
추위를 무릅쓰고

마리는 아이의 이상한 말을 우정의 표현으로 생각할 뿐 마음에 담아두지는 않는 것 같았다. 조심스럽게 아이의 몸을 감싸고 불을 지폈다. 그녀는 근처 늪의 자욱한 안개가 쉽게 걷힐 성싶지 않으니 제르맹에게 불 옆에서 잠깐 눈을 붙이라고 권했다.

"벌써 졸리신 거 알아요." 그녀가 말했다. "한마디도 하지 않으시고 아까 아드님이 한 것처럼 불만 들여다보고 계시는 걸 보니. 자, 주무세요. 제가 피에르와 제르맹 씨를 지켜드릴게요."

"네가 자는 게 좋겠어." 제르맹이 말했다. "내가 두 사람을 지켜줄게. 지금까지 이렇게 잠이 오지 않는 적은 한 번도 없었어. 머리에 생각이 많아서."

"그렇게 많아요?" 그녀는 조금 놀려줄 생각으로 말했다. "한 가지 만으로도 행복한 사람이 얼마나 많은데요!"

"그래! 내가 많은 생각을 할 수 없다고 하더라도 한 시간 전부터 내 머리를 떠나지 않는 생각이 적어도 하나는 있어."

"말해 볼까요?"

"그래! 말해 봐. 마리, 네가 말해 주면 난 참 기쁘겠어."

"한 시간 전에는 먹을 생각을 했고요…… 지금은 잘 생각을 하고 계시지요."

"마리, 난 소 치는 사람이긴 하지만, 넌 나를 소라고 생각하는 것 같아. 참 나빠. 넌 나와 이야기하고 싶어 하는 것 같지 않으니 그냥 자는 게 좋겠어. 별로 기분이 좋지 않은 사람을 비난하는 것보다 나을 테니까."

"이야기하고 싶으면 하세요." 마리는 아이 곁에 반쯤 누워 안장에 머리를 기대며 말했다. "제르맹 씨는 괴로우신 거군요. 그런데 남자다운 기개는 보이지 않아요. 저도 이겨나가야 할 슬픔이 없다면 무슨 말인들 못하겠어요?"

"물론 그렇지. 바로 그거야. 네가 어머니에게서 멀리 떨어져 황무지와 늪지대인 나쁜 고장에 가서 살게 된 거야. 가을에는 열이 나는 일도 있을 거야. 양들이 자라기에는 좋지 않은 땅이니 착한 양치기인 너는 늘 슬프겠지. 게다가 너에게 친절하지 않을 테고, 너의 가치를 모르는 사람들 틈에서 살 텐데. 아니, 그건 지금 내가 말하는 것보다 훨씬 더 널 괴롭히겠지. 푸르쉬에 가지 않고 어머니에게 데리고 가고 싶어."

"제르맹 씨의 말씀은 친절하지만 분별력이 없어요. 친구들을 화나게 해선 안 돼요. 제 비참한 면을 보여주지 말고 르베크 주막에서 식사할 때처럼 좋은 면을 보여주세요."

"할 수 없어! 그때는 그렇게 생각했지만, 지금은 다르게 생각하니까. 넌 남편이 될 사람을 찾는 편이 좋은데."

"그건 안 돼요, 제르맹 씨. 조금 전에도 말했잖아요. 그건 안 되니까 생각도 하지 않아요."

"만일 찾는다면? 네가 어떤 남자를 원하는지 말해 준다면 누군가 생각해 낼 수도 있잖아."

"생각하는 것과 찾는 것은 달라요. 저는 아무것도 생각하지 않아요. 다 쓸모없어요."

"부자를 찾으려는 생각은 안 하니?"

"아니요, 절대로요. 저는 아주 가난하니까요."

"하지만 유복하게 사는 남자로 좋은 집에 살고 맛있는 음식을 먹고 좋은 옷차림에 네 어머니를 도와드릴 만큼 착한 사람이라면 싫지 않겠지?"

"아! 그건 맞아요! 어머니를 도와드리는 게 제 소원이니까요."

"만약 그런 남자를 만난다면 젊지 않아도 불평하지 않겠지?"

"아! 죄송해요, 제르맹 씨. 전 중요하게 생각해요. 전 늙은이는 좋아하지 않아요!"

"늙은이는 물론 안 되지. 그런데 만약 나 정도 나이의 남자라면 어때?"

"제르맹 씨 나이라도 저에게는 너무 많죠. 바스티앵 나이라면…… 바스티앵은 당신처럼 잘생기진 않았지만."

"너는 돼지를 치는 바스티앵이 좋다는 거지?" 제르맹은 기분이 몹시 상했다.

"자기가 몰고 다니는 짐승과 똑같은 눈을 한 사람이 좋아?"

"열여덟 살이라는 나이 때문이지 눈하고는 상관없어요."

제르맹은 심한 질투를 느꼈다. "그래? 네가 바스티앵에게 반한 것은 알겠구나. 정말 이상한데!"

"이상하죠." 마리는 큰 소리로 웃으며 말했다. "우스운 남편이기도 할 거예요. 어떤 것이라도 믿게 할 수 있으니까요. 예전에 신부님 댁의 텃밭에서 토마토 한 개를 주워서 그 애한테 잘 익은 붉은 사과라고 했더니 허기진 녀석처럼 덥석 깨물더군요. 얼마나 얼굴을 찡그리던지! 보기 흉했어요!"

"그럼 좋아하지 않는 거니? 그 애를 비웃는 것을 보니."

"그건 이유가 되지 않아요. 하지만 좋아하지 않아요. 여동생에게 난폭하게 굴고 불결하니까."

"좋아! 그럼, 누군가 다른 남자가 좋다거나 하지는 않니?"

"그건 제르맹 씨와는 상관없어요."

"그래. 그냥 이야기하는 거야. 있는 거 같아서."

"아니에요, 제르맹 씨. 착각이에요. 아직 없어요. 나중에 생길지도 모르죠. 하지만 전 돈을 조금 모으면 결혼할 거예요. 나이 많은 사람과 늦게 결혼할 운명인가 봐요."

"그럼 지금 나이 많은 사람과 결혼해."

"싫어요! 제가 젊지 않으면 나이 많은 사람이라도 상관없지만, 지금은 달라요."

"잘 알았어, 마리. 내가 네 마음에 들지 않는다는 걸 잘 알았어. 그건 분명해." 제르맹은 원망스러운 듯 자신의 말을 신중하게 고르지도 않고 말해 버렸다.

마리는 대답하지 않았다. 제르맹은 몸을 굽혀 마리를 들여다보았다. 마리는 잠들어 있었다. 잠에 못 견디어 곯아떨어진 듯했다. 마치 어린아이처럼.

제르맹은 마리가 그의 마지막 말을 마음에 담아두지 않은 것에 안심했다. 그 말이 현명하지 않았다는 것을 인정했다. 그래서 마음을 가라앉히고 생각을 바꾸어보려고 그녀에게 등을 돌리고 누웠다.

그러나 아무리 해도 헛일이었다. 잠을 잘 수도 없었지만 지금 말한 자신의 말 이외에 다른 것을 생각할 수도 없었다. 그는 모닥불 둘레를 몇 번이나 돌며 멀리 갔다가 돌아오곤 했다. 마침내 화약을 집어삼키기나 한 듯이 흥분해 두 사람이 자는 모습을 바라보며 생각에 잠겼다.

'마리가 우리 고장에서 제일 예쁘다는 것을 왜 이제까지 몰랐지!……사랑스러운 입술, 작고 예쁜 코!……제 나이에 비해 크지 않지만 작은 메추라기처럼 포동포동하고 작은 방울새처럼 가볍고!……왜 우리 집은 크고 뚱뚱하고 혈색 좋은 여자만 보라고 하는지?……죽은 아내는 가냘프고 창백한 편이었지. 정말 맘에 들었는데…… 이 애는 호리호리하지만 건강해. 흰 새끼 염소처럼 사랑스러워!……온화하고 착해! 그 착한 마음을 읽을 수 있어. 자느라 눈을 감았는데도 말이지!……카트린보다 더 영리해. 이 점은 인정해야 해. 이 애와 함께 있으면 심심할 일은 없을 거야…… 밝고, 분별력 있고, 부지런하고, 애정이 넘치고 유쾌해. 이보다 더 나은 누구를 바랄 수 있을까……'

'하지만 이것을 생각해서 뭘 해?' 제르맹은 생각을 고쳐먹고 다른 쪽을 생각하려고 애썼다. '장인어른은 이런 얘기를 듣지도 않으실 테고 온 식구가 나를 싫어할 거야!……게다가 이 애가 나를 바라지도 않을 거야!……나이가 너무 들었다고 할 거야…… 언젠가 제 맘을 만족시키고 좋아하는 남편을 만날 수만 있다면, 가난 속에 살고, 고생을 더 하며, 누더기 옷을 입고, 일 년에 두세 달쯤 굶는다 해도 별로 걱정을 안 한단 말이지…… 이 애 생각이 옳기야 하지! 이 애라면 나도 그럴 거야…… 지금도 내 뜻대로 할 수 있다면 맘에 내키지 않는 결혼을 하러 나서지 않고 좋아하는 여자를 고를 텐데……'

제르맹은 곰곰이 생각하고 마음을 가라앉히려 했으나 그럴수록 더 진정할 수가 없었다. 안개 속을 헤매다 불 옆에서 스무 걸음쯤 떨어져 걸었다. 그리고 갑자기 돌아와 잠든 두 사람 곁에 꿇어앉았다. 한 번은 마리의 목에 팔을 걸치고 있는 피에르에게 입을 맞추려다가 실수를 했다. 마리는 입술 위로 뜨거운 입김이 스치는 것을 느끼고 잠을 깼다. 제르맹의 마음속에서 어떤 일이 일어나고 있는지 전혀 알 수 없던 그녀는 몹시 겁에 질린 눈으로 그를 쳐다봤다.

"너희들을 보지 못했어!" 제르맹은 빨리 물러나며 말했다. "하마터면 너희 위로 넘어져서 다치게 할 뻔했어."

마리는 순진하게 그 말을 믿고 다시 잠이 들었다. 제르맹은 불 맞은편으로 가서 마리가 깰 때까지는 움직이지 않으리라 신에게 맹세했다. 그는 그 맹세를 지켰지만 쉬운 일은 아니었다. 미칠 것만 같았다.

드디어 자정쯤 되어 안개가 걷혔다. 제르맹은 나무 사이로 별들이 반짝이는 것을 볼 수 있었다. 달도 연무에서 벗어나자 축축한 이끼에 맺힌 이슬방울들을 비추어 반짝이기 시작했다. 떡갈나무 둥치는 어둠에 쌓여 있었지만, 조금 멀리 자작나무의 흰 가지들에는 수의를 걸친 유령들이 늘어서 있는 것처럼 보였다. 하얀 옷을 걸친 늙은 나무의 앙상한 가지들은 길손들의 머리 위에서 마치 기다랗고 마른 팔들처럼 뻗쳐서 얽혀 있었다. 그곳은 아름다웠지만 몹시 황량했다. 제르맹은 이곳에서 고민하기가 싫었고 이 무서운 고독의 권태에서 벗어나려고 노래를 부르며 물속에 돌멩이를 던지기 시작했다. 사실 마리를 깨우고 싶은 마음도 있었다. 그때 마리가 일어나서 어느 때쯤 되었는지 살피자 제르맹은 그녀에게 출발하자고 했다.

"두 시간쯤 지나 새벽이 되면 더 추워져 모닥불이 있어도 참을 수 없을 거야…… 지금이라면 앞이 보여 움직일 수 있어. 집을 찾으면 우리에게 문을 열어줄 거야. 적어도 날이 샐 때까지 지붕 아래에서 지낼 수 있는 헛간 정도는 있어야지."

마리는 이것저것 생각하지 않았다. 아직 졸리지만 제르맹의 말을 따랐다.

제르맹은 피에르를 깨지 않도록 안았다. 마리가 어린 피에르를 감싼 그녀의 망토를 가져가고 싶지 않아 해서 제르맹은 자기 망토 안으로 바싹 붙으라고 했다.

제르맹은 잠시 진정했는데 마리의 몸을 가깝게 느끼자 다시 혼란스러워지기 시작했다. 두세 번 그는 마리 곁에서 갑자기 떨어져서 마리를 혼자 걷게 내버려두었다. 그러다가 마리가 따라오기 힘들어하는 것을 보고는 기다렸다가 마리를 자신 쪽으로 끌어당겼다. 얼마나 세게 당겼는지 그녀는 놀라서 말은 안 했지만 화가 난 듯했다.

어느 방향으로 출발해야 할지 몰라서 어느 방향으로 가고 있는지도 몰랐다. 결국 그들은 숲을 또 한 번 거슬러 올라가기도 했고, 들판 건너편으로 다시 나오기도 했으며, 오던 길을 다시 돌아서기도 했다. 오랫동안 헤맨 뒤에 나무들 사이로 불빛이 보였다.

"됐다! 저기, 집이 있어." 제르맹이 말했다. "집 안에 있는 사람들은 이미 깼어. 불이 켜졌으니까. 벌써 꽤 시간이 지난 건가?"

하지만 그것은 집이 아니었다. 그들이 떠날 때 흙을 덮어놓았던 것으로, 바람이 불어 다시 살아난 모닥불이었다……

그들은 두 시간이나 계속 걸어 출발한 곳으로 다시 돌아온 것이었다.

11장
별 아래에서

"이번만큼은 손들었어!" 제르맹이 발을 구르며 말했다. "저주라도 받은 게 분명해. 날이 밝기 전엔 여기서 나갈 수 없어. 이곳은 귀신이 붙은 게 틀림없어."

"자, 화를 내도 소용없어요." 마리가 말했다. "참아야 해요. 좀 더 큰 불을 지펴요. 애는 이렇게 감싸놓았으니 걱정 마세요. 우리도 하룻밤 정도 밖에서 지낸다고 해서 죽지 않아요. 제르맹 씨, 안장을 어디다 감춰놓으셨어요? 호랑가시나무 속이에요? 참 잘하셨어요! 찾기 편하겠어요!"

"애를 안고 있어. 안장을 가시덤불에서 꺼내 올 테니까. 네가 손이 찔리면 곤란하잖아!"

"자, 꺼냈어요. 몇 군데 찔려도 괜찮아요." 순박한 마리가 말했다.

마리는 다시 어린 피에르의 잠자리를 만들었다. 피에르는 깊이 잠들어서 헤매고 다닌 것도 전혀 몰랐다. 제르맹이 나무를 얼마나 많이 얹었던지 온 숲이 밝아졌다. 그러나 마리는 완전히 지쳐 입으로는 불평 한마디 하지 않았지만 서 있을 수조차 없었다. 얼굴은 창백해지고, 춥고 피곤해서 이가 딱딱 마주쳤다. 제르맹은 마리를 안고 따뜻하게 해주려고 했다. 불안과 동정과 거부할 수 없는 애정이 마음을 짓눌렀기 때문에 그의 욕정을 억제할 수 있었다. 그러자 마치 기적처럼 그의 혀가 풀리고 부끄러움이 완전히 사라졌다.

"마리." 그가 말했다. "네가 좋아. 하지만 내가 네 마음에 들지 않아 슬퍼. 만약 네가 날 남편으로 받아준다면 장인어른이든 친척이든 어떤 충고든 너와 결혼하는 걸 방해하지 못할 텐데. 너라면 내 아이들을 행복하게 해주고, 엄마에 대한 추억을 소중하게 간직하는 것을 가르쳐줄 거야. 마음이 편안해져서 나도 만족할 수 있을 거야. 나는 너에게 호감을 가지고 있어. 그래서 지금 이렇게 좋아하니까 네가 하자는 대로 하겠다고 맹세하겠어. 부탁이야, 사랑해. 내 나이를 잊어줘. 서른 살 먹은 사람을 늙은이로 생각하는 것은 잘못이야. 게다가 난 아직 스물여덟이야. 젊은 처녀가 자기보다 열 살이나 열두 살 많은 남자와 결혼하면 사람들이 뭐라 할까 걱정하는데, 그것은 이 고장의 풍습 때문이야. 그러나 다른 지방에선 그런 것은 상관하지도 않아. 그러기는커녕 젊은 총각보다 분별력 있고 경험에서 얻은 용기 있는 남자에게 젊은 처녀를 시집보내. 게다가 나이를 먹었다고 해서 늙은 것은 아니야. 그것은 체력과 건강에 따라 달라. 지나친 일과 가난이나 방탕에 시달린 남자는 스물다섯이 되기도 전에 늙어버려. 그런데 난…… 아니, 내 이야기를 안 듣고 있구나?"

"듣고 있어요. 잘 알았어요." 마리가 대답했다. "하지만 어머니가 저에게 늘 말씀해 주신 것을 생각하고 있어요. 여자가 예순 살이 됐을 때, 남편이 일흔이나 일흔다섯 살로 더 이상 부양할 수 없으면 너무 불쌍하대요. 남편은 몸이 불편해지고, 아내는 자신도 보살핌을 받고 쉬어야 할 나이에 남편 시중을 들어야 한대요. 그래서 결국은 가난해지는 거죠."

"부모님이라면 그런 이야기를 하시는 것도 당연하지. 나도 잘 알아, 마리." 제르맹이 말을 이었다. "하지만 아무 짝에도 쓸모없게 되고 또 이렇게 죽으나 저렇게 죽으나 마찬가지인 나이가 들어서 겪게 될 일 때문에 살면서 가장 행복한 청춘을 희생하게 되는 거야. 나는 늙어서 굶어 죽을 위험은 없어. 그러기는커녕 모아놓은 재산이 조금 있지. 죽은 아내의 부모님과 같이 살면서 일을 열심히 하고 돈을 잘 쓰지 않았기 때문이야. 게다가 너를 사랑해. 그것이 나이 드는 것을 막아줄 거야. 남자는 행복하면 언제나 젊은 거야. 그리고 너를 사랑하는 데는 내가 바스티앵보다 더 젊다고 생각해. 그는 널 사랑하지 않고, 머리도 나빠서 네가 얼마나 예쁘고 착한지 몰라. 그러니 마리, 나를 싫어하지 마. 난 나쁜 사람이 아니야. 나는 카트린을 행복하게 해주었고, 그녀가 죽을 때 신 앞에서 자신을 정말 만족하게 해주었다고 말해 주었어. 또 재혼하라고 했거든. 오늘 저녁에 이 애가 잠들 적에 그녀의 혼이 아이를 통해 말해 준 것 같아. 피에르가 말한 것을 듣지 못했니? 아이의 눈이 우리에게는 보이지 않는 무언가를 하늘에서 봤을 때, 작은 입술이 얼마나 떨리던지! 그 아이는 엄마를 봤어, 확실해. 죽은 엄마 대신 널 원한다고 말하게 한 것이 그녀야."

"제르맹 씨." 마리는 몹시 놀라 깊은 생각에 잠기며 대답했다. "당신은 정직하게 말씀하시고, 또 그것이 전부 사실이에요. 제르맹 씨를 좋아한다면 좋을 거예요. 물론 장인 장모님을 화나게 하겠지만 말이에요. 하지만 저더러 어떻게 하라는 거예요? 마음이 따르지 않는데. 전 제르맹 씨를 좋아해요. 나이를 먹어도 당신은 못생겨지지 않아요. 하지만 저는 당신의 나이가 무서워요. 당신이 아저씨나 대부 같아요. 제가 존경해야 할 것만 같고, 당신은 저를 아내나 짝보다도 딸같이 대할 때가 있을 것 같아요. 결국 친구들은 저를 비웃을 거예요. 그런 일에 신경 쓰는 것은 어리석지만, 결혼식 날 부끄럽고 조금 슬플 듯하네요."

"그것은 어린애 같은 소리야. 넌 어린애처럼 말하는구나, 마리!"

"네! 그래요. 전 어린애예요." 그녀가 말했다. "그래서 전 지나치게 분별력 있는 남자는 무서워요. 당신에 비해 너무 어리다는 것은 알죠. 제가 이치에 맞지 않는 말을 한다고 벌써부터 혼내시니! 전 제 나이 이상의 분별력 따위는 없어요."

"아! 이렇게도 내 생각을 잘 몰라주니 난 참 불쌍한 놈이야!" 제르맹이 한숨지었다. "마리, 당신은 날 좋아하지 않아, 그건 사실이오. 나를 너무 단순하고 우둔하다 생각하고 있어요. 조금이라도 날 좋아한다면 분명히 내 결점을 보지 못했을 테니까. 하지만 당신은 날 좋아하지 않아요."

"그건 제 탓이 아니에요." 마리는 제르맹이 친숙하게 부르지 않는 것에 조금 기분이 상해 말했다. "제르맹 씨의 이야기를 들으면서 저는 되도록 그렇게 해보려고 하지만, 그럴수록 우리가 부부가 될 운명이라고는 믿을 수 없네요."

제르맹은 대답하지 않았다. 그는 얼굴을 두 손으로 감싸 안았다. 마리는 그가 우는지, 불만을 나타내는지, 아니면 잠이 들었는지 알 수 없었다. 제르맹이 이렇게까지 침울한 것을 보고는 그가 어떤 생각을 하고 있는지 몰라서 조금 불안했다. 하지만 그에게 말을 걸 용기는 없었다. 지금 막 일어난 일에 놀라 다시 자려는 마음은 들지도 않았으므로 불을 지피고 아이를 돌보면서 날이 새기를 기다렸다. 그러나 제르맹이 자는 것은 아니었다. 자신의 운명을 생각하는 것도 아니었다. 용기를 내려는 것도, 유혹하려는 것도 아니었다. 그는 괴로웠다. 슬퍼서 죽어버렸으면 좋겠다고 생각했다. 모든 일이 그에게는 잘되지 않는 것 같았다. 울 수 있다면 목 놓아 울리라. 그러나 그 괴로움에는 자신에 대한 분노도 조금 섞여 있었다. 불만을 말할 수도 없어 가슴만 답답했다.

날이 밝고 들판에서 들려오는 소리로 그것을 깨닫게 되자 그는 고개를 들고 일어났다. 마리도 자지 않은 것을 알았지만 위로해 줄 말이 나오지 않았다. 그는 완전히 낙담했다. 안장을 다시 덤불 속에 감추고 전대를 어깨에 둘러메고는 아이의 손을 잡았다.

"자, 마리, 이제 여행을 끝내자. 오르모까지 데려다줄까?" 그가 말했다.

"숲을 나갈 때까지 같이 가서 우리가 어디에 있는지 알게 되면 그때 각자 갈 데로 가죠."

그러나 제르맹은 대답하지 않았다. 마리가 오르모까지 데려다달라고 하지 않아 마음이 상한 것이다. 자신이 먼저 거절하게끔 한 말투는 전혀 알아채지 못했다.

2백보쯤 갔을 때, 한 나무꾼이 그들에게 바른 길을 가르쳐주었다. 넓은 초원을 지난 다음에 한 사람은 오른편 길로, 또 한 사람은 왼편으로 가기만 하면 각자 목적지에 도착할 수 있다고 말했다. 게다가 두 곳은 가까워서 오르모 농장에서 푸르쉬 마을을 볼 수가 있고, 푸르쉬에서도 오르모가 보인다고 했다.

그들이 감사 인사를 하고 지나가려고 하자 나무꾼이 다시 불러 혹시 말을 잃어버리지 않았느냐고 했다.

"우리 집 마당에 훌륭한 회색 말 한 마리가 있던데, 아마 늑대를 피해 숨을 곳을 찾아온 것 같아요. 우리 개들이 밤새 짖어대기에 날이 밝아 헛간에 가보니 그 말이 있었어요. 지금도 거기 있으니 가보시죠. 말을 알아보시겠거든 데려가세요."

말의 특징을 듣고 틀림없이 자신의 말이라고 확신한 제르맹은 안장을 찾으러 되돌아가려고 했다. 그러자 마리는 아이를 오르모에 데려가겠다고 했다. 푸르쉬에 갔다가 아이를 데리러 오라고 했다.

"밖에서 밤을 새서 아이가 더러워졌어요." 그녀가 말했다. "제가 옷을 빨아 입히고 아이의 얼굴과 머리를 씻기겠어요. 아이가 깨끗해지면 새로운 가족이 될 사람들에게 보이세요."

"내가 푸르쉬에 간다고 누가 그러던?" 제르맹이 시무룩해져서 대답했다. "가지 않을지도 몰라!"

"아니에요, 제르맹 씨. 가야 해요. 가주세요." 그녀가 말했다.

"내가 다른 여자와 결혼하는 게 너에게는 아주 급한가 보구나. 네게 귀찮게 굴지 못하게 해서 안심하고 싶은 거니?"

"제르맹 씨, 그런 생각은 하지 마세요. 그건 밤새 제르맹 씨에게 스쳤던 생각일 뿐이에요. 그 몹쓸 일 때문에 머리가 조금 혼란스러워지신 거예요. 하지만 다시 분별력을 찾으셔야 해요. 저도 제르맹 씨 이야기는 잊고 다른 누구에게도 말하지 않겠다고 약속할 테니까요."

"아니! 이야기하고 싶으면 해도 돼. 한 번 한 말을 부인하는 법은 없으니까. 내가 네게 한 말은 진실이고 진지한 말이었으니까 누구 앞에서라도 부끄러울 게 없지."

"그래요. 하지만 결혼 상대자가 자신의 집으로 오는 길에 당신이 다른 여자를 생각했다는 것을 알면 좋게 생각하지 않을 거예요. 그러니 이젠 말씀을 조심해서 하세요. 사람들 앞에서 그렇게 묘한 태도로 절 보지 마세요. 당신이 따를 걸로 기대하시는 모리스 영감님을 생각하세요. 그분은 제르맹 씨가 자신의 말을 따를 것으로 생각하시던데, 저 때문에 그분의 뜻을 거스르게 된다면 제게 화내실 거예요. 그럼, 안녕히 계세요. 제르맹 씨가 푸르쉬에 꼭 가시도록 제가 피에르를 데리고 가겠어요. 제르맹 씨에게서 맡아둔 인질이에요."

"자, 마리와 같이 갈 거니?" 농부는 아들이 마리의 손을 꽉 잡고 서슴지 않고 따라나서는 것을 보고 물었다.

"네, 아빠." 아이는 자기 앞에서 거리낌 없이 오고 간 말을 듣고 나름대로 이해하고 대답했다. "내가 좋아하는 마리와 같이 갈 거야. 아빠 신부를 얻으면 데리러 와. 하지만 마리가 엄마였으면 해."

"자, 아이도 원하잖아!" 제르맹은 마리에게 말했다. "자, 피에르, 나도 마리가 네 엄마가 되어 너와 같이 있었으면 좋겠어. 그런데 마리가 싫다는구나. 마리가 나한테는 싫다고 하니 네가 내 말을 듣게 해봐."

"안심해도 돼, 아빠. 그렇게 할 테니까. 마리는 늘 내 말을 들어주거든."

아이는 마리와 함께 갔다. 제르맹은 혼자 남아 그 어느 때보다 슬퍼지고 더욱더 결단을 내릴 수 없었다.

12장
마을의 멋쟁이 여인

말은 그렇게 했지만, 노숙하느라 흐트러진 옷매무새와 마구들을 정리한 뒤라 그리즈 위에 올라타고 푸르쉬로 가는 길을 듣고 나자, 그는 더는 머뭇거릴 수 없으며 흥분했던 어젯밤의 일은 위험한 꿈이니 잊어야 한다고 생각했다.

레오나르 영감은 하얀 집 문 앞에서, 짙은 녹색 페인트를 칠한 아름다운 나무 벤치에 앉아 있었다. 여섯 단으로 쌓아 올린 돌계단이 있는 것으로 보아 이 집에 지하창고가 있는 것을 알 수 있었다. 뜰과 삼밭을 둘러싸고 있는 담은 회반죽과 모래로 거칠게 칠해져 있었다. 자산가의 저택으로 착각할 만큼 훌륭한 집이었다.

미래의 장인은 제르맹을 맞이하고 5분 정도 가족들의 소식을 물은 뒤, 우연히 마주친 사람에게 여행 목적을 정중히 물을 때 쓰는 상투적인 말을 덧붙였다. "그럼 이 근처를 둘러보러 오셨소?"

"인사드리러 왔습니다. 장인어른께서 변변치 않지만 이 사냥감을 전해 드리라고 하셨습니다. 그리고 제가 이곳에 온 이유는 알고 계실 거라고 말씀하셨습니다." 농부는 대답했다.

"하! 하!" 레오나르 영감은 웃으며 불뚝 튀어나온 배를 두드리며 말했다. "그렇군요, 알겠소, 알겠소!" 그리고 눈짓을 하면서 덧붙였다. "젊은 양반, 그런데 인사하러 온 사람이 당신 혼자가 아니오. 집 안에는 이미 세 사람이 당신과 같은 목적으로 기다리고 있소. 나는 아무도 돌려보내지 않을 거요. 누군 되고 누군 안 된다고 하면 마음 상할 거 아니오. 뭣보다 누구 하나 나무랄 데 없는 상대라오. 하지만 말은 그렇더라도 모리스 영감이 소개해 준 데다, 당신이 소유한 비옥한 농지를 생각하면 나는 당신이 되길 바라오. 그러나 딸애는 이미 성인이고 자기 재산도 자유롭게 쓸 수 있소. 그러니 그 애가 원하는 대로 행동할 거요. 어쨌든 안으로 들어와 인사부터 하시오. 일이 잘되길 바라겠소."

"뭐라고요?" 제르맹은 자기밖에 없을 것이라고 생각했는데 혼자이기는커녕 여럿 가운데에 하나라는 사실에 깜짝 놀랐다. "따님에게 이미 구혼자가 있는 줄은 몰랐군요. 저는 다른 사내들과 경쟁하러 온 게 아닙니다."

"이보시오, 젊은 양반, 아무리 기다려도 좀처럼 오지 않는 당신 말고는 딸에게 구혼자가 없다고 생각했다면 큰 착각이오" 레오나르 영감은 여전히 신이 나서 대답했다. "우리 카트린에게는 구혼자가 줄을 서 있어서 그중 하나를 고르기가 어려울 정도라오. 하지만 일단 안으로 들어가 보시오, 실망하지 말고. 경쟁할 만한 가치가 있는 애요."

그러고는 쾌활하게 제르맹의 어깨를 무람없이 두드렸다. "얘야, 카트린, 한 분 더 오셨다!"

다른 구혼자들 앞에서, 비록 쾌활하다고는 해도 조금도 존중하는 기색 없이 과부에게 소개되자 제르맹은 마음이 완전히 상하고 불만이 정점에 달했다. 마음이 너무 불편해서 한동안 아름다운 여인과 그녀를 둘러싸고 있는 사내들을 똑바로 쳐다볼 수조차 없었다.

카트린은 아름답고 충분히 젊었다. 그러나 얼굴 표정과 화장이 무엇보다도 제르맹의 마음에 들지 않았다. 또한 거침없고 오만한 태도와 레이스 장식이 세 겹이나 달린 두건을 쓰고 비단 앞치마에 검은 레이스 솔을 두른 모습은 그가 생각한 성실한 과부의 모습과는 전혀 달랐다.

과부는 실제로 나이도 많지 않았고 못생기지도 않았지만 몸치장에 신경을 쓰는 점이나 거침없는 태도 때문에 그의 눈에는 도리어 나이가 많고 못생겨 보였다. 이처럼 아름다운 장식과 쾌활한 행동은 마리와 같은 나이대의 처녀나 마리처럼 세심한 마음을 가진 처녀에게만 어울리며, 이 과부의 농담은 재미없고 노골적인 데다, 그녀는 단지 아름다운 옷을 몸에 두르고 있을 뿐이라고 생각했다.

세 구혼자는 포도주와 술과 고기 접시가 놓여 있는 식탁에 앉아 있었다. 그들을 위해 일요일 오전 내내 맛있는 음식이 끊임없이 나왔다. 레오나르 영감은 자신의 부를 과시하고 싶어 했고, 과부 역시 훌륭한 그릇을 자랑하며 놀고먹는 여자들처럼 아무나 불러다가 대접하기를 좋아했다. 순박하고 남의 말을 잘

"얘야, 카트린, 한 분 더 오셨다!"

믿는 제르맹은 상당한 통찰력으로 상황을 주의 깊게 관찰하며 태어나서 처음으로 잔을 맞대고 건배했다. 레오나르 영감은 억지로 그를 끌고 가서 다른 경쟁 상대와 나란히 앉히더니, 맞은편에 앉아 그를 위해 특별히 마음을 쓰며 정성껏 대접했다. 선물로 가져온 사냥감은 제르맹이 중간에 조금 손을 대기는 했지만 선물의 효과를 내기에는 여전히 넉넉했다. 과부는 마음이 움직인 듯했고 구혼자들은 경멸하는 눈으로 바라보았다.

제르맹은 그러한 사람들과 함께 앉아 있으려니 불편하여 식사를 즐길 수가 없었다. 그 모습을 보고 레오나르 영감이 놀려댔다. "저런, 완전히 풀이 죽으셨군요. 삐쳐서 포도주에는 손도 안 대시다니. 사랑 때문에 식욕을 잃으면 안 되지요. 사랑에 빠진 사내도 배가 고프면, 술 한 잔에 머리가 맑아진 사내처럼 재치 있는 말은 한마디도 하지 못하니까요." 벌써부터 사랑에 빠졌다고 이야기하자 제르맹은 자존심이 상했다. 성공을 확신하는 사람들이 흔히 그렇듯 빙긋 웃으며 눈을 내리깔고 있는 과부의 거만한 모습을 보자, 제르맹은 자신이 정복당했다고 생각하지 못하도록 이의를 제기하고 싶었지만 예의 없어 보일까봐 그저 웃는 얼굴로 꾹 참고 있었다.

과부에게 구애하는 세 사내는 시시한 인간으로 보였다. 그들의 구혼을 거부하지 않는 것을 보면 셋 다 부자임에는 틀림없었다. 그중 한 사람은 마흔이 넘었으며 레오나르 영감 못지않게 뚱뚱했다. 다른 한 사람은 애꾸눈으로 술을 너무 많이 마셔 제정신이 아니었다. 세 사람은 모두 나이도 젊고 상당한 미남이었다. 그러나 재치를 자랑하려는 마음에 말도 안 되는 소리만 늘어놓는 모습은 보기에 딱했다. 그래도 과부는 그 얼토당토 않은 헛소리가 마음에 들었는지 재미있다는 듯이 웃으며 천박한 취향을 고스란히 드러냈다. 제르맹은 처음에 과부가 그 사내들에게 완전히 반해 있다고 생각했다. 그러나 얼마 뒤 자신이 특별한 방법으로 격려받고 있음을, 더 열심히 애쓰기를 바라고 있음을 깨달았다. 그러자 그는 더욱 냉정하고 진지한 마음을 되찾았으며, 그러한 마음을 겉으로 드러냈다.

미사 시간이 되었다. 다 함께 교회로 가기 위해 식탁에서 일어났다. 2킬로미터 떨어진 메르 마을까지 가야 했다. 제르맹은 무척 피곤했으므로 그 전에 한잠 자고 싶은 마음이 간절했지만, 이제껏 미사에는 한 번도 빠진 적이 없었으므로 그들과 함께 출발했다.

길은 사람들로 북적였다. 과부는 세 구혼자를 거느리고 번갈아 팔을 끼며 자랑스러운 듯 등을 꼿꼿이 펴고 턱을 치켜든 채 으쓱거리며 걸었다. 과부는 네 번째 구혼자도 길 가는 사람들에게 자랑하고 싶었을 것이다. 그러나 제르맹은 사람이 많은 곳에서 여자에게 끌려가는 모습은 우스꽝스럽기 그지없다고 생각했으므로 적당한 거리를 두고 떨어져서 걸었다. 레오나르 영감과 이야기를 나누며 영감의 관심을 자기에게 쏠리게 했으므로, 두 사람은 앞에 가는 일행과는 관계없는 사람처럼 보였다.

13장
주인

    마을에 도착하자 과부는 뒤처져 오는 두 사람을 기다리기 위해 걸음을 멈추었다. 과부는 무슨 일이 있어도 다 함께 교회에 들어가려고 했다. 그러나 제르맹은 과부에게 그러한 만족감을 주고 싶지 않았으므로, 레오나르 영감 곁을 떠나 몇몇 아는 사람들에게 다가가 이야기를 걸며 다른 문을 통해 교회로 들어갔다. 과부는 분해하는 듯 보였다.

    미사가 끝나자 과부는 사람들이 춤추고 있는 잔디 광장을 우쭐거리며 돌아다니다가 세 구혼자와 차례로 춤을 추었다. 제르맹은 과부의 행동을 가만히 살펴보았다. 춤은 잘 추었지만 그녀의 태도는 거만해 보였다.

    "왜 그러시오?" 레오나르가 그의 어깨를 두드리며 말했다. "딸애와 춤을 추지 않을 거요? 당신은 지나치게 소심하시구려."

    "저는 아내가 죽은 뒤로 춤을 추지 않습니다."

    "그야 그렇겠지요! 하지만 아내가 될 사람을 다시 찾아 나선 걸 보면 마음속으로나 겉으로나 상은 이미 끝난 것 아니겠소?"

    "그건 이유가 되지 않습니다, 레오나르 영감님. 그리고 저는 이제 나이가 들어서 춤에는 관심이 없습니다."

    "그러지 말고 내 말을 좀 들어보구려." 레오나르는 인적 없는 곳으로 제르맹을 끌고 가며 말했다. "우리 집에 와서 당신 말고 구혼자들이 더 있는 것을 보고 마음이 상했지요? 내가 보기에 당신은 자존심이 너무 강해요. 하지만 딱히 분별이 있는 것 같진 않군요. 안 그렇소, 젊은 양반? 내 딸은 사내들에게 구애받는 데 익숙해요. 상이 끝난 2년 전부터는 더욱 그렇지. 그 애가 먼저 당신의 바람을 알아채고 이루어주진 않을 거요."

    "2년 전부터 재가를 하려고 마음먹었는데 아직도 결심하지 못했단 말입니까?" 제르맹이 말했다.

"나는 서두를 마음이 없소. 당연하지 않소? 저 애가 표정이 발랄하다 보니 당신 눈에는 사리를 잘 판단하지 못하는 것처럼 보일 수도 있겠지만, 천만에 요, 저 애는 생각이 깊고 자기가 무슨 일을 하고 있는지 잘 안다오."

"제 생각은 다릅니다." 제르맹은 솔직하게 말했다. "첫째로 셋이나 되는 사내 들과 시시덕거리고 있잖습니까. 자신이 바라는 것을 잘 안다면 적어도 저 가 운데 둘은 필요가 없으니 앞으로 오지 말라고 부탁하는 게 도리가 아닐까요."

"그게 왜 그렇단 말이오? 당신은 아무것도 모르는군요, 제르맹 씨. 딸애는 저 가운데에 늙은이도 애꾸눈도 젊은이도 바라지 않소, 그 점은 내가 봐도 한 눈에 알 수 있소. 하지만 저 셋을 쫓아내면 평생 과부로 살 생각인 줄 알고 다 른 사내들이 찾아오지 않을 것 아니오."

"알겠습니다! 저 셋은 단순한 과시용이군요!"

"그렇소. 저 사람들도 그걸로 만족한다면 나쁠 것도 없지 않소."

"사람의 취향은 제각각이니까요."

"보아하니 그건 당신 취향이 아닌가 보군요. 하지만 당신이 선택받기만 하면 이해할 거요. 당신에게 자리가 주어질 테니."

"선택받기만 한다면 분명히 그렇겠지요! 하지만 그 사실을 알게 될 때까지 얼마나 오래 기다려야 합니까?"

"그거야 당신 하기 나름이지요, 당신이 잘 구슬려서 설득하면 되는 일 아니 오. 딸애는 이제껏 사내들에게 구애받을 때가 살아가면서 가장 행복한 순간 이라고 생각해 왔소. 여러 사내들을 마음대로 주무를 수 있다면 오직 한 남자 에게 묶이기 위해 서두를 필요가 없다는 거지요. 그러니 놀이가 더 즐겁다면 즐겨야지요. 놀이보다 당신이 마음에 든다면 딸애는 놀이를 중단할 거요. 그 러니 포기하지 않는 게 중요해요. 일요일마다 여기 와서 딸애와 춤추며 당신도 경쟁 상대 가운데 하나라는 사실을 저 애에게 알려주시오. 당신이 다른 녀석 들보다 훌륭하고 세상살이에 밝다고 생각한다면 언젠가 저 애도 당신에게 그 렇게 말할 것이오."

"실례지만, 레오나르 영감님, 따님에게는 마음대로 할 권리가 있으며, 그 문 제는 제가 이래라저래라 할 수 있는 것이 아닙니다. 하지만 저라면 저렇게 행동하지는 않을 겁니다. 사내들이 시간을 낭비하지 않도록 더 성실하게 처신할 겁니다. 저들에게도 자기들을 바보 취급하는 여자를 따라다니는 일 말도고 할 일이 얼마든지 있을 테니까요. 하지만 어쨌든 따님이 그래서 즐겁고 행복하다면 제가 관여할 바는 아니지요. 그래도 이 말씀은 드려야겠습니다. 아무래도 영감님은 처음부터 제 의도를 잘못 이해하시고 저에게 대답할 짬도 주지 않으시는 바람에 줄곧 오해하고 계셨습니다. 아침부터 미처 말하지 못했는데, 제가 이곳에 온 까닭은 따님에게 결혼을 신청하기 위해서가 아니라, 장인어른께서 다음 주에 시장에 끌고 나갈 소를 두 마리 사 오라고 하셨기 때문입니다."

"알겠소, 제르맹 씨." 레오나르는 몹시 침착하게 대답했다. "내 딸이 구혼자들과 함께 있는 것을 보고 마음이 바뀌었군요. 좋을 대로 하시오. 좋고 싫은 것은 사람마다 다 다른 법이니. 당신은 아직 아무 말도 하지 않았으니 돌아가도 상관없소. 정말로 내 소를 살 생각이라면 목장으로 안내하겠소. 거기서 마저 이야기합시다. 이 거래가 성사되든 안 되든 돌아가기 전에 우리 집에 식사나 하러 들르시오."

"영감님은 여기서 볼일이 있으시니 폐를 끼치고 싶진 않습니다." 제르맹이 대답했다. "저는 다른 사람들이 춤추는 모습을 보기만 하고 아무것도 하지 않았더니 조금 지루하군요. 먼저 댁의 소를 보러 가겠습니다. 나중에 다시 댁으로 들르지요."

제르맹은 그곳을 떠나 레오나르가 멀리서 가리켜 보인 그의 가축들이 있는 방목지로 걸어갔다. 모리스 영감이 소를 사려 한 것은 사실이었다. 제르맹은 적당한 값의 훌륭한 소를 두 마리 끌고 돌아가면 이번 여행의 목적을 망쳐버렸어도 너그러이 용서해 줄 것이라고 생각했다.

그는 발걸음을 서둘러 오르모 농장 근처까지 갔다. 그때 문득 아들에게 뽀뽀를 해주고 싶어졌다. 그리고 마리도 보고 싶었다. 아마 그 처녀와 행복하게 산다는 희망은 깨지고, 그러한 생각도 이미 머리에서 사라져 있었지만. 조금 전에 보고 들은 모든 일, 사내들의 마음을 사로잡으려는 허영심 많은 여자, 오만하고 불성실한 딸의 생활을 부추기는 교활하고 편협한 아버지, 전원 풍속의 품위를 손상시키는 것으로밖에 보이지 않는 도시의 사치, 쓸데없는 말로 허비하는 시간, 자신의 집과는 너무도 다른 레오나르 영감의 집, 그리고 특히 밭에서 일하는 사내가 평소의 근면한 일상에서 벗어났을 때 느끼는 극도의 불안감, 몇 시간 동안 참았던 모든 지루함과 당혹감, 이 모든 상황 때문에 제르맹은 아들과 이웃 마을 처녀를 만나고 싶은 마음을 억누를 수 없었다. 비록 그 처녀를 사랑하지 않았다고 해도 감정을 누그러뜨리고 평소의 상태를 되찾기 위해 틀림없이 처녀를 찾았을 것이다.

그렇지만 주위의 목초지를 둘러보아도 아무 소용없었다. 귀여운 마리와 피에르는 어디에도 보이지 않았다. 하지만 양치기들이 들판에 나와 있을 시간이었다. 어느 '목장'에 수많은 양떼가 있었다. 그는 양을 치는 사내아이에게 그 양이 오르모 농장의 양들이 맞는지 물어보았다.

"네, 맞아요." 사내아이가 대답했다.

"네가 양치기니? 이곳에서는 사내아이가 농가의 양을 치는가 보구나?"

"아니에요. 양치는 누나가 가버려서 오늘은 제가 대신 보는 거예요. 병에 걸렸거든요."

"그럼 오늘 아침에 새로 온 양치기도 여기에 없니?"

"네! 그 누나도 돌아가 버렸어요."

"뭐라고? 돌아갔다고? 어린애와 함께 있지 않았니?"

"맞아요. 꼬마 녀석은 울고 있었어요. 두 시간쯤 있다가 둘 다 가버렸어요."

"가버렸다니, 어디로?"

"원래 왔던 곳이겠죠. 물어보진 않았지만."

"그런데 왜 돌아가 버렸을까?" 제르맹은 불안한 마음을 억누르지 못하고 물었다.

"제가 어떻게 알겠어요?"

"급료가 마음에 들지 않았던 걸까? 하지만 그 점은 처음부터 알고 있었는데."

"전 아무것도 몰라요. 두 사람이 왔다 가는 걸 본 게 다예요."

제르맹은 농장으로 가면서 소작인들에게 물어보았다. 사실을 설명할 수 있는 사람은 아무도 없었다. 그러나 농장 주인과 이야기를 나눈 뒤 처녀가 말도 없이 우는 아이를 데리고 가버린 것만은 확실했다.

"내 아들이 괴롭힘을 당했습니까?" 제르맹이 소리를 버럭 질렀다. 그의 눈이 불타고 있었다.

"그 애가 당신 아들이오? 그럼 왜 그 처녀와 함께 있었던 거요? 당신은 대체 어디서 왔소? 이름은 뭡니까?"

제르맹은 이 지역의 습관대로 그가 자신의 질문에 또 다른 질문으로 답하려 하는 것을 깨닫고, 초조하게 발을 구르며 주인과 이야기하고 싶다고 말했다.

주인은 이곳에 없다고 했다. 주인은 농장에 오더라도 온종일 머무르지 않으며, 말을 타고 어딘지 모르는 다른 농장으로 떠났다고 했다.

"그런데 혹시 그 처녀가 돌아간 이유를 알고 있는 것 아니오?" 제르맹은 격렬한 불안에 사로잡혀 물었다.

소작인은 부인과 마주보고 야릇한 웃음을 짓더니 자기는 아무것도 모르며 자기가 알 바도 아니라고 대답했다. 제르맹이 알아낸 것은 처녀와 아이가 푸르쉬 쪽으로 갔다는 사실뿐이었다. 그는 푸르쉬로 서둘러 발걸음을 옮겼다. 과부와 세 구혼자는 아직 돌아오지 않았다. 레오나르 영감도 아직 오지 않았다. 하녀는, 처녀와 아이가 그를 찾아왔지만 모르는 사람이라 집 안으로 들일 수 없어 메르로 가보라 했다고 말했다.

"왜 집 안으로 들이지 않았습니까?" 제르맹이 성을 내며 말했다. "이곳 사람들은 하나같이 의심이 많아서 누가 찾아와도 집 안으로 들이지 않는 게 관례요?"

"당연하지요! 이런 부잣집이라면 경계하는 게 당연하지 않겠어요? 주인어른이 안 계실 때는 제가 모든 책임을 져야 하는데 어떻게 아무나 들일 수 있겠어요?"

"지독한 관습이군." 제르맹은 말했다. "그렇게 마음 졸이며 사느니 차라리 가난하게 사는 게 더 낫겠소. 그럼 잘 있으시오! 이런 불쾌한 곳에는 더 있고 싶지도 않소!"

그는 근처에 있는 집집마다 문을 두드리며 물어보았다. 마을 사람들은 양치기 처녀와 어린아이를 알고 있었다. 아이는 몸단장도 하지 않고 갑자기 블레르 마을을 나선 터라 조금 해진 겉옷에 새끼 양가죽을 둘렀을 뿐이었고, 마리는 당연히 평소처럼 매우 남루한 옷을 입고 있었으므로 사람들은 그 둘을 거지라고 생각했다. 그들이 빵을 주자 처녀는 배를 곯고 있는 아이를 위해 한 덩이

받고는 아이와 함께 황급히 숲 속으로 가버렸다고 했다.

제르맹은 잠시 생각하다가, 오르모 농장 주인이 푸르쉬로 가지 않았냐고 물었다.

"틀림없어요. 그 처녀가 떠나고 머지않아 말을 타고 지나갔으니까요."

"처녀의 뒤를 쫓아갔다는 겁니까?"

"그럼 당신은 그가 누군지 모르시오?" 제르맹이 말을 건 술집 주인이 웃으며 말했다. "아무렴요. 처녀들의 뒤꽁무니를 뒤쫓는 일에는 귀신이나 다름없으니까요. 하지만 그 처녀를 붙잡은 것 같지는 않소. 그러니까 처녀를 찾았다 해도……"

"그만 됐습니다." 그는 날다시피 하며 레오나르의 마구간으로 달려갔다. 라 그리즈의 등에서 짐을 풀어 던지고는 그 위에 올라타자마자 샹트루브 숲을 향해 전속력으로 달렸다.

불안과 분노로 심장이 터질 듯이 쿵쾅거리고 이마에서 땀이 비 오듯 흘러내렸다. 라 그리즈의 옆구리를 피가 나도록 걸어찼다. 암말은 자기 마구간으로 돌아가는 줄 알고 시키지 않아도 알아서 쉬지 않고 달렸다.

14장
노파

 이윽고 제르맹은 늪 근처에서 하룻밤 묵었던 곳까지 왔다. 불을 피운 자리에서 아직도 연기가 피어오르고 있었다. 마리가 주워 온 마른 나뭇가지 남은 것을 한 노파가 줍고 있었다. 제르맹은 노파에게 물어보려고 말을 멈췄다. 노파는 귀가 어두웠다. 노파는 제르맹의 물음을 잘못 알아듣고 말했다.

 "아무렴, 이곳이 바로 '마의 늪'이라오, 젊은 양반. 불길한 곳이라 오른손으로 십자가를 그으면서 왼손으로 늪에 돌을 세 개 던지기 전에는 다가가면 안 돼. 그렇게 해서 악령을 쫓는 거야. 그러지 않으면 늪가를 어슬렁거리는 자에게 반드시 재앙이 닥친다오."

 "그게 아니라요." 제르맹은 노파에게 다가가 크게 소리 질렀다.

 "처녀와 어린아이가 숲으로 들어가는 것을 보았습니까?"

 "보았지. 꼬마아이가 물에 빠져 죽었어." 노파가 말했다.

 제르맹은 온몸이 부들부들 떨렸지만 다행히 노파가 말을 계속했다.

 "다 옛날 일이지. 그 가슴 아픈 사건을 잊지 않으려고 훌륭한 십자가를 세웠는데 폭풍우가 몰아치던 밤에 악령들이 늪 속으로 던져버렸어. 지금도 그 끄트머리가 물 위로 비죽이 튀어나와 있지. 운이 나빠 밤에 이곳에 발을 들이면 날이 밝기 전에는 절대로 숲에서 빠져나가지 못해. 걷고 또 걸어도 소용없어. 이백 리를 걸어도 결국 같은 장소로 돌아오고 말거든."

 농부는 자기도 모르게 지금 들은 이야기에 상상력이 자꾸만 부풀어 올랐다. 노파의 말이 옳음을 증명하는 불행한 일이 분명히 일어날 것이라는 생각에 사로잡혀 온몸이 싸늘하게 식어가는 것을 느꼈다. 노파에게서 정보를 더 알아내기를 포기하고 그는 다시 말에 올라 타 목청껏 피에르의 이름을 부르며 숲속을 달렸다. 휘파람을 불고 발소리를 크게 내고 나뭇가지를 꺾으며 그가 내는 소리가 온 숲에 울려 퍼지게 했다. 그리고 그에 답하는 소리가 들리지 않을까 싶어 귀를 기울였다. 그러나 잡목림 안의 여기저기서 들려오는 젖소의 방울 소리와 도토리를 서로 먹겠다고 싸우는 돼지들의 우악스런 울음소리밖에 들리지 않았다.

이윽고 제르맹은 등 뒤에서 그의 뒤를 따라 달려오는 말발굽 소리를 들었다. 갈색 머리칼과 다부진 몸집에, 반쯤은 도시 사람인 듯한 차림의 중년 사내가 그에게 멈추라고 소리를 지르며 다가왔다. 제르맹은 오르모의 농장 주인을 만난 적이 없지만 분노에 차 직관적으로 그가 틀림없다고 판단했다. 제르맹은 돌아서서 사내를 머리끝부터 발끝까지 뚫어지게 쳐다보며 사내가 입을 열기를 기다렸다.

"어린아이를 데리고 있는 열대여섯쯤 되는 처녀가 지나가지 않았소?" 농장 주인은 흥분한 게 분명했지만 대수롭지 않은 척하며 물었다.

"그 처녀에게 무슨 볼일이 있소?" 제르맹은 화를 숨기려 하지도 않고 응수했다.

"그야 당신이 알 바 아니라고 말할 수도 있겠지만 숨길 이유도 없으니 말씀드리리다. 그 처녀는 내가 얼굴도 모른 상태에서 1년 동안 고용하기로 계약한 양치기요…… 그런데 찾아온 처녀를 보니 농장 일을 하기에는 너무 어리고 약해 보이지 뭐요. 그래서 고용하지 않기로 하고, 하다못해 여비라도 주어 돌려보내야겠다고 생각하고 잠깐 등을 돌렸는데, 그사이에 처녀가 화를 내며 돌아가 버린 게 아니겠소…… 어지간히 화가 났는지 처녀는 옷가지와 지갑도 놔두고 그냥 가버렸지 뭐요. 물론 지갑에는 몇 푼 들어 있지도 않았소, 동전 몇 개가 다였을 거요! ……어쨌든 이 근처에 볼일도 있으니 처녀를 만나면 놓고 간 물건과 여비를 돌려주어야겠다고 생각한 거요."

제르맹은 지나치게 성실한 사람이라, 사실 같지는 않지만 적어도 그럴 수도 있을 것 같은 이 이야기를 듣고 망설이지 않을 수 없었다. 제르맹은 농장 주인을 날카롭게 쏘아보았지만, 주인은 부끄러운 게 없는 것인지 아랑곳하지 않는 것인지 그의 눈빛에 조금도 동요하지 않았다.

제르맹은 상황을 분명히 확인해야겠다 생각하고 화를 가라앉히며 말했다.

"그 처녀는 나와 같은 마을에서 왔기 때문에 나도 잘 아는 사람이오. 분명이 근처에 있을 테니…… 함께 갑시다…… 틀림없이 찾을 수 있을 거요."

"그럴 거예요. 가십시다…… 하지만 길 끝까지 가도 찾지 못하면 나는 단념하 겠소…… 아르당트에 가야 하거든요."

흥! 네 곁에서 절대 떨어지지 않겠어, 하고 제르맹은 생각했다. 하루 밤낮 동 안 꼬박 너와 함께 '마의 늪' 주변을 배회해야 한다고 해도 말이다!

"기다려 보시오!" 제르맹이 갑자기 이상하게 흔들거리는 금작화 덤불을 가 만히 바라보며 말했다. "얘야, 얘야, 피에르, 거기 있는 게 피에르 맞지?"

아버지의 목소리를 알아듣고 아이가 새끼 사슴처럼 통통 뛰며 금작화 덤불 에서 나오다가, 농장 주인이 함께 있는 것을 보자 두려운 듯이 멈춰 서서 다가 오려 하지 않았다.

"이리 오너라, 피에르! 이리 와, 아빠한테 오렴!" 농부가 아이 쪽으로 말을 몰 면서 소리쳤다. 그리고 말에서 뛰어내려 아이를 안아 올렸다. "마리는 어디 있 니?"

"저쪽에 숨어 있어요. 저기 있는 시커멓고 기분 나쁜 아저씨가 무서워서요, 나도 무서워요."

"이제 괜찮단다, 아빠가 있잖니…… 마리! 마리! 나야!"

마리는 엉금엉금 기다시피 하며 다가왔으나 농장 주인과 함께 있는 제르맹 을 보자마자 그의 품으로 뛰어들었다. 그리고 처녀는 딸이 아버지에게 매달리 듯 그에게 매달리며 말했다.

"아아, 제르맹 씨, 도와주세요. 당신과 함께 있으면 무섭지 않아요."

제르맹은 깜짝 놀라 마리를 바라보았다. 낯빛은 창백하고 옷은 사냥꾼에게 쫓기는 암사슴처럼 몸을 숨길 덤불을 찾아 달리다가 가시나무에 여기저기 찢 겨 있었다. 그러나 그 얼굴에는 부끄러움도 절망의 표정도 없었다.

"주인이 할 이야기가 있는 모양이야." 그는 여전히 마리의 표정을 살피며 말 했다.

"주인이라고요?" 마리는 단호하게 말했다. "저 사람은 주인이 아니고, 앞으로 도 절대 그럴 일은 없을 거예요! ……제 주인은 제르맹 씨, 당신이에요. 부디 저 를 데리고 돌아가 주세요…… 당신을 위해 일하겠어요, 돈은 필요 없어요!"

농장 주인이 조금 머뭇거리는 척하며 앞으로 나왔다.

"이봐! 아가씨, 두고 간 게 있어서 가지고 왔어."

"아뇨, 아무것도 두고 온 물건은 없어요. 당신한테 받을 건 아무것도 없다고 요……"

"이리 와서 내 말 좀 들어봐." 농장 주인이 말을 이었다. "자네한테 할 말이 있어! ……어서! 무서워하지 말고…… 한마디만 하겠네……."

"큰 소리로 말해 보세요…… 당신과 나 사이에는 아무 비밀도 없으니까요."

"하다못해 자네 돈이라도 받으러 오라니까."

"내 돈이라고요? 당신이 내게 치러야 할 돈은 한 푼도 없어요, 다행스럽게도 말이에요!"

"그럴 줄 알았어." 제르맹이 작은 소리로 말했다. "하지만 어쨌든 마리…… 저 사내의 이야기를 들어봐…… 나도 듣고 싶으니까. 그리고 나중에 이야기해 줘. 나도 꼭 들어야 할 이유가 있거든. 저 사람의 말 근처까지만 가면 돼…… 내가 지켜보고 있을 테니 걱정 말고."

마리는 농장 주인 쪽으로 세 걸음쯤 다가갔다. 주인은 안장 앞쪽으로 몸을 숙이며 목소리를 낮추고 말했다.

"자, 네게 금화 한 닢을 주마! 그러니까 입 다물고 있어, 알았지? 내 농장에 서 일하기에는 네가 너무 허약하다고 말해 두었어…… 이 이야기는 여기서 끝 이야…… 머잖아 네 집에 다시 들르마. 네가 아무 말도 하지 않았으면 그때 또 네게 무언가를 주지…… 그리고 그때 좀 더 분별이 생겼다면 그렇다고 말해. 너를 다시 우리 집으로 데려가 주마. 아니면 저녁 무렵에 목장에서 이야기라도 나눌까? 무슨 선물을 가져가면 되겠니?"

"자요, 이게 내 선물이에요!"

마리는 농장 주인의 금화를 그의 얼굴에 힘껏 던지며 큰 소리로 대답했다. "정말 감사하군요. 또 오실 때는 꼭 내게 먼저 알려주세요. 온 마을 젊은이들이 마중할 테니까요. 마을 사람들은 가난한 처녀를 속이려는 부자를 무척 좋아 하거든요! 어떤 일이 벌어질지 똑똑히 보여드리죠."

"이 거짓말쟁이가 있지도 않은 말을 지껄여대는구나!" 화가 머리끝까지 난 주인은 위협하듯 지팡이를 휘두르며 말했다. "근거도 없는 헛소문을 퍼뜨릴 모 양인가 본데, 나한테서 돈을 뜯어내려 해도 맘처럼 안 될 거야. 너 같은 것들을 내가 한두 번 본 줄 알아!"

마리는 겁에 질려 뒷걸음질 쳤다. 그때 제르맹이 농장 주인의 말고삐를 잡아채고 세차게 흔들어대며 말했다.

"이제야 알겠군! 어떻게 된 일인지 이제야 알았어…… 내려와! 말에서 내려오란 말이다! 우리끼리 이야기하자!"

농장 주인은 담판을 벌일 마음이 없었다. 그는 달아나려고 말에게 박차를 가하며 제르맹의 손을 뿌리치려고 지팡이로 그를 때리려 했다. 그러나 제르맹은 능숙하게 피하더니 상대의 발을 잡고 말에서 끌어내려 풀밭 위로 내동댕이 쳤다. 농장 주인은 일어나서 거세게 저항했지만 제르맹이 다시 쓰러뜨렸다. 그리고 그 위에 올라타며 말했다.

"근성 없는 놈! 네놈을 두드려 패려고만 하면 못할 것도 없어! 그러나 나는 그럴 생각이 없고, 아무리 혼쭐이 난들 네놈이 마음을 고쳐먹을 리도 없지…… 하지만 아무리 그래도 무릎 꿇고 이 처녀에게 사과하기 전에는 여기서 한 발짝도 움직이지 못할 줄 알아."

이러한 꼴을 당하는 데 익숙한 농장 주인은 농담으로 얼버무리려 했다. 처녀에게 나쁜 말을 몇 마디 했을 뿐이므로 그다지 큰 죄가 아니며, 처녀에게 입 맞추고 근처의 술집에 가서 한 잔 들이켠 뒤 사이좋게 헤어진다면 사과하겠다고 버텼다.

"볼수록 딱한 놈이구나." 제르맹은 농장 주인의 얼굴을 땅바닥에 찍어 누르며 대답했다. "네놈의 추한 낯짝은 두 번 다시 보고 싶지 않다. 원한다면 마음껏 망신을 당해 봐. 다음번에 마을에 나타나면 창피당한 자들의 길[1]을 걷게 될 테니까."

그는 농장 주인의 감탕나무 지팡이를 집어 들어 자신의 팔 힘을 보여주기 위해 무릎에 대고 부러뜨리고는 더럽다는 듯 멀리 던져버렸다.

그리고 한 손으로 아들을, 다른 한 손으로 마리를 끌어당기고는 분노로 치를 떨며 그 자리를 떠났다.

---

1) 마을 어귀 큰길 바깥쪽에 큰길과 나란히 난 길. 당연히 받아야 할 모욕을 받을 것이 두려운 자들이 마을 사람들의 눈을 피하기 위해 그 길로 다닌다.

"내려와! 말에서 내려오란 말이다! 우리끼리 이야기하자!"

15장
귀가

15분 뒤에 세 사람은 히스로 덮인 벌판의 경계를 넘었다. 큰길을 빠르게 달리던 라 그리즈는 눈에 익은 풍경이 나타날 때마다 히힝 울었다. 피에르는 아침부터 일어난 일 가운데, 자신이 이해한 부분을 아버지에게 이야기했다.

"우리는 도착하자마자 깨끗한 양들을 보려고 양우리로 갔어요. 그곳으로 그 아저씨가 마리에게 할 이야기가 있다며 다가왔어요. 나는 여물통 안에 들어가서 놀고 있었기 때문에 그 아저씨한테는 내가 안 보였어요. 그 아저씨는 마리에게 '안녕' 하고 말하며 키스했어요."

"키스하게 가만두었니, 마리?" 제르맹은 화가 나서 몸을 떨며 물었다.

"처음 온 처녀들에 대한 그 지방의 인사라고, 관례라고 그렇게 생각했어요. 당신 집에서 부인이 일하러 온 처녀들에게 가족으로 받아들이고 어머니처럼 돌봐주겠다는 표시로 키스해 주시는 것처럼 말이에요."

"그리고요." 피에르는 사건을 설명하는 역할을 자랑스러워하며 계속 말했다. "그 아저씨가 마리에게 어떤 이상한 말을 했어요. 그런데 마리가 나한테 아무에게도 말하지 말라고, 잊어버리라고 했어요. 그래서 나는 바로 잊어버렸어요. 하지만 아빠가 말하라고 하시면……."

"말하지 않아도 된다, 피에르. 아빠는 듣고 싶지 않구나, 너도 잊어버리렴."

"그럼 한 번 더 잊을게요." 아이는 말을 이었다. "그리고 마리가 돌아가겠다고 하니까 그 아저씨는 화가 난 것 같았어요. 마리가 원하는 것은 무엇이든지, 백 프랑이라도 주겠다고 말했어요! 그래서 마리도 화가 났어요. 그러자 마리를 괴롭히려는 것처럼 그 아저씨가 가까이 다가왔어요. 나는 무서워서 울면서 마리에게 달려갔어요. 그러자 그 아저씨가 이렇게 말했어요. '이게 뭐야? 이 아이는 어디서 튀어나온 거야? 당장 쫓아내주마.' 그리고 지팡이를 치켜들고 나를 때리려고 했어요. 하지만 마리가 막았어요. 그리고 이렇게 말했어요. '나중에 이야기해요. 지금은 이 아이를 푸르쉬까지 데려다줘야 해요. 다시 돌아올게요.' 그 아저씨가 양우리에서 나가자마자 마리가 나한테 말했어요. '피에르, 도망가 자. 여기서 얼른 빠져나가야 해. 그 아저씨는 나쁜 사람이라 험한 꼴을 당하게 될 거야.' 그래서 우리는 헛간 뒤로 돌아서 작은 목장을 지나 아빠를 만나러 푸르쉬로 갔어요. 하지만 아빠는 거기 없었고, 집 안에서 기다리지 못하게 했어요. 그런데 그 아저씨가 검은 말을 타고 뒤쫓아 왔어요. 그래서 더 멀리 달아나서 숲으로 숨었어요. 그 아저씨도 숲으로 따라왔어요. 아저씨가 가까이 다가오는 소리가 들릴 때마다 우리는 더 꼭꼭 숨었어요. 그 아저씨가 지나간 뒤에는 집으로 돌아가려고 다시 뛰었어요. 그때 마침 아빠가 와서 우리를 찾아낸 거예요. 이게 오늘 있었던 일이에요. 마리, 빼먹은 거 없지?"

"그래, 빼먹지 않았어, 피에르가 말한 대로야. 제르맹 씨, 절 위해 증언해 주세요. 제가 그곳에 남지 못한 건 근성이 없어서나 일할 마음이 없어서 그런 게 아니라고 마을 사람들에게 말해 주세요."

"그럼, 마리, 묻고 싶은 게 있는데, 여자를 도와서 무뢰한을 혼쭐내줘야 할 때 스물여덟 살이면 나이가 너무 많은가? 바스티앵처럼 나보다 열 살이나 젊은 사내라면 피에르가 말한 것처럼 그 사내에게 이길 수 있을지 알고 싶군. 어떻게 생각하지?"

"제르맹 씨, 정말로 큰 신세를 졌어요. 이 은혜는 평생 잊지 않을게요."

"그게 다로군!"

"아빠." 아이가 말했다. "아빠하고 약속한 걸 마리에게 말한다는 걸 깜빡 했어요. 그럴 시간이 없었어요. 하지만 집에 돌아가면 말할게요. 외할머니한테도 말할게요."

아이의 약속에 제르맹은 생각에 잠겼다. 집에 돌아가면 장인과 장모에게 이러한 상황을 설명해야 한다. 그러나 과부에 대한 불만을 말할 때, 달리 생각해 둔 바가 있어서 그러한 통찰력과 엄격한 잣대를 들이대게 되었다고 두 사람에게 말해서는 안 된다. 행복하고 흐뭇할 때는 자신의 행복을 남에게 받아들이게 하는 일이 쉬워 보이지만, 매몰차게 거절당하거나 비난받는 것은 썩 달가운 일이 아니다.

집에 도착했을 때 피에르는 다행히 잠들어 있었다. 제르맹은 아이가 깨지 않도록 조심스럽게 침대에 눕혔다. 그리고 할 수 있는 한 열심히 설명했다. 모리스 영감은 문 앞에서 세 발 달린 의자에 앉아 심각한 표정으로 그의 이야기를 들었다. 이번 여행의 결과가 마음에 들지는 않았지만, 제르맹이 사내를 후리는 과부의 수법을 이야기하며 1년 뒤에 쫓겨날 가능성이 있는 데다 1년에 52번이나 되는 일요일마다 그녀의 환심을 사러 찾아갈 시간이 어디 있느냐고 장인에게 묻자, 장인은 동의한다는 뜻으로 끄덕이며 대답했다. "자네가 옳아, 제르맹. 그럴 수는 없지." 그리고 마리를 비열한 주인의 능멸과 폭력에서 지키기 위해 서둘러 돌아올 수밖에 없었다고 이야기하자 모리스 영감은 또다시 동의하며 끄덕였다. "자네가 옳아, 제르맹. 그렇게 해야지."

제르맹이 모든 일을 다 설명하자 장인과 장모는 서로 마주보며 단념한 듯이 깊은 한숨을 내쉬었다. 가장은 일어나며 말했다. "그럼, 하느님이 바라시는 대로 될걸세! 좋아하는 마음은 강요한다고 생기는 게 아니니까!"

"자, 이리 와서 저녁을 들게, 제르맹." 장모가 말했다. "일이 잘 풀리지 않은 건 아쉽지만 아무래도 하느님이 그렇게 되길 원하지 않으셨던 거야. 다른 사람을 찾아봐야겠어."

"그래, 집사람 말대로 다른 사람을 찾아봐야지." 노인이 덧붙였다.

어른들과의 이야기는 그렇게 끝이 났다. 이튿날 아침에 피에르가 종달새와 함께 침대에서 일어났을 때에는, 이틀 동안 일어난 믿을 수 없는 사건에 대한 흥분이 가라앉으면서 그 나이대의 농민 아이들이 흔히 그렇듯 다시 무관심해져 머리에서 떠나지 않던 일들도 모두 잊어버린 채 동생들과 놀거나 소와 말을 상대로 어른 행세를 하는 데에 정신이 팔렸다.

제르맹도 다시 일에 몰두하며 잊으려고 애썼다. 하지만 그는 누구나 한눈에 알아챌 만큼 침울해져서 넋을 놓고 있을 때가 많았다. 마리에게 말을 걸기는 커녕 얼굴도 쳐다보지 못했다. 그래도 만약 누군가가 마리가 어느 목장에 있으며 어느 길을 따라갔느냐고 물어본다면, 그에게 답해 줄 마음만 있으면 하루 가운데 어느 때라도 상관없이 이야기를 해주었을 것이다. 겨울 동안만 집에서 거두자고 장인에게 부탁할 용기는 없었지만, 마리가 가난 때문에 고생하고 있다는 사실은 잘 알고 있었다. 하지만 사실 마리는 고생하고 있지 않았다.

기예트 부인은 어째서 자신의 얼마 되지도 않는 장작이 조금도 줄지 않으며, 저녁이면 텅 비는 헛간이 어째서 아침이면 다시 가득 차 있는지 도저히 이해할 수 없었다. 보리와 감자도 늘 그대로였다. 누군가가 가족들을 깨우지 않고 발자국을 남기지 않으려고 헛간 천장으로 몰래 숨어 들어와서는 자루에 담아온 것들을 바닥에 쏟아놓고 가는 것이었다. 부인은 불안하기도 하고 기쁘기도 했지만 딸에게는 이 일을 절대 남에게 말하지 말라고 했다. 집에서 일어나는 기적이 마을 사람들에게 알려지면 마녀로 몰릴 수 있기 때문이다. 부인은 악마의 소행이 틀림없다고 생각했지만 곧장 신부님에게 달려가 악마를 쫓아달라고 부탁하여 '악마'를 배신할 마음은 없었다. 마왕이 그러한 선물을 베푸는 대신 영혼을 내놓으라고 말하러 올 때까지 기다려도 늦지 않을 것이라고 생각했기 때문이다.

마리는 어떻게 된 일인지 다 알고 있었지만, 또다시 결혼 이야기를 꺼낼까 봐 겁이 나 제르맹에게 말할 용기가 나지 않았다. 그래서 그를 못 본 척하고 있었다.

16장
모리스 부인

어느 날 모리스 부인은 과수원에서 제르맹과 단둘이 있을 때 친절하게 물어보았다. "자네 상태가 아무래도 괜찮아 보이지 않네. 평소만큼 먹지도 않고 웃지도 않고 말도 거의 안 하지 않는가. 집 안의 누군가가, 아니면 우리 부부 가운데 누군가가 비록 그럴 생각은 없지만 모르는 사이에 자네를 괴롭게 한 건가?"

"그렇지 않아요, 장모님." 제르맹은 대답했다. "장모님은 언제나 저를 이 세상에 낳아주신 어머니만큼이나 다정하게 대해 주셨어요. 장모님이든 장인어른이든 집안사람들에게 불만을 품는다면 제가 배은망덕한 놈이지요."

"그러면 또다시 아내를 잃은 슬픔에 빠진 게로군. 시간이 흐를수록 슬픔이 옅어지기는커녕 깊어지기만 하니, 역시 영감 말대로 새 부인을 들여야겠네."

"예, 장모님, 저도 그렇게 생각합니다. 그런데 두 분께서 소개해 주시는 여자는 마음에 들지 않습니다. 그런 여자들을 보면 카트린을 잊기는커녕 더욱더 그리워하게 됩니다."

"그건 우리가 자네 취향을 알지 못하니까 그렇지. 그러니 사실대로 말해서 우리를 좀 도와주게. 자네를 위해 이 세상에 태어난 여자가 어딘가에 틀림없이 있을 거야. 하느님은 사람을 만드실 때 반드시 그 사람의 행복을 다른 누군가의 안에 남겨두신다네. 그러니 자네에게 꼭 맞는 여자가 어디에 있는지 알고 있다면 아내로 맞아들이게. 얼굴이 예쁘건 못생겼건, 나이가 많건 적건, 부자건 가난하건 우리는, 영감과 나는 자네 뜻에 따를 생각일세. 자네가 울적해하는 모습은 더는 보고 싶지 않네. 자네 마음이 편치 않은데 우리가 어떻게 안심할 수 있겠나."

"장모님, 장모님은 하느님처럼 다정하시고 장인어른도 그렇습니다." 제르맹이 대답했다. "하지만 두 분의 동정도 제 슬픔을 치료하지는 못합니다. 제가 원하는 처녀는 제게 조금도 관심이 없으니까요."

"젊은 처녀인가? 젊은 처녀를 마음에 품다니 자네답지 않군."

"네! 그래요, 장모님, 주제도 모르고 젊은 처녀를 마음에 품은 저를 꾸짖어 주십시오. 더는 그 처녀를 생각하지 말자고 갖은 애를 써봤지만, 일할 때나 쉴 때나, 미사를 올릴 때나 잠자리에 들 때나, 아이들과 있을 때나, 어르신들과 있을 때나 머릿속이 온통 그녀 생각으로 가득해서 다른 건 생각할 수도 없어요."

"그건 자네에게 걸린 저주나 다름없지 않은가, 제르맹? 방법은 딱 하날세. 그 처녀를 설득하여 자네 말을 듣도록 하는 수밖에 없어. 이렇게 되면 내가 중간에 나서서 일이 잘 풀릴지 아닐지 살펴봐야지. 그 처녀는 어디 사는 누구고, 이름은 무언가?"

"아! 장모님, 저는 말할 용기가 없습니다. 저를 한심하게 여기실 테니까요."

"자네를 한심하게 여길 리가 있나, 제르맹, 자네는 지금 괴로워하고 있고, 나는 자네가 괴로워하는 모습을 더는 보고 싶지 않네. 설마 팡셰트는 아니겠지?"

"절대 아니에요, 장모님."

"그럼 로제트인가?"

"아뇨."

"그럼 어서 말해 보게. 온 마을 처녀들의 이름을 하나하나 부르려면 끝이 없지 않은가."

제르맹은 고개를 숙인 채 계속 망설였다.

"그럼 오늘은 그냥 넘어가겠네, 제르맹." 장모가 말했다. "내일이 되면 나를 조금 더 믿어줄 테고, 동서한테는 얘기하기가 더 쉬울 테니 말일세."

그러고 장모는 세탁바구니를 들고 떨기나무 덤불 위에 빨래를 널러 갔다.

어린아이가 자기에게 관심이 끊어지면 갑자기 마음을 정하는 것처럼 제르맹도 결심했다. 그는 장모의 뒤를 쫓아가 마침내 떨리는 목소리로 기예트 부인 댁의 마리라고 털어놓았다.

모리스 부인은 생각지도 못한 이름이 튀어나오자 깜짝 놀랐다. 그러나 장모는 생각이 깊은 사람이었으므로 그 자리에서 반대하지 않고 마음속으로 이것 저것 따져보았다. 자신이 입을 다물고 있자 제르맹이 풀이 죽은 것을 보고는 빨래바구니를 제르맹에게 내밀며 말했다. "그래서 내 일을 조금도 도와주지 않겠다는 건가? 자, 바구니를 들게. 집으로 돌아가면서 이야기해 주게. 충분히 생각했나, 제르맹? 확실히 결심한 거겠지?"

"아, 장모님, 도저히 그런 이야기를 할 수 있는 상황이 아니에요. 일이 잘 풀린다면 결심하겠지만 어차피 받아주지 않을 테니 할 수만 있다면 포기하자고 마음을 다잡고 있는 참입니다."

"포기하지 못하면 어쩔 셈인가?"

"무슨 일에건 끝은 있기 마련이에요, 장모님. 말에 짐을 너무 많이 실으면 쓰러지게 되어 있고, 먹지 못한 소는 결국 죽고 말지요."

"그럼 일이 잘 풀리지 않으면 자네도 죽겠다는 건가? 말도 안 되는 소리 말게, 제르맹! 자네 같은 사람한테서 그런 말을 듣고 싶진 않네. 자네 같은 사람이 그런 말을 할 때는 정말로 그럴 생각이 있다는 뜻이니까. 자네는 마음이 굳센 사람이야. 그런 사람이 나약해지면 위험해. 그러지 말고 희망을 가지게. 자네가 청혼하면 가난한 처녀에게는 큰 명예가 되니 거절하지 않을 걸세."

"하지만 사실인걸요, 그녀는 제 청혼을 받아주지 않았습니다."

"무슨 이유로 거절하던가?"

"어르신들이 늘 잘해 주셨고 자기네 집은 우리 집에 신세도 많이 졌으니, 부자 과부와의 결혼을 자기가 가로막아 어르신들을 화나게 하고 싶지 않다고 하더군요."

"처녀가 그렇게 말했다는 건 마음씨가 곱다는 증거일세. 훌륭한 일이야. 그런데 제르맹 자네는 그런 말을 듣고도 포기하지 못한 거로군. 그 처녀가 자네를 좋아한다고 하면서, 우리가 허락하기만 하면 자네와 결혼하겠다고 말했겠지?"

"아! 최악이에요! 마리는 저에게 마음이 없다고 말했어요."

"자네를 멀리하려고 일부러 마음에도 없는 말을 한 거라면 우리가 아껴줄 걸세. 그 훌륭한 분별력 덕에 나이가 어린 건 조금도 문제가 되지 않을 처녀야."

"정말입니까?" 이제까지 품어보지 못한 희망이 싹트는 것을 느끼며 제르맹은 말했다. "정말로 생각이 깊고 아주 훌륭한 처녀입니다! 하지만 그처럼 사리가 밝은 게, 제가 마음에 차지 않아서 그런 것 같아 무척 걱정스럽습니다."

"이보게, 제르맹, 앞으로 일주일만 마음을 가라앉히고 있겠다고 나와 약속해 주게. 고민하지 말고 평소처럼 먹고 자며 쾌활하게 지내겠다고 약속하게. 내가 영감에게 말해 보겠네. 영감이 허락하면 그때 처녀에게 자네를 어떻게 생각하는지 본심을 물어보게."

제르맹은 약속했다. 그리고 일주일이 지났지만 모리스 영감은 딱히 그에게 아무 말도 하지 않았고, 아무것도 모르는 듯이 보였다. 제르맹은 침착하게 보이려고 애를 썼지만 낯빛은 점점 더 창백해지고 고민은 더욱 깊어만 갔다.

17장
마리

마침내 일요일 아침, 미사를 마치고 나오는데 장모가 제르맹에게 과수원에서 이야기한 뒤로 사랑하는 처녀에게서 어떤 약속을 받았느냐고 물었다.

"아니오, 전혀요. 그녀와는 한마디도 하지 않았어요." 그는 대답했다.

"아니 이야기도 나누지 않고 어떻게 설득할 생각인가?"

"마리와는 딱 한 번 이야기해 봤어요. 푸르쉬에 함께 갔을 때에요. 그 뒤로는 한마디도 나누지 않았어요. 그녀에게 거절당한 것이 너무 괴로워서 나를 좋아하지 않는다는 말을 다시는 듣고 싶지 않았거든요."

"그래도 이번에는 꼭 이야기해야 하네. 영감이 물어봐도 된다고 허락하셨어. 그러니 마음을 정하게. 알겠나? 원한다면 내가 말해 주겠네. 언제까지 그렇게 고민만 하고 있을 순 없지 않은가."

제르맹은 장모의 말대로 했다. 고개를 푹 숙이고 기운 없이 기예트 부인 집으로 찾아갔다. 마리가 혼자 화롯가에 앉아 있었다. 마리는 생각에 잠겨 있던 터라 집 안으로 들어오는 제르맹의 발소리를 듣지 못했다. 갑자기 눈앞에 제르맹이 나타난 것을 보고 화들짝 놀란 마리는 의자에서 벌떡 일어나며 얼굴을 붉혔다.

"마리." 처녀 옆에 앉으면서 제르맹이 말했다. "네가 날 보면 괴로워할 뿐만 아니라 지긋지긋해한다는 걸 잘 알아. 하지만 '집안 어르신들'(관습상 한 집안의 가장 내외를 가리키는 말이다)께서 너와 이야기를 나누고 청혼하라고 말씀하셨어. 하지만 넌 그러길 바라지 않지. 각오하고 있어."

"제르맹 씨, 그럼 당신은 저와 결혼하기로 이미 마음을 정하셨나요?" 마리가 말했다.

"너를 화나게 할 뿐이란 건 잘 알지만 그건 내 탓이 아니야. 네가 마음을 바꿔주기만 한다면 얼마나 기쁠까. 하지만 나한테는 그럴 자격이 없어. 날 좀 보렴, 마리, 내 얼굴이 그렇게 무섭니?"

"아뇨, 제르맹 씨." 처녀는 생긋 웃으며 대답했다. "저보다 훨씬 예뻐요."

"놀리지 말려무나. 너그러이 봐주렴. 아직 머리털과 이는 하나도 빠지지 않았단다. 너를 좋아한다고 내 눈이 말하고 있어. 내 눈을 보렴. 똑똑히 쓰여 있잖니. 처녀라면 누구나 그 글자를 읽을 수 있을 거야."

마리는 평소처럼 명랑하게 안심하며 제르맹의 눈을 들여다보았다. 그러더니 갑자기 고개를 돌리며 몸을 떨었다.

"아! 내가 무서운 게로구나." 제르맹은 말했다. "나를 오르모의 농장 주인처럼 보다니. 제발 무서워하지 말아 다오. 너무 괴롭구나. 나는 너에게 난잡한 말같은 건 하지 않아. 네가 싫다면 억지로 키스도 하지 않을 거야. 내가 돌아가길 바라면 손가락으로 문을 가리키기만 하면 돼. 마리, 내가 가야만 네 떨림이 멈추겠니?"

마리는 농부에게 손을 내밀었지만, 화로 쪽으로 고개를 돌린 채 한마디도 하지 않았다. "알겠다. 날 동정하는 거로구나. 넌 상냥한 아이니까. 나를 불행하게 해서 미안한 거야. 하지만 어떻게 해도 날 좋아할 순 없는 거지?"

"왜 자꾸 그런 말씀만 하세요, 제르맹 씨?" 마침내 마리가 입을 열었다. "제가 우는 걸 보려고 그러세요?"

"딱하게도, 너는 마음씨가 정말 착해. 난 잘 알아. 하지만 너는 나를 좋아하지 않지. 불쾌하고 싫은 감정을 내게 보이지 않으려고 얼굴을 숨기고 있는 거야. 그리고 나는 네 손을 잡을 용기도 없어! 숲 속에서 아들이 잠들었을 때, 그리고 너도 잠들었을 때 하마터면 네게 몰래 키스할 뻔했단다. 하지만 키스하게 해달라고 네게 부탁하느니 차라리 부끄러워서 죽어버릴 거야. 그날 밤은 서서히 고통받는 것 같았어. 그날 이후로 매일 밤 네 꿈을 꾼단다. 아! 너에게 얼마나 많이 키스했는지 몰라, 마리. 하지만 너는 그동안 꿈도 꾸지 않고 깊이 잠들어 있었어. 지금 내가 무슨 생각을 하고 있는지 아니? 네가 고개를 돌리고 너를 보는 내 눈과 똑같은 눈으로 나를 봐준다면, 그리고 네 얼굴을 내게 가까이 대준다면 나는 너무 기뻐서 죽어버리고 말 거야. 하지만 너는 그런 일이 일어난다면 분노와 부끄러움으로 죽어버릴 거라고 생각하겠지!"

"아! 제르맹 씨, 내가 당신을 좋아한다는 걸 모르셨어요?"

제르맹은 자기가 무슨 말을 하는지도 알지 못한 채 꿈속을 헤매는 듯이 이야기했다. 마리는 여전히 떨고 있었다. 하지만 제르맹이 더욱 심하게 떨고 있었기 때문에 그는 그 사실을 알아채지 못했다. 갑자기 마리가 돌아보았다. 처녀는 울고 있었다. 그리고 원망하는 눈초리로 그를 바라보았다. 불쌍한 농부는 그것이 마지막 일격이라고 생각했다. 그래서 선고를 내리기 전에 일어서서 가려고 하는데, 처녀가 그의 두 팔을 끌어안고 못 가게 했다. 그리고 처녀는 그의 가슴에 얼굴을 파묻고 울먹이며 말했다.

"아! 제르맹 씨, 내가 당신을 좋아한다는 걸 모르셨어요?"

아들이 막대기를 말 대신 걸터타고 말 엉덩이에 누이동생을 태우고 아버지를 찾아 전속력으로 이 초가집으로 달려오는 바람에 정신이 번쩍 들지 않았다면, 제르맹은 그대로 머리가 이상해져 버렸을 것이다. 누이동생은 말이 된 막대기에 버드나무 가지로 안장을 만들어 대고 있었다. 제르맹은 아들을 안아 올려 미래의 아내에게 건네며 말했다.

"봐, 네가 나를 좋아해 줘서 행복해진 사람이 하나 더 생겼어!"

조르주 상드 생애와 작품

조르주 상드 생애와 작품

생애

"자연 속에서 숭고한 시적 정취를 느낄 수 있는 사람은 평생 동안 시 한 줄 안 썼다 해도 이미 훌륭한 시인이다." 조르주 상드의 이 말은 그녀의 예술관을 잘 드러내고 있다.

조르주 상드(George Sand, 1804~1876)는 1804년 7월 1일 프랑스 파리에서 태어났다. 본명은 오로르 뒤팽(Aurore Dupin)이다. 네 살 때 아버지를 여의고 중부 프랑스의 베리주 라 샤트르 근처 노앙의 할머니 손에서 성장했다. 이곳에서 자라는 동안 그녀는 시골을 깊이 사랑하고 이해하게 되었으며, 이런 애정과 이해는 그녀의 작품 대부분에 깊게 드리워져 있다. 1817년에는 파리의 수도원에 들어갔다. 수도원에서 신비주의를 처음 접하고 열광적으로 빠져들었는데, 그 열정은 금방 식었지만 이때의 기억은 그녀의 마음속에 깊게 남았다.

1822년에 카지미르 뒤드방 남작과 결혼했다. 결혼생활 초기 몇 년은 행복하게 지냈으나, 선량하지만 조금 둔감한 남편에게 곧 싫증이 났다. 그녀는 삶의 위안을 찾기 위해 처음에는 젊은 행정관과 정신적인 우정을 나누고, 이어서 이웃 저택의 남자와 열정적인 밀애를 나누었다. 결국 결혼생활은 오래 이어지지 못하고, 그녀는 1831년 1월 두 아이를 데리고 파리로 옮긴다.

파리에서는 〈르 피가로(Le Figaro)〉지의 중역인 앙리 드 라투슈와 좋은 친구가 되었다. 앙리는 쥘 상드라는 필명으로 쓴 그녀의 글을 신문에 실어 주었다. 1832년에 그녀는 조르주 상드라는 필명으로 《앵디아나 *Indiana*》를 발표하여 큰 명성을 얻는다. 이 소설은 아내를 억지로 남편에게 묶어놓는 사회적 인습에 강력히 항의하는 한편, 불행한 결혼생활을 버리고 사랑을 찾는 여주인공을 옹호하고 있다. 그 뒤로 상드는 남장차림의 여인으로 문인들 사이에 끼어

▲1818년경 노앙의 집

◀◀아버지 모리스 뒤
팽(1778~1808)

◀어머니 소피 빅투아
르(1773~1837)

문필활동을 계속했다. 자유분방한 교제라는 이상은 《발랑틴 *Valentine*》(1832),
《렐리아 *Lélia*》(1833)에서 좀 더 광범위한 사회적 관계와 계급관계에까지 영역
을 넓혔다. 그녀는 농부나 노동자를 주인공으로 하는 소설을 많이 썼는데, 《발
랑틴》은 그 첫 번째 소설이다.

　상드는 여러 유명인사와 거리낌 없이 자유로운 연애를 즐기는 것으로도 매
우 유명했다. 그녀와 연애 관계를 맺은 남자들 가운데는 프로스페르 메리메,

▲**여섯 살 때의 오로르 뒤팽**(상드)
▶**친할머니 마리 오로르**(1748~1821) 상드
는 할머니 손에서 자랐다.

알프레드 드 뮈세, 프레데리크 쇼팽도 있었다.

이런 태도 때문에 상드는 애인을 차례로 바꾸며 그들의 견해에 맞추어 자신의 철학과 정치관을 바꾼 이상성욕자라는 인상을 일반에게 심어주었지만, 이런 관점을 곧이곧대로 받아들이는 것은 잘못이다. 상드는 한 남자한테서 완벽에 가까운 무엇인가를 찾아냈다고 여겨지면, 그와 여러 해 동안 동거하면서 애인이라기보다는 어머니 같은 애정으로 상대를 보살펴 주었다. 예컨대 상드는 쇼팽이 말다툼 끝에 자기 곁을 떠날 때까지 8년 동안 그와 동거했다. 상드는 뮈세의 회의주의적 견해나 쇼팽의 귀족적 편견을 끝내 받아들이지 않은 반면, 애인이 아닌 철학자 피에르 르루의 견해는 진심으로 받아들였다. 그러나 《렐리아》, 《모프라 Mauprat》(1837), 《스피리디옹 Spiridion》(1839), 《리라의 7현 Les sept Cordes de la lyre》(1840) 등 초기 작품은 대부분 그녀와 관계를 맺은 남자들의 영향을 받았다.

상드는 전원소설에서 자신의 진정한 형식을 발견했다. 이 전원소설들은 평생 동안 계속된 시골에 대한 애정과 가난한 사람들에 대한 동정에서 주로 영감을 얻었다. 《마의 늪 La Mare au Diable》(1846), 《사생아 프랑수아 François le

스물일곱 살 때의 상드 자화상(1831)

Champi》(1848), 《사랑의 요정 *La Petite Fadette*》(1849)에서는 조르주 상드 작품의 낯익은 주제(인습과 계급의 장애를 뛰어넘는 사랑)가 낯익은 베리의 시골을 무대로 하여 고장의 자부심을 되찾았다. 이 시골 이야기들은 상드의 소설 가운데 가장 뛰어난 작품으로 꼽힌다.

만년에도 필력은 조금도 쇠퇴하지 않았다. 이 시기의 대표작으로는 《내 삶의 이야기 *Histoire de Ma Vie*》(1854~1855), 손자들을 위해 쓴 단편소설집 《어느 할머니의 이야기 *Contes d'une grand-mère*》(1873)가 있으며 그 밖에 파리 상류 사회 연애 이야기를 쓰기도 하고, 나무랄 데 없는 도덕성을 가진 보수주의적 소설과 희곡도 남겼다.

상드가 평화로운 노년을 보내고 세상을 떠났을 때, 사람들은 위대한 작가로서 그녀의 죽음을 애도했다. 그러나 그녀의 작품은 일부를 제외하고는 곧 사람들의 기억에서 잊혔다. 상드는 너무 많이, 그리고 너무 빨리 글을 썼다는 평가를 받고 있다. 확실히 상드는 놀랄 만큼 유창하게 글을 썼다. 작가로서 상드는 이상주의자였고, 회고록에서는 현실의 불쾌한 측면에 눈을 감은 반면 소설에서는 믿을 수 없을 만큼 순결하고 매력적인 인물들을 창조했다는 평가를 받고 있다. 그러나 상드는 타고난 이야기꾼이었고, 어린이 같은 낙천주의와 삶에 대한 천진한 믿음을 갖고 있었기 때문에, 그녀의 소설들이 동화 같고 주인공인 농부들이 선량하고 친절하며 행복한 결말을 맺는 것은 지극히 자연스러운 일이었다.

상드는 이렇게 선언했다.

"소설이 반드시 현실의 표상일 필요는 없다."

그녀의 삶은 모성애와 우애와 연애로 일관된 분망한 생애로서 그야말로 낭만파의 대표적 작가다운 모습을 보여 주었다. 한편으로는 여성해방운동의 선각자로서도 새롭게 조명받고 있다.

조르주 상드(1804~1876)
서른네 살 때의 초상화. 어거스트 샤르팡티에 작(1838).

《양치기 처녀》

《양치기 처녀=잔 *Jeanne*》은 1844년 조르주 상드가 마흔 살을 맞이하면서 〈콩스티튀시오넬〉지에 연재한 신문소설이다. 연재는 4월 25일부터 6월 2일까지 이루어졌다.

같은 해 벨기에(브뤼셀)에서 〈콩스티튀시오넬〉지에 발표된 것을 그대로 옮긴 해적판이 나왔다고 한다. 이듬해인 1845년에는 논문 〈환상극에 관한 시론—괴테, 바이런, 미츠키에비치〉를 더하여 드 포텔사(社)에서 3권짜리로 출판되었으며, 1852년에는 에첼 출판사가 삽화가 들어간 《조르주 상드 작품집》 제1권으로, 1858년에는 미쉘 레비 출판사가 《조르주 상드 전집》 제1권으로 간행했다.

상드 《서간집》(전26권)을 엮은 조르주 뤼뱅에 따르면, 조르주 상드는 1826년부터 1840년대까지 프랑스 중부 크뢰즈 지방에 있는 성터와 산지를 몇 번이나 여행했다. 상드는 《앙투안 씨의 죄》(1845)에서 이 지방 풍경을 세밀하게 묘사했는데, 이 근처에 《양치기 처녀》의 무대가 된 툴 생트 크루아 마을이 있었다. 10월 중순 편지에는(외젠 뒤베르네 앞) "이번 여행에서 툴(상트 크루아)을 무대로 소설을 쓰고 싶어졌어······"라는 글귀가 있다. 이윽고 《양치기 처녀》의 무대 가운데 하나인 이 '고대 갈리아의 도시' 툴에서(그 구상에 어느 정도 도움을 주었다는 언급은 없지만) 여행 중 목격한 광경이 이 시점에 상드의 뇌리에 깊이 각인되었음은 분명하다.

그 뒤 편지에서는 《양치기 처녀》의 창작 과정을 전하는 구절을 발견할 수 없다.

1844년 3월 25일, 《양치기 처녀》라는 제목의 소설 또는 중편소설의 〈콩스티튀시오넬〉지 게재에 관한 계약서가 서명되었다. 그리고 앞서 말했듯이 4월 25일부터 연재가 시작되었다. 《양치기 처녀》가 발표됐을 때 사람들은 이 작품을 제대로 이해하지 못했다. 그로부터 130년이 넘는 세월이 흐른 뒤에야 이 소설은 프랑스 출판계에서 인정을 받아 재판될 수 있었다.

상드의 첫 신문 소설

《양치기 처녀》는 작가에게 첫 신문 연재소설이다. 일찍이 〈레뷔 드 파리〉지를 창간했던 베롱이 1844년 3월, 심각한 경영난에 빠진 〈콩스티튀시오넬〉지를 사들여 그 무렵 인기가 높았던 외젠 쉬, 알프레드 드 뮈세, 조르주 상드 등의 작품을 연달아 실음으로써 다시 일으켜 세우려고 했다. 베롱의 생각대로, 이를테면 신문소설가로서 엄청난 성공을 거둔 쉬의 《방황하는 유대인》(1844년 6월 25일부터 연재)은 구매자 수를 열 배로 늘렸다고 전해진다. 그러나 상드는 매회 독자의 흥미를 불러일으키는 전개를 예고하여 다음 회를 기대하게 만드는 기술이 필요한 이 새로운 형식이 무척 힘들었다고, 1852년 에첼판에 쓴 '작품 해설'에서 말했다.

여주인공 잔은 과묵하고 꿈 많은 양치기 처녀이다. 소설 첫머리에서는 전설의 바위 위에서 몽상에 젖어 있다. 소녀는 그랑 파드[1]와 성녀 그랑 파스투르[2] 전설을 믿는다. 잔은 종종 '에프―넬의 양치기 처녀'라 불린다. 사제의 말에 의하면 '에프―넬'은 이교도 민족 골(Gaulois : 갈리아인)의 언어로 '주인이 없다'는 뜻이다. 작가는 이러한 전설과 오래된 지명 요소도 '역사를 증언하는 말'로서 중요하게 여겼다. '주인이 없다'는 이 말은 봉건영주와 교회의 지배에 대한 대항의식을 암시하는지도 모른다. 왜냐하면 상드는 하느님은 믿었지만, 정치권력을 지닌 가톨릭교회 특히 사제의 힘이 참회를 통해 사람들의 마음을 억압하는 것을 강하게 비판했기 때문이다. 어린 잔에게 전설을 가르쳐 준 어머니는 교회에 다니지 않았다. 한편 잔은 가톨릭교회의 초등교육을 받았지만, 그녀가 믿는 신

---

1) 민간신앙에 등장하는 요정.
2) '위대한 양치기', 즉 15세기에 영국과 맞서 싸워 나라를 구한 프랑스 소녀 잔 다르크.

이나 성인의 일화에는 그 지방 전설이나 풍습이 뒤섞여 있다. 잔은 단순한 소녀가 아니라 야성과 신비를 지닌 주인공이다. 이 전통은 《마의 늪》에 나오는 마리, 《사랑의 요정》에 나오는 파데트에게 이어진다.

아름다운 목가적인 작품

전원소설뿐만 아니라 상드의 모든 작품 세계에는 음악이 깊이 뿌리내리고 있다. 음악 자체가 주제가 된 작품, 음악가가 주인공으로 나오는 작품도 많다. 《양치기 처녀》에서도 음악은 중요한 요소로 등장한다.

1889년 민족 음악학을 개척한 줄리앙 티에르소는 오페라 가수 겸 작

부채를 든 조르주 상드 알프레드 드 뮈세 작.

곡가인 폴랭 비아르도와 함께 베리 민요를 조사할 적에, 상드의 작품에서 잔이 부른 노래들의 선율도 악보로 기록했다. 티에르소의 주장에 따르면, 상드는 내용보다도 선율의 음악성 때문에 베리 민요를 좋아했다고 한다. 베리 평지에 맴돌던 민요는 소를 부려 밭을 가는 농부들의 농가처럼 주로 느릿한 안단테 곡으로 구성돼 있다. 이 민요는 그보다 남동쪽에 있는 부르보네 지방 민요보다 더 부드럽다. 잔은 부레 춤에 맞춰 반주처럼 노래를 불렀고, 또 기나긴 여름날 저녁 무렵에 들판에서 양 떼에게 풀을 먹이며 노래를 불렀다. "어린 소녀들은 오래된 발라드나 부르보네와 베리의 감탄할 만한 가락을 목청 터져라 노래하면서, 이 들판 저 들판에서 서로를 부르며 놀았다." 이윽고 잔은 그녀를 좋아하는 젊은 성주 기욤과 그의 어머니 마리가 사는 부사크성에 하녀로 들어가게 된다. 그러나 잔은 기욤의 사랑을 받아들이지 못하고 성을 떠나 마을로 돌아간다. 그녀는 홀로 황야를 지나가며, 진정한 자신의 환경 속에 다시금 뿌리내리기를 소망한다. '자신의 환경 속에 몸담는다(dans son élément)'는 프랑스

어 표현은 '익숙한 곳에서 편히 쉰다'는 뜻이다. 화자는 잔을 '시인'이라고 묘사한다. 여기서 소설은 시로 귀향하여 '목가'가 된다.

이 장면에서 세 가지 양치기 노래가 등장한다. 그 가운데 십자군에 참여한 양치기를 노래한 가사를 살펴보자.

> 어리고 어린 양치기야
> 싸움터로 나가느냐.
> 황금 십자가를 목에 걸고
> 백합꽃을 팔에 달고.

작품 속에서 잔이 부르는 노래는 모두 연가(戀歌)다. 또 티에르소가 말하기를, 베리 지방의 이 민요는 연가라는 또 다른 형태로도 전해 내려온다고 한다. '어린 양치기'의 원어 bergerette는 리트레가 편찬한 《프랑스어 대사전》에 따르면 '양치기(berger)'의 여성형 bergère의 다른 형태로, bergeronnette라고도 한다. 따라서 이 '어린 양치기'는 소녀이며, '싸움터로 나간다'는 것은 연인을 만나러 가는 것을 은유적으로 표현했다고 볼 수도 있다.

그런데 이 작품에서 음악은 이야기와 어떤 관계를 맺고 있을까. 《양치기 처녀》는 주인공 잔과 그녀를 사랑하는 세 청년의 이야기이다. 부사크 성주 기욤과 영국 귀족 아서가 아무리 사랑을 속삭여도 잔은 이미 성모 마리아 앞에서 청렴하고 순결하며 겸허한 삶을 살기로 맹세했으므로 절대로 결혼할 수 없다고 한다. 여주인공이 이렇게 사랑을 거부하니, 이야기에 연애 요소를 첨가하려면 필연적으로 연가 형태를 빌릴 수밖에 없다. 여기서 이른바 '파스토랄 베르제리(pastorale bergerie)', 즉 목가(전원시)와의 연관성이 드러난다. 이는 넓은 의미로는 양치기의 사랑을 묘사한 것이다. 이런 목가적 작품은 상드가 태어나기 전까지 유행했다. 다만 여기서는 실제 양치기가 아니라, 양치기의 탈을 쓴 이상적인 군주가 기사도적인 사랑을 맹세하며 노래한다. 상드는 이런 목가를 두고 시대착오적이라고 말하면서도 그 18세기 특유의 우아함과 음악성에는 매력을 느낀 모양이다. 이는 할머니에게서 전수받은 교양의 흔적이었는지도 모른다.

리스트의 피아노 연주를 감상하는 상드의 친구들　왼쪽부터 뒤마 피스·위고·상드·파가니니·로시니·리스트·마리 다구 백작부인. J. 단하우저 작.

샤르팡티에와 조르주 상드가 만든 부채 〈노앙에서 보낸 생활〉　왼쪽부터 루이지 칼라마타, 모리스, 샤를 디디에, 엠마누엘 아라고, 알베르토 그지마와, 피에르 보카주, 리스트, 들라크루아, 상드(무릎 위에 앉은 쇼팽), 펠리시테 마르피유, 엔리코 마를리아니, 솔랑주, 미셸 드 부르주, 가스통 드 본쇼즈, 샤르팡티에.

Boire! Fumer! Priser!

로렌츠가 제작한 판화 속의 상드

여성 해방가로서 풍자화에 등장한 상드

최초의 농민소설

《양치기 처녀》는 상드의 본격적인 최초의 '농민소설'이기도 하다. 상드는 이전에도 프랑스 중부의 농촌을 이따금 소설의 무대로 삼았다. 그러나 그곳에 사는 '농민'들을 주요 인물로 삼고, 읽고 쓰기를 못하는 그들의 말을 있는 그대로 글로 옮기려고 한 《양치기 처녀》는 그야말로 '농민소설'이라는 이름에 걸맞은 첫 작품이다.

세련미와는 거리가 멀고 노골적이며 거친 그 지방의 언어 '베리 방언'을 이른바 '도시의 독자'에게 불쾌감을 주지 않고 어떻게 적을 것인가—이것은 상드가 직면한 매우 어려운 과제였다. 《사생아 프랑수아》 머리말에서 상드는 친구 R과의 대화 형식으로 이 문제를 다루었다.

'(……) "시골 사람들을 평소 이야기하는 투로 말하게 하면, 문명인인 독자들을 위해 따로 해석을 달아야 할 거야. 우리가 말하듯이 말하게 하면, 그

〈노앙에 모인 상드의 친구들〉 모리스 작(1838). 모리스는 상드의 아들이다.

〈조르주 상드의 살롱〉 모리스 작(1838).

농부는 기괴한 사람이 되고 말지. 실제로는 그렇지 않은데 논리 정연한 생각을 가진 사람이 되고 마는 거야.”

“그에게 평소 이야기하듯 말하게 한다고 해도, 너 자신의 말이 끊임없이 불쾌한 대조를 보일 거야……. 넌 야생의 처녀를 잔이라고 이름 붙였어. 그리고 어쨌든 그녀의 말로 그녀에게 말하게 했어. 하지만 소설가인 너는 이런 유형의 인물을 그릴 때 느낀 매력을 독자와 나누고 싶어서 처녀를 드루이드교의 신을 섬기는 무녀나 잔 다르크에 빗댔어. 한 장의 그림에서 보이는 현란한 색조처럼, 네 감정과 말은 처녀의 감정과 말과 부조화를 이루는 결과를 낳았어……. 하지만 넌 그 뒤 《마의 늪》에서는 멋지게 진실함을 표현했지.”(……)'

상드는 여주인공인 아름답고 순진무구한 야생의 소녀 잔이 독자 눈에 열등하게 비칠 것을 우려해서, 잔에게 소박하긴 하지만 정확한 말을 쓰게 했다. 그러나 양치기 친구인 카데나 나이 든 부부, 농부들은 '베리 방언'을 쓴다. 이 미묘한 차이를 번역하기란 유감스럽게도 역자의 능력 밖이다. 독자 여러분의 관용을 바랄 뿐이다.

상드는 자기 작품에 머리말을 넣어서, 또 새 판을 찍을 때는 작품 해설을 덧붙여서 창작 의도를 솔직하게 말했다. 소목장이 장인을 주인공으로 한 소설 《프랑스를 편력한 장인 *Le Compagnon du tour de France*》(1841)에 뒷날 첨가한 작품 해설에서 상드는 일찍이 발자크와 나눈 말을 상기하면서 자신의 태도를 분명히 했다.

'(……) 내가 그려내는 유형이 지나치게 이상화된 것이라 해도, 다른 계급에게라면 허용되었을 권리를 어찌 민중에게 해서는 안 되랴? 총명한 노동자에게 빠짐없이 그 이상적인 유형과 닮고자 하는 욕구를 품게 하려면, 어찌 가능한 한 호감 있고 가능한 한 진지한 인물을 그리지 않을 수 있으랴? 대체 언제부터 소설은 현대 인간과 사건의 무정하고 냉혹한 현실을 반드시 그리게 되었는가? 물론 그럴 수도 있다. 대가 발자크는 《인간 희극》을 썼다. 나는 그의 재능에 늘 감탄해 왔다. 이 위대한 작가와 우정으로 연결되어 있지만, 나는 인간의 상황을 전혀 다른 시각으로 관찰해 왔다.《프랑스를 편력한 장인》을 집필할 무렵 그와 나눈 대화가 떠오른다. "당신은《인간 희극》을 집필했어요. 이 제목은 너무 겸허해요. 드라마나 인간 비극이라고 해도 좋았을 텐데."―"확실히 그렇군요. 그런데 당신은 인간의 서정시를 쓰셨죠?"―"그 제목은 너무 고상해요. 하지만 난 인간의 목가, 인간적인 시, 소설을 쓰고 싶어요. 결국 당신은 인간을 당신 눈에 보이는 대로 그리려고 했고, 그걸 해냈어요! 나는 그랬으면 좋겠다고 내가 바라는 대로, 그래야 한다고 내가 믿는 대로 그리려고 했어요." 우리는 경쟁하지 않았기에 서로의 권리를 금방 인정했다.'

상드는 위고나 미슐레처럼 민중의 우위를 믿었다. 민중이야말로 인류의 미래를 짊어질 존재라고 확신했다. 상드는 주인공 잔을 통해, 드물기는 하지만 농촌에서는 아직 볼 수 있는 순진무구한 인간의 유형, 황금시대를 위해 만들어진 수수께끼 같은 유형을 조형하려고 한다. 삽입된 화자(작자)의 고찰이 이를 말해 준다.

'이러한 유형은 충분히 알려지지 않았다. 육체적으로는 회화가 가끔 재현했다. 그러나 시는, 그 본질이나 독자성만 간파될 뿐이라는 사실을 잊고 이상화하거나 말로 표현하려고 하여 끊임없이 추해져 왔다. ……그런데 알려지지 않은 사실은, 자연이 어느 시대에나 이 환경 속에서―아름다운 이상이 그들 속에 있으며 완전히 신의 자식이므로 진보할 필요가 없고 정의, 예지, 자비, 그리고 진정함의 성당을 필요로 하지 않기에―아무것도 습득할 수 없는 몇몇 사람을 낳고 있다는 점이다. 인류가 갈망하고 찾고 예언하는 이상 사회를 위해 그들은 완벽히 준비되어 있지만, 그들의 불안이 인류의 앞을 가로막는다. 악을 이해할 수가 없어서 그들은 악을 보지 않는다. 그들은 무지한 구름 속에서 사는 듯하다. 그들의 존재는 숨어 있다. 그들의 마음만이 살아 있는 것처럼 느낀다. 그들의 정신은 원초의 무구와 같이 한정되어 있다. 그것은 〈창세기〉의 하느님의 낙원에 잠들어 있다. 한마디로 말해 원죄는 그들을 더럽히지 않았으며, 따라서 그들은 이브의 자손들과는 다른 종족에 속한다.

　갈리아의 이시스라고도 할 수 있는 잔도 이런 유형이었다. 그녀는 주위 사람들의 관심사와는 거리가 먼 듯이 보였다. 현대로 날아온 드루이드교의 무녀처럼.'

정의나 자비와 같은 관념을 이상으로서 말로 표현할 수는 없지만 악의 관념도 갖지 않은―자연과 특권적으로 연결된―농민들 속에서 상드는 돌아가야 할 '원초의 무구'를 본다.

　"확실히 우리는 단순해요. 하지만 우리가 낮이고 밤이고 생활하는 시골에서, 여러분은 보지도 알지도 못하는 것들을 우리는 봐요."

　잔은 아서 경에게 말한다. 자기 자신을 그 정신적 딸이라고 부른 장 자크 루소와의 유대가 깊다. 기욤, 아서 경, 마르시야의 대화는, 농민을 무지 속에 가둬두는 것은 그들을 가난과 풍요로운 계급의 지배하에 묶어두는 것이기도 하다는 해결하기 어려운 문제를 생각하게 한다(16장).

발자크와 상드

　상드는 《내 삶의 이야기》에서 20여 년에 걸친 발자크와의 추억을 이야기하며, 지금은 죽은 친구를 회상했다. 거기에는 다음과 같은 구절이 있다.

　'발자크는 묘사의 진실성, 사회와 인간 자체의 비판을 위해서는 주제의 이상화를 희생해도 좋다는 것을…… 시간을 들여 내게 이해시켰다. "당신은 바람직한 인간상을 추구합니다. 하지만 나는 인간을 있는 그대로 관찰하지요. 우리는 둘 다 옳습니다. 이 두 방법은 같은 목적에 다다르니까요. …… 악몽에 시달리는 사람이나 사건에 당신이 눈을 돌리려고 하지 않는 것은 좋은 일입니다. 사랑스러움과 아름다움 속에서 이상화하세요. 그것이 여성의 작품입니다." 발자크는 숨은 경멸이나 비아냥 없이 이렇게 말했다.'

　발자크는 상드에게 "《양치기 처녀》를 다 읽었습니다. 축하합니다. 지금까지의 작품 가운데서 최고입니다. 무조건 오랜 벗으로서 찬사를 보냅니다"라고 적

노앙에서 상드와 발자크
모리스 작(1838).

어 보냈으며, 한스카 부인에게 보내는 편지(11월 8일)에서도 《양치기 처녀》에 관해 언급했다.

　'이 책을 읽어보세요. 감탄이 절로 나올 것입니다! 《양치기 처녀》가 부럽습니다. 전 《양치기 처녀》를 쓰지 못합니다. 완벽의 경지에 달해 있고, 인물은 이해할 수 있고, 많은 해학이 담겨 있으니까요. 구성은 완벽하지 않지만…… 풍경은 손에 잡힐 듯 생생하게 그려져 있습니다.'

　이 무렵 발자크는 《농민》을 쓰고 있었다. 《인간 희극》을 쓴 작가의 펜이 농민들의 비참한 현실을 그릴 때―1844년, 〈라 프레스〉지는 《농민》의 제1편을 게재했다(12월 3일~21일)―조르주 상드는 무엇보다도 전원의 깨끗한 경치를 전개하려고 했다. 그러나 작가의 펜이 그린 것이 이상화된 유형적이고 목가적인 인물만이 아님은 말할 것도 없다.

　잘 알려졌다시피 상드는 스물일곱 살 때, 정열의 찬가를 대담하게 노래하고

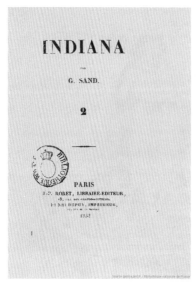

《앵디아나》(1832) 속표지
'조르주 상드'라는 필명을 사용한 첫 작품.

사회제도와 편견으로부터 여성해방을 추구한 《앵디아나》로 문단에 돌풍을 일으키며 등장했다. 투철한 인간 관찰에 근거한 섬세한 심리 분석, 사회·풍속에 대한 뛰어나고 사실적인 묘사는 산업자본가가 대두한 프랑스 사회의 훌륭한 증언이기도 했다.

《양치기 소녀》에서도 작가의 펜은 특히 부차적 인물군에서 훌륭하게 '현실'을 그려낸다. 과거의 영화를 그리워하면서 재정 압박에 대항하려 꼼꼼한 대책을 세우는 지방 귀족 드 부사크 부인. 딸을 부자와 결혼시키려고 혈안이 된 부지사의 아내 드 샤르무아 부인. 신흥 부르주아에 편입해 옛 귀족의 성관을 사들이고, 도의를 잊고 악행을 저지르는 변호사 마르시야. 자기 마음의 평안을 유지하는 데 급급한 무력한 성직자. 돈의 추종자가 된 농부 아낙네 고트 아주머니……. 도회지로 나가 때로는 주인의 첩이 되거나 시골에 남아 어느 농장에서 양치기로 고용될 수밖에 없는 시골 처녀들의 처지……. 《양치기 처녀》에는 왕정복고 시대의 지방 귀족, 부르주아와 프티부르주아, 시골 사제, 농민, 밤도둑 등이 복잡한 관계로 얽혀 있다. 서로 다른 계급의 서로 다른 생각, 관습, 신앙, 이해관계가 부딪힌다.

잔 다르크의 부활

14세기 백년전쟁 끝무렵에 '신의 계시'를 듣고 '신의 목소리'에 따라 전선에 나가, 위기에 봉착한 프랑스 왕국을 구한 잔 다르크. 1840년대에 그 처형재판과 복권재판에 관한 자료집이 출판되고, 거의 같은 시기에 미슐레가 《프랑스사》에서 잔을 조국 프랑스의 상징으로서 기술했다. 애국심, 국가주의, 민족주의, 가톨릭에 대한 신앙이 합쳐진 19세기의 신비로운 이 인물은 민족의 자랑이자 구국의 영웅으로서 국민들 사이에서 높이 칭송되었다.

상드도 명실상부한 역사상 인물이면서 너무도 신비롭고 베일에 싸인 이 인물에게 강하게 이끌렸다. 그리하여 순진무구하고 몽상적이며 수수께끼에 싸인 양치기 소녀 잔을 통해 부활시키려고 했다. 19세기 양치기 처녀의 내면을 통해 '고결한 양치기 처녀'의 심리를 파고들려고 했다. 이야기 곳곳에서 잔은 과거의 잔과 겹쳐진다. 특히 17장 '고결한 양치기 처녀'에서 이 역사적 인물은 에프-넬의 양치기의 몽상을 따라다닌다. 잔이 모시는 마리 드 부사크 양은 잔의 이야기를 들으면서 "마음속으로 잔 다르크와 비교해 보았다. 세련됨과는 거리가 먼 시골 말투를 쓰는, 양치기 지팡이

《양치기 처녀》(1844) 속표지

를 내던지고 칼을 잡기 전의 '오를레앙 처녀'의 모습을 보고 그 목소리를 들은 것만 같았다. 한데 섞인 상냥함과 의연함, 천사 같은 온화함과 억제된 열정이 보클레르의 여주인공이 지닌 특징이었을 것이다. ……아름다운 '양치기 처녀'의 영혼이 강인함과 영광의 고통으로 가득 찬 빛 속에서 다시 모습을 드러내고 변용을 이루기까지 잔 속에 계속 살면서, 따분하고 평화로운 생활의 피로를 달래기 위해 쉬고 있다고 상상했다."

청년 시절에 상드의 작품을 환희와 숭배의 마음으로 읽었다고 하는 도스토옙스키는 힘찬 이상을 가슴에 품은 고결하고 젊은 작품 속 여성에게 찬탄의 목소리를 높였다. 《작가 일기》에서, 상드가 그린 여주인공의 고매한 도덕적 순결함을 언급하고, 그가 천재적 소설이라 부르는 《양치기 처녀》의 주인공에게 최고의 찬사를 보냈다.

'현대 평민 처녀의 모습 속에 그녀는 갑자기 우리 눈앞에 역사적 인물인 잔 다르크의 모습을 부활시키고, 이 숭고한 기적과도 같은 역사 현상의 현

실적 가능성을 생생히 입증한다. ─이것이야말로 순전히 조르주 상드식의 과제이다. 그녀 말고(동시대 시인 가운데 몇 명은 있지만) 그만큼 순진무구한 소녀의 이상을─단순히 깨끗하기만 한 것이 아니라 그 무구함 때문에 그만큼 더 강인한 이상을─품은 사람은 없었기 때문이다. ……잔은 악덕과 접촉해도, 때로는 뜻하지 않은 악행의 소굴 한복판에 우연히 들어가게 되더라도 두려워하거나 거기에 물들 염려 없는 자랑스러운 순결함을 갖고 있다. 관대한 희생의 요구는 젊은 처녀의 마음을 꿰뚫는다. 그리하여 그녀는 자기 몸을 돌보려고도 하지 않고, 조금의 망설임이나 사리사욕 없이 헌신적으로, 가장 위험한 운명적인 한 걸음을 갑자기 용감하게 내딛는다.'

상드의 상상력은 열렬한 낭만주의적 이상(理想)의 세례를 받았다. 이야기 결말이 다가오자 잔은 또 다른 남자, 그 동네 방탕아 레옹의 손길을 피해 정조를 지키려고 탑에서 뛰어내렸다가 심한 부상을 입어 목숨을 잃는다. 숨을 거두는 순간에 잔이 한 말을 들어 보자. "어머니를 따르는 것이 좋았어요. 마리 아님의 마음에 드는 것도 좋았고, 위대한 양치기를 닮은 것도 좋았어요." 그러므로 잔이 결혼하려 하지 않았던 이유는 단순히 성모 마리아에게 순결을 맹세했기 때문이 아니라, '어린 양치기'인 자신과 '위대한 양치기(잔 다르크)'를 신화적으로 동일시했기 때문이리라.

죽기 직전 잔이 그녀를 짝사랑한 아서 경에게 마치 천상의 존재가 잔의 입을 통해 말하듯이 확고한 목소리로 단호하게 한 말에서, 상드가 이상적으로 생각한 공동체 사상을 읽기란 쉬운 일이다.

'잘 들으세요. 툴 생트 크루아에 가서 그곳 사람들을 모두 모으세요. 그런 다음 제가 앞으로 하는 얘기를 제 대리로서 그들에게 전달해 주세요. 땅속에 보물이 있어요. 그건 누구의 것도 아니죠. 그건 모두의 것이에요. 자기가 갖겠다는 욕심으로 찾는다면 누구 하나 찾지 못할 거예요. 다 같이 나누려는 사람들만 찾을 거예요. 그리고 그런 사람들은 누구보다도 부자가 될 거예요. 5수밖에 갖지 못했다고 해도…… 저처럼…… 그리고 성녀 테레사처럼……. 이 사실을 사람들에게 말해 주세요. 이건 지혜예요. 어머니가

제게 주신 지혜. 보물을 발견하면 모든 사람에게 주라고 분명히 명령하신 진실의 지혜예요. ……'

환상의 세계—베리 지방에 전해지는 전승, 전설, 신앙, 미신

상드는 베리 지방의 농민들 사이에서 구전되어 온 전설이나 노래가 농촌에 까지 밀려들어온 근대화와 합리주의의 파도에 휩쓸려 농민들의 기억에서 사라지고 있는 현실을 걱정했다. 그리고 그것들이 소멸되기 전에 그러모아서 가능한 한 원형 그대로 기록해 두려고 했다. 요정, 늑대 인간, 밤의 세탁부, 거인…… 이런 것들이 짜내는 신기한 세계가 《전원 전설집 *Légendes rustiques*》(1877)에 담겨졌다.

《양치기 처녀》에도 농민들의 신앙, 미신, 전승의 환상성이 이야기 곳곳에 짙게 감돈다—마을에서 마녀로 간주되는 잔의 어머니 튈라와 고트. 요정 파드(착한 파드와 못된 파드)에 대한 신앙, 밤의 세탁부, 거대한 짐승과 이 짐승과 관련된 보물의 크리스마스 밤의 탐색…….

상드는 민간전승의 뛰어난 채집자이자, 민속 세계에서 소재와 영감을 얻어 새로운 문학 영역을 개척한 사람이라고 하겠다.

《사랑의 요정》

《사랑의 요정》(1849)은 조르주 상드의 전원소설 가운데 세 번째 작품이다. 1847년 어느 가을날, 상드는 친구 프랑수아 롤리나와 함께 노앙 들판을 산책하고 있었다. 그때 주위의 아름다운 자연에 깊게 감동받은 두 사람은 이러한 아름다운 자연을 과연 예술이 표현할 수 있을까 하는 이야기를 나누었고, 더나아가 농민의 소박하고 신선한 감정을 문학적 표현으로 옮길 수 있을까라는 문제를 논의했다. 그래서 상드가 이것을 실제로 해결해 보이려고 쓴 것이 《사생아 프랑수아》이다.

이 작품이 아직 연재 발표 중인 1848년 2월, 혁명이 일어나 임시정부가 들어서고 상드 자신도 열렬한 공화주의자로서 정치적으로 활약하고 있었는데, 결

마흔 살 때의 상드

국 반동세력이 살아나고, 같은 해 6월 파리의 시가전이 민중의 참패로 끝나고 말았다. 이에 상드의 환멸과 절망 또한 심해 정치생활을 버리고 노앙으로 내려가 오로지 상처받은 신념을 회복하는 데 애썼다.

롤리나도 그 뒤를 따라 노앙으로 와서 위로하고 격려했는데, 어느 날 산책길에 두 사람은 백리향이 흐드러지게 피어 있는 나무 밑에서 갑자기 걸음을 멈췄다. 그곳은 1년 전 둘이서 《사생아 프랑수아》를 계획했던 곳이었다. 롤리나는 그것을 떠올리자 6월 사건 이후 예술 그 자체에까지 의혹을 가지기 시작했던 상드에게 이런 사회적 동란 시대에는 온화한 이야기로 사람의 마음을 위로하는 것이야말로 예술가의 사명이라는 것을 열심히 설명하고, 마침내 상드를 움직여 전원소설을 쓰게 만들었다. 그것이 바로 《사랑의 요정》이다. 상드는 이것을 7월에 쓰기 시작해 9월에 끝내고 〈스펙타퇴르 레퓌블리캥〉지에 실을 예정이었지만, 이 신문이 폐간되어 사회주의자 기관지 〈크레디〉에 같은 해 12월 1일부터 연재했다. 이것은 같은 해 9월에 쓰인 최초의 서문 '왜 나는 어린 양에게 돌아갔는가(Pourquoi nous sommes revenus à nos moutons)[3] 속에 상세하게 적혀 있으며, 또 초판본은 그 무렵 감옥에 있었던 동지 아르망에게 바쳤다.

상드의 전원소설 모두가 명작이지만, 《사랑의 요정》은 그 첫 번째라 할 수 있는 작품이고, 특히 루소에게 누구보다 깊은 영향을 받은 상드의 사상이 곳곳에 나타나 있는 점에서 상드의 대표작 가운데 하나라고 할 수 있다. 또한 주인공 파데트의 성격과 정신적인 환경은 상드 자신의 소녀 시절을 모델로 한 것

---

3) 어린 양에게 돌아갔다는 말에는 본 문제로 돌아간다는 의미가 있다.

이라는 점, 그 배경은 상드의 고향 노앙 부근, 즉 프랑스 중부 베리 지방의 이른바 '검은 골짜기'[4] 부근의 충실한 묘사로 지명 하나하나가 현실 속의 장소와 대응하고 있다는 점을 흥미로운 사실로서 덧붙여둔다.

완만한 어조에 독특한 맛이 있는 베리 방언으로 쓰인 원문은 그 느긋한 말투로 인해 풍족한 농촌 노인을 떠올리게 해주며, 이것이 이 대작의 커다란 매력 가운데 하나이지만, 방언이 익숙하지 않은 역자는 이것을 표준어로 번역해야 한 점을 유감스럽게 생각한다.

원제 'La Petite Fadette'는 주인공 파데트의 별명을 그대로 쓴 것인데, 작자가 설명하는 대로 이 이름은 파데라는 장난꾸러기 요정의 이름과 관련이 있는 것이고, 세 명의 젊은 남녀를 다루며 놀라운 변화를 이룬 '사랑의 요정'이라는 의미를 동시에 포함한 것이라고 해석해 제목을 '사랑의 요정'이라 선택했다.

《사랑의 요정》에 등장하는 '남자다움'의 표본

조르주 상드가 활약하던 시대의 '남성적 성질=남자다움'이란 과연 무엇이었을까. '남자와 여자'를 논할 때 우리는 흔히 '남자다움—여자다움'을 문제로 삼는다. 이때 '남자다움'과 '여자다움'은 각각 남자라면 이래야 하며, 여자라면 이래야 한다는 것이다. 특히 "여자는 여자다워야 한다"는 인식은 예나 지금이나 사회에 널리 퍼져 있다.

그렇다면 '남자다움'은 어떨까. 지금까지 '여성적 성질'은 수없이 논의되어왔는데, 이에 비해 여자를 관찰하는 남자의 '남성적 성질'은 제대로 논의되지 못했다. 그러다가 최근 들어 비로소 '여성학'에 대응되는 '남성학'이 등장하여 '남성이라는 성적 존재의 남자다움'이 연구되기에 이르렀다.

그렇다면 근대 국가가 완성되어 가던 19세기 프랑스에서는 과연 무엇이 '남자다움'으로 여겨졌을까. 《사랑의 요정》을 바탕으로 이 문제를 고찰해 보자.

1. '남자다움'의 변화

애초에 '여자다움'과 '남자다움'을 구별하는 기준은 어떻게 생겨났을까. 남녀

---

4) 어두운 계곡이라는 의미.

성에 관련된 사항들은 선천적으로 주어진 것이 아니라 역사적·문화적·사회적으로 형성된 것이라는 '성별 개념'에 비춰 본다면, 그 기준은 시대에 따라 변한다고 할 수 있다. 동서고금을 막론하고 '성별 규범'은 시간 경과와 사회 변화에 맞춰서 각 시대·문화의 특징을 반영하여 형성되는 셈이다.

그럼 19세기 프랑스의 성별 규범은 어떠했을까. 그 사회에서는 남녀 역할 분담이 어떻게 이루어졌을까. 프랑스 대혁명을 기점으로 기존 권력층 왕실과 귀족은 힘을 잃고, 시대는 단번에 근대 국가를 향해 움직이기 시작했다. 새로운 사회 구조를 구축하려는 시기에 국가가 그 나라 사람들에게 '국민'으로서 어떤 자각을 갖게 하느냐는 매우 중요한 문제이다. 이 '국민으로서의 역할 의식' 속에 성별에 관한 사항도 포함된다. 즉 국가가 지향하는 바에 적합한 '여자다움─남자다움'의 규범이 새로이 창조되는 것이다.

이런 상황을 바탕으로 프랑스 사회에서 남성이 어떤 존재로 인식되게 되었는지 대충이나마 살펴보자. 그 시대 '남자다움'에 관해 역사학자 주디스 쉬키스는 이렇게 말했다. "남자다움은 사회적·정치적 정체성과 관련된 구성 요소 가운데 하나이므로, 이를 어떤 식으로 정의하고 유지하느냐는 문제는 프랑스에서 역사적인 대사건이 일어날 때마다 매번 중시되었다." 여기서 역사적인 대사건의 예가 바로 1789년 대혁명이다.

이런 관점에서 대혁명의 의미를 찾아본다면, '행동력 있고 창조적이고 생식력 강한 새로운 시민 남성이 불능 상태인 왕에게서 그 지위를 빼앗았다'고 해석할 수 있으리라. 요컨대 대혁명을 기점으로 기존 권력자와는 전혀 다른 유형의 이상적 남성상─힘을 발휘해 고난을 극복하는 인간=남성─이 탄생한 것이다. 이러한 경향은 나폴레옹 제정 시대(제1제정기, 1804~15)를 맞이하여 더욱 강화되었다. 나폴레옹은 민법전에서 '아내는 남편을 따르는 존재'라고 규정함으로써 여성의 자유와 권리를 송두리째 박탈한 동시에, 남성의 생활양식에도 커다란 영향을 미쳤다. 제정 시대의 영웅이란 군대와 황제에게 충성을 바치면서 명예와 영광을 위해 죽음조차 불사하며 용감히 싸우는 남성이었으며, 이런 행위는 고결한 행동으로 칭송되었다. 이 영웅들은 가정에서 멀리 떨어져 생활했다. 따라서 여성들이 있는 공간보다도, 남성들로만 이루어진 군대와 전쟁이라는 공간이 중요시되기에 이르렀다.

그러나 제정 시대에 생겨난 '강한 남성상'은 나폴레옹이 실각하자 와르르 무너져 내렸다. 프랑스 사람들은 또다시 새로운 '남자다움'을 추구하기 시작했다. 다시 말해 제정 소멸은 '군인으로서 싸우다가 멋지게 죽겠다'는 희망을 젊은 이들에게서 빼앗더니 새로운 명예 개념을 만들어 냈다. 그리하여 사적인 공간에서 강한 성적 능력을 증명하는 것이 중대한 관심사가 되었다. 여기서 주목할 점은 '군대와 전쟁 공간'에서 '사적인 공간'으로 '남자다움'의 중심이 이동했다는 사실이다. 이제는 부르주아 윤리를 지탱하는 '가정에서 아버지가 차지한 지위'가 남성의 존재의의가 된 것이다.

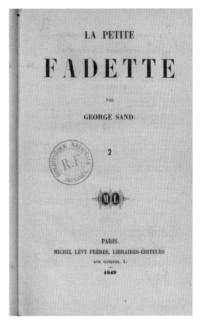

《사랑의 요정》(1849) 표지

상드의 작품을 봐도 그렇다. 1830년대부터 40년대에 걸쳐 쓰인 소설에서는 이런 '모범적 남자다움'의 변화와 그로 인해 생겨난 문제가 자세히 다뤄지고 있다. 이 시기 작품들에 나오는 여성상은 지금까지 숱하게 연구되어 왔지만 남성상은 거의 연구된 바가 없다. 그런데 '여자다움'을 제대로 파악하려면 '남자다움'도 알아야 한다. 이 둘을 종합적으로 검토함으로써 우리는 상드의 독자적 인간관을 밝혀 낼 수 있을 것이다.

2. 《사랑의 요정》 작품 세계에 나타나는 '남자다움'

이미 말했듯이 그 시대 프랑스의 '남자다움'을 기준으로 상드 작품의 남자 등장인물들을 검증한 연구자는 거의 없다. 《사랑의 요정》은 널리 알려진 베스트셀러지만 사람들은 주로 주인공 파데트의 삶에 주목할 뿐, 남자 등장인물의 '남자다움'에는 그다지 주의를 기울이지 않았다. 그러므로 여기서는 특히 '남자다움'과는 거리가 멀어 보이는 소년 실비네를 주목하면서 작품 전체를 다시 한 번 살펴볼 것이다.

쉰두 살 때의 상드 모리스 작(1856).

먼저 줄거리를 보자. 무대는 프랑스 시골에 있는 한 마을이다. 어느 날 마을 사람들에게 존경받는 바르보 집안에 어여쁜 일란성 쌍둥이 형제가 태어났다. 형은 실비네, 동생은 랑드리라 불리면서 건강하게 잘 자랐다. 그런데 세월이 흘러 살림이 어려워지자 아버지는 쌍둥이 가운데 한 사람을 다른 집에 더부살이 보내기로 결심했다. 형제는 태어나서 처음으로 헤어지게 되었다. 결국 동생 랑드리가 자진해서 남의 집에 갔다.

쌍둥이 형제는 어릴 때에는 거의 구별이 안 될 정도로 꼭 닮았지만, 10대 중반이 되자 점점 차이가 나게 되었다. 실비네는 몸이 약하고 감수성이 예민하며 집착과 독점욕이 강한 반면, 랑드리는 몸이 튼튼하고 정이 깊지만 감정 표현에 서툴렀다. 세월이 지날수록 쌍둥이 형제 사이에 차이와 균열이 생겼다. 랑드리는 변함없이 실비네를 사랑했지만 전처럼 늘 형과 함께 있을 수는 없었다. 실비네는 그 점에 불만을 느끼면서 랑드리의 새로운 친구들을 몹시 질투하게 되었다. 자포자기 상태에 빠진 그는 어느 날 강물에 몸을 던질 생각까지 하는데, 그 자리에 랑드리가 나타나 형을 구한다. 이때 랑드리에게 형의 위기를 알려 준 사람이 바로 파데 할머니의 손녀 파데트였다.

파데 할머니는 주문을 외어 병자를 치료하는 마녀라고 알려져 있었다. 마을 사람들은 이 할머니와 손녀 파데트를 멀리했다. 랑드리도 여자답지 않은 이 소녀를 별로 좋아하지 않았지만, 이 일을 계기로 인연을 맺었다가 점점 파데트를 다시 보게 된다. 알고 보니 파데트는 현명하고 상냥한 소녀였다. 두 사람은 금세 친해져서 마침내 결혼을 꿈꾸게 된다. 처음에 바르보 가족들은 파데트의 가정환경과 소문이 나쁘다는 이유로 두 사람의 교제에 반대했다. 그러나 파데트의 기지와 끈기가 그런 편견을 무너뜨렸다. 이제 두 사람의 결혼을 고집스레 반대하는 사람은 오직 실비네 하나뿐이었다. 파데트는 결국 실비네의 마음도 돌려놓았다. 실비네의 병을 고치고 진심 어린 조언을 해서 살아갈 의욕을 고취한 것이다. 그리하여 실비네도 동생을 축복한다. 그런데 동생과 파데트가 결혼하고 나서 실비네는 자신이 파데트를 사랑한다는 사실을 깨닫는다. 그래서 마을을 떠나 나폴레옹 군대에 들어갔다. 그는 무훈을 세워 마침내 대위로 승진한다.

그럼 이 작품을 '남자다움—여자다움'이란 측면에서 검토해 보자. 무대는 지방 농촌이고 주요 등장인물은 농민이다. 그

예순 살 때의 상드 사진
사진작가 나다르 작(1864).

들은 물론 도시 사람들과는 다른 가치관을 갖고 있다. 그러나 파리와 세상 물정을 잘 아는 작가가 지방 농민들의 생활을 순전히 있는 그대로 그려 냈다고 보기는 어렵다. 아마 그 시대의 일반적인 규범의식이 작품 곳곳에 다양한 형태로 표현되어 있을 것이다.

이 점을 염두에 두고서 《사랑의 요정》에 등장하는 인물들이 어떤 성별 규범에 합치되는지, 그렇지 않은지 살펴보자. 먼저 작품의 무대인 농촌 사회는 기본적으로 가부장제 사회이다. 가장인 아버지가 가족을 통솔하고 모든 판단을 내린다. 이 같은 지배 구조의 원리는 장남을 비롯한 아들들에게 이어진다. 이 사회에서 여자가 해야 할 역할은 남자를 돕는 것이다. 이러한 관계성의 원칙은 바르보 부부에게서도 발견할 수 있다. 늘 남편이 결정을 내리고 아내가 그에 따르는 것이다. 아내의 의견도 다소 반영되기는 할망정, 남편의 결정은 대개 절대적이다.

그렇다면 남자들끼리의 관계성은 어떤 원칙을 바탕으로 성립되어 있었을까. 또 어떤 남성이 '남자답다'고 여겨졌을까. 이와 관련해서 바르보 집안의 가장을 묘사한 내용을 살펴보자. 작품 첫머리에서 가장 바르보는 바르고 선량하며 가족을 무척 아끼는 인물로, 이웃에게도 부당한 짓을 하지 않는 사람이라

고 묘사된다. 이를 통해 등장인물 바르보의 성품이 명확히 밝혀질 뿐만 아니라, 이 공동체에서 존경받는 남성상이 무엇인지도 분명히 드러난다. 바르고 선량한 마음, 가족을 아끼는 태도, 공정한 자세 등이 그 시대 남자·가장·공동체 지도자에게 요구되는 자질이었던 것이다.

이런 바르보의 성질을 가장 잘 물려받은 인물이 랑드리이다. 앞서 말했듯이 어릴 때에는 구별이 안 될 만큼 닮았던 쌍둥이 형제도 사춘기가 되자 크게 차이가 나기 시작한다. 열다섯 살이 된 그들은 둘 다 아름다운 청년이 되었지만, 실비네는 동생보다 몸이 가냘프고 혈색도 좋지 않았다. 반면에 더부살이를 간 랑드리는 열심히 육체노동을 하다 보니 몸이 건장해져서 형보다 한두 살 많아 보일 정도였다. 이렇게 아들들이 육체적으로 차이가 나자, 아버지의 애정도 차이가 나기 시작한다. 작품 속에서 바르보는 랑드리에게 더 많은 애정을 쏟게 된다. 농촌 사람들은 '튼튼한 육체와 힘'을 무엇보다도 중시하기 때문이다.

'튼튼한 육체와 힘'을 '남자다움'의 기본으로 보는 가치관은 농촌 사회 전반에 널리 퍼져 있었다. 사실 '튼튼한 육체와 힘'은 뭔가를 지키기 위해 꼭 필요한 능력이다. 남자에게는 지킬 대상이 있어야 한다는 것이다. 이런 '남자다움'의 표본은 비단 농촌만이 아니라 그 시대 프랑스 사회 전체의 지지를 받았다. 19세기 프랑스에서 '남자다움'의 근간에는 "명예를 지키는 것과 용기를 증명하는 것"이 존재했다. 그가 힘을 내서 지켜야 할 대상은 자기 자신의 명예뿐만이 아니다. 부모와 아내, 자식, 형제자매, 더 나아가 우연히 함께 춤을 춘 상대의 명예조차도 지켜야 했다. 랑드리가 마을 광장에서 춤추고 나서 파데트를 괴롭히는 사람들과 용감하게 맞서는 장면에서는 바로 이러한 '남자다움'의 표본이 드러난다. 마을 사람들에게 존경을 받는 가장 바르보의 '남자다움'은 이처럼 강건하고 명예롭고 용감한 아들 랑드리에게 계승된 것이다.

그런데 이것이 '남자다움'의 전부는 아니다. 남자로서의 지위를 지키기 위해 한 사람이 목숨까지 걸어야 하는 사회에서는, 사춘기 시절부터 이미 소년들 사이에서 불평등한 관계가 발생한다. 그리고 시간이 흐를수록 이 골은 점점 더 깊어진다. 사실 1860년대까지 프랑스 남성에는 두 가지 유형이 있었는데, 특히 서민층에서는 이들이 서로 대립하기도 했다. 즉 남을 지배하는 능동자 남성과 남에게 지배되는 수동자 남성이 있었던 것이다.

'지배하는 능동자＝남자다운 남성'이 존재하려면 당연히 '지배되는 수동자＝남자답지 않은 남성'도 존재해야 한다. 이 유형들은 서로가 서로를 보완한다. '남자다운 남자'가 인정받으려면 '남자답지 않은 남자'가 필요하다. 근대 서양의 남성적 성격 형성 과정을 연구한 조지 모세는 이러한 남성 유형을 '대항적 유형'이라고 이름지었다.

이 이론을 《사랑의 요정》에 적용해 보자. 랑드리가 '남자다움'의 이상형이라면 실비네는 그 '대항적 유형'에 해당한다. 실비네는 주위 사람들에게 미움을 받거나 괴롭힘을 당하지는 않는다. 즉 지배되는 존재는 아니다. 그러나 어릴 때부터 몸이 약하고 감수성이 예민한 그는 랑드리에 대한 병적 질투심을 극복하지 못하고 있었다. 랑드리의 단순함과 솔직함을 '건전'하다고 볼 때, 실비네의 심리 상태는 그와 대조되는 '불건전'한 것이다. 따라서 실비네의 약점이 부각될수록 랑드리의 강점이 강조되는 효과가 나타난다.

또 작품 속에서 랑드리는 '진짜 사내아이'인 데 비해 실비네는 '여자 마음을 가진 아이'로 그려진다. 성적인 관심을 봐도 그렇다. 랑드리는 동네 처녀들에게 흥미를 가지고 파데트와 연애도 하면서 이성에 대한 욕망을 경험하지만, 실비네는 언제나 아우에게만 관심을 쏟는다. 병이 난 실비네를 치료하러 온 목욕탕 집 할머니도 그 점을 지적했다. 실비네는 마음속에 엄청난 애정을 가지고 있는데 아우에게 그것을 전부 쏟아 붓느라, 자신이 남자라는 사실조차 거의 잊고 살았다고 말이다. 또한 아버지 바르보는 실비네가 결코 훌륭한 일꾼이 될 수는 없으리라고 예언하기도 했다.

이처럼 실비네는 몸도 마음도 약하고, 외모도 성격도 여자 같으며, 이성에게 관심이 없고, 공동체의 훌륭한 일꾼이 되리라는 기대도 받지 못한다. 그야말로 '남자답지 않은 남자'의 표본이다.

3. 실비네가 지닌 '남자다움'의 의미

실비네의 유약한 성질은 이야기가 끝날 무렵까지 거의 변하지 않는다. 그런데 결말 부분에서 실비네는 갑자기 새사람으로 뒤바뀐다. 놀랍게도 나폴레옹 군대에 들어가 대위로 승진한 것이다. 왠지 모순되어 보이는 이 '변신'은 무엇을 의미할까. 그가 직업군인이 되기로 결정한 데에는 어떤 의미가 있을까. 혹시 이 '새로운 실비네'의 성질을 '남자다움'으로 간주할 수 있다면, 그 성질은 동생 랑드리의 '남자다움'과 같은 것일까.

실비네의 '남자다움'을 검토하기 전에 먼저 파데트의 '여자다움'을 살펴보자. 처음에는 랑드리를 둘러싸고 대립하던 파데트와 실비네가 이야기 마지막 부분에서는 랑드리조차 끼어들지 못할 정도로 친밀한 관계를 맺게 된다. 따라서 파데트의 '여자다움'을 검토하면 실비네의 '남자다움'을 더 깊이 이해할 수 있을 것이다.

작품 속에서 랑드리의 사랑을 받기 전까지 파데트는 한결같이 '여자답지 않은 측면'을 강하게 드러낸다. 파데트는 활발하고 행동력이 넘친다. 생각한 바를 솔직히 말해서 남들의 미움을 산다. 몸단장도 제대로 하지 않는다. 그런데 그 시대에는 얼마나 좋은 남자의 마음을 사로잡아 결혼하느냐에 여자 인생의 성패가 달려 있었다. 따라서 파데트의 태도는 꼭 자포자기한 것처럼 보이기도 한다. 파데트가 자신의 단점이 대체 뭐냐고 묻자 랑드리는 이렇게 대답한다.

"몸이 튼튼하고 날랜 것도 좋고, 두려움을 모르는 것도 좋아. 남자라면 그것이 타고난 장점이 되겠지. 하지만 여자에게는 다 쓸데없는 것일 뿐이야."

이것이 그 시대의 성별 의식을 분명히 드러내는 말이라면, 파데트는 그런 규범에 반발했다고 볼 수도 있다. '평범한 여성'이 지녀야 할 모습을 받아들이지 않는(또는 받아들이지 못하는) 파데트는 '여자다운 여자'의 '대항적 유형'이 된다. 이런 관점에서 볼 때 이 작품에서 한 쌍이 되는 것은 '여자답지 않은 파데트—남자다운 랑드리'가 아니라 '여자답지 않은 파데트—남자답지 않은 실비네'인 셈이다. 파데트와 실비네는 둘 다 '대항적 유형'이다. 게다가 두 사람 모두 마지막에 가서는 그 표본이나 역할을 뒤바꿔 버린 인물로 묘사된다.

실비네와 파데트가 겪은 변화의 본질은 무엇일까. 그 답이 궁금하다면 소설 마지막에 나타나는 두 사람의 모습을 주목해 보자.

먼저 실비네는 왜 군인이 되기로 마음먹었을까. 어쩌면 '대항적 유형'에서 벗어나기 위해 그런 게 아닐까? 몸도 마음도 약하고, 외모도 성격도 여자 같으며, 이성에게 관심이 없고, 공동체의 훌륭한 일꾼이 되리라는 기대도 받지 못하는 실비네가 '대항적 유형'에서 벗어나려면 이런 성질들을 다 뒤바꿔 버리고서 자기만의 '보금자리=역할'을 찾아야 했다. 그런데 그는 동생의 아내인 파데트를 사랑하게 되었다. 그는 한 번 사랑에 빠지면 평생토록 그 여자만 사랑하는 성격이었다. 이 점을 그 자신도 알고 있었으므로, 고향에서 누군가와 결혼해 한 집안의 가장이 되는 길을 포기해 버렸다.

그는 고향 마을을 떠나 군인이 되기로 결심했다. 그 시대(대혁명 이후) 프랑스에서는 국가에 충성을 바치고 명예와 영광을 위해 목숨 걸고 싸우는 남자야말로 '남자다움'의 표본이었다. 군대와 황제에게 충성을 다하는 군인의 '남자다움'은 제1제정의 종언과 더불어 점점 빛을 잃어버렸지만, '마을'이라는 작은 집단이 아닌 '국가'를 위해 목숨을 바치는 일의 중요성은 19세기가 끝날 무렵까지 자주 강조되었다. 더구나 《사랑의 요정》의 시대 배경은 바로 나폴레옹 시대이다. 군인이라는 직업은 연약한 실비네의 성격을 뒤바꿔 줄 특효약이었다.

한편 파데트는 어떨까. 랑드리의 사랑을 받게 된 파데트는 자만하지 않고 열심히 연인을 도우면서 그 가족들의 신뢰를 얻기 위해 끊임없이 노력한다. 그 모습은 옛날이야기에 나오는 수동적인 여주인공과는 다르다. 즉 불우하지만 착한 소녀가 남자의 사랑을 받아 행복해지는 것이 아니다. 파데트가 병자를 치료하기 위해 하느님께 기도하는 장면을 보라. 파데트는 능동적으로 신에게 기도한다. 내 몸에 있는 기운을 이 병든 몸으로 옮겨 달라고, 예수님께서 온 인류의 영혼을 구하기 위해 목숨을 바치셨듯이 자기도 목숨을 바쳐 이 환자를 구하고 싶다고.

여기서 우리는 파데트의 치료 행위가 철저한 자기희생이라는 점을 주목해야 한다. 파데트는 할머니처럼 주문을 외지도 않았고, 돈을 벌려고 애쓰지도 않았다. 그저 최선을 다해 아무런 욕심 없이 남을 구하려고 했다. 또 결혼하고 나서는 가난한 동네 아이들을 모아 참된 신앙을 가르쳤다. 한때 마을에서 따돌림당하여 공동체 가장자리로 밀려 났던 파데트가 이야기 결말 부분에서는 자애롭고 헌신적인 구원자로 변신한 것이다.

이처럼 파데트와 실비네는 둘 다 이야기 마지막에서 놀라운 '변신'을 한다. 최종적으로 파데트가 체현하는 것이 남을 구하고 지키기 위한 '기도'라면, 실비네가 체현하는 것은 '고향을 떠나 사회적 인격을 확립하는 것'이라고 할 수 있다. '파데트—랑드리'가 '평범한 농촌 가정의 행복'을 체현하는 존재라면, '파데트—실비네'라는 '대항적 유형' 콤비는 '변신'을 통해 그런 틀에서 벗어나 '한 인간으로서 남을 위해 살아가는 삶'을 추구하는 표본인 셈이다.

그런데 실비네는 군대에서 어떻게 살아갔을까. 작품 속에 표현된 바로는, 그는 전쟁터에서 마치 죽을 곳을 찾는 사람처럼 용감하게 싸웠지만, 차분하고 얌전한 성격이라 규율을 잘 지켰다고 한다. 그렇게 10년 동안 고생하면서 용기를 발휘한 끝에 그는 대위가 되어 훈장까지 받았다. 따라서 실비네는 모범적인 군인이라 할 만하다. 다만 마음에 걸리는 점도 있다. 실비네의 용감한 행동은 호전적인 마음 또는 출세욕에 의한 행위가 아니라, 갈 곳을 잃어버린 사람의 자포자기한 행위처럼 보이기도 한다. 그런데 이 시대에 급격히 발전한 자본주의 구조가 농촌에도 큰 영향을 미치기 시작했다는 사실을 고려한다면, 실비네의 행위는 어떤 등장인물의 좌절과 재기라는 개인적 경험의 수준을 뛰어넘어 더 큰 의미를 지닌다고 봐야 할 것이다. 그 무렵에는 지방에서 도시로 이동하는 사람이 부쩍 늘었다. 평생토록 고향에 눌러앉아 있던 농촌 사람들도 이제는 바깥 세계로 나와 자각적으로 사회에 참여할 수밖에 없게 되었다. 상드의 전원소설에 등장하는 인물들 가운데 이러한 '바깥 세계'에 나와서 그럴듯한 성공을 거둔 사람은 실비네 단 하나뿐이다. 따라서 실비네의 행위에는 시대 배경이 반영되어 있을 것이다.

실비네는 나폴레옹 군대에서 대위로 승진했다고 설정되어 있다. 그런데 이를 통해 작가가 나폴레옹 시대에 대한 그리움을 표현하려고 한 것은 아니다. 상드는 오히려 여러 작품에서 나폴레옹을 비판적으로 다뤘다. 따라서 실비네의 행동은 새로운 인간상을 나타낸다고 봐야 할 것이다. 그것은 제1제정과 제2제정 사이의 19세기 중반 프랑스에 출현한 인간상이었다. 고향을 떠나서 마치 죽을 곳을 찾는 사람처럼 열심히 싸웠던 실비네의 '남자다움'은 아우가 손에 넣은 것—농촌에서 인정받는 '남자다움'(=훌륭한 일꾼 겸 가장이 되는 것)과 사랑—에 비하면 훨씬 비장감이 넘친다. 그러나 '바깥 세계'에서 다른 가치관을 가지고 살아가는 것 또한 이 시대 사람의 숙명이었다.

2월 혁명으로 이루어지려던 공화제의 꿈이 좌절된 직후에 상드는 《사랑의 요정》을 썼다. 작가는 인간의 공정함과 민중의 기개에 기대를 걸었지만, 정치적인 거래에 배신을 당하자 환멸을 느끼고 고향으로 돌아갔다. 그곳에서 탄

생한 《사랑의 요정》에는 그 환멸 속에 나타난 희망 한 조각이 숨어 있는 것 같다.

실비네와 파데트는 저마다 남자답지 않고 여자답지 않다는 점에서, 농촌 공동체의 성별 규범 뒤편에 존재하는 '대항적 유형'으로 묘사되었다. 두 사람은 소설이 끝날 즈음에 극적인 '변신'을 한다. 그러나 그 '변신'은 기존의 '남자다움'과 '여자다움'에 동화되는 것이 아니었다. 파데트는 랑드리의 아내로서 '평범한 농촌 가정의 행복'을 담당하면서도 또 동시에 공동체에서 특별한 공적 역할—여자에게 어울리지 않는 역할—도 맡는다. 그리고 실비네가 미지의 영역에 발을 디디는 행위에서는, 기존의 '남자다움'의 표본 '고향 마을의 좋은 아들·남편·아버지'가 되는 것에서 소외된 청년이 새로운 길을 개척하는 모습이 드러난다. 상드는 모범적인 동생 랑드리에 비해 몸도 마음도 약했던 형 실비네에게 이런 역할을 맡김으로써, 혁명 실패를 극복하고 새로운 사회를 만드는 인간상을 창조하는 데에 희망과 기대를 걸었던 것이 아닐까.

《마의 늪》

상드의 '전원소설'

상드의 작품에서 농민을 그린 것은 많지만, 단순하게 농민만의 세계를 다룬 것은 《마의 늪》《사생아 프랑수아》《사랑의 요정》《피리 부는 사람들의 무리 *Les Maîtres Sonneures*》네 작품뿐이고, 상드는 이것을 네 개의 연작으로 《삼굿장이 야화 *Veillées du Chanvreur*》라는 제목 아래에 정리하려는 계획을 가지고 있었다. 이 계획은 이루어지지 않았지만 일반적으로는 이것이 상드의 '전원소설'이라 불리며, 프랑스 문학사상 걸작으로 꼽힌다. 백 권 남짓한 상드의 작품 가운데서도 가장 뛰어난 것으로서 오늘날 가장 널리 읽히고 있다.

네 작품은 전원소설로 불리지만, 한 작품마다 그 방법이 발전을 거듭하고 있다. 《마의 늪》은 가장 단순한 한 농부의 소박한 사랑 이야기이지만, 《사생아 프랑수아》는 주인공 프랑수아의 심리 해부에 한 걸음 더 나아갔고, 《사랑의 요정》은 세 명의 주요인물을 대립시켜 그 심리분석은 더 사실적이 되었으며,

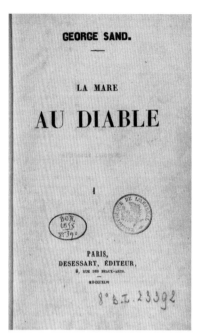

《마의 늪》(1846) 표지

문체 또한 현실 어조에 접근하고 있다. 이상의 세 작품 무대가 모두 노앙 부근에 한정된 것에 비해 대작 《피리 부는 사람들의 무리》(1853)는 부르보네 주의 자연과 주민을 배경으로 하고, 전기적 색채가 섞여 있는 뛰어난 대중소설이라 할 만하다.

《마의 늪》은 상드가 어릴 때부터 평생 동안 오랜 시간을 보내며 각별히 사랑한 프랑스의 중부 베리 지방의 자연을 무대로 펼쳐지는 농민들의 소박한 사랑 이야기이다.

상드가 연작 '전원소설'을 쓰기로 결심한 것은 무엇보다 베리 지방에 전해지는 전승·전설의 환상적인 세계 때문이다. 어린 시절 콜랑베라고 이름 붙인 자기만의 신을 만들고 정원의 잡목림 덤불 안에 이끼와 조약돌과 조개껍데기로 제단을 만들어 몽상에 빠진 일과 소녀 시절에 혼자 수도원 성당에서 무릎 꿇고 있을 때 하느님의 목소리를 들은 신비한 체험(《내 삶의 이야기》 제3부 참조)을 통해서도 알 수 있듯이 환상에 심취한 상드가, 어린 시절부터 계급의 구분 없이 친밀하게 지내 온 농민들의 환상성에 강하게 이끌린 것은 어찌 보면 당연한 일이었다.

뛰어난 민간전승 수집가였던 상드는 나중에 베리 지방의 '요정'과 '도깨비불', '늑대를 부리는 사람들', '한밤중의 세탁부', '거석(巨石)' 등에 얽힌 이야기를 있는 그대로의 형태로 모아, 아들 모리스가 그린 삽화를 넣어 《전원 전설집》(1877)으로 발표한다. 독자를 공포와 함께 신비로운 세계로 이끌어가는 뛰어난 화자인 삼굿장이가 풀어내는 이야기는 어린 상드가 여름밤에 마음을 빼앗긴 환상의 세계를 고스란히 그려낸다.

농부 찬가

1844년 봄의 어느 날, 상드는 그날 아침에 본 홀바인의 명화 〈죽음의 무도〉를 생각하면서 고향 노앙의 들판을 걸었다. 이것은 나이 든 초라한 백성이 밭일을 하는 옆에서 해골 모습의 사신이 채찍을 휘두른다는 아주 어두운 느낌의 그림으로, 상드는 농민의 비참한 삶을 동정하면서 동시에 이러한 현실의 어두운 면을 보여 사람을 절망시키는 것이 과연 예술의 본디 사명인가 하는 의문을 갖지 않을 수 없었다. 이때 눈에 비친 것이 제르맹이라는 젊은 백성의 모습으로, 힘차게

만년의 상드 나다르 작.

일하는 모습은 홀바인의 명화와 뚜렷한 대조를 이루어 상드를 감동시키고, 농민의 밝고 평화로운 삶을 그리고 싶다는 바람을 불러일으켜 이것이 《마의 늪》이라는 작품을 만들어낸 것이다.

살아 있는 사람은 누구나 삶의 은혜를 누려야 한다고 확신한 작가는, 매질당하며 오로지 죽음의 그림자 속에서 살아가는 비참한 농민이 아니라, 눈부신 자연 속에서 농사일에 힘쓰는 행복한 농부를 그리고자 했다.

죽음이 사람들과 매우 가까웠던 시대를 살았던 홀바인뿐 아니라, 발자크도 1844년 12월 〈라프레스〉지에 제1편을 발표한 《농민》에서 농민들의 비참하고 추악하며 음험하고 염치없는 모습을 그렸다.

《마의 늪》은 인간의 역겹고 추악한 모습을 폭로하는 이러한 문학에 대한 이상주의자 조르주 상드의 '이의 제기'였다. 상드는 다부지고 소박하며 섬세하고 관대한 농민을 묘사함으로써 특히 도시에 사는 부르주아 계급이 농민에게 공감할 기회를 만들어 계급의 편견을 깨고자 했음이 틀림없다.

농민들의 소박한 시골 생활을 자세히 보아 왔으며 그들의 기쁨과 고통을 잘 알고 있는 상드가 베리 지방의 자연을 배경으로 농민들의 모습을 그린 작품은

이 '전원소설 4부작'만이 아니다. 1840년대에 발표된 작품만 해도 《양치기 처녀》(1844), 《앙지보의 방앗간 주인 Le Meunier d'Angibault》(1845), 《앙투안 씨의 죄 Le Péché de M. Antoine》(1847)가 있으며, 이 가운데 도스토옙스키가 '천재적인 소설'이라고 절찬한 《양치기 처녀》는 '4부작'을 예고하는 빼어난 작품이다.

자연을 찬미하고 농경을 칭송한 상드의 작품 밑바탕에는 1840년대에 상드의 내면에서 점차 확실한 형태를 잡아간 인도주의적 사회주의가 흐르고 있다.

'나는 내가 할 수 있는 일을 할 것입니다. 타고난 소설가인 나는 소설을 쓸 생각입니다. 예술적 수단을 이용하여 감동하고 심금을 울려주기를 원하는 동시대 사람들의 마음을 뒤흔들어 감동을 불러일으키고자 힘쓸 것입니다.' (1842년 12월, 친구에게 보낸 편지)

상드가 시를 짓고 싶어 하는 노동자를 격려하고 조언을 아끼지 않았던 일은 잘 알려져 있다. 《마의 늪》을 집필하기 전해인 1844년 9월에 투롱의 석공 샤를 퐁시에게 보낸 편지를 보면, 땀 흘리며 일하는 민중에 대한 상드의 애정과 다가올 사회를 짊어질 힘을 품고 있는 그 계급에 대한 뜨거운 기대를 충분히 읽을 수 있다.

'나는 오래전부터 〈각 직업의 노래〉라는 제목으로 시인이 민중의 노래 선집을 엮어주기를 바라 왔어요…… 노동에 이상과 기품을 부여하는 동시에, 그 노동이 과도하며 오늘날 사람들이 이야기하는 것처럼 잘못된 방향으로 흐르고 있음을 호소한다면 위대하고 유익하며 역사에 길이 남을 명작이 되리라고 생각해요. 그 책은 부자에게 노동자를 존중하도록 가르치고, 가난한 노동자에게는 자신을 소중히 여기도록 가르칠 것입니다…….

세상에는 마부, 대장장이, 세탁부, 석공, 행상인, 농부, 방앗간 주인, 빵가게 주인, 세공사, 이엉장이, 거리 예술가, 자수 놓는 사람, 꽃 파는 사람, 정원사, 무덤 파는 사람, 마을의 바이올린 연주자, 목수 등 하나하나 언급하기 어려울 만큼 다양한 직업이 있으며, 어느 직업이든 시인의 말로 찬미할 수 있고 한탄할 수 있습니다! 이러한 사람들을 보고, 비록 처음에는 불쾌감을 느낄지라도 사랑하고 배려하고 공감할 줄 알아야 하며, 그들이 사회에 도움이 되고 근면함을 인정받게 할 필요가 있습니다……'

상드는 베리 지방의 자연, 특히 그녀가 '검은 골짜기'라 부른 풍경을 무척 사랑했다. 파리에 있을 때는 끊임없이 베리의 전원 생활을 그리워했으며, 그곳에서 펼쳐지는 농민들의 생활과 그들의 풍습

상드의 무덤 일흔한 살의 나이로 세상을 떠난 그녀는 고향 노앙에 묻혔다.

과 전승에 깊은 관심을 보이며 자신의 작품에 그들의 삶을 투영했다. 《발랑틴 *Valentine*》(1832), 《앙드레 *André*》(1835), 《시몽 *Simon*》(1836), 《모프라》(1837), 《프랑스를 편력한 장인》(1841), 《양치기 처녀》, 《앙지보의 방앗간 주인》과 같은 이 지방을 무대로 한 소설뿐 아니라 수많은 편지를 통해 그 점을 확인할 수 있다.

또한 상드는 《양치기 처녀》 이후로 농민들이 쓰는 베리 지방의 방언을 작품에 담고자 하는 문학적 시도를 했다. 클래식 가르니에판의 교정자인 살로몽과 마리옹은 "이 시도는 《마의 늪》에서 훌륭하게 성공했다. 이 작품에는 이야기와 분석과 대화가 절묘한 조화를 이루고 있다"고 평가했다.

조르주 상드 연보

1804년(0세) 7월 1일 아버지 모리스 뒤팽, 어머니 앙투아네트 소피 빅투아르 드 라보르드 사이에서 아망틴 오로르 뤼실 뒤팽(조르주 상드) 태어남.

1808년(4세) 4월 어머니와 함께 아버지의 원정지인 에스파냐로 감. 6월 12일 마드리드에서 남동생 오귀스트 태어남. 7월이 되자 부모님, 남동생과 함께 에스파냐를 떠나 노앙으로 감. 9월 8일 남동생이 노앙에서 죽음. 9월 16일, 아버지가 라 샤트르에서 낙마 사고로 죽음.

1809년(5세) 어머니가 딸 오로르를 할머니에게 맡김.

1817년(13세) 3월 라 샤트르에서 첫영성체를 치름.

1818년(14세) 1월 파리에 있는 영국계 레 담 오귀스탱 수도원 부속 기숙학교에 입학. 1820년 4월까지 이곳에 머무름.

1821년(17세) 12월 26일 할머니가 노앙에서 세상을 떠남.

1822년(18세) 1월 어머니와 함께 파리로 상경. 4월 카지미르 프랑수아 뒤드방과 만남. 9월 17일 파리의 생 루이 당탱 교회에서 카지미르와 결혼. 10월 말 뒤드방 부부는 노앙에서 자리를 잡음.

1823년(19세) 6월 30일 파리에서 장남 모리스 태어남.

1825년(21세) 7월, 8월 남편과 함께 피레네 지방을 여행. 보양지 코트레에서 오레리앙 드 세즈 검사를 만남.

1827년(23세) 12월 의사의 진찰을 받는다는 핑계로 아르장송 드 그랑사뉴와 함께 파리로 떠남.

1828년(24세) 9월 3일 노앙에서 장녀 솔랑주 태어남.

1829년(25세) 《블레즈로 떠난 여행》 집필(사후 발표).

1830년(26세) 7월 쥘 상도를 만남. 11월 남편의 유언장을 발견하고 심한 말다툼을 벌임. 1년 가운데 절반을 파리에서 보낼 수 있을 만큼 넉넉한 연금을 남편이 아내에게 지불한다는 조건으로 화해함.

1831년(27세) 1월 노앙을 떠나 파리에서 석 달 동안 머무름. 드 라투슈의 〈르 피가로〉에 기고. 7월부터 상도와 동거. 12월 상도와 합작하여 쓴 《로즈와 블랑슈》를 J. 상드라는 이름으로 발표.

1832년(28세) 5월 G. 상드라는 이름으로 《앵디아나》를 출판해서 화려하게 문단에 데뷔. 12월 〈양세계평론〉지와 정기적인 기고 계약을 맺음. 《발랑틴》, 《후작부인》 발간.

1833년(29세) 1월 여배우 마리 도르발과 만남. 3월 쥘 상도와 헤어짐. 4월 메리메와 짧은 관계를 맺음. 6월 알프레드 드 뮈세를 만남. 8월 뮈세와 함께 퐁텐블로에 머무름. 뮈세의 정신착란 발작을 목격. 12월 뮈세와 함께 이탈리아로 떠남. 제노바, 피사, 피렌체를 지나 31일 베네치아에 도착.
《렐리아》 발간.

1834년(30세) 1월 뮈세 발병. 2월 이탈리아 의사 파젤로와 관계를 맺음. 3월 29일 뮈세가 베네치아를 떠남. 7월 24일 파젤로와 함께 베네치아를 떠나 밀라노, 제네바를 지나서 8월 14일 파리로 돌아옴. 11월 파젤로 귀국. 뮈세와 두 번째로 동거하다가 다시 헤어짐.
《개인적 비서》, 《자크》, 《어느 여행자의 편지》(첫 번째~네 번째 편지) 발간.

1835년(31세) 1월 초부터 뮈세와 다시 동거. 3월 뮈세와 결별함. 4월 변호사 미셸 드 부르주와 만남. 10월 19일 남편과 심하게 다투고서 '별거 및 재산분리' 소송 제기함.
《앙드레》, 《어느 여행자의 편지》(다섯 번째~일곱 번째 편지) 발간.

1836년(32세) 7월 29일 남편과의 별거 합의 법적으로 성립됨. 8월 아이들을 데리고 스위스로 여행을 떠남. 9월 스위스에서 리스트와 마리 다구 백작부인 일행에 합류. 11월 15일 쇼팽이 개최한 파티에 참석.
《시몬》, 《어느 여행자의 편지》(여덟 번째~열 번째 편지) 발간.

1837년(33세) 8월 19일 어머니 소피가 파리에서 숨을 거둠.
《마르시에게 보내는 편지》(미완), 《모프라》 발간.

1838년(34세) 6월 쇼팽과 사귀기 시작. 10월 18일 아이들을 데리고 마요르카섬으로 떠남. 10월 30일 페르피냥에서 쇼팽과 합류. 11월 8일부터 이듬해 2월 12일까지 마요르카섬에 머무름.
《모자이크 직공들》 발간.

1839년(35세) 2월 24일 마르세유 도착. 제노바에도 잠시 머물다가 6월 1일 노앙으로 돌아감.
《우스코크》, 《스피리디옹》, 《렐리아》(개정판) 발간.

1840년(36세) 2월 아들 모리스가 들라크루아 화실에 들어감.
《가브리엘》, 《리라의 7현》, 《프랑스를 편력한 장인》 발간.

1841년(37세) 10월 《오라스》의 사상에 관한 문제로 뷔로와 갈라섬. 11월 피에르 르루, 루이 비아르도와 함께 〈독립평론〉 창간.
《오라스》 발간.

1842년(38세) 6월 들라크루아가 노앙에 머무름.
《마요르카의 겨울》, 《콩쉬엘로》(제1권, 제2권) 발간.

1843년(39세) 7월 들라크루아가 노앙에 머무름. '팡세트' 사건.
《콩쉬엘로》(제3~제8권), 《루돌슈타트 백작부인》 발간.

1844년(40세) 8월 쇼팽의 누나와 매형이 노앙에 체재함. 9월 신문 〈앙드르 척후병〉 창간.
《양치기 처녀》 발간.

1845년(41세) 5월 파리에 머물고 있는 북아메리카 원주민 '아이오와족'의 가무 공연을 쇼팽과 함께 견학함.
《앙지보의 방앗간 주인》, 《앙투안 씨의 죄》 발간.

1846년(42세) 8월 들라크루아가 노앙에 머무름.
《이시도라》, 《마의 늪》 발간.

1847년(43세) 4월 《내 생애의 역사》 집필 시작. 5월 19일 딸 솔랑주가 조각가 장 바티스트 클레징게르와 결혼. 7월 클레징게르 부부와 심하게 다툼. 쇼팽, 솔랑주를 옹호. 7월 29일 쇼팽에게 마지막 편지를 보냄. 쇼팽과 헤어짐.
《루크레치아 플로리아니》, 《버려진 아이 프랑수아》 발간.

1848년(44세) 2월혁명 발발. 임시 혁명정부를 도와 적극적으로 활동. 〈공화국 공보〉 논문 발간. 4월 〈인민의 대의〉 창간. 5월 18일 노앙으로 돌아감. 5월, 6월 〈진정한 공화국〉에 기고.

1849년(45세) 11월 〈사생아 프랑수아〉가 오데옹 극장에서 대성공을 거둠. 《사랑의 요정》 발간.

1850년(46세) 판화가 알렉상드르 망소와 사귀기 시작함.

1851년(47세) 1월 포르트 생 마르탱 극장에서 〈클로디〉 초연. 5월 게테 극장에서 〈몰리에르〉 초연. 《레 데제르트 성》 발간.

1852년(48세) 1월, 2월, 정치범의 사면을 청하기 위해 나폴레옹 3세를 알현함.

1853년(49세) 11월 오데옹 극장에서 〈모프라〉 초연. 《피리 부는 사람들의 무리》 발간.

1854년(50세) 10월 《내 생애의 역사》 연재 시작. 12월 클레징게르 부부 별거 성립.

1855년(51세) 3월 아들 모리스, 망소와 함께 이탈리아로 출발. 5월 파리로 돌아옴.

1856년(52세) 4월 프랑스 극장에서 〈뜻대로 하세요〉 초연.

1857년(53세) 9월 나폴레옹 공 제롬이 노앙을 방문함. 《다니엘라》 발간.

1858년(54세) 〈양세계평론〉에 다시 기고하기 시작. 《황금 숲의 멋쟁이들》, 《설인》, 《시골 전설 모음집》 발간.

1859년(55세) 《그 여자, 그 남자》, 《마을 주변 산책》 발간.

1860년(56세) 10월 심한 티푸스에 걸림. 12월 간산통 발작을 일으킴. 《장 드 라 로슈》 발간.

1861년(57세) 2월부터 5월까지 프랑스 남부 타마리스에서 요양. 여름과 가을에는 뒤마 피스가 노앙에 머무름. 《검은 도시》, 《빌메르 후작》, 《제르맹드르 집안》 발간.

1862년(58세) 5월 17일 아들 모리스가 마르첼리나 칼라마타와 결혼함. 《문학 회상과 인상》, 《타마리스》 발간.

1863년(59세)	9월 뒤마 피스와 고티에가 노앙에 머무름.
	《라 캉티니 양》 발간.
1864년(60세)	2월 29일 오데옹 극장에서 〈빌메르 후작〉 초연. 눈부신 성공을 거둠. 6월 망소와 함께 파리 교외 팔레조로 이사함.
1865년(61세)	8월 21일 망소가 팔레조에서 세상을 떠남.
	《로라》 발간.
1866년(62세)	1월 10일 손녀 오로르 뒤드방 태어남. 3월 제1회 '마니 레스토랑에서의 저녁 식사'. 8월, 11월 두 번에 걸쳐 크루와세에 있는 플로베르 저택에 머무름. 9월 브르타뉴 지방을 여행함.
	《실베스트르 씨》 발간.
1867년(63세)	9월 노르망디 지방 여행함.
	《마지막 사랑》 발간.
1868년(64세)	2월, 3월, 프랑스 남부에 체재함. 3월 11일 노앙에서 손녀 가브리엘 뒤드방 태어남. 5월 크루와세에 있는 플로베르를 방문함.
	《카디오》, 《멜켐 양》 발간.
1869년(65세)	5월 플로베르가 상드 앞에서 〈감정 교육〉을 낭독함. 9월 아르덴 여행함. 12월 플로베르가 노앙에 머무름.
1870년(66세)	9월 노앙에서 천연두가 유행하자 다른 지방으로 피신함.
	《마르그리트》 발간.
1871년(67세)	《전시에 어느 여행자가 쓴 일기》 발간.
1872년(68세)	7월, 8월 카부르에 머무름. 9월 폴린 비아르도, 투르게네프가 노앙에 머무름.
	《나농》 발간.
1873년(69세)	4월 플로베르, 투르게네프가 노앙에 머무름. 8월 오베르뉴 지방을 여행함. 9월 폴린 비아르도, 투르게네프가 노앙에 머무름.
	《인상과 추억》, 《할머니 콩트 모음집》(제1권) 발간.
1874년(70세)	《여동생 잔》 발간.
1875년(71세)	2월, 3월 류머티즘으로 오른팔이 아파서 전기치료를 받음.
	《플라마랑드》, 《두 형제》 발간.

1876년 5월 22일   르낭의 《철학적 대화와 단장》에 관한 논문 집필(사후 6월 16일
                  〈르 탕〉에 게재). 6월 4일 병세 악화. 6월 8일 노앙에서 세상을
                  떠남. 6월 10일 노앙 교회에서 장례식. 그곳 정원 가족 묘지에
                  묻힘.
                  《할머니 콩트 모음집》(제2권) 발간.

옮긴이 김문해

도쿄 니혼대학 문과 졸업. 불문학 영문학 부전공. 대구고보 불어과 영어과 강사 역임. 매일신문 편집국장 역임. 지은책 종군기 《조국의 날개》 옮긴책 마르키 드 사드 《악덕의 번영》 하이스미스 《태양은 가득히》 사뮈엘 베케트 《고도를 기다리며》 《몰로이》 《첫사랑》 등이 있다

George Sand
LA PETITE FADETTE/JEANNE
LA MARE AU DIABLE
사랑의 요정/양치기 처녀/마의 늪
조르주 상드/김문해 옮김

1판 1쇄 발행/1987. 7. 1
2판 1쇄 발행/2014. 1. 1
2판 2쇄 발행/2022. 9. 1
발행인 고윤주
발행처 동서문화사
창업 1956. 12. 12. 등록 16-3799
서울 중구 마른내로 144(쌍림동)
☎ 546-0331~2 Fax. 545-0331
www.dongsuhbook.com
＊

사업자등록번호 211-87-75330
ISBN 978-89-497-0842-3 04080
ISBN 978-89-497-0382-4 (세트)